lonely planet

秘鲁和智利

本书作者
里吉斯·圣路易斯（Regis St Louis）　菲利普·唐（Phillip Tang）
卡罗琳·麦卡锡（Carolyn McCarthy）

中国地图出版社

计划你的行程

PAKHNYUSHCHYY/SHUTTERSTOCK ©

的的喀喀湖 见93页

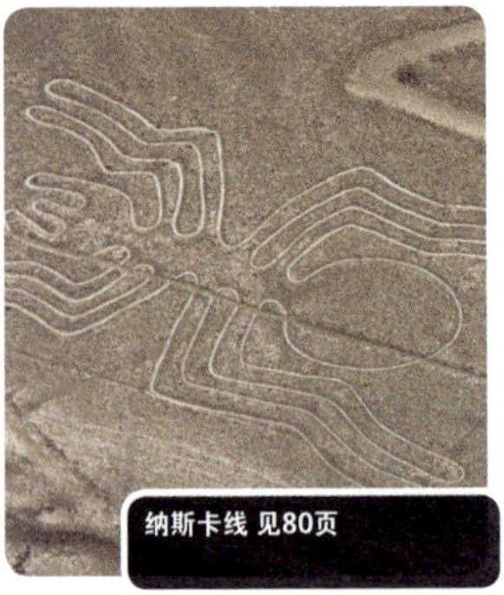

视觉中国 提供

纳斯卡线 见80页

在路上

目录

生存指南

特别呈现

视觉中国提供

阿塔卡马沙漠 见222页

欢迎来
秘鲁和智利

这片土地像原住民精致的纺织品一样错综复杂：原始的荒野召唤着自由的灵魂，古老的遗址在节日里浪漫重生，多元文化滋养下的年轻一代自信而幽默，引领着餐饮和艺术的创新潮流。

古老的文明

一块块严丝合缝的巨石无声地讲述着印加文明曾经的辉煌——秘鲁的马丘比丘几乎出现在世人所有"一生必去"的清单中，而它只不过是上万年来人类文明史的短暂一瞬。这片土地上还有太多古老的印迹：美洲最大的前哥伦布时期遗址昌昌土城、纳斯卡荒芜土地上的图画谜题、奎拉普雄踞在峭壁上的石头堡垒……这些失落的文明被永远封存在壮观的遗址和精致的博物馆里。在那些仍然使用盖丘亚语、艾马拉语、拉帕努伊语的遥远地方，古老的生活方式在语言、服饰、饮食和节庆中骄傲地延续着。

极致的自然诱惑

智利简直瘦成了一道闪电，从南美洲的腹部一直延伸到脚底。炙热的沙丘，富饶的山谷，蒸腾的火山，冷酷的冰川和峡湾——奇幻多彩的地貌在4300公里长的版图上铺展开来。邻居秘鲁也毫不逊色，从太平洋海岸到安第斯山脉，从亚马孙丛林到的的喀喀湖。如此种种反差极大的景色如何凑到一起，又得以完好地共存至今？在震惊与赞叹之余，别忘了调动起全身的运动神经，这里保留和守护着地球上最原生态的风景，是不容错过的户外天堂。

美食配佳酿

吃什么？这是萦绕在所有秘鲁人心头的一个严肃问题。酸橘汁腌海鲜，小火慢炖的汤品，柔软的亚马孙巧克力——在拉丁美洲的美食之都，选择恐惧症要犯了。地理和文化上的多样性，带来了从高原土豆到丛林水果的丰富食物，原住民的烹饪传统受到西班牙、非洲和亚洲口味的多重影响，发展出自成一派的创新融合菜。也许你已经喝过太多进口的智利红酒，但一旦来到这个葡萄酒之乡，你会发现更醉人的是亲朋共聚一堂的欢乐时光，情侣碰撞酒杯时的彼此深情凝望。干杯，Salud!

嗨起来，慢下来

准备好了吗？欢迎来到疯狂的节日现场，倾情忘我地沉浸在狂欢的旋涡里吧，古老的神明化身为基督教的圣人，朝圣者在深夜里徒步征服高山，歌舞游行将广场挤得水泄不通，年轻人的酒吧派对通宵达旦。试着放慢匆匆的脚步，细细感受拉丁美洲的热情奔放与独特的文化遗产，也多些耐心去应付家常便饭般的汽车延误、恶劣天气和不靠谱的旅行社。抛开周密死板的行程，在秘鲁和智利，真正的冒险就在于去拥抱未知的过程。

我为什么喜欢秘鲁和智利

丁子凌，Lonely Planet中文作者

地理上的遥远，使秘鲁和智利在我们心中仍留有几分难得的神秘。对于这段漫长旅程，除了提前补习西班牙语和预订印加古道徒步，我并没有太多准备。去马丘比丘和复活节岛"打卡"之外，我在这里遇见自然界本该有的纯净与荒蛮，遇见殖民和土著文化的相互融合，遇见活得真实饱满的当地人与背包客。正当我渐入佳境之时，故事的结局却一不小心落入俗套：在圣地亚哥护照丢失被迫提前回国，中断的体验之旅以另一种形式完整了。这就是让人又爱又恨的南美，我知道我一定会再回去。

关于本书作者的更多信息，请见335页。

上图：秘鲁库斯科钦切罗镇周日市场上的盖丘亚妇女

秘鲁亮点

0 400 km
0 200 miles
80°W
78°W
76°W
74°W
72°W
70°W
68°W
2°S
4°S
6°S
8°S
10°S
12°S
14°S
16°S
18°S
20°S
22°S
Equator
QUITO
基多
ECUADOR
厄瓜多尔
COLOMBIA
哥伦比亚
BRAZIL
巴西
BOLIVIA
玻利维亚
CHILE
智利
ARGENTINA
阿根廷
PACIFIC OCEAN
太平洋
曼科拉
温暖的海水掀起层层巨浪(137页)
昌昌
美洲最大的前哥伦布时期的城市(132页)
奎拉普
一座壮观的石头堡垒(150页)
马努国家公园
一场难忘的亚马孙雨林体验(155页)
马丘比丘
秘鲁甚至整个南美洲的名片(119页)
布兰卡山脉
徒步于雄伟的安第斯山(141页)
圣谷
古老的印加遗迹与乡村市集(114页)
利马
世界级的美食之都(58页)
阿亚库乔
高地的民俗中心(126页)
库斯科
古老的印加都城(101页)
浮岛
的的喀喀湖上的传统生活方式(100页)
纳斯卡线
神秘的巨型地画(80页)
科尔卡峡谷
仰望安第斯秃鹰翱翔(91页)
阿雷基帕
探索殖民风情的白色之城(85页)
Tumbes
通贝斯
Machala
Loja
Máncora
曼科拉
Macará
La Tina
Talara
Sullana
Zumba
Piura
皮乌拉
San Ignacio
Huancabamba
Bagua
Moyobamba
Pedro Ruíz
Yurimaguas
Kuélap
奎拉普
Chachapoyas
查查波亚斯
Chiclayo
奇克拉约
Celendín
Tarapoto
塔拉波托
Contamana
Cajamarca
卡哈马卡
Chan Chan
昌昌
Trujillo特鲁希略
Tayabamba
Pucallpa
普卡尔帕
Chimbote
Alpamayo(5947m)
Huascarán
瓦斯卡兰山
(6768m)
Tingo María
廷戈玛丽亚
Caraz
Casma
Huaraz
瓦拉斯
Yerupajá
(6634m)
Huánuco
瓦努科
Barranca
Cerro de Pasco
Junín
La Merced
Satipo
Lago de Junín
La Oroya
Tarma
Huancayo
万卡约
LIMA
利马
Pachamacac
Huancavelica
Ayacucho
阿亚库乔
Quillabamba
Aguas Calientes热水镇
Pisac皮萨克
Cuzco库斯科
Pisco
皮斯科
Paracas
Andahuaylas
Abancay
Ausangate
奥桑加特山
(6384m)
Ica
Machu Picchu
马丘比丘
Nazca
纳斯卡
Cañón del Colca
科尔卡峡谷
Chala
Ampato
(6310m)
El Misti
米斯蒂山
(5822m)
Juliaca
Puno普诺
Lake Titicaca
的的喀喀湖
Juli
Copacabana
La Paz
Desaguardero
Camaná
Arequipa
阿雷基帕
Mollendo
Moquegua
Tacna
塔克纳
Arica
Iquique
Chuquicamata
San Pedro de Atacama
Antofagasta
Reserva Nacional Pacaya-Samiria
帕卡亚-萨米利亚国家自然保护区
Iquitos
伊基托斯
Requena
Lagunas
Santa Rosa
Leticia
Tabatinga
Cruzeiro do Sul
Parque Nacional Manu
马努国家公园
Boca Manu
Puerto Heath
Puerto Maldonado
马尔多纳多港
Río Tigre
Río Napo
Río Amazonas
Río Marañón
Río Ucayali
Río Pachitea
Río Urubamba
Río de las Piedras
南美洲
PERU
秘鲁
LIMA
利马
CHILE
智利
SANTIAGO
圣地亚哥
海拔高度
5000m
4000m
3000m
2000m
1000m
0

智利亮点

0 500 km
0 300 miles
75°W
70°W
65°W
60°W
PERU
秘鲁
BRAZIL
巴西
复活节岛(拉帕努伊岛)
0 4 km
0 2 miles
Anakena
Hanga Roa
安加罗阿
PACIFIC OCEAN
太平洋
复活节岛
面对神秘的巨石像发发呆(288页)
Arica
阿里卡
Iquique
伊基克
SUCRE
苏克雷
BOLIVIA
玻利维亚
北部海岸
在伊基克(见224页)和阿里卡(见229页)冲浪
Panamericana
泛美公路
埃尔塔蒂奥间歇泉
世界上最高的间歇泉(224页)
Chuquicamata
丘基卡马塔
El Tatio Geysers
埃尔塔蒂奥间歇泉
Calama
卡拉马
San Pedro de Atacama
圣佩德罗-德阿塔卡马
PARAGUAY
巴拉圭
Antofagasta
安托法加斯塔
月亮谷
月球表面般的沙漠奇观(224页)
Volcán Llullaillaco
尤耶亚科火山(6720m)
Ojos del Salado
奥霍斯德尔萨拉多山
(6893m)
Salta
Cordillera de los Andes
安第斯山脉
Tucumán
Resistencia
埃尔基山谷
诗歌、皮斯科酒和美好的村庄(210页)
PACIFIC OCEAN
太平洋
Copiapó
科皮亚波
瓦尔帕莱索
布满涂鸦的海港山城村庄(196页)
La Serena
拉塞雷纳
Vicuña
比库尼亚
Ovalle
Córdoba
San Juan
Santa Fe
Río Paraná
圣地亚哥
博物馆、精致的美食与夜生活(177页)
Viña del Mar
比尼亚德尔马
URUGUAY
乌拉圭
Mendoza
Valparaíso
瓦尔帕莱索
SANTIAGO圣地亚哥
去Easter Island
复活节岛
(3680km)
Archipiélago Juan Fernández
Isla Robinson Crusoe
Rancagua
BUENOS AIRES
布宜诺斯艾利斯
Coastal Cordillera
Curicó库里科
Talca塔尔卡
ARGENTINA
阿根廷
Concepción
康塞普西翁
Chillán
奇廉
空加瓜山谷
在洒满阳光的葡萄园品酒(233页)
Parque Nacional Nahuelbuta
纳韦尔布塔国家公园
Los Angeles
洛斯安赫莱斯
Bahía Blanca
Temuco特木科
Neuquén
Pucón
普冈
Villarrica比亚里卡
湖区
火山、湖泊和绵延的农田(239页)
Valdivia瓦尔迪维亚
Parque Nacional Puyehue
普耶韦国家公园
Osorno奥索尔诺
Frutillar弗鲁蒂亚尔
Parque Nacional Vicente Pérez Rosales
Puerto Varas
巴拉斯港
Ancud
安库德
Cochamó比森特·佩雷斯·罗萨莱斯国家公园
科查莫
Puerto Montt
蒙特港
ATLANTIC OCEAN
大西洋
奇洛埃
被列入世界遗产的木质教堂(262页)
Chaitén柴腾
Quellón
克利翁
Castro
卡斯特罗
Isla Grande de Chiloé
奇洛埃大岛
Cordillera de los Andes
安第斯山脉
Coyhaique
科伊艾克
Comodoro Rivadavia
南疆旅道
智利最壮美的景观大道(267页)
Valle Chacabuco (Parque Nacional Patagonia)
查卡布科山谷
(巴塔哥尼亚国家公园)
IS.MALVINAS
(FALKLAND IS. by U.K.)
(Claimed by Arg. & U.K.)
马尔维纳斯群岛
(英称福克兰群岛)
(阿根廷、英争议)
百内国家公园
世界著名的徒步胜地(284页)
El Calafate
Puerto Natales
Rio Gallegos
Parque Nacional Torres del Paine
百内国家公园
PUERTO ARGENTINO (STANLEY)
海拔高度
4000m
3000m
2000m
1000m
500m
0
Monumento Natural Los Pingüinos Isla Magdalena
Punta Arenas
蓬塔阿雷纳斯
Isla Grande de Tierra del Fuego
Ushuaia
Porvenir
波韦尼尔
Parque Nacional Tierra del Fuego
火地岛国家公园
Puerto Williams威廉姆斯港
威廉姆斯港
一路向南，抵达南美大陆的尽头(287页)
Cabo de Hornos (Cape Horn)
合恩角
95°W
90°W
85°W
80°W
75°W
70°W
65°W
60°W

秘鲁和智利 Top 15

1

马丘比丘

1 这座惊世骇俗的印加城堡曾长时间地被遗忘在安第斯山间，也成功躲过了西班牙殖民者的视线，直到20世纪初才被发现，至今一个多世纪过去了，其功用仍众说纷纭。不过至少我们可以确定，6个世纪以来，这个建筑奇迹经受住了地震、异族入侵和恶劣天气等种种考验而屹立不倒。苍翠的梯田、陡峭的山峰，凸显着这座城堡的神秘与雄伟。即使你已经看过无数次马丘比丘的标准照，但当你真正站在那里的时候，仍会觉得眼前的一切难以置信。乘坐观光火车，挑战经典的印加古道徒步，或者爬上背后高耸的瓦伊纳比丘，你有很多种方式去朝圣，但无论哪一种都需要早早着手准备，毕竟这是南美洲最负盛名的考古遗址马丘比丘（见119页）。

百内国家公园

2 风如刀割，乌云重锁，经历了长达数天的艰辛徒步，你的眼前终于豁然开朗，冷峻的花岗岩山峰几乎垂直地高耸在巴塔哥尼亚草原上，这就是统领着百内国家公园（见284页）的百内塔。作为智利甚至南美洲的头号国家公园，它远在世界尽头，天气变化无常，并不太适合心脏不好或贪图安逸的旅行者。相反，对于那些爱冒险的背包客来说，来百内徒步是南美旅行清单上必须完成的一项，他们早已为重重困难做足了准备。除了经典的"W"路线和更长的环线徒步，这片广袤的荒野还有许多值得探索，冰上徒步、皮划艇、骑马等活动将带你走近蔚蓝的湖泊、巨大的冰川和不再惧怕人类的各种野生动物。

PHILIP LEE HARVEY/LONELY PLANET ©

2

视觉中国 提供

3

复活节岛

3 神秘的巨大石像是复活节岛（拉帕努伊岛，见288页）最深入人心的形象，它们散布在岛上多个角落，有些经过彻底修复立于平台之上，有些被重新竖立起来但遭严重风化侵蚀，更多的则凌乱地倒在地上。这些石像很可能代表着不同部族的祖先，以亘古不变的面无表情守护着这座岛屿的秘密。其中最大的未解之谜是：重达数十吨的石像究竟是如何被移动和竖立起来的？这将是一场永不停息的争论。远离陆地的与世隔绝、与鸟人崇拜有关的石刻艺术和波利尼西亚风情的歌舞，更为这座一点都不像南美洲的小岛增添了许多神秘色彩。图为复活节岛上的石像。

亚马孙平原

4 亚马孙河流域生长栖息着这个星球种类最多的野生动植物。秘鲁的亚马孙平原草木葱郁，令人眼花缭乱。与世隔绝的伊基托斯（见156页）是这一地区最大的城市，也是通向亚马孙腹地探险的大本营。帕卡亚-萨米利亚国家自然保护区（见160页）和马努国家公园（见155页）都是保护较好的野生动物观赏地和丛林探险地。你有无数种方式可以体验亚马孙河流域惊人的生物多样性：在茂密的雨林中徒步穿行，探访土著村庄，飞越起伏的河道，在河畔城镇间悠闲泛舟，然后在观赏了一整天野生动植物之后钻进丛林小屋中休憩。图为金刚鹦鹉。

阿塔卡马沙漠

5 这片世界上最干燥的沙漠拥有月球表面般的地貌，连同周边壮观的盐沼、火山、间歇泉和高原湖，共同构成智利北部的旅游胜地。月亮谷（见224页）在日落时分披上霞光，当你站在巨大的沙丘上，眼前无边无际的超现实景观不会辜负你的守候。再起个大早，在拂晓时分观看埃尔塔蒂奥间歇泉（见224页），白色蒸汽从地表喷射而出，发出或嘶鸣或呻吟或喃喃的声响，爬上山顶的红日穿过氤氲，发散出点点光斑，如梦似幻。阿塔卡马沙漠独特的气候条件也使其成为观星的理想场所，有先进的电子望远镜和运作成熟的团队游。图为月亮谷。

印加古都库斯科

6 古老的鹅卵石街道，宏伟的巴洛克教堂，几个世纪之久的印加庙宇遗址，在安第斯历史上没有哪座城市比库斯科（见101页）更重要，它是这片大陆上最悠久的持续有人居住的城市。曾经的印加帝国中心，如今的殖民地博物馆，同时也是通往马丘比丘的门户。神秘、商业、混乱，这座独一无二的城市仍然有着迷人的魅力。在笔直矗立着的印加古城墙边，身着华丽传统服饰的妇女，牵着羊驼，卖着精致的手工艺品。满街的旅行社将带你徒步、骑行、漂流，探索库斯科周边每一个未被遗忘的角落。图为库斯科的街头。

的的喀喀湖

7 秘鲁和玻利维亚两国界湖——的的喀喀湖（见93页）是世界上海拔最高的可供航行的水域。与其说它是湖，倒不如说是高原上的一片海洋。在印加文明的传说中，这里是太阳神诞生的地方。波光粼粼的深蓝色湖面处处散发着与众不同的魅力，长久以来以古老的方式孕育着高原文化。湖上有许多大小岛屿，其中最不可思议的要属那些用芦苇编织成的浮岛。几个世纪以前，乌鲁斯人为躲避印加等民族的进攻而逃到湖中，以芦苇建成房屋、船只、拱门甚至秋千，感受这种独特文化最好的方式就是住上一晚。图为的的喀喀湖上的芦苇船。

8

9

视觉中国提供

瓦尔帕莱索

8 一代又一代诗人、艺术家、哲学家和喊着号子的码头工人，都被放荡不羁的山城瓦尔帕莱索（见196页）深深吸引。登上山丘，穿过迷宫般的蜿蜒小巷，你会遇见智利乃至整个南美洲最好的街头艺术，就连破旧的铁皮屋都悄悄诉说着这座城市的艺术灵感。一百多年前修建的十余座升降缆车为这里增添了迷人的复古之美。这座海港的灵魂安放在山海之间的微风中、摇摇晃晃的船坞上。智利诗人聂鲁达在山上建了一栋面朝大海的房子，或许你也会像他一样爱上这座童话之城。图为瓦尔帕莱索色彩鲜艳的房子。

JEREMY RICHARDS /SHUTTERSTOCK ©

纳斯卡线

9 外星人的杰作？史前人的涂鸦？纳斯卡线（见80页）是秘鲁南部一个由数百个几何图形和动植物图案组成的壮观网络，图案无一重复，风格化极强。这些巨大的线条究竟是谁创造出来的？又为何要费力创造这些只能在空中欣赏的图案？这些谜团由德国考古学家玛利亚·雷奇抛向外界，她相信这些线条是通过复杂的数学计算绘制出来的天文历法。纳斯卡线仍是未被解码的历史谜题，当你乘坐小飞机俯瞰这些沙地上的神奇线条时，定会心生无限的好奇与敬畏。图为从空中俯瞰纳斯卡线。

复兴的首都

10 利马或圣地亚哥很可能是你的第一站，这两座城市会以国际范儿和活力四射的夜生活让你大吃一惊。两座大都市都拥有整个国家近四分之一的人口，拥有全国最精彩的博物馆。建在海岸线峭壁之上的利马曾被视作一个危险之地，米拉弗洛雷斯的滑翔伞和巴兰科的殖民地风情都会让你暂时放松紧张的神经。雪山脚下的圣地亚哥在一次次地震中顽强重生，是植被丰富的城市花园和户外天堂，骑行、滑雪、漂流、骑马……不过是圣地亚哥人的周末休闲。图为位于智利首都圣地亚哥的聂鲁达故居。

阿雷基帕

11 秘鲁的第二大城市介于充满商业气息的印加古都库斯科与喧嚣现代的首都利马之间。阿雷基帕（见85页）未曾远离当初西班牙人赋予它的模样，用浅色火山石建成的殖民地时期建筑在阳光下熠熠生辉。圆锥形的米斯蒂火山是阿雷基帕完美的幕布，映衬着有400多年历史的修道院、巨大的教堂、精致的博物馆和创意餐厅。这座火山也是当地最受欢迎的登山胜地，户外爱好者还可以去阿雷基帕周边挑战世界最深的两座峡谷和最容易攀登的6000米以上山峰。图为阿雷基帕的La Compañía教堂。

12

13

奇洛埃的建筑

12 无论你已经看过多少座欧式大教堂，奇洛埃（见262页）入选联合国教科文组织世界遗产的16座木教堂都会让你耳目一新，每一座都是欧洲与本土设计联姻的建筑杰作，结构与配色不拘一格。这些教堂是17世纪和18世纪耶稣会传教士为了使当地人皈依天主教而建。不要错过首府卡斯特罗的水上高脚屋，它们的底座刚好高于水面，外表看起来与其他房子没什么区别，但在涨潮时这些房屋就会变身码头，屋子的高脚可供船只停靠。图为奇洛埃的木教堂。

印加古道徒步

13 印加古道（见122页）堪称南美洲最经典的徒步路线，蜿蜒43公里，途经三个山口，穿过浓密的云雾森林。四天三晚的徒步是一场以马丘比丘为终点的朝圣之旅，高原反应和让人膝盖发软的台阶并不好对付，但在最后一天清晨抵达著名的太阳门时，徒步者将抢在乘火车而来的游客之前一睹宏伟的印加城堡，那是对筋疲力尽的你的最佳犒赏。印加古道以其壮观的风景、交错的山道和密集的遗址在旅行者心中保持着不可动摇的地位。图为在印加古道上徒步的旅行者。

品酒

14 智利红酒名声远扬，赤霞珠葡萄和佳美娜葡萄是空加瓜山谷（见233页）的名片，丰富的水源、充足的阳光和凉爽的夜晚，使这片土地成为智利最重要的葡萄酒产区和品酒地。圣地亚哥附近的迈波山谷（见194页）也有多家酒厂对外开放。智利和秘鲁仍在为皮斯科酒故乡之名争论不休，这是种由烈性的葡萄白兰地与柠檬汁、蛋清、糖等调成的著名皮斯科鸡尾酒。在秘鲁的安第斯山区，还酿造着源于前哥伦布时期的传统玉米啤酒chicha。图为智利空加瓜山谷的葡萄园。

美食

15 秘鲁人自豪地认为秘鲁菜是南美洲最棒的美食。长期以来，安第斯传统融入西班牙、亚洲和非洲风味，形成了独特的克里奥尔烹饪，又在近年来被一代年轻人赋予了创新的诠释。秘鲁不仅遍地中餐馆，秘鲁菜本身也因为受到中餐的影响而很合中国人的胃口。智利菜的精髓则是新鲜上好的食材，尤其是品种繁多的海鲜。在两国的沿海城镇不要错过特色的酸橘汁腌海鲜，各地餐厅都有丰盛的廉价套餐，大街小巷随处可见的馅饼是旅行者填饱肚子的快餐首选。图为酸橘汁腌海鲜。

行前参考

更多信息，请见秘鲁生存指南（见167页）和智利生存指南（见299页）

货币

秘鲁：新索尔（S）

智利：智利比索（CH$）

语言

西班牙语、艾马拉语和盖丘亚语（秘鲁）、拉帕努伊语（智利）

签证

中国公民持有效的美国、加拿大、英国及北爱尔兰、澳大利亚或申根签证，可免签入境秘鲁，停留期180天。中国公民持有效的美国或加拿大签证，可免签入境智利，停留期90天。

现金

秘鲁可使用银联卡刷卡及取现，智利暂不支持银联卡刷卡或取现。

手机

当地SIM卡可用于解锁的三频GSM1900手机。

时间

秘鲁GMT-5，比北京时间晚13小时。智利GMT-4，比北京时间晚12小时，夏令时晚11小时。复活节岛比智利大陆晚2小时。

秘鲁何时去

旺季（6月至8月）

- 安第斯高地和东部雨林的旱季
- 感受节日和高地徒步等户外活动的最佳时间
- 北美和欧洲的假期带来大量游客

平季（9月至11月，3月至5月）

- 高地的春秋季天气
- 避开人群的最佳时间
- 9月至11月适合进行雨林徒步

淡季（12月至次年2月）

- 高地的雨季
- 印加古道2月关闭
- 海岸线的旺季
- 亚马孙非常多雨，持续到5月

智利何时去

旺季（11月至次年2月）

- 12月至次年2月是前往巴塔哥尼亚最佳也最贵的时间
- 12月下旬至次年1月海滩爆满

平季（9月至11月，3月至5月）

- 气温上升，去圣地亚哥的好时候
- 9月至11月湖区很舒服，4月南部开始落叶
- 葡萄酒产地在3月举行丰收节和葡萄酒节

淡季（6月至8月）

- 滑雪的最佳季节
- 南疆旅道大多歇业，山路可能因雪封闭
- 7月交通和住宿会因智利人的假期而紧张起来

秘鲁

网络资源

Lonely Planet（www.lonelyplanet.com/peru）旅游资讯与贴士。

iPerú（www.peru.travel/iperu.aspx）秘鲁官方旅游资讯平台。

Expat Peru（www.expatperu.com）可查询政府部门和海关条例。

Living in Peru（www.livinginperu.com）英语指南文章及评论。

Peru Reports（perureports.com）英语新闻。

Bus Portal Peru（busportal.pe）全国长途汽车票。

重要号码

国家代码	☎51
查号	☎103
旅游信息（24小时）	☎511-574-800
警察局	☎105

每日预算

经济：少于300新索尔

- 便宜的酒店房间或床位：25~85新索尔
- 套餐：低于15新索尔，超市外卖食物
- 历史景点门票：平均10新索尔

中档：300~550新索尔

- 中档酒店的双人间：140新索尔
- 中档餐馆含几道菜的午餐：40新索尔
- 团队游：120新索尔起

高档：超过550新索尔

- 高档酒店双人间：300新索尔
- 私人的城市导览游：每人180新索尔起
- 高档餐馆晚餐：70新索尔起

抵达秘鲁

豪尔赫·查韦斯国际机场（见74页）许多航班在凌晨抵达，提前订好酒店。

公共汽车 小巴公司La S（每人2.5新索尔起）经营多条路线。

出租车 45~60新索尔。

国内交通

秘鲁的公共交通便宜，班次频繁，选择也较多。

轻轨 利马的Metropolitano是去往市中心的快捷途径。

火车 主要面向游客，设施完善，价格昂贵。

长途汽车 最便宜的选择。

出租车 许多省份都有合乘出租车。

智利

网络资源

Lonely Planet（www.lonelyplanet.com/chile）旅游资讯与贴士。

Sernatur（www.chile.travel/en.html）智利国家旅游局网站。

Go Chile（www.gochile.cl）智利旅游信息。

Santiago Times（www.santiagotimes.cl）全国范围的英文在线报纸。

Interpatagonia（www.interpatagonia.com）关于巴塔哥尼亚旅游的所有信息。

重要号码

国家代码	☎56
查号	☎103
全国旅游信息	☎562-2731-8310
警察局	☎133

每日预算

经济：少于65,000比索

- 便宜的客栈房间或床位：10,000比索
- 便宜的餐馆主菜：5000比索
- 套餐性价比高，超市有外卖食物

中档：65,000~80,000比索

- 中档酒店或民宿双人间：50,000比索
- 中档餐馆主菜：8000比索
- 租车：每天20,000比索起

高档：超过80,000比索

- 高档酒店双人间：80,000比索
- 高档餐馆主菜：14,000比索
- 参加户外探险团队游

抵达智利

阿图罗·梅里诺·贝尼特斯国际机场（圣地亚哥，见304页）

合乘出租车 频繁往返于机场和圣地亚哥市区，7000比索起

机场大巴 1小时到达市中心地铁站，单程1500比索

出租车 16,000比索起

国内交通

智利有频繁的长途汽车和国内航班，如果想去小众目的地最好租车自驾。

飞机 国内航线常有大幅折扣。

长途汽车 车次频繁，座位舒适，价格合理。但对于国家公园覆盖得较少。

小汽车 租车可更好探索遥远的地区，比如巴塔哥尼亚。

火车 很有限，在中部地区有一些旅行者会用到的路线。

关于**当地交通**的更多信息见172页和304页。

初次到访

更多信息，请见秘鲁生存指南（见167页）和智利生存指南（见299页）

检查清单

- 确保你的护照自到达日后有效期超过6个月
- 提前申请签证
- 购买旅游保险
- 做好医疗检查和疫苗接种
- 准备好足够的隐形眼镜和处方药
- 通知银行你的出境计划
- 扫描重要文件（护照、签证、信用卡）并通过邮件发给自己备用

打包清单

- 一周的衣物
- 防雨用具（雨衣、电子产品防水袋）
- 帽子（遮阳，挡雨）
- 舒适的步行鞋
- 耳塞
- 药品，急救包
- U盘或其他存储设备
- 手机，备用手机
- 可重复使用的水瓶
- 防晒霜
- 卫生纸（用于公共厕所）

旅行建议

- 不要害羞。多与当地人沟通，他们通常很乐于分享自己的文化。
- 做好准备。在到达前阅读一些目的地相关信息，了解最新的汇率。到一座陌生的城市时，手头或手机上备好地图。
- 不要着急。不要只是到此一游似的匆匆走过，停下来感受眼前的美景。
- 学一些基本的西班牙语，一点努力就会让你的行程顺畅许多。
- 小心疯狂的司机，无论是乘车、自驾还是过马路。
- 把贵重物品放在隐蔽的腰包里，以防被窃。
- 尽量轻装，你可以在路上洗衣服和买东西。
- 准备好面对天气和地形的巨大反差。

穿什么

总的来说，轻便、宽松、速干的衣服是最合适的选择。要去高原地区或乘坐过夜的大巴，需要带保暖的外套御寒。在丛林地区徒步，长裤和长袖衬衫能起到防蚊虫的作用。

住宿

- **青年旅舍** 床位间为独自出行的旅行者提供实惠且便于社交的住宿。
- **酒店** 从局促的小单间到奢华的精品酒店，有不同档次可选。
- **客栈** 通常由家庭经营，同样包括多种档次，在这里有更多机会与当地人交流。
- **家庭寄宿** 住在当地的民宿中，像当地人一样生活，适合长期住宿。

安全

一直以来，在南美洲旅行的危险被严重夸大了，而且往往来自那些没有来过的人。尽管确实存在潜在的危险，但只要你做

好准备并在旅行途中时刻保持警惕，就会减少成为受害者的风险。

➡ 穿着低调。把吸引眼球的珠宝和太阳镜留在家里。

➡ 不要在公共场所使用iPhone手机和其他看起来很贵的电子产品。

➡ 为了避免银行卡欺诈，只在白天使用自动柜员机，并选择人流量较大的街区和银行内部。

➡ 在城市地区，天黑以后不要独自行走，乘坐正规出租车。

➡ 不要携带贵重物品去沙滩，也不要把它们放在酒店客房的明面。

➡ 不要接受陌生人提供的食物或饮品，可能掺有毒品或迷药。

讲价

在市场讨价还价是比较常见的，尤其是购买旅行纪念品。如果你想预订较长时间的住宿，一般都可以与商家协商一个不错的折扣。

小费

➡ 在许多高档餐厅，小费（和税）会强制加到账单里。

➡ 出租车司机一般不需要给小费，不过可以礼貌地抹掉找零。

➡ 如果你参加户外徒步、城市游览、博物馆参观等团队游，通常都需要给向导或导游小费。

视觉中国提供

智利首都圣地亚哥的夜生活

礼仪

➡ 见面的问候很重要。在西班牙语中，使用buenos días（早上好）、buenas tardes（下午好）和buenas noches（晚上好）相互问候。

➡ 在商店、交通工具、车站等公共场合，也可以使用更简单的问候语Hola（你好），注意h不发音。

➡ 与朋友见面或其他社交场合，行贴面礼，亲吻面颊，男士握手或拥抱。

➡ 在给人拍照前先征求对方的同意，尤其是原住民，他们很可能会收取费用。

语言

在南美洲英语的普及率并不高，学一点西班牙语的常用词汇会对你的旅程有所帮助。你也可以安排在当地学习语言，秘鲁和智利都有价格合理的语言课程。西班牙语的发音非常规则，如果你有英语基础，入门并不太难。当地人对于会讲西班牙语的外国人非常有耐心，即使只是初级水平，他们也会认可你的努力。翻到313页语言指南，现在就开始吧！

如果你喜欢

未解之谜

前哥伦布时期的原住民为秘鲁和智利留下了丰富的文化遗产，其中就包括几处世界闻名的未解之谜。

马丘比丘 这座印加古城的实际修建目的和功用仍然是个谜。有人相信它建造于印加帝国衰落的后期，为了保存或重振印加文化而建；也有人认为在西班牙殖民时期这里已经变成一座被遗忘的城市；又或者是在西班牙入侵时被遗弃的皇家度假地。至少其高超的石头建造工艺让我们相信，马丘比丘一定曾是非常重要的仪式中心。（见119页）

复活节岛 岛上的摩艾石像身高2~10米，体重30~90吨，学者们普遍相信岛民使用了一种木爬犁或滚轴移动巨大的石像，考古学家们则宣称石像并非平躺着被运输的，而是用绳子绑成直立状。（见288页）

纳斯卡线 这些秘鲁南部沙漠上的巨大线条和几何图案只能乘小飞机从空中辨认，它们究竟是复杂的天文历法、宗教祭祀的通道、萨满巫师的梦境，还是外星人曾经降落的地方？没人知道答案。（见80页）

殖民地风情

在秘鲁和智利的一些城市，你常常会恍惚感觉置身欧洲。鹅卵石街道通往宏伟的大教堂、精致的广场和色彩明艳的民居。

库斯科 这里曾是印加帝国最重要的中心，如今既是美洲毋庸置疑的考古之都，也是这片大陆保存最完好的殖民地博物馆之一。（见101页）

阿雷基帕 因为守着米斯蒂火山，这里的殖民地时期建筑全都由浅色的火山岩建造而成，形成了一座耀眼的“白色之城”。（见85页）

奇洛埃 150多座外形各异的木教堂具有区别于南美洲任何殖民地城市的独特魅力。（见262页）

利马 尽管你会更愿意住在时髦现代的米拉弗洛雷斯和巴兰科，但武器广场、圣马丁广场和格劳广场上那些殖民地时期建筑的残存光彩仍值得一看。（见58页）

户外徒步

安第斯山脉纵贯两国，从沙漠到雨林，徒步小径遍布。一些小众路线会给你带来意外惊喜。

百内国家公园 2800米高的花岗岩山峰吸引了大量朝圣的徒步爱好者。“W”路线和环线最受追捧，其他小众路线也毫不逊色。（见284页）

印加古道 每天仅有500人可以进入古道，除向导和挑夫，剩下的幸运儿经过四天三夜的跋涉，穿过一处处隐藏在云雾森林中的印加遗址，最终到达宏伟的马丘比丘。（见122页）

科尔卡峡谷 在这个世界第二深的峡谷，徒步是探索乡村生活的最佳方式，幸运的话，还会在山间看到秃鹰翱翔。（见91页）

瓦斯卡兰国家公园 圣克鲁斯徒步路线经过冰瀑、湖泊、草甸和山谷，最受背包客欢迎，布兰卡山脉的其他路线也同样惊艳，人却少很多。（见145页）

拉达尔谢特塔萨斯国家保护区 清澈的水流汇入玄武岩水池，形成一条壮观的瀑布。两条标记清晰的环形步道风景清幽。（见237页）

卡斯蒂略山国家保护区 卡斯蒂略山位于巴塔哥尼亚中心，覆盖着冰川的顶峰俯视着广袤的南方山毛榉森林，是个不错的徒步目的地。（见274页）

美酒佳酿

置身殖民地风情的酒庄，身后是巍峨的安第斯山脉，迎着太平洋海风，品着名不虚传的智利葡萄酒和皮斯科酒。

Ruta del Vino 跟着当地的行家拜访空加瓜山谷的顶级葡萄酒厂。（见233页）

迈波山谷 圣地亚哥周边重要的葡萄酒产区，有几家交通便利的酒厂，推荐跟随懂行的导游参观，或者骑自行车游览。（见194页）

Bodega Tacama 在可爱的殖民地时期庄园里，品尝顶级的霞多丽葡萄酒和马尔贝克葡萄酒。（见78页）

利马的酒吧 利马遍地都是酒吧，从面向都市精英的昂贵会所，到实惠欢乐的小酒馆。皮斯科鸡尾酒的酒单就有长长一串。（见70页）

历史遗址

暂时告别博物馆吧，在户外你也可以探索这两个国家不同时期的精彩历史。

奎拉普 这座石头堡垒雄踞在险峻的石灰岩山上，是查查波亚斯保存最完好的考古遗址。（见150页）

瓦里遗迹 瓦里帝国的都城，在印加文化产生500年前就统治了高山地区。（见126页）

瓦卡普克亚那 这个位于利马繁华闹市中的遗址复原了公元400年时利马文化的仪式中心，入夜后被灯光点亮，非常梦幻。（见61页）

在秘鲁的Huayhuash山徒步

亨伯斯通 这个曾兴盛一时的智利矿业遗址，如今却是一座沙漠鬼城，挑战着旅行者的想象力。（见228页）

Orongo仪式村 一面守着火山一面拥抱大海，曾经上演过复活节岛一年一度的"鸟人"争霸赛。（见292页）

瓦尔帕莱索的升降缆车 一百多年前修建的升降缆车仍在不知疲倦地工作着，载着这座海港曾经的辉煌与喧嚣上上下下。（见197页）

美食

从太平洋海岸，到安第斯山脉，再到亚马孙丛林，各有各的新鲜美食。

Belén Mercado 在伊基托斯的市场可以找到许多亚马孙特色菜。（见157页）

中央市场 这个圣地亚哥的热闹鱼市是享用海鲜午餐的好地方。（见188页）

CHIFA 如果你有一个中国胃，那你一定会觉得遍地中餐馆的秘鲁是个亲切的国家。（见68页方框）

酸橘汁腌海鲜 无论你是否喜欢生冷食物，都应该至少在海岸城市品尝一次新鲜的ceviche。

馅饼 记住西班牙语单词empanada，这种长得像大饺子的快餐深受旅行者的喜爱。

烹饪课程 在阿雷基帕或其他城市向大师学两手。

每月热门

最佳节庆

太阳节(秘),6月

Tapati Rapa Nui(智),2月

丰收节,3月

全国牛仔竞技赛(智),3月

圣周,3月/4月

1月

1月至3月的秘鲁海岸最繁忙、价格最贵,同时也是海滩设施最完善、节庆最多的时候。山地和峡谷处于雨季,徒步者和登山者最好避开。在智利,海滩和巴塔哥尼亚同样是旺季,大小城镇都会以现场音乐和焰火等活动庆祝新年。

新年(Año Nuevo)

在秘鲁万卡约的庆祝活动持续到主显节(1月6日)。智利瓦尔帕莱索的海港焰火最值得守候。

马普车文化展(Muestra Cultural Mapuche)

在比亚里卡举行,为期6天,汇集了手工艺、传统音乐、美食和仪式舞蹈。

2月

印加古道整月关闭。许多秘鲁传统节日与天主教节日重合。2月是智利人最爱的度假时间,从北部到圣地亚哥持续高温,人们涌向南部,海滩爆满,圣地亚哥的夜生活也转战比尼亚德尔马和瓦尔帕莱索。

圣烛节(La Virgen de la Candelaria)

2月2日举行的宗教节日,在秘鲁的普诺和智利的科皮亚波最热闹,民间歌舞持续两周之久。

狂欢节

大斋期(Lent)前的最后几天(2月或3月)举行,通常会有几周的泼水活动。在高地比较流行,秘鲁的卡哈马卡和智利的普特雷很热闹。

国际音乐节(Festival Internacional de la Canción)

比尼亚德尔马举办的一系列音乐会,聚集了拉丁美洲流行音乐的顶级明星。

Tapati Rapa Nui

复活节岛最重要的节日,精彩纷呈,歌舞派对和文化比赛将持续两周。

3月

随着人潮散去,秘鲁海滩的价格降了下来。雨季过后印加古道的兰花开了,亚马孙的鸟类开始求偶。巴塔哥尼亚仍然干燥并且风变小了,适合徒步。智利中部山谷的葡萄丰收节也开始了。

黑人之夏(Verano Negro)

对非洲裔秘鲁文化感兴趣的人不要错过这个活动,2月末至3月初在钦查举行,有大量歌舞活动。

丰收节(Fiesta de la Vendimia)

在秘鲁南部海岸的主要葡萄酒产区伊卡举行,包括踩葡萄的活动。智利的圣克鲁斯也以广场上的当地酒厂摊位和民间舞蹈等庆祝丰收。

全国牛仔竞技赛(Campeonato Nacional de Rodeo,智利)

3月末在Rancagua举办,有奎卡舞(cueca,一种挥舞手帕模仿公鸡向母鸡求爱的有趣舞蹈)表演,最重要的还是智利牛仔炫耀他们精湛的马术。

上图：智利复活节岛的Tapati Rapa Nui节

下图：秘鲁库斯科的太阳节

4月

圣周期间一房难求，尽早预订。巴塔哥尼亚北部被明亮的红黄色点亮，雨水随时会来。圣地亚哥和中部山谷气候宜人。

圣周（Semana Santa）

复活节之前的一周，每天都有大型的宗教游行，阿亚库乔的游行是秘鲁规模最大的，持续整整10天，阿雷基帕、万卡约也有游行。

5月

最强的降雨已经过去，高地郁郁葱葱。随着干燥天气的回归，瓦拉斯和库斯科周边的徒步活动也开始了。

白色之夜（Noche en Blanco）

在5月初，受欧洲White Nights的启发，利马、米拉弗洛雷斯的街头被艺术、音乐和舞蹈占领。

海洋节（Festival del Mar）

每隔一年的5月第一周，人们在万卡约以冲浪比赛、舞蹈和狂欢纪念Takaynamo的降临，历史上认为是他创建了昌昌。

Q' oyoriti

当地人对库斯科周边的奥桑加特圣山的朝圣活动，5月或6月举行。虽然少为外人所知，但值得体验。

6月

外国游客的高峰在6月至

8月期间，马丘比丘需要提前预订门票和火车票。这时也是前往沙漠地带的好时候。

登山节（Festival de Andinismo）

登山爱好者齐聚瓦拉斯，以徒步、攀岩、滑翔、滑雪和音乐会庆祝。

太阳节（Inti Raymi）

最重要的印加节日，在6月24日庆祝冬至。这是库斯科一年中最大的盛事，吸引数千名国内外游客。在许多丛林小镇也是一个大日子。

雨水节（Festival de la Lluvia）

为什么不庆祝一下湖区冬季最充足的东西——雨水呢？在6月上旬，巴拉斯港的活动包括现场音乐和被装饰得五花八门的雨伞游行。

7月

秘鲁的旺季仍在继续。利马弥漫起厚厚的灰色海雾，并将持续数月，也为城市带来一丝寒意。智利的寒假意味着家庭旅游全面启动。

秘鲁国庆节

7月28日和29日秘鲁举国庆祝国家独立日。

冬季狂欢节（Carnaval de Invierno）

7月末，蓬塔阿雷纳斯以焰火、音乐和游行度过最漫长的冬夜。

8月

秘鲁旅游高峰期的最后一个月，也是马丘比丘最拥挤的时候。在智利，8月是滑雪季的末尾。

利马圣罗莎节（Feast of Santa Rosa de Lima）

为了纪念圣罗莎（Santa Rosa）——利马和整个美洲尊敬的圣者。8月30日在利马、阿雷基帕和胡宁举行大型游行，智利也会庆祝。

9月

秘鲁和智利全国都进入淡季，但仍不失为一个旅行的好季节。这时秘鲁高山徒步仍有好天气，而且人很少。

Mistura

这个大型的国际美食节在利马持续一周，吸引50万游客品尝秘鲁最棒的餐馆和街头小吃。

智利国庆节

9月18日所在的一周，人们庆祝智利独立。

10月

前往亚马孙的最佳季节是9月至11月，更干燥的天气意味着能更好地观赏野生动物。

大亚马孙河漂流比赛（Great Amazon River Raft Race）

每年9月或10月上旬，世界上最长的漂流比赛在瑙塔（Nauta）和伊基托斯之间举办。

11月

海浪回来了，召唤着所有的冲浪者。智利南部花开得正好，不过天气仍然有点冷。这时是去海滩和巴塔哥尼亚的好时候，人潮和涨价还有一个月才会到来。

亡灵节（Día de los Muertos）

11月2日，人们为亲人的坟墓献上食物、酒和鲜花。在安第斯山，人们会把作为“祭品”的食物和酒消灭掉，气氛格外轻松。

普诺周（Puno Week）

11月5日开始持续一周，以传统服饰、街头舞蹈等庆祝第一位印加国王曼科·卡帕克的传奇诞生。

思想之港（Puerto de Ideas）

在瓦尔帕莱索，这个“关于一切的大会”吸引了整个拉丁美洲有想法的人来分享，形式类似TED大会。

12月

随着太平洋海水转暖，海滩也再次热闹起来。亚马孙的大雨从月底一直下到次年4月初。

圣诞节（Navidad）

12月25日，圣诞节在秘鲁和智利并不那么世俗化，而更多保留了其宗教意义，在安第斯高地尤其如此。

旅行线路

2周 秘鲁精华游

你可以用两周时间把秘鲁的主要景点都走一遍，但难免浅尝辄止。

在**利马**的餐馆以精致的秘鲁菜来开始旅程吧，还可以去公园和博物馆逛一逛。调整好时差后，向南穿过海岸沙漠前往**纳斯卡**，乘小飞机一睹神秘的纳斯卡线。继续向南到时尚而国际化的**阿雷基帕**，欣赏那里迷人的修道院、深深的峡谷和冒着烟的火山。

从阿雷基帕飞越安第斯山，抵达印加古都**库斯科**，行程再紧也要先安排几天适应海拔，这期间可以漫游铺着鹅卵石的小巷，探访**圣谷**里的印加古迹、手工艺集市和小村庄。然后乘火车去南美洲最著名的考古遗迹**马丘比丘**。

离开库斯科，你有三种选择去感受亚马孙。一是飞去**马尔多纳多港**（或者勇敢地挑战10小时的长途汽车），在那里选一家河边的住宿好好放松一下。二是参加团队游，从陆路前往**马努地区**，大片的原始森林里栖息着从蜜熊到凯门鳄等数不清的野生动物，堪称这个星球上生物多样性最丰富的区域。另一个选择是先飞回利马再北上飞往**伊基托斯**，这个熙熙攘攘的港口将带你深入亚马孙腹地。

2周 智利精华游

要把智利南北两端的亮点都覆盖，又不错过遥远的复活节岛，你需要以圣地亚哥为中心，做个空中飞人。

在**圣地亚哥**的博物馆和咖啡馆稍作停留后，先就近去具有波希米亚风情的海港**瓦尔帕莱索**，爬上诗人聂鲁达的故居，满城的壁画将为你开启奇幻的智利之旅。

回到圣地亚哥，向北奔向炎热的沙漠地带。乘飞机（忘掉20多个小时的大巴吧）到充满高原荒漠气氛的**圣佩德罗-德阿塔卡马**，小镇周边的壮美地貌是户外爱好者的游乐场，也许你来不及徒步、骑马、爬火山，但值得在这里花上两天，去月球表面般的**月亮谷**看日落，在蒸腾的**埃尔塔蒂奥间歇泉**看日出，并在这个世界上最干燥的沙漠来一场浪漫的观星体验。

掉头南下，有时间可以先飞到湖区的首府**蒙特港**，从这里绕道民俗文化中心**奇洛埃**去看精美的木教堂，或者坐4天渡轮穿越冰川镶嵌的峡湾前往**纳塔莱斯港**。时间有限，也可以直接飞往离纳塔莱斯港更近的蓬塔阿雷纳斯。经过长途跋涉终于来到传说中的**百内国家公园**，在这个遥远的角落感受自然的魅力。

最后，乘飞机匆匆往返太平洋上与世隔绝的**复活节岛**，与神秘的巨石像说声：你好，再见，不留遗憾地离开智利。

2周 印加帝国的心脏地带

这条线路围绕印加古都库斯科和印加人的高原圣湖的的喀喀湖展开，到处可见印加帝国的彩虹旗，你还有可能幸运地赶上传统节日。

从利马飞到**库斯科**，前两天先在**圣谷**适应海拔，在圣谷的诸多印加遗址中选择几处参观，比如去**皮萨克**逛逛集市，去**莫莱和马拉斯**看露天剧场般的梯田和上千块盐沼。圣谷最佳的住宿选择就在古意盎然的印加村庄**奥扬泰坦博**。

从奥扬泰坦博搭乘下午的火车去**热水镇**，在这个旅游小镇悠闲地享用晚餐，早早休息。第二天赶早乘车去**马丘比丘**，在这座印加古堡不知疲倦地逛上整整一天。如果有更多的时间和精力，来一场4天的印加古道徒步会更令你难忘。

回到**库斯科**后，已经适应了海拔的你可以花几天时间感受这座印加古都的殖民地魅力，探索这里的印加城墙、博物馆和安第斯美食。告别库斯科，搭一辆舒适的旅游巴士（或者昂贵的观光火车）去往海拔更高的**普诺**。在普诺周边，你可以参加团队游参观Colla人的塔墓遗迹**西路斯坦尼**。

游览**的的喀喀湖**的最佳方式就是乘船前往湖中的小岛，普诺旅行社经营非常成熟的一日和二日游。乌鲁斯人独一无二的浮岛不容错过，**阿曼塔尼岛**还未被旅游业改变，可以挑一家传统民宿住上一晚。

如果时间充足，可以乘大巴过境前往玻利维亚，在比普诺舒适得多的湖畔小镇**科帕卡巴纳**放下行李，乘船去**太阳岛和月亮岛**，湖中最大的岛屿太阳岛是印加传说中太阳和第一代印加王诞生的地方，岛上的徒步小径连接着传统村庄和印加遗迹。

你还可以继续前往乌尤尼盐沼，玻利维亚签证及过境信息见42页。

4周 巴塔哥尼亚

如果你只想走些僻静的乡村小道，如果你渴望满身泥泞，迷失荒野，这条一个月的路线再合适不过。夏季的交通和天气最适合前往巴塔哥尼亚。

离开**蒙特港**或巴拉斯港，先前往**科查莫山谷**或**普埃洛河谷**，在那里徒步、骑马、露营。从蒙特港乘渡轮去**普马林公园**，探索古老的森林，登上柴腾火山的火山口。沿着南疆旅道向南漫游到**富塔莱乌富**，感受乡村美景和惊心动魄的漂流。到**普尤瓦比**附近泡个温泉，或者在**克乌拉特国家公园**的冰川下露营。

科伊艾克是下一个重要的枢纽，游览过广阔的卡雷拉将军湖，来到阳光绿洲**智利奇科**。从这里你可以过境前往阿根廷的**洛斯安提哥斯**，沿40号公路到**埃尔查尔顿**，徒步菲茨罗伊山（Cerro Fitz Roy）。再花两天时间在**埃尔卡拉法特**，感受**冰川国家公园**和**佩里托莫雷诺冰川**的魅力。

从埃尔卡拉法特出发乘汽车轻松回到智利，经由**纳塔莱斯港**到达**百内国家公园**。徒步“W”路线或者用一周时间挑战环线。返回纳塔莱斯港，用手工啤酒、薄皮比萨和舒爽的热水澡犒劳自己吧！如果你有时间，可以乘Navimag Ferry的渡轮慢悠悠地返回蒙特港。

如果不取道智利奇科，你也可以沿南疆旅道走到最南端的**奥希金斯镇**，在那里放松、钓鱼或者徒步。然后经过一段车船联运，穿越边境到达埃尔查尔顿，继续上述行程，只不过会多花上一周时间。

阿根廷签证及过境信息见43页。

PHILIP LEE HARVEY/LONELY PLANET©

上图：位于智利的火烈鸟国家保护区

下图：在秘鲁马努地区的奥拓马德雷德迪奥斯河上探险

计划你的行程

带孩子旅行

秘鲁和智利都很适合带孩子旅行，并且会带来许多明显的好处。在这个很重视家庭的社会里，小朋友总是很受欢迎，对父母来说，这意味着更容易与当地人打破文化隔阂。同时，秘鲁和智利都有许多适合孩子的活动和针对家庭的度假酒店，各种服务场所一般也都能提供儿童服务。

孩子们的秘鲁和智利

探险

- 在安第斯山麓骑马
- 在亚马孙观赏野生动物

娱乐

- 欣赏节日活动中的传统服饰与舞蹈
- 在国家公园、农场、动物园观看羊驼

就餐

- 全家动手烧烤
- 在风景如画的户外野餐

雨天的室内活动

- 在利马和库斯科的巧克力博物馆做巧克力
- 在圣地亚哥和利马逛博物馆

便利性

秘鲁和智利对孩子是友好的，不过最好还是准备好所有常用的旅行预防措施，并确保他们接种了适当的疫苗。一些景点、活动和演出对儿童免费或提供折扣票。

- **公共交通** 通常会有人为带孩子的父母让座，如果儿童坐在父母腿上一般不需要买票。
- **自驾** 租车并不广泛支持儿童安全座椅，建议自己携带。
- **孕妇和哺乳期母亲** 孕妇在超市等场所排队时享受优待。公共场合哺乳并不罕见，但大多数女性都会谨慎地包裹自己。
- **保姆** 保姆服务或者儿童活动俱乐部等仅限于高档酒店和度假村。
- **公共厕所** 总的来说，公共厕所维护得较差，记得随身携带卫生纸。女性可以带小男孩进入女厕，但男性带小女孩进入男厕是不被社会接受的。
- **飞机** 12岁以下儿童乘飞机可享受折扣，2岁以下婴儿仅需支付票价的10%，前提是孩子坐在父母腿上。

健康和安全

带孩子在秘鲁和智利旅行需要关注的主要问题是饮食，因为腹泻对他们来说尤其危险，只喝过滤或煮开的水，最好不要生吃蔬菜，除非你能确保它们被安全地处理过。

晒伤也是个问题，尤其是在海边或高海拔地区，确保给孩子采取充分的防晒措施。高原反应不容忽视，放慢行程逐渐适应海拔很关键，不建议带3岁以下的儿童到高海拔地区。9个月以下的婴儿不应带去低海拔的丛林地区，因为黄热病疫苗对这个年龄群体不够安全。秘鲁属于疟疾流行的国家，在出发前应咨询医生采取相应的预防措施。

使用驱蚊剂要注意避蚊胺浓度不要超过10%（成人为35%），2个月以下婴儿不建议使用驱蚊剂（可用蚊帐替代）。街头流浪狗很常见，最好及时注射狂犬疫苗。

就餐

尽管餐馆不供应特别的儿童餐，但大多数都有几种适合儿童的菜，或者可以应需要提供。你可以要求不加辣（西班牙语为sin picante）。一份菜由一个大人和一个孩子或两个孩子分食是完全可以接受的。儿童椅比较少见，偶尔会在大型餐馆遇到。不要等所有人都饿了才就餐，因为餐馆上菜可能会比较慢。拉丁美洲的营业时间也是个挑战，餐馆可能在19:00甚至20:00才开始供应晚餐。

探险

在秘鲁和智利，孩子们会喜欢各种运动，比如徒步和骑行，只要他们能按自己的体力和节奏进行。带些小吃，为坏天气和体力透支做好应急准备。常规项目如火车旅行、丛林乘船游可以算作儿童的探险。在乡村地区，社区旅游是一个很好的选择。许多针对成人的活动降低难度和强度后也同样适用于儿童。骑马和皮划艇等活动通常有年龄限制（多为8岁以上）。一些河流适合孩子漂流，确保旅行社有儿童尺码的救生衣。

计划行程

何时去

夏季（12月至次年2月）遇到好天气的机会更大，也更适合户外运动。智利北部的沙漠和两国的海岸全年均可前往。不要在雨季（12月至次年3月）前往秘鲁的高地，旱季在6月至8月期间，适合探索库斯科和马丘比丘，不过人也最多。智利南部的雨季则是5月至7月。冬季（6月至8月）可以带孩子去滑雪。

住宿

酒店通常对12岁以下儿童打折，有些可提供儿童床。酒店式公寓或Airbnb民宿通常可以做饭，适合家庭入住，性价比高。智利南部的有些露营地带遮雨的烧烤小屋。

行李

- 如果你带的是一个婴儿，记得在首都或其他大城市买足够的尿布，以备在乡村地区使用。带好婴儿药物、体温计，当然还有玩具。
- 最好随身带上杀菌洗手液，因为厕所可能找不到肥皂。
- 带上放心的驱蚊剂，在当地可以买到，但无毒配方的可能不好找。
- 以防万一，最好带上止泻药。
- 为孩子准备舒适的户外服装、一套泳衣、太阳帽、一件保暖外套，确保鞋子是磨合过的，拖鞋在海滩很实用。
- 一部便宜的数码相机或一副望远镜会为旅途增添不少乐趣。
- 当地可以租到儿童自行车（记得索要头盔和护具）和冲浪装备。
- 在城市以外的地区使用折叠式婴儿车会遇到不便，可使用婴儿背包替代。
- 仔细考虑是否有必要带电子游戏和平板电脑，它们会在公共场合引起很大的注意，如果使用，最好只在酒店内。

适合孩子的地区

海岸线

秘鲁和智利太平洋海岸线上的许多城镇都是不错的度假地，有些还可以游泳、冲浪。温和晴朗的天气会让你的计划更顺利。

马丘比丘

还有什么比这个印加之迷更吸引青少年呢？在库斯科周边还有许多小型的印加遗迹同样值得探访。

圣地亚哥

这里有适合儿童的博物馆、公园和滑雪场。在附近的迈波山谷还有刺激的骑马和高空滑索等活动。

湖区

骑马、游湖、参观农场、水上运动和火山探险，湖畔小镇普冈和巴拉斯港是探索这一区域的大本营，夏季有儿童专属活动。

计划你的行程

户外活动

得天独厚、丰富多彩的地貌，催生出种类繁多的探险项目，使秘鲁和智利成为当之无愧的户外天堂。准备开启一场探险之旅吧，你唯一需要仔细盘算的是何时该去何地，因为季节和气候的差异会大大影响你的户外体验。带上你的装备，不然你会后悔的。

秘鲁最佳野生动物观赏地

马努国家公园（见155页）

在最原始的亚马孙腹地，美洲虎、貘、猴子等多种野生动物栖息在这片广袤的雨林中。

科尔卡峡谷（见91页）

安第斯秃鹰展翅翱翔在这座世界第二深的峡谷山间。

鸟岛（见76页）

围绕岛上的拱石和岩洞航行，你能看到海狮、洪堡企鹅、火烈鸟、海豚和多种鸟类。

瓦斯卡兰国家公园（见145页）

骆马和兔鼠活跃在布兰卡山脉的高原上。

通贝斯（见138页）

北部海岸的稀有红树林是鳄鱼、海鸟和火烈鸟的家。

徒步

秘鲁

秘鲁的徒步大本营是南部安第斯山区的库斯科、阿雷基帕和北部的瓦拉斯。许多轻松的徒步路线都围绕着考古遗址展开，或以考古遗址为终点。你可以沿着古老的商人或印加信使走过的路，翻山越岭，穿过一片片梯田。记得在开始徒步前给自己留出足够的时间适应海拔。旱季（5月至9月）最适合徒步，雨季（12月至次年3月）时有些路线会封闭。

印加古道网络于2014年被选入世界遗产，它从哥伦比亚一直向南延伸到智利，22,530公里的总长度比从圣地亚哥到北京的直线距离还要长，沿途常有绝美的风景，让人不禁感慨，印加人真是修路的高手。户外旅行社正期待着这些默默无闻的古道能被投资开发，出发前多留意新的徒步机会。

毫无疑问，秘鲁最著名的徒步路线是以马丘比丘为终点的那段印加古道。你必须跟随向导完成，每日限制人数意味着旅行社的名额总是早早被抢空。对于无法提前计划的人，马丘比丘周边的其他徒步线路也值得一走。库斯科周边还有围绕奥桑加特山（海拔6372米）的6日徒步，途中翻越海拔超过5000米的垭口，穿过大群羊驼和几个世纪都未曾改变的小村庄。

在阿雷基帕，你可以深入世界最深的两座峡谷——科尔卡峡谷和科塔瓦西峡谷，峡谷海拔相对低些，但风景毫不逊色。雨季期间，安第斯山脉的许多徒步路线都会封闭，但科尔卡峡谷却仍然郁郁葱葱，它也是秘鲁最适合在乡村之间自由穿行的地方。科塔瓦西峡谷更加崎岖，最好跟随一位有经验的当地向导，并且仅在旱季前往。

在瓦拉斯，布兰卡山脉的雪峰无可匹敌。最热门的是瓦斯卡兰国家公园内的圣克鲁斯线路，在4天的徒步过程中，勇敢的徒步者将爬上海拔4760米的Punta Unión垭口。

库斯科和瓦拉斯都有许多旅行社提供装备、向导、背夫，阿雷基帕的数量少些。如果你想超级轻装，最好自行购买装备，尤其是睡袋，因为旅行社出租的老式装备都比较沉。你是否需要向导取决于具体线路。秘鲁的一些特定区域必须要有向导，比如印加古道；有些地方曾经发生过抢劫事件，比如Huayhuash山，也最好有当地人陪同。其余大量线路都完全可以自行完成，在国家地理研究所（Instituto Geográfico Nacional，简称IGN）、South American Explorers Club或者徒步线路周边的城镇可以买到徒步用的地形图。

智利

冰川、宝石般的湖泊和世界著名的花岗岩山峰，使百内国家公园成为南美大陆上最受欢迎的徒步目的地。前往公园的公共交通比较方便，多条徒步线路都覆盖有乡村小屋和露营地。不过，名气大也就免不了过于拥挤的问题。火地岛上的Dientes de Navarino徒步环线同样惊艳，但相对较难到达。

湖区也有许多徒步小径。巴塔哥尼亚北部的普马林公园有几条不错的一日徒步路线，其中最大的亮点是爬上柴腾火山去看热气升腾的火山口。圣地亚哥周边的埃尔莫拉多自然公园值得一去。智利中部的奥托斯-德里尔凯国家保护区有一条很棒的乡村环线。在北部，沙漠绿洲圣佩德罗-德阿塔卡马和劳卡国家公园都有许多充满诱惑的徒步路线。太平洋上遥远的复活节岛同样适合徒步探索。

智利国家林业局（Conaf）是获得国家公园信息的官方渠道，并在许多地方设有办公室，提供可靠的徒步地图。不要把目光局限于国家公园，南部的许多乡村地区也同样适合徒步，还可以租到马匹驮行李。

登山、攀岩和攀冰

秘鲁

秘鲁有世界上最高的热带山峰，登山活

负责任的徒步

- 不要生野火，使用露营炉具和丁烷气罐做饭。巴塔哥尼亚的风很大，生火要格外谨慎。
- 带走所有的垃圾。
- 人类排泄物对水资源的污染会导致一系列环境问题。有厕所的地方请使用厕所，没有厕所的地方就请填埋排泄物。在离水源至少100米的地方挖一个15厘米深的坑，用土壤和一块石头盖住排泄物。将厕纸打包带走。
- 在清洗时要离水源至少50米远，使用可生物降解的肥皂。
- 不要投喂野生动物。
- 有些徒步路线穿过私人土地，通过前礼貌地征得居民的同意，通过后保证牲畜的圈门都保持原状。
- 不要给当地孩子钱、糖或者礼物，否则会鼓励他们持续不断地乞讨，这在一些路线上已经成为非常严重的问题。如果你想帮助当地人，不妨直接捐给当地的学校和志愿者组织。
- 低调一些，你身上装备的价值可能比许多当地人一个月（甚至一年）的收入还要高。晚上把所有物品都放在帐篷内，包括鞋子。

动相当刺激，不过海拔是个很大的挑战。拥有多座5000米以上雪峰的布兰卡山脉是南美洲的顶级登山地。

在安第斯小镇瓦拉斯的旅行社和户外店，很容易找到向导服务、信息咨询和登山装备出租。在瓦拉斯周边，Ishinaca（海拔5530米）和Pisco（海拔5752米）两座山可以满足缺乏经验的登山者。对于专业人士来说，这些山是冲击秘鲁最高峰瓦斯卡兰山（海拔6768米）的最佳热身。瓦拉斯周边也可以攀岩和攀冰，一些旅行社有室内的岩壁，出租专业装备，并组织团队游。

在秘鲁南部，勇敢的新手可以去征服阿雷基帕周边的雪顶火山。最热门的是攀登米斯蒂火山（海拔5822米），这里曾是一处印加的祭祀场所。查查尼峰（海拔6075米）是世界上最容易攀登的海拔6000米以上的山峰之一，不过还是需要冰爪、冰镐和一名好向导。在科尔卡峡谷上方还耸立着其他诱人的山峰。

对于跃跃欲试的登山起步者，秘鲁并非一个开始实践的好地方。因为不是所有的向导都有急救和荒野生存的基本能力。核实你的向导的资格证书，在出发前仔细检查所有租来的装备。和徒步一样，高海拔登山的最佳季节也是旱季（6月中旬至7月中旬）。

智利

面对着智利的百余座山峰（包括50座活火山），没有登山和攀冰爱好者能否认这个国家的吸引力。

阿劳卡尼亚和百内国家公园都有迷人的低矮火山，奥索尔诺火山是热门的登山选择。攀冰可以考虑距圣地亚哥仅几小时车程的Loma Larga和Plomo。如果你想攀登位于边境的山峰，如奥霍斯德尔萨拉多山，必须获得智利边境管理局（Dirección de Fronteras y Límites）的许可。可以在抵达智利前先通过旅行社填写申请表。

更多信息请联系登山运动联合会（Federación de Andinismo; ☎02-222-9140; www.feach.cl; Almirante Simpson 77, Providencia, Santiago）。登录www.escalando.cl可获得详细的路线信息和照片。

在智利富塔莱乌富的河上漂流

骑行

山地自行车这几年才在秘鲁流行起来，仍然是个刚刚起步的运动，但这里绝不缺少适合骑行的地形。在瓦拉斯、阿雷基帕甚至利马周边都有不同难度的单向车道。如果你是个经验丰富的骑行者，就以库斯科为大本营，去圣谷和亚马孙丛林中挑战吧！围绕葡萄酒庄园和科尔卡峡谷周边的路线相对轻松些。秘鲁的山地车出租市场还比较基础，如果你要进行难度较大、距离较长的骑行，还是带上自己的坐骑吧。航空公司对于托运自行车的规定各不相同，在订票前打听清楚。

从环湖的休闲骑行到火山速降，智利的骑行选择也越来越丰富。北部的圣佩德罗-德阿塔卡马是一个热门的骑行目的地。湖区一些受公共交通限制的地方也适合骑自行车探访。普冈附近的Ojos de Caburgua环线很受欢迎。漫长的南疆旅道充满挑战，吸引了许多慕名而来的外国骑行者。而越来越多的骑行者正在进行终极挑战：骑行智利全境！

秘鲁和智利的大多数城镇都有修车店，

在秘鲁瓦卡奇纳玩沙滑板的人

可以买到基本零件，但还是有必要带一套齐全的修车工具和备件。

漂流和皮划艇

从乌鲁班巴河上几小时的漂流，到Apurímac河的多日行程，库斯科周边拥有秘鲁最丰富的漂流选择。阿雷基帕是另一个漂流中心，Río Chili是最常漂流的一条河，从3月至11月每天都有初学者的半日游，再远一些的Río Majes有Ⅱ级和Ⅲ级的漂流。

注意漂流在秘鲁还没有达到非常规范的程度。每年都有死亡事故发生，偏远的河流要好几天才能得到救援。不仅如此，一些旅行社不讲究环保，使露营的河滩非常脏乱。靠谱的旅行社提供保险，并能够出示资质证明，向导经验丰富，接受过急救训练，并随身携带齐备的医疗包。更多关于在秘鲁漂流的信息，请查询www.peruwhitewater.com。

智利南部有许多风景优美的河流、湖泊和峡湾。水从安第斯山上流淌下来，穿过峡谷，形成世界级的河流。巴塔哥尼亚北部的富塔莱乌富河有Ⅳ级和Ⅴ级的漂流。普冈周边的河流难度低些。圣地亚哥附近的迈波山谷适合休闲游。南部的峡湾是海上皮划艇爱好者的天堂，普马林公园和奇洛埃海湾周边比较热门。湖上皮划艇和立式划桨（SUP）在整个湖区正变得流行。更多关于皮划艇的信息，请查询rivers.ofchile.com。

圣地亚哥、普冈、巴拉斯港等地的旅行社都有不同难度等级的活动。由于智利没有向导的官方认证机构，提前确认旅行社是否有针对河流安全和急救的专业训练，以及装备质量如何。有些地方可能需要防寒泳衣。

冲浪和风筝冲浪

秘鲁的海岸翻滚着持续不断的浪头，浓厚的冲浪气氛吸引了国内外的冲浪爱好者，但还不至于人满为患。桨叶式冲浪和风筝冲浪也逐渐流行起来。在你飞抵这个国家的第一时间就能看到海浪，冲浪者聚集在首都利马南部的米拉弗洛雷斯、巴兰科，初学者则偏爱更南边的Punta Hermosa，附近的

等等，还有更多……

滑翔 秘鲁热门的滑翔地点包括利马米拉弗洛雷斯的海岸峭壁，以及南部海岸的皮斯科等地，你甚至可以滑翔飞越纳斯卡线。智利的伊基克是南美著名的滑翔地。

滑沙 在秘鲁南部海岸的瓦卡奇纳，每天都有大群外国人从巨大的沙丘上俯冲而下。纳斯卡的Cerro Blanco（海拔2078米）是世界已知最高的沙丘。在智利滑沙也是绝对难忘的体验，去圣佩德罗-德阿塔卡马或伊基克试试吧。

潜水 水肺潜水在秘鲁比较少见。只有12月中旬至次年3月海水才不太冷，但这段时间海水透明度又比较差。利马的潜水公司有PADI认证课程，出租装备，组织在海岸观海狮的活动。曼科拉是另一个水肺潜水中心。在智利的Juan Fernández群岛和复活节岛周边海域有很棒的潜水地点。

骑马 秘鲁的很多旅游目的地都能租到马匹，不过有些马会被虐待，谨慎选择。当年殖民者骑的西班牙混合摩尔血统的马匹后代，被认为踏着世界上最优雅的步伐。智利马强健结实，涉水或攀爬陡坡的技术惊人。除了智利最北部，其他地方都很容易找到骑马的机会。

游泳 秘鲁的太平洋海水1月至3月最暖和。利马南部就有一些不错的海水浴场，更诱人的海滩在北部海岸，尤其是休闲的万查科、奇克拉约和曼科拉。智利漫长的海岸线有许多沙滩，但洪堡的洋流带来的冰冷海水并不适合游泳，除了最北部的阿里卡。

Punta Rocas会举办国际锦标赛。秘鲁的北部海岸也有一连串绝佳的冲浪地点。曼科拉是桨叶式冲浪和风筝冲浪的中心。

4月至12月中旬水温较低（低至15℃），需要防寒泳衣。事实上，许多冲浪者全年都穿防寒泳衣（2或3毫米就足够了），即使是在水温较暖（约20℃）的1月至3月。最北边的海岸全年大部分时间水温都高于21℃。

在秘鲁冲浪需要做好一些心理准备：设施有限，租赁装备很贵。北部海岸是最有序的，有冲浪商店和青年旅舍可以咨询信息、租冲浪板、安排冲浪一日游，万查科就是一个很棒的冲浪大本营。高段位的冲浪者最好自带装备。想要了解秘鲁每一处冲浪点的详细情况，请查询www.peruazul.com、www.vivamancora.com和www.wannasurf.com。天气预报和海浪情况可查询www.magicseaweed.com和www.windguru.com。

智利绵长的太平洋海岸孕育出繁荣的冲浪文化，尤其是智利中部和北部。全国的冲浪锦标赛在冲浪之都皮奇莱穆举办。在伊基克全年都适合冲浪和卧板冲浪，冬季最佳，那时涌浪从北方而来。智利也有风筝冲浪，但装备和课程比较难找。查询www.kitesurf.cl了解更多信息。

智利的海水只有在最北边的阿里卡算是温暖舒适，所以防寒泳衣是有必要的。最大的浪出现在7月，一些海域并不适合冲浪，最好不要单独行动。你可以在任何冲浪基地购买或租赁冲浪板，参加冲浪课程。

滑雪和单板滑雪

智利的安第斯山分布着世界级的滑雪场。不要期待有太大的折扣，这些滑雪场都物有所值。距圣地亚哥一小时车程以内就有多家滑雪场。传奇的波蒂略是多项速降纪录诞生的地方，也是许多北半球顶级滑雪运动员的夏季训练基地，它在圣地亚哥东北部，靠近通往阿根廷门多萨的边境。普冈附近的比亚里卡国家公园可以在冒着烟的火山上滑雪，别有一番乐趣，不过2015年的火山喷发使公园暂时关闭。智利南部的滑雪场常常与温泉并存，可以在冰火两重天中好好放松一下。科伊艾克有自己的小型滑雪场，蓬塔阿雷纳斯能享受海景，不过难度系数较低。

滑雪季从6月至10月，不过南部的降雪不会持续那么久。圣地亚哥有一些可以租滑雪装备的商店，其他滑雪场也可以租到全套装备。

计划你的行程

小预算，大冒险

前往遥远的南美洲听起来总让人觉得这必定是一次昂贵的旅程，其实即使你的预算有限，仍然可以在秘鲁和智利获得许多难忘的体验。在海滩上嬉戏，观看野生动物，探索迷人的殖民地小城……你有无数种在南美洲穷游的方式。尽管钱不是最重要的，但稍加安排会帮你把钱花在刀刃上。

何时去

在确定旅行日期之前，先考虑下你想要去哪些地区，并在这些地区做些什么。比如，如果你想观看野生动物的话，就应该避免在雨季前往亚马孙平原。而整体来说，秘鲁和智利两国的淡旺季是刚好相反的，你在安排行程时将不得不做出取舍。

节日

在拉丁美洲，赶上节日会让你最大限度地感受到拉美人的热情奔放，因此在设计路线时别忘了先查看一下24页“每月热门”。狂欢节和圣周是整个南美洲的重要节日，在秘鲁和智利也不例外，此外还有库斯科的太阳节、复活节岛的Tapati Rapa Nui、瓦尔帕莱索的跨年焰火等。可想而知，越热闹的节日，交通和住宿就越紧张，价格也越高，越早下手越好。

海滩

要挑一个去海滩的最佳时间并不是件容易的事：天气温暖又不能太热，同时还要避免“下饺子”似的人潮。试着在平季时前往，错开炎热拥挤的夏季。11月和3月（狂欢节后）就是很不错的时候，人少价低。

倒计时

12个月 计算旅行预算，并开始攒钱。

6个月 选择去哪些国家，何时去，去多久。

2个月 预订机票，更换即将过期的护照。

6周至4周 办理签证，预订紧俏的团队游（印加古道徒步建议提前更久）和住宿。

2周 预订旺季热门目的地的住宿。

1周 预订第一站的住宿，开始打包行李。

平均花销

青年旅舍床位 10~20美元

客栈双人间 20~30美元

午餐套餐 2~6美元

一瓶啤酒 2~4美元

长途汽车 1~3美元/小时

国内航空 50美元起

丛林游

如果你要去亚马孙地区，要注意旱季和雨季之分。尽管那里全年都下雨（“雨林”不是白叫的），但降雨最大、持续时间最长的是1月至5月。而旱季是7月至10月，适合游览。

山地徒步

在安第斯山区，最潮湿的季节是11月至次年3月，其中2月最差（印加古道在这个月关闭）。5月至8月被认为是最适宜徒步的时间，6月、7月尤佳，不过这也意味着最繁忙，所以不妨考虑一下4月、5月、9月和10月。

冲浪

秘鲁和智利拥有长长的太平洋海岸线。沿着智利的海岸你能找到非常棒的浪头，全年都可冲浪。而秘鲁最好的浪头出现在3月至11月的冬季。

滑雪

智利的滑雪季从6月中旬至10月中旬，如果一定要缩小范围，那就选择8月吧，那时雪况最佳。

省钱指南

如果只考虑最基本的食宿和当地交通花费，在秘鲁你可以花30美元度过一天，但在相对较贵的智利，想把每日预算控制在50美元以下有点困难。还要把长途交通（长途汽车、船、飞机）和特殊活动（如自驾、山地自行车、丛林徒步、团队游等）考虑进来，并留出一些备用预算，比如一旦赶上节日，廉价航班和住宿被抢购一空时，你将不得不消费升级。

住宿是花销中的大头，一般来说，你能找到许多廉价住宿，放弃越多的硬件设施（如空调、热水），就会省下越多的钱。交通方面，乘坐长途汽车通常比飞机更便宜，不过有些廉价航空公司会推出与长途汽车票价相当的折扣，需要尽早预订。

城市推荐

➡ **秘鲁** 如果你已经跋涉了几个星期，库斯科是个休整一下的好地方。在古老的街道上漫步，惊人的印加建筑和宏伟的殖民地广场都不需要花一分钱。实惠的秘鲁菜套餐和中餐可以让你无压力地待上一阵。除了印加古道之外，库斯科周边还有许多相对便宜的徒步路线。

➡ **智利** 你很容易被瓦尔帕莱索的波希米亚风情所倾倒。这座海港山城有鹅卵石铺就的梦幻街区，街区上布满南美洲最优秀的街头绘画艺术，在每一个转角都会遇见绝美的海景。这个学生最爱的小城也有性价比较高的食宿选择。

省钱妙计

➡ 慢下来享受一个地方，而不是急匆匆地奔向下一站。走得越快越远，花的钱就越多。

➡ 像当地人一样吃路边摊或市场里的便宜摊位。

➡ 住床位间或者和朋友合住一间房，忍耐没有空调和独立卫生间的房间。

➡ 尽量选择陆路旅行，而不是坐飞机。

➡ 在网上预订机票甚至长途汽车票，省去通过旅行社预订支付的服务费。

➡ 多停留在小城镇，而不是大城市。

➡ 有选择性地参观遗址和国家公园等景点。

➡ 避免旅行社的套餐（含食宿、交通、导游等）。

➡ 了解出租车等当地交通工具的通行价格后再讲价。

➡ 在旅程结束时，再用剩余的钱购买纪念品。

➡ 每日记账，对平均开销做到心中有数。

住宿

➡ 除非是旺季，大多数房价都没有商量的余地，但多问一句有没有折扣价，说不定会有惊喜。

➡ 一旦你已经付过房费，就几乎没有退钱的可能，因此在入住前先仔细检查好房间设施。

➡ 先付第一天的房费，而不是一次性把多天的房费都付齐。这样一旦对房间不满意还有更换酒店的可能。

➡ 不过，如果你已经决定在一个地方多住一段日子，记得问问有没有长住折扣。

➡ 除非是旺季和节假日，一般不需要提前预订

秘鲁库斯科的彩虹山顶

（尤其是预付款）。

➡ 如果你想要订房，尽量直接与酒店联系，旅行社或订房网站都会收取服务费。

打包

如果你计划来一场南美洲背包游，行李要尽可能轻装，因为你需要走到哪背到哪。背包越小，在上下交通工具时越方便，在出租车要价太高需要步行时也越容易，同时也会帮你减少掮客和骗子的关注。

电子产品

越来越多的旅行者在旅途中已经离不开各种电子产品——手机、平板电脑、笔记本电脑、相机，它们为旅行带来了极大的便利，但也增加了被偷窃、抢劫、损坏的风险。秘鲁和智利各地区反差极大的气候不利于电子产品的保养，一场突如其来的暴雨很可能会将行李淋湿，你的背包总是被粗暴地扔来扔去，小偷说不定已经盯上了你手里的iPhone手机。

虽然携带电子产品有种种风险，但带上至少一种能使用Wi-Fi的设备是非常必要的，你可以通过它向家人报平安，预订酒店，查询信息等。不要依赖网吧，在南美洲的许多地方，网吧正在逐渐消失。

以下是一些关于电子产品的小贴士：

➡ 尽量精简到一两件多功能的电子设备：一台平板电脑或一部智能手机，就可以满足上网、阅读、娱乐等功能，且比笔记本电脑轻便许多。

➡ 将电子产品装在防水包装里，并将电池分装。

➡ 购买承保你的电子设备被窃或损坏的旅游保险。

➡ 在手机上下载并注册国际通用的即时通讯应用Whats App，以便你能与在路上结识的当地人和旅行者保持联络。

计划你的行程

穿越边境，漫游南美

南美洲的13个国家和地区紧密地连在一起，凝聚成震撼人心的自然与人文奇迹。如果你打算给自己放一个足够长的假期，就不要把脚步局限在秘鲁和智利。从这两个国家向外发散，可以经由陆路或水路前往玻利维亚、阿根廷、巴西、厄瓜多尔和哥伦比亚，几乎覆盖了整个南美大陆的主要亮点。签证已经不再是难题，还等什么呢？

秘鲁和智利相互过境

秘鲁南部的塔克纳（见83页）和智利北部的阿里卡（见229页）之间相距仅65公里，旅行者可乘坐火车、长途汽车或合乘出租车过境，手续相对简单。塔克纳边境的通行时间从8:00至午夜，周五至周日24小时开放。智利边境的通行时间为周日至周四的8:00至午夜，周五和周六则是24小时开放。

需要注意两国的时差，智利时间比秘鲁快1小时（夏令时期间则快2小时）。此外，从秘鲁进入智利之前要将携带的所有水果和蔬菜都吃掉，并且不要携带古柯叶。

从秘鲁或智利前往邻国

玻利维亚

粗犷的边境，绝美的自然，崎岖的道路，总是晚点的长途汽车……这些元素构成了这个南美洲最复杂的国家之一。乌尤尼盐沼几乎抢走了玻利维亚旅游业的全部风头，但当你走过拥挤的拉巴斯和文艺的苏克雷这两座天壤之别的首都，看过高原上的白银之城波托西，必将惊叹于这些城市独特的建筑与历史文化。如果你热爱户外，这里广袤而偏远的荒野可以让你零距离接触大自然。从的的喀喀湖畔，到安第斯山巅，再到亚马孙边缘，你可以沿着印加古道徒步，骑车挑战“死亡之路”，或者乘船深入雨林腹地。这就是充满危险又时刻给你惊喜的玻利维亚。

签证

中国公民入境玻利维亚需要办理签证或落地签。落地签仅限从拉巴斯机场入境，需提供机票、酒店订单和邀请函（可请旅行社提供），签证费651玻利维亚诺（约95美元，不接受美元）。

在国内提前办理签证手续烦琐，效率较低。目前旅行者普遍采用的做法是，在秘鲁（库斯科或普诺）的玻利维亚领事馆办理，材料齐全一般当即就能拿到签证，方便快捷且省钱。签证费30美元，自入境之日起停留期30天。

在秘鲁申请玻利维亚签证所需材料：在线填写并打印的申请表（portalmre.rree.gob.bo/formvisas/）、护照复印件、照片、酒店预订单、行程单、信用卡复印件、黄热病接种证明复印件（黄热病是森林地区由蚊子传播的对生命有威胁的病毒性传染病，详见308页健康指南，如果只去乌尤尼盐沼，没有该证明也可能获得签证）。

玻利维亚驻秘鲁大使馆（☎01-440-2095；www.boliviaenperu.com；Los Castaños 235, San Isidro, Lima 27）

玻利维亚驻普诺领事馆（☎051-35-1251；Arequipa 136，3层；⏲周一至周五 8:00~16:00）

玻利维亚驻库斯科领事馆（Av. Oswaldo Baca 101；⏲周一至周五 8:00~15:30）

过境交通

从秘鲁可经由陆路或水路过境前往玻利维亚，从智利可陆路过境。

从秘鲁的普诺出发到拉巴斯有两条线路线。途经永古约（Yunguyo）的路线更安全更容易，你可以在湖边度假小城科帕卡瓦纳（Copacabana）暂作停留。途经德萨瓜德罗（Desaguadero）的路线则稍微快一点，并且便宜一些，可顺路参观蒂瓦纳库（Tiwanaku）遗址。详见99页方框“前往玻利维亚”。从库斯科也有前往玻利维亚的国际长途汽车。

从秘鲁的马尔多纳多港可以租船或搭乘偶尔出现的货船前往玻利维亚边境的帕尔多港（Puerto Pardo）。详见154页方框“前往巴西和玻利维亚”。

从智利的圣佩德罗-德阿塔卡马向东北方向也可陆路前往玻利维亚，通常为标准的3天2晚团队游行程，途经荒蛮的国家公园，穿过乌尤尼盐沼，最终到达乌尤尼镇。食宿和交通条件比较艰苦，但沿途景色壮观，有足够的时间拍照。详见221页方框“前往玻利维亚乌尤尼盐沼”。从乌尤尼镇反向过境到智利的旅行者也非常多，费用差别不大，经营的旅行社非常多。也有汽车公司经营乌尤尼镇往返圣佩德罗-德阿塔卡马的长途汽车，算上过境时间约需12小时。

此外，也可以从智利北部小镇Chungara经由劳卡国家公园，前往玻利维亚的坦博克马多（Tambo Quemado）。详见231页方框“前往秘鲁和玻利维亚”。

阿根廷

阿根廷是旅行者的天堂，这里有着灿烂的风景、繁华的都市和生动的文化。从玻利维亚边境到南美洲大陆的最南端，阿根廷的国土绵延3500公里，涵盖了各种地貌和气候。热爱大自然的你，可以流连于巴塔哥尼亚大草原，攀登南美洲的最高峰，在成千上万只企鹅间漫步，或者亲眼看到世界上最神奇的瀑布。徒步旅行者可以畅享植被茂盛的美丽湖区，沉溺于巴塔哥尼亚冰雕般的壮美景色。城市一族则一定会喜欢迷人的首都布宜诺斯艾利斯，在那里跳性感的探戈、品尝种类繁多的美食，在酒吧夜店里泡个通宵。

签证

阿根廷已对中国开放有条件的电子签证（即电子旅游许可AVE），持有效美国签证或申根签证（并且有效期超过赴阿根廷旅行结束日期3个月）的中国公民可申请电子签证，费用50美元，有效期3个月，多次往返，每次停留90天。如无上述签证则仍需向阿根廷的领事馆申请办理旅游签证。自2017年6月15日起，符合条件的中国公民可申请阿根廷10年多次入境的旅游签证。

电子签证申请网址：www.migraciones.gov.ar/accesible/indexP.php?reciprocidad，先付款，然后按提示在线填表，审核通过后电子签证才生效。申请过程中需要上传护照扫描件（包括封面及所有空白页），上传的PDF文件不能超过5MB，建议提前在国内扫描并压缩好，毕竟在南美洲许多小城市想找一台扫描仪并不是件容易的事。

过境交通

从智利可陆路过境前往阿根廷。

智利东部与阿根廷西部共享着绵长的边界，有多个边境口岸翻越安第斯山脉，需要注意，许多道路冬季封闭。热门的长途汽车过境路线包括：圣地亚哥到门多萨（Mendoza）和布宜诺斯艾利斯、卡拉马到胡胡伊（Jujuy）和萨尔塔（Salta）、拉塞雷纳到圣胡安（San Juan）、特木科到圣马丁-德洛斯安第斯（San Martín de los Andes），以及巴拉斯港和巴里洛切（Bariloche）之间的车船联运。

如果你已经疯狂地走到了智利南疆旅道尽头的奥希金斯镇，那么你还可以做一件更疯狂的事情——沿着南部的冰原边缘，前往阿根廷的冰川国家公园（Parque Nacional Los Glaciares）和埃尔查尔腾（El Chaltén）。详见274页方框“走个后门去阿根廷”。

巴西

也许一场奥运会让你对里约的治安隐隐担忧，但巴西仍然以一种骨子里的对生活的热爱与狂欢，光彩夺目地吸引着全世界的旅行者前来，并轻而易举地牢牢抓住他们的心。蔚蓝的大西洋冲刷出7500公里的阳光海滩，环绕着这个几乎占了半个南美洲的大国，歌舞升平的现代都市、迷人的殖民地小镇、宏伟壮观的瀑布、茂密的热带雨林……所有的美好在巴西最著名的狂欢节上达到了高潮，美女、桑巴、足球和烤肉，绚丽耀眼，无所顾忌，热潮席卷全国所有大小城镇。即便是在大斋节期间，巴西人也丝毫没有抑制他们的热情。这不是一部葡萄牙语电影大片，这是天堂般的巴西。

签证

中国公民入境巴西需办理旅游签证，有效期90天，签证费及服务费共740元。详细信息请查询巴西签证中心中文网站（www.vfsglobal.cn/brazil/china/Tourism.html）。

申请所需材料：护照、户口本所有页的复印件、在线填写申请表（formulario-mre.serpro.gov.br）、照片、工作证明、下榻酒店订单或邀请函、经济实力证明（3个月银行流水或信用卡对账单以及在职证明和准假证明）、机票订单或旅行社信函。

过境交通

从秘鲁可经由陆路或水路过境前往巴西。

从马尔多纳多港沿Interoceánica公路可达边境上的Ińapari，过桥就到了巴西的阿西斯（Assis），那里有公路途经巴西雷亚（Brasiléia）通往里约布兰科（Río Branco）。详见154页方框“前往巴西和玻利维亚”。

在亚马孙丛林之中，哥伦比亚、巴西和秘鲁共有一个三国交界的边境。从秘鲁的伊基托斯出发，可乘船或快艇去往三国边境处。巴西的塔巴廷加（Tabatinga）与哥伦比亚的莱蒂西亚（Leticia）之间有公路相连。在塔巴廷加可乘船、快艇或飞机前往巴西的马瑙斯（Manaus）。详见160页方框“前往哥伦比亚和巴西”。

厄瓜多尔

亚马孙雨林，白雪覆盖的群山，加拉帕戈斯群岛，这个跨越赤道的安第斯小国向我们展示了一个神奇探险之旅的绝佳舞台。你可以花一天时间玩激浪漂流，也别忘了抬头凝望那6000米高的火山山峰；你可以来一次惊心动魄的高原徒步，在西海岸冲浪、远足、骑山地自行车；或者在首都基多和最大城市瓜亚基尔探索迷人的殖民地风情。观看野生动植物是感受厄瓜多尔富饶之美的另一种方式，在丛林的树冠塔上拍摄猴子，在太平洋里和海狮一起游泳，或者是在迷雾蒙蒙的丛林中，与厄瓜多尔1600种鸟类中的一些成员亲密接触。

签证

自2016年3月1日起，以旅游、探亲或从事非营利性活动为目的的中国公民可以免签入境、出境、过境厄瓜多尔。自入境之日起，一年内可在厄瓜多尔累计停留不超过90天。

过境交通

从秘鲁北部可陆路过境前往厄瓜多尔。

从皮乌拉有车直达厄瓜多尔的洛哈（Loja），途经秘鲁的拉蒂纳和厄瓜多尔的马卡拉（Macará），边界是Calvas河上的一座跨国桥，两国出入境管理处在同一栋建筑内。详见137页方框“前往厄瓜多尔”。

而另一座跨越Zarumilla河的国际桥梁连接起秘鲁的边境小镇Aguas Verdes和厄瓜多尔的边境小镇Huaquillas，这条边境通道因其不正当行径而臭名昭著。秘鲁北部境内最后一个重要的交通枢纽是通贝斯，为避免上当，聪明的做法是从通贝斯乘坐一家大公司的直达长途汽车穿越边境，前往厄瓜多尔的马查拉（Machala）或瓜亚基尔（Guayaquil）。详见137页方框“前往厄瓜多尔”。

哥伦比亚

哥伦比亚好比一杯令人兴奋的鸡尾酒，在浓缩的南美魅力中加入了一丝加勒比风情。在一天的时间里，你可以从冰川覆盖的安第斯山峰行至晶莹剔透的加勒比海滩，或是从一望无垠的沙丘走进苍翠繁茂的热带雨林。在壮观的前哥伦布时期遗址和迷人的殖民地小镇争相召唤你时，现代都市里的别致餐厅和多彩的夜生活又令你流连忘返。哥伦比亚融合了原住民、非裔与欧洲文化，它如此之丰富，远非人们刻板印象中那样充斥着绑架、毒品与整形手术。你将在这个平易近人又深藏不露的国度发现更多意外的惊喜。

签证

中国公民持有效的美国签证（C1类除外）或申根签证（C类或D类）可免签入境哥伦比亚，停留期90天。

过境交通

从秘鲁可经由水路前往哥伦比亚。

在亚马孙丛林中，哥伦比亚、巴西和秘鲁共有一个三国交界的边境。附近最大的镇子是哥伦比亚的莱蒂西亚（Leticia），渡轮从秘鲁出入境管理处所在的圣罗莎到莱蒂西亚大约要15分钟。每天有航班从莱蒂西亚飞往波哥大（Bogotá），还有少量船只开往普图马约河（Río Putumayo）上的Puerto Asis，这一行程可长达12天。从Puerto Asis出发，有长途汽车开往哥伦比亚各地。详见160页方框“前往哥伦比亚和巴西”。

计划你的行程

玻利维亚的天空之镜

在一片沙漠景观的包围下，被誉为“天空之镜”的乌尤尼盐沼顽强地屹立在荒凉的玻利维亚西南角。这片荒野聚集了各种恶劣而壮观的地貌，也是重要的安第斯野生物种保护区。玻利维亚同时与秘鲁和智利接壤，不妨把乌尤尼盐沼作为秘鲁的的喀喀湖和智利阿塔卡马之间的一站。

为何去

跟玻利维亚人提起乌尤尼，他们总会吹着口哨夸张地说“harto frío”（冷极了）。然而，严寒似乎并未阻挡旅行者的脚步。虽然在全世界最大的盐沼中进行一场3天2晚的吉普车之旅会让你腰酸背痛，但这很可能是你整个南美洲冒险之旅中最难忘的一次奇异体验。

乌尤尼盐沼海拔3653米，占地12,106平方公里。一年中大多数时间它都是干涸的，洁白的盐滩广袤无垠，世界仿佛只剩下蓝的天、白的地和渺小的你。雨季，盐滩上有了一些积水，地平线消失了，水面完美地倒映出天空，“天空之镜”的美名正由此而来。种种梦幻般的视觉感，以及在旅途中与同行“盐友”结下的深厚情谊，都久久难以消散。

何时去

每年12月至次年3月为玻利维亚的旅游旺季，其中1月和2月是“天空之镜”的最佳观赏期，镜子的出现也意味着大量的降雨，雨季会使盐湖周围的道路变得非常泥泞。6月至8月为旅游淡季，低温和大风为户外活动增加了许多困难。其余几个月属于雨季和旱季的交接，游客较少。

团队游

理论上来说，你可以自行游览乌尤尼盐沼和西南环线上的其他景点，但不稳定的路况和不够清晰的路标都很有挑战性，尤其是行驶在盐沼中间，四野皆是白茫茫一片，没有经验很容易迷失方向。所以我们建议在乌尤尼镇参加团队游。

你可以从乌尤尼镇出发进行一日游，或者日出、日落、星空等主题游（无须门票）。日出和日落团在日韩旅行者中非常热门，以拍摄经典的水面倒影照为主，大多数司机都是兼职摄影师，会主动帮忙拍合影，甚至提供椅子等道具。

更多的人会选择三天两晚的西南环线，最终返回乌尤尼镇或过境前往智利的圣佩德罗-德阿塔卡马。当然你也可以花更多的时间和钱，深入探索或摄影采风，许多旅行社都可以定制行程。相同的过境路线也可以从智利反过来走，详见221页方框“前往玻利维亚乌尤尼盐沼”。

需要注意的是，环线与一日游和主题游的定位各不相同，其中环线第一天的行程与一日游类似，都是前往鱼岛。但如果执着于水面倒影，则推荐日落团。如果你既想拍到绝美的天空之镜，又想感受荒漠的超现实风景，并且下一站是智利，那么不要犹豫了，鱼和熊掌可以兼得，多留出些时间就是了。

标准的三日团队游行程一般为：第一天，在**火车公墓**（Cemeterio de Trenes）稍作停留之后，你将来到位于盐湖中心的**鱼岛**（Isla del Pescado，门票 30玻利维亚诺），这个山丘覆盖着巨大的仙人掌，四周遍布多边形纹路的白色盐滩，大多数旅行团在这里吃午餐。不少旅行团会在位于盐湖东部边缘的**Chuvica村**选一家"盐旅馆"度过第一个晚上。

旅程的第二天将进入国家保护区**Reserva Nacional de Fauna Andina Eduardo Avaroa**（REA；www.boliviarea.com；门票 150玻利维亚诺）。在这片靠近智利边境的超现实风景区，几乎没有一棵树，只有大小火山和高原湖。生活在这里的野生动物包括三个品种的火烈鸟（最著名的是稀有的James种群），以及美洲驼、骆马、安第斯山狐、兔鼠和猫头鹰。

保护区内的主要亮点包括：**Laguna Colorada**，一座明亮的砖红色湖泊，在玻利维亚与智利边境以东25公里处，周围点缀着蛋糕似的白色矿物质，栖息着成群的火烈鸟。**Sol de Mañana间歇泉**海拔4950米，有翻滚的泥浆池和硫黄喷气坑，靠近这些地方时应格外小心。几乎所有团队都会在第三天清晨赶到这里，蒸汽在日出的映衬下非常壮观，但这也意味着你需要起个大早。再走不远，有个**Termas de Polques温泉**，在30℃的硫黄温泉里泡一会儿，可谓是海拔4200米高度上难得的放松，不过不要期待司机会给你很长时间。**Laguna Verde**是一座蓝宝石般的湖泊，在玻利维亚西南角，海拔5000米。湖泊后面奇峰突起的是海拔5930米的圆锥形火山**利坎卡布尔火山**（Volcán Licancabur）。这座山是可以攀登的，但需要雇一位当地向导。

花费

一日游、日出、日落、星空团的价格为150~200玻利维亚诺。三日游为700~900玻利维亚诺。所有团费都不包含门票（鱼岛30玻利维亚诺、自然保护区150玻利维亚诺），一般都需要凑满一辆车（5人或7人）才能发团，淡季时可能会出现人不够的情况，所以最好预留出足够的时间。许多旅行社都有网站，可通过网上提前预订，但我们并不建议这样做，因为网上预订的价格通常比现付要贵很多。很多旅行社不接受信用卡支付，乌尤尼有自动柜员机可以取现，但不支持银联卡。

团队游费用包括一名司机（同时也是你的向导、汽车修理工和厨师，但很可能不会讲英语，可以找到会讲英语的，但团费会高很多）、两晚住宿（不同旅行社的住宿条件稍有差异）、每日三餐和交通费。团费都不包括鸟岛和自然保护区门票，途中一些厕所也会收取5玻利维亚诺，因此参加三日团建议带上至少200玻利维亚诺的现金，荒漠之中就不要指望刷卡了。

食宿

根据标准行程，第一晚你将会住在盐湖边上一个由盐建造的旅馆里，这些旅馆大同

选择旅行社

乌尤尼的旅行社扎堆，竞争虽然拉低了价格，但为了削减成本，旅行社会减少保障旅客安全和旅行环境的成本。不可靠的旅行社并不少见，到目前为止，至少有17名游客死亡，大部分原因都是司机醉酒驾车发生事故。你可以要求提前查看旅行用车（最好是丰田的陆地巡洋舰），并和司机见个面。如果他们临时更换司机或者旅行用车，你可以举报他们。在旅途中，时刻确保你的司机没有饮酒（如果发现他们饮酒，则要求换车）。你还可以要求提前看看你们要居住的酒店照片。

小异，地板、家具和墙壁都是盐制作的。而第二晚则会在一间简朴的小屋里过夜。这些地方都没有取暖设备，有的地方会提供热水淋浴（需额外支付10玻利维亚诺），所以你会感到很冷。不是所有住宿都能充电。一般情况下，会根据团队成员的性别、国籍等情况分房间，如果一定要住单间或双人间，最好提前跟司机或旅行社商量，可能需要支付额外的房费。如果你是独自出游，这种类型的酒店每晚大约30玻利维亚诺。

至于饮食，你的司机一般就是你的厨师，基本为自助形式，食物品质参差不齐。素食主义者应当提前告知旅行社。

行李

你需要带上足够保暖的衣物，最好还有手套、帽子，带个睡袋会大大提升幸福感。白天日照很强，防晒霜和太阳帽很有必要，此外别忘了戴太阳镜，因为白色的盐田会像雪地一样形成强烈的日光反射。

途中有小商店可以补充食物和水，但价格可想而知，所以最好在乌尤尼镇上采购齐全。记得不是所有住宿都提供卫生纸。

到达和离开

可乘坐飞机、长途汽车、火车前往和离开乌尤尼。

如果从秘鲁普诺过境玻利维亚（见99页方框）或反之，都需要先到达首都拉巴斯。从拉巴斯往返乌尤尼最简便的方式就是飞机，**乌尤尼国际机场**（Uyuni International Airport）位于乌尤尼市区以北1公里处。往返拉巴斯最安全舒适的汽车就是**Todo Turismo**（www.todoturismo.bo，单程 280玻利维亚诺），汽车上有供暖，工作人员很友好，还提供车上餐食，拉巴斯21:00发车，乌尤尼20:00发车。

如果从智利圣佩德罗-德阿塔卡马过境玻利维亚（见221页方框）或反之，最好的方式就是参加三天两晚的标准团队游。也有汽车公司经营乌尤尼镇往返圣佩德罗-德阿塔卡马的长途汽车，算上过境时间约需12小时。

乌尤尼拥有一个相当现代化的、秩序良好的**火车站**（www.fca.com.bo；Av Ferroviaria s/n），但服务并不那么靠谱。周一和周五有一班火车从乌尤尼发往智利边境上的Avaroa（3:00发车，5小时），然后穿越边境到Ollagüe，在那里，你可能需要等上几个小时办理智利的入境手续，然后换乘另一班火车继续前往卡拉马，仍需6小时。整个行程可能花掉24小时，这将是一场难熬但风景壮美的冒险旅程。

上图： 能出现完美倒影的乌尤尼盐沼

下图： 乌尤尼盐沼上的盐田

国家速览

南北接壤的秘鲁和智利，一边是绵长的太平洋海岸，一边是高耸的安第斯山脉。你会发现两国都拥有多样化的惊人地貌，并孕育出丰富多元的文化。

在秘鲁，你不会错过高山上的印加遗址和植物茂盛的亚马孙雨林，首都利马编织着精致的城市生活，偏远部落里则仍旧沿袭着古老的印第安传统。

智利的狭长，使其呈现出明显的内部差异。从北部的观星胜地阿塔卡马沙漠，到中部葱郁的葡萄园、农场和雨林，再到南部的巴塔哥尼亚冰川，直至遥远的世界尽头。

秘鲁

文化
遗迹
风景

原住民的传说

在秘鲁，文化不在布满灰尘的博物馆里，而在你的身边。你会在许多宗教或季节性节日中轻松触摸到土著文化的深厚传统。

印加文明

从马丘比丘的高地到奎拉普的云雾森林，秘鲁的遗址实至名归，但这并不意味着总是人满为患。许多遗址可以徒步到达，沿途的风景便已值回票价。

从安第斯到亚马孙

从海岸线的绵长沙滩，到亚马孙的葱郁雨林，再到世外桃源般的峡谷村庄和布兰卡山脉的雄伟山峰——秘鲁的美景苍凉而令人震撼。

见52页

智利

户外
风景
葡萄酒和皮斯科酒

徒步巴塔哥尼亚

狂风、急雨、乡间小屋和醉人的风景——在百内国家公园进行经典的"W"路线徒步。

梦幻的沙漠景观

世界上最干燥的沙漠阿塔卡马是一个超越现实的地方，雪顶火山环绕着盐穴、如月球表面般诡异的地表和强有力的间歇泉。

美酒之乡

智利仍在与秘鲁争夺皮斯科酒的所有权，在这里，浓郁强劲的葡萄白兰地产自埃尔基山谷。而智利对于佳美娜葡萄酒的统治权毋庸置疑，这种浓烈的红葡萄酒是智利国酒。

见175页

在路上

秘 鲁

包 括 ➡

最佳就餐

- Central（见69页）
- Taita（见143页）
- La Patarashca（见151页）
- Al Frio y al Fuego（见158页）

最佳住宿

- Niños Hotel（见107页）
- Loki del Mar（见137页）
- Pachamama（见93页）
- Ecopackers（见106页）
- Backpacker’s Family House（见64页）

为何去

欢迎来到这片极致迷人的土地。秘鲁的地形包括从冰川覆盖的安第斯山脉高原，到绵延的沿海沙漠，再到亚马孙平原的潮湿雨林。探索秘鲁的过去，可以去参观爬满藤蔓的寺庙、风沙侵蚀的沙漠古墓，以及至今仍在举行的萨满仪式，这将是一次属于你自己的“迷失的世界”探险之旅。

你可以选择常规路线，在阳光明媚的太平洋海滩逐浪，最后止步于云雾缭绕的马丘比丘印加古堡，也可以另辟蹊径，追随非洲裔秘鲁人的音乐节奏，探索北部久远的遗址，或乘船漫游亚马孙河流域，从翱翔的安第斯秃鹰，到出没于热带丛林的南美貘，各种野生动物将你与自然更好地联系在一起。

无论旅行到哪里，你都会发现复杂的秘鲁文化蕴含着对生命的深深渴望。毫无疑问，印加文明的故地是整个南美洲探险旅行者的首选之一。

何时去

利马

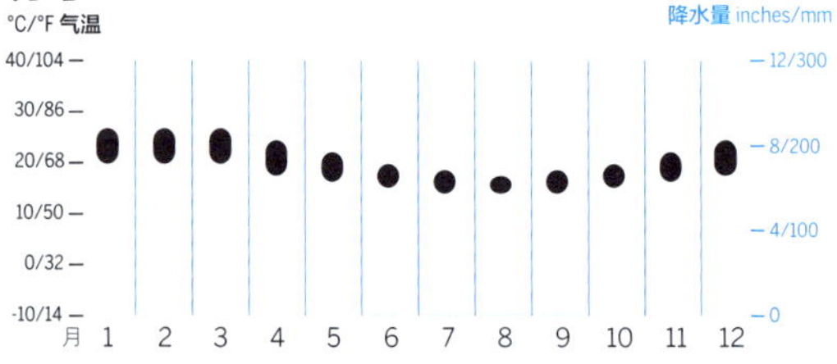

12月至次年2月 最热也最晴朗，适合冲浪和在海边晒太阳。

6月至8月 旱季，适宜在安第斯山高原和东部热带雨林里徒步。

9月至11月，3月至5月 天气好，游客较少。

跨越边境

边境通道包括从塔克纳到智利的阿里卡；从北部海岸和高地的通贝斯、La Tina或Jaén到厄瓜多尔的瓦奇亚斯（Huaquillas）、瓜亚基尔（Guayaquil）和马卡拉（Macará）；沿的的喀喀湖到达玻利维亚的科帕卡巴纳和德萨瓜德罗，以及众多巴西和玻利维亚小镇，还有亚马孙河上的港口。

旅行线路

两周

先体验利马的美味大餐、夜生活和博物馆，再乘船南下，到遍布野生动物的鸟岛，然后到瓦卡奇纳的绿洲滑沙。飞越神秘的纳斯卡线，到内陆的阿雷基帕，徒步令人惊叹的科尔卡大峡谷和科塔瓦西峡谷。在高海拔的普诺地区，你可以乘船到达的的喀喀湖中的浮岛和传统岛屿。接着，到库斯科去参观圣谷遗址和集市，最后以一条冒险的马丘比丘徒步之旅结束旅程。

四周

前两周同上。随后从库斯科出发，鼓起勇气乘10个小时的长途汽车到马尔多纳多港，在亚马孙平原河边的森林小屋里放松。或者，从库斯科陆路前往马努地区，这里是地球上物种最丰富的地区之一，拥有如蜜熊、凯门鳄等多种野生动物。回到利马，前往瓦拉斯，在布兰卡山脉险峻的山峰间徒步。然后乘汽车到海边历史名城特鲁希略，游览美洲最大的前哥伦布时期城市昌昌、太阳神庙和月亮神庙。最后，在热闹的海边冲浪小城曼科拉稍作休整，结束旅行。

主要饮食

- **Aji de gallina** 鸡丝炖核桃。
- **Anticuchos** 牛心串，通常为街边烧烤小吃。
- **Buttifara** 法式面包夹火腿三明治。
- **Causa** 土豆泥拌海鲜、蔬菜或鸡肉。
- **Cuy al horno** 烤豚鼠。
- **Lomo saltado** 洋葱、西红柿、土豆炒牛肉，配米饭。
- **Novoandina** 用传统安第斯原料做成的高级料理。
- **Rocoto relleno** 填满辣肉末的辣椒。
- **Pisco sour** 秘鲁国酒，酸葡萄白兰地加柠檬、糖、蛋清和苦酒。

国家速览

- **货币** 新索尔（S）
- **语言** 西班牙语、盖丘亚语、艾马拉语
- **现金** 除了小村庄外，自动柜员机很常见，可使用银联卡刷卡或取现
- **时间** 格林尼治标准时间减5小时，比北京时间晚13个小时

快速参考

- **国土面积** 1,285,220平方公里
- **人口** 3110万
- **首都** 利马
- **急救电话** ☎105（警察）
- **国际区号** ☎51

汇率

人民币	CNY10	S4.4
港币	HKD10	S3.6
新台币	TWD10	S0.9
澳门元	MOP10	S3.5
新加坡元	SGD1	S2.2
美元	USD1	S2.8
欧元	EUR1	S3.8

网络资源

- **Lonely Planet**（www.lonelyplanet.com/peru）
- **秘鲁官方旅游网站**（www.peru.info）
- **Living in Peru**（www.livinginperu.com）
- **Peru Links**（www.perulinks.com）

秘鲁亮点

❶ 徒步朝圣隐藏在**马丘比丘**（见119页）云雾森林中古老而令人敬畏的印加遗址。

❷ 行走在**库斯科**（见101页）鹅卵石铺就的殖民地时期街道上，参观历史博物馆，徒步令人震撼的印加山地。

❸ 探索被壮观的火山和峡谷风貌包围的历史城市**阿雷基帕**（见85页）。

❹ 挑战**瓦拉斯**（见139页）与布兰卡山脉（见141页）——南美洲最壮观的山脉之一。

❺ 游览**的的喀喀湖**（见100页）童话般的岛屿，它是世界上海拔最高的湖泊，跨越秘鲁和玻利维亚边界。

6 另辟蹊径，在薄雾弥漫的云雾森林中攀登**奎拉普**（见150页）巨大的城堡。

马丘比丘

这座伟大的15世纪印加古城雄踞在乌鲁班巴河上2430米高的狭窄山脊之巅。一般认为它是一个政治、宗教和行政中心，新的理论也称它是由帕恰库德（Pachacutec）设计的皇家庄园，这位印加统治者的征战改变了整个帝国。印加古道把马丘比丘（见119页）和印加首都库斯科以及丛林中的重要遗址连接起来。因为西班牙殖民者从未发现这里，关于这个遗址何时又为何被遗弃，专家仍无定论。

在鼎盛时期，马丘比丘的人口大约有500人。一个建筑上的奇迹是，这里著名的印加城墙由打磨过的石头完美衔接，石缝间并未使用灰泥。这座古城花费了数千劳力50年时间修建而成，以今天的建筑成本估计将超过10亿美元。

为使这里成为可居住之地，需要夷平土地，通过石渠从高山上引水，修建挡土墙从而形成农耕梯田，用以种植玉米、土豆和古柯。排水系统帮助抵御大雨（并将雨水用于灌溉），朝东的房顶和梯田也最大限度地利用了日照。

这个遗址对于神秘主义者、冒险家和历史专业的学生有着巨大的吸引力。尽管马丘比丘的功用仍在激烈争论中，但它的宏伟壮丽是毋庸置疑的。

ADAMK92/GETTY IMAGES ©

拴日石（Intihuatana）

这个精致的石刻可能是印加天文学家用于预测冬至夏至的。它是一个珍贵的“幸存者”，因为西班牙殖民者为了根除异教亵渎上帝的行为，摧毁了整个王国的拴日石。

三窗庙（Temple of the Three Windows）

在这里透过巨大的梯形窗户可以俯瞰下面广场的威严景象。这种三扇窗户的结构在印加建筑中很罕见，可能具有特殊意义。

MARKUS DANIEL/GETTY IMAGES ©

重要提示

- 在上午人潮到达前游览
- 留出至少3小时的游览时间
- 穿步行鞋，戴遮阳帽
- 带饮用水
- 按景区内的指示标志游览

瓦依纳比丘（Wayna Picchu）

这座2729米高的山峰有阶梯、岩洞和一个小庙宇，爬上去需要45至90分钟。陡峭的石阶在雨天非常湿滑，注意安全。门票很抢手，要提前购买。

中央广场（Central Plaza）

这片放牧美洲驼的广阔绿地将马丘比丘的仪式区和更世俗的居住区和劳作区分隔开。

太阳神庙（Temple of the Sun）

这座圆形庙宇禁止入内，但从上方可以获得最佳视角。这里拥有遗址内最精致的石头工艺、一个祭坛和一些梯形窗，可能曾被用于天文用途。

皇家墓穴（Royal Tomb）

太阳神庙下有一个天然岩洞，人们推测其有特殊的仪式意义。尽管禁止入内，游客仍然能从入口处看到阶梯状的祭坛和神圣的壁龛。

神鹰庙（Temple of the Condor）

鹰头石刻和类似展翅的岩石构成了雄鹰的样子，在它后面，一个禁止入内的洞穴通往一个小小的地下空间，那里可能只能屈身进入。

利马（LIMA）

☎01 / 人口 760.6万

雾气笼罩着这座城市的殖民地时期建筑和高楼大厦，利马给人的第一印象是坚毅。这座快节奏的秘鲁大都市拥有整个国家几乎四分之一的人口，从汽车刺耳的鸣笛声中可见一斑。杂乱蔓延的利马是世界第二大干燥的首都，仅次于开罗，城市坐落在沿绵长海岸线伸展的峭壁之上。然而抚去尘土，多待一段时间，你就会发现这座现代城市有许多值得探索的地方，包括时尚的艺术氛围和世界级的美食。

利马曾被视作一个危险的地方，但近些年治安已大有改善。米拉弗洛雷斯（Miraflores）和殖民地风情的巴兰科（Barranco）是散步的好去处，有一连串伴着海景的景观花园。尽管利马人（limeños）也许更喜欢时髦的商场，但这里还有前印加时期的金字塔遗迹、西班牙殖民地时期建筑残存的光彩，以及许多全国最好的博物馆。在海边吃点海鲜，驾滑翔伞飞下米拉弗洛雷斯的悬崖，或是在巴兰科波希米亚式的酒吧或俱乐部里“嗨”到日出，无论哪一种活动都会让你远离喧嚣。

历史

1535年，西班牙殖民者弗朗西斯科·皮萨罗（Francisco Pizarro）在天主教的主显节（Epiphany）这天建立了利马城，当时命名为“王者之城”。在西班牙早期殖民时期，利马是南美大陆最富庶也是最重要的城镇，直到1746年，一场灾难性的地震几乎摧毁了整座城市。然而重建工作进行的很快，今天人们仍然能看到当年震后建造的大多数殖民地风格建筑。

Metropolitan Lima 利马大区

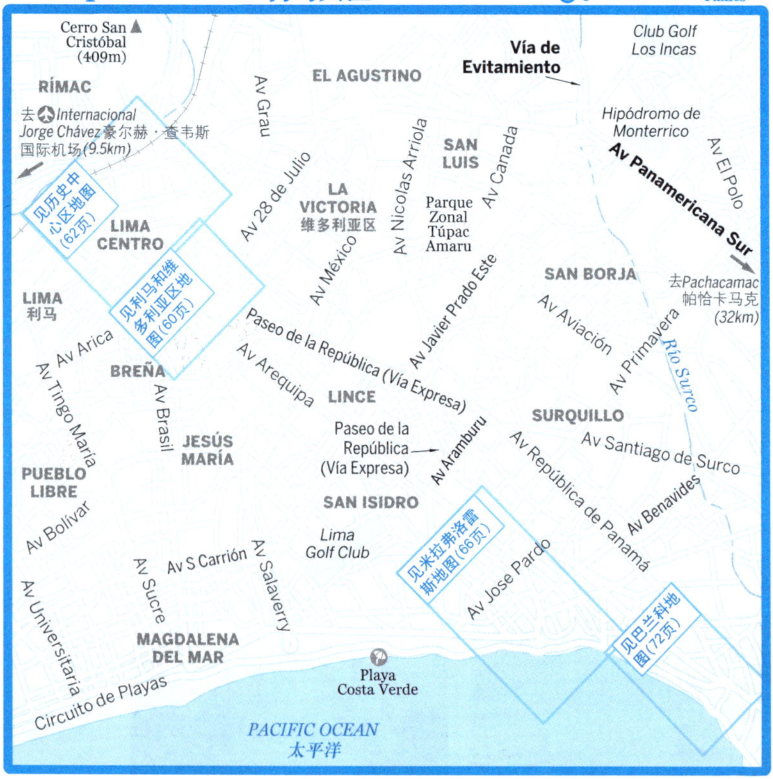

值得一游

帕恰卡马克

帕恰卡马克(Pachacamac; ☎01-430-0168; pachacamac.perucultural.org.pe; 门票 10新索尔; ⏲周二至周六 9:00~16:00, 周日 至15:00)尽管是一处重要的印加遗址和西班牙殖民时期的主要城市，但早在印加帝国扩张以前，帕恰卡马克就已经是有着千年历史的仪式中心。这一片考古遗址群大约在利马市中心东南方向30公里处。

帕恰卡马克的名字本义为“给予世界生命之神”或“创造大地和时间的神”，是瓦里(Wari)文明的神灵，在遗址处的博物馆中可以见到其双面的木雕造型。遗址的主神庙供奉的就是这位神灵，据说十分灵验。朝圣者从很远的地方来到这个宗教中心，这里的宗教仪式被看作是神圣不可侵犯的。

这里的大多数建筑现在只不过是荒漠上的一堆碎石，但是一些主要的神庙已经被挖掘出来，恢复了原有的坡道和台阶。2012年，一座完好的80人墓室被发掘，引起了不小的轰动，这座墓室被后来建造的坟墓压在了下面，墓室呈椭圆形，直径60英尺，内有织物包裹的木乃伊，以及陪葬的珍宝和祭品，甚至还有狗和豚鼠。研究者认为，该墓室埋葬的可能是身患重病来此地寻求医治的朝圣者。

从利马到帕恰卡马克的导览游每人约120新索尔。有“Pachacamac”标志的小巴从利马市中心的Ayacucho街和Grau街交叉路口始发(2新索尔，45分钟)。从米拉弗洛雷斯可以乘出租车到普里马韦拉桥(Puente Primavera)的Angamos街和Panamericana(泛美公路)的交叉路口，然后乘坐有“Pachacamac/Lurín”标识的公共汽车(1~2新索尔，30分钟)，告诉司机你要在ruinas附近下车，否则车子会带你到距景点入口1公里的帕恰卡马克村。

1821年7月28日，阿根廷将军何塞·德·圣马丁(José de San Martín)宣布秘鲁脱离西班牙殖民统治独立。30年后，这座城市率先在南美大陆上修建了第一条铁路，走出至关重要的一步。1881年，在同智利的战争中，利马受到重创，获胜的智利人夺走或毁掉财富，并占领这座城市接近3年。

20世纪20年代，随着工业化的快速发展，以及来自秘鲁全国尤其是高地的乡村人口涌入，利马出现了前所未有的人口爆炸。20世纪80年代，安第斯山区发生的武装冲突使得许多当地人背井离乡，人口迁移尤其严重。棚户区在城市泛滥，犯罪率居高不下，利马进入快速衰退期。

1990年，总统藤森(Fujimori)掌权，实行一套激进的经济计划，油价抬高3000%，然而这些被称为“休克疗法(Fujishock)”的极端措施，最终降低了通货膨胀，稳定了经济。然而不幸的是，这让普通的秘鲁人付出了极大代价。

今天的利马复兴程度令人惊叹。强大的经济和大量的市政改善工作，使得这座城市重新铺设了街道，翻新了公园，并且新建了更安全的公共区域，以带回繁荣的文化和餐饮生活。

景点

利马市中心是最好逛的地段，但并不是最安全的。一般来说，在武器广场、圣马丁广场和格劳广场，以及南部的公共绿地之间散步是安全的。一些最好的博物馆和其他景点则在偏远的郊区。

利马市中心(El Centro)的核心是武器广场(Plaza de Armas)，热闹的商业步行街Jirón de la Unión将其同圣马丁广场(Plaza San Martín)连接起来。San Isidro是利马时尚而高雅的商务区，现代的米拉弗洛雷斯则以高档酒店、餐厅和商店为特色。再往南，悬崖顶上的巴兰科艺术社区有着全城最劲爆的夜生活区。

★拉尔科博物馆　　博物馆

(Museo Larco; ☎01-461-1312; www.museolarco.org; Bolívar 1515, Pueblo Libre; 成人/学生30/15新索尔; ⏲9:00~22:00)这座博物馆在一

Lima & La Victoria 利马和维多利亚区

Lima & La Victoria 利马和维多利亚区

重要景点

1 利马艺术博物馆 B1

住宿

2 1900 Backpackers B1

3 Hostal Iquique A1

就餐

4 Cevichería la Choza Nautica A1

娱乐

5 Estadio Nacional C3

6 Las Brisas del Titicaca A2

座18世纪的总督宅邸中，陶器展览是利马规模最大、陈列最好的之一。由前哥伦布时期文物收藏家拉斐尔·拉尔科·奥依莱（Rafael Larco Hoyle）于1926年创建，展品包括5万多个瓶罐，有Cupisnique、奇穆（Chims）、钱凯（Chancay）、纳斯卡（Nazca）和印加（Inca）文明的陶器作品。亮点包括绝妙的莫切（Moche）人像，陈列简单却被灯光凸显出来。在后面展厅的一件瓦里（Wari）织物上，一英寸内穿了398针——这绝对算是个纪录。

★利马艺术博物馆 博物馆

（Museo de Arte de Lima；见60页地图；☎01-204-0000；www.mali.pe；Paseo Colón 125；成人/学生/8岁以下儿童 30/15新索尔/免费；⏲周二至周日 10:00~19:00，周六 至17:00）当地人称为MALI，是利马最主要的艺术博物馆，坐落在一栋刚刚翻新过引人注目的学院派建筑中。展品囊括了从前哥伦布时期到当代的艺术品，也有针对特展的导览游。在巴兰科的分馆正在建设中。每月第一个周五的“夜游MALI”（NocheMALI）活动从17:00持续到22:00，可免费入场。

秘鲁文化博物馆 博物馆

（Museo de la Cultura Peruana，Museum of Peruvian Culture；见62页地图；☎01-423-5892；www.limacultura.pe/directorio-cultural/museo-nacional-de-la-cultura-peruana；Alfonso Ugarte 650；门票 6新索尔；⏲周二至周六 9:00~17:00）秘鲁文化博物馆大致位于圣马丁广场西北6个街区，在一条拥堵的大道上。博物馆收藏了秘鲁的民间艺术作品，包括精致的阿亚库乔

（Ayacucho）宗教故事组塑（retablos）、普诺（Puno）的古老陶器和亚马孙地区的羽毛艺术品。博物馆外立面的创作灵感来自前哥伦布时期建筑。

宗教裁判所博物馆 博物馆

（Museo de la Inquisición；见62页地图；☎01-311-7777，分机5160；www.congreso.gob.pe/museo；Jirón Junín 548；⏲9:00~17:00）**免费** 这座迷你博物馆在玻利瓦尔广场（Plaza Bol00）对面一栋优雅的新古典主义建筑中，曾被用作西班牙宗教裁判所。在19世纪，建筑被扩建并重建成秘鲁参议院。如今，游客可以在参观地下室时看到被折磨鞭打的恐怖蜡像，8岁的孩子也许会觉的新奇。一层的老图书馆保存着非凡的巴洛克木天花板。在1.5小时的免费讲解（西班牙语或英语）之后，游客可以自行参观。

利马天主教堂 教堂

（La Catedral de Lima；见62页地图；☎01-427-9647；博物馆 10新索尔；⏲周一至周五 9:00~17:00，周六 10:00~13:00）教堂在大主教宫殿（Palacio Arzobispal）旁边，1535年皮萨罗把这片土地指定给了这座城市的第一所教堂。尽管它仍保留一个巴洛克风格的立面，但在1551年、1622年和地震后的1687年、1746年都经历过重建。最后一次大规模修复是在1940年。

圣弗朗西斯科修道院 修道院

（Monasterio de San Francisco；见62页地图；☎01-426-7377；www.museocatacumbas.com；Lampa和Ancash交叉路口；成人/学生/儿童 10/5/1新索尔；⏲9:00~20:15）明黄色的修道院和教堂以其地下墓穴（预计有7万具尸体）和藏书室（2.5万册古藉，有些早于西班牙殖民时期）而闻名。门票包括30分钟的英语或西班牙语导览游，需要凑齐一波游客，不能自由参观，禁止拍照。

瓦卡瓦雅玛尔卡 遗迹

（Huaca Huallamarca；☎01-222-4124；Nicolás de Rivera 201, San Isidro；成人/儿童 10/5新索尔；⏲周二至周日 9:00~17:00）这座遗址被包围在高层公寓和高档住宅之中，高度复原了砖砌金字塔，展示了公元200~500年的利马文化。有一个小型遗址博物馆，展有木乃伊和详细的发掘过程。

瓦卡普克亚那 遗迹

（Huaca Pucllana；见66页地图；☎01-617-7138；Borgoño和Tarapacá交叉路口；成人/儿童 12/6新索尔，夜游 成人/儿童 15/7.5新索尔；⏲周三至周一 9:00~17:00，夜游 周三至周日 19:00~22:00）这个遗址在Óvalo Gutiérrez附近，复原了公元400年时利马文化的砖砌仪式中心。2010年，幸免于抢掠的4具瓦里木乃伊是重大的出土发现。尽管发掘工作仍在如火如荼地进行，这里仍然开放常规的西班牙语导览游（需给小费）。此外还有一个小型遗址博物馆，和一家著名餐厅，可欣赏遗址被点亮的绝美夜景。遗址本身也提供夜游，门票比白天稍贵。

武器广场 广场

（Plaza de Armas；见62页地图）占地140平方米的武器广场也被称为主广场（Plaza Mayor），它不仅是16世纪由弗朗西斯科·皮萨罗（Francisco Pizarro）建立的殖民地城市核心，更是西班牙人征服整片大陆的中心。尽管没有一座最初的建筑保留下来，广场中心建于1650年的铜喷泉仍然引人注目。

圣马丁广场 广场

（Plaza San Martín；见62页地图）圣马丁广场建于20世纪初，近些年随着城市着手重建公园，并清洗了周边的艺术建筑，这个广场得以重获新生。晚上灯火闪亮时尤其可爱。广场以秘鲁的解放者何塞·德·圣马丁（José de San Martín）命名，他骑马的雕像就立在广场正中。

活动

Peru Fly 滑翔伞

（见66页地图；☎01-959-524-940；www.perufly.com）这是一所滑翔伞学校，也提供在米拉弗洛雷斯的双人飞行。

游泳和冲浪

1月至3月是沿海地带的夏季，利马人无视有关海洋污染的公告，纷纷涌向海滩。请时刻看管好你的物品。

附近热门的冲浪点有Punta Hermosa

Centro Histórico 历史中心区

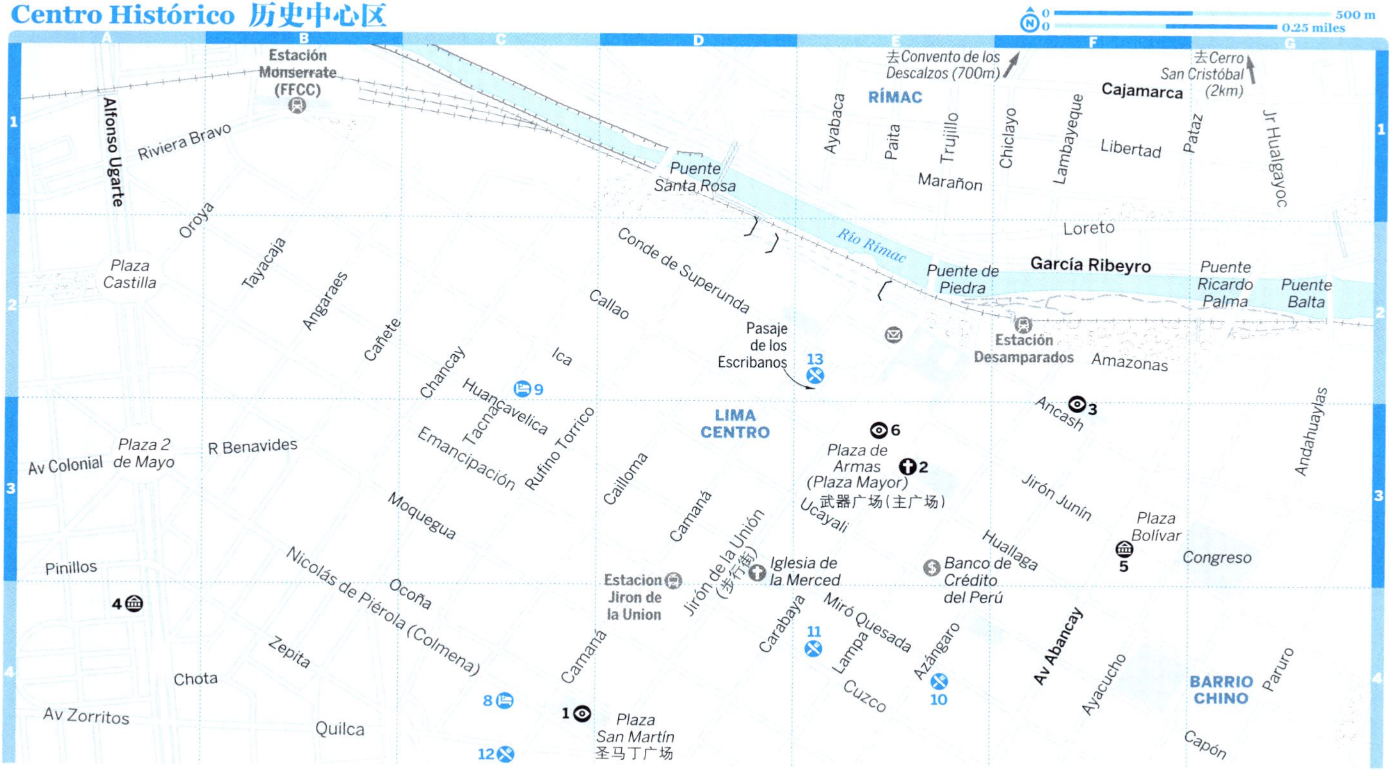

和San Bartolo，两处都在沙滩附近有客栈。Punta Rocas适合有经验的冲浪者，有一家配有基本设施的客栈可供休息。然而，你不得不在利马购买或租用小船，并且需要打车把船运过去。

要到达南部海滩，可从Puente Primavera（从米拉弗洛雷斯乘出租车到这座桥要7新索尔）乘坐San Bartolo长途汽车。想在哪里下车都可以，然后步行到海滩，这里距泛美公路（Carr Panamericana）一到两公里。

骑车和山地自行车

从这里到帕恰卡马克（Pachacamac）全长31公里的骑行很受欢迎。

Bike Tours of Lima 自行车游

（见66页地图；☎01-445-3172；www.biketoursoflima.com；Bolívar 150, Miraflores；3小时105新索尔；⊙周一至周六 9:00~19:00）强烈推荐参加巴兰科、米拉弗洛雷斯和圣伊西德罗周边有组织的一日游，以及周六去往市中心的游览。提供租车。

Perú Bike 自行车游

（见72页地图；☎01-260-8225；www.perubike.com；Punta Sal D7, Surco；⊙周一至周六 9:00~13:00，16:00~20:00）推荐这家提供修车服务的商店，山地车游览包括从普通到高难度的多种路线，还有速降和深入安第斯山脉、丛林的多日行程。

团队游

Jorge Riveros Cayo 团队游

（☎01-944-324-637；jorge.riveros.cayo@gmail.com）一位英语流利的记者经营着值得推荐的美食游、城市短途游和关注人文的长途民俗游。

节日和活动

利马日（Festival of Lima） 文化节

庆祝利马建城日（1月18日）。

利马圣罗莎节（Feria de Santa Rosa de Lima） 宗教节日

每年8月30日举行，纪念圣罗莎（Santa Rosa）——利马和整个美洲尊敬的圣者。信

Centro Histórico 历史中心区

徒会拜访在利马历史中心区的圣罗莎圣所（Santuario de Santa Rosa）。游行的队伍从这里前往利马附近的Santa Rosa de Quives，那是圣者的家乡。

住宿

最经济的客栈大多位于利马市中心，最好的和最热门的则在更高档也更安全些的米拉弗洛雷斯和巴兰科社区。

利马市中心

★1900 Backpackers 青年旅舍 $

（见60页地图；☎01-424-3358；www.1900hostel.com；Av Garcilaso de la Vega 1588；铺 25~37新索尔，标单/双/标三含早餐 62/87/130新索尔；@ 📶）市中心的热门之选，这栋老宅由古斯塔夫·埃菲尔（Gustave Eiffel）设计，按照现代设计风格翻修一新，但仍保留着大理石地面和其他世纪之交的装饰。作为青年旅舍，它绝对算得上漂亮。房间风格简约，床位并排摆放。配有小厨房和很酷的公共休闲区，包括带吧台的泳池房和红色的枝形吊灯。

Familia Rodríguez 家庭寄宿 $

（见62页地图；☎01-423-6465；jotajot@terra.com.pe；Nicolás de Piérola 730，No 201，apt 201；双含早餐 70新索尔；@ 📶）这个杂乱的老公寓在圣马丁广场西侧的一栋20世纪早期的建筑里，是个安静的、非常值得推荐的家庭旅馆，有着镶木地板和一尘不染的卫生间。不过，所有的卫生间都是公用的。

Pensión Ibarra 客栈 $

（见62页地图；☎01-427-8603；pensionibarra@gmail.com；Tacna 359，No 152，14层；标单/双无独立卫生间 25/35新索尔；📶）破旧的水泥公寓中，热心的Ibarra姐妹管理着7个简单整洁的客房，配有硬板床。提供公共厨房和洗衣服务，在小阳台上可以看到喧闹的市景。

Hostal Iquique 酒店 $

（见60页地图；☎01-433-4724；www.hostaliquique.com；Iquique 758；标单/双无独立卫生间 54/90新索尔，标单/双/标三含早餐 75/96/132新索尔；@）酒店很简单，但是干净安全，房间狭小昏暗，卫生间重新改造过，带热水淋浴。屋顶露台有一张台球桌，住客可以共用厨房设施。接受信用卡。

米拉弗洛雷斯

肯尼迪公园（Parque Kennedy）周围的区域是美国游客的聚集地。

Backpacker's Family House 青年旅舍 $

（见66页地图；☎01-447-4572；www.backpackersfamilyhouse.com；Juan Moore 304；铺/双含早餐 47/126新索尔；@ 📶）这家砖砌结构的小小旅舍铺有镶木地板，墙上有涂鸦壁画。旅舍有桌上足球和乒乓球等游戏设施。房间整洁但有一点破旧，我们希望床能更硬实些。注意，顶层房间的卫生间在下一层。

Ekeko Hostel 青年旅舍 $

（见66页地图；☎01-635-5031；Garcia Calderon 274；铺/标单/双无独立卫生间 31/50/93新索尔，双含早餐 99新索尔；@ 📶）旅舍隐藏在一处舒适的中产社区内。宽敞的房子里有超大号的厨房和早餐桌，还有一些加分设施，比如吹风机。住客们会喜欢漂亮的后院和良好的服务。

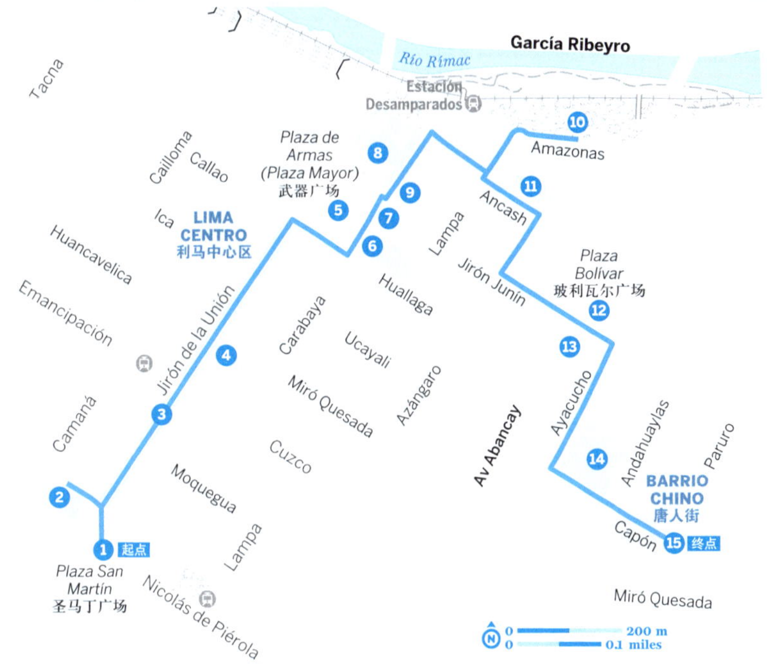

步行游览
利马市中心

起点：圣马丁广场

终点：唐人街

距离：3公里，2小时

从❶**圣马丁广场**（见61页）开始，先去看看旁边年久失色的❷**Gran Hotel Bolívar**，它曾是这座城市最早的高档酒店。沿着❸**Jirón de la Unión**步行街前行，曾经的贵族生活中心如今是一家家电影院和鞋店。右手边的❹**仁慈圣母教堂**（Iglesia de la Merced）最早建于1541年，举办了利马的第一场弥撒。大街的终点是被棕榈树和淡黄色华美建筑所包围的❺**武器广场**（见61页），在殖民地时期，这里曾是市场甚至是刑场。广场东南角是修复过的❻**利马大教堂**（Catedral de Lima），旁边的❼**Arzobispal宫**（Palacio Arzobispal）有利马保存最好的摩尔式华丽阳台。东北面稍显浮夸的巴洛克建筑❽**Palacio de Gobierno**是秘鲁的总统府，正午经过时还能看到换岗仪式。街对面的❾**皮斯科酒博物馆**（Museo del Pisco）值得停下来小酌一杯，也可以去隔壁的巧克力博物馆（Choco Museo）品尝美味巧克力。向北走到尽头便是沿河的❿**城墙公园**（Parque de la Muralla），广阔的公园保留了原始的城墙遗址，还能远眺对面山上的小房子。沿Amazonas路返回Lampa路，去⓫**圣弗朗西斯科修道院**（见61页）看看惊悚的地下墓穴。穿过Abancay大街来到⓬**玻利瓦尔广场**（Plaza Bolívar）和国会，对面是⓭**宗教裁判所博物馆**（见61页）。沿着Ayacucho路向南两个街区，经过⓮**中央市场**（Mercado Central），沿着人行道Capón一直走，逛逛热闹的⓯**唐人街**（Barrio Chino），最后找家中餐馆停下来歇歇脚。

Miraflores 米拉弗洛雷斯

Miraflores 米拉弗洛雷斯

景点
1 瓦卡普克亚那 C1

活动、课程和团队游
2 Bike Tours of Lima D5
3 Peru Fly B5

住宿
4 Backpacker's Family House A4
5 Ekeko Hostel C1
6 Flying Dog D4
7 Hitchhikers B4
8 Hostal El Patio D4
9 Inka Frog B3

就餐
10 Central D6
11 El Enano B2
12 El Punto Azul D5
13 El Rincón del Bigote B4
14 La Pascana de Madre Natura B2
15 Quattro D C2
16 Vivanda B3
17 Vivanda D4

娱乐
18 Cocodrilo Verde C3

购物
19 LarcoMar C6
20 Mercado Indio D2

实用信息
21 澳大利亚大使馆 D5
22 Crédito del Perú银行 D5
23 Crédito del Perú银行 C3
24 巴西大使馆 B3
25 加拿大大使馆 B4
26 Clínica Anglo-Americana A1
iPerú （见19）
27 Peru Rail D6
28 South American Explorers Club B3
29 Teleticket B1
30 英国大使馆 D6

Hitchhikers 青年旅舍 $

（见66页地图；☎01-242-3008；www.hhikersperu.com；Bolognesi 400；铺/标单/双无独立卫生间 28/65/70新索尔，标单/双含早餐 70/84新索尔；@ 📶）旅舍占据了一整栋百年历史的老房子（casona），经营了很多年，各种房间类型都有。客栈很安全，对住客很友好。休息室中有有线电视和DVD借阅，空旷的室外庭院里有烧烤设施和乒乓球台。也接待露营者（18新索尔）。总之是个不错的选择。

Flying Dog 青年旅舍 $

（见66页地图，☎01-444-5753；www.flyingdogperu.com；Lima 457；铺 35新索尔，双有/无独立卫生间 90/66新索尔；@ 📶）这家旅舍是利马4家Flying Dog青年旅舍中最好的一家。有漂亮的室外花园吧台，在三层的休闲区可以将肯尼迪公园的景色一览无余。客栈有两个厨房，游客不必排长队。房费中包含早餐，需要去公园另一头的露台餐厅就餐，你会穿过公园最大的出口，那里相当脏乱。

Hostal El Patio 客栈 $$

（见66页地图，☎01-444-2107；www.hostalelpatio.net；Ernesto Diez Canseco 341A；标单/双含早餐 126/156新索尔，高级标单/双 156/186新索尔；@ 📶）在距离肯尼迪公园几步之遥的一条安静的后街上，这个高品质的客栈以其种满植物、带有喷泉的庭院而命名，快乐的主人会讲英语和法语。干净的小房间里以铸铁床和殖民地风格艺术为特色。一些房间配有小厨房和小冰箱。可以在网站查询特价房间。

Inka Frog 酒店 $$

（见66页地图；☎01-445-8979；www.inkafrog.com；Iglesias 271；标单/双/标三含早餐 170/201/263新索尔；@ 📶）对于想要独立房间的成熟青旅常客而言，这里是利马性价比最高的住宿选择之一，就像租房一样。环境舒适友好，现代化的房间宽敞整洁，配有电扇和平板电视，在一个可爱屋顶露台上的房间配有空调，并且不额外收费。躺在长绒沙发上享受免费的咖啡时间吧。员工很热情，周围街道清爽安静。

巴兰科

Backpackers Inn 青年旅舍 $

（见72页地图；☎01-247-1326；www.

barrancobackpackersinn.com; Mariscal Castilla 260; 铺/标双含早餐 37/109新索尔)这家英国人经营的旅舍聚集着背包客,位于一栋破旧但基本干净的宅子,在一条安静的街上,有24小时安保。床位间很大,有些可以看到海景。旅舍有一个厨房,8个房间,一个配有电视的休闲区,组织团队游,去通往海滩的Bajada de Baños很方便。

Hostal Kaminu 民宿 $

(见72页地图; ☎01-252-8680; www.kaminu.com; Bajada de Baños 342; 铺 30~35新索尔,双含早餐 有/无独立卫生间 100/68新索尔; @)这家沙丁鱼罐头般的青旅迷你而凌乱,笼罩在巴兰科浓烈的夜生活中——是好是坏全看你的喜好。亮点包括一个轻松的屋顶露台。

★ **3B Barranco B&B** 民宿 $$

(见72页地图; ☎01-247-6915, 01-719-3868; www.3bhostal.com; Centenario 130; 标单/双 含早餐 230/250新索尔; @ 🛜)简约、干净,充满现代风格,这家讲究服务的民宿有望成为旅行者的最爱。公共区有沃霍尔式(Warholesque)的艺术品,通往16间极简风格的房间,床上铺着麻色长绒床罩,浴室装有花岗岩洗手盆,窗子朝向温室的灯箱。性价比很高。

Hostal Gémina 酒店 $$

(见72页地图; ☎01-477-0712; hostalgemina.com; Av Grau 620; 标单/双/标三含早餐 105/150/195新索尔; @ 🛜)位于一个小购物画廊中,这个有31间20世纪70年代风格宽敞房间的酒店是个惊喜,井井有条,又意外地复古。有大客厅,干净的房间配有电视和民间纺织品。接受信用卡。

就餐

利马的美食是南美大陆数一数二的。大多数为美食家所钟爱的餐馆都在米拉弗洛雷斯。Ceviche(酸橘汁腌海鲜,用青柠檬汁、洋葱和辣椒腌过的生海鲜)是这里最好的美食。

利马市中心

当地餐馆出售实惠的午餐menús(套餐)。Barrio Chino(唐人街)位于武器广场东南,聚集了很多亚洲小饭馆。

如果想自己做饭,可以去**Metro**(见62页地图; Cuzco 255; ⏲9:00~22:00)大超市采购。

Domus 秘鲁菜 $

(见62页地图; ☎01-427-0525; Miró Quesada 410; 三道菜的套餐 20新索尔; ⏲周一至周五 7:00~17:00)餐馆坐落在一栋翻新过的19世纪老宅内,有两间屋,现代而又亲切,附近

CHIFA——中国胃的福音

秘鲁人常常自豪地说秘鲁菜是南美最棒的美食,对于中国旅行者来说,更重要的是,秘鲁菜很合中国人的胃口,甚至在很大程度上受到中餐的影响。在利马街头随处可见"Chifa"的招牌,但西班牙语字典里可没有这个词。试着当作拼音读一读,是不是有点像"吃饭"?

19世纪中期,大批来自广东的华人劳工来到秘鲁,他们创造出粤菜和秘鲁本地菜融合的独特菜系,餐馆名字也取粤语"食饭"的音译——Chifa,而后逐渐成为中餐馆的代名词。因为广受秘鲁人喜爱,Chifa非常平民化,平均十几块新索尔就能饱餐一顿。利马也是南美洲中餐馆最多的城市,秘鲁其他城市也都能找到中餐,不过很多店铺的老板都不是华人面孔,没有人会讲中文,菜单上也没有汉字,所以先来认识几个基本的菜名吧:

Arroz chaufa(炒饭)
Tallarín saltado(炒面)
Aeropuerto(炒饭加炒面,西班牙语原意为机场)
Wantán frito(油炸馄饨)
Sopa wantán(馄饨汤)

El Comercio（《秘鲁商报》）办公室的记者们是这里的常客。这里没有菜单，只有轮换的秘鲁和意大利特色菜，永远包含素食选择。新鲜的现榨果汁配上精心准备的佳肴，物超所值，强烈推荐。

Queirolo 秘鲁菜 $

（见62页地图；☎01-425-0421；Camaná 900；主菜 12~38新索尔；⊙周一至周六 9:30至次日1:00）这里摆满了红酒瓶，上班族热衷于其便宜的特色主食套餐，比如papa rellena（带馅土豆）。这里也是晚上聚会的热门地点，当地人会赶来喝chilcano de pisco（皮斯科酒加姜汁和柠檬汁）。晚餐供应较少。

Cevichería la Choza Nautica 酸橘汁腌海鲜 $$

（见60页地图；☎01-423-8087；www.chozanautica.com；Breña 204；酸橘汁腌海鲜 20~42新索尔，主菜 19~45新索尔；⊙周一至周六 8:00~23:00，周日 8:00~21:00）这家酸橘汁腌海鲜餐厅是稍显脏乱的街区中一个意外的亮点，广受欢迎，服务生打着领结。餐厅提供超过12种酸橘汁腌海鲜和tiraditos（日式的酸橘汁腌海鲜，不加洋葱）。还有多种汤、海鲜和米饭类菜肴。晚上有现场音乐。

Wa Lok 中国菜 $$

（见62页地图；☎01-447-1329，01-427-2750；Paruro 878；主菜 15~80新索尔；⊙周一至周六 9:00~23:00，周日 至22:00）提供海鲜、清淡可口的炒饭，烤肉在盘子上滋滋冒烟。Wa Lok是唐人街最好的chifas（中餐馆）之一。16页的中文菜单包括饺子、面条、炒菜和多种蔬菜选择（试试砂锅炖豆腐）。菜量极大，别点多了。

Tanta 咖啡馆 $$

（见62页地图；☎01-428-3115；Pasaje de los Escribanos 142，Lima Centro；主菜 21~46新索尔；⊙周一至周六 9:00~22:00，周日 至18:00）加斯顿·阿库里奥（Gastón Acurio，秘鲁知名厨师）品牌下的众多小餐馆之一，经营秘鲁菜、创意意大利面、堆成"小山"的沙拉和三明治。在选择有限的市中心是个不错的地方，食物大体可口，但甜品是亮点：尝尝超美味的百香果芝士蛋糕慕斯。在米拉弗洛雷斯（☎01-447-8377；Av 28 de Julio 888）和圣伊西德罗（☎01-421-9708；Pancho Fierro 115）也有分店。

不要错过

安第斯山的美食创新

Central（见66页地图；☎01-242-8515；centralrestaurante.com.pe；Santa Isabel 376；主菜 52~88新索尔；⊙周一至周五 12:45~15:15，19:45~23:15）一半是餐馆，一半是实验室，Central重新塑造了安第斯山的美食，挽救了那些你在其他地方找不到的古老的秘鲁食物。在这里就餐是一种体验，当地土豆盛在可食用的黏土里端上来，就是最好的证据。主厨Virgilio Martinez想要你品尝安第斯山的味道，他在欧洲和亚洲的顶级餐厅都工作过，但在这里的工作才最耀眼。

海鲜——比如前菜烤章鱼（charred octopus）——是明星菜，但经典菜如烤乳猪也不负众望，配上腌菜和加了香料的南瓜。总是有鱼菜的菜单和屋顶的药草花园，都为餐厅增添了清新的氛围。

米拉弗洛雷斯

米拉弗洛雷斯是目前秘鲁美食种类最多的地段，肯尼迪公园周围遍布着露天咖啡馆和比萨饼店。自己做饭可以到**Vivanda**（见66页地图；www.vivanda.com.pe；Benavides 487；⊙24小时营业）采购，在Av José Pardo路有另一家**分店**（见66页地图）。

El Enano 三明治 $

（见66页地图；Chiclayo 699；三明治 8~12新索尔；⊙周日至周二 6:00至次日1:00，周五和周六 至次日3:00）拿一把椅子坐在室外的柜台前，看着主人准备食物。点份法式面包夹新鲜烤鸡肉、火腿和炸猪皮（chicharrón）的三明治，配上腌洋葱和辣椒。在喝了太多皮斯科酒之后，可以来这里治愈自己。异域风情的新鲜果汁盛在玻璃罐里。

El Pan de la Chola 咖啡馆 $

（Av La Mar 918；主菜 8~18新索尔；⊙周一至周六 8:00~22:00）在南美洲，真正的全谷物面

包十分罕见。这家砖砌的小咖啡馆烘焙4种美味的面包，搭配秘鲁亚马孙地区的有机咖啡、希腊酸奶和甜点。可以坐在欧式风格的大木桌前，匆匆吃一个三明治，或者就着面包、橄榄、鹰嘴豆泥和新鲜奶酪享用美味的菜品。

Quattro D 冰激凌 $

（见66页地图；☎01-445-4228；Av Angamos Oeste 408；主菜 18~32新索尔，冰激凌 10新索尔起；⌚周一至周四 6:30~23:45，周五和周六 6:30~12:30，周日 7:00~11:00）熙熙攘攘的咖啡馆提供热压三明治、意大利面和其他菜肴，还有各种各样甜得发腻的甜品和意式冰激凌（包括一些无糖口味）。

La Pascana de Madre Natura 咖啡馆 $

（见66页地图；Chiclayo 815；✎）绿色食品店和面包店。

El Punto Azul 酸橘汁腌海鲜 $$

（见66页地图；☎01-445-8078；San Martín 595；主菜 22~40新索尔；⌚正午至17:00）这是一家非常棒的餐厅，满眼都是加勒比蓝色，家庭经营，出售新鲜的酸橘汁腌海鲜、tiraditos，还有家庭份的米饭菜肴。试试他们有帕尔马奶酪、虾和ají amarillo（黄辣椒）的意式烩饭，也别错过成排的美味甜点。这里很火爆，所以想找个位子的话，就在13:00前来。物超所值。

El Rincón del Bigote 酸橘汁腌海鲜 $$

（见66页地图；José Galvez 529；主菜 32~36新索尔；⌚周二至周日 正午至16:00）早点去！周末，当地人和游客为了这家简单的酸橘汁腌海鲜店排起长队。腌蛤蜊（almejas in su concha）配上松脆的炸木薯（yuca），再来一瓶皮尔森冰啤酒（pilsner），就是天堂美味了。

巴兰科

巴兰科是一处迷人的街区，适合品尝美食，尤其是Puente de los Suspiros下边的走廊两边。

Las Mesitas 秘鲁菜 $

（见72页地图；☎01-477-4199；Av Grau 341；主菜 8~30新索尔；⌚正午至次日2:00）这家复古餐厅的地砖烘托出淡淡的气氛。食客们为了实惠的传统秘鲁菜而来，这里的炖鸡（ahi de gallina）很有名。仅仅进去点份传统甜品也好，比如非常棒的suspiro limeño。16:00点前的套餐非常划算，主菜、甜点和饮品的组合只要14新索尔。

Burrito Bar 墨西哥菜 $

（见72页地图，☎987-352-120；Av Grau 113；主菜 12~18新索尔；⌚周二至周六 13:00~23:00，周日 正午至17:00）伦敦人Stew在YouTube上自学制作墨西哥薄饼（tortilla）之后，创办了这家墨西哥快餐店。这个尝试非常成功，从Baja风格的鱼肉卷饼（fish tacos），到新鲜的酱汁和生津止渴的薄荷柠檬水，还提供Sierra Andina微酿啤酒。想要甜点的话，点一份巧克力玉米粽子（chocolate tamal）就行了。

Cafe Bisetti 咖啡馆 $

（见72页地图；☎01-713-9565；Av Pedro de Osma 116；咖啡 8~16新索尔；⌚周一至周五 8:00~21:00，周六 10:00~23:00，周日 15:00~21:00）当地人把他们精心打扮的狗拴在门外，在热气腾腾的屋子里享用全城最好的拿铁咖啡，刚好搭配新鲜出炉的点心和苦巧克力派。这里提供烘焙和品尝课程。

La Canta Rana 酸橘汁腌海鲜 $$

（见72页地图；☎01-247-7274；Génova 101；主菜 28~45新索尔；⌚周二至周六 8:00~23:00）这家开了几十年的老店朴实无华，挂着国旗和照片，挤满当地人，提供超过17种不同类型的酸橘汁腌海鲜。

饮品

利马遍地都是酒吧，从圣伊西德罗面向都市精英的昂贵会所，到巴兰科实惠欢乐的小酒馆。市中心的武器广场和米拉弗洛雷斯地区有许多临街的咖啡馆。米拉弗洛雷斯还有一条租金低廉的步行街San Ramón（也被称为比萨一条街），游客不断的比萨餐厅和拉丁风格的夜店竞相在此开店，是省钱泡吧的最佳选择（潮店多聚集在Francisco de Paula Camino的拐角处）。在巴兰科，你可以整夜游走在市政公园（Parque Municipal）和Calle Carrión步行街附近密集的夜店之间。

在利马市中心，你可以走进玻利瓦尔大酒店（Gran Hotel Bolívar，见62页地图），在传统的背景环境中畅饮秘鲁的招牌鸡尾酒——皮斯科鸡尾酒（pisco sour）。周五和周六的夜晚，巴兰科挤满了纵酒狂欢的人群。

★ Ayahuasca 鸡尾酒吧

（见72页地图；☎01-247-6751；ayahuascarestobar.com；San Martín 130，Barranco；⏲周一至周六 20:00至打烊）这家酒吧位于一栋被翻修得极富魅力的老宅里，满是摩尔式的建筑装饰。但很少有人欣赏这些装饰，因为大部分客人都忙着打量其他人。超现实的装饰包括一个悬挂着的手机，是用阿亚库乔民间舞蹈服饰做成的。现代皮斯科鸡尾酒的种类有一长串，比如用丛林水果tambo和古柯叶调制的美味Ayahuasca sour。

Santos 休闲酒吧

（见72页地图；☎01-247-4609；Jirón Zapita 203，Barranco；⏲周一至周四 17:00至次日1:00，周五和周六 至次日3:00；📶）酒吧位于一栋破旧的老楼中，时髦而舒适，有许多单间，还有能看到海景的阳台（也很适合打量人群）。当地二三十岁的年轻人晚上会在这先来点西班牙小吃，每晚21:00之前都有买一送一活动。

Wahio's 酒吧

（见72页地图；☎01-477-4110；Plaza Espinosa，Barranco；⏲周四至周六）酒吧很大，气氛活跃，有很多梳着脏辫的人，经典的雷鬼、斯卡和强节奏音乐吸引着大群年轻人。

Bar Piselli 酒吧

（见72页地图；☎01-252-6750；Av 28 de Julio 297，Barranco；⏲周一至周四 10:00~23:00，周五和周六 至次日3:00）这家位于社区中的酒吧让人想起旧时的布宜诺斯艾利斯，以独特的气氛胜出。周四有现场音乐，喧闹的人群会跟唱秘鲁经典歌曲。

☆ 娱乐

市中心、圣伊西德罗以及米拉佛洛雷斯的许多高档酒店都有老虎机赌场。

La Noche 现场音乐

（见72页地图；☎01-247-1012；www.lanoche.com.pe；Av Bolognesi 307，Barranco）这所著名的三层酒吧是在利马感受摇滚、朋克和拉丁音乐的不二选择，尽管饮品还有进步空间。

Cocodrilo Verde 现场音乐

（见66页地图；☎01-242-7583；www.cocodriloverde.com；Francisco de Paola 226；最低消费 25新索尔；⏲周一至周六 18:30至打烊）这家休闲酒吧有不同风格的优秀乐队演出，从流行音乐到爵士乐，再到波萨诺瓦（bossa nova），是夜晚消遣的好去处。

Sargento Pimienta 夜店

（见72页地图；☎01-247-3265；www.sargentopimienta.com.pe；Av Bolognesi 755，Barranco；入场费15新索尔）这是巴兰科一个靠谱的选择，店名的意思是"胡椒军士"。酒吧形似谷仓，有各种主题派对，有时会有乐队现场演出。

Las Brisas del Titicaca 传统音乐

（见60页地图；☎01-715-6960；www.brisasdeltiticaca.com；Wakuski 168，Lima Centro；入场费30新索尔起）值得赞赏的民间（folklórica）演出，在市中心的Plaza Bolognesi附近，场地极大。

El Dragón 现场音乐

（见72页地图；☎01-715-5043；www.eldragon.com.pe；Av Nicolas de Pierola 168，Barranco；票价最高20新索尔；⏲周四至周六）这个热门的场地有现场音乐或者DJ，吸引了喜欢拉丁摇滚、热带主义（tropicalismo）、灵魂乐和放克风格的不同人群。

Estadio Nacional 体育场

（见60页地图；Lima Centro）足球（Fútbol）是秘鲁全民痴迷的运动，这个秘鲁的国家体育场位于Paseo de la República7至9街区旁，大多数最重要的赛事和其他活动都在这里举行。Teleticket（见66页地图；☎01-613-8888；www.teleticket.com.pe）有时间表和折扣。

🛍 购物

地下购物商场LarcoMar（见66页地图，Malecón de la Reserva 610）地理位置绝佳，建在

Barranco 巴兰科

海边的悬崖中，出售高端手工艺品、电子产品、摄影器材、户外用品、书籍、音像制品等。

Mercado Indio 市场

(见66页地图；Av Petit Thouars 5245, Miraflores)从前哥伦布时期风格的陶器到羊驼毛毯，再到仿库斯科学院风格的油画，你在这里都能找到。价格不一，货比三家。这个市场西边的Inka Plaza和南边的Inka Market也都是类似的旅游纪念品市场，有很多摊位。南

Barranco 巴兰科

活动、课程和团队游
1 Perú Bike B6

住宿
2 3B Barranco B&B C2
3 Backpackers Inn C5
4 Hostal Gémina C3
5 Hostal Kaminu C5

就餐
6 Burrito Bar C5
7 Cafe Bisetti C5
8 La Canta Rana C4
9 Las Mesitas C4

饮品和夜生活
10 Ayahuasca C4
11 Bar Piselli C5
12 Santos C5
13 Wahio's D4

娱乐
14 El Dragón D2
15 La Noche C4
16 Sargento Pimienta D3

北两个市场之间的十字路口有一个旅游信息咨询处。

Feria Artesanal 市场

（Av de la Marina, Pueblo Libre）比Mercado Indio稍微便宜些的手工艺品市场，在普韦布洛利布雷（Pueblo Libre）。

实用信息

危险和麻烦

同拉丁美洲的许多大城市一样，利马也存在贫富差异问题，使得犯罪有时成了一种"传奇"。然而从某种程度上来说，利马的危险被过度夸大了。最常见的犯罪是偷窃，读者也反馈过抢劫案件。你一般不会受到人身伤害，但走在街上还是小心为妙。

在海滩上要格外留神，因为这里发生过暴力袭击事件。汽车站附近治安较差，常有扒手出没。因此最好事先买好票，并乘坐出租车去车站。从机场出来乘出租车更安全也更快。

紧急情况

旅游警局（Policía de Turismo；简称Poltur；☎01-225-8698；Av Javier Prado Este 2465, 5th fl, San Borja；⏲24小时）国家警察局在国家博物馆的一个主要分支，会说英文的工作人员可以提供用于保险赔偿或是旅行支票退款的盗窃证明。在游客聚集区，很容易通过白衬衣辨别出Poltur的人员。

医疗服务

下列诊所提供急救服务，有一些说英语的工作人员。

Clínica Anglo-Americana（见66页地图；☎01-616-8900；Salazar 350, San Isidro）备有黄热病和破伤风疫苗。

Clínica San Borja（☎01-475-4000；www.clinicasanborja.com.pe；Av Guardia Civil 337, San Borja）另一家口碑不错的诊所，有心脏科治疗服务。

现金

利马到处都有24小时自动柜员机。其他货币兑换处（casas de cambio）分布在利马市中心的卡马纳（Camaná），以及米拉弗洛雷斯的拉尔科（Larco）沿线。穿着绿色和蓝色背心（背心上有欧元或美元货币符号）的官方货币兑换商（cambistas）遍布利马街头，尤其是银行门口，可放心交易，但是要让他们在单据上盖公章，以防收到假币。

Global Net的ATM可使用银联卡进行取款和余额查询，且均安装有中文界面，每次最多可取400新索尔或200美元，每笔手续费18新索尔或5.5美元。

邮局

联邦快递（FedEx；见66页地图；☎01-242-2280；www.fedex.com.pe；Pasaje Olaya 260, BSC Miraflores, Miraflores；⏲周一至周五 9:00~19:00，周六 10:00~15:00）

邮政总局（见62页地图；☎01-511-5000；Pasaje Piura, Central Lima；⏲周一至周六 8:00~21:00）可以在这里收取邮件，但并不是百分百可靠。记得带上证件。

Serpost（见66页地图；Av Petit Thouars 5201；⏲周一至周五 8:00~20:45，周六 9:00~13:30，周

日 9:00~14:00)

旅游信息

iPerú(☎01-574-8000; Aeropuerto Internacional Jorge Chávez)政府管理的值得依赖的旅游办事处,发放地图,提供好建议,解决投诉。米拉弗洛雷斯分处(见66页地图;☎01-445-9400; LarcoMar; ⊙11:00~14:00和15:00~20:00)很小,但周末非常有用。在圣伊西德罗(☎01-421-1627; Jorge Basadre 610; ⊙周一至周五 9:00~18:00)也有一家分处。

Peru Rail(见66页地图;☎084-58-1414; www.perurail.com; LarcoMar; ⊙5:00~21:00)可获取信息,提前预订库斯科到马丘比丘、库斯科到普诺的车票。

South American Explorers Club(SAE; 见66页地图;☎01-447-7731; www.saexplorers.org; Enrique Palacios 956, Miraflores; ⊙周一至周五 9:30~16:30, 周六 至13:00)至今超过30年历史,令人尊敬,对长期停留在秘鲁、厄瓜多尔、玻利维亚和阿根廷的长途旅行者、记者和科学工作者来说,都是必不可少的资源。

到达和离开

飞机

利马的**豪尔赫·查韦斯国际机场**(☎Aeropuerto Internacional Jorge Chávez; 01-517-3100, 航班查询01-511-6055; www.lap.com.pe)位于卡亚俄(Callao)。国际机场税(用美元或新索尔都可支付,只收现金)为31美元,不过现在的机票价格一般都包含了这个税,国内航班全部包含。

学生机票可以在国际学生证协会(ISIC)官方办公地点预订:**InteJ**(见72页地图;☎01-247-3230; www.intej.org; San Martín 240, Barranco; ⊙周一至周五 9:30~12:45和14:00~17:45, 周六 9:30~12:45)。

许多国际航空公司在利马都有办事处。提供国内航班的航空公司有以下这几家:

LAN(见66页地图;☎01-213-8200; www.lan.com; Av José Pardo 513, Miraflores)LAN飞往阿雷基帕、奇克拉约、库斯科、伊基托斯、胡利亚卡、皮乌拉、马尔多纳多港、塔克纳、塔拉波托、特鲁希略。此外还提供阿雷基帕和库斯科、阿雷基帕和胡利亚卡、阿雷基帕和塔克纳、库斯科和胡利亚卡、库斯科和马尔多纳多港之间的航线。

LC Peru(☎01-204-1313; www.lcperu.pe; Av Pablo Carriquirry 857, San Isidro)有小型涡轮旋桨式飞机从利马飞往安达瓦伊拉斯(Andahuaylas)、阿亚库乔、卡哈马卡、瓦努科(Huánuco)、伊基托斯和万卡约(靠近Jauja)。

Star Perú(见66页地图;☎01-705-9000; www.starperu.com; Av Espinar 331, Miraflores)飞往阿亚库乔、库斯科、万卡约、伊基托斯、普卡尔帕、马尔多纳多港、塔拉波托。

长途汽车

利马没有中央汽车站。各家公司都有自己的售票处和车站,许多车站集中在维多利亚区的Av Javier Prado Este。利马市中心还有其他车站,在格劳广场(Plaza Grau)向东几个街区、Av Grau北边、Av 28 de Julio南边、Paseo de la República步道两侧。买票的时候要注意核实汽车从哪个车站始发。汽车公司很多,做决定之前要检查一下服务质量。

主要汽车公司有以下这几家:

Civa(见60页地图;☎01-418-1111; www.civa.com.pe; Av 28 de Julio和Paso de la Republica 569交叉路口)去往阿雷基帕、卡哈马卡、查查波亚斯、奇克拉约、库斯科、伊洛(Ilo)、曼科拉、纳斯卡、皮乌拉、普诺、塔克纳、塔拉波托、特鲁希略、通贝斯。这家公司还经营更高级的卧铺线路**Excluciva**(www.excluciva.com),去往不同的沿海目的地。

Cruz del Sur(www.cruzdelsur.com.pe; Av Javier Prado Este 1109)最大的公司之一,主营海岸线,也有阿雷基帕、库斯科、万卡约、瓦拉斯等内陆城市,有三种不同等级的服务——便宜的Ideal,更豪华的Imperial和Cruzero。

Móvil Tours(见60页地图;☎01-716-8000; www.moviltours.com.pe; Paseo de la República 749)去往查查波亚斯、奇克拉约、万卡约、瓦拉斯以及塔拉波托。

Soyuz(☎01-205-2370; www.soyuz.com.pe; Av México 333, La Victoria)频繁的班车发往卡涅特(Cañete)、钦查(Chincha)、伊卡和纳斯卡。

票价参考

表中所列为一些大的长途汽车公司从利马出发的单程票的大致价格和时间。价格为普通/豪华车的一般估计。

目的地	费用(新索尔)	行程(小时)
阿雷基帕	80~170	16~18
阿亚库乔	70~160	9~11
卡哈马卡	90~150	16
奇克拉约	60~125	12~14
库斯科	110~210	22~23
万卡约	35~80	7~8
瓦拉斯	60~160	8
伊卡	30~80	4.5
纳斯卡	80~160	6~8
皮乌拉	80~184	16
普诺	140~170	22
塔克纳	115~190	18~22
特鲁希略	40~125	9~10
通贝斯	80~200	20

火车

高地铁路从利马的**Estación Desamparados**火车站(☎01-263-1515; Ancash 203)开往万卡约。

当地交通

抵离机场

机场在市中心以西12公里处。

航站楼出口的正规出租车到利马市中心或米拉弗洛雷斯要价45~60新索尔，0.5~1小时(高峰时间)可到达米拉弗洛雷斯、巴兰科或者圣伊西德罗，到利马市中心会更快些。停车场的出租车虽然会便宜10新索尔左右，但是极其没有安全保障。许多青年旅舍提供接机服务，会稍微便宜一点。或者出航站楼后左转，步行100米到行人出口右转，再步行100米走到机场外的马路上，就可以雇到更便宜的非正规出租车。

Taxi Green是个安全可靠的选择(☎01-484-4001; www.taxigreen.com.pe)。拥堵的交通和道路建设经常会耽误很长时间，因此去机场要预留至少一个小时的富余时间。

另一种选择是小巴(combi)，**La S**(见66页地图; 每人2.5新索尔起，大件行李需另收费)公司的车在挡风玻璃上贴有大大的“S”，有到达米拉弗洛雷斯和更远地方的不同路线。从机场出发，沿着Av Elmer Faucett向南可以找到这些车。返程的La S小巴沿Av Petit Thouars向北行驶，在米拉弗洛雷斯的Av Angamos向东行驶。

长途汽车

不方便的一点是，利马没有中央长途车站。汽车公司各自运营售票处和车站，大多处在市中心以东幽暗的街区内——还是乘出租车吧。

有中央长途车是一个穿越利马的现代快速公交电车系统，是到达市中心最快最便捷的交通方式。虽然计划要覆盖到城市北部，但是现在只有几条线路。Ruta Troncal(单程2.50新索尔)穿过巴兰科、米拉弗洛雷斯以及圣伊西德罗地区，到达利马市中心的格劳广场。这条线路还分A、B、C线，有的不走全程，有的不是每站都停，乘车时需注意站台上的线路说明和车头上显示的字母。乘客必须购买公交卡(tarjeta intelligente, 4.5新索尔)，然后充值使用。

利马也有轻轨(Metro de Lima)，目前只有一条线Line1，与快速公交的卡不通用，购卡5新索尔，单程1.5新索尔。沿途车站旅行者不太常用。

需要注意的是，Metro也是利马一家大型连锁超市的名字，有些红黄字样的路标其实是指向超市的，快速公交标识为蓝色，轻轨为绿色。

游客也可以选择小型面包车，挡风玻璃上贴有目的地指示。小巴(Combis)通常很慢也很拥挤，但确实便宜：票价根据行程长短为1~3新索尔。

利马市中心和米拉弗洛雷斯之间最常用的线路是沿Av Arequipa或是Paseo de la República。Garcilaso de la Vega(也称作Av Wilson)和Av Arequipa沿途开往米拉弗洛雷斯的小巴上有“Todo Arequipa”或是“Larco/Schell/Miraflores”标识，从米拉弗洛雷斯到利马市中心有“Todo Arequipa”或是“Wilson/Tacna”标识。在米拉弗洛雷斯的Av José Larco或是Av Arequipa可以上车。

如果想要到达巴兰科，可以在Av Arequipa上找带有“Chorrillos/Huaylas/Metro”标识的公共汽车(有些也带有“Barranco”标识)。也可以在Diagonal乘坐，就在米拉弗洛雷斯的肯尼迪公园西侧。

出租车

秘鲁的出租车没有计价器，因此上车之前一定要谈好价格。非常粗略地说，在米拉弗洛雷斯区域内打车为5~10新索尔。从米拉弗洛雷斯到利马市中心为15~20新索尔，到巴兰科是5~10新索尔，到圣伊西德罗为7~14新索尔。你可以还价，虽然在高峰期时有点困难。如果不止一位乘客，要事先确定商定的价格是每个人的还是整台车的。

南部海岸

初次看到贫瘠荒凉、雾气笼罩而又极度干旱的秘鲁南部沿海地带，你不禁会纳闷：怎么会有人住在这儿？然而，这里不仅有人居住，而且人口繁盛——伊卡的葡萄酒业和钦查（Chincha）的非裔秘鲁文化就是很好的证明。不仅如此，这里已经繁荣了上千年。至今都是谜团的纳斯卡线是蚀刻在荒漠上的巨大地质遗迹，约成于公元400年到650年。帕拉卡斯半岛上发现的精致织物，织于帕恰库德国王将印加帝国从库斯科向外扩张的1000年前。

虽然马丘比丘是秘鲁南部最吸引人的地方，但是在南部海岸也有一条不太著名的“美国佬旅行路线”，必到之处包括充满野生动物的帕拉卡斯、纳斯卡以及瓦卡奇纳的沙漠绿洲。

皮斯科（Pisco）

☎056 / 人口 5.4万

皮斯科是一座正在重新崛起的城市，2007年的一场地震摧毁了它的基础设施，却没有击倒它的精神。不顾重创，城市依然开放招商，同附近的海岸度假村El Chaco（位于帕拉卡斯）一起做宣传，成为到帕拉卡斯国家保护区和鸟岛观光的大本营。

皮斯科坐落在距利马以南235公里处，通常被视为到鸟岛和帕拉卡斯半岛观赏丰富野生动物的大本营，然而城市本身也有历史和考古景点。这里曾是高度发达的前印加时期文明——帕拉卡斯文化的所在地，约从公元前900年持续到公元200年。

景点和活动

地震之后，皮斯科中心的**武器广场**（Plaza de Armas）是被征服与拯救的混合象征。骑着马的**何塞·德·圣马丁雕像**（Statue of José de San Martín）英勇地高举着剑反抗侵略，代表着拯救者的形象。关于**公墓**有一些秘密的传说：据说这里埋葬着19世纪英国吸血鬼莎拉·艾伦·罗伯茨（Sarah Ellen Roberts），据称她会在100年后再次出现。然而在1993年，所有人都失望了，莎拉并没有出现。现在的公墓是纪念2007年地震中丧生的500多个遇难者的场所。

鸟岛（Islas Ballestas）

鸟岛别名“穷人的加拉帕戈斯（Galápagos）”，这些近岸的岛屿很适合来一次悠闲的短途旅行。乘船抵达鸟岛大约需要一个半小时，途中你将看到著名的三叉大烛台**Candelabra**，一个刻在沙山上的巨大图案。围绕着岛上的拱石和岩洞航行一个小时，看海狮在岩石上伸展身体。你还可能会看到洪堡企鹅、智利火烈鸟和海豚。最常见的制造鸟粪肥料的鸟类是鸬鹚、塘鹅和鹈鹕，以成千的数量聚集在一起。

团队游

到鸟岛的游船每天7:00开放（45新索尔，加1新索尔的码头税）。小巴从皮斯科开往帕拉卡斯的码头，风景优美的海边行步道上有很多饭馆和商贩（你可以找找Viviana卖的伊卡特产chocotejas——浸了焦糖的美洲山核桃，外面裹着巧克力，让人上瘾）。船上没有船舱，所以要穿上能抵挡风浪和烈日的外套。记得戴上帽子，因为被鸟粪直接砸中是常事。下午可以继续游览帕拉卡斯半岛（25新索尔，含鸟岛门票），不过它没有鸟岛那么有趣，只是在游客中心和博物馆（门票另付）简短地停靠一下，并快速驶过一些沿海地质构造。

Aprofurpisco 团队游

（☎056-50-7156；aproturpisco@hotmail.com；San Francisco 112）这个懒散但有条不紊的旅行社组织到当地所有景点的团体游览，包括鸟岛（70新索尔），甚至纳斯卡线（140美元）。提供包括希伯来语在内的6种语言导游服务。

住宿

很多酒店会在Carr Panamericana Sur与San Clemente的岔路口接顾客。

Posada Hispana Hotel 酒店 $

（☎056-53-6363；www.posadahispana.

com; Bolognesi 236; 标单/双 50/70新索尔; P 🛜) 这家酒店物有所值。房间装饰着有当地特色的纺织品，硬木风格。屋顶露台适合放松。餐馆是镇上最棒的之一，在两层的竹子餐厅里供应10新索尔的午餐menú（套餐）。

Hostal La Casona 酒店 $

（☎056-53-2703; www.hostallacasona.com; San Juan de Dios 252; 标单 60~70新索尔，双 70~90新索尔; P 🛜) 酒店离主广场仅半个街区，气派的木大门有点欺骗性，实际远不如入口那么豪华，不过倒是干净。房间可能有些味道，但通风换气很快。

Hostal Villa Manuelita 酒店 $$

（☎056-53-5218; www.villamanuelitahostal.com; San Francisco 227; 标单/双/标三含早餐110/150/190新索尔; P 🛜) 尽管酒店在地震之后重新装修过，但仍然保留了壮丽的殖民地风格。此外，地理位置很便利，离广场只有半个街区。

餐饮

La Concha de Tus Mares 秘鲁菜 $$

（Calle Muelle 992; 主菜 15~25新索尔）餐厅紧挨着亚历山大·冯·洪堡大学（Colegio Alexander Von Humboldt），在市中心以南1公里。这个怀旧的地方墙上装饰着2007年地震前皮斯科的老照片。鱼的分量很足，大受当地人称赞。

★As de Oro's 秘鲁菜 $$$

（www.asdeoros.com.pe; San Martín 472; 主菜 30~50新索尔; ⏲周二至周日 正午至午夜）随着城市逐步恢复元气，豪华的"As de Oro"正如凤凰涅槃。这里供应辣土豆泥拌章鱼，搭配黄油和续随子（caper），还有烤虾配炸木薯（yuca）和塔塔酱。从饭馆可以俯瞰一个小泳池。

Taberna de Don Jaime 酒吧

（☎056-53-5023; San Martín 203; ⏲16:00至次日2:00）这家吵闹的小酒馆是当地人和游客的最爱，也是手工酿制葡萄酒和皮斯科酒的展示窗口。周末时，人群聚到这里随着现场拉丁音乐和摇滚乐跳舞，直至深夜。

实用信息

主广场周围有网吧和配备24小时自动柜员机的银行。

危险和麻烦

震后最初的衰败期间，皮斯科的犯罪率很高，现在正在持续好转。商铺聚集的街道白天是安全的（市中心有显眼的警察巡逻）。不过天黑以后最好乘出租车，尤其在长途车总站和市场附近。如果你在晚间到达，请让长途车公司的票务代理为你叫一辆信得过的出租车。

到达和当地交通

皮斯科在Carr Panamericana Sur以西6公里处，只有终点是皮斯科的长途车才到：**Ormeño**（☎056-53-2764; San Francisco）、**Flores**（☎056-79-6643; San Martín）和**Soyuz**（www.soyuz.com.pe; Av Ernesto R Diez Canseco 4）汽车公司每天都有车向北去利马，向南去伊卡、纳斯卡和阿雷基帕。如果没有坐直达车，可以要求在San Clemente岔路口下车，有快速而频繁的合乘出租车（colectivos）等着送客到皮斯科市中心的武器广场（3新索尔，10分钟）和帕拉卡斯（10新索尔，20分钟）。

从皮斯科到帕拉卡斯可以乘小巴（1.5新索尔，30分钟），或者合乘出租车（2.5新索尔，20分钟），频繁地从皮斯科的中央市场附近出发。

目的地	费用（新索尔）	行程（小时）
阿雷基帕	60~144	12~15
伊卡	4~15	1.5~2
利马	28~76	4.5
纳斯卡	17~35	4

伊卡（Ica）

☎056 / 人口 22万

伊卡是伊卡省的同名首府，呆在这里并没有那么差。这座忙碌的城市有着繁荣的葡萄酒业和皮斯科酒产业，有热闹盛大的节日，还有一座高质量的博物馆，绿荫覆盖的广场也不错，不过大多数游客还是乐意住在附近的瓦卡奇纳。虽然2007年地震的残迹仍在，但伊卡已经基本恢复了往日的生活节奏。

景点和活动

秘鲁的葡萄酒业和皮斯科酒产业可在城外的酒庄（bodegas）参观。更远的郊外散落着几十家由家庭经营的手工酿酒厂。

Museo Regional de Ica 博物馆

（Ayabaca cuadra 8；门票 10新索尔；⏲周一至周五 8:00~19:00，周六和周日 9:00~18:00）在San Isidro郊区，伊卡打出了它的王牌：一座与3倍大小的城市相称的博物馆。尽管它的布局和设计比不上史密森尼学会（Smithsonian）的级别，但这个朴素的宝地展示了秘鲁南部海岸两个重要的前印加文明——帕拉卡斯和纳斯卡文明，前者以其复杂精细的纺织品闻名，后者则以其极易辨识的陶器而著名。

Bodega Tacama 品酒

（☎056-58-1030；www.tacama.com；Camino Real s/n, Tinguiña；⏲周二至周日 9:30~16:30）免费 这里大概是伊卡最专业、口碑最好的酒庄了。Tacama占据了一大片粉红色庄园，背靠一条条满是葡萄藤的田地。避开秘鲁人喜爱的非常甜的葡萄酒，Tacama生产相当棒的霞多丽葡萄酒和马尔贝克葡萄酒，也许有一天也会赚到智利人的钱。

Bodega Vista Alegre 品酒

（www.vistaalegre.com.pe；Camino a La Tinguina, Km 2.5；门票 5新索尔；⏲周一至周五 8:00至正午，13:45~16:45，周六 7:00~13:00）酒庄位于La Tinguiña区、伊卡东北3公里处。这里是最容易参观的大型商业酒庄（出租车单程5新索尔）。最好在早晨前往，因为酒庄下午有时会关闭。

节日和活动

Fiesta de la Vendimia 丰收节

节日于每年3月初至中旬举行，这个著名的葡萄丰收节包括各种游行、选美比赛、斗鸡、马术表演、音乐和舞蹈，当然还有免费的皮斯科酒和红酒。

El Señor de Luren 宗教节日

这个宗教朝圣活动在10月末的烟花和通宵的传统信徒游行中达到高潮。

旅游周（Tourist Week） 音乐节、美食节

9月中旬举行，有美食、节庆、舞蹈和更多活动。

住宿

绝大多数旅行者都会住在伊卡旁边的瓦卡奇纳，那里有更多受欢迎的背包客旅舍。如果你碰巧要在伊卡过夜，在汽车站以东和广场以北的街道，尤其是沿着Tacna街上，有一些令人沮丧的经济型旅馆。

Hostal Soyuz 酒店 $

（☎056-22-4138；Manzanilla 130；标单/双/标三 40/50/70新索尔；❄）这家酒店就在Soyuz汽车站上方，是晚上到达或者一大早出发的便捷选择，铺有地毯的房间配有空调和有线电视，但考虑到楼下喧闹的环境，只适合睡眠比较沉的人。在汽车站售票窗口办理入住。

Hotel Sol de Ica 酒店 $$

（☎056-23-6168；www.hotelsoldeica.com；Lima 265；标单/双/标三含自助早餐 145/180/230新索尔；@🛜🏊）这家三层的中央酒店隐藏在一条幽暗狭长的走道中，前台服务比预期周到一些。房间非常小，自然的木屋风格，可惜并未让人感觉热情（大概因为芥末黄色的床单）。酒店有一个大花园和游泳池。

就餐

主广场东边的几家商店出售tejas（裹了焦糖的水果和坚果糖果）。

El Otro Peñoncito 秘鲁菜、各国风味 $

（Bolívar 225；主菜 9~26新索尔；⏲周一至周五 8:00至午夜；🌱）这是伊卡经营时间最长也最有个性的餐厅，提供多种套餐，包括秘鲁菜和其他国家风味，还为素食者提供多种选择。有专业的酒保调制皮斯科鸡尾酒，味道中乘。

Plaza 125 秘鲁菜 $

（Lima 125；主菜 10~16新索尔，套餐 14新索尔）你可以在这家位于主广场附近的餐厅吃顿快餐，这里提供自家烹饪的lomo saltado（炒牛肉，配洋葱、西红柿、土豆和辣椒），还有更国际化的鸡柳。很受急匆匆的当地人欢迎，午餐套餐很划算。

Anita

面包房 $$

(Libertad 135; 主菜 15~36新索尔, 套餐 12新索尔起; ⏲8:00至午夜)说实话, 打着领结的服务生有点过了(毕竟这里不是Ritz), 但Anita制作的酿牛油果味道不错, 柜台上摆着让人难以拒绝诱惑的蛋糕。这里是迄今为止主广场一带最棒的餐厅。

实用信息

广场周围的网吧营业到很晚。

BCP银行(Plaza de Armas)有支持Visa/MasterCard的自助柜员机, 兑换美元现金。

伊卡地区医院(Hospital Regional de Ica; ☎056-23-4798; www.hrica.gob.pe; Prolongación Ayabaca s/n; ⏲24小时)提供急诊服务。

警察局(☎056-23-5421; JJ Elias, 5th block; 24小时)位于市中心边缘。

Serpost(San Martín 521)武器广场西南。

危险和麻烦

保持对小偷的日常防范, 尤其是在公共汽车总站和市场附近。

到达和离开

汽车公司集中在Salaverry西端的Lambayeque, 以及Lambayeque以西的Manzanilla一带。去利马可选择**Soyuz/PerúBus**(☎056-22-4138; www.soyuzonline.com.pe; Manzanilla 130), 每10~15分钟一班; **Cruz del Sur**(☎0-801-11111; www.cruzdelsur.com.pe; Lambayeque 140)和**Ormeño**(☎056-21-5600; www.grupo-ormeno.com.pe; Lambayeque s/n)有车开往皮斯科, 车次较少但是更高级一些; Ormeño的车是直达。其他公司的车会在Panamericana的San Clemente岔路口下客。大多数客运公司在白天都有车直达纳斯卡, 到阿雷基帕和库斯科则多为夜班车。塔克纳(80新索尔, 15小时)临近智利边境, Ormeño公司有车可达。

目的地	费用(新索尔)	行程(小时)
阿雷基帕	50~144	12
钦查	7~10	2
利马	22~76	4.5
纳斯卡	7~35	2.5
皮斯科	4~15	1.5~2

瓦卡奇纳(Huacachina)

☎056 / 人口 200

四周被沙丘环绕, 印在秘鲁50新索尔纸币背面的美丽湖泊, 瓦卡奇纳的宏伟景色是无可否认的。它位于伊卡以西仅5公里处。这片宁静的绿洲满是棕榈树和奇异的鲜花, 还有迷人的古典建筑——总之, 一切都是这个曾为秘鲁精英建立的度假小镇以往魅力的明证。现在这里是美国佬的沙漠乐园, 背包客常常在这里流连数日。

活动

你可以以5新索尔/小时的价格租滑板, 在让人无法抗拒的沙丘上滑行、翻滚而下。刺激的过山车式沙丘车/沙滑板团队游票价45新索尔(另有3.6新索尔的"沙税")。日落时分的景色最有奇幻效果, 所以最好在黄昏而非上午前往。所有的青年旅舍都组织团队游。

食宿

在湖边的沙丘可以露营, 带上睡袋就够了。有音乐的地方, 就有乐子。

Casa de Arena

青年旅舍 $

(☎056-21-5274; www.casadearena.net; Balneario de Huacachina; 铺 25新索尔, 标单/双 40/120新索尔, 无独立卫生间 35/100新索尔; @📶🏊)Arena以吵闹著名, 很擅长举办聚会。房间分为有/无独立卫生间, 可以满足想省钱的人。热闹的星期五之夜会非常疯狂。如果你想要安静, 另寻他处吧, 如果你喜欢聚会, 那这里就没错了。

★ Banana's Adventure

青年旅舍 $$

(☎056-23-7129; bananasadventure@hotmail.com; Perotti s/n; 房间每人含早餐和短途游 75~110新索尔; 📶🏊)这个在湖北面的安静住处仅提供住宿套餐: 包括一晚住宿(在床垫超硬的4人间床位和四面都有玻璃、配有现代设施的豪华双人间之间选择), 以及沙滩车和滑沙一日游。我们不喜欢被绑定在一个团队游套餐里, 但有大窗户、有趣的酒吧、小小的泳池, 这是城里最棒的廉价选择。

El Huacachinero Hotel 酒店 $$

（☎056-21-7435；www.elhuacachinero.com；Perotti；标单/双/标三含早餐 176/202/265新索尔；❄📶🏊）酒店新近装修过，瓦卡奇纳人在绿洲中建起了最豪华的酒店。酒店有休闲泳池区（没有吵闹的音乐）。如果你想在45度的坡度上来一次"走一步退两步"的梦中落日旅程，那么从酒店后门出去即可到达沙丘。愉悦乡村风格的房间里有超级舒服的床和藤条家具。

Hostal Curasi 酒店 $$

（☎056-21-6989；www.huacachinacurasi.com；Balneario de Huacachina；标单/双含早餐 105/150新索尔；📶🏊）这个安静的乐土有一个花园，中间的泳池可以让你在南部海岸的炎热日子里凉爽一下。房间有海洋主题的床罩，还有几幅über-kitsch油画。

Desert Nights 各国风味 $

（Blvd de Huacachina；主菜 15~25新索尔；📶）菜单像是从东南亚西方游客众多的地方扯过来的，这家相当不错的热门咖啡馆在一家青年旅舍门前，你肯定能够遇到其他旅行者。在树荫下栽种的秘鲁咖啡很棒，可以搭配花生酱和果酱三明治、汉堡、比萨和布朗尼蛋糕。

实用信息

El Huacanicero有一台全球通用的自动柜员机。

危险和麻烦

虽然比伊卡安全些，但在瓦卡奇纳你还是不能忽视个人安全，也要保管好个人财物。有些客栈有抢劫住客甚至骚扰年轻女性的坏名声。因此，在预订房间之前一定要多加考量。

到达和离开

从伊卡到瓦卡奇纳的出租车价格为6~12新索尔。

纳斯卡（Nazca）

☎056 / 人口 2.2万

纳斯卡曾经是一个极度干燥、热得像火炉一样的死亡之镇，烧焦的荒漠。直到美国科学家保罗·科索克（Paul Kosok）从小镇上空飞过时，发现了秘鲁这一神秘又令人费解的世界奇观——纳斯卡线（Nazca Lines）。1939年，在一次对古代灌溉方式的常规研究中，飞机穿越了这片贫瘠的土地，发现了沙地上令人迷惑的线条，看起来像是巨人用红杉般大小的棍子画在地上的涂鸦。现如今作为联合国教科文组织世界遗产，每年都有大量游客像洪水一般涌入这座曾经不为人知的小镇。

景点

纳斯卡线 遗迹

纳斯卡线分布在超过500平方公里（310平方英里）干旱的遍布岩石的潘帕科罗拉多（Pampa Colorado，红色平原）上，是世界上重大的考古之谜之一。由800多道直线、300个几何图形（geolyphs）以及70多个动植物图案（biomorphs）组成。这些图案在地面上几乎难以察觉。从上空俯视，它们形成一个由风格化的图案组成的壮观网络，其中许多图案是以中心轴向四周放射的。

Museo Didáctico Antonini 博物馆

（☎056-52-3444；Av de la Cultura 600；门票 20新索尔，照相 5新索尔；⏲9:00~19:00）这座很棒的博物馆位于纳斯卡城东部，后花园中有一条水渠流过，馆内还拥有有趣的墓葬复制品、珍贵的陶制排箫和纳斯卡线的比例模型。

偏远遗迹

由于之前有过关于游客被抢劫和袭击的报道，所以参观偏远古迹最安全的方式是随团和随向导出游。

在城外的**Cantallo沟渠**中，你可以通过盘旋的ventanas（窗户）进入这一古代石头建筑，来一次潮湿、幽寂的体验。

在纳斯卡以南30公里，有一处受欢迎的**Chauchilla墓地**（Cemetery of Chauchilla；门票 7.5新索尔；⏲8:00~14:00），这里可以满足你想要看到尸骨、骷髅和木乃伊的任何可怕冲动。

沿土路西行25公里，就能够到达一处重要的纳斯卡中心**Cahuachi**，目前该遗址仍在

Nazca 纳斯卡

Nazca 纳斯卡

活动、课程和团队游

- Alas Peruanas .... （见1）
- 1 Alegría Tours B2

住宿

- 2 Hospedaje Yemayá C1
- 3 Hotel La Encantada C1
- 4 Hotel Nasca D2
- 5 Hotel Oro Viejo C1
- 6 Kunan Wasi Hotel D1

就餐

- 7 La Encantada Cafe C2
- 8 La Taberna C2
- 9 Rico Pollo B2

挖掘中。

活动

Cerro Blanco 探险游

位于纳斯卡以东14公里的Cerro Blanco，打败了所有对手，成为世界上最高的沙丘（海拔2078米）。更重要的是，其垂直海拔高1176米，这比英国和其他许多国家最高的山峰还要高。如果瓦卡奇纳的沙子还没有彻底毁掉你的内衣，来这里挑战吧。

团队游

飞越纳斯卡线是一项充满争议的活动，2010年有两架载有游客的小飞机在sobrevuelos（飞越）途中坠毁，两次事故相隔不到8个月，共造成13人死亡。2008年的坠机事故造成5名法国游客死亡，在2009年的一次事故中，飞机不得不迫降在Carr Panamericana Sur。

针对这些飞行事故，出现了一些改变：现在所有的飞机都必须有两名飞行员，飞行的价格也相应有所增长，以避免一些公司为了节省开支而使用状况不良的飞机或者让飞机超载。

虽然如此，在选择飞行公司时还是要把安全放在第一位。不要选择那些低于80美元就能提供30分钟标准飞行的公司，也不要害怕打听飞行公司的安全记录和飞行政策。**Aeroparacas**（☎01-641-7000；www.aeroparacas.com）是其中一家不错的公司。其他几家长期经营的公司包括**Aerodiana**（☎01-447-6824；www.aerodiana.com.pe）和**Alas Peruanas**（见81页地图；☎056-52-2444；www.alasperuanas.com）。但是包括英国和美国在内的一些国家，仍然在其外交部网站上对这些飞行项目提出警告。

由于小飞机在飞行时会左右摇晃，可能会引起胃部不适，因此晕机的游客最好服药。看着地平线可能有助于减轻恶心。

绝大多数航空公司使用的都是纳斯卡西南4公里处的玛利亚·雷奇·纽曼机场（María Reiche Neuman Airport），不过你也可以

沙漠中的未解之谜

把被太阳晒成深色的石头从沙漠表面挪走，暴露出地下的浅色土壤，这样就形成了令人惊叹的、古老的纳斯卡线。但是这些巨大的线条究竟是谁出于什么原因创造出来的呢？古人又为什么要费力创造这些只能在空中欣赏的图案呢？德国数学家玛利亚·雷奇（Maria Reiche），在对纳斯卡线进行了长期的研究之后，认为这些线条是存在于公元前900年至公元600年的帕拉卡斯（Paracas）和纳斯卡文明创造出来的，在公元7世纪瓦里（Wari）文明又对其进行了添加。她相信这些线条是通过复杂的数学计算（和一根长绳）绘制出来的天文历法。其他一些理论认为，这些线条可能是祈求下雨、丰收等宗教祭祀的人行通道，巨大的跑道，外星人的降落地点，或是服用了迷幻药的萨满巫师的梦境呈现，选择一个你相信的理论吧——没有人知道答案！

选择从皮斯科和利马乘坐飞机。除了游览费用之外，机场通常还会收取20新索尔的离境税。

Alegría Tours 探险游

（见81页地图；☎056-52-3775；www.alegriatoursperu.com；Hotel Alegría，Lima 168）一家提供当地常规团队游、另辟蹊径和滑沙项目的大型旅行社。独自参加的行程比较贵，所以问问是否能加入其他游客共享团队折扣。在一些情况下可以安排西班牙语、英语、法语和德语的向导。

住宿

Kunan Wasi Hotel 酒店 $

（见81页地图；☎056-52-4069；www.kunanwasihotel.com；Arica 419；标单/双/标三 70/90/120新索尔；@ 📶）Kunan Wasi是一家非常干净明亮的酒店（每个房间都有不同的配色方案），由说英语的Yesenia经营。这里超级友好，一尘不染，旅行者一定会喜欢顶楼的露台。欢迎来到一个装扮完美的纳斯卡廉价之选。

Hospedaje Yemayá 酒店 $

（见81页地图；☎056-52-3146；www.hospedajeyemaya.com；Callao 578；标单/双 45/60新索尔，无独立卫生间 30/45新索尔；@ 📶）这家酒店用其热情好客的服务迎接着川流不息的背包客，酒店房间虽小，但是精心打理，提供热水淋浴和有线电视。有一个适合社交的小露台，提供方便的洗衣机和烘干机。

Hotel Nasca 酒店 $

（见81页地图；☎056-52-2085；marionasca13@hotmail.com；Lima 438；标单/双/标三 35/45/65新索尔）这家酒店的价位非常低，店主是一位慈祥的老人。巴洛克风格的房间里仅有最基本的设施，有一些房间有独立卫浴。

★ Hotel Oro Viejo 酒店 $$

（见81页地图；☎056-52-2284；www.hoteloroviejo.net；Callao 483；标单/双/标三/套 含自助早餐 150/200/240/450新索尔；P ❄ @ 📶 🏊）这家杰出的中档酒店带着明显的东方气息，有一个开放花园和闪亮的游泳池。偶尔会用农作物装饰公共区域和休息室，同时芳香的房间使人感到舒适、安静和放松。记得要一间后面的新房间。

Hotel La Encantada 酒店 $$

（见81页地图；☎056-52-2930；www.hotellaencantada.com.pe；Callao 592；标单/双/标三 105/140/160新索尔；@ 📶）这家现代的酒店提供明亮、刚刚粉刷过的房间，以及一个愉快的露台，不过房间的干净程度欠佳（略低于本书中整洁的标准）。

餐饮

在武器广场以西的Bolognesi街道两旁有许多背包客喜欢的比萨店、餐馆和酒吧。

La Taberna 秘鲁菜 $

（见81页地图；☎Lima 321；主菜 15新索尔起，套餐 6新索尔；⏰午餐和晚餐；🖉）这是一家热门之选，覆盖了每一寸墙面的涂鸦证明了这家餐馆的受欢迎程度。尝试一下名为“Pescado a lo Macho”（并非字面上的“男子汉鱼”）的辣鱼，上面淋着酱汁和混合贝类，或者在素食菜单中选择。

Rico Pollo 秘鲁菜 $

（见81页地图；Lima 190；主菜 12新索尔起）当地人的午餐首选，这家非常便宜但也非常拥挤的鸡肉小店，供应南部海岸最好的烤肉。12新索尔就能吃到一大份鸡胸肉配炸薯条和蔬菜。店里同时也提供很棒的蛋糕和沙拉。

La Encantada Cafe 各国风味 $$

（见81页地图；www.hotellaencantada.com.pe；Bolognesi 282；主菜 20~40新索尔）Bolognesi大道上的首选，在纳斯卡满是灰尘的市中心，La Encantada以它摆放整齐的酒架、很棒的咖啡和彬彬有礼的侍者而独树一帜。丰富的菜单融合了欧洲风味（通心粉等）和秘鲁人最爱的菜式。

实用信息

BCP银行（Lima 495）有支持Visa/Mastercard的自动柜员机，并且能够兑换美元现金。

Dircetur（Parque Bolognesi，3层）政府设立的旅游信息办公室，能够为游客推荐本地旅行社。在公园里也能够找到信息亭。

到达和当地交通

在Calle Lima街的最西边，óvalo附近有很多汽车公司。去阿雷基帕的长途汽车通常在利马始发，如果想要有座位的话，你需要支付"利马票价"。

大多数的长途汽车会在下午晚些时候发车。位于Av Los Incas的**Cruz del Sur**（☎0801-11111；www.cruzdelsur.com.pe；Av Los Incas）和**Ormeño**（☎056-52-2058；www.grupo-ormeno.com.pe；Av Los Incas）每天有豪华长途汽车开往利马。中途的停靠点如伊卡和皮斯科可以通过小一些的廉价汽车公司更快速到达，比如Flores和**Soyuz**（☎056-52-1464）有从Av Los Incas开往伊卡的车，每半小时一班。

想去库斯科的话，有几家公司开通了从东边柏油路途经阿班凯（Abancay）抵达库斯科的线路。这条高海拔的线路会非常冷，所以要在车上准备好厚衣服和睡袋（如果你有的话）。也有一些途经阿雷基帕到库斯科的直达车。

去伊卡有快速的合乘巴士（15新索尔，2小时），还有相对较慢的小巴从óvalo附近的加油站发车，人满发车。

从纳斯卡镇中心乘坐出租车去4公里外的飞机场需要花费差不多4新索尔。

目的地	费用（新索尔）	行程（小时）
阿雷基帕	59~140	10~12
库斯科	80~140	14
伊卡	30~65	2.5
利马	55~145	8
皮斯科	30~65	1.5~2
塔克纳	70~165	15

塔克纳（Tacna）

☎052 / 人口 24.25万

到达秘鲁最传奇的城市塔克纳，要经过很长一段尘土飞扬的路途。它位于泛美公路（Carr Panamericana）的末端，利马东南方1300公里左右处。事实上，这座非常发达的边防前哨在1880年的太平洋战争之后曾经被智利占领，但在1929年，城镇居民发动了一场边境政变，并投票回归了秘鲁的怀抱。你会发现这里的人比秘鲁其他地方的人更讲礼貌。对于旅行者来说，这里主要是去智利途中的一个中转站。

塔克纳的乡村风光以橄榄树林、果园和bodegas（酒庄）而出名。可在Bolognesi路边乘坐公共汽车或小巴（0.5新索尔，10分钟）前往酒庄以及Pocollay郊区的餐馆。

住宿

酒店房间价格较贵，并且很容易就被订满了，尤其是在周末的时候。

Hostal Le Prince 酒店 $

（☎052-42-1252；Zela 728；标单/双 70/80新索尔；P 🛜）这是一家划算的现代住所，如果你不想花额外的钱在镇上找更精致住所的话，这里很难拒绝。

Dorado Hotel 酒店 $$

（☎052-41-5741；www.doradohoteltacna.com；Av Arias Aragüez 145；标单/双/标三含早餐 129/179/209新索尔；@ 🛜）作为塔克纳最豪华的酒店，Dorado是那种有着厚实的窗帘、闪亮的栏杆，还有会为你把行李提到房间的侍者的地方。尽管它比不上欧洲城市酒店的豪华，但它已经做出了很好的努力。

餐饮

Pocollay的乡村餐馆很出名，周末经常会有现场演出。Libertad和Vigil的小步行街是塔克纳人有限的夜生活的中心。

★ Café Da Vinci 欧洲菜 $$

（Calle Arias Aragüez 122；主菜 23~40新索尔；⏲11:00~23:00）这家木结构餐馆的食物和装饰有着欧洲范儿，穿着讲究的侍者脸上挂着蒙娜丽莎般的微笑。菜单上的亮点是美味的法棍、比萨、大杯的干红葡萄酒，以及好吃的秘鲁主食。这家餐馆最引以为豪的就是真正的意大利浓缩咖啡机制作出来的咖啡。

Uros Restaurante 创意菜 $$

（www.restauranteuros.com；Av San Martín 608；主菜 22~35新索尔）这是塔克纳对于novoandina（创新安第斯菜式）的尝试，避免了过多虚饰，如果你能忽略菜单上的食物照片（确实很上相）。

实用信息

可以很容易地兑换到智利比索、新索尔和美元。

BCP银行（San Martín 574）有支持Visa/MasterCard的自动柜员机，能够用Visa卡预支现金。

iPerú（☎052-42-5514；San Martín 491；⏲周一至周五 8:30~19:30，周六至14:30）国家旅游办公室，提供免费信息和小册子。

到达和当地交通

飞机

塔克纳**机场**（TCQ）在小镇西边5公里处。**LAN**（☎052-42-8346；www.lan.com；Apurímac 101；⏲周一至周五 8:30~19:00，周六 9:00~14:00）和**Peruvian Airlines**（www.peruvian.pe；Av Bolognesi 670）提供每天飞往利马的航班，以及飞往阿雷基帕和库斯科的季节性航班。

长途汽车

大多数远途的汽车都从Terminal Terrestre（离境税1新索尔）发车，可以从市中心乘坐出租车前往该车站（3新索尔）。开往利马的大多数长途汽车会在其他沿海城镇停靠，包括纳斯卡和伊卡。**Julsa**（☎24-7132）运营的夜车途经德萨瓜德罗（Desaguadero）前往普诺（Puno）。想要去库斯科需要在阿雷基帕或者普诺转车。

每天6:00~22:00，在Terminal Terrestre对面的国际车站有车频繁开往智利阿里卡。

目的地	费用（新索尔）	行程（小时）
阿雷基帕	15~35	7
库斯科	60~125	17
利马	50~144	18~22
普诺	25~45	10

火车

从塔克纳**火车站**（Av 2 de Mayo）开往智利阿里卡（10新索尔/2000智利比索，1.5小时）的火车是最便宜、最迷人但同时也是最慢的过境方式。

前往智利

从秘鲁去智利的过境手续相对比较简单。主要的交通方式有三种：火车、公共长途汽车以及合乘出租车，后者被证明是最快的。这种能够乘坐5个人的出租车由专业公司运营，在塔克纳的国际车站设有柜台，花费大约18新索尔就能去往65公里外的智利小镇阿里卡（见229页），车子在边境两侧都会停留一下。这种方式快速高效——因为绝大部分的手续在你上车之前就已经办好了。公共的长途汽车会便宜一些（10新索尔），但也更慢，因为在过境的时候你需要等候所有的乘客都办完手续才能继续前行。

智利边防站周日到周四的工作时间是早上8点到午夜，周五周六则是24小时开放。中国公民入境智利的签证信息请见299页生存指南。

需要注意的是智利时间比秘鲁快1小时（从10月的最后一个周日到次年4月的第一个周日之间的夏令时期间则快2小时）。从阿里卡，你可以继续往南（坐火车或长途汽车）去智利更南边，或者往东北方向进入玻利维亚。

从智利阿里卡前往秘鲁的反向过境信息见231页。

到站时盖入境章。火车的运营时间不确定，并且时间可能不方便；需要去火车站查询最新的列车时刻表。

阿雷基帕和峡谷区（AREQUIPA & CANYON COUNTRY）

殖民地城市阿雷基帕拥有精致的博物馆、建筑和丰富的夜生活，城市四周都是秘鲁部分最荒芜的地貌。这片土地拥有活火山、温泉、高海拔沙漠和世界上最深的峡谷。经由陆路旅行，这里也是的的喀喀湖和库斯科之间的必经之处。

阿雷基帕（Arequipa）

☎054 / 人口96.93万

阿雷基帕是个永远都不缺少故事的城市，自从1540年西班牙人到来之后，这里几乎每个世纪都会被火山喷发和地震侵袭。完美的圆锥形火山米斯蒂山（El Misti，5822米）高耸在武器广场上的大教堂后面，它的左侧是杂乱的查查尼峰（Chachani，6075米），右侧是皮丘皮丘峰（Pichu Pichu，5571米）。这些宏伟的背景衬托着阿雷基帕的殖民地时期建筑，这些建筑都由一种叫sillar的浅色火山岩建造而成，在阳光下和镜头里熠熠生辉。是的，你仍身处安第斯山脉之中，但这里有充满大都市气息的鹅卵石、美味的餐馆和喧闹的夜生活——毕竟，这是秘鲁第二大城市。

景点

阿雷基帕被称作“白色之城”，独特的岩石为宏伟的武器广场、庞大的**大教堂**，以及其他许多精美殖民地时期教堂、修道院和宅第增色不少。不要错过保存完美的宅第**La Casa de Moral**和**Casa Ricketts**。

圣卡塔莉娜修道院　　修道院

（见86页地图；Monasterio de Santa Catalina；☎054-22-1213；www.santacatalina.org.pe；Santa Catalina 301；门票 40新索尔；⏲周一至周五 10:00~13:00，15:00~18:00，周六 10:00~12:00）即使你已经对殖民地建筑审美疲劳，这座修道院也不应错过。占据了整个街区、被雄伟的高墙保护着的修道院，是秘鲁最迷人的宗教建筑之一。它又何止是一座宗教建筑，2万平方米的建筑群简直就是一座城中城。1580年，一位有钱的寡妇Doña María de Guzmán建立了这座修道院。从东南角进入。

安第斯圣地博物馆　　博物馆

（见86页地图；Museo Santuarios Andinos；☎054-20-0345；La Merced 110；门票 20新索尔；⏲周一至周六 9:00~18:00，周日 至15:00）这座戏剧性呈现的博物馆因其保存的一具冰冻“木乃伊”和强制导览游（免费，但最后需要给小费）而越来越有吸引力。剧透：镇馆之宝是可怜的**胡安妮塔**（Juanita）有些可怕的形象，这个12岁的印加少女于1450年代被献祭给神灵，如今被诡异地保存在一个玻璃冰柜里。团队游约1小时，包括西班牙语、英语和法语。

La Compañía教堂　　教堂

（见86页地图；Iglesia de La Compañía；⏲周日至周五 9:00~12:30和15:00~18:00，周六 11:30~12:30和15:00~18:00）**免费** 如果阿雷基帕的大教堂显得太大了，这座位于武器广场东南角极小的耶稣会教堂刚好是个有趣的反衬——证明小的也可以是很美的。正面是一个精心雕刻的churrigueresque（类似巴洛克，1660年代由西班牙创造的一种风格）杰作。同样繁复的祭坛整体覆盖着金色的叶子，更加突出地使用了巴洛克风格，这会使任何去过西班牙塞维利亚大教堂的人感到非常熟悉。

La Recoleta修道院　　修道院

（Monasterio de la Recoleta；La Recoleta 117；门票 10新索尔；⏲每天 9:00~12:00和15:00~17:00，周三和周五 至20:00）在这座有些霉味的修道院大型图书馆里，爱书的人会流连忘返。图书馆收藏了两万余册尘封的书及地图，最古老的可追溯到1494年。学术成就是方济各会很重要的一部分，图书馆开放有监管的访问，在入口处咨询。

还有一座用来展出传教士收集的亚马孙地区物品（包括丛林动物标本）的博物馆，同时展有前殖民地时期的大量器物和escuela cuzqueña（库斯科学院）的宗教艺术。

Arequipa 阿雷基帕

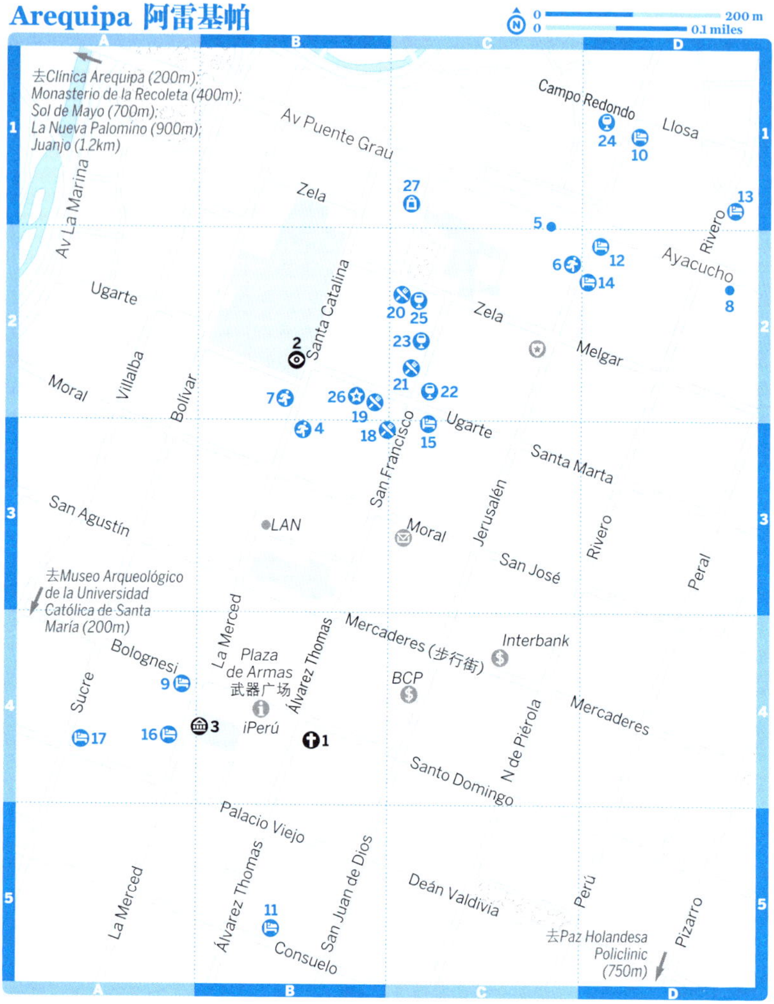

活动

Santa Catalina和Jerusalén街上有许多不太可靠的旅行社，提供阿雷基帕周边时间过长的巴士团队游、令人失望又匆忙的科尔卡峡谷（Cañón del Colca）游，以及远足、登山、漂流等活动。有许多人强行拉客，请仔细挑选。

Carlos Zárate Adventures 探险运动

（见86页地图；☎054-20-2461；www.zarateadventures.com；Santa Catalina 204, Oficina 3）这家高度专业的公司于1954年由阿雷基帕的登山之父Carlos Zárate创办。他的一个儿子Miguel和考古学家一起于1995年在安姆帕托峰（Mt Ampato）顶发掘了“冰少女”胡安妮塔（见85页）。如今旅行社由他的另一个儿子、经验丰富的向导Carlos Zárate Flores经营，提供多种徒步游以及所有当地山峰的攀登活动。

Colca Trek 探险运动

（见86页地图；☎054-20-6217；www.colcatrek.com.pe；Jerusalén 401B）这是一家注重环保的探险游旅行社，知识渊博的老板

Arequipa 阿雷基帕

景点

1 La Compañía教堂 B4
2 圣卡塔莉娜修道院 B2
3 安第斯圣地博物馆 B4

活动、课程和团队游

4 Carlos Zárate Adventures B3
5 CEPESMA C1
6 Colca Trek C2
7 Naturaleza Activa B2
8 ROCIO D2

住宿

9 Casablanca Hostal A4
10 Hostal Núñez D1
11 Hostal Casona Solar B5
12 Hotel Real Arequipa D2
13 La Casa de Sillar D1
14 La Posada del Cacique D2
15 Le Foyer C3
16 Los Andes Bed & Breakfast A4
17 Point Hostel A4

就餐

18 Café Fez-Istanbul B3
19 Hatunpa B2
20 Zig Zag C2
21 Zingaro C2

饮品和夜生活

22 Brujas Bar C2
23 Casona Forum C2
24 Chelawasi Public House D1
25 Split C2

娱乐

26 Café Art Montréal B2

购物

27 Fundo El Fierro C1

Vlado Soto会讲英语。除了徒步游，还组织登山、山地车骑行和激流舟。它是少数几家出售这一地区详尽地形图的商家，对于想要自己探索这一地区的人，是非常重要的信息来源。

Naturaleza Activa 探险运动

（见86页地图；☎96-896-9544；naturactiva@yahoo.com；Santa Catalina 211）探险爱好者的热门之选，提供各种徒步、登山和山地车骑行选择。Naturaleza Activa相对其他旅行社的主要优势是，你在这里咨询的人都是有资历的向导，而非销售人员，他们能以专业的知识回答你的问题。向导讲英语、法语和德语。

登山

阿雷基帕周边群山环绕，虽然很多地区的山从技术上来说都不难攀登，但是永远都不可掉以轻心。极端天气、高海拔和缺水（每人每天应携带4升水）都可能成为危险因素。秘鲁登山向导协会提醒登山者：许多导游都未经认证和培训，所以登山者需要非常了解医疗和野外生存的技能，并携带急救包。

在阿雷基帕隐约可见的米斯蒂火山（El Misti，5822米）是当地最受欢迎的登山胜地。你可以独自攀爬这座山，但最好还是与向导同行，以免被抢劫，因为在Apurímac路线上就曾经发生过这样的事件。一条非常流行的路线是从Chiguata出发，经过8小时的艰苦爬升后抵达大本营（4500米）。从大本营到达顶峰再返回需要8小时。从大本营返回Chiguata需要至少3小时。查查尼峰（Chachani，6075米）是全世界6000米以上山峰中最容易攀登的山峰之一，不过还是需要冰爪、冰镐和一名好向导。

徒步

旅行社提供去阿雷基帕峡谷区的冷门徒步游，但是如果你打算去科尔卡峡谷的话，最好还是自行前往。徒步游的最佳季节是5月至11月。科尔卡峡谷中有少数露营地，但是禁止在秃鹰十字架（Cruz del Cóndor）附近扎营。至于必不可少的徒步地图和科塔瓦西峡谷（Cañón del Cotahuasi）的优质导览游，请联系Colca Trek。

漂流

Río Chili是最常漂流的本地河流，3月至11月每天都有初学者的半日游。再远一些的Río Majes有Ⅱ级和Ⅲ级的漂流。

Casa de Mauro（☎98-383-9729；lacasademauromajes@hotmail.com；Ongoro，Km

5；露营地每人15新索尔，铺30新索尔）是漂流Majes河一个方便的大本营。可以从阿雷基帕的Terminal Terrestre乘坐Transportes del Carpio长途汽车到Aplao（12新索尔，3小时，每小时一班），然后乘坐合乘小巴（1.5新索尔）或者出租车（15新索尔）到达位于阿雷基帕以西190公里的Ongoro村。

课程

许多学校提供西班牙语课程（每小时15~30新索尔）。

CEPESMA 语言课程

（见86页地图；☎054-95-996-1638；www.cepesmaidiomasceci.com；Av Puente Grau 108）你可以参加每天2小时（16美元）至8小时（64美元）的西班牙语课程。提供烹饪课、舞蹈课和志愿者机会。

Juanjo 语言课程

（www.spanishlanguageperu.com；Los Arces 257A，Distrito Cayma）旅游者推荐，提供一对一的西班牙语课，每周350新索尔起，包括一堂免费的萨尔萨舞蹈课或烹饪课。可以安排家庭寄宿和志愿者工作。

ROCIO 语言课程

（见86页地图；☎054-22-4568；www.spanish-peru.com；Ayacucho 208）个人的西班牙语课程收费每小时18新索尔，每周20小时的小班课程290新索尔。在公共入口处按21号的门铃。

节日和活动

生性骄傲的阿雷基帕人在8月15日建城日的疯狂庆祝，令他们与海边的利马人显得十分不同。

住宿

在Jerusalén西边的Puente Grau街边有很多便宜的客栈。

La Casa de Sillar 酒店 $

（见86页地图；☎054-28-4249；www.lacasadesillar.com；Rivero 504；有/无独立卫生间 标单45/35新索尔，双70/60新索尔；@📶）又一座由米斯蒂火山凿下的sillar岩石（如酒店名字所示）建成的厚墙殖民地建筑。这一座并不算精致，但价格便宜，尤其是如果你愿意共用卫生间的话。公共休息室里装饰着巨大的地图和同样巨大的电视。

La Posada del Cacique 酒店 $

（见86页地图；☎054-20-2170；Jerusal2n 404；标单/双/标三 30/50/60新索尔；@📶）这个两层的青年旅舍有宽敞的充满阳光的房间，一个设施齐全的公共厨房，靠谱的热水，以及一个安静的屋顶休息区。主人父子很熟悉当地信息，使住客宾至如归。

Hotel Real Arequipa 酒店 $

（见86页地图；☎054-79-9248；hotelrealarequipa@hotmail.com；Jerusalén 412；房间有/无独立卫生间 70/40新索尔；📶）房间简陋而灰暗，不过有一个整洁的厨房，如果你预算有限又不想离武器广场太远的话，这里非常合适。

Le Foyer 青年旅舍 $

（见86页地图；☎054-28-6473；www.hlefoyer.com；Ugarte 114；标单/双/标三有独立卫生间 75/95/115新索尔，铺/双/标三无独立卫生间25/60/85新索尔，均含早餐；@📶）这家青年旅舍式的便宜酒店有明显的新奥尔良风格，你能够在楼上环绕的走廊一边享用标准的果酱面包早餐，一边俯瞰繁忙的Calle Jerusalén。房间没有什么特别之处，但是这里靠近大量餐馆和夜生活（楼下有家很诱人的墨西哥风味），意味着你出门不需要GPS导航了。

Hostal Núñez 青年旅舍 $

（见86页地图；☎054-21-8648；www.hotel-nunez.de；Jerusalen 528；标单/双有独立卫生间100/120新索尔，无独立卫生间 50/80新索尔，均含早餐；📶）这家安全友好的青年旅舍所在的街上到处是不那么好的客栈，因此它总是挤满美国人。鲜艳的房间里有带褶边的装饰和有线电视，不过单人间有点挤。

Los Andes Bed & Breakfast 酒店、民宿 $

（见86页地图；☎054-33-0015；www.losandesarequipa.com；La Merced 123；标单/双无独立卫生间 31/50新索尔，有独立卫生间 48/72新索尔；@📶）这家酒店的大房间和宽敞的公共厨房有点像医院的感觉，住着很多登山队和长期游客。价格不错，有关于周边地区的信息。

Point Hostel
青年旅舍 $

（见86页地图；☎054-28-6920；www.thepointhostels.com；Palacio Viejo 325；铺/双含早餐 21/70新索尔；@📶）秘鲁的五家Point连锁青年旅舍之一，离主广场有两个街区，里面有台球桌和酒吧，请注意，这里适合那些乐于社交并且不愿在晚上10点就睡觉的人。

★ Hostal Casona Solar
酒店 $$

（见86页地图；☎054-22-8991；www.casonasolar.com；Consuelo 116；标单/双/套 158/240/354新索尔；📶）在这家豪华的"秘密花园"里做几天殖民地绅士（caballero）吧。酒店离主广场仅3个街区，却出奇的安静。巨大的18世纪房间由sillar火山岩建成，有一些房间有夹层的卧室。服务（当日洗衣、汽车票预订、免费飞机值机）同样很突出。这是阿雷基帕——甚至整个秘鲁最物有所值的酒店。

Casablanca Hostal
酒店 $$

（见86页地图；☎054-22-1327；www.casablancahostal.com；Puente Bolognesi 104；标单/双/标三含早餐 95/145/200新索尔；@）《纽约时报》并非唯一惊叹于这家酒店的超高性价比的媒体。它位于主广场一个显眼的角落，暴露在外的sillar火山岩非常漂亮，房间大得足够养一匹马（或者两匹）。服务周到，享用早餐的地方是一个洒满阳光的可爱咖啡馆。

就餐

时尚的高档餐厅位于San Francisco街，而Pasaje Catedral街上则布满了露天咖啡馆。城市中心和亚纳瓦拉区有许多高性价比的picanterías（非正式的当地餐馆），供应传统阿雷基帕午餐套餐，仅仅是为了感受当地气氛，也值得一试。

Café Fez-Istanbul
中东菜 $

（见86页地图；San Francisco 229；主菜 9~14新索尔；⏲9:30至午夜）店名包含两座城市，但食物却显然是中东口味而非摩洛哥。炸豆丸子是这家餐馆的招牌——夹在薄饼或三明治里。这是个相对时尚的餐吧，有一个可以打量往来行人的夹层。其他受欢迎的菜品包括鹰嘴豆泥、现炸薯条以及各式三明治。分量大多像小吃一样，不过就餐环境不错。

Hatunpa
秘鲁菜 $

（见86页地图；Ugarte 208；菜肴 11~15新索尔；⏲周一至周六 12:30~21:30）这里只有4张桌子，把常见的土豆作为主打食材，听起来不太乐观，但它却吸引着迅速增加的狂热追随者。秘诀何在？土豆起源于秘鲁，阿雷基帕人知道如何为土豆加上创意酱料和佐料，比如羊驼肉、香肠或者蔬菜。更好的是，这里量足又便宜。

★ Zingaro
秘鲁菜 $$

（见86页地图；www.zingaro-restaurante.com；San Francisco 309；主菜 30~49新索尔；⏲周一至周六 12:00~23:00）在一栋有木头阳台、彩色玻璃窗和一位常驻钢琴师的古老sillar火山岩建筑里，烹饪传奇由此诞生。Zingaro引领着美食创新，意味着这里是尝试对传统秘鲁菜新演绎的好地方，包括羊驼肋骨（alpaca ribs）、酸橘汁腌海鲜，还有你可能从来没尝过的cuy（豚鼠）。

Zig Zag
秘鲁菜 $$

（见86页地图；☎054-20-6020；www.zigzagrestaurant.com；Zela 210；主菜 33~45新索尔；⏲正午至午夜）Zig Zag是一家高档但并没有贵得离谱的秘鲁餐厅，受到欧洲影响。它位于一座两层的殖民地建筑内，铁楼梯是由古斯塔夫·埃菲尔（Gustave Eiffel，天啊，这个家伙一定很忙）设计的。经典菜式是在特殊的火山岩上烤肉，佐以各式酱料。芝士火锅也不错。

La Nueva Palomino
秘鲁菜 $$

（Leoncio Prado 122；主菜 14~29新索尔；⏲正午至18:00）绝对是当地最受欢迎的餐馆，这家picantería气氛很随意，非周末时，家人和朋友成群结队地来吃当地特色菜，狂饮chicha de jora（发酵玉米啤酒），非常热闹。餐馆在亚纳瓦拉区（市中心西北2公里），mirador（观景台）以东。

饮品

在San Francisco街和Ugarte街交叉路口的广场北部，聚集着许多很棒的酒吧和俱乐部。

Split
小酒馆

（见86页地图；Zela 207；⏲周一至周三 17:00至次日1:00，周四至周六 18:00至次日2:00）两

家酒吧分占楼上和楼下（并没有地面层）。两家都阴暗局促，当地酒鬼聚到这里，以菠萝朗姆皮斯科鸡尾酒Misti Colodo等烈酒开启整个夜晚，或者像家常便饭一样喝标有"Tóxicos"的酒。这里有比萨、法式薄饼和意大利面诱惑你留下来。

Chelawasi Public House 微型酿酒厂

（见86页地图；Campo Redondo 102；啤酒12新索尔；⏲周四至周六 6:00至午夜，周日 至22:00）没喝过精酿啤酒？友好的加拿大-秘鲁店主会带你品尝秘鲁微型酿酒厂产出的最棒的啤酒，附赠当地旅游咨询。这个阿雷基帕第一家精酿啤酒吧是一个现代而朴实的小酒馆，位于乡村般的San Lázaro地区。你甚至可以从隔壁点比萨，然后坐在手工桌前享用。

Brujas Bar 酒吧

（见86页地图；San Francisco 300；⏲17:00至深夜）插着英国国旗的北欧风格酒馆，有减价时段鸡尾酒，许多当地人和外国人聚在这里闲聊。

Casona Forum 夜店

（见86页地图；www.casonaforum.com；San Francisco 317）五位一体：小酒馆（Retro）、台球吧（Zero）、沙发吧（Chill Out）、夜店（Forum）和餐馆（Terrasse），给你五个理由来这幢sillar火山岩建筑里度过一个美好的夜晚。

☆ 娱乐

Café Art Montréal 现场音乐

（见86页地图；Ugarte 210；⏲17:00至次日1:00）这个烟雾缭绕的私密小酒吧，有现场乐队在背后的舞台上表演，就像一个波希米亚学生在巴黎左岸常去的地方。

购物

到处都有手工艺品商店和古董商店，尤其是在圣卡塔利娜修道院附近。

Fundo El Fierro 工艺品市场

（San Francisco 200；⏲周一至周六 9:00~20:00，周日 至14:00）这个阿雷基帕首要的工艺品市场占据了一个漂亮的殖民地sillar火山岩庭院，就在圣弗朗西斯科教堂旁边。服装、绘画、手工艺品、珠宝占大多数，但你也能找到来自Cotahuasi的珍贵羊驼毛地毯。8月的手工艺品集市会有特设摊位。

实用信息

危险和麻烦

阿雷基帕时常会有小偷小摸发生，所以游客需要把贵重物品藏好。晚间在游客区域以外行走需要非常小心。在市中心北边的Parque Selva Alegre要格外小心，因为这里曾发生过抢劫案件。不要从街上直接拦出租车，而是让你的青年旅舍或者旅行社帮你叫正规出租车，为了安全着想，这样做是十分必要的。

紧急情况

旅游警局（Policía de Turismo；☎054-20-1258；Jerusalén 315-317；⏲24小时）如果你需要一份为保险索赔而出具的官方失窃证明，这里或许会有帮助。

医疗服务

Clínica Arequipa（☎054-25-342，054-25-3416；

值得一游

亚纳瓦拉

安静的亚纳瓦拉（Yanahuara）街区是从阿雷基帕市中心出发的一段轻松的短途游。步行即可：沿着Av Puente Grau大街向西走过Grau桥（Puente Grau），继续沿着Av Ejército大街前行6个街区，在Av Lima大街右转，走过5个街区到达一个小广场和mirador（观景台），能够很好地眺望阿雷基帕和米斯蒂火山。

沿着与Av Lima大街平行的Av Jerusalén大街往回走，在快到达Av Ejército大街的时候，你会看到著名的餐馆**Sol de Mayo**（☎054-25-4148；Jerusalén 207，Yanahuara；主菜28~50新索尔），可以在这里停下来吃一顿美味的典型阿雷基帕菜午餐。步行往返需要2小时。你也可以选择乘坐沿着Av Puente Grau大街（返程时从亚纳瓦拉的广场返回市区）行驶的合乘小巴前往亚纳瓦拉，每几分钟就有一辆（1新索尔，10分钟）。

Bolognesi near Puente Grau；⏲周一至周五 8:00~20:00，周六 至12:30）阿莱基帕最好也最贵的诊所。

Paz Holandesa Policlinic（☎054-43-2281；www.pazholandesa.com；Av Chávez 527；⏲周一至周六 8:00~20:00）提供疫苗的旅游诊所，仅限预约。医生说英语和荷兰语。收入用于向贫困的秘鲁儿童提供医疗服务。

现金

在武器广场东边有货币兑换处，Terminal Terrestre站也能找到全球通用的自动柜员机。

BCP银行（San Juan de Dios 125）有支持Visa的自动柜员机，能够兑换美元。

Interbank银行（Mercaderes 217）有全球通用的自动柜员机。

邮局

Serpost（Moral 118；⏲周一至周六 8:00~20:00，周日 9:00~13:00）

旅游信息

iPerú（☎054-22-3265；iperuarequipa@promperu.gob.pe；Portal de la Municipalidad 110，Plaza de Armas；⏲周一至周六 9:00~18:00，周日 至13:00）官方支持的信息中心，提供当地和周边景点的客观信息。在机场另有一处办公地点（☎054-44-4564；1层，主大厅，Aeropuerto Rodríguez Ballón；⏲10:00~19:30）。

到达和离开

飞机

机场在市中心西北8公里处。**LAN**（☎054-20-1100；Santa Catalina 118C）每天有飞往利马和库斯科的航班。乘坐出租车去市中心需要25新索尔。没有机场大巴或合乘出租车。可以在Av Puente Grau和Ejército乘坐标有“Río Seco”或“Zamacola”的合乘巴士，在一个距机场约700米的简陋街区下车。

长途汽车

大多数公司都从Terminal Terrestre或者旁边小一点的Terrapuerto车站发车。这两个车站都位于市中心南边3公里处（离境税2新索尔）。

在利马，**Cruz del Sur**（☎054-42-7375；www.cruzdelsur.com.pe）、**Ormeño**（☎054-42-3855）和其他几家公司每天都有几班开往利马的长途汽车，大多数都是下午发车。很多车沿途都会停靠纳斯卡和伊卡。很多公司也有去库斯科的夜车。

去普诺的车有很多，不过鉴于这段路是事故多发地段，最好选择白天的车。Ormeño公司的车会继续开往位于玻利维亚边境的德萨瓜德罗（Desaguadero）和拉巴斯（La Paz）。Cruz del Sur公司途经莫克瓜（Moquegua）前往塔克纳有最舒适的长途汽车。

如果想去科尔卡峡谷，有一些每天发车的班车会先开往奇瓦伊（Chivay），然后开往卡瓦纳孔德（Cabanaconde）。推荐乘坐**Andalucía**（☎054-44-5089）公司的车。

目的地	费用（新索尔）	行程（小时）
卡瓦纳孔德	20	6
奇瓦伊	15	3.5
库斯科	70~135	6~11
伊卡	45~120	11~15
利马	80~160	14~17
莫克瓜	18	4
纳斯卡	59~154	10~12
皮斯科	40~144	15
普诺	20~90	6
塔克纳	20~57	6

当地交通

合乘小巴和小巴沿着Bolívar向南去往Terrapuerto车站旁边的Terminal Terrestre汽车总站（0.8新索尔，25分钟），但是在经过市场的时候会比较慢。乘坐出租车一定要只选择官方出租车公司，比如**Tourismo Arequipa**（☎054-45-8888）和**Taxitel**（☎054-45-2020），去Terminal Terrestre汽车总站约8新索尔。

科尔卡峡谷（Cañón del Colca）

科尔卡是世界上最深的峡谷之一，以3191米的深度仅次于比它深163米的相邻的科塔瓦西峡谷（Cañón del Cotahuasi）。徒步是目前探索乡村生活的最佳方式，不过一路上灰尘很大。在路过村庄的时候，注意观察当地女性的传统绣花衣服和帽子。要注意环保，不要把垃圾扔在峡谷中的垃圾桶里，因为会随风飘走，当地人只会把垃圾倒在河里。你需要把自己的垃圾带出去。

从阿雷基帕向北的道路穿过**萨利纳斯与阿瓜布兰卡国家保护区**(Reserva Nacional Salinas y Aguada Blanca)，在那里经常可以看到骆马(vicuñas)——美洲驼(llamas)和羊驼(alpacas)濒危的野生近亲。道路继续穿行于苍凉的altiplano(安第斯高原)，通过海拔最高点4800米之后，向下就会来到奇瓦伊。

奇瓦伊 (Chivay)

☎054 / 人口7700

这座位于峡谷前端的省会城市是一个灰尘飞扬的小型交通枢纽。来这里最好带上足够的秘鲁现金，因为只有少数的几家商店可以兑换美元或欧元。

景点和活动

天文台 天文台

(Astronomical Observatory; Planetario; ☎054-53-1020; Huayna Cápac; 门票 25新索尔; ⏲4月至12月)没有光污染，意味着可以看到完美的银河。Casa Andina酒店有一个小型天文台能够观测夜空，并提供西班牙语和英语讲解。费用包括一次30分钟的讲解和通过望远镜观测星空的机会。1月至3月关闭，因为很难遇到晴朗的夜空。

La Calera Hot Springs 温泉

(门票 15新索尔; ⏲4:30~19:00)如果你刚刚乘汽车或者自驾从阿雷基帕来到这里，一个适应海拔的好方法就是步行去3公里以外的拉卡莱拉温泉，躺在露天的天然温泉里，感受一下峡谷(浅得惊人)的坡度。背景是田园风光，还能听见头顶玩高空滑索的人们滑过时的尖叫声。从奇瓦伊前往温泉的合乘巴士1~2新索尔。

旅游门票

想要进入科尔卡峡谷的露营区，你需要在奇瓦伊城边Arequipa街上的售票亭购买一张旅游门票(boleto turístico, 70新索尔)。如果你是跟团游，团费通常不含门票。如果你是自行游览，可以在绝大多数进出奇瓦伊的公共汽车上购买，或者在卡瓦纳孔德镇上购买。门票收益的一半会用来维护和保护阿雷基帕当地旅游景点，另一半则归于秘鲁的国家旅游机构。

住宿

尽管是座小镇，奇瓦伊还是有很多旅馆可供选择。

Hostal La Pascana 酒店 $

(☎054-53-1001; Siglo XX 106; 标单/双/标三含早餐 50/70/100新索尔; 📶)在峡谷徒步几日之后，住进这家老式酒店很可能会让你觉得是种奢侈的享受。单人间有毯子(谢天谢地！)，工作人员很亲切，酒店里还有一个不错的小餐厅。它比其他小客栈高出几个档次，就在广场旁边。

Hostal Estrella de David 家庭旅馆 $

(☎054-53-1233; Siglo XX 209; 标单/双/标三 30/40/60新索尔)一家简单干净的hospedaje(家庭经营的小旅馆)，有独立卫生间，一些房间提供有线电视。从广场往汽车站走几个街区就到了。对于预算有限的人，带破旧公共卫生间的单间只要20新索尔。

Colca Inn 酒店 $$

(☎054-53-1111; www.hotelcolcainn.com; Salaverry 307; 标单/双含早餐 75/101新索尔)城里最舒服的、经营良好的中档选择，适合那些寻求加热器等舒适设施和酒店级服务的人。

★ **Hotel Pozo del Cielo** 酒店 $$$

(☎054-34-6547; www.pozodelcielo.com.pe; Calle Huascar s/n; 双/套房 310/637新索尔; 📶)这里看起来像是高迪(Gaudí)设计的。"天空之井"，如店名所示，这家酒店尽是低矮的门、形状怪异的房间和弯曲的道路，一半像是给七个小矮人住的。不过，把超现实主义放在一边，这个实用而舒适的住所给人精品酒店的感觉，每间房都是单独设计，还有一个不错的观景(mirador)餐厅。

Casa Andina 精品酒店 $$$

(☎054-53-1020, 054-53-1022; www.casa-andina.com; Huayna Cápac; 标单/双含早餐 250新索尔起; 📶)这座茅草屋顶的石头农舍建在

整洁的地面上，房间刻意营造出乡村风格。最棒的是一些独特的附加服务，比如一个天文台、氧气（如果你因缺氧而感觉头晕），还有每晚由当地音乐家和艺术家一起呈现的文化演出，以及一位用古柯叶子算命的萨满巫师。

就餐

Innkas Café 秘鲁菜 $

（Plaza de Armas 705；主菜 12~20新索尔；⏲7:00~22:00）这家餐馆在一栋老建筑内，窗前温暖舒适，有现代化的燃气取暖炉（你的确需要它们）。也许因为海拔的缘故，这里的lomo saltado（秘鲁炒牛肉）也是大厨Gastón Acurio级的水准。服务甜蜜，蛋糕和咖啡更甜。

Cusi Alina 秘鲁菜 $$

（Plaza de Armas 201；自助餐 27新索尔；🖉）奇瓦伊提供不限量自助午餐的几家餐馆之一。食物很好地体现了秘鲁菜的特色，还有许多素食选择。观光巴士常来这里，所以13:00之前来，以便能享受更宽敞的空间。

到达和离开

从广场步行去汽车站需要15分钟。每天有9趟长途汽车去阿雷基帕（15新索尔，3小时），有4趟车经过秃鹰十字架前往卡瓦纳孔德（5新索尔，2.5小时）。

奇瓦伊至卡瓦纳孔德 (Chivay to Cabanaconde)

主干道沿着科尔卡峡谷上部的南岸而行，经过几个风景如画的村庄和几块秘鲁最大的前印加时期梯田。扬克（Yanque）是其中一座较完整保留了印加文化的村庄，广场上有一座迷人的18世纪教堂。步行30分钟到河边就能够到达几处温泉（门票3新索尔）。镇上零星分布着几家简单的客栈和酒店。

这条路最终延伸到秃鹰十字架（Cruz del Cóndor，凭旅游门票进入）。安第斯秃鹰在这里的岩石上筑巢，有时能够看到它们在热气流中滑翔。清晨和傍晚是观看的最佳时机，不过还是需要碰运气。

如果你不参加团队游，打算在秃鹰十字架停留一下再去往卡瓦纳孔德的话，最好是乘坐凌晨1:00的长途汽车离开阿雷基帕，这样你就能在黎明时分到达秃鹰十字架，并且有足够的时间游览这里，而且还能够赶上从阿雷基帕开往卡瓦纳孔德的长途汽车。下午晚些时候，这些长途汽车会变少，而且间隔时间也会变长，你可能被困在秃鹰十字架几个小时。

卡瓦纳孔德 (Cabanaconde)

☎054 / 人口 2400

卡瓦纳孔德是一个很好的峡谷徒步大本营，包括很受欢迎的2小时徒步路线，到谷底的Sangalle（绿洲），那里拥有天然泳池（5新索尔）、简单的小屋和露营地。回程会缺水，预留3~4个小时。

可以咨询你的青年旅舍雇用当地向导，或者在卡瓦纳孔德镇内找向导，目前的价格是每天30~60新索尔。他们也会向你推荐其他的徒步线路，比如去瀑布、间歇泉、偏远村庄、考古遗址等。

Pachamama（☎054-25-3879，95-931-6322；www.pachamamahome.com；San Pedro 209；铺含早餐 25新索尔，双无/有独立卫生间 50/70新索尔；@）是一家提供简单床位间和单间的舒适酒店，也是峡谷里最好的休闲场所：有烛光比萨饼店和酒吧，店主是来自阿亚库乔的一群爱弹吉他的兄弟，为欢乐的旅行者播放上口的音乐。在这里你可以租自行车，在吊床上放松，或者沉浸在国际化的氛围中。这就是旅行。

简单的**La Posada del Conde**（☎054-40-0408，054-83-0033；www.posadadelconde.com；San Pedro s/n；标单/双含早餐 95/128新索尔；📶）有精心打理的双人间。

每天都有一些长途汽车从广场出发，途经秃鹰十字架开往奇瓦伊（5新索尔，2.5小时）和阿雷基帕（17新索尔，6小时）。

的的喀喀湖 (LAKE TITICACA)

的的喀喀湖面积8400平方公里，海拔3808米，是世界上海拔最高的湖泊。在这个海拔高度上，空气稀薄，阳光洒满高原（altiplano），波光粼粼。蔚蓝的天空下，点缀着古老的塔墓和破败的殖民地时期教堂。普

Arequipa's Canyon Country & Lake Titicaca
阿雷基帕峡谷区和的的喀喀湖

诺的港口是游览的的喀喀湖上各岛屿的大本营——从迷人的用芦苇造出的人工岛，到偏远的已有人居住了数个世纪的天然岛屿。

胡利亚卡（Juliaca）

051 / 人口22万

尽管胡利亚卡有着美丽的地貌，却是一个有些嘈杂碍眼的地方。这里理论上是个市镇，有普诺省唯一的商用机场，但是大部分游客取完行李就逃离这里，赶到它的湖滨邻居——更吸引人的普诺去。由于毗邻边境，这里的贸易（以及走私）很繁荣。即使在白天，街上出现抢劫者和醉汉也并不罕见。

如果必须在此停留，高耸的**Royal Inn Hotel**（051-32-1561；www.royalinnhoteles.com；San Román 158；标单/双/标三含早餐315/330/420新索尔）有新装修过的现代房间，配有热水淋浴、暖气和有线电视，还有胡利亚卡最好的餐厅（主菜20新索尔起）。

机场（JUL；051-32-4248）在市镇以西两公里处。**LAN**（051-32-2228；San Roman 125）有每天从胡利亚卡往返于利马、阿雷基帕和库斯科的航班。去机场需乘出租车（10新索尔）。直达普诺的小型长途汽车（15新索尔，45分钟）通常会在航班到达时在机场外等候。也有更便宜的小巴从广场东北边Piérola和8 de Noviembre的交叉路口始发（3.50新索尔，45分钟）。

普诺（Puno）

051 / 人口14.11万

宏伟的广场、钢筋混凝土建筑、散落在

山上的砖块，普诺是个既坚毅又轻松的地方。只有极少数殖民地时期的建筑被保存下来，穿多层服饰、戴圆顶帽子的当地妇女匆匆从街上走过。你也会想要多穿几层，普诺的夜晚有点冷，尤其在冬天，气温会降到零度以下。

景点和活动

Yavari 历史遗迹

（☎051-36-9329；www.yavari.org；门票乐捐；⏲8:00~13:00，15:00~17:30）著名的Yavari是的的喀喀湖上最古老的一艘船，它已经从英国轮船变成一个博物馆和值得推荐的住宿加早餐旅馆，有双层床和船长管理下的热心服务，但是你并不需要成为一名驻扎在的的喀喀湖上的海军。Yavari现在停泊在Sonesta Posada Hotel del Inca酒店后面，距普诺市中心约5公里。这可能是普诺最安静的地方了。

卡洛斯·德雷尔博物馆 博物馆

（Museo Carlos Dreyer Conde de Lemos 289；门票 15新索尔，有英文导游；⏲周一至周五9:00~19:00，周六 至13:00）博物馆收藏了精美的与普诺相关的考古文物和艺术品。楼上有3具木乃伊和一个原尺寸的玻璃纤维塔墓（chullpa）。

它旁边就是**科雷希多之家**（Casa del Corregidor；☎051-35-1921；www.casadelcorregidor.pe；Deustua 576；⏲周一至周六 9:00~20:00，周日10:00~19:00）**免费**。

古柯博物馆 博物馆

（Coca Museum；☎051-36-5087；Deza 301；门票 5新索尔；⏲9:00~13:00和15:00~20:00）这个古怪的小博物馆提供了许多关于古柯和其用途的有趣信息——历史的、医药的、文化的。不过展示方式并不那么有趣，墙上贴着大量的文字（只有英文），点缀着照片和可口可乐的老广告。倒是传统服务的展示使这里值得一游。

尽管传统服饰与古柯之间的关系牵强，对街头游行的服饰有所了解还是很有益处的。

团队游

有的游客会觉得这种从一个岛到另一个岛的旅程有些乏味，甚至是破坏资源，但也有游客觉得非常有趣。在客栈里打听一下有没有当地的导游，最好是熟悉那些岛屿的导游，然后在清晨时分去码头搭一班船，或者仔细挑选一家可靠的旅行社。

All Ways Travel 文化游

（☎051-35-3979；www.titicacaperu.com；Deustua 576，2层）这家旅行社提供经典和"非游客化"的旅游线路。

Edgar Adventures 文化游

（☎051-35-3444；www.edgaradventures.com；Lima 328）经营了很久的旅行社，当地社区积极参与。

节日和活动

圣烛节（La Virgen de la Candelaria） 宗教节日

（⏲2月2日至18日）当地最盛大的节日在

实际日期（Candlemas）的前后几天持续进行，取决于圣烛节那天是星期几：如果在周日和周二之间，庆祝活动会从上个周六开始，如果圣烛节在周三到周五之间，庆祝活动会持续到周六。

普诺周（Puno Week） 文化节

为了纪念第一个印加国王Manco Cápac的传奇诞生而举行的巨大庆祝活动。庆祝活动于11月第一周开始，集中在普诺日（Puno Day，11月5日）。

主显节（Epiphany） 宗教节日

每年1月6日举行，也被称为三王节（El Día de Los Reyes），庆祝"东方三王"向圣婴耶稣献礼的日子。每座教堂外、武器广场上，你都会发现身着传统服饰的妇女售卖玩偶，用于孩子在弥撒时放在教堂祭坛上。

住宿

Inka's Rest 青年旅舍 $

（051-36-8720；www.inkasresthostel.com；Pasaje San Carlos 158；铺/双含早餐 23/70新索尔；@）旅舍挤在一条小巷子里，服务备受好评。房间很干净，床上铺着羽绒被，迷人的旧瓦和木地板也是其特色。有一个可爱的早餐区，还有客用厨房和一个带巨大宽屏电视的房间。单间没那么有吸引力。进入旅舍需要使用对讲机，晚上到达的话，还是需要打个出租车。

Duque Inn 酒店 $

（051-20-5014；Ayaviri 152；www.duqueinn.com；标单/双有独立卫生间 25/45新索尔，无独立卫生间 20/35新索尔）这家经济型酒店友好又古怪，房间里装饰着缎子床单和枝形吊灯。考古学家主人Ricardo Conde是个怪人，提供免费导览游。这里适合穷游者和真正的徒步者。沿着Ilave，过了Huancané再走3个街区，然后右转进入Ayaviri，就可以找到这家酒店。当你看到无尽的山丘时，你可能更想腐败地打一辆出租车。

Hostal Uros 酒店 $

（051-34-2141；Valcárcel 135；标单/双/标双30/50/75新索尔；@）这家友好的酒店很

玻利维亚湖岸

的的喀喀湖南岸的**科帕卡巴纳**（Copacabana，简称"科帕"）夹在两山之间，是一座明快迷人的小城。几个世纪以来，它都是信徒朝圣的宗教圣地。如今，国内外的朝圣者仍会在宗教节日蜂拥至此。虽然商业气息有点浓，但比起普诺还是更惬意一些。既可沿着湖边漫步，又可以登山远眺，这里也是去太阳岛（Isla del Sol）和月亮岛（Isla de la Luna）的大本营。如果你计划在普诺和玻利维亚的拉巴斯之间经陆路过境，科帕是给漫长的长途汽车画个逗号的完美中转站。大部分长途汽车从Plazas 2 de Febrero广场或苏克雷广场（Plaza Sucre）附近出发，去往普诺和拉巴斯的旅游大巴非常多。

海拔3808米的**太阳岛**是的的喀喀湖上最大的岛屿，也是旅游的最大亮点。在安第斯信仰中，这里是太阳诞生的地方。70平方公里的岛上散布着一些传统村落和几处值得参观的前哥伦布时期遗址。这里有清新的景色、轻松的徒步路线、丰富的食宿选择，当然，还有炙热的太阳。值得逗留一两个晚上，可以在岛的南北两端各花一天时间。

太阳岛上的居民分布在各个主要居住区：北部的Cha'llapampa、中东部岸边拥有迷人沙滩的Cha'lla、跨越南部Escalera del Inca山脊的Yumani，后者是岛上最大的城镇，住宿和餐馆很多。岛上的住宿条件相对简陋，正餐以套餐为主，价格都差不多，使用Wi-Fi一般都要收费。

太阳岛上没有车辆，只能沿着石头小路和台阶徒步，或者乘船游览，不建议背着你的全部行囊，不妨寄存在科帕。从科帕出发的游船每天8:30和13:30出发，根据季节和游船公司不同，停靠的码头也不同，往返船票有优惠，但仅限当日。

Puno 普诺

Puno 普诺

景点

1 科雷希多之家 B4
2 古柯博物馆 B2
3 卡洛斯·德雷尔博物馆 B4

活动、课程和团队游

All Ways Travel .... (见1)
4 Edgar Adventures B3

住宿

5 Hostal Uros C2
6 Hotel Italia C2
7 Inka's Rest C3
8 Posada Luna Azul C4

就餐

9 Loving Hut D3
10 Machu Pizza B3
11 Mojsa B4
12 Ukuku's B3

饮品和夜生活

13 Kamizaraky Rock Pub B3

安静，但是活动很方便，物有所值，最好的房间在顶层。宽敞而充满阳光的庭院可以存放自行车和摩托车。要一间带窗的房间。加热器额外收10新索尔。如果你预算有限，那些共用卫生间的房间每人便宜5新索尔。

★ **Casa Panq'arani** 民宿 $$

(☎95-167-7005, 051-36-4892; www.casapanqarani.com; Jirón Arequipa 1086; 标单/标双/双含早餐 80/135/145新索尔）这家令人愉悦的传统普诺民宿有一个开满鲜花的院子，

诱人的房间带有二层阳台。不过真正吸引人的还是主人Edgar和Consuelo的热情好客。房间宽敞，配有舒适的床和针织床罩。有充足的空间供住客悠闲地晒太阳。不要错过Consuelo的高原美食餐（30新索尔，需要提前预约）。

Posada Luna Azul 酒店 $$

（☎95-159-0835；www.posadalunaazul.com；Cajamarca 242；标单/双含早餐 60/90新索尔；📶）"蓝月亮"的名字可能让人联想到舒适安静的一夜好眠。这家小酒店倒真的足够远离噪音。房间迷你干净，配有地毯、宽屏电视和优质加热器，整晚都温暖得让人感动，洗澡水也很热而且充足。终于在普诺找到了温暖。

Hotel Italia 酒店 $$

（☎051-36-7706；www.hotelitaliaperu.com；Valcárcel 122；标单/双/标三 110/150/190新索尔；@📶）酒店很大，装修很好，舒适的房间里铺着木地板，提供有线电视、热水淋浴和暖气，但是屋子里的设备有好有坏。有复古的老式电视，热情而训练有素的服务人员在此工作多年。美味的自助早餐有咸乌榄和普诺特有的三角茴香面包。这里可以使用信用卡。

餐饮

很多餐厅并不会向你推荐套餐，因为比单独点餐要便宜。当地人在Deustua和Libertad之间的Jirón Tacna吃烤鸡（pollo a la brasa）和经济实惠的套餐。

如果想要吃便宜的零食，可以试试api（甜的热玉米汁）——在Parque Pino和超市（supermercado）之间的Oquendo可以找到这种治愈人心的美食，配上一袋极其美味的油炸薄饼。

Loving Hut 素食 $

（www.lovinghut.com；Choque Huanca 188；主菜 15~18新索尔，套餐 12新索尔；⏲周一至周六 9:00~18:00；🖉👪）素食午餐包括亚洲和秘鲁风味的沙拉、麸质、素肉、糙米。试试藜麦汉堡或者anticuchos veganos（素牛肉烤串），热腾腾的无糖豆浆或mate（茶）就足以使套餐值回价钱。

Machu Pizza 比萨餐馆 $

（☎95-139-0652；Arequipa 409；主菜 8~18新索尔；⏲周一至周六 17:30~23:00，周日 至22:00；🖉）也许并不是真正的意大利口味，但供你涂满整张薄饼比萨的aji（辣椒）蒜泥蛋黄酱是很美味的秘鲁口味。昏暗的灯光、舒适的夹层和内部房间，加上单人份比萨，使这里成为独自就餐或者和心爱的人共享美食的好地方。

★ Mojsa 秘鲁菜 $$

（☎051-36-3182；Jr. Lima 635；主菜 22~30新索尔；⏲正午至21:30）当地人和游客都喜欢，名副其实。Mojsa在艾马拉语中意为"美味的"，这里有丰富的秘鲁菜和国际口味选择，包括创新的鳟鱼菜肴，还可以自己调配沙拉。每餐都以新鲜面包和一碗当地橄榄作为前菜。晚间供应用砖坯烤炉烤制的脆皮比萨。

Ukuku's 秘鲁菜 $$

（Grau 172，2层；主菜 20~27新索尔；晚餐套餐 25新索尔；⏲正午至20:00；📶🖉）这家温暖舒适的餐厅挤满了当地人和游客，供应美味的当地菜和安第斯食物（尝试一下羊驼排配烤苹果，或是藜麦煎蛋饼），同时也卖比萨、通心粉、亚洲风味的蔬菜和意式咖啡。性价比高的晚餐套餐包括一杯皮斯科酒。

Kamizaraky Rock Pub 小酒馆

（Grau 158）这家酒吧有经典摇滚乐和邋遢帅气的酒保，还有在普诺寒冷刺骨的冬天里不可或缺的含酒精的咖啡。你也许会发现，自己一旦走进这里就不愿离开。

实用信息

在城里或是边境都可以兑换当地货币。

Interbank银行（Lima 444）globalnet自动柜员机支持银联卡取现，可兑换旅行支票。

iPerú（☎051-36-5088；Plaza de Armas，Lima和Deustua交叉路口；⏲周一至周六 9:00~18:00，周日 至13:00）普诺非常有用的多语言游客咨询处，也运营着游客保护机构Indecopi，登记关于旅行社和酒店的投诉。

Medicentro Tourist's Health Clinic（☎051-36-5909，951-62-0937；Moquegua 191；⏲24小时）工作人员会说英语和法语，可到酒店上门服务。

前往玻利维亚

从普诺陆路前往玻利维亚的拉巴斯有两条路线。途经永古约（Yunguyo）的路线更安全更容易，你可以在湖边度假地科帕卡瓦纳（Copacabana）暂作停留。途经德萨瓜德罗（Desaguadero）的路线则稍微快和便宜一些，可顺路参观蒂瓦纳库（Tiwanaku）遗址。请注意，移民局可能会试图收取非法的"入境税"，或者搜查你的物品以便没收"美元假币"。

中国公民入境玻利维亚需办理签证，详见42页。

途经永古约

去玻利维亚最方便的办法是乘坐跨境公司比如**Tour Peru**（☎20-6088；www.tourperu.com.pe；Tacna 285）的汽车。需提前一天买票。每天7:30发车，经停秘鲁和玻利维亚的边境口岸，随后到达科帕卡瓦纳（25新索尔，3至4小时），在那里换乘另一辆车前往拉巴斯（30新索尔，3.5小时）。进入科帕卡瓦纳前会有人上车向你收取入城费（1新索尔或2玻利维亚诺），无论你要进城停留还是仅仅转个车。

你也可以从普诺的Terminal Zonal车站乘坐小巴前往永古约（6.5新索尔，2.5小时），在那里你可以乘坐出租车前往边境（4新索尔）。玻利维亚的时间比秘鲁快一小时，口岸每天8:30至19:00开放。从边境到科帕卡瓦纳还有10公里（小巴3玻利维亚诺）。

途经德萨瓜德罗

全天都有小巴从普诺的Terminal Zonal车站出发去德萨瓜德罗（8新索尔，2.5小时），不要在这里过夜。边境开放时间是8:30至20:30，但是由于玻利维亚的时间比秘鲁快一个小时，确保在秘鲁时间19:00前通过边境。白天有很多车从德萨瓜德罗开往拉巴斯（30玻利维亚诺，3小时），途经去蒂瓦纳库的岔路口。德萨瓜德罗没有自动柜员机，如果你想办理落地签证的话，在普诺取好足够的钱。

旅游警局（Policía de Turismo；☎051-35-3988；Deustua 558；⏲24小时）在Terminal Terrestre会有警员24小时值勤，需要帮助，可以四处打听下。

Serpost（Moquegua 267；⏲周一至周六 8:00~20:00）

到达和当地交通

飞机

最近的机场在胡利亚卡。在普诺有售票处的航空公司有**LAN**（☎051-36-7227；Tacna 299）和**Star Perú**（Jirón Lima 154）。

长途汽车

Terminal Terrestre汽车站（☎051-36-4737；Primero de Mayo 703）有普诺的长途客运公司，从Av El Sol往Ricardo Palma走3个街区。有直达车经胡利亚卡到利马、阿雷基帕和库斯科。经济型（Económico）长途车经莫克瓜（Moquegua）到达塔克纳，每天6班。

Inka Express（☎051-36-5654；www.inkaexpress.com；Tacna 346）每天早上有到库斯科（159新索尔）的豪华旅游大巴，费用包含了饮料和英语导游，会简要介绍途中经过的景点，包括Pucará、Raqchi和Andahuaylillas。

去往胡利亚卡、湖边小镇，以及玻利维亚边境的小巴从Simón Bolívar的Terminal Zonal汽车总站出发，车站距Terminal Terrestre只有几个街区远。

此处价格为普通/豪华车的一般估计。

目的地	费用（新索尔）	时间（小时）
阿雷基帕	25/75	5
科帕卡瓦纳（玻利维亚）	25	3~4
库斯科	30/80	6~7
胡利亚卡	3.50/15	1
拉巴斯（玻利维亚）	50	6
利马	140/170	18~21

出租车

镇上的短途出行，乘出租车为5新索尔，机动三轮车2.5新索尔，人力三轮车最便宜，只要2新索尔，但要注意谈好价钱，是按车而不是按人数计费。

火车

开往库斯科的火车从普诺**火车站**（☎051-36-9179；www.perurail.com；Av La Torre 224；⏲周一至周五 7:00至正午，15:00~18:00，周六7:00~15:00）出发，8:00始发，18:00到达。每年11月至次年3月的周一、周三和周六各有一班，4月至10月在周五会加开一班。可以在网上购票。

普诺周边

西路斯坦尼（Sillustani）

Lago Umayo半岛的群山上，有一片塔墓遗迹（门票 10新索尔），在恶劣的山地环境中绵延了好几英里。古代Colla人是一个好战的、说艾马拉语的部落，他们在这些惊人的chullpas（塔墓）中埋葬他们的贵族。塔墓由粗糙的巨石搭建，高达12米。这里还有20家左右的高原（altiplano）民宿接待游客。

普诺的旅行社提供3.5小时的团队游（35新索尔，包括门票），每天大约14:30出发。如果想要自行游览，可以乘坐任何一辆去胡利亚卡的长途汽车，在通往西路斯坦尼的路口下车，在那里偶尔会有小巴（3新索尔，20分钟）开往遗迹。

的的喀喀岛屿（Titicaca Islands）

观赏的的喀喀湖的唯一方式就是花上几天时间来游览湖中那些童话般的岛屿。但是旅游业已经给许多社区带来了负面影响。你也可以跨过玻利维亚边境，从科帕卡瓦纳出发探访相对安静的太阳岛（Isla del Sol，见96页）。普诺旅行社经营非常成熟的乌鲁斯群岛半日游，乌鲁斯群岛和塔基雷岛一日游，乌鲁斯群岛、塔基雷岛和阿曼塔尼岛二日游，多问几家并适当砍价，注意确认是否含餐等细节。

乌鲁斯群岛（Islas Uros）

乌鲁斯人独特的浮岛（门票，8新索尔）——一共有大约50座芦苇建成的岛——已经变得非常商业化，但世间仍没有其他类似的地方。这些岛是用生长在的的喀喀湖浅滩随处可见的有浮力的totora（芦苇）一层层堆积而成的。

随着与讲艾马拉语土著人的通婚，纯正血统的乌鲁斯人已经很少了。一直以来作为一个小部落，乌鲁斯人在几个世纪前开始了他们的漂浮生活，以此来躲避好斗的Colla人和印加人。今天仍有几百人生活在这些岛上。

实际上这些乌鲁斯人的生活与芦苇息息相关，他们用芦苇建造他们的房屋、船舶和手工艺品。如果芦苇腐烂了，他们会用新的芦苇铺在顶上。所以这里的地面永远是松软而有弹性的——走路要小心！

想要在Isla Khantati岛上寄宿的人，可以选择住在人格魅力十足的Cristina Suaña（☎951-69-5121，951-47-2355；uroskhantati@hotmail.com；每人全食宿 180新索尔）家中，她是乌鲁斯人，她的生意享有国际声誉。

每天6:00至16:00，至少每小时有一班从港口开往乌鲁斯港的渡船（往返10新索尔）。社区经营的渡船服务轮流开往两个岛屿。去塔基雷岛和阿曼塔尼岛的渡船也会在乌鲁斯停靠。

塔基雷岛（Isla Taquile）

这座面积为7平方公里的小岛从几千年前就开始有人居住，整个岛就像一个独立的小世界。讲盖丘亚语（Quechua）岛民的生活方式并没有受到太多大陆现代化的影响，仍然维持着悠久的编织传统。留意男人们编织的细密羊毛帽，看上去像松软的睡帽，这代表了他们的社会地位。女人们则穿着多层裙子和优美的绣花上衣。

一些小山上有前印加时期的梯田和小型遗址，以玻利维亚白雪皑皑的雷亚尔山脉（Cordillera Real）为背景。游客可以四处游览，但自助一日游会错过午餐或者当日返程的船，所以如果可以的话，还是住上一晚。游客从码头爬上陡峭的台阶，岛民们会在拱门附近接待。他们可以为你安排民宿（每人20新索尔）。不过旅游业在某种程度上已经改变了这里的风貌，如果想要有一个被污染较小的游览体验，最好在旁边的阿曼塔尼岛过夜，那里的旅游业刚刚萌芽，能够提供更原汁原味的住宿。如果你一定要在塔基雷岛住宿的话，床铺简单但干净，设施非常基础，你能够得到一条毯子，但是需要带上睡袋和手电筒。

岛上的大多数商店和餐馆都在下午晚些时候停止营业，那时所有的旅行团都离开了，因此你需要提前和你的民宿主人预约晚餐。在普诺的市场买些新鲜水果作为礼物，当地人会十分喜欢。你可以在商店里买到瓶装水，不过最好还是带上净水药片或者滤水器。还要带一些小面值的钞票（零钱很有限）以及用来买纪念品的钱。

从普诺码头前往塔基雷岛的船每天早上6:45（往返30新索尔，3小时，上岛门票3新索尔）出发，这是一段34公里的相当漫长的旅程，有一些船在乌鲁斯岛停靠。返程的船在下午早些时候出发，黄昏时分到达普诺。记得带上防晒霜和驱蚊剂。

阿曼塔尼岛（Isla Amantaní）

遥远的阿曼塔尼岛（门票 8新索尔）位于塔基雷岛北面几公里处，人口4000人，与塔基雷岛一样，岛民讲盖丘亚语，但文化上则受艾马拉的影响更大。在几座山顶上有蒂瓦纳库文明的遗址。岛上格外宁静，没有道路更没有车辆。村民有时会在晚上邀请旅行者穿上他们的传统服饰一起跳舞。别忘了在蹒跚归家的路上抬头望望满天繁星。

Amantaní Community Lodging（☎051-36-9714；房间30新索尔起）是一个由岛民家庭组成的社区，轮流向旅行者提供住宿。

开往阿曼塔尼岛的船每天8:00从普诺港出发（往返30新索尔，3.5小时），返程的时间不确定。普诺的旅行社提供阿曼塔尼岛两日游，包括快速参观浮岛和塔基雷岛，并在阿曼塔尼岛过夜。

库斯科和圣谷（CUZCO & THE SACRED VALLEY）

作为曾经显赫一时的印加帝国中心，极富魅力的库斯科城是许多旅行者行程的首选。这里每年都吸引着无数旅游者前来，在这个高原小城，着迷于建在厚重印加石基上的宏伟殖民地建筑。城市不远处就是秘鲁最著名的旅游胜地：高耸于山巅的印加“失落之城”马丘比丘。库斯科省还拥有非常棒的徒步路线和一长串热闹的节日，在多彩的狂欢中，秘鲁过去的非主流宗教文化与天主教仪式和现代拉美的混乱碰撞融合。

库斯科（Cuzco）

☎084 / 人口 42.7万

海拔3300米的“天空之城”库斯科（盖丘亚语为Qosq'o）是几个世纪前古老的安第斯传统和现代秘鲁生活的交会点。作为这片大陆上最悠久的持续有人居住的城市，这里曾是印加帝国最重要的中心，如今既是美洲毋庸置疑的考古之都，也是这片大陆保存最完好的殖民地博物馆之一。大量印加时期建造的墙壁笔直地矗立着，狭窄的鹅卵石街道和广场上，挤满了强大的印加帝国和西班牙征服者的后代——他们穿着彩色传统服饰行走在当代库斯科人（cuzqueños）的喧嚣中，以当今整个城镇的命脉——旅游业谋生。大多数当地人都是这样。

尽管库斯科已经快要被国际旅游业彻底占领了，但我们却并不能否定它的历史魅力和令人叹为观止的景色。

历史

库斯科充满了历史、传说和神话，以至于人们很难分清事实与故事的界限。传说在12世纪，第一个印加国王曼科·卡帕克（Manco Capác）被上古的太阳神Inti派去找到qosq'o（地球的中心点）。曼科最终找到了那个点，并在那里建立了一座城市。

第九代印加国王帕恰库德（Pachacutec）不仅是一个好战的君王，还证明了自己是一个出色的城市开发者，他将库斯科设计成著名的美洲狮形状，并且使河流改道穿过城市。帕恰库德还建造了知名的太阳神殿（Qorikancha temple）以及如今正对武器广场的宫殿。

在谋杀了第十二代印加国王阿塔瓦尔帕（Atahualpa）后，西班牙征服者弗朗西斯科·皮萨罗（Francisco Pizarro）在1533年进军库斯科，并且任命印加国王曼科（Manco Inca）为印加人的傀儡统治者。数年之后，曼科造反并且围困了西班牙占领的库斯科，在萨克萨瓦曼（Saqsaywamán）的殊死一战，才使得西班牙人免于全军覆没。曼科战败后被迫撤离到奥扬泰坦博（Ollantaytambo），最终撤到了位于比尔卡班巴（Vilcabamba）的丛林中。而在安全夺回了库斯科并洗劫和稳定了这里之后，善于航海的西班牙人就将注意力转移到海岸边的利马，使得库斯科成了另一潭安静的殖民死水。

1650年和1950年，地震两次袭击了库斯科。1780年，图帕克·阿马鲁二世（Túpac Amaru Ⅱ）领导的一次原住民起义失败。但是在1911年，马丘比丘（Machu Picchu）的重新发现，才是自西班牙人到来之后对这座城市影响最大的一件事。

景点

参观大多数景点需持有库斯科官方的boleto turístico（旅游通票；成人/26岁以下持ISIC卡学生 130/70新索尔），有效期10天。虽然其中有一些景点没什么意思，但是没有票你将不能参观任何一处，每个景点只能参观一次。学生通常只需支付半价的门票。

14个景点中包括：萨克萨瓦曼（Saqsaywamán）、肯科（Q'enqo）、普卡普卡拉（Pukacpukara）、塔姆博马柴（Tambomachay）、皮萨克（Pisac）、奥扬泰坦博（Ollantaytambo）、钦切罗（Chinchero）、莫莱（Moray）、提朋（Tipón）、皮基雅克塔（Pikillaqta）、太阳神殿博物馆（Museo de Sitio de Qorikancha）、现代艺术博物馆（Museo Municipal de Arte Contemporáneo）、地区历史博物馆（Museo Históico Regional）、帕恰库德纪念碑（Monumento Pachacuteq）。你也可以花费70新索尔购买单日票或2日票，但不包含所有景点，具体组合为：1.萨克萨瓦曼、肯科、普卡普卡拉、塔姆博马柴（单日有效）；2.太阳神殿博物馆、地区历史博物馆、现代艺术博物馆、帕恰库德纪念碑、提朋、皮基雅克塔（2日有效）；3.奥扬泰坦博、皮萨克、钦切罗、莫莱（2日有效）。

购买旅游通票可通过Dircetur/Cosituc（☎084-261-465；www.cosituc.gob.pe；La Municipalidad, office 102, Av El Sol 103；⏲周一至周五 8:00~18:00）或者城外的代售点，部分景点也可购买。

市中心位于武器广场，交通拥堵的Av El Sol是主要的商业大道。紧邻广场东北侧的小巷是被戏称为“美国佬小巷”（Gringo Alley）的Procuradores。在大教堂旁边，Triunfo街向上通往库斯科的艺术社区（barrio）San Blas。

彩虹之上

在库斯科的武器广场上，经常可以看到在这座城市深受喜爱的旗帜，上面印着在印加人心中十分神圣的arco iris（彩虹）。请不要把它认为是国际通行的同性恋彩虹旗，虽然两者的确非常相像。

武器广场 广场

（Plaza de Armas）在印加时期，广场曾是首都的中心，被称作Huacaypata或Aucaypata。如今它仍是现代城市的神经中枢。广场上总是竖立着两面旗帜——红白相间的秘鲁国旗、彩虹色的印加旗帜。后者很容易被误认为是国际通用的同性恋彩虹旗，实际它代表着印加帝国的四部分。

太阳神殿 遗迹

（Qorikancha；Plazoleta Santo Domingo；门票 成人/学生 15/8新索尔；⏲周一至周六 8:30~17:30，周日 14:00~17:00）如果你在库斯科只去一个景点，那么选择这里的印加遗址吧，它构成了圣多明戈（Santo Domingo）殖民地教堂和修道院的地基。太阳神殿曾是印加帝国最富有的庙宇，保留至今的所有遗迹都是技艺精湛的石头建筑。

前哥伦布艺术博物馆 博物馆

（Museo de Arte Precolombino；☎084-23-3210；map.perucultural.org.pe；Plazoleta Nazarenas 231；门票 20新索尔；⏲9:00~22:00）这座引人注目的前哥伦布时期艺术博物馆建在一座西班牙殖民者的宅邸内，带有一个举行印加仪式的庭院。展出的考古藏品总量不多，但种类惊人地丰富，它们曾经被埋没在利马拉尔科博物馆（见59页）巨大的储藏室中。展品从公元前1250年到公元1532年，彰显着许多秘鲁古代文明的艺术和文化成就，标签上分别用西班牙语、英语和法语标注。

不要错过

彩虹山一日游

虽远不如成熟的印加古道热门，但因其独特的地貌和性价比较高的行程，彩虹山逐渐受到外国甚至秘鲁本地游客的欢迎。在库斯科的许多旅行社广告中，都能看到一座五颜六色的山峰Vinincunca，俗称彩虹山（Rainbow Mountain）。它与中国甘肃张掖的丹霞地貌类似，但海拔更高，关于峰顶的海拔数据，从5020米到5100米说法不一，但可以肯定的是超过5000米——这可能是世界上最容易攀登的5000米以上山峰了。

一般的行程是从库斯科当日往返，凌晨3:30出发，18:00点左右返回。从海拔约3400米的库斯科坐车往返海拔约4300米的Quesiuno，即徒步的大本营，在这里解决徒步前后的早午饭。徒步海拔落差约700米，往返全程约16公里，耗时6小时。体力有限也可以选择骑马，只需步行几段陡坡。一日游的报价为90~100新索尔，均可议价，包含往返交通、英语向导和早午饭，但需确认价格里是否包含10新索尔的门票。每日发团，另有两天一晚的行程。

山顶风很大，且天气多变，要准备好防风、防雨的保暖衣物，徒步6小时体力消耗较大，最好带些补充能量的食物和热水，沿途可以买水，但价格较贵。推荐使用登山杖，可与向导协商免费或付费租用。因海拔较高，旅行团一般都提供急救服务，但请先确保身体已经适应高海拔，不要贸然前往。

印加博物馆 博物馆

（Museo Inka；☎084-23-7380；Tucumán靠近Ataúd；门票 10新索尔；⏲周一至周五8:00~18:00，周六 9:00~16:00）武器广场东北面一栋突兀的建筑便是低调迷人的印加博物馆，对于印加文化爱好者来说，这是城里最好的博物馆。修复的馆内布满了精致的金属藏品，还有黄金制品、珠宝、陶器、纺织品、木乃伊、模型和世界最大的queros（仪式使用的木制印加酒具）展。通常可以花钱请到讲解精彩的西班牙语或英语讲解员。

巧克力博物馆 博物馆

（Choco Museo；☎084-24-4765；www.chocomuseo.com；Garcilaso 210；⏲10:30~18:30；👪）**免费**空中飘荡着冒着泡的巧克力香味，让你一进门就记忆深刻。尽管这家法国人开的博物馆非常精简，它最棒的地方是有机巧克力工作坊（每人70新索尔）。你也可以来一份奶酪火锅或者点一杯便宜的新鲜热可可。博物馆组织去圣玛利亚（Santa María）附近巧克力农场的团队游。这里提供多种语言服务，适合带孩子来。

圣布拉斯教堂 教堂

［Iglesia de San Blas；Plaza San Blas；门票 10新索尔，与大教堂（Catedral，门票25新索尔）、Arzobispal博物馆（Museo Arzobispal，门票10新索尔）和圣克里斯托瓦尔教堂（Iglesia de San Cristobal，门票10新索尔）通票30新索尔；⏲周一至周六 10:00~18:00，周日 14:00~18:00］这座简单的砖砌教堂相对较小，但你会不禁为巴洛克式的镶金主祭坛而惊叹。精雕细琢的小讲坛出自一根树干，被称作美洲最精美的殖民地时期木雕作品。

Quijote博物馆 博物馆

（Museo Quijote；www.museoelquijote.com；Galería Banco la Nacion，Calle Almagro s/n；⏲周一至周五 9:00~18:00，周日 9:00~13:00）**免费**这座私人现代艺术博物馆的新址在一家银行内，展有丰富深刻的绘画和雕塑，有淳朴的，也有恐怖的。有对20世纪秘鲁艺术史的很好的讲解，其中一部分被翻译成英文。

活动

库斯科的很多户外用品商店都提供远足、漂流和山地自行车探险，以及登山、骑马和滑翔伞等活动。在Plateros和Santa Ana的众多选择中，质量和可信度差异极大，一定谨慎挑选。

徒步

大多数徒步者想到的总是印加古道

Cuzco 库斯科

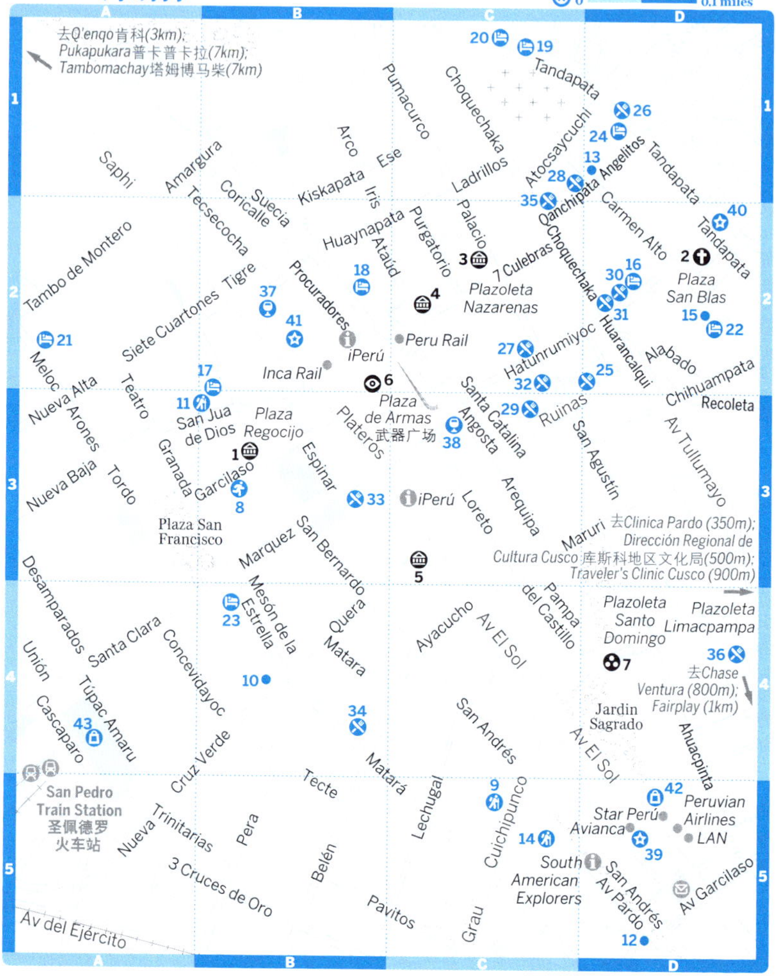

（Inca Trail），不过库斯科周围还有其他内容丰富的路线。许多旅行社组织去往较为偏远的印加遗迹的旅行，比如Choquequirau、Vilcabamba以及奥桑加特山（Ausangate）周边。价格并不固定，需要多看几家，问清楚情况（比如一顶帐篷住几个人、多少挑夫同行、特殊就餐习惯如何安排），要仔细检查所有租用的设备。South American Explorers（见110页）出售的地形图是绝佳的独立信息来源。

游客经常光顾以下旅行社：

★ Apu' s Peru　徒步

（☎084-23-3691；www.apus-peru.com；Cuichipunco 366）其印加古道徒步值得推荐，也提供其他常规游览。在旅行者间口碑不错。

★ Journey Experience　探险游

（JOEX；☎084-24-5642；www.joextravel.com；Av Tupac Amaru V-2-A，Progreso）徒步和文化活动值得推荐。

Llama Path　徒步

（☎084-24-0822；www.llamapath.com；San

Cuzco 库斯科

景点

1 巧克力博物馆 B3
2 圣布拉斯教堂 D2
3 前哥伦布艺术博物馆 C2
4 印加博物馆 C2
5 Quijote博物馆 C3
6 武器广场 B2
7 太阳神殿 D4

活动、课程和团队游

8 Apumayo B3
9 Apu's Peru C5
10 Excel Language Center B4
11 Llama Path B3
12 Milla Turismo D5
13 Party Bike D1
14 Peru Treks C5
15 San Blas Spanish School D2

住宿

16 Amaru Hostal D2
17 Ecopackers B2
18 Hostal Suecia I B2
19 Kuntur Wasi Cusco C1
20 La Encantada C1
21 Niños Hotel A2
22 Pantastico D2
23 Pariwana B4
24 Tika Wasi D1

就餐

25 Aldea Yanapay D2
26 Cafeteria 7 & 7 D1
27 Cicciolina C2
28 El Hada C1
29 Gato's Market C3
30 Granja Heidi D2
31 Jack's Café D2
32 La Bodega 138 C2
33 Market B3
34 Mega B4
35 Prasada C1
36 Trujillo Restaurant D4

饮品和夜生活

37 Memoria B2
38 Norton Rats C3

娱乐

39 Centro Qosqo de Arte Nativo D5
40 Km 0 D2
41 Ukuku's B2

购物

42 库斯科传统纺织品中心 D5
43 Mercado San Pedro A4

Juan de Dios 250）这家友好的小徒步公司得到一些旅行者的好评。

Peru Treks 徒步

（☎084-22-2722；www.perutreks.com；Av Pardo 540）提供去马丘比丘的徒步游。

漂流和山地自行车

沿着Río Urubamba河漂流很受欢迎。漂流并不是非常刺激，但是沿途可以欣赏壮观的景色，还有机会参观一些库斯科附近最好的印加废墟。这里的河流都是无人看管的，如果要去更偏远的河流进行漂流，你需要预订高质量的装备，由经验丰富并懂得急救知识的漂流向导带领，因为一旦生病或发生意外，要几天之后才能获得救援。对于山地自行车骑行来说也是如此。

Río Apurímac河极具挑战的激流路线经过深邃的峡谷和雨林保护区，每年只有5月至11月可以进行漂流。更疯狂的漂流路线是对技术要求很高的坦博帕塔河（Río Tambopata），每年6月至10月可进行漂流。漂流从的的喀喀湖的北部开始，直到亚马孙地区的坦博帕塔国家自然保护区（Reserva Nacional Tambopata）。

如果你骑行经验丰富，在圣谷周围有很棒的山地车骑行路线，以及从库斯科到亚马孙丛林的下坡路线。一定要仔细检查你租的自行车，确保你有头盔、补胎工具、打气筒和工具箱。

一些名声较好的漂流和骑行组织者有：

Amazonas Explorer 探险游

（☎084-25-2846；www.amazonas-explorer.com；Av Collasuyu 910，Miravalle）提供精彩的2~10天山地自行车探险，非常适合家庭，有儿童自行车。

早做准备：马丘比丘门票

由于现在不能再从网上购买马丘比丘门票，你需要提前购买，可以通过www.machupicchu.gob.pe网站上列出的授权旅行社，或者亲自前往库斯科的地方文化局（Dirección Regional de Cultura，见110页）购买。如果还想加上梦寐以求的瓦依纳比丘徒步门票，则要更早购买。

Apumayo 漂流

（☎084-24-6018；www.apumayo.com；Jirón Ricardo Palma Ñ-11, Urb Santa Monica）一家专业的户外店，可以提前进行坦博帕塔河漂流的国际预订，可以为残障旅行者提供服务。

Party Bike 探险游

（☎084-24-0399；www.partybiketravel.com；Carmen Alto 246）旅行者推荐的运营商，有速降活动，提供库斯科和附近山谷线路。

课程

Excel Language Center 语言课程

（☎084-23-5298；www.excel-spanishlanguageprograms-peru.org；Cruz Verde 336）非常专业，强烈推荐。

Fairplay 语言课程

（☎984-78-9252；www.fairplay-peru.org；Pasaje Zavaleta C-5）一家独特的非营利NGO组织，培训秘鲁的单身母亲提供西班牙语课程和家庭寄宿。学生将三分之二的费用直接付给老师。单独授课，价格取决于老师的经验水平。

San Blas Spanish School 语言课程

（☎084-24-7898；www.spanishschoolperu.com；Carmen Bajo 224）学生们喜欢这里随和的老师，学校位于波希米亚风的San Blas中心。

团队游

库斯科有几百家注册的旅行社，但没有一家得到100%的推荐，最好多打听一下。库斯科是组织丛林游的好地方，尤其是到马努国家公园（Parque Nacional Manu）游览，但是都不便宜。可以尝试以下几家旅行社：

Chaski Ventura 文化游

（☎084-23-3952；www.chaskiventura.com；Manco Cápac 517）非主流旅游和社区旅游的先锋，有高质量的线路和向导，并深入社区发展。提供丛林打包游，以及在圣谷社区和马丘比丘过夜的项目。可以用法语、英语和西班牙语进行交流。

Milla Turismo 团队游

（☎084-23-1710；www.millaturismo.com；Av Pardo 800）著名的传统旅游运营商，提供旅游代理服务，推荐有博学司机的私人游。

节日和活动

"地震之神"文化节（El Señor de los Temblores） 文化节

节日游行从复活节前的周一开始，可追溯到1650年地震。

Q' oyoriti 文化节

不如6月的太阳节著名，每年5月下旬或6月初基督圣体节前的周二，这个节日的传统安第斯仪式在奥桑加特（Ausangate）山脚下举行。

基督圣体节（Corpus Christi） 宗教节日

在复活节后的第9个周四举行，通常在6月初。一般有盛大的宗教游行和教堂庆祝活动。

太阳节（Inti Raymi） 文化节

6月24日举行，库斯科最重要的节日，每年都吸引来自秘鲁和世界各地的游客，全城都在街上庆祝。在萨克萨瓦曼重现印加帝国时期的冬至庆典，将节日推向高潮。尽管已经商业化，但街头的舞蹈和游行，以及萨克萨瓦曼的盛典都值得一看。

住宿

武器广场西北方向的后街（尤其是Tigre、Tecsecocha和Suecia）有很多廉价小旅馆。在圣布拉斯广场周围也有一些经济型旅馆，但你必须气喘吁吁地爬到那里。

★Ecopackers 青年旅舍 $

（☎084-23-1800；www.ecopackersperu.

com; Santa Teresa 375; 铺 35~52新索尔，双/套 120/165新索尔; @ 📶）这个背包客大本营非常用心，离Regocijo广场仅一步之遥。这是一个应有尽有的地方（包括酒吧、游泳池和日光浴），整洁、热情和服务意识为它增加了不少分。在庭院中还有柳条编织的可爱沙发，结实的床是加长的。24小时保安。

Kuntur Wasi Cusco
客栈 $

（☎084-22-7570; www.hospedajekunturwasi.com; Tandapata 352; 房间 每人含早餐 50新索尔）这个简单的旅馆安静实惠，有船形的房间、周到的服务和免费的自助早餐。内部房间缺少自然光，但有可爱的装饰和舒适的羽绒被。物超所值。

Pariwana
青年旅舍 $

（☎084-23-3751; www.pariwana-hostel.com; Av Mesón de la Estrella 136; 铺 22~42新索尔，双/标三 150/195新索尔; @ 📶）住在这里就像放春假，这个非常干净崭新的旅舍品质较高，在殖民地风格的院子里到处是梳着蓬松发髻闲逛或是打乒乓球的人。Wi-Fi连接仅限于公共空间。新房间的床非常大，阁楼的套房也值得挥霍一把。时髦的酒吧仅限邀请。另有一家附属旅行社。

Pantastico
客栈 $

（☎084-954-387; www. pan-tastico.com; Carmen Bajo 226; 铺 35新索尔，标单/双 75/105新索尔，标单/双/标三无独立卫生间 50/90/120新索尔，均含早餐; @ 📶）这家住宿兼面包店由法国人经营，有着友好的波希米亚氛围，水压很好，但是床铺有点塌陷。亮点包括早上5点钟出炉的面包，伴随着从大烤箱散发的余温。提供烘焙课程和旅行代理服务。带风景的双人间要加收20新索尔。

Hospedaje Turismo Caith
客栈 $

（☎084-23-3595; www.caith.org; Pasaje Sto Toribio N4, Urb Ucchullo Alto; 标单/双/标三含早餐 80/150/190新索尔; 📶）这家悠闲的农家客栈同时经营着一个当地女孩的基金会。巨大的风景窗、各种各样的阳台和庭院都朝向武器广场，步行20分钟或者乘坐5分钟的出租车可以到达那里。尤其适合家庭——房间很大还有婴儿床，长满草的花园是孩子们东奔西跑的好地方。

Hostal Suecia I
酒店 $

（☎084-23-3282; www.hostalsuecia1.com; Suecia 332; 标单/双/标三含早餐 90/120/150新索尔; 📶）这家矮小的客栈里的大多数房间都非常普通，但是地理位置和服务生都很棒，还有一个非常适合交际的、满是石头的室内庭院。顶层的两个新双人间（311和312）性价比高。

★ Niños Hotel
酒店 $$

（☎084-23-1424; www.ninoshotel.com; Meloc 442; 标单无独立卫生间 77新索尔，双有/无独立卫生间 170/155新索尔，标三 244新索尔; @ 📶）这家酒店由一家荷兰人创办，为库斯科贫困儿童提供服务，属于非营利性组织经营，一直深受喜爱，口碑很好。酒店是一栋殖民地风格建筑，有阳光明媚的庭院。翻新的客房四周有明亮的装饰，配有毛呢毯子和便捷式加热器，在最冷的月份还可以在床里塞热水瓶。另一家分店在Fierro 476。

公共餐厅提供自制蛋糕、面包以及盒饭。不含早餐。

La Encantada
精品酒店 $$

（☎084-24-2206; www.encantadaperu.com; Tandapata 354; 标单/双含早餐 278/340新索尔; @ 📶）这家现代精品酒店明亮可爱，有露台花园，带铁栏杆的阳台视野很好。一个旋转的楼梯通向小巧、雅致的客房，房间内配有柔软的床单和特大号床。酒店内的水疗中心可帮助远足者缓解疼痛和扭伤。不过要注意的是退房时间为早上9点。

Tika Wasi
精品酒店 $$

（☎084-23-1609; www.tikawasi.com; Tandapata 491; 标单/双/标三含早餐 163/195/226新索尔起; 📶）这座位于一面高墙后的现代化旅馆为游客提供了优雅的选择。房间明亮，被赋予各种想象力丰富的主题，挂着家族的照片，有殖民地特色。房间下面有个阳光明媚的小露台可以闲逛。早餐是自助餐。外国人要确保房费中减去了税费。

Amaru Hostal
酒店 $$

（☎084-22-5933; www.cusco.net/amaru;

Cuesta San Blas 541；标单/双/标三含早餐150/180/240新索尔；@ 🛜）Amaru在一栋很有特色的老宅里，位置绝佳，它的热门是理所当然的。精心打理的房间风格稍显陈旧，外面摆着花盆。有些配有摇椅，可以坐享屋顶的风景。在外面院子的房间较吵，后面的房间是最新的。

就餐

Plateros和Gringo Alley附近遍布廉价的小餐馆，在那里花不到10新索尔就能饱餐一顿。如果你要吃chicharrón（炸猪皮），那就去"猪肉一条街"Pampa del Castillo吧。

百货店包括Gato's Market（Santa Catalina Ancha 377；⏲9:00~23:00）以及最初的市场（Mantas 119；⏲8:00~23:00）。不过，两者都有些贵。大规模地采购就去超市Mega（Matará和Ayacucho交叉路口；⏲周一至周六10:00~20:00；周日 至18:00）。

Aldea Yanapay 咖啡馆 $

（☎084-25-5134；Ruinas 415，二层；午餐自助 10新索尔，主菜 22新索尔起；⏲9:00~23:30；🖉）毛绒玩具、桌游和完美的装饰，使人想起儿时经常梦想着一起流浪的马戏团。Aldea Yanapay更倾向于家庭，但对于任何喜欢异想天开的人都是有吸引力的。食物包括墨西哥玉米卷饼（burritos）、炸豆丸子（falafel）和油炸小食，还有性价比很高的素食午餐自助。收益的一部分捐给遗弃儿童。强烈推荐。

Jack's Café 咖啡馆 $

（☎084-25-4606；Choquechaca 509；主菜12~26新索尔；⏲7:30~23:30）这家一向不错的西式小餐馆是由澳大利亚人经营的，一条长队总是排到门外。有加了薄荷或者姜的新鲜果汁、浓咖啡和堆了烟熏三文鱼或者烤西红柿的鸡蛋，很适合当作早餐。这里也有可口的咖啡食物和汤，服务也不错。

Prasada 素食 $

（☎084-25-3644；Qanchipata 269；主菜9~12新索尔；⏲周一至周五 10:00~21:00，周六和周日 10:00~16:00；🖉）省钱的好地方，供应玉米卷饼（tacos）、玉米饼汤（tortilla soup）和配料新鲜分量又足的扁豆汉堡（lentil burger），配上一罐鲜榨果汁或者红茶菌饮料（kombucha），你就可以精力充沛地徒步去往萨克萨瓦曼了。

Cafeteria 7&7 咖啡馆 $

（Tandapata s/n；主菜 7~9新索尔；⏲周一至周六 10:00~14:00，16:00~22:00，周日至14:00；🛜）这个三层的咖啡馆给附近的街区加分不少，远离主街的地理位置，意味着这里安静并且适合放松。店内有白色的皮质座位，供应精选的自制德式蛋糕、藜麦沙拉等清淡食物和咖啡饮品，还有冰激凌圣代。

El Hada 冰激凌 $

（Qanchipata 596；冰激凌 10新索尔起；⏲8:00~19:00）冰激凌盛在现做的、带有少许香草或者柠檬皮的锥形蛋筒中，这些充满异国情调的冰激凌很容易让人上瘾。印尼桂皮、苦巧克力或者烤苹果口味都不会让你失望。最后再来一杯咖啡——Café Bisetti，秘鲁最棒的咖啡。

★ Cicciolina 各国风味 $$

（☎084-23-9510；Triunfo 393，二层；主菜35~55新索尔；⏲8:00至深夜）饭店位于一栋殖民地庭院豪宅的二层，长期以来一直在库斯科最好的餐厅之列，提供各种别出心裁的精致食物。菜品非常美味，以家庭腌制的橄榄为前菜，接着是松脆的玉米方饼（polenta squares）配上加工过的兔肉、大份的绿色沙拉、炭烤章鱼，令人满意的主菜如墨鱼汁意大利面、甜菜奶酪意大利饺（beet ravioli）和嫩羔羊肉（tender lamb）。这里的服务无可挑剔，座位的灯光很温暖。

★ La Bodega 138 比萨餐馆 $$

（☎084-26-0272；Herrajes 138；主菜23~35新索尔；⏲周一至周六 6:30~23:00）有时候你会想念家乡的轻松气氛、不复杂的菜单和精酿啤酒。走进La Bodega，一家非常悠闲的小餐馆，这里曾经是主人的家。薄饼比萨在砖坯的烤炉上制成，配有有机沙拉，新鲜且品种多样，同时价格合理。是一处令人惊喜的地方。只接受现金。

Trujillo Restaurant 秘鲁菜 $$

（☎084-23-3465；Av Tullumayo 542，靠近

Plaza Limac- pampa；主菜 17~37新索尔；⏲周一至周六 9:00~20:00，周日 中午至17:00）这家简单干净的餐厅靠近Qorikancha，由一个秘鲁北部的家庭经营，提供北部地区的经典菜品，比如seco de cabrito（啤酒香菜炖羊肉）和一系列酸橘汁腌海鲜，配上成罐的chicha morada（紫玉米汁）。他们的aji de gallina（奶油炖鸡配米饭、土豆）是所有库斯科餐厅中最好的。

Granja Heidi 咖啡馆 $$

（☎084-23-8383；Cuesta San Blas 525，二层；主菜 10~46新索尔；⏲周一至周六 11:30~21:30）一家建在高处的舒适咖啡馆，供应永远优质的健康食物，其中一些食材来自德国主人的小农场。除了美味的秘鲁菜（rocoto relleno是素食的，填充的是辣椒和花生），还有可丽饼、大碗的汤和沙拉。最后别忘了留点肚子给甜品。

饮品

在那些大受欢迎的背包客酒吧里，特别是在武器广场附近，无论男女都应该小心饮品中被掺入其他东西，不要让杯子离开视线，在使用免费饮酒券时要三思。减价时段从13:00就开始了。

Memoria 酒吧

（☎084-24-4111；Plateros 354；⏲20:00至深夜）一家精彩的酒吧，有周到的酒保，饮品也值得你小酌片刻。在他们的Facebook页面上能找到爵士、原声和高科技舞曲（techno）等现场音乐活动的信息。

Norton's Rats 小酒馆

（Santa Catalina Angosta和Plaza de Armas交叉路口，二层；⏲7:00至深夜）这家低调的小酒馆由一名摩托车爱好者经营，俯瞰着武器广场。如果你能抢到一个阳台上的座位，不要错过观看来往人群的好机会。这里最出名的是200克的美味汉堡，还有电视、飞镖盘和台球桌，保管让你兴奋起来。尽量不要点墨西哥玉米馅饼（burritos）。减价时段是19:00~21:00。

娱乐

不少餐厅都有晚间民俗（folklórica）音乐和舞蹈表演；价格为50~60新索尔，包含自助餐。大多数提供现场音乐的场所都不收取入场费。

★Ukuku's 现场音乐

（☎084-24-2951；Plateros 316；⏲20:00至深夜）城里一向最火爆的夜店，Ukuku's的演出成功地综合了拉丁、西部摇滚、雷鬼、reggaetón（波多黎各bomba、dancehall、hip-hop的结合）、萨尔萨、hip-hop等，经常邀请乐队现场演出。午夜之后通常爆满，秘鲁人和外国游客一样多，人们大汗淋漓，疯狂热舞。减价时段是20:00~22:30。

Km 0 现场音乐

（☎084-23-6009；Tandapata 100；⏲周二至周六 11:00至深夜，周日和周一 17:00至深夜）这个欢快的酒吧就在圣布拉斯广场旁边，应有尽有。晚间有很棒的套餐，每天深夜都有现场音乐，当地的音乐人在他们的日常演出之后也会聚到这里。减价时段是21:00至午夜。

购物

库斯科有大量的艺术工坊和商铺，出售针织羊毛制品、纺织品、彩陶、银饰等，还有现代美术馆。图书交换活动丰富。

Mercado San Pedro 市场

（Plazoleta San Pedro）库斯科的中心市场是必游之地。煮caldo（汤）用的猪头、青蛙（壮阳用）、大桶的果汁、烤lechón（乳猪）和tamales（玉米粽）只不过是集市上供应食品的一小部分。市场边上还有当地的特色服饰、符咒、熏香和其他物品，能让你逛上几个小时。

库斯科传统纺织品中心 手工艺品

（Center for Traditional Textiles of Cuzco；Av El Sol 603A；⏲7:30~20:30）这个非营利机构成立于1996年，旨在传承传统编织技艺。你将有可能看到不同编织技艺的现场展示，纺线在十指间复杂地缠绕。待售商品都比较高端。

实用信息

危险和麻烦

火车站、节庆场所和市场是偷窃的高发区。只乘正规出租车（在车顶上找出租车公司的电话），把车门关好，别让其他乘客上车。从酒吧

晚归的醉客或日出前出门的徒步者要注意安全。毒贩和警察都是出了名的互相合作，特别是在Procuradores街上，那里的当地人警告，你可以在几分钟内做成一笔毒品交易，然后当场被捕。

如果你从海平面水平处乘飞机过来，要注意高原反应——这可不是开玩笑。

紧急情况

旅游警局(PolTur, Policía de Turismo; ☎084-23-5123; Plaza Túpac Amaru s/n; ⊙24小时)如果你有东西丢失，需要在这里获取保险索赔所需的官方开具的失窃报告。

医疗服务

医疗设施很有限，重症治疗请去利马。

Clínica Pardo(☎084-24-0997; Av de la Cultura 710; ⊙24小时)设备很好也很贵，所以你最好有旅游保险覆盖。

Traveler' s Clinic Cusco(☎084-22-1213; Puputi 148; ⊙24小时)私人诊所，有迅速的双语服务和上门医生，主要处理高原反应和旅行者的疾病。离圣布拉斯广场步行10分钟。

现金

Av El Sol街上有许多银行。武器广场周围有无数美元和欧元货币兑换处，汇率相差不大。支持银联卡的globalnet自动柜员机很多，许多商店内就有。

邮政

Serpost(Av El Sol 800; ⊙周一至周六 8:00~20:00)普通邮政业务(poste restante)在这个邮政总局办理，记得带身份证明。

旅游信息

库斯科地区文化局(Dirección Regional de Cultura Cusco; ☎084-58-2030; www.drc-cusco.gob.pe; Av de La Cultura 238; ⊙周一至周六 7:15~18:30)库斯科旅游业的组织机构。

iPerú(☎084-25-2974; www.peru.travel; Portal de Harinas 177, Plaza de Armas; ⊙周一至周五 9:00~19:00，周六和周日 至13:00)高效实用。提供这个地区和整个国家的实用旅行信息，旁边还有个有保安人员的自动柜员机。在机场有另一个分部(☎084-23-7364; ⊙6:00~17:00)。

South American Explorers(SAE; ☎084-24-5484; www.saexplorers.org; Av Prado 847; ⊙周一至周五 9:30~17:00，周六 至13:00; 📶)🍃AE的库斯科俱乐部有优质地图、书籍和小册子出售，能提供大量的旅游信息和推荐，有Wi-Fi、图书交换和客房。对非会员开放每周活动和有限的志愿者信息。

ℹ 到达和离开

飞机

大多数从库斯科**机场**(CUZ; ☎084-22-2611)离港的航班都在上午，机场在距市中心东南2公里处。

Avianca(☎0800-18-2222; www.avianca.com; Av El Sol 602; ⊙周一至周五 8:30~19:00，周六 9:00~14:00)周一至周六有往返利马的航线。

LAN(☎084-25-5555; www.lan.com; Av El Sol 627B; ⊙周一至周六 8:30~19:00，周日 至13:00)直飞利马、阿雷基帕、胡利亚卡和马尔多纳多港。

Peruvian Airlines(☎084-25-4890; www.peruvianairlines.pe; Av El Sol 627-A; ⊙周一至周六 8:30~19:00，周日 9:00至正午)

Star Perú(www.starperu.com; Av El Sol 679; ⊙周一至周六 9:00~13:00，15:00~18:30，周日 9:00~12:30)

长途汽车

国际长途

所有国际长途汽车都从**Terminal Terrestre**(☎084-22-4471; Vía de Evitamiento 429)出发，车站位于市区往机场方向2公里处。乘出租车(14新索尔)或者沿Av El Sol步行可达。在帕恰库德塔和雕像后直走，然后右转，沿着铁路转入后街，5分钟后到达车站。

前往玻利维亚，可乘坐**Transporte Salvador**(☎084-23-3680)、**Littoral**(☎24-8989)、**Real Turismo**(☎24-3540)或**San Luis**(☎22-3647)的车辆，途经科帕卡巴纳(Copacabana)到拉巴斯(La Paz)，所有车次都在22:00出发。**Tour Peru**(☎084-23-6463; www.tourperu.com.pe)提供去往科帕卡瓦纳性价比最高的服务，每天8:00出发。**CIAL**(☎位于利马 01-330-4225)每天22:30途经德萨瓜德罗(Desaguadero)前往拉巴斯(80新索尔，12小时)，这是去拉巴斯最快捷的途径。

Ormeño(☎084-24-1426)开往大多数南美国家首都。

国内长途

开往主要城市的长途汽车从Terminal Terrestre出发，前往偏僻目的地的巴士从别处发出，所以请提前仔细查看。

Ormeño和**Cruz del Sur**（084-74-0444；www.cruzdelsur.com.pe）提供全国最安全最舒适的大巴。要找更便宜的营运公司，**Wari**（084-22-2694）和Tour Peru有不错的大巴。

每隔1小时就有前往胡利亚卡和普诺的大巴。便宜的慢车包括**Power**（22-7777）和**Libertad**（084-22-4571），可以乘这些车去沿途城镇。中等价位的**Littoral**（23-1155）和**CIAL**（965-401-414）更快捷也更舒适一些。

前往普诺最舒服的方式是乘**Inka Express**（084-24-7887；www.inkaexpress.com；Av 28 de Julio 211）或**Turismo Mer**（084-24-5171；www.turismomer.com；El Óvalo, Av La Paz A3），两家每天都有豪华大巴。

去阿雷基帕的大巴集中在6:00~7:00和19:00~21:30出发。Ormeño每天9:00有豪华大巴。

Cruz del Sur、**CIVA**（084-24-9961；www.civa.com.pe）和**Celtur**（23-6075）提供前往利马相对轻松的行程。Wari是最佳的廉价选择。大多数去利马的大巴都经停纳斯卡（12小时）和伊卡（14小时）。这些大巴途经阿班凯（Abancay），在雨季时可能会遇到堵车。1月至4月，可能改道阿雷基帕（25~27小时）更好些。

目的地	费用（新索尔）	行程（小时）
阿雷基帕	25/126	9~11
阿亚库乔	65/95	14~16
科帕卡瓦纳（玻利维亚）	60/80	10~15
伊卡	100/190	14~16
胡利亚卡	30/40	5~6
拉巴斯（玻利维亚）	80/120	12
利马	100/190	18~22
纳斯卡	100/140	13
马尔多纳多港	50/70	10
普诺	20/70	6~7
塔克纳	70/100	15

以上价格为普通/豪华车的一般估计。

如果你要乘车去阿亚库乔，穿上所有保暖的衣服，如果有睡袋，也请带上车。

San Martín（984-61-2520）和**Expreso Sagitário**（22-9757）有前往塔克纳（70新索尔，17小时）的直达大巴。Expreso Sagitário也开往阿雷基帕、利马和普诺。

多家运营公司开往马尔多纳多港的大巴都在15:00~16:30出发，CIVA大概是最佳选择。

途经圣玛利亚（Santa María，可从这里转车去圣特雷莎）开往基亚班巴（Quillabamba）的大巴从Santiago车站出发，离市中心只有20分钟的轻松步行路程。大巴发车时间是8:00、10:00、13:00和20:00。

Transportes Gallito de las Rocas（22-6895；Diagonal Angamos）开往Pilcopata（20新索尔，10~12小时）的大巴周一、周三和周五 5:00发车。售票处在紧邻Av de la Cultura的第一个街区。

火车

库斯科有两个火车站。**Estación Huanchaco**（084-58-1414；周一至周五 7:00~17:00，周六、日 营业到午夜）接近Av El Sol街尾，列车开往普诺。Estación Poroy位于镇东，列车开往奥扬泰坦博（Ollantaytambo）和马丘比丘。

你可以从库斯科乘出租车去Estación Poroy车站（30新索尔）或位于奥扬泰坦博的车站（80新索尔）。回程费用略高于去程。

前往奥扬泰坦博和马丘比丘

前往热水镇（进而前往马丘比丘）的唯一途径是乘火车，车程约为3小时。两家公司营运，Inca Rail只从奥扬泰坦博发车。

不同时间出发，车费也不同，越热门的时间票价也越高。车票卖完的情况很常见，尤其在高峰时段，所以尽可能早买车票。

从库斯科到热水镇最快的“廉价”方式是乘坐小巴（combi）到奥扬泰坦博，再从那里乘火车。

Inca Rail（084-35-2974；www.incarail.com；Portal de Panes 105, Plaza de Armas；周一至周五 8:00~21:00，周六 9:00~19:00，周日 至14:00）每天有三趟列车从奥扬泰坦博发车，有四档车票发售。儿童有特惠折扣。公司奉行可持续发展的环保理念。

Peru Rail（www.perurail.com；Estación Poroy；周一至周五 7:00~17:00，周六 至中午）通往热水镇的旗舰服务，每天有多次列车从Estación Poroy车

站发车，车站离库斯科20分钟路程。有三档车票发售：Expedition（单程223新索尔起）、Vistadome（单程261新索尔起）和豪华的Hiriam Bingham（单程1153新索尔起，车票包含早午餐、下午茶、马丘比丘门票和导览游）。除周日外，列车每天运行。

前往普诺

Peru Rail 阿瓜斯卡连特斯最快捷的（票价505新索尔）是一趟豪华列车，有玻璃观光车厢。11月至次年3月的周一、周三和周六，列车8:00从Estación Huanchaco出发，18:00到达普诺，4月至10月还有每周五的一趟加车。车票包含午餐。

当地交通

抵离机场

频繁的合乘巴士（colectivos）沿Ayacucho行驶到机场外（0.7新索尔）。往返机场的正规出租车费用为20~25新索尔。要提防航站楼外拉活的流氓出租车，抢劫可不是少有的事。很多客栈都提供免费的机场接机服务。

公共汽车和合乘巴士

2014年，当地政府开始限制老式合乘巴士的营运，这些服务将继续被停运或减少。

开往皮萨克的小巴（4新索尔，1小时）从位于Av Tullumayo 207和Av de la Cultura北面Puputi车站频繁发车。

开往乌鲁班巴（Urubamba，8新索尔，1.5小时）和途经钦切罗（Chinchero，4新索尔，1小时）去奥扬泰坦博（12新索尔，2小时）的小巴从Puente Grau附近发车。就在Pavitos附近，更快捷的合乘小巴客满发车，途经钦切罗开往乌鲁班巴（7新索尔，1小时）和奥扬泰坦博（12新索尔，2小时）。

出租车

在城内打车需要5新索尔。正规出租车（可以通过车顶的公司电话号码辨别）比“海盗”出租车更安全（只在车窗上贴了TAXI标识），**AloCusco**（☎084-22-2222）是家靠谱的公司。

库斯科周边

最靠近库斯科的考古遗迹有萨克萨瓦曼、肯科、普卡普卡拉和塔姆博马柴——均凭旅游通票入场。乘坐开往皮萨克的公共汽车，在塔姆博马柴下车，这处遗迹离库斯科最远（而且最高，海拔3700米）。从这里回到库斯科的徒步路程为8公里。注意沿途曾发生过针对游客的暴力袭击，即使是在白天。结伴出行，并在夜幕降临前返回。

几乎所有旅行社都提供将这四个景点串起来的半日游行程，价格约为20新索尔，不含门票。

萨克萨瓦曼（Saqsaywamán）

萨克萨瓦曼意味“满意的猎鹰”，虽然大多数游客用谐音“sexy woman”（性感的女人）记住了它。这处面积庞大的遗址距库斯科2公里远。登上陡峭的Resbalosa，过了**圣克里斯托瓦尔教堂**（the Iglesia de San Cristóbal）右转，行至路上一个像发夹一样的转弯处，向左有一道石阶，是一条通往顶部的印加石路。

虽然萨克萨瓦曼看起来很庞大，但如今游客能看到的只是原建筑的20%。在殖民后不久，西班牙人便拆毁了城墙，用石块在库斯科建造了他们自己的房子。

1536年，这座要塞见证了西班牙人与曼科印加人之间最激烈的战斗之一，印加人曾利用萨克萨瓦曼围攻西班牙占领者。印加人落败后，成千上万的人战死而横尸在城中，招来了成群的安第斯秃鹰。因此，人们在库斯科军装上加入8只秃鹰来缅怀这一惨剧。

最惊人的是宏伟的三层防御工事。印加国王帕恰库德把库斯科设想成一头美洲豹的形状，以萨克萨瓦曼为首，而22道曲折的城墙即为牙齿。阅兵场用于太阳节（Inti Raymi）的庆祝仪式。

凭旅游通票入场。

肯科（Q'enqo）

这处迷人的小型遗址名字意为“曲折”。它是一个庞大的里程碑巨石，上面布满了壁龛、台阶和精彩的符号雕刻，还有沟槽，可能用来盛放祭祀贡品chicha（玉米啤酒），也可能是血液。爬上巨石的顶端，你会找到一个用于仪式的平台，上面有精心雕刻的动物图案。回到下面，探寻神秘的地下洞穴，里面有在岩石里开凿的祭坛。

肯科遗址距萨克萨瓦曼2公里，如果从塔姆博马柴下来，就在其左侧。

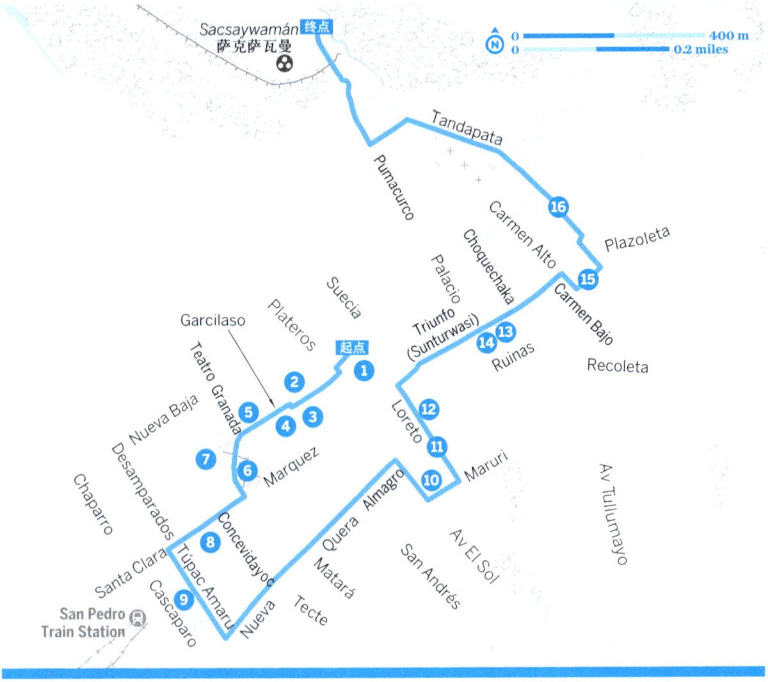

步行游览
库斯科老城

起点: 武器广场

终点: 萨克萨瓦曼

距离: 4公里，3小时（不包含游览时间）

从迷人的❶**武器广场**（见102页）开始，漫步到Calle del Medio街，穿过❷**Regocijo广场**（Plaza Regocijo）时，留意左手边一栋漂亮的❸**建筑**，也可以在一层的餐馆坐下来吃一顿。接着走到Calle Garcilaso街，这条街以印加作家Garcilaso de la Vega的名字命名，他儿时的故居现为❹**地区历史博物馆**（Museo Histórico Regional），坐落在一片殖民地建筑中，其中❺**Hotel los Marqueses**尤其精致。

每周日，讲盖丘亚语的民众聚集到❻**圣弗朗西斯科广场**（Plaza San Francisco），如果有兴趣可以到❼**圣弗朗西斯科教堂和博物馆**看看。穿过殖民地风格的拱门来到❽**圣克拉拉**（Santa Clara）**教堂和修道院**，再远处便是熙熙攘攘的❾**圣佩德罗市场**（Mercado San Pedro）。在那里点杯果汁，或者买些纪念品。从市场出来走到Calle Nueva街，一直走到Av El Sol主路上，正对的是❿**正义宫**（Palacio de Justicia）。走上Maruri街，然后左转进入⓫**Loreto街**，这条街两边都有印加城墙遗址，右手边是库斯科最古老的城墙之一，殖民后变成了⓬**圣卡塔利娜**（Santa Catalina）**修道院**的一部分。

回到武器广场，右转穿过Triunfo（Sunturwasi）街，在Hatunrumiyoc窄街上看看那些被称作⓭**十二边形石头**（Piedra de los 12 ángulos）的印加古墙，这面墙属于第六代印加王Roca的宫殿，现在是⓮**宗教艺术博物馆**（Museo de Arte Religioso）。

Hatunrumiyoc街在Choquechaca街的路口结束，从这里抄近路去⓯**圣布拉斯广场**（Plaza San Blas），库斯科的波希米亚中心。最后，左转沿着⓰**Tandapata街**的鹅卵石路面，一直走到圣克里斯托瓦尔（San Cristobal）广场和教堂，或者更远的萨克萨瓦曼，欣赏库斯科的全景，日落时分景色尤美。

Around Cuzco 库斯科周边

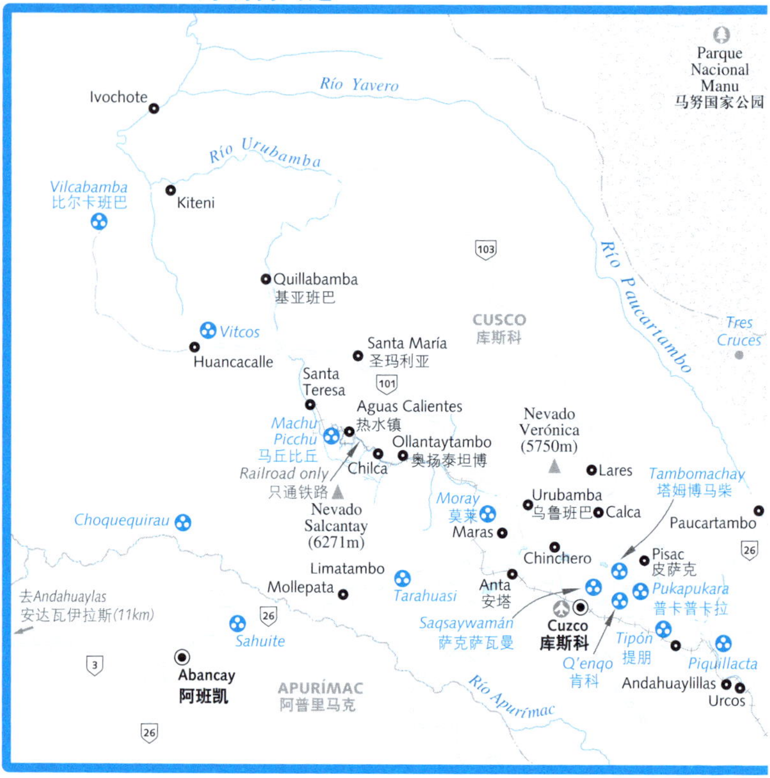

塔姆博马柴和普卡普卡拉 (Tambomachay & Pukapukara)

离主路约300米，**塔姆博马柴**（⊙黎明至黄昏）是一处美丽精致的仪式浴场，至今流淌着清澈的泉水，因此得名El Baño del Inca（印加浴场）。在公路对面，就是威严的**普卡普卡拉遗址**。普卡普卡拉意思是“红堡”，虽然这更有可能是一处狩猎点、守卫岗或者旅行者的驿站。高处的空地可以俯瞰全景。

圣谷（The Sacred Valley）

乌鲁班巴河圣谷（Valle Sagrado，圣谷）在库斯科以北15公里处，是秃鹫飞翔的地方。那里的星级景点有高耸的皮萨克印加古城和奥扬泰坦博古城，但山谷里还布满其他静谧的印加遗址，以及喧嚣的集市和高海拔处的安第斯村庄。带着彼得·弗罗斯特（Peter Frost）那本《探索库斯科》（*Exploring Cusco*），来寻访田园牧歌般的乡间吧。

旅行社提供多种圣谷一日游的行程，可将旅游通票包含的景点串联起来，对于时间有限的旅行者是不错的选择。

皮萨克 (Pisac)

☎084 / 人口900

你很难不被阳光灿烂的皮萨克（海拔2715米）的魅力所倾倒，这是一座繁华的殖民地村庄，在库斯科东北约33公里处，坐落于矗立在山脊上的一座雄伟印加堡垒脚下。皮萨克吸引着世界各地的人，近年来大量外籍专家和新潮的追随者前来寻访安第斯山脉的香格里拉。

景点

皮萨克遗址 遗迹

（Pisac Ruins；凭旅游通票入场，成人/26岁以下持ISIC卡学生 130/70新索尔；黎明至黄昏）游客相对不多，却是一个非常惊人的遗址，这座在山巅的印加城堡位于一个村庄上方的三角形高原，两侧都是深不见底的峡谷。留几个小时的参观时间，从镇上开始步行，在教堂的西侧，一条4公里的小路陡峭却非常壮观。爬上去需要2小时，返回需1.5小时。这段路很值得走一走，但也非常辛苦，如果你要徒步印加古道的话，倒是个不错的训练。打车上山，步行返回是不错的选择。

住宿

Hotel Pisac Quishu 客栈 $

（084-43-6921；www.pisacinca.com；Vigil 242；标单/双 50/100新索尔，标单/双无独立卫生间 40/70新索尔，均含早餐；@）友好的主人Tatiana经营着这家令人愉快的小型家庭寓所，有几间色彩斑斓的房间和一个小院，可使用厨房。步行10分钟，远处有一家新建的更大的姐妹客栈。

Hospedaje Beho 客栈 $

（084-20-3001，984-848-538；hospedajebehopisac@gmail.com；Intihuatana 113；标单/双 40/80新索尔，标单/双无独立卫生间 30/70新索尔；P）位于去往遗址的路上，这家在手工艺品小店边上的家庭客栈提供带热水淋浴的基本住宿。有些破旧的花园是逃离外面街上杂乱集市的一个安静港湾。提供机场接送和租车服务。

Kinsa Ccocha Inn 酒店 $

（084-20-3101；kinsaccocha_inn@hotmail.com；Arequipa 307A；标单/双 60/80新索尔；标三/四无独立卫生间 75/100新索尔；）这家简单酒店地院子里有一棵茂盛的无花果树，氛围很好，也很注重细节，比如足够多的电源插座、优质毛巾还有水压充足的热水淋浴。不提供早餐，但是隔壁就是咖啡厅。

★ Pisac Inn 旅馆 $$

（084-20-3062；www.pisacinn.com；Plaza de Armas；标单/双/标三含早餐 185/230/295新索尔；@）位置，位置，位置！这家可爱的广场酒店有一个诱人的院子，浪漫的房间有羽绒被、深蓝色的墙和安第斯装饰。带有超大床的房间会稍微高级些。不像其他酒店，这里全年营业，淡季有不错的折扣。好位置也意味着一些房间早上商贩一出摊就会比较吵。提供德语、英语和法语服务。

La Casa del Conde 客栈 $$

（084-78-7818；www.cuzcovalle.com；标单/双/套房含早餐 185/247/309新索尔；）住客们沉醉于这家怡人的乡村屋舍，它坐落在鲜花绽放的山麓间。家庭经营，充满个性，房间有羽绒被、取暖设施和有线电视。但这里不通车，需要从广场向山上走10分钟，不过三轮摩的可以载你到小礼堂，再走5分钟就到。

就餐

Mariscal Castilla街上有许多有黏土烤炉的面包坊，出售新鲜出炉的小面包干（flatbreads）和馅饼（empanadas）。

Restaurante Yoly 秘鲁菜 $

（☎084-20-3114；Amazonas s/n；套餐 5新索尔；⊙6:00~22:00）这家朴素的餐馆很受当地人欢迎，提供家常套餐，含汤和饮品。

Ulrike's Café 咖啡馆 $$

（☎084-20-3195；Manuel Prado s/s；素/荤套餐 22/25新索尔，主菜 15~33新索尔；⊙9:00~21:00；📶🖉）这家充满阳光的咖啡馆一向饮食可口，供应很棒的素食套餐，还有自制的意大利面、入口即化的奶酪蛋糕和享有盛名的松软胡萝卜蛋糕。这里还交换图书、DVD，举办特殊活动。提供英语、法语和德语服务。

Mullu 创意菜 $$

（☎084-20-3073；www.mullu.pe；San Francisco s/n，2层；主菜 14~32新索尔；⊙9:00~21:00）这里的阳台大概是俯瞰下面广场上集市交易的最好地点。气氛轻松友好，菜单是混搭风格（想想泰国菜遇上亚马孙风味，又结合了秘鲁高地特色）。传统羊肉炖得软烂脱骨，汤和混合果汁也让人满意。

购物

周日的集市从大清早开始。10:00左右，旅游大巴就把成群的游客放到已经很喧闹的市场，市场里挤满了买家，工艺品摊位泛滥。尽管市场保持着传统的一面，价格却与库斯科的商店价格差不多。周二和周四还有小集市，广场上缤纷的小工艺市场则每天都开市。

到达和离开

开往乌鲁班巴（3新索尔，1小时）和库斯科（5新索尔，1小时）的长途汽车在Plazoleta Leguiz和Av Amazonas的桥边发车。

乌鲁班巴（Urubamba）

☎084 / 人口1.75万

乌鲁班巴（海拔2870米）没什么景点可看，地处山谷大道和途经钦切罗回库斯科道路的交叉点，对于那些漫游圣谷的人来说，这里是必经的中转枢纽。主路的加油站（grifo）有一台全球通用的自动柜员机，在汽车站以东约1公里处。

景点和活动

很多在库斯科组织的户外活动都是在乌鲁班巴进行，包括骑马、山地车骑行、滑翔伞和乘热气球。通常人们游览附近像露天剧场一样的梯田**莫莱**（Moray；凭旅游通票参观；⊙黎明至黄昏）和**马拉斯盐田**（Salinas de Maras；门票 10新索尔），那里有上千个从印加时代起就用于产盐的盐沼。

食宿

Los Jardines 酒店 $

（☎084-20-1331；www.losjardines.weebly.com；Jr Convención 459；标单/双/标三 60/80/90新索尔）这家读者推荐的家庭酒店以服务周到而著名，占据着一个有围墙的大院和一间砖砌大屋，花团锦簇的花园让人觉得仿佛并非在城市之中。房间简单而整洁，有些房间有大落地窗。在花园供应的自助早餐需要收取额外费用（12新索尔）。从广场步行可达。

Hostal los Perales 客栈 $

（☎084-20-1151；ecolodgeurubamba.com；Pasaje Arenales 102；房间每人 35新索尔）隐藏在一条隐秘的乡间小巷里，这家大受欢迎的家庭客栈提供物有所值的简单房间，四周围着一个植物茂盛的可爱花园。年长的店家很亲切，提供香蕉薄煎饼和自家制作的番茄酱做早餐。这里不太好找，所以从车站搭一辆三轮摩的（1新索尔）过来。

★ **Huacatay** 秘鲁菜 $$

（☎084-20-1790；Arica 620；主菜 32~50新索尔；⊙周一至周六 13:00~21:30）Huacatay隐藏在一条狭窄巷子的小房子里，会让你度过愉快的一晚。虽然并不是每道菜都那么惊艳，但佐以浓缩酱汁的鲜嫩羊驼排，配上盖着螺旋状薯条的奶油藜麦烩饭，的确是一道令人难忘的美食。员工热情，气氛温馨。

到达和离开

途经皮萨克（4新索尔，1小时）或钦切罗（3

新索尔，50分钟）前往库斯科（4新索尔，2小时）的长途汽车，以及前往奥扬泰坦博（2.5新索尔，25分钟）的合乘巴士通常都从长途车站出发。

奥扬泰坦博（Ollantaytambo）

084 / 人口 700

小型的奥扬泰坦博（海拔2800米）是现存的印加城市规划的最佳样本，也是圣谷旅游景点中的最大亮点——它庞大的堡垒盘踞在鹅卵石铺就的村庄上方，像面向天空的卫士一样。除了互联网的出现，700年来这里没有太多的变化。

景点

奥扬泰坦博遗址 遗迹

（Ollantaytambo Ruins；凭旅游通票入场；7:00~17:00）无论是堡垒还是庙宇，奥扬泰坦博这些令人惊叹的印加遗迹都成就了一个精彩的半日游行程。

住宿

Casa de Wow 青年旅舍 $

（084-20-4010；www.casadewow.com；Patacalle s/n；铺 62新索尔，标单 124新索尔，双有/无独立卫生间 155/185新索尔，标双 110新索尔；@ ）由当地艺术家Wow经营的一个舒适小家。铺位温暖舒适，情侣们不妨试试手工制作的印加皇家大床（不过不是最初的做法，原木床梁是用绳子固定的而非羊驼的内脏）。走前别忘了在世界上最大的留言簿上签名。

Chaska Wasi 青年旅舍 $

（084-20-4045；www.hostalchaskawasi.com；Plaza de Armas s/n；铺/双含早餐 20/60新索尔；@ ）背包客们喜欢可爱周到的Katy和她的一群猫咪。简单怡人的房间配有电热水器，物有所值。

Hospedaje las Portadas 客栈 $

（084-20-4008；las.portadas@yahoo.com；Principal s/n；铺 15新索尔；标单/双 30/50新索尔，无独立卫生间 20/35新索尔）尽管所有游客和当地的公共汽车从门外经过，这家友好的家庭客栈仍然成功地保持了安静。有鲜花盛开的庭院、茂盛的草坪，还有可以眺望星空的屋顶平台。房间陈旧，枕头也有年头了，但仍然不失为一个便宜之选。

★ Apu Lodge 旅馆 $$

（084-79-7162；www.apulodge.com；Lari s/n；标单/双/四含早餐 170/190/280新索尔；@ ）这个时尚的住处背靠遗址，有一片大草坪，感谢热情的员工和周到的苏格兰主人，让这里成为一个真正的隐居之地。房间宽敞舒适，水压强劲的热水澡将洗去你的肌肉酸痛。公共区域有Wi-Fi，早餐包含酸奶、谷物、新鲜水果和鸡蛋。

餐饮

Hearts Café 咖啡馆 $$

（084-20-4078；Ventiderio & Av Ferrocarril交叉路口；主菜 10~28新索尔；7:00~21:00；）提供健康丰盛的食物、啤酒、红酒和美妙的咖啡。Hearts是当地的一家老店，供应一些有机产品，还为远足的人提供盒装午餐。早餐如huevos rancheros（在薄饼上放煎蛋和豆类）完美迎合美国人的口味，角落的室外座位专为打量过往行人设计。

Ganso 酒吧

（984-30-8499；Waqta s/n；14:00至深夜）树屋遇见马戏团和蝙蝠侠！Ganso狭小友好，迷幻的装潢足以催人畅饮。消防滑杆和摇椅使这里锦上添花。

到达和离开

这里有班次频繁的小巴（2.5新索尔，25分钟）开往乌鲁班巴长途车站，每天6:00至17:00从广场东南靠近市场的地方发车。开往库斯科的合乘巴士（15新索尔，1.5小时）和出租车（110新索尔）只有在火车到达时，才会在火车站附近乱转拉客。你也可以先去乌鲁班巴，在那里转车。

从这里出发开往热水镇的火车比从库斯科出发的便宜得多。

热水镇（Aguas Calientes）

084 / 人口 1000

别名马丘比丘镇（Machu Picchu Pueblo），坐落在遗址下方的深谷中。实际上这是一座小岛，诸路不通，石崖环抱，屹立在

Aguas Calientes 热水镇

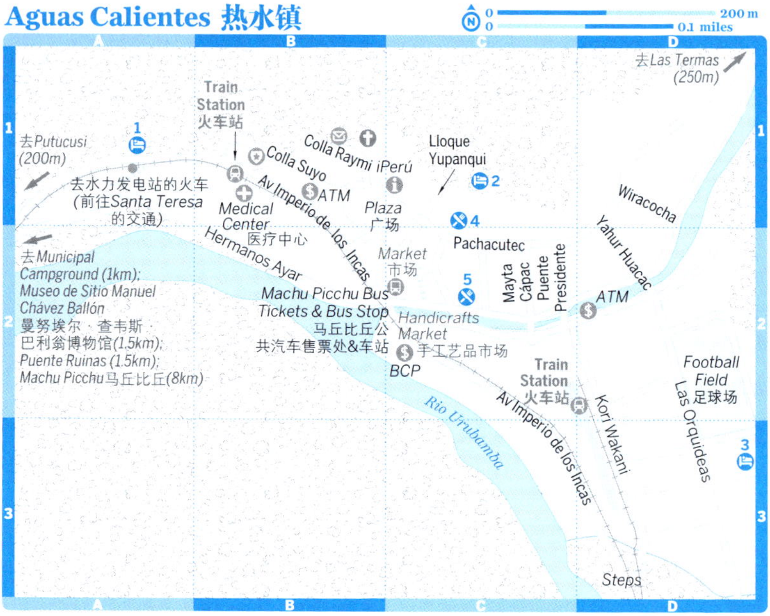

Aguas Calientes 热水镇

住宿

1 Hostal los Caminantes........A1
2 Hostal Muyurina........C1
3 Supertramp Hostel........D3

就餐

4 Indio Feliz........C1
5 La Boulangerie de Paris........C2

云雾森林和两条激流之间。虽然占尽地利，热水镇却一直都有点“无人之地”的感觉，比如大量流动人口，指望着到此一游的游客的冷清服务，半途而废的钢筋和水泥建筑。商人们的强行推销很难不让人感到不知所措。去时最好别抱有任何期待。

不过在此过夜有一个特别的好处：可以早早进入马丘比丘。这是个留宿的好理由。

景点和活动

曼努埃尔·查韦斯·巴利翁博物馆 博物馆

（Museo de Sitio Manuel Chávez Ballón，门票22新索尔；⏲9:00~17:00）这家博物馆很好地展示了马丘比丘的挖掘工作和印加文明的建造工艺，有西班牙语和英语信息。在参观马丘比丘前后来到这里，了解一下背景知识（如果你是在大太阳下在遗址里走了几个小时，来这里享受空调和音乐吧）。

Las Termas 温泉

（门票10新索尔；⏲5:00~20:30）疲惫的徒步者在这里泡掉浑身的酸痛，温泉在自Pachacutec的铁轨往上走10分钟的地方。这些小型天然温泉还算不错，但是离这里最好的温泉还差得远，上午晚些时候会有漂浮物。热水镇因这些温泉而得名。

住宿

所有东西价格都有些虚高，但在淡季有折扣。退房时间早是当地的惯例。

Hostal los Caminantes 客栈 $

（☎084-21-1007；los-caminantes@hotmail.com；Av Imperio de los Incas 140；有/无独立卫生间每人35/20新索尔；📶）这家多层的大客栈性价比不错。房间里铺着过时但干净的强化木地板，热水稳定，有若干阳台。早晨7:00的火车汽笛准时叫你起床。早餐不包含在房费内，价格为8~10新索尔，在他们自家异常豪华的咖啡厅里供应给顾客。

Supertramp Hostel 青年旅舍 $

(☎084-43-5830; www.supertramp.com; Chaskatika s/n; 铺 30~34新索尔，双带公用卫生间 90新索尔，均含早餐；📶）这家青旅值得推荐，但有些局促，装饰着迷幻的壁画。工作人员友好而乐于帮忙，隔壁的一家小咖啡厅提供沙拉和美味汉堡。早起出发的客人可以在4:30享用鸡蛋、咖啡、面包、果酱。可提供火车接站服务。

Municipal Campground 露营地 $

（每顶帐篷位 15新索尔）这个可爱的小营地有卫生间、浴室，出租厨房用具。从镇中心往山下走20分钟，位于去往马丘比丘的路上，过桥之前。

La Boulangerie de Paris 酒店 $$

(☎084-21-1339; www.hostalmuyurina.com; Lloque Yupanqui s/n; 标单/双/标三含早餐 120/150/270新索尔；📶）这家崭新的酒店注重服务，是个不错的选择，房间配有带电话的电视。

餐饮

面向游客开放的餐厅（几乎大同小异）都集中在铁路沿线和Pachacutec去往温泉的方向。你会在Pachacutec 发现有超长减价时段的背包客酒吧，但你不必听我们推荐——每一家都会试图把你引诱进去。

La Boulangerie de Paris 面包房 $

(☎084-79-7798; Jr Sinchi Roca s/n; 点心 3~10新索尔；⏲5:00~21:00; 📶）我们不知道这些法国人是怎么来到这里的，但我们非常感恩。这家小咖啡店有正宗的巧克力面包（pain au chocolat）、新鲜的羊角面包、花式咖啡和甜点，还有一些不含麸质的食物。你还可以点盒装午餐。

★ **Indio Feliz** 法国菜 $$

(☎084-21-1090; Lloque Yupanqui 4; 主菜 34~48新索尔；⏲11:00~22:00）在这家获奖无数的餐馆，法国厨师Patrik非常热情，菜品也不会让人失望。先来一碗spa criolla（一种美味肉汤，配热面包、自制黄油和可选辣椒），还有传统法餐，比如普罗旺斯番茄、酥脆的蒜香土豆和入口即化的苹果馅饼。

实用信息

有一家**iPerú**（☎084-21-1104; cuadra 1, Pachacutec; ⏲周一至周六 9:00~13:00和14:00~18:00，周日 至13:00）分布在马丘比丘售票处附近，能提供帮助。如果**BCP银行**（Av Imperio de los Incas s/n）的自动柜员机没有现钞，另外还有4台，在Av Imperio de los Incas街上有一台。现金和旅行支票能在许多地方兑换，但汇率很不划算。付费电话和网吧分布全镇，还有一家小**邮局**（Colla Raymi s/n）。在铁道边有一家**医疗中心**（☎084-21-1005; Av Imperio de los Incas s/n; ⏲24小时急诊）。

到达和当地交通

热水镇是开往马丘比丘的火车终点站。

Peru Rail每天在8:53、14:55和21:50发车，开往圣特蕾莎。车票（88新索尔）只能当天在热水镇火车站购买，但列车实际上却是在城镇西区的警察局外发车。你也可以把这次行程变成一次综合运动导览游。

马丘比丘（Machu Picchu）

对于许多来到秘鲁甚至南美的游客而言，印加古城马丘比丘（成人票 128新索尔，包含瓦纳比丘门票 152新索尔；⏲热水镇售票处 5:00~22:00; 🚌从热水镇出发，然后乘车或步行）是他们行程中期待已久的兴奋点。因其得天独厚的地理位置，马丘比丘是美洲大陆上最知名的考古遗址。这座令人心生敬畏的古城从未被西班牙占领者所知，几乎被世人遗忘，直至20世纪早期才被重新发现。

遗址的游览高峰是10:00至14:00。在旺季，5月末至9月初，每天都有3000名游客来到这里。在景区入口处可以免费盖纪念印章，许多游客都会在护照上留下到此一游的证据，但需要提醒，在护照内页盖纪念印章或邮戳，可能被国内或国外的边防检查部门视作私自涂改护照从而导致护照失效。

历史

马丘比丘的实际目的和功用仍然是个谜，停留在学术猜想。这座古城从未出现在西班牙殖民者编撰的编年史里，编年史是直到那时未记载的印加历史的一个书面档案。

Machu Picchu 马丘比丘

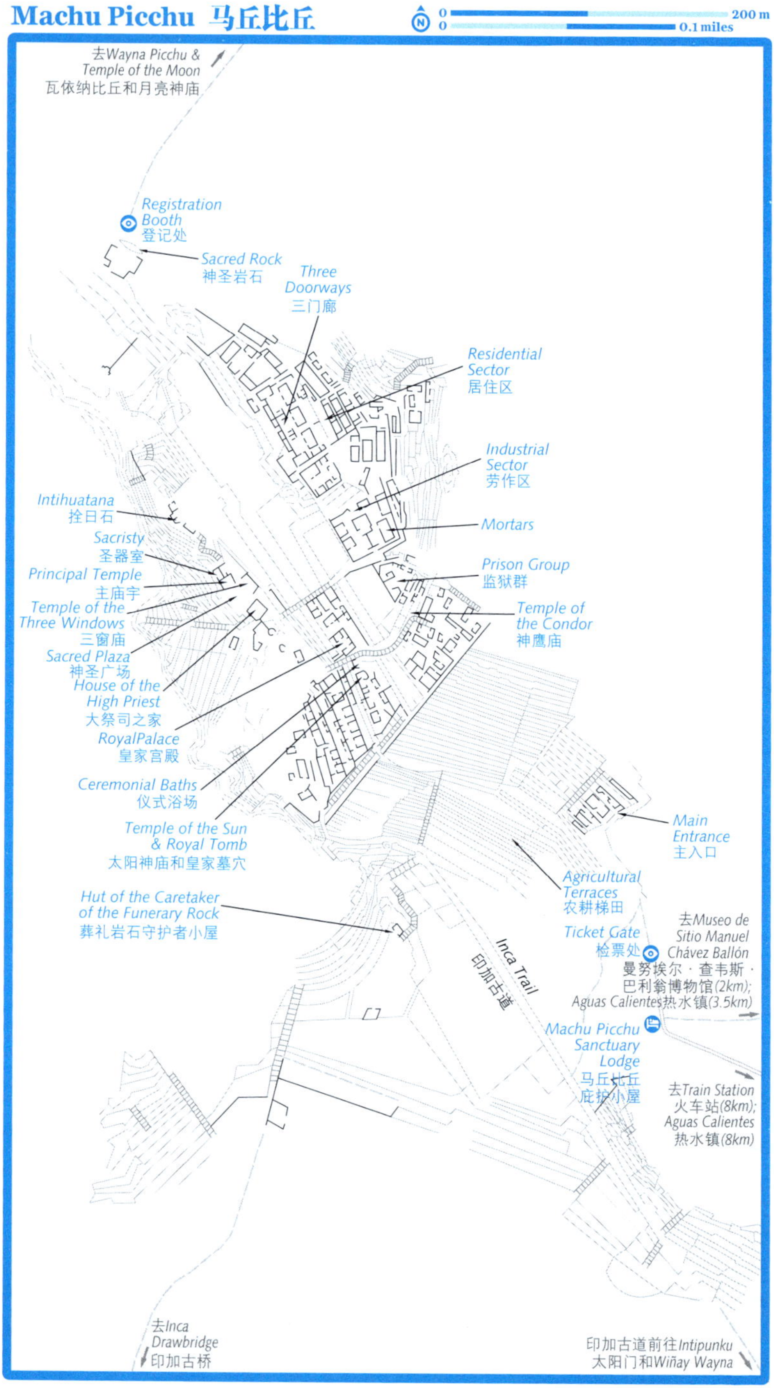

除了本地的盖丘亚人，无人知晓马丘比丘的存在。直到1911年，由一个当地男孩带路，美国历史学家海勒姆·宾厄姆（Hiram Bingham）才来到了这片杂草丛生的遗址。当时宾厄姆试图寻找的实际上是失落之城比尔卡班巴，也是印加人最后的要塞。宾厄姆认为他在马丘比丘找到了。他的著作《印加大地:探索秘鲁高地》（*Inca Land: Explorations in the Highlands of Peru*）在1922年首次出版。可从古登堡计划网站（www.gutenberg.org）免费下载此书。

尽管近年来有了更多关于印加“失落之城”的研究，人们对于马丘比丘的了解还不完整。有人相信古城建造于印加帝国后期衰败的年代，是为了保存印加文化，或重树印加的优势而建，也有人认为在西班牙殖民时期，这里就已经变成一座被遗忘的城市了。还有理论认为，这处遗址是在西班牙人入侵时被遗弃的皇家度假地。

无论事实如何，这里出奇的高品质石头建造工艺和装饰都告诉我们，马丘比丘一定曾经是一处非常重要的仪式中心。确实，在某种程度上，这里依然是：亚历杭德罗·托莱多（Alejandro Toledo）是秘鲁首位讲盖丘亚语的本地人总统，他于2001年在这里举行了精彩的就职典礼。

景点

大背包、手杖、食物和水壶都不能带入遗址。主入口前有一间储物室。

从检票处沿着一条狭窄的小路走到像迷宫一样的主入口进入马丘比丘，遗址在这里映入眼帘，并渐次展开。想找一个俯瞰全景的观景点，照一张经典明信片式照片的话，要爬上曲折的台阶到**葬礼岩石守护者小屋**（Hut of the Caretaker of the Funerary Rock），它是少数有茅草屋顶的修复建筑之一，是极佳的避雨处。印加古道就在小屋下方通往遗址。

从那里拾级而下，广场左边便进入遗址区，包括**太阳神庙**（Temple of the Sun），这是一座下宽上窄的弧形塔台，有马丘比丘最精美的部分石头工艺。庙宇不对游客开放，但从上往下俯视时能看到其内部。庙宇下方是一个几乎被遮掩的自然石穴，里面有一座阶梯式祭坛和不少神龛，都是由印加石匠精心雕刻的。石穴被称为**皇家墓穴**（Royal Tomb），尽管在里面没有发现过木乃伊。

沿着附近16处**仪式浴场**（ceremonial baths）上方的台阶朝遗址下方走，就到了**神圣广场**（Sacred Plaza），从那里可以看到乌鲁班巴河谷的奇景，并遥望远处白雪覆盖的比尔卡班巴山脉（Cordillera Vilcabamba）。**三窗庙**（Temple of the Three Windows）居高临下，俯视中央广场。

圣器室（Sacristy）以其入口两侧的岩石而闻名，每块岩石据说都雕刻有32个天使，后面有一道台阶通向位于一座小山上的主圣物**拴日石**（Intihuatana）。山顶上这块精雕细琢的岩石常被称为日晷，尽管它只与季节变化相关，而不是用来记录一天的时间。几年前，在一次啤酒广告的拍摄过程中，它曾被一台笨拙的起重机削掉一部分。除此之外，西班牙人摧毁了大部分圣物，试图清除这种亵渎上帝的异教太阳崇拜。

从拴日石后方的另一道台阶可以下到**中央广场**（Central Plaza），广场将马丘比丘的仪式区与**居住区**和**劳作区**分开。在这块区域的低处是**监狱群**，由错综复杂的牢房、壁龛和通道组成。监狱群中有一座**秃鹰头雕像**，其后方天然的岩石构成了这只鸟伸展的翅膀。

活动

在遗址后方是陡峭的**瓦依纳比丘**（Wayna Picchu）山。沿陡峭的小路爬上去要花40~90分钟，但壮观的景色是对所有气喘吁吁活动的回报。在阴雨天要注意，台阶会因为湿滑而变得很危险。

在爬上瓦依纳比丘的途中，还有一条小路出现在你的左侧，经由阶梯和一个外悬的洞穴通到小型的**月亮神庙**（Temple of the Moon），从那里你可以爬上瓦依纳比丘山——走这条迂回陡峭的路会花上2小时。

另一个选择就是走到**印加古桥**（Inca Bridge）观景点。这段路更平坦，从葬礼岩石守护者小屋出发，沿着一条紧挨悬崖的狭窄小路（单程30分钟内），悬崖的垂直落差极大。

实用信息

遗址通常从日出开放到日落。一日游门票价格是成人/学生（持ISIC卡）128/61新索尔，瓦依纳比丘每天只允许400人进入，前200人在7:00被放行，另外200人在10:00，名额很抢手，所以至少提前一个月在买门票时加上这张票（24新索尔）。可通过旅行社、库斯科地区文化局（110页）或热水镇的INC办公室买票——门票并不在景点出售。

到达和离开

有频繁的公共汽车从热水镇往返马丘比丘（往返72新索尔，25分钟），从主路上的售票处发车，时间为5:30~15:30。从遗址返程的车客满即发，最晚的发车时间为17:45。

另外一个选择是，从热水镇出发沿一段相当崎岖的山路（8公里，1.5小时）步行。也可以从圣特蕾莎沿着铁道走。

印加古道（Inca Trail）

作为南美最知名的徒步路线，这条前往马丘比丘的4日徒步道路每年有成千上万的背包客完成。尽管总长度只有43公里，这条由印加人铺设的古道，崎岖曲折，上下跌宕，环山而行，沿途从三个山口蜿蜒而过。雪山顶峰和云雾森林的景观令人叹为观止，从一处悬崖环绕的遗址步行到下一处，是一次神秘且难忘的体验。

你不能独自一人在印加古道徒步。所有的徒步者都必须跟随导游，有组织地结队前行。你还必须带上护照（不能是复印件）和ISIC卡，在关卡出示。不要在遗址区域乱扔垃圾、便溺，或在国家公园内采摘植物。沿途在任何树木或石块上乱涂乱画都是违法行为。

所有徒步设备都能在库斯科的户外用品商店租到。古道在夜间会变得极为寒冷，因此要保证睡袋足够保暖。还要记得带上结实的鞋子、雨具、防虫剂、防晒霜、手电筒（配新电池）、净水片、高卡路里零食和基本急救包。带上一些小额秘鲁货币用于在沿途购买瓶装水和零食，还有给向导、厨师和背夫的小费。从库斯科购买或者租一对登山杖，你不会后悔的。

团队游

除2月古道因维护而关闭外，团队游终年

印加古道徒步：优点VS缺点

印加古道是许多人（有人认为是太多人）的必去之处，但它到底是个什么样子呢？下面就是真相：

优点

除了壮丽的景色——让人叹为观止的山景、沐浴在神秘晨雾中的印加遗址、苔藓覆盖的云雾森林和茂盛的谷底丛林——沿途还有意外惊喜。考虑到客观条件，沿途的食物可谓好得不可思议——有鳟鱼、羊肉、牛肉、猪肉和很多蔬菜可选，还有爆米花、水果等提升幸福感的小吃，向厨师致敬！露营设备保养得当，不是廉价品。甚至还有“帐篷服务”——早上叫你起床时为你奉上一杯“提神醒脑”饮料（古柯茶或咖啡，如果你被高原反应困扰，请选择前者）。别忘了那些爱嚼古柯叶的背夫，他们肯定不是地球人！一般来说，背夫只负责帐篷和其他公共用品，睡袋和其他私人物品需要自行背负，但你可以付费请额外的背夫，第二天的行程爬升强度较大，对于负重较多或膝盖不好的人是个挑战。

缺点

不论哪个季节，夜间肯定会很冷，即使在有些夏夜也会觉得冰冷刺骨，碰上下雨就会更惨。卫生间一般都要走很远才到，这会让你在帐篷里面临两难：去，还是不去？尽管从硬件设施来说，卫生间比预期好很多，但它们的日常清洁非常糟糕。如果第一晚住在营地附近的村庄，付费热水澡还是有可能的，后两晚则只有冷水澡，并且很可能需要排队，所以带上除臭剂和足够多的湿巾吧。少数旅行社提供卫浴帐篷，那绝对是徒步路上的五星级享受。

去马丘比丘的其他途径

通往马丘比丘的其他途径也覆盖了印加遗址，越来越受欢迎。这些路线往往比标准的印加古道要便宜，而且能在更临近你出发的时间内预订到。

徒步

拉雷斯山谷徒步（Valle Lares Trek）花3天或更长时间在位于圣谷的安第斯乡间村落步行，途经温泉、考古遗址、苍翠繁茂的潟湖和峡谷，徒步结束行程后可在奥扬泰坦博乘火车去热水镇。这更多的是一次文化之旅，而不是考验体力之旅，尽管最高的垭口（4450米）也不容小觑。平均价格为1580新索尔。

萨尔坎泰徒步（Salkantay Trek）这个难度较高的路线要花4至7天，有两条路线可选，长度都在55公里左右。Mollepata–Huayllabamba路线可以欣赏银装素裹的萨尔坎泰山，最高点海拔4880米，还能和印加古道连起来（但你需要许可证），而Mollepata-圣特蕾莎路线则经过La Playa，然后把你扔在热水镇。平均价格为1010新索尔。

印加丛林徒步（Inca Jungle Trail）包含徒步、骑车和漂流，这条有向导的多种运动路线途经圣特蕾莎前往马丘比丘。从库斯科的旅行社预订，3天2夜的行程约需975新索尔，通常包括马丘比丘的导览游和回奥扬泰坦博的火车票。

从圣特蕾莎乘长途汽车/火车

很多人选择取道圣特蕾莎前往马丘比丘。这条迂回的路线大概会花2天时间（取决于能否买到票和你多早出发），车道非常惊险，所以考虑清楚你是否真的想省钱。在库斯科西边的Santiago车站搭一辆去Quillabamba的长途汽车。在圣玛利亚（Santa María，25至35新索尔，4.5小时）下车，再搭上一辆当地的小巴或合乘巴士（10新索尔，1小时）去圣特蕾莎，那里有简单的住宿和Cocalmayo温泉。

在这条路线上，去往马丘比丘的火车票只在圣玛利亚的秘鲁铁路（Peru Rail）售票处出售。每天都有火车（单程/往返 18/30美元）从距圣特蕾莎8公里的水电站出发，发车时间为7:54、15:00和16:35。在火车发车前1小时到达汽车站，搭小巴（3新索尔，25分钟）去水电站。火车开行13公里到达热水镇，需时45分钟。有人选择沿着铁道步行，这是个去马丘比丘相当省钱的办法，但需要花4小时汗流浃背地走在尘土飞扬的路上。

发团。但是，在最多雨的月份（12月至次年3月），古道会变得湿滑，营地变得泥泞，风景也被浓厚的云霭所遮掩。旱季是6月至8月，是最热门也最拥挤的时段。为了避开人群，可以考虑在雨季前后去：4月至5月（有最佳的植被、兰花和鸟类活动）或9月至11月。

团队游价格从1650新索尔起，到2020新索尔或更高，外加给向导、背夫和厨师的小费。每天只允许500人（包括向导和背夫）进入古道，许可名额会按照先到先得的原则发给旅行社。团队游的常规行程为四天三晚，你也可以花更多的钱进行私人定制。

花点时间研究一下你的选择——你不会后悔的。在做出选择之前最好按照自己的需求筛选最适合的旅行社。还要确认你的国际旅游保险是否涵盖高海拔探险活动。

如果价格是你的底线，要注意那些最低价的旅行社会以缩减向导和背夫的工资来降低成本。其他的问题还包括劣质的装备（例如漏雨的帐篷）和无聊或无精打采的向导。但是多给钱也不见得能得到更多，特别是国际旅行社会为降低成本而转包给秘鲁本地的旅行社。多和几个旅行社聊聊，感受一下他们的服务质量。你可以问问向导讲不讲英语（很流利还是只会一点），要一份价目包含清单，问问团队规模和交通工具种类。确保你的套餐包含一顶帐篷、餐食、厨师、遗址的一日游门票和回程火车票。

如果你的行程在5月至8月，至少提前6个月预订行程很重要。除上述月份外，你可以在

Inca Trail 印加古道

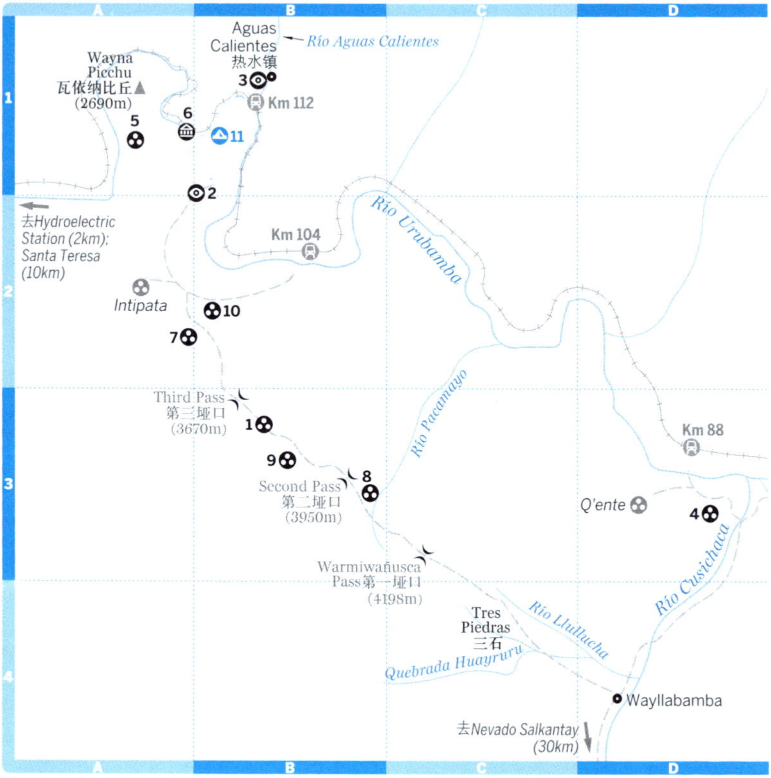

几周内获得许可名额，但这也很难预料。

徒步

这可不是一段轻松的徒步。高海拔和看起来无穷无尽的攀登（特别是第二天），使其成为一段非常有挑战性的山间徒步。尽管高原反应并不完全取决于你健康与否，但一路漫长陡峭的攀登、普遍稀薄的空气和让人膝盖发软的台阶，对体质稍弱的人绝对是个挑战。尽管去吧，但别期待一次微风拂面的周日漫步。

大多数旅行社先开小巴把徒步者带到徒步起点——经过Chilca村后的Piscakucho（82公里），在途经的奥扬泰坦博镇上吃早餐。在这里的户外用品商店你还有最后一次机会补齐装备，但价格较库斯科稍贵。穿过乌鲁班巴河（交费和办理登记手续）后，你将沿河顺着那条坡度不大的古道到达第一处考古遗址Llactapata，然后再朝南走下Cusichaca河一侧的山谷。古道向南7公里是Wayllabamba（3100米）小村庄，在那里你可以稍事休息，欣赏一下白雪皑皑的Nevado Verónica山（5750米）。

你将穿过Llullucha河，然后沿陡峭的河岸上行。这片区域被称为三石（Tres Piedras），从此开始一段长达3公里的漫长爬升，非常险峻。古道最后爬上了高耸光秃的Llulluchupampa山腰，那里的平地上点缀着露营地。

从Llulluchupampa出发，有一条上到山谷左侧的小道，用2小时爬上第一垭口Warmiwañusca（4198米），也被戏称为“死女人山口”（Dead Woman's Pass），这里是整个路线中最高也最难走的地方，让很多徒步者都气喘吁吁。从Warmiwañusca出发，古道一路走低，漫长而陡峭，让人膝

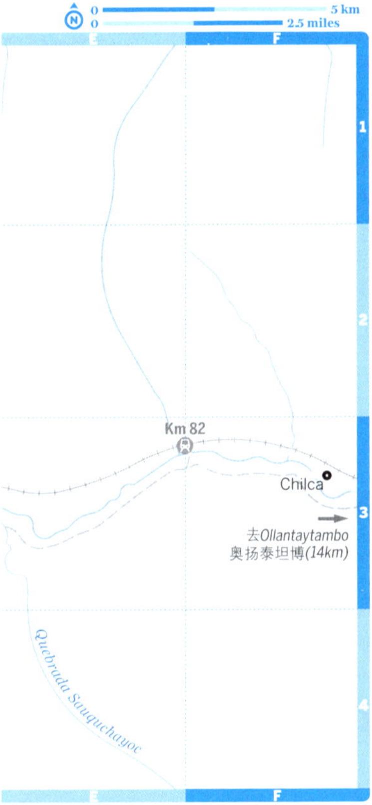

Inca Trail 印加古道

景点

1 印加隧道……B3
2 太阳门……B1
3 三石……B1
4 Llactapata……D3
5 马丘比丘……A1
6 曼努埃尔·查韦斯·巴利翁博物馆……A1
7 Phuyupatamarka……A2
8 Runkurakay……B3
9 Sayaqmarka……B3
10 Wiñay Wayna……B2

住宿

11 Municipal Campground……B1

盖打战，一直延伸至河边，那里有最大的营地Paqaymayo（3500米）。古道从一座小型的行人桥跨过河流，向右步行一小时爬上Runkurakay（蛋形建筑），这是一处圆形的遗址，有着极佳的景致。

在Runkurakay上方，古道上到一处副峰，再途经两座小湖，直至3950米高的第二垭口，从那里可以欣赏到被白雪覆盖的比尔卡班巴山脉。古道往下通至Sayaqmarka（主要城镇）遗址，这是一处坐落在山脊上的复杂建筑群，构造紧密，景色极佳。再继续往下走，越过Aobamba河的一条支流。

古道向前，与一条印加堤道交叉，再向上穿过云雾森林和一条印加隧道（Inca tunnel），隧道开凿在海拔3670米的第三垭口的岩石中。再走不久，你就能到达精心修复的美丽遗址Phuyupatamarka（云端城市，海拔3600米），遗址包含一系列美观的仪式浴场，里面有流水经过。

从Phuyupatamarka出发，古道一跃下降到下方的云雾森林，令人目眩。紧接着是不可思议的数百级印加台阶，设计巧妙，被昵称为“外国佬杀手”（Gringo Killer）。穿过一条隧道后，古道历尽曲折终于下到了Wiñay Wayna（也作Huiñay Wayna）。

从Wiñay Wayna岗哨出来，古道沿着紧挨着悬崖峭壁的云雾森林蜿蜒约1.5小时后就到达太阳门（Intipunku；⏲关口在15:00左右关闭）——在这里等待太阳升上山顶时，你可能会幸运地一睹宏伟的马丘比丘。

最后一段胜利在望的下山路需要30分钟。你可以在景区门口的行李寄存处存放大背包和登山杖。徒步者们通常赶在上午火车带来的游客们之前到达，这样才能享受精疲力竭抵达终点后的激动，而不用夹在拥挤不堪的人群中前进。

中部高地
（CENTRAL HIGHLANDS）

远离外国人的行踪，秘鲁中部的安第斯山脉正待人探索。传统在这里源远流长，这里怡人的殖民地风格小镇是安第斯山脉中保存最完好的。几十年来，与世隔绝的地理位置、崇山峻岭的地形和恐怖组织[光辉道路组织（Sendero Luminoso）就在这里诞生]，曾使得到这里旅行变得十分困难。在过去的10年中，更加稳定的政治局势和改善后的基础交通设施都让游客出行变得更为方便。但到这里探访还是挑战十足，因为有那些压迫耳膜的高山垭口和让人疲惫的汽车旅程。

阿亚库乔（Ayacucho）

☎066 / 人口 18.1万

秘鲁曾经发生过一次与国内恐怖主义抗争的可怕战争，而阿亚库乔正是那次战争的中心。这座有着殖民地风格的迷人城市（海拔2750米）在20世纪80至90年代的大部分时间都禁止游客进入，现在这倒成了它的吸引力之一。这座现代城市深藏在安第斯山脉中部，牢牢地坚守着它的传统——这里的复活节庆典是全秘鲁最炫目和著名的。从隐蔽的室内庭院到一系列建于16、17和18世纪的华丽教堂（总共33座），这里保留着大量殖民地时期的奇怪喜好。

景点

镇中心有一座17世纪的**天主教堂**，还有十几座300多年前建造的精致**教堂**，在主广场边上还有几幢**大宅邸**。

★大教堂 教堂

（Cathedral; Portal Municipal）这座令人惊叹的17世纪教堂位于武器广场，有一个宗教艺术博物馆。普通的外表让你难以想到内部的繁复细节，其精致的金叶祭坛是巴洛克-西班牙巴洛克建筑风格（Churrigueresque，飞檐和其他受西班牙影响的复杂工艺混合了安第斯的影响，通常呈现为对野生动物的描绘）的最佳典范之一。

★流行艺术博物馆 博物馆

（Museo de Arte Popular, Portal Independencia 72; ⏲周一至周五 8:00~13:00, 14:00~16:30）**免费**这里的流行艺术囊括了ayacucheño（阿亚库乔人）的各种艺术范畴——银器艺术、地毯和挂毯编织、石雕和木雕、陶器（教堂模型尤其流行）和著名的retablos（宗教故事组塑）。后者是一些色彩鲜艳的木盒子，大小不一，里面是精细的纸板模型：秘鲁的宗教仪式和耶稣降生是最受欢迎的，还能看到带有政治或社会解读的有趣内容。照片展示了阿亚库乔在20世纪的变化。开放时间经常变化。

★纪念博物馆 博物馆

（Museo de la Memoria, Prolongación Libertad 1229; 门票 2新索尔; ⏲9:00~13:00和15:00~17:00）这座阿亚库乔人最难以忘怀的博物馆，距镇中心1.5公里，这里记载着光辉道路组织（Sendero Luminoso）对秘鲁的影响，阿亚库乔在冲突中受影响最大。陈列（西班牙语）简单却动人：有对恐怖事件的目击者叙述，以及在战斗中失去孩子痛苦万分的母亲群像。

瓦里遗迹 遗迹

（Wari Ruins, Huari; 门票 3新索尔; ⏲8:00~17:30）广阔的瓦里遗迹绵延数公里，道路两旁布满仙人掌。作为瓦里帝国的首都，在印加文化产生500年前就孕育了瓦里文化。

节日和活动

圣周（Semana Santa） 宗教节日

秘鲁最隆重的宗教节日，在复活节前一周进行，吸引了全国的游客。酒店房间很早就会订满，所以一定要早下手。住宿爆满时，旅游办事处有可接待游客的民宿名单。

住宿

圣周期间住宿价格会暴涨。

Hostal Tres Máscaras 客栈 $

（☎066-31-2921; hoteltresmascaras@yahoo.com; Tres Máscaras 194; 标单/双无独立卫生间 30/50新索尔，有独立卫生间 53/70新索尔）带围墙的怡人花园和热情友好的员工使这里成为一个让人享受的好住处，朝向花园的房间非常宽敞。热水在早上供应，之后的时间按要求供应。带电视的房间另加5新索尔。欧陆式和美式早餐分别为7新索尔和8新索尔。

Via Via 酒店 $

（☎066-31-7040; Bolognesi 720; 标单/双 95/125新索尔; Ⓟ）这幢没有招牌优美的殖民地时期建筑离市中心约700米，刚刚由市中心著名的Via Via公司接手经营。这里所处的位置很安静，不过晚上回来需要经过一些漆黑的街区。房间有很漂亮的家具，还有一个长满草的花园。

Hostal Florida 客栈 $

（☎066-31-2565；Cuzco 310；标单/双 35/50新索尔）这家对游客热情友好的客栈，有一个让人放松的庭院花园以及带有卫生间和电视的干净房间（上层的房间更好），热水早上供应，之后的时间按要求供应。这里还有一个简单的自助餐厅。

Hotel La Crillonesa 酒店 $

（☎066-31-2350；www.hotelctillonesa；Nazareno 165；标单/双 40/60新索尔起）这家酒店很受欢迎，乐于提供帮助，屋顶的露台风景绝佳，房间带电视，还有旅游信息和24小时热水供应。房间相当小，但干净，有舒适的床铺和普遍能用的有线电视。最好的房间就在顶层。

★ **Via Via** 酒店 $$

（☎066-31-2834；www.viaviacafe.com/en/ayacucho；Portal Consti-tución 4；标单/双 115/150新索尔；📶）这是阿亚库乔市中心最具想象力的住宿之选之一，占据着广场上令人羡慕的地理位置，以不同的大洲为主题的房间装饰得充满活力。旅行者会感觉他们置身于一处真正的绿洲，聚集在满是植物的庭院。酒店服务员讲英语和荷兰语，他们热门的餐厅就在旁边。

Hotel Sevilla 酒店 $$

（☎066-31-4388；www.hotelsevillaperu.com；Libertad 635；单含早餐 75新索尔，双含早餐 100~120新索尔；📶）这是阿亚库乔最美观、明亮和实惠的酒店之一，比大多数酒店对背包客更友好。宽敞舒适的房间里带有桌子、小冰箱和微波炉。住宿区域与街道之间隔着一个庭院。楼下有一家餐馆，早餐地点在坐拥漂亮城市美景的顶层咖啡馆。

就餐

地方特色有puca picante（类似咖喱的辣花生酱炖土豆，配上米饭和小菜炸猪皮）。在**圣克里斯托瓦尔旅游文化中心**（Centro Turístico Cultural San Cristóbal, Jirón 28 de Julio 178）殖民地风格的庭院中，满是对游客热情友好的酒吧和咖啡馆。再走下去，Plaza Moré广场上的小饭馆里都是地道的美食。

Café Miel 咖啡馆 $

（Portal Constitución 4；小吃 2新索尔起；⏰10:00~22:00）早餐时分，来这个读者推荐的咖啡馆是你的最佳选择。这里有着轻松愉快的气氛，让人奇怪地联想起英国茶馆——我们说的是很棒的水果沙拉和阿亚库乔最好的（现煮）咖啡。这里还提供丰富的午饭和美味绝伦的巧克力蛋糕。

El Niño 烤肉 $

（J 9 de Diciembre 205；主菜 约15新索尔；⏰11:00~14:00和17:00~23:00）在一幢殖民地时期建筑里，有着遮阳的庭院，在座位上可以俯视花园，El Niño精于烤肉，但也供应多种秘鲁食品。单人份的parrillada（烤肉盘）不错，不过实际上足够两个饭量小的食客了。这是城里较好的餐馆之一。

La Casona 秘鲁菜 $

（Bellido 463；主菜 12~35新索尔；⏰7:00~22:30）这家庭院环绕的热门餐厅因大份的菜量而受到一些旅行者的推荐。这里专供秘鲁菜，比如美味的lomo saltado（牛肉条炒洋葱、西红柿、土豆和辣椒），常有地方特色菜。

Guilles 三明治 $

（Bellido, Garcilaso de la Vega和9 de Diciembre之间；三明治和果汁 10~15新索尔；⏰8:00~13:00, 16:00~21:00）来这里尝尝阿亚库乔（甚至整个中部高地）最棒的三明治和冰沙。

★ **Via Via** 各国风味 $$

（☎066-31-2834；Portal Constitución 4；主菜 17~28新索尔；⏰周一至周四 10:00~22:00，周五和周六 至午夜）🌿Via Via有一个面朝广场的楼上阳台，是阿亚库乔视野最好的餐厅。食物经严格挑选，有机无害。但这是秘鲁-欧洲融合菜，所以你会找到让自己心满意足的食物，比如quinotto（一种藜麦烩饭），或者salteado de alpaca（羊驼肉条炒洋葱、西红柿、土豆和辣椒），还有南美葡萄酒佐餐。

饮品和夜生活

Taberna Magía Negra 酒吧

（Jirón 9 de Diciembre 293；⏰周一至周六

16:00至午夜）这家酒吧比周边大多数都经营得久，今天的年轻人喜新厌旧，但这家酒吧兼画廊里有当地的艺术表演、啤酒、比萨和精彩的音乐。

Rock 夜店

（Cáceres 1035；⊙周三至周六 22:00至次日2:00）当地最活跃的迪斯科酒吧，俗称Maxxo。美国人和当地人都聚到这里显身手。同一街区还有另一家迪斯科酒吧，主要是萨尔萨舞曲。

购物

阿亚库乔以民俗工艺品知名。这里的**工艺品市场**（Independencia & Quinua）是一个购物的好地方。

实用信息

BBVA Banco Continental银行（Portal Unión 28）有一台Visa自动柜员机。

Clínica de la Esperanza（☎066-31-2180；www.hospitalregionalayacucho.gob.pe；Independencia 355；⊙8:00~20:00）可讲英语。

iPerú（☎066-31-8305；Cusco和Asamblea交叉路口；⊙周一至周六 9:00~18:00，周日营业至13:00）秘鲁最好旅游咨询处之一，提供有用的旅行建议，员工讲英语。

旅游警局（☎066-31-7846；2 de Mayo 100）处理紧急事件。

Serpost（Asamblea 293）提供邮政服务。

Wari Tours（☎066-31-1415；Lima 138）提供地区内目的地经验丰富的团队游。半日团队游花费约50新索尔。

到达和离开

机场距市中心4公里（出租车费用10新索尔）。**LC Peru**（☎066-31-2151；Jirón 9 de Diciembre 139）每天6:45有飞往利马的航班。

大多数巴士（开往南北方向的长途目的地）往返于市中心北部名字霸气的**Terrapuerto Libertadores de America**（Terminal Terrestre；Perez de Cuellar尽头）汽车总站。开往利马（40~90新索尔，9小时）的大巴有**Empresa Molina**（☎066-31-9989；9 de Diciembre 473）和**Cruz del Sur**（☎066-31-2813；www.cruzdelsur.com.pe；Cáceres，Libertad和Calle de la Vega之间）公司的，后者有专用车站。

尽管在没有防备之时仍然会出现令人头晕的颠簸，但现在有一条向北去往万卡约（Huancayo，30~40新索尔，7小时）的柏油路，尽管时有落石且少有防护措施。从万卡约可以中转前往瓦努科（Huánuco）、廷戈玛丽亚（Tingo María）和Satipo。

向东南方向的安达瓦伊拉斯（Andahuaylas，30新索尔，6小时）和库斯科（50~60新索尔，14~15小时）全是柏油路，但只有少数公司有经营这条路线的执照，意味着选择有限。这两条路线都有绝美的风景，值得白天乘坐。

北部海岸（NORTH COAST）

崎岖的北部海岸是日光浴和冲浪的天堂，然而在遥远的过去，这里曾是前印加时期繁荣兴盛的中心，能追溯到这块大洲上最古老的文明。来北部探访这里生机盎然的殖民地小镇，在海边度假村里闲暇度日，看看世界顶级的冲浪高手挑战咆哮的海浪。如果你要前往厄瓜多尔，就会发现越往北走，天气越好。

特鲁希略（Trujillo）

☎044 / 人口 70.95万

西班牙征服者弗朗西斯科·皮萨罗（Francisco Pizarro）的特鲁希略和其他秘鲁北部城市截然不同，殖民者在这里留下不可磨灭的痕迹，从美丽广阔的武器广场，到点缀着城市众多斑驳的殖民地建筑。特鲁希略由皮萨罗在1534年建成，并以他西班牙故乡的名字命名，迅速发展成秘鲁北部最大的城市，不过在西班牙人到来之前，这里就曾是几个文明的发源地。附近有1500年历史的莫切（Moche）金字塔、太阳神庙和月亮神庙（Las Huacas del Sol y de la Luna）。古老的奇穆（Chimú）王国首府昌昌（Chan Chan）土城赫然耸立在沙漠之上，见证了这座曾经辉煌的帝国湮灭为沙土。

如果想领略古代文化，而不是城市的熙熙攘攘，就住在附近万查科（Huanchaco）的冲浪小村庄里，那里曾经是一个宁静的小

Trujillo 特鲁希略

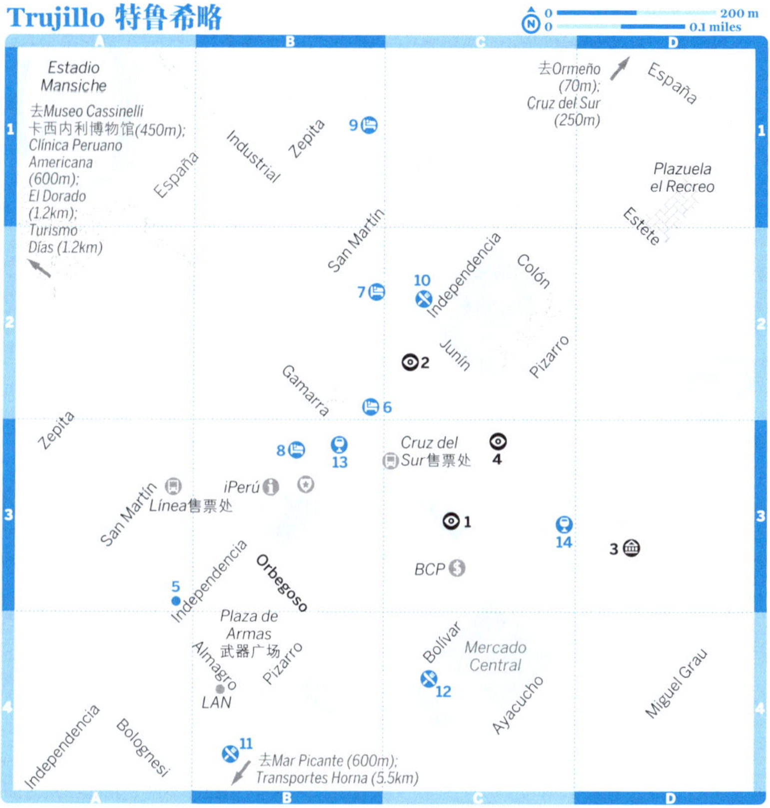

Trujillo 特鲁希略

景点

1 解放之家 C3
2 加诺萨·乔皮泰亚之家 C2
3 考古博物馆 D3
4 伊图雷吉宫 C3

活动、课程和团队游

5 Chan Chan Tours A3

住宿

6 Hostal Colonial B2
7 Hostal el Ensueño B2
8 House-Lodge el Conde de Arce B3
9 Munay Wasi Hostel B1

就餐

10 Café Bar Museo C2
11 Chifa Heng Lung B4
12 Jugería San Augustín C4

饮品和夜生活

13 El Celler de Cler B3
14 Picasso Lounge C3

渔村，如今则成了一处满是阳光海滩的热闹地方。

景点

面朝武器广场一座18世纪的**大教堂**，有着著名的会堂。

许多其他典雅的殖民地教堂和宅邸有着锻铁花格和柔和的颜色，成为特鲁希略的典型特色。**解放之家**（Casa de la Emancipación, Pizarro 610）、**伊图雷吉宫**（Palacio Iturregui,

Pizarro 688；⏲每天9:00~17:00）和加诺萨·乔皮泰亚之家（Casa Ganoza Chopitea，Independencia 630）都值得一看，后者设有一家画廊，门口还有两头狮子守卫。

卡西内利博物馆 博物馆

（Museo Cassinelli，N de Piérola 607；门票7新索尔；⏲周一至周六 9:00~13:00和15:00~18:00）位于Repsol加油站的地下室（交叉路口西侧，而非东侧），私人的考古收藏很精彩，展出的大约2000件陶器（为意大利移民所有）当然不应屈身于加油站下。

考古博物馆 博物馆

（Museo de Arqueología，Junín 682；门票 5新索尔；⏲周一至周六 9:00~17:00，周日营业到13:00）这家博物馆经营得当，展示着从公元前12,000年至今的秘鲁历史。特别突出了莫切、奇穆和印加文明，还有比较不为人知的Cupisnique和Salinar文化。不过这座被称作La Casa Risco的房子本身就值得参观，它是一座修复过的17世纪宅邸，有着惊人的雪松木柱子和漂亮的庭院墙画。

团队游

Chan Chan Tours 文化游

（☎044-24-3016；chanchantourstrujillo@hotmail.com；Independencia 431；⏲8:00~13:00，15:00~20:00）这家著名的旅行社就在武器广场，提供昌昌土城游及太阳神庙和月亮神庙游，还有更远的郊外游。导游能讲一些英语。

节日和活动

马利内勒舞（marinera，传统秘鲁舞蹈）和花式骑术表演（caballos de paso），是许多节日上的亮点。

马利内勒狂欢节（La Fiesta de la Marinera） 舞蹈节

这是全国马利内勒舞比赛，在1月最后一周举行。

住宿

许多游客偏爱附近万查科的海滩氛围。

Hostal Colonial 历史酒店 $

（☎044-25-8261；www.hostalcolonial.com.pe；Independencia 618；铺/标单/双/标三35/90/110/140新索尔；📶）这家翻新得很有品位的玫瑰色殖民地时期宅邸，位于距武器广场仅一个街区的绝佳位置，在中档和廉价住宿分类中都极具竞争力。酒店属于HI集团，有双人间至5人间和许多单间，分布在三层。

Munay Wasi Hostel 客栈 $

（☎044-23-1462；munaywasi@hotmail；Colón 250；铺 35新索尔，标单/双/标三无独立卫生间含早餐 50/70/90新索尔；@📶）这家令人愉快的廉价家庭旅馆，以一个怡人的庭院和8间有热水的房间，吸引着旅行者的到来。还有一个小公共休息区，一个客用厨房和与特鲁希略大部分地方完全不同的氛围。共用卫生间新近重新装修过。

House-Lodge el Conde de Arce 客栈 $

（☎044-29-5117；nathalyarrascue@hotmail.com；Independencia 577；铺 20新索尔，标单/双45/60新索尔；📶）这家简单安全的廉价住宿就在市中心，有个杂乱的大院子。这是一个炎热混乱的烂摊子，但房间宽敞，位于一个明亮的水泥院子之中。这里由年轻友好会讲英语的Nathaly全权管理，她是老主人的女儿。

Hostal el Ensueño 客栈 $

（☎99-441-1131；www.elensuenohostal.com；Junín 336；单 S50/60新索尔；📶）这家很热情的客栈门口有一幅耶稣画像。房间像天堂之门（St Peter's Pearly Gates）一样干净，有瓷砖地板和老旧家具。记得要一间有风扇的房间。

就餐

Jugería San Augustín 果汁、小吃 $

（Bolívar 526；果汁 2~5新索尔，三明治6~8新索尔；⏲周一至周六 8:30~13:00，16:00~20:00，周日 9:00~13:00）你会在夏季拐角处永远排起的长队一眼认出这家店，当地人会为让人垂涎欲滴的果汁而排队。不过，别以为只有果汁，鸡肉和lechón（乳猪）三明治加上大量的配料，这才是你应该在明信片上告诉家里朋友的事。

Café Bar Museo 咖啡馆 $

（Junín和Independencia交叉路口；主菜

6~15新索尔，鸡尾酒18~22新索尔；⏲周日歇业）这家当地人的最爱不应该是个秘密，镶木的墙壁上贴着艺术海报，经典的大理石吧台感觉就像英式酒吧和左岸咖啡馆的混合。

Chifa Heng Lung 中国菜 $

（☎044-24-3351；Pizarro 352；主菜 10.50~42.50新索尔，套餐 7~9.50新索尔；⏲至23:30）这个有点高档的美味餐馆由一个中国家庭的老练厨师经营，菜品融入了美味的秘鲁风味。菜单是可以预料的一系列广东菜，但是有很多口味可选择。

Mar Picante 秘鲁菜$$

（www.marpicante.com；Húsares de Junín 412；主菜 18~30新索尔；⏲10:00~17:00）如果你来到特鲁希略而没有到这家竹林环绕的海鲜餐厅尝尝这里的酸橘汁腌海鲜（ceviche mixto）配辛辣小菜的话，你就没有体会过刺激的生活。你会吃到生鱼、蟹、扇贝和洋葱，腌制在柠檬汁里，上面堆上木薯和红薯，旁边配上烤玉米（canchas）和煮玉米。

饮品

★El Cellet De Cler 秘鲁菜

（Gamarra和Independencia交叉路口；主菜24~48新索尔；⏲18:00至次日1:00）这里气氛很好，是特鲁希略唯一一家能在二层阳台上享用晚餐（配一杯令人惊喜的鸡尾酒）的地方，周围的装饰可追溯到18世纪早期。食物主打意大利面和烤肉，高档美味。店内装饰着许多古董，从20世纪50年代的美国收银机，到英国工业革命时期的特别升降机。

Picasso Lounge 酒吧

（Bolívar 762）这家猎枪风格的咖啡馆兼酒吧引领着特鲁希略的潮流前沿，是个参观现代本土艺术的好去处。展览每两个月更换一次。当调酒师在的时候（周四至周六20:00起），有非常齐全的鸡尾酒和一些有创意的皮斯科混合酒。

实用信息

BCP银行（Gamarra 562）有自动柜员机。

Clínica Peruano Americana（☎044-24-2400；Mansiche 802）城里最好的综合诊所，有讲英语的医生。收费取决于你的情况，如果没有医疗保险要提前告诉医院。

iPerú（☎044-29-4561；www.peru.travel；Independencia 467, oficina 106；⏲周一至周六9:00~18:00，周日营业至14:00）提供旅游信息和认证的导游和旅行社列表。

旅游警局（☎044-29-1770；Independencia 572）相当有帮助。旅游警察身着白色衬衫，在城市各处，有些警员会讲英语、意大利语、法语。

到达和离开

飞机

机场在城市西北10公里处。乘出租车（15~18新索尔），或乘前往万查科的长途汽车，下车后步行1公里。**LAN**（☎044-22-1469；www.lan.com；izarro 340）每天有3班航班往来利马。**Avianca**（☎0-800-1-8222；www.avianca.com；Real Plaza, César Vallejo Oeste 1345）有同样的航线，每天两班，低至150新索尔。

长途汽车

长途汽车经常客满，所以需要提前买好票，并反复确认汽车出发的地点。

目的地	费用（新索尔）	行程（小时）
卡哈马卡	16~135	6~7
查查波亚斯	65~85	15
瓜亚基尔（厄瓜多尔）	138~201	18
瓦拉斯	45~65	5~9
利马	30~110	8~9
曼科拉	30~70	8~9
皮乌拉	25~45	6
塔拉波托	95~115	18
通贝斯	39~100	9~12

Cruz del Sur（☎0-801-11111；www.cruzdelsur.com.pe；Amazonas 437）秘鲁最大也最贵的汽车公司之一。每天5班车开往利马，周日、周三和周五 23:45开往瓜亚基尔。在市中心也有一家售票处（Gamarra 439；⏲周一至周六 9:00~21:00）。

El Dorado（☎044-29-1778；Nicolás de Piérola 1070）车辆简陋，每天5班开往皮乌拉（12:30，20:00，20:30，22:20，23:00），每天4班开往曼科拉和通贝斯（12:30，20:00，20:30，21:00）。

Línea（☎044-29-7000；www.linea.pe）公司售票处（☎044-24-5181；San Martín和Obregoso交叉路口；⊙周一至周六 8:00~21:00）位于便利的市中心，不过所有的车都是从车站（☎044-29-9666；Panamerica Sur 2855）发车，乘出租车去车站5新索尔。

Móvil Tours（☎01-716-8000；www.moviltours.com.pe；Panamerica Sur 3955）专注于舒适的过夜长途汽车。去利马22:00发车；去瓦拉斯10:00、21:40、22:20发车，其中前两班继续开往卡拉斯；去查查波亚斯16:45发车，去塔拉波托15:00发车。乘出租车去车站5新索尔，或者在Av España乘坐红色标识的A路合乘小巴（California/Esperanza）在Ovalo Larco下车。

Ormeño（☎044-25-9782；Ejército 233）有两班开往利马的夜班车，19:00和22:00发车，21:00另有一班开往曼科拉和通贝斯，并继续开往厄瓜多尔海岸城市瓜亚基尔。另外周一和周五 22:00开往基多，继续前往哥伦比亚的波哥大。

ℹ 当地交通

每隔几分钟就有白黄橙三色的小巴开往埃斯梅拉达神庙（La Huaca Esmeralda）、昌昌和万查科，沿着España街，途经Ejército街和Industrial街的交叉路口。开往La Esperanza的长途汽车沿泛美公路向西北行驶，通向彩虹神庙（La Huaca Arco Iris），车费为1.5~2新索尔。

从市中心乘出租车到机场的费用为15新索尔。

特鲁希略周边

莫切文化和奇穆文化是在特鲁希略地区留下最深刻印记的两个文化，但并不是独有的两个——每年都会挖掘出土越来越多的遗址。

参观昌昌及其博物馆需要购买一张套票（成人/学生 11/6新索尔），两日有效，这张票还可以参观这一地区两座小一点的庙：埃斯梅拉达神庙和彩虹神庙。所有遗址每天9:00~16:00开放。

昌昌（Chan Chan）

始建于公元1300年，昌昌是美洲最大的前哥伦布时期城市，也是世界上最大的土坯城市。当你沿泛美公路前来，不可能不被这片广阔区域上那无限延伸的支离破碎的泥墙所折服。

在奇穆帝国的鼎盛期，昌昌居住着约6万居民，建筑成千上万，从镶嵌着贵重金属的皇家宫殿到巨大的古墓。虽然印加人在1460年征服了奇穆帝国，但在那些嗜金如命的西班牙人到来前，这座城市都未曾遭到洗劫，继西班牙人之后，guaqueros（盗墓者）又将这里彻底洗劫一空。

奇穆首都包括9个附城，或者说是皇家庄园。重修的Tschudi建筑群就在入口附近，挨着遗址博物馆，在主路转入昌昌前500米处。Tschudi的围墙曾超过10米高，其门楣上饰有鱼、波浪和海洋生物，令人印象深刻。一位国王曾安葬在这里的陵墓里，带着宝贵的随葬品进入死后的世界，随之还有大量的陪葬者。

每隔几分钟就有小巴从特鲁希略出发开往昌昌（1.5新索尔），途经España街和Ejército街的交叉路口，以及España街和Industrial街的交叉路口。从特鲁希略搭乘出租车过去要10新索尔。

太阳神庙和月亮神庙 (Las Huacas del Sol y de la Luna)

这些莫切庙宇（Moche temples；www.huacasdemoche.pe；遗址门票 10新索尔，博物馆5新索尔；⊙9:00~16:00）位于距特鲁希略东南10公里处，早于昌昌700年，属于莫切时期。

太阳神庙（Huaca del Sol）是秘鲁最大的前哥伦布时期建筑，用1.4亿块土砖建造而成。最初金字塔有多层，由陡峭的台阶、斜坡和与地平面成77度角的墙体相连。如今金字坛看起来像一个巨大的沙堆，但仅凭它那庞大的体积就足以让人眼前一亮。

相对小型的月亮神庙（Huaca de la Luna）布满了装饰着陶瓷、贵重金属和精美的门楣装饰画，莫切文化就是以后者而著名。他们把旧庙宇“埋”在新庙宇之下的传统有利于保存，考古学家们正层层剥开这些遗址。莫切神庙博物馆（Museo Huacas de Moche）是一个期待已久的永久展览，展出从太阳神庙和月亮神庙出土的许多文物。

留心那些到处晃荡的秘鲁无毛狗。这些

警告

在昌昌和万查科之间的布宜诺斯艾利斯海滩步行有危险。也有游客曾在游览考古遗址时受到攻击。结伴而行，走在主街上，别在晚间出游。

狗的体温比普通的狗高，从前患关节炎的人们用它们来当暖身器！

前往太阳神庙和月亮神庙的小巴每隔15分钟就经过特鲁希略的Ovalo Grau。你也可以乘出租车（15新索尔）前往。

万查科（Huanchaco）

☎044 / 人口 4.18万

很久很久以前，有个叫万查科的宁静小渔村，位于特鲁希略西北12公里处，有着怡人的景色，两头翘起呈雪茄状的totora船（用高香蒲芦苇制造的船）被当地人叫作caballitos（小马），渔民们在上面划桨击水，随浪逐波。如今，明显平庸的沙滩上仍保留了一些，但冲浪者和其他波希米亚人已经占领了万查科，将那里变成了另一个不那么夜夜笙歌的曼科拉。

对于那些想在特鲁希略地区考古遗址的旅程中追寻阳光沙滩的人来说，万查科有着悠闲的氛围，能打扰你的只有金发的白人冲浪者大军（12月至次年4月）和（周末出现的）狂热的秘鲁度假者们。

活动

你能在主街的几处摊点租到冲浪装备（潜水衣和冲浪板每天30新索尔），或者参加冲浪课（1.5~2小时约50新索尔）。

Muchik Surf School 冲浪

（☎044-63-3487；www.escueladetablamuchik.com；Av Victor Larco650）万查科经营时间最久，据说也是最可靠的冲浪学校。

住宿

全镇你都能找到廉价住宿。如果你喜欢某家餐厅和休闲场所的氛围，那里可能也有房间可住。

★ **Naylamp** 客栈 $

（☎044-46-1022；www.hostalnaylamp.com；Larco 1420；露营地 15~18新索尔，铺/标单/双 20/40/60新索尔；@📶）这家客栈位于万查科北部，是廉价住宿中的首选。Naylamp在水边有一栋楼，酒店后面还有另一栋更大的楼。极佳的经济房共享一个宽阔的海景露台，草木茂盛的露营地有完美的日落景色。配有厨房、洗衣服务、吊床和咖啡馆。

Hospedaje Oceano 客栈 $

（☎044-46-1653；www.hospedajeoceano1.com；Los Cerezes 105；房间每人 15新索尔；@📶）这家超级舒适的家庭客栈理想地坐落在镇上最茂盛愉悦的小广场和大海之间，让人感觉良好。从外观来看，它和其他平庸的秘鲁客栈没什么分别，但很棒的地中海风格房间让你在放下背包的那一刻就会充满惊喜。

La Casa Suiza 青年旅舍 $

（☎044-63-9713；www.lacasasuiza.com；Los Pinos 308；铺/标单/双 25/35/85新索尔；@📶）这家客栈由瑞士人经营，宽敞明亮的房间里有着秘鲁主题的喷制壁画。楼下小小的咖啡馆供应脆皮比萨，楼上的露台视野不错，偶尔还有烧烤。这里不如镇上其他廉价住宿那样受冲浪者欢迎，但仍然保持着很酷的氛围。

Surf Hostal Meri 青年旅舍 $

（☎044-53-8675；www.surfhostelmeri.com；La Rivera 720；铺/标单/双 20/30/50新索尔；@📶）这家朴实的酒店尽是破旧的古董家具，街那边就是海滩，隐约有些嬉皮风格，有着一种青年旅舍良好的共享气氛和“冲浪到老”的社交氛围。这里同时也是一所冲浪学校，有宽敞的公共空间，包括几张吊床和充满阳光的海景露台。餐馆供应多种国际美食。

就餐

在万查科的海滩上有大量的海鲜餐厅——食物一般来说还不错，但肠胃不好的人应当注意任何没有完全做熟的东西。

Otra Cosa 素食 $

（Larco 921；菜肴 6~13新索尔；⏲8:00起；

)这家由荷兰人和秘鲁人经营的海边小店是万查科必不可少的旅行者活动中心，供应美味素食，如炸豆丸子（falafel）、可丽饼（crepes）、西班牙玉米卷（Spanish tortillas）、荷兰苹果派和可口的咖喱卷饼（curry-laced burritos，其中之一几乎就是早餐卷饼！），咖啡也是有机的。这家餐馆有回馈社区的优良传统。

Restaurante Mococho 秘鲁菜、海鲜 **$$**

（www.facebook.com/RestauranteMococho；Bolognesi 535；套餐 45新索尔；13:00~15:00，周一歇业）这个小地方隐蔽在一个有围墙的花园里，厨师Don Victor的传奇由他的妻子和儿子延续。这里的菜品价格不低，但新鲜美味，用荷氏（Halls）作为餐后薄荷糖。

El Caribe 秘鲁菜 **$$**

（Athualpa 150；主菜 20~25新索尔；10:00~17:00）这是当地人最爱的餐厅之一，有价格合理的海鲜和comida criolla（本地菜）。酸橘汁腌海鲜价格是高档餐厅的一半，但是是便宜馆子的2倍——不过，你真的愿意吃低于10新索尔的生鱼吗?这里的酸橘汁腌石斑鱼（mero）曾登上过*Saveur*杂志。

到达和离开

小巴会把你从特鲁希略的España（Industrial附近）带到万查科的海滨（1.5新索尔）。乘出租车要12新索尔。

奇克拉约（Chiclayo）

074 / 人口 55.32万

生机勃勃的奇克拉约在16世纪迎来了西班牙传教士，尽管没有征服者到来，但殖民地美景的缺失被令人惊叹的考古遗址极力弥补。莫切文化、斯坎文化（Sícan）和奇穆文化都曾在这个地区兴盛，使这座全面发展的城市成为一个探索古老金字塔、墓葬和手工艺品的极佳大本营。

团队游

Moche Tours 观光游

（074-23-2184；www.mochetourschiclayo.com.pe；Calle7 de Enero 638；周一至周六 8:00~20:00，周日营业到中午）强烈推荐每日发团便宜的英语或西班牙语导览游。

住宿

Hostal Sicán 酒店 **$**

（074-20-8741；hsican@hotmail.com；Izaga 356；标单/双/三含早餐 40/55/75新索尔；）这个吸引人的住所有大量抛光木材和锻铁，营造出一种豪华的错觉。房间窄小舒适且凉快，一切都以木镶板为主，也有一些有品位的艺术装饰，配有一台电视。这家酒店坐落在奇克拉约最迷人的砖砌街道上，是个不错的选择。

Hospedaje San Lucas 客栈 **$**

（074-20-6888；www.chiclayohostel.com；Aguirre 412；标单/双 20/35新索尔；）简简单单，但干净整洁，这家小店成功地兑现了“欢迎背包客”的口号。从顶层可以看到城市美景，电热水器淋浴和一些本地制作的月桂木家具为其增色不少。

Hotel Paraíso 酒店 **$$**

（074-22-8161；www.hotelesparaiso.com.pe；Ruiz 1064；标单/双含早餐 100/110新索尔，空调另加30新索尔；）这家酒店比它的邻居更明亮怡人，性价比高，现代设备不输那些高档酒店，房费却只是其零头。一尘不染的小房间有不错的家具、热水浴和有线电视。不过员工应该补补礼仪课了。

餐饮

El Pescador 海鲜、秘鲁菜 **$**

（San José 1236；主菜 10~20新索尔；11:00~18:00）这家当地的秘密小餐馆以价格便宜的海鲜和本地菜而鹤立鸡群。这里的酸橘汁腌海鲜做得与其他价格贵2倍甚至3倍的地方一样好。周末特供如cabrito con frijoles（山羊肉炖豆子，周六）和arroz con pato（鸭肉饭，周日）。

Mi Tia 汉堡 **$**

（Aguirre 662，汉堡包 1~6新索尔）这家朴实的小店门口排着长长的队，秘鲁人经常光顾，它的汉堡窗口吸引了许多想要省钱的人，打包的汉堡（配薯条，1~4新索尔）便宜得

就像不要钱一样。堂食稍贵一点（2～6新索尔），微笑招呼的店员会给你一份长长的主食菜单。

Restaurant Romana 秘鲁菜 $$

（Balta 512；主菜 13~25新索尔；⏲7:00至次日1:00；📶）这个热门的地方供应一系列不同菜肴，都是本地人的最爱。勇敢的人可以尝尝chirimpico当早餐：它是炖山羊内脏，保证要么治愈宿醉，要么让你宿醉。

Tribal Lounge 酒吧

（Lapoint 682；鸡尾酒 12~22新索尔；⏲周一歇业）这是奇克拉约一家真正活跃的摇滚主题酒吧，由一个在圣弗朗西斯科居住了10年后归来的当地人经营。提供很棒的鸡尾酒，有现场音乐（午夜起，周四原声音乐，周五和周六摇滚乐）。是买醉的好地方。

实用信息

网吧随处可见，600 block of Balta有几家银行。

BCP银行（Balta 630）有一台24小时Visa和MasterCard自动柜员机。

Clínica del Pacífico（☎074-22-8585；www.clinicadelpacifico.com.pe；Ortiz 420）城里最好的医疗服务。

iPerú（Saenz Peña 838；⏲周一至周五 7:00~16:30）镇上能获得旅游信息的最好地点，在奇克拉约市政厅（823 Calle San José）、兰巴耶克（Lambayeque）的皇陵博物馆（Museo de Tumbas Reales）设有分部。如果碰上关门，直接问旅行社。

旅游警局（☎074-49-0892；Saenz Peńa 830）遇到问题时有用。

到达和离开

飞机

机场在镇东南2公里处（乘出租车5新索尔）。**LAN**（☎074-27-4875；www.lan.com；Izaga 770）和更实惠的**Avianca**（☎0-800-1-8222；www.avianca.com；Cáceres 222, C.CReal Plaza）每天有两班飞往利马的航班。后者票价可以低至97新索尔。

长途汽车和合乘巴士

许多长途汽车公司都在Bolognesi街上，有**Cruz del Sur**（☎0-801-1111；www.cruzdelsur.com.pe；Bolognesi 888）、**Línea**（☎074-23-2951；Bolognesi 638）和**Móvil Tours**（☎01-716-8000；www.moviltours.com.pe；Bolognesi 199）。部分长途目的地：

目的地	费用（新索尔）	行程（小时）
卡哈马卡	16~40	6
查查波亚斯	30~50	10
哈恩	20~25	6
利马	40~125	12~14
曼科拉	30~35	6
皮乌拉	15~21	3
塔拉波托	45~120	14
通贝斯	25~50	8

小巴车站在San José街和Lora y Lora街的交叉路口，定时向兰巴耶克（1.5新索尔，20分钟）发车。开往费列尼亚菲（Ferreñafe，2新索尔，30分钟）和西潘（Sipán，3.5新索尔，15分钟）的长途汽车从**Epsel小巴站**（Terminal de Microbuses Epsel, Nicolás de Píerola，在Oriente）发车。小巴从Sáenz Peña附近的Prado发车。前往土库美（Túcume）的长途汽车从Óvalo del Pescador附近的Leguia13街区发车（2.5新索尔，1小时）。

奇克拉约周边

去往考古遗址的团队游费用为45～60新索尔。**Reserva Ecológica Chaparrí**附近的团队游丰富得多，并且可以预约带向导的徒步（130～140新索尔），参观动物救助中心。价格包含交通费但不包括门票。

兰巴耶克（Lambayeque）

作为秘鲁北部的骄傲，令人印象深刻的**西潘王陵博物馆**（Museo Tumbas Reales de Sipán；www. museotumbasrealessipan.pe；门票 10新索尔；⏲周二至周日 9:00~17:00）是世界级的博物馆（除了只有西班牙语解说这一点），展示了西潘王陵墓的惊人发现，展品包括西潘王本人的遗体。在兰巴耶克，还有历史更为悠久的**布鲁宁博物馆**（Bruning Museum；www.museobruning.com；门票 8新索尔；⏲9:00~17:00），馆藏包括来自奇穆文化、莫切文化、查文文化和维克斯文化的手工艺品。

西潘（Sipán）

这处遗址（Huaca Rayada；☎074-80-0048；门票 10新索尔；⏲9:00~17:00）位于奇克拉约东南30公里处，有着令人兴奋的故事，关于埋藏的宝藏、盗墓者（guaqueros）、黑市、警察、考古学家和至少一次谋杀。成百上千精致的无价之宝从这里出土，一座黄金覆盖的莫切文化时期的王室墓葬——西潘王的陵墓——也在1987年被发现。这座小而精的博物馆于2009年对外开放，展示着2007年打开的战斗祭司厅的考古发现。

费列尼亚非（Ferreñafe）

距奇克拉约东北约18公里，精彩绝伦的西潘国家博物馆（Museo Nacional Sicán；www.sican.perucultural.org.pe；门票 8新索尔；⏲周二至周日 9:00~17:00）展示了部分迄今在南美发现的最大陵墓的复制品。有趣的是，西潘王的遗体是以头朝下、脚朝上这样的胎儿姿势下葬的，头被砍去了，陵墓还有一套复杂的保安系统来抵御盗墓者——一种红色的粉尘，吸入就会中毒。

土库美（Túcume）

这处鲜为人知的遗址（www.tucume.com；门票 8新索尔；⏲周二至周日 8:00~16:30）能从泛美公路距离兰巴耶克以北30公里处的一处壮观悬崖顶部的观景台上看到。广阔的断壁残垣、广场和二十多座金字塔构成的建筑群值得你爬上去。

皮乌拉（Piura）

☎073 / 人口 38.72万

太阳炙烤着的皮乌拉位于塞丘拉沙漠（Desierto de Sechura）布满灰尘的杂草中，只是一个地区交通枢纽。在这里几乎无事可做，但作为你向北或向南旅行的歇脚处还是不错的——几条鹅卵石街道上有着充满特色的房子，卡塔考斯（Catacaos）附近有秘鲁北部最好的工艺品市场，也给它增色不少。

景点和活动

Catacaos 村庄

位于皮乌拉西南12公里处的Catacaos是一个繁忙的小镇，也自称是这一地区的手工艺品（artesanía）中心。这里的艺术市场（⏲10:00~16:00）是秘鲁北部最好的。市场占据了武器广场附近的好几个街区，你会在这里找到精美的织物、金银丝首饰、木雕、陶器（其中许多来自Chulucanas）、皮革制品等。周末是最好也最繁忙的时间。

小巴和合乘巴士从皮乌拉的Av Tacna大道频繁发往Catacaos（1.5~2新索尔，15分钟）。

食宿

Hospedaje Frente del Mar 酒店 $

（☎96-966-914；T形路口以北；标单 35新索尔，双 70~100新索尔）城里最好的廉价之选。房间很热，床很软，整体友好整洁，有一个面朝海滩的悠闲走廊。新的顶层房间最好。

★Capuccino 咖啡馆 $$

（www.facebook.com/CapuccinoGourmet；Tacna 786；主菜 22~45新索尔；⏲周日歇业；📶）货真价实之选。这家现代咖啡馆供应考究的三明治和沙拉，非常适合午餐（尽管分量小得惊人）。还有更多繁复的菜品，配上一瓶佐餐葡萄酒，会让你度过一个美好的夜晚。

到达和离开

飞机

机场在市中心东南2公里处。**LAN**（☎073-30-2145；www.lan.com；Grau 140）、**Taca**（☎0-800-1-8222；www.avianca.com；Sánchez Cerro 234，CC Real Plaza）和**Peruvian Airlines**（☎011-716-6000；www.peruvian.pe；Libertad 777）每天都有往返利马的航班。

长途汽车

Cruz del Sur（☎0-801-11111；www.cruzdelsur.com.pe；Bolognesi和Lima交叉路口）、**Tepsa**（☎01-617-9000；www.tepsa.com.pe；Loreto 1198）、Línea、Ittsa和Transportes Chiclayo有长途汽车开往利马（59~135新索尔，12~16小时）。前往其他目的地，请尝试以下列举的公司。

前往卡哈马卡和安第斯山北部，最好在奇克拉约转车。

开往卡塔考斯（Catacaos，1.5~2新索尔，15分钟）的小巴在San Miguel人行桥东发车。开往万

前往厄瓜多尔

拉蒂纳（La Tina）的边境口岸处没有酒店，但厄瓜多尔的小镇马卡拉（Macará，离边境3公里）有充足的基础设施。去拉蒂纳可从皮乌拉以北40公里的苏亚纳（Sullana）乘合乘巴士（12新索尔，2.5小时），全天有车。更好的选择是**Transportes Loja**（☎073-30-5446；Sánchez Cerro，Km 1，Piura），每天有三趟长途汽车从皮乌拉（9:00、13:00和21:00）出发，直达厄瓜多尔的洛哈（Loja，28新索尔，8小时），很方便。

边界是Calvas河上的一座跨国桥，24小时开放。手续很容易，只要你的文件齐全。那里没有银行，你可以在边界或马卡拉找到货币兑换点。一座新的桥梁和彻底修订的移民手续，以及共享一栋建筑的秘鲁和厄瓜多尔出入境办事处，都使过境很简单。中国公民入境厄瓜多尔免签证。

旅行者进入厄瓜多尔能找到出租车（1美元）和合乘巴士（0.5美元）开往马卡拉。在马卡拉有一家秘鲁**领事馆**（☎07-269-4030；www.consuladoperumacara.com；Bolívar 134）。

卡班巴（Huancabamba）的长途汽车从Terminal Terrestre Castillo（Panamericana s/n）车站发车，车站位于镇东边1公里处，乘摩的3.5新索尔。

El Dorado（☎073-32-5875；www.transporteseldorado.com.pe；Cerro 1119）在6:30至次日0:30有14班车开往通贝斯，经停曼科拉。

Ittsa（☎044-33-3982；www.ittsabus.com；Cerro 1142）有车前往特鲁希略（9:00，13:30，23:15）、钦博特（Chimbote，23:00），18:00有卧铺车开往利马。

Linea（☎073-30-3894；www.linea.pe；Cerro 1215）5:00~20:00每隔一小时发车前往奇克拉约，13:30和23:00发往特鲁希略。

Transportes Chiclayo（☎074-50-3548；www.transporteschiclayo.com；Cerro 1121）每隔一小时发车前往奇克拉约。

曼科拉（Máncora）

☎073 / 人口 9700

尽管作为秘鲁主要的海滩度假地，拥有南美洲西北部最好的海滩之一，曼科拉本身却不过是一个被吹捧起来的冲浪小村，规模惊人地原始（那些花哨的东西蔓延到郊区）。终年的阳光和高达3米的海浪吸引了大批的冲浪者，他们整年裸露着被阳光晒伤的肩膀，周末时本地人也加入进来。12月至次年3月，这里的氛围疯狂喧闹，价格猛涨。

活动

你全年都可以去**冲浪**，但最好的浪头在11月至次年2月出现。在海滩的南端可以租冲浪板（10新索尔/小时，20新索尔/天）。这个地区最好的冲浪点在镇上的**曼科拉海滩**和向南64公里的**Lobitos**。乘出租车过去要砍价（20~50新索尔）。

在风筝冲浪的季节（4月至11月），风速可达到30节（knots）。

Laguna Surf Camp 冲浪

（☎99-401-5628；www.vivamancora.com/lagunacamp；Veraniego s/n）Laguna Surf Camp友好的Pilar开设冲浪课程，90分钟的指导（包括租冲浪板）收费60新索尔。

Iguana Tours 探险游

（☎073-63-2762；www.iguanastrips.com；Piura 245）Iguana组织去Los Pilares干燥林的整日行程，包括在水花四溅的瀑布涉水、游泳、骑马、泡泥浴和午餐，每人180新索尔。还有其他常规团队游。

住宿

便宜的住宿大多在村中心和海滩南端。

★ **Loki del Mar** 青年旅舍 $

（☎073-25-8484；www.lokihostel.com；Av Piura 262；铺 28~39新索尔，房间 96新索尔，均含早餐；❄@🛜🏊）交际花们在这里聚集，这里是海滩青年旅舍的始祖，伪装成一个背包客住所，实则是一个独立的度假村。房间隐藏在白色建筑中，床位间有超宽的床，极简主义的单间适合那些喜欢青旅氛围又不想被床位

前往厄瓜多尔

厄瓜多尔和秘鲁交界的Aguas Verdes边境通道，因其不正当行径而臭名昭著，被称为“南美洲最糟糕的边境通道”。我们无法证实这种说法，但需要小心谨慎。如果你需要兑换货币，不要在边境办理，欺诈和伪钞在这里很猖獗。

秘鲁的边境小镇Aguas Verdes由跨越Zarumilla河的一座国际桥梁连接厄瓜多尔的边境小镇Huaquillas。Huaquillas有一个全新的**两国边界问题中心**（CEBAF; Centro Binacional de Atención de Frontera; ⏲24小时），这意味着如今你可以在出入境管理处下车，出示你的秘鲁离境单，然后再走几步在护照上盖上厄瓜多尔的入境章。

秘鲁北部境内最后一处重要的交通枢纽是**通贝斯**——在曼科拉以北107公里处，是个不错的小地方，可以暂住一晚，探访周边的红树林和生态保护区。**Preference Tours**（☎072-52-5518; turismomundial@hotmail.com; Grau 427; ⏲周一至周六 9:00~19:30，周日 至11:00）能带你到处走走。在广场上，**SíSeńor**（Bolívar 115; 主菜 15~35新索尔）有便宜的秘鲁常见主食出售，**Hotel Roma**（☎072-52-4137; hotelromatumbes@hotmail.com; Bolognesi 425; 标单/双 45/70新索尔; 📶）提供无线上网、有线电视、大功率风扇和热水淋浴。注意这个地区恶毒的蚊子，记得提前预订——繁忙的边境意味着房间很抢手。

频繁的小巴从曼科拉的主街上开往通贝斯（10新索尔，2小时）。从利马出发，**Cruz del Sur**（☎0-801-11111; www.cruzdelsur.com.pe; Tumbes 319）有前往通贝斯最舒适的车（60~175新索尔）。

为避免上当，聪明的做法是从通贝斯乘坐一家大公司的直达长途汽车穿越边境，如Cruz del Sur、Civa、Ormeño或者**Cifa**（☎072-52-5120; www.cifainternacional.com; Tumbes 958）等公司，可前往厄瓜多尔的马查拉（Machala，12新索尔，3小时）或瓜亚基尔（Guayaquil，25~118新索尔，6小时），每隔两小时有一趟车。从通贝斯到边境，省钱的方法是乘合乘出租车（3.5新索尔，25分钟）和小巴（2新索尔，40分钟），从不同的地点出发，包括Puell街和Tumbes街的拐角，或Castilla街和Feijoo街的拐角，后者在市场附近。

Aguas Verdes的**出入境管理处**（☎072-56-1178; El Complejo; ⏲24小时）离边境3公里。搭乘公共交通工具，要确认你在那里下车办理过境手续，然后摩的可以带你飞奔到边境（3新索尔）。

在桥北约3公里处的厄瓜多尔出入境管理处也是24小时办公。中国公民入境厄瓜多尔免签证，进入厄瓜多尔无须交费，所以面对任何想碰运气的边防人员都要不卑不亢，礼貌拒绝。在桥边可乘出租车（2.5美元）。在Huaquillas有简单的酒店，但大多数人都会乘车继续前往马查拉。

间的鼾声打扰的人。

Laguna Surf Camp 平房 $

（☎99-401-5628; www.vivamancora.com/lagunacamp; Veraniego s/n; 铺/标单/双 30/90/120新索尔，平房 80~120新索尔; 📶🏊）这个悠闲的地方是一个隐藏的珍宝，距海滩仅一个街区，自享一片乡村乐土。古老的印度尼西亚风格竹屋围绕着一座水边的沙地花园，有许多秋千、遮阴的吊床，足以优哉数日。新的5人间床位是预算有限者的福利。

Kokopelli 青年旅舍 $

（☎073-25-8091; www.hostelkokopelli.com; Piura 209; 铺 32~40新索尔，房间 100新索尔，均含早餐; ❄@📶🏊）秘鲁成功的连锁青年旅舍的一部分，镇上最贴心的一家旅舍，并不直接挨着沙滩，但有一个小泳池和很棒的酒吧区。色彩斑斓的床位间内有大面积的裸砖，还有3个内置保险柜的单间，算得上秘鲁青年旅舍中罕见的。如果你的第一选择订满了，这里是个很棒的备选。

Marcilia Beach Bungalows 平房 $$

(☎073-69-2902; www.marciliadevichayito.com; Antigua Panamericana Km 1212; 房间每人有/无海景 100/80新索尔, 均含早餐; @ 📶) 一对友好的会说3种语言的秘鲁夫妇在游轮上工作了数年之后, 来到Vichayito海滩上建造了这些乡村小屋。每间小屋都有电热水器和很好的卫生间, 但这里真正的卖点是位于海边的那一栋房子: 订这里吧, 你会感觉整片沙滩都是你的私人天堂。

餐饮

在这里, 海鲜一统天下, 但美国人的入侵带来了从早餐卷饼到希腊沙拉等各种食品。早餐很容易解决, 但13:00前就别惦记午饭了。

Angela's Place 早餐 $

(Piura 396; 早餐 6.50~14新索尔, 主菜 5~12新索尔; ⏲8:00起; ✎) 奥地利面包天才Angela多年之前就开始在她的自行车上卖美味的红薯、木薯 (yuca) 和全麦面包, 如今你可以从主街上愉快的咖啡店里买到, 还有其他有创意且大分量的素食 (和严格素食) 菜品、能量早餐套餐和甜品点心。

Green Eggs & Ham 早餐 $

(Grau 503; 菜肴 15~18新索尔; ⏲7:30~16:30) 这个受苏斯博士 (Dr Seuss) 启发的早餐店挑不出什么毛病, 有一批美国粉丝来吃解乡愁的早餐 (薄煎饼、法式吐司、薯饼)。是的, 你会喜欢这些早餐的, 不过这里真正绝妙的是二层的庭院——视线透过一排浓密的棕榈树, 望向远处汹涌的海浪。

★ **La Sirena d' Juan** 秘鲁菜 $$

(☎073-25-8173; Piura 316; 主菜 30~35新索尔; ⏲周二歇业; 📶) 本地男孩Juan已经成功地把这家主街上的亲民小海鲜馆变成了秘鲁北部最好的餐厅。从曼科拉海上新鲜打捞的黄鳍金枪鱼是这里的明星菜品, 或是做成tiradito (一种秘鲁生鱼片) 配黄咖喱, 或是烤鱼配一种芒果、甜椒 (rocoto) 和红椒制成的酸辣酱。

实用信息

Av Piura大道上都是网吧、自动柜员机和洗衣店 (lavanderías)。兑换美元去**Banco de la Nación** (Piura 625) 银行。晚上在海滩上散步要小心, 因为小偷会伪装成跑步者顺走你的手机。www.vivamancora.com网站上有实用的旅游信息。

到达和离开

大多数向南开往利马的海岸长途汽车从通贝斯始发。车次频繁的小巴开往通贝斯 (10新索尔, 2小时), 沿着曼科拉的主道行驶。**El Dorado** (☎073-25-8161; www.transporteseldorado.com.pe; Grau 213) 有最频繁的车开往更偏南的旅游城镇, 如皮乌拉 (20~95新索尔)、奇克拉约 (39~100新索尔) 和特鲁希略 (30~87新索尔)。

瓦拉斯和科迪勒拉山 (HUARAZ & THE CORDILLERAS)

瓦拉斯周边都是布兰卡山脉和瓦伊瓦什山脉的山地, 沉静的黄玉湖分布在被雪崩危及的山峰下——大约22座海拔超过6000米的雄伟山峰让这里成为除喜马拉雅山脉之外的世界最高山脉。

秘鲁的最高峰——海拔6768米的瓦斯卡兰山 (Huascarán) 和海拔5999米风景如画的阿特松拉胡峰 (Artesonraju, 据说是派拉蒙电影公司标志中的山峰), 笼罩着安第斯村落和宜人的瓦拉斯城——南美洲顶级的徒步、山地自行车和登山胜地的神经中枢。赞美之词只为捕捉这里令人敬畏的自然之美。

瓦拉斯 (Huaraz)

☎043 / 人口 64,110

瓦拉斯之所以成为永不停息的安第斯探险中心, 得益于其夹在几座世界最美山峰之间的天赐地理位置。尽管几乎被1970年的地震夷为平地, 瓦拉斯重整旗鼓, 成为秘鲁最刺激肾上腺素的旅游名片, 以徒步和登山游引领着各种令人心跳加速的探险项目。在旺季 (5月至9月), 这里充斥着各类冒险族, 而在其他时节则减少许多, 很多民众会关门歇业前往海滩。

Huaraz 瓦拉斯

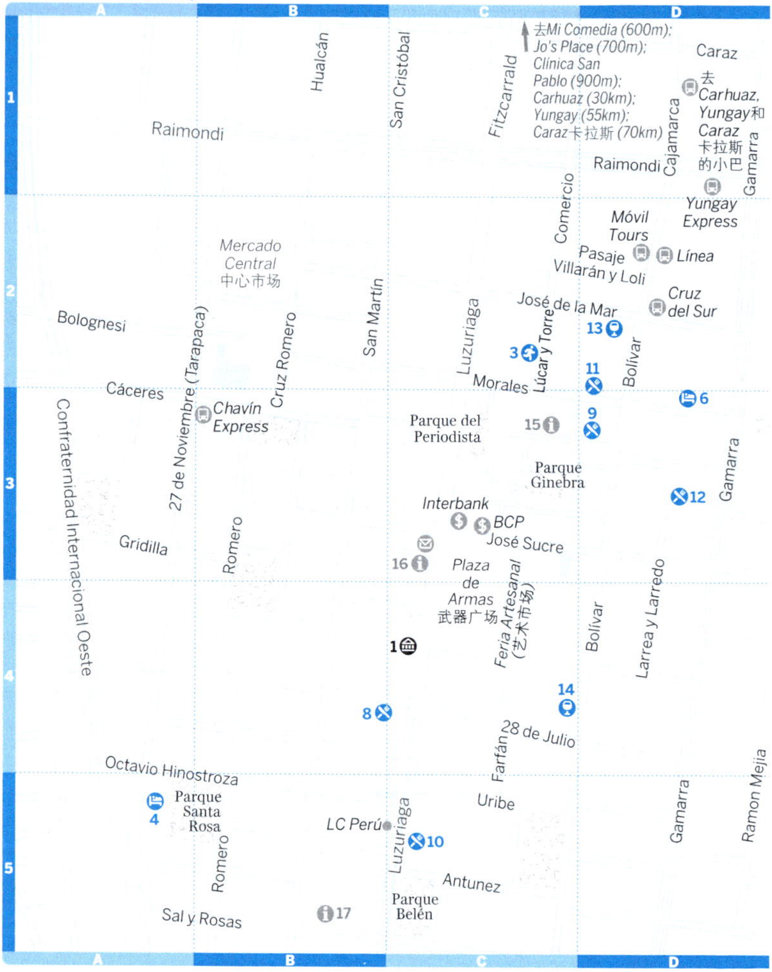

景点

安卡什地区博物馆 博物馆

（Museo Regional de Ancash, Plaza de Armas；成人/儿童 5/1新索尔；⏲周二至周六 8:30~17:15，周日 9:00~14:00）规模不大却很有趣的考古展览博物馆里有南美洲最重要的古代石雕展之一、几具木乃伊、几块穿孔的头盖骨，还有一个花园摆满雷夸伊文化（公元前400年至公元600年）和瓦里文化（公元600年至1100年）的巨石。

Wilkahuaín国家纪念碑 遗迹

（Monumento Nacional Wilkahuaín，成人/学生 5/2新索尔；⏲周二至周日 9:00~17:00）这处小型的瓦里遗迹保存相当完好，位于瓦拉斯以北8公里处，可追溯到公元600~900年，以蒂瓦纳库（Tiwanaku）的方式模仿查文（Chavín）的庙宇建成。这座三层的庙宇每层有7间房，最初每间都装满成捆的木乃伊。尸体以复杂的通风系统保持干燥。附近可以看到另一处小型遗址**Wilkahuaín Pequeno**。

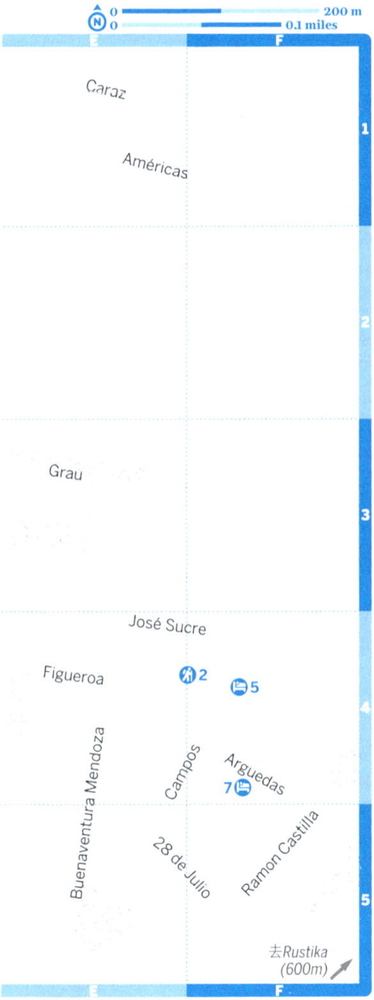

活动

徒步和登山

最好的徒步路线在瓦斯卡兰国家公园内的**布兰卡山脉**和**瓦伊瓦什山脉**。你需要的所有装备和帮助都能租到或买到，包括徒步地图、指南书、驮畜、司机（arrieros）和当地向导。参加全包的徒步或登山游，需支付每人每天120～150新索尔的费用。一定要仔细检查租来的装备。

在出发前，去向导之家（Casa de Guías，见144页）找经认证的导游和登记信息。

Skyline Adventures 徒步、登山

（☎043-42-7097；www.skyline-adventures.com；Pasaje Industrial 137）这家高端旅行社位于瓦拉斯城外，口碑很好，提供徒步和登山向导，组织6至12天的登山课。

Eco Ice Perue 徒步

（☎www.ecoice-peru.com；Figueroa 1185；⏲8:00～18:00）这家新开的旅行社由一位热情而善于交际的年轻向导经营，旅行者对其客户服务给予好评。徒步游经常以在主人瓦拉斯家里的晚餐告终。

攀岩

你能在布兰卡山脉进行很棒的螺旋形运动攀登，特别是在钱科斯（Chancos，靠近曼科拉）、蒙特雷（Monterrey）和雷夸伊（Recuay）。想要在大岩壁玩上好几天，就去位于巴伦湖（Laguna Parón）著名的**巴伦塔山**（Torre de Parón，又称Sphinx），在卡拉斯（Caraz）以东32公里处。许多徒步旅行社都经营攀岩游，并出租装备。**Galaxia Expeditions**（www.galaxia-expeditions.com）还有室内岩壁。

山地自行车

Mountain Bike Adventures 山地自行车

（☎043-2-4259；www.chakinaniperu.com；Lúcar y Torre 530，2层；⏲9:00～13:00，15:00～20:00）开业已10余年，因其优质的自行车选择、专业友好的服务和良好的安全记录，而收获了山地自行车爱好者等回头客。这里提供导览游，从简单的5小时漫游到围绕布兰卡山脉的12天环线。价格从单日160新索尔起。

团队游

一条路线是查文-德万塔尔的遗址巴士游；另一条路线穿越永盖去美丽的Lagunas Llanganuco，在那里可以欣赏瓦斯卡兰山的壮观景色；第三条路线带你穿越卡拉斯去到风景优美的巴伦湖；第四条路线去看让人叹为观止的巨大植物莴氏普亚凤梨（Puya raimondii，这种植物要用100年才能长成——通常高达10米！）和Nevado Pastoruri的冰川。全天团队游的价格是30～45新索

Huaraz 瓦拉斯

尔，不包含门票费用。服务面向秘鲁人——别指望讲英语。

节日和活动

El Señor de la Soledad 文化节

从5月3日起，瓦拉斯开始向它的守护神（the Christ of Solitude）致敬。这个持续一周的节日包括烟火、音乐、舞蹈、精彩的化装游行和痛饮。

Festival de Andinismo 登山节

每年6月举行，吸引许多国家的登山爱好者，有国际登山展览和比赛。

住宿

当地人会在长途汽车到站时招揽客人，提供自家的房间，旅店的人也一样。在看过房间前别付钱。

Familia Meza Lodging 客栈 $

（☎94-369-5908；Lúcar y Torre 538；房间每人 25新索尔）这家迷人的家庭客栈和Café Andino在同一栋建筑里，有宜人的房间，处处装饰得像家一样。不仅如此，主人十分友好，乐于助人，绝对能治愈乡愁。卫生间和淋浴是共用的，顶层的公共区域带一个小厨房。

Jo's Place 客栈 $

（☎043-42-5505；josplacehuaraz@hotmail.com；Villazón 278；露营地 每人10新索尔，铺 15新索尔，双有/无独立卫生间 50/40新索尔；@📶）这家便宜清凉的客栈有明亮的色彩和一片凌乱的绿地，各种类型的房间简单但实用，占据了四层楼，由盘旋式楼梯连接起来。可应要求供应全英式早餐。如果你不需要奢华，这里的性价比让人难以拒绝。

Cayesh Guesthouse 客栈 $

（☎043-42-8821；Morales 867；铺 20新索尔，标单/双 35/50新索尔，无独立卫生间 30/40新索尔；📶）可靠的廉价之选，简单的房间配有舒适的床，可使用厨房。可讲流利的英语。

Albergue Benkawasi 客栈 $

（☎043-43-3150；www.huarazbenkawasi.com；Parque Santa Rosa 928；铺 25新索尔，标单/双 50/70新索尔；@📶）可乐瓶玻璃窗、格子床单、砖墙，Benkawasi给人一种20世纪70年代山间小屋的感觉。店主和他讲英语的秘鲁-黎巴嫩混血妻子都年轻而风趣，房间性价比很高。

★ Albergue Churup 精品青年旅馆 $$

（☎043-42-4200；www.churup.com；Figueroa 1257；铺 30新索尔，标单/双 含早餐 85/120新索尔；@📶）这家非常热门的家庭青年旅舍是首选的经济型住宿。房间整洁舒适，每层的公共休闲区也舒适多彩。建筑顶部是一个大型的用壁炉取暖的休息区，可180° 观赏科迪勒拉山。

Olaza' s Bed & Breakfast 客栈 $$

(☎043-42-2529; www.olazas.com; Arguedas 1242; 标单/双/三含早餐 80/100/150新索尔; @)这家小而精致的酒店有宽敞的卫生间和舒适的床铺，但最好的部分是楼上的大休息区和可观全景的宽大平台。店主是瓦拉斯徒步和旅游圈的著名人物，无论你想去哪儿，他都能给你提供建议（只要你能找到他）。包含汽车站接站服务。

就餐

Café Andino 咖啡馆 $

(www.cafeandino.com; Lúcar y Torre 5303rd fl; 早餐 8.5~24新索尔，主菜 18~25新索尔;)这家现代的顶楼咖啡馆拥有充足的空间和光线、舒适的躺椅、艺术品、照片、噼啪作响的壁炉、书籍和时髦的腔调——是南美旅行者出没和聚会的终极地点。你可以在任何时间点早餐[比利时松饼、墨西哥式煎蛋(huevos rancheros)]，还有你会想念的小吃（玉米片）。这里也是城里咨询区域内徒步信息最好的地方。

Rustika 秘鲁菜 $

(Ricardo Palma 200; 主菜 12~25新索尔; ⊙9:30~23:30)想要一次毫无保留的当地体验，爬上山坡来这家由原木和彩色玻璃建成气氛很好的餐馆吧。这里供应美味的特色菜，包括酸橘汁腌海鲜和烤豚鼠(cuy)。餐桌隐藏在各种角落里，最好的餐位在外面的露台上——可以一边赏山景一边听秘鲁流行音乐。

Taita 秘鲁菜 $

(Larrea y Laredo 633, 2楼; 主菜 5.5~18新索尔; ⊙11:00~15:00)这个当地人常去的地方气氛不错，是品尝chocho的好地方，它是酸橘汁腌海鲜的高山变种，以羽扇豆(lupine，一种安第斯豆类)替代鱼类。他们也做酸橘汁腌海鲜、老虎奶(leche de tigre，酸橘汁)和炸猪皮(chicharrónes)。这里是最佳之选。

Rinconcito Mineiro 秘鲁菜 $

(Morales 757; 套餐 8~16新索尔，主菜 12~35新索尔; ⊙7:00~23:00;)这个热门的餐馆是吃便宜家常的每日秘鲁菜menús（套餐）的地方。每天黑板上有10道菜左右，包括美味的lomo saltado（牛肉条炒洋葱、西红柿、土豆和辣椒），还有烤鳟鱼、tacu-tacu（一种秘鲁创意菜，有米饭、豆子和煎蛋）和类似菜品。

California Café 早餐、咖啡馆 $

(www.huaylas.com; Jiron 28 de Julio 562; 早餐 13~25新索尔; ⊙7:30~18:30，周日至14:00;)这家时尚的旅行者之家由一个来自加利福尼亚的美国人经营，全天供应早餐，加上清淡的午餐和沙拉——这个时髦凉快的地方可以打发很多时间。你可以花上一天听绝妙的世界音乐精选，或者从可供交换的上百本书中挑一本读读。

La Brasa Roja 秘鲁菜 $

(Luzuriaga 915; 主菜 11.5~27新索尔; ⊙正午至23:00)这家高档的专营烤鸡的餐厅(pollería)是便宜填饱肚子的终极之选。这里不仅有完美的鸡肉，还有五种酱汁——你数数，5种呢——而不是通常的3种（黑橄榄和芥末的出现真让人惊喜）。其他主食时好时坏，幸运的话，你会碰上现场小提琴演奏，真不骗你。

★ Mi Comedia 意大利菜 $$

(Centenario 351; 主菜 25~32新索尔; ⊙周一至周六 17:00~23:00)瓦拉斯的比萨店无处不在，但一旦吃过这家友好的店之后，你就不会再考虑其他地方了。比萨就在餐厅当场制作，所有的比萨都有美味的外皮和新鲜的番茄酱。还有少量美味的意大利面选择，建议预约。

Chili Heaven 印度菜、泰国菜 $$

(Parque Ginebra; 主菜 17~35新索尔; ⊙正午至23:00)无论你对印度菜或者泰国菜有没有食欲，这家热门餐馆的辣咖喱都会在你一进门就抓住你的味蕾，并无情地搅动，让你感觉快要进入辣椒天堂了（正如店名）。这里同时出售自制的瓶装辣酱。一个很好的秘鲁菜解药。

饮品

★ Los 13 Buhos 酒吧

(Parque Ginebra; ⊙11:00至深夜)这家超级酷的咖啡酒吧位于新升级的Parque Ginebra。主人Lucho是瓦拉斯第一个做精酿啤酒的人，供应5种美酒，包括红啤酒和黑啤酒。还有顶级的泰国咖喱和美味的套餐。是城

里喝自酿冰啤酒以及把酒言欢的好去处。

El Tambo 酒吧、夜店

（José de la Mar 776; ⏲21:00至次日4:00）如果你渴望疯狂摇摆，就来这家城里最火爆的迪斯科吧，配有舞池树和许多你可以藏身的角落。既受extranjeros（外国人）喜欢也受秘鲁人追捧，音乐从泰克诺-昆比亚（techno-cumbia）到Top 20、萨尔萨、雷鬼和介于其间的各种风格。

Tio Enrique 酒吧

（Bolivar 572; ⏲17:00~23:00）如果你喜欢啤酒，你一定会喜欢这家温馨的瑞士主题酒吧，有着一张长长的吧台和共享的松木桌。它在铁杆登山爱好者中非常热门，供应30多种英国、比利时和德国的进口啤酒，门口还有由魅力无限的主人制作的美味烤香肠。

实用信息

危险和麻烦

瓦拉斯是一座安全的城市，犯罪行为在这里并不常见。但不幸的是，对徒步者和游客的抢劫时有发生，特别是在the Mirador de Retaqeñua和the Wilkahuaín（有时拼成Wilcawain）遗址地区，也针对乘过夜车早上到达昏昏沉沉的背包客下手。遇到这种情况，要保持警惕，结伴而行，或坐出租车以避免麻烦。

紧急情况

向导之家（Casa de Guías; ☎043-42-1811; www.casadeguias.com.pe; Parque Ginebra 28G; ⏲周一至周五 9:00~13:00, 16:00~20:00，周六 8:00至正午）开设山地安全和救援课程，拥有一份国际认证向导的名单。同时提供针对登山者紧急危险的救援。如果你的登山活动有风险，值得先在这里咨询一下。

旅游警局（☎043-42-1341; Luzuriaga 724; ⏲24小时）在武器广场西侧。

现金

BCP银行（Luzuriaga 691）

Interbank银行（José Sucre 687）

邮局

Serpost（Luzuriaga 702; ⏲周一至周五 8:30~20:00，周六 至17:30）提供邮政服务。

旅游信息

iPerú（☎043-42-8812; iperuhuaraz@promperu.gob.pe; Pasaje Atusparia, Oficina 1, Plaza de Armas; ⏲周一至周六 9:00~18:00，周日 至13:00）有常规旅游信息，但徒步方面的信息很少。

瓦斯卡兰国家公园办公室（Parque Nacional Huascarán Office; ☎043-42-2086; www.sernanp.gob.pe; Sal y Rosas 555; ⏲周一至周五 8:30~13:00, 14:30~18:00，周六 至正午）工作人员对游览公园的信息掌握有限。

到达和离开

瓦拉斯机场实际上在城北23公里的安塔（Anta），乘出租车费用为40新索尔。**LC Perú**（☎043-42-4734; www.lcperu.pe; Luzuriaga 904）每天都有从利马飞来的航班。

去利马的长途汽车都在10:00左右或深夜出发。**Cruz del Sur**（☎043-42-8726; Bolívar 491）有直达豪华长途汽车。**Móvil Tours**（☎043-42-2555; www.moviltours.com.pe; Confraternidad Internacional Oeste 451）的长途汽车也很舒适，在城里有一处**售票点**（Bolívar 452）。

Línea（☎043-42-6666; Bolívar 450）和Móvil Tours有车直达钦博特（Chimbote），后继续开往特鲁希略。搭乘**Yungay Express**（☎043-42-4377; Raimondi 930），穿越令人惊叹的Cañón del Pato（你得吃点镇静剂才行），或从4225米高的Punta Callán到钦博特，一路坎坷但景色壮观，值得一走。

Chavín Express（☎043-42-8069; Cáceres 330）开往查文-德万塔尔，后继续开往瓦里。

开往卡拉斯和永盖的日间**小巴**在Fitzcarrald街上的Quilcay桥附近频繁发车。

从瓦拉斯出发的大巴部分发车时间和费用如下（价格随车辆/座位等级变动）：

目的地	费用（新索尔）	行程（小时）
卡拉斯	6	1.5
查文	12	2.5
钦博特	20~60	5~9
瓦里	15	5
利马	35~100	8
特鲁希略	35~60	7
永盖	5	1

瓦斯卡兰国家公园(Parque Nacional Huascarán)

几乎所有布兰卡山脉4000米以上高山环绕着这片区域,这座占地3400平方公里的国家公园布满了风景如画的翡翠湖、色彩艳丽的高山野花和红色的灰毛多鳞树木(quenua)。

最受欢迎的背包客徒步环线,圣克鲁斯(Santa Cruz)徒步,要花4天时间才能走完,爬至Punta Unión垭口(4760米),那里拥有秘鲁最美的安第斯山风景。这条路线经过冰瀑布、湖泊、长满苔藓的草甸和青翠的山谷,路标明显。合乘出租车频频从卡拉斯发车,开往位于Cashapampa的主徒步起点(10新索尔,1.5小时)。

尽管圣克鲁斯吸引了大部分游客,布兰卡山脉的许多其他徒步路线也同样拥有令人惊叹的景观(人却少很多)。路线从一日远足到费力的二周徒步。然而很多路线都没有明确标注,所以请一位向导或带上最好的地形图。如果你预算或时间不足,到Laguna 69的一日徒步游就很惊艳,一路满是山峰和瀑布的奇景,最后到达那片蓝得不真实的湖泊——这条路线正因此湖得名。在那里有极佳的视野可以一览这个地区的胜景。

在瓦拉斯的国家公园办公室登记你的护照,购买公园门票。你也可以在各管理处登记和买票,但开门时间不定。别逃票或者不舍得掏钱:布兰卡山脉可是这个星球上最迷人的地方之一。有些徒步入口的村落会收费(大约每人10新索尔),比如Cashapampa。

Huaraz & the Cordilleras 瓦拉斯和科迪勒拉山

尽管执行起来很随意，但法律要求所有徒步者必须由持有执照的向导陪同，除非你是国际登山组织联盟（UIAA）的持卡会员。特别对于登山活动，这点是强制执行的。

北部高地

笼罩在迷雾中的大片原始丛林和山脉保守着秘鲁北部高地的秘密，这里的安第斯山峰和云雾森林从海岸一路绵延到亚马孙丛林的最深处。这些边区村落间散布着远古战士和印加国王的遗址，将它们连接起来的更好道路刚刚出现。

卡哈马卡（Cajamarca）

☎076 / 人口 246,536

卡哈马卡殖民地时期风格的鹅卵石街道纪念着强大印加帝国的最后战役——印加末代国王阿塔瓦尔帕（Atahualpa）在这里被弗朗西斯科·皮萨罗打败并在主广场被处决。卡哈马卡只有数不清的巴洛克、哥特和文艺复兴风格的教堂建筑保留下来，唯一的例外是赎金室（Cuarto del Rescate），那里是阿塔瓦尔帕被囚之地，也是城中仅存的一处印加遗迹。如今山谷到处是肥沃的农田，雨季时更显葱郁。

景点和活动

以下重要景点的正式开放时间为周二至周六9:00～13:00及15:00～18:00，周日15:00～18:00，无法提供地址。需从**国家文化处**（Instituto Nacional de Cultura; El Complejo de Belén；门票成人/学生 7.5/4新索尔；⏲周二至周日 9:00～13:00，15:00～18:00）购买通票。

赎金室 遗迹

（El Cuarto del Rescate, The Ransom Chamber; Puga；成人/学生 7.5/4新索尔；⏲周二和周三 9:00～13:00，15:00～20:00，周四至周六 9:00～20:00，周日 9:00～13:00）卡哈马卡现存唯一的印加建筑就是赎金室，曾是印加国王阿塔瓦尔帕被囚禁的地方。小屋有三个梯形的出入口，内墙上有一些形状相似的壁龛——典型的印加建筑。游客不允许进入屋内，但从外面能看到标志着建筑最初的天花板的红线——过去为了抵押阿塔瓦尔帕的释放，要将财宝填到这么高。

考古和民族学博物馆 博物馆

（Museo de Arqueológico & Etnografía; Belén和Commercio交叉路口；门票 5新索尔；⏲周二至周六 9:00～13:00，15:00～18:00，周日 9:00～13:00）这座小而有趣的博物馆在Antigua Hospital de Mujeres医院内部，离El Complejo de Belén仅几米之遥，展有前哥伦布时期的陶器和石像，还有当地服饰、家庭和农用具、乐器，以及由木头、骨头、皮革和石头制成的手工艺品。

圣弗朗西斯科教堂 教堂、博物馆

（Iglesia de San Francisco; Calle 2 de Mayo；门票 5新索尔；⏲周一至周五 10:00至中午，16:00～18:00；周六 10:00至正午）在圣弗朗西斯科教堂内部，你会发现精美的石刻和颓废的祭坛。参观教堂的**宗教艺术博物馆**（Museo de Arte Religioso），可以看到17世纪本土艺术家的宗教画作。这里还有恐怖的**地下墓穴**——在一间房子里你会看到整齐的僧侣墓，而另一间房子里是在原址发现的在土著坟墓里找到的骷髅，摆放裸露而随意。

圣阿波罗尼亚山 瞭望台

（Cerro Santa Apolonia；门票 1新索尔；⏲7:00～19:00）这个山顶花园观景台从西南方向俯瞰城市，是一个重要地标，从Calle 2 de Mayo街的尽头爬上台阶，沿着山路盘旋而上可轻松到达。山顶的前西班牙时期石刻主要来自印加时期，一些也被认为最早可追溯到查文时期。

印加浴场 温泉

（Los Baños del Inca；门票 2新索尔，独立浴室 每小时4～6新索尔，桑拿或按摩 10～20新索尔；⏲5:00～20:00）这处著名的温泉距卡哈马卡6公里，用的水泥有点多，让人难以把它当作一种自然体验，不过在游客和当地人之间仍然很热门。有两栋楼都是私人隔间，还有不太吸引人的大型水泥泡浴池。提供按摩服务。

团队游

旅行社有**Mega Tours**（☎076-34-1876；

Cajamarca 卡哈马卡

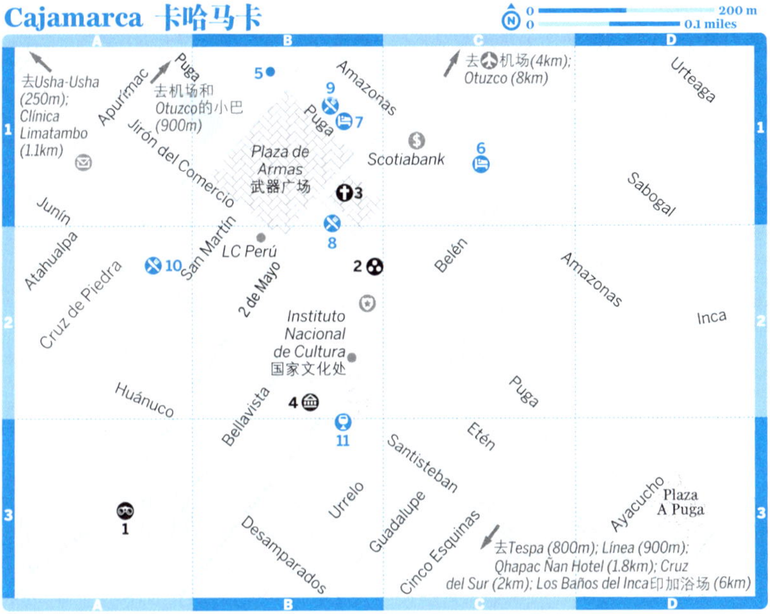

Cajamarca 卡哈马卡

景点
1 圣阿波罗尼亚山……A3
2 赎金室……B2
3 圣弗朗西斯科教堂……B1
4 考古和民族学博物馆……B2

活动、课程和团队游
5 Clarín Tours……B1
Mega Tours……(见7)

住宿
6 Hospedaje Los Jazmines……C1
7 Hostal Plaza……B1

就餐
8 Don Paco……B1
9 Heladería Holanda……B1
10 Sanguchon.com……A2

饮品和夜生活
11 Taitá……B3

www.megatours.org; Puga 691) 和**Clarín Tours**(☎076-36-6829; www.clarintours.com; Del Batán 161)。

节日和活动

狂欢节(Carnaval) 节日

这里的狂欢节被誉为全国最火爆的节日之一。在大斋期(Lent)前的几天举行。

住宿

★ **Hospedaje Los Jazmines** 酒店 $

(☎076-36-1812; www.hospedajelosjazmines.com.pe; Amazonas 775; 标单/双/标三有独立卫生间 50/80/110新索尔，无独立卫生间 40/60/80新索尔; @🛜)🍃这家友好的旅馆位于一个到处都是殖民地庭院的地段，因其草木葱郁的景致和后花园而凸显出来。舒适的房间、充足的热水和优越的核心位置，使其成为首选。另外这家酒店还周到地将收入用于帮助一家位于印加浴场的残疾孤儿院。

Hostal Plaza 酒店 $

(☎076-36-2058; Puga 669; 标单/双/标三 30/50/70新索尔; 🛜)这家旅行者最爱的廉价之选就在广场上，位于一幢有两个内院的凌乱的殖民地时期老宅中。10间实惠的单间相当简单，俗气的物件把这里装点得色彩斑斓。房间内配有有线电视，24小时供应热水。

Casa Mirita 家庭寄宿 $

（☎076-36-9361；www.casa-mirita.blogspot.com；Cáceres 1337；标单无独立卫生间 20新索尔，房间 30新索尔；@📶）要到这家简单的家庭寄宿旅馆，需搭乘三轮摩的（3新索尔）到镇中心东南的居民区。对那些长住的人或想彻底摆脱游客的人，这是一个有趣的住宿之选。两姐妹——厨师Mirita和旅游官员Vicki共同经营此店。房间是乡村风格，有厨房，也供应餐食（10新索尔）。

Qhapac Ñan Hotel 酒店 $$

（☎956-037-357；www.qhapacnanhotel.com；Nogales，Villa Universitaria；标单/双 120/170新索尔）这家位于居民区的新酒店，去汽车售票处很方便，非常舒适现代的房间配有结实的床、设施齐全的卫生间和高速的网络。服务非常有效率，附带一家餐厅。

就餐

卡哈马卡周边有很多的牛——怎么处置它们的脑子呢？把它们吃掉！当地的特色菜就是牛脑（sesos）。甜食爱好者不会受苦——中心区有许多豪华的面包店。

Heladería Holanda 甜品 $

（www.heladosholanda.com.pe；Puga 657；冰激凌 2~4新索尔；⏲9:00~19:00）🍃不要错过武器广场上的狭小入口，它会带你进入一个荷兰橙色的大咖啡馆，这里出售的也许是秘鲁北部最好的冰激凌。工作人员会让你品尝20多种不同口味的样品，其中最好的当属本地和地区水果。荷兰主人遵从公平贸易原则，直接从家庭农场购买水果。

Don Paco 秘鲁菜 $

（☎076-36-2655；Puga 726；套餐 8新索尔，主菜 12~22新索尔；⏲11:00~22:00）Don Paco藏在广场附近，深受本地人和外国人的喜爱。有适合所有人的食物，包括典型早餐和秘鲁特色菜，外加更复杂的新式卡哈马卡菜（novo-cajamarquino），比如用安第斯火腿和当地奶酪做成的奶酪火腿鸡排（chicken cordon bleu）配石榴酱，以及获得好评的鸭胸肉配接骨木果（sauco）酱。

Sanguchon.com 快餐 $

（www.sanguchon.com.pe；Junín 1137；三明治 8.5~12新索尔；⏲6:00至午夜；📶）这家广受欢迎的时髦汉堡和三明治小店有一个长长的酒后便捷快餐菜单。如果你觉得套餐会让你有点伤脑筋的话，他们还供应16种汉堡和6种酱料。这里既提供美味快捷的食物，也是一家吵闹的酒吧。

饮品和娱乐

最好的酒吧都聚集在Puga和Gálvez的拐角。

★ Usha-Usha 酒吧

（Puga 142；入场费 5新索尔；⏲21:00至深夜）想找一种秘密的本土体验，就来这个狭小的廉价酒吧，它由古怪的当地音乐家Jaime Valera经营，他成功地在这个小空间里营造出强大的感召力。他与他的音乐家朋友们唱出心声，你将获得一次难忘的旅行体验。

Taita 酒吧

（Santisteban和Belén交叉路口；⏲周五和周六 20:00至深夜）这个很有气氛的酒吧就在Belén旁边，在楼上满是复古家具的房间里找一个地方喝点皮斯科鸡尾酒，然后转战到院子，进入舞池。

实用信息

Clínica Limatambo（☎0800-20-900；www.limatambo.com.pe；Puno 265）最好的医疗服务，在城西。

旅游警局（Policía de Turismo；☎076-36-4515；Del Comercio 1013）专门处理针对游客的犯罪。

Serpost（Apurimac 624；⏲周一至周六 8:00~19:00）邮政服务。

Scotiabank银行（Amazonas 750）

到达和离开

飞机

机场在镇北4公里处。开往Otuzco的本地公共汽车在广场以北几个街区发车，经过机场（1

新索尔)。出租车更快捷(10新索尔),三轮摩的更便宜(3新索尔)。**LAN**(www.lan.com; Centro Commercial El Quinde)和**LC Perú**(☎076-36-3115; www.lcperu.pe; Jirón del Comercio 1024)每天都飞往利马。

长途汽车

大多数车站都在Atahualpa2街区和3街区之间,位于镇东南1.5公里处,在去印加浴场的路上。

许多公司都有大巴开往奇克拉约(20~45新索尔,6小时)、特鲁希略(20~40新索尔,6小时)和利马(80~136新索尔,15小时)。**Línea**(☎076-34-0753; Atahualpa 316)和**Tepsa**(☎076-36-3306; Sucre 422)有开往利马的舒适长途汽车。开往利马的豪华卧铺车由**Cruz del Sur**(☎076-36-2024; Atahualpa 884)运营。

Línea还有大巴开往皮乌拉(45新索尔,9小时),途经奇克拉约,在那里你可以转车去往厄瓜多尔。

有公司发车开往Celendín(10新索尔,3.5小时)。从奇克拉约出发前往查查波亚斯(Chachapoyas)更容易。

查查波亚斯(Chachapoyas)

☎041 / 人口 28,730

殖民地小城查查波亚斯似乎有些莫名其妙,它是难以置信的亚马孙省首府,但是被更多的山地而非丛林所包围。"查查"是一座熙熙攘攘的集市城镇,是探索奎拉普(Kuélap)和周边瀑布及徒步路线的极佳出发点——惊人的奎拉普遗址是曾经居住在云雾森林里的勇猛文明留下的,该文明从公元800年起统治这里,直到15世纪70年代印加人到这里后才结束。

活动

旱季(5月至9月)最适宜徒步,路线包括去Valle de Belén的Gran Vilaya5日徒步游和到神鹰湖(Laguna de los Cóndores)的步行和骑马3日游。

团队游

从查查出发的一日游集中在奎拉普,旅行社就分布在广场周边。

Turismo Explorer 导览游

(☎041-47-8162; turismoexplorerperu.com; Grau 549)这家公司在旅行者间口碑很好,提供短途游和多日徒步游。有讲英语的专业向导。

住宿

★Chachapoyas Backpackers 青年旅舍 $

(☎041-47-8879; www.chachapoyasbackpackers.com; Calle 2 de Mayo 639; 双/标三 60/90新索尔,铺/标单/双无独立卫生间 18/30/42新索尔; @ 📶)这家新开的青年旅舍有便宜干净的房间,可使用厨房,位于核心位置,由一对友善的当地夫妇经营,已经成为省钱旅行者的最爱。曾是向导的主人José非常乐于助人,对这一地区也很熟悉。他能通过他的旅行社组织团队游,或者你想独行的话,他也能提供详细说明。

Hostal Las Orquídeas 客栈 $$

(☎041-47-8271; www.hostallasorquideas.com; Ayacucho 1231; 标单/双/标三含早餐 80/110/120新索尔; @ 📶)这家高档客栈的房间铺了地砖,明亮通风,公共区域装饰着愉快的色彩,还有一些木头元素和艺术情调。一些房间相对更吸引人,楼前新装修的房间有地毯墙和花岗岩卫生间,不过电视仍然是老式的。

餐饮

找找juanes(bijao叶蒸鱼、牛肉或鸡肉,加橄榄),在当地配木薯(yuca)而非米饭。

El Tejado 秘鲁菜 $

(Santo Domingo 426; 主菜 15~25新索尔; ⌚正午至16:00)这个迷人的小地方从外面看并不起眼,但迎接你的是一个可爱的内院和餐厅。是个吃午饭的好地方,周一至周五有8新索尔的套餐。特色菜是tacu-tacu(一道秘鲁创新菜,含米饭、豆子和煎鸡蛋),有9种花样。

Café Fusiones 咖啡馆、早餐 $

(www.cafefusiones.com; Ayacucho, Plaza de Armas; 早餐 8~11新索尔,清淡菜肴 4~15新索

尔；⌚7:00~13:00，14:00~21:30；📶）🍃旅行者聚集在广场上这家有艺术气息的咖啡馆里，供应有机咖啡和意式浓咖啡、可口的早餐（包含当地食品，如juanes）、扁豆汉堡和其他清淡食物。这里是同时经营着图书交换、旅行社和出售当地产品的公平交易商铺。

Terra Mia Café 早餐、秘鲁菜 $

（Chincha Alta 557；早餐 12.5~13.5新索尔；⌚7:00~22:30；📶）这家时髦的小店有城里最好的意式浓咖啡机，绝妙的菜单上有本地特色的和国际化的早餐（啊，居然有华夫饼！）、三明治和沙拉，就餐环境舒适干净，有殖民地风格的拱门和当地特色装饰的坐垫。不过服务有很大提升空间。

Dulcería Santa Elena 甜品 $

（Amazonas 800-804；蛋糕 2~5新索尔；⌚8:00~21:00）脾气暴躁的老店主供应着镇上最好吃的糕点，如果他喜欢你的话，他可能会免费送你点东西。

★ La Reina 酒吧

（Ayacucho 520；⌚周一至周六 9:00~13:00，15:00至次日1:00，周日 19:00至午夜）一个有艺术气息的地方，花很少的钱就能买到异域水果和亚马孙利口酒（小杯1.5新索尔，1扎18新索尔），让人放松心情。有11种口味可选，包括最畅销的mora（黑莓），最好喝的maracuyá（百香果），还有亚马孙地区臭名昭著的两种催情口味：seven raíces和chuchuhuasi。

ℹ 实用信息

以下大多数地点在武器广场上，还有网吧和几家美元兑换店。

BCP银行（Plaza Burgos）兑换美元，有一台自动柜员机。

iPerú（☎041-47-7292；iperuchachapoyas@promperu.gob.pe；Ortiz Arrieta 582；⌚周一至周六 9:00~14:00，周日 至13:00）优质的地图、交通信息和推荐。

Serpost（Salamanca 940；⌚周一至周五 8:00~13:00，14:00~19:00，周六 8:00~13:00）邮政服务，就在市场区。

ℹ 到达和离开

开往奇克拉约（30~55新索尔，9小时）和继续开往利马（80~135新索尔，22小时）的长途汽车经过一条铺设在Pedro Ruíz外的公路。长途汽车公司有**Civa**（☎041-47-8048；Ortiz Arrieta和Salamanca交叉路口）和舒适的**Móvil Tours**（☎041-47-8545；Libertad 464）。

独自直接前往奎拉普有点麻烦，而且需要早起。**Transportes Roller**（☎94-174-6658；Terminal Terrestre）有一趟4:00出发的车开往Tingo Viejo、马里亚（María），再继续开往La Marca，在那里你能找到去奎拉普的售票点和停车处，车6:00返回。从奎拉普去遗址需要沿着一条石砌人行道走15分钟。或者，还有频繁的小巴和合乘出租车开往Tingo Viejo和马里亚，从Grau 300街区发车，但从那里出发你需要多走2小时（从马里亚）或5~6小时（从Tingo Viejo）。

还有频繁的合乘巴士开往Tingo Viejo（8新索尔，45分钟），可能继续开往马里亚（15新索尔，2.5小时）。合乘巴士还开往Pedro Ruos（5新索尔，45分钟），那里往东的长途车开到塔拉波托车站。

白天坐出租车去奎拉普，或去查查波亚斯和Leimebamba周边的遗址要花150新索尔。

奎拉普（Kuélap）

在宏伟程度上，只有马丘比丘遗址能与之媲美，这处精彩的古城遗址（成人/儿童 15/2新索尔；⌚8:00~17:00）在查查波亚斯西南的山间，被完好地保存下来，是这一地区非凡的考古遗址中最令人惊叹的一个。这座重要的石头堡垒雄踞在峻峭的石灰岩山上，形成绝佳的全景视角，可一览曾经被查查波亚人居住的土地。遗址接待的游客非常少，不过缆车修建计划可能会带来改观。来到这里的人得以目睹整个南美洲最伟大而震撼的前哥伦布遗址。

🛏 住宿

奎拉普本身的住宿选择有限，不过在从遗址出发的小径（经常是泥泞的）上有几家简单的家庭旅馆（hospedajes）。问问Doña Teodula或Doña Juana，都提供基本的房间和冷水淋浴，并可以安排廉价餐食。建议带上自己的睡袋。

除此之外，最近的条件稍好的住宿选择在马里亚村，离奎拉普步行2小时，每日有小巴与查查波亚斯连接。在这里，你将找到6家相似的迷人旅馆（房间每人15新索尔）——它们的招牌都出自同一个人。所有旅馆都提供干净朴素的房间，带电热水器，有些还可以以大约10新索尔的价钱为客人供应丰盛的餐食。

塔拉波托（Tarapoto）

☎042 / 人口 73,015

塔拉波托是一个闷热潮湿、懒洋洋的雨林大城市，介于热带亚马孙流域和风化的安第斯山脉丘陵之间，不是那么稳定。如果不是铺设好的漫长公路像脐带一样把这里和秘鲁各地联系在一起，塔拉波托几乎会像狂躁的伊基托斯那样与世隔绝。从这里你可以一头扎进亚马孙河的腹地，或者单纯地享受可轻松抵达的丛林边缘。

团队游

Martín Zamora Tours 导览游

（☎042-52-5148；www.martinzamoratarapoto.com；Grau 233；⏲8:00~13:00，16:00~19:30）塔拉波托的首选旅行社，组织一日游、文化游和到当地湖泊和瀑布的多日探险。

住宿

El Mirador 客栈 $

（☎042-52-2177；www.elmiradorentarapoto.blogspot.com；San Pablo de la Cruz 517；标单/双含早餐 60/80新索尔，有空调 100/150新索尔；❄📶）旅行者痴迷于这家廉价客栈，很可能是因为这里温暖的家庭氛围，又或者是因为可以在露台上一边晃着吊床欣赏丛林美景，一边享用美味的早餐？主楼里的房间非常简单，有电扇、热水淋浴和有线电视，那些在新建的附楼里的房间则更宽敞，带空间和明黄色的卫生间。

La Posada Inn 客栈 $

（☎042-52-2234；laposada_inn@latinmail.com；San Martín 146；标单/双含早餐 60/80新索尔，有空调 75/100新索尔；❄📶）这家古怪的酒店有着带房梁的吊顶和诱人的木楼梯，房间是混搭风格：有些有阳台，有些有空调。尽管地处中心，La Posada还是成功做到闹中取静。

La Patarashca 客栈 $$

（☎042-52-7554；www.lapatarashca.com；De la Cruz 362；标单/双含早餐 90/140新索尔，有空调 100/190新索尔；❄📶🏊）这家热门的客栈隐藏在丛林动物出没、植物蔓生的土地上，有一个相当大的泳池、宽敞的公共空间和两层舒适的房间，房间里摆放着精美的家具，巧妙的灯具让人感觉像家一样温暖。几只脾气暴躁的金刚鹦鹉给人一种回家的感觉，还有镇上最棒的当地餐厅，由一条小通道连接到这里。

餐饮

★ **La Patarashca** 秘鲁菜 $$

（www.lapatarashca.com；Lamas 261；主菜 19~38新索尔；⏲正午至23:00；📶）在这家随意的二层餐馆，随时可以享用出色的亚马孙当地菜品。不要错过桃椰子（chonta，一种当地棕榈树的芯）做成的沙拉，配上浸在油醋汁里的牛油果。或者店名所示的patarashcas——高高一盘大虾，浸在热的西红柿、甜椒、洋葱、大蒜和香菜（sacha culantro）里，盛在一张bijao叶中。

Café d' Mundo 意大利菜 $$

（Calle de Morey 157；主菜 24~35新索尔，比萨 16~18新索尔；⏲18:00至午夜）这是一家昏暗性感的餐吧，每晚都被烛光点亮。有室外的座位和室内的休闲包间。可口的比萨饼是这里的主打菜（尝尝加牛油果的意式鲜奶酪番茄沙拉），但也有有意思的当地风味烤宽面条，其他种类的意大利面点缀在小小的菜单之上。你可以在吧台旁度过漫漫长夜。与食物和气氛相比，服务稍微逊色。

★ **La Alternativa** 酒吧

（Grau 401；⏲9:00至次日1:00）在这里喝酒犹如身处中世纪的药店或塔伦蒂诺（Tarantino）的电影里，可以花一晚上用心倾听那个把酒精当药喝的时代（治身疾，而非

情伤)——而你的药店就是这样一个地方，天晓得是什么灵丹妙药刚好就装在瓶子里。

Stonewasi Taberna 酒吧

(Lamas 218; ⏲正午至次日3:00)人来人往，这家本土酒吧仍然是塔拉波托社交的好地方。回收利用的缝纫机当作桌子摆放在临街一侧，挤满了船夫、摩的司机和城里自信漂亮的人们，簇拥着国际摇滚乐和浩室音乐。

ℹ 实用信息

BCP银行(Maynas 130)有多台自动柜员机。

Clínica San Martín(San Martín 274; ⏲24小时)城里最好的医疗服务。

旅游信息中心(☎042-52-6188; Hurtado s/n; ⏲周一至周六 7:30~23:00)马约尔广场上的市政旅游咨询处，当旅游官员回家时，当地警察会继续值班。

ℹ 到达和离开

机场(TPP; ☎042-53-1165)在市中心西南3公里处。**LAN**(☎042-52-9318; www.lan.com; Hurtado 183)每天有往返利马的航班。**Star Perú**(☎042-52-8765; San Pablo de la Cruz 100; ⏲周一至周五 9:00~19:00，周六至17:00，周日 至正午)每日有飞往利马的航班。

以下汽车公司都能在Morales区内Salaverry所在街区找到，从镇中心搭摩的需花费2新索尔。如果你要前往查查波亚斯，需在佩德罗鲁伊斯(Pedro Ruíz)转车。

在镇上搭摩的短途需2新索尔，去往长途汽车站或机场需3~5新索尔。

目的地	费用(新索尔)	行程(小时)
奇克拉约	50~80	14
利马	90~165	26~30
佩德罗鲁伊斯	40~45	7
皮乌拉	60	16~17
普卡尔帕	100	16~18
廷戈玛丽亚	80	13
特鲁希略	65~150	15~18
尤里马瓜斯	15~20	2.5

Civa(☎042-52-2269; www.civa.com.pe; Salaverry 840)有舒适的长途汽车去往利马，在奇克拉约和特鲁希略停靠，15:10发车。

Movil Tours(☎042-52-9193; www.moviltours.com.pe; Salaverry 880)有高级快车前往利马，8:00和13:00发车，15:00发往特鲁希略，16:00发往奇克拉约。

Transmar Express(☎042-53-2392; Amoraca 117)周一、周三和周五 10:00发往普卡尔帕，途经Juanjuí、Tocache Nuevo和廷戈玛丽亚。也有廉价巴士前往利马。

亚马孙平原 (AMAZON BASIN)

秘鲁的亚马孙平原有着茂密的原生和次生丛林，草木葱郁，令人眼花缭乱，是一个充满异域情调、与世隔绝的边境地带，四面八方都充满了令人兴奋不已的丛林探险机会。伊基托斯，这个地区最大的城市，是通向亚马孙河腹地难忘旅程的入口，但它的与世隔绝和公路尽头[尽管公路实际终止于尤里马瓜斯(Yurimaguas)]的氛围同样具有吸引力。普卡尔帕和尤里马瓜斯有慢船往来于伊基托斯的水道之间，除此之外，只能坐飞机到达。秘鲁最大的自然保护区，比新泽西还要大的帕卡亚-萨米利亚国家自然保护区也在这里，是粉海豚和449种鸟类的故乡。

往南，是被列入联合国教科文组织《世界遗产名录》的马努国家公园，拥有世界上最大程度以原始风貌保存的如人猿泰山中的茅草屋群，也是南美最佳热带野生动物观赏地之一。在马尔多纳多港周边，丛林度假屋坐落在马德雷德迪奥斯河(Madre de Dios)和坦博帕塔水系(Tambopata，位于坦博帕塔国家自然保护区内)沿岸——这两个地区都是秘鲁最未受破坏的野生动物观赏地和丛林探险地。

马尔多纳多港 (Puerto Maldonado)

☎082 / 人口 5.6万

充斥着柴油味的马尔多纳多港，是马德雷德迪奥斯省(Madre de Dios)首府，也是秘鲁南部亚马孙流域岌岌可危的中心。如果不是通往南美洲最好的丛林之一的门户，这里可能就被遗忘了。极受争议的越洋(Interoceánica)公路建成通车，连接了大西洋和太

Puerto Maldonado 马尔多纳多港

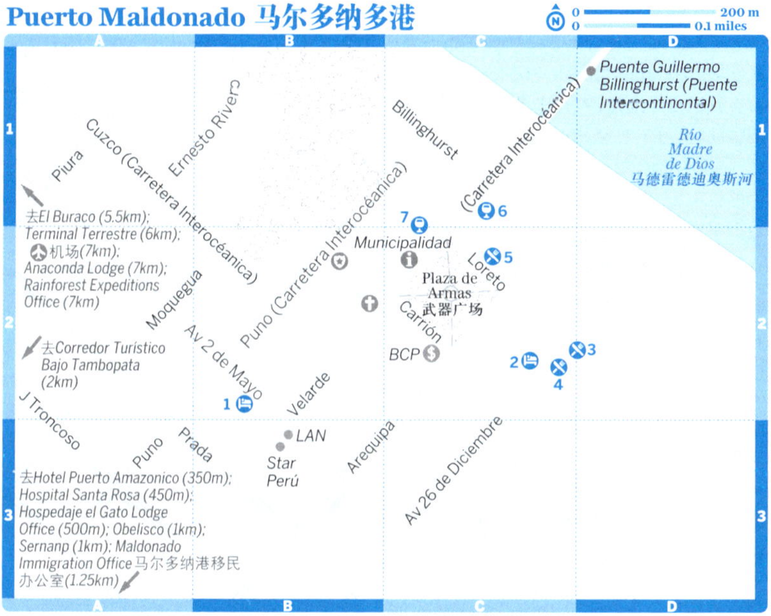

平洋，使大规模商业往来途经这里（也预示着自然资源的加速开采）。对于大多数游客而言，这座城市是野性神秘的亚马孙探险之旅的起点。

团队游

如果你未曾提前安排河流丛林游，这里有一些当地向导，有些声誉很好，经验也很丰富，有些则只对快速赚钱感兴趣。要货比三家，千万不要预先付款，当谈妥价格时，要确认包含了回程！有正规执照的向导收费是每人每天75～175新索尔（不含公园门票），取决于目的地和人数。乘船则贵得离谱，因为这通常是离开马尔多纳多港必需的交通方式。

Rainforest Expeditions 团队游

（☎082-57-2575；www.perunature.com；Av Aeropuerto, Km 6, CPM La Joya）与各个地区的度假小屋有合作，雨林团队游声誉良好，还有价格实惠的坦博帕塔家庭寄宿（24美元起）。

住宿

留心滥开价，在市区外有几间丛林度假屋。

Puerto Maldonado 马尔多纳多港

住宿

1 Hospedaje Royal Inn B2
2 Tambopata Hostel C2

就餐

3 Burgos's Restaurante D2
4 El Catamaran C2
5 Los Gustitos del Cura C2

饮品和夜生活

6 Discoteca Witite C1
7 Tsaica C1

★ **Tambopata Hostel** 青年旅舍 $

（☎082-57-4201；www.tambopatahostel.com；Av 26 de Diciembre 234；铺 30新索尔，标单有/无独立卫生间 50/40新索尔，双有/无独立卫生间 80/70新索尔）马尔多纳多港终于有了它非常需要的针对背包客的住宿。这家干净的青年旅舍让人放松，有床位房和单间，紧临着有吊床的花园庭院，房费还包含了一份不错的早餐。你甚至可以在公共空间的告示板上复习秘鲁的街头常用语。

Hospedaje Royal Inn 客栈 $

(☎082-57-3464; Av 2 de Mayo 333; 标单/双带电扇35/50新索尔，双带空调80新索尔; 📶)游客留宿的好选择，有众多带风扇宽敞干净的房间。院子有些破败，但还是要院里的房间，因为临街的房间很吵。每间房都配有有线电视。

★Anaconda Lodge 度假屋 $$

(☎082-79-2726; www.anacondajunglelodge.com; Av Aeropuerto, Km 6; 标单有/无独立卫生间100/50新索尔，双有/无独立卫生间160/80新索尔，三人间220新索尔; P📶🏊)南美洲最早的一家机场酒店？这家度假酒店位于城郊，被它自己的热带植物园所包围，让人感觉比它实际的位置还要遥远。有8间独栋的双人间小屋，共用卫浴，还有4间带独立设施的豪华小屋，都带有蚊帐。

就餐

当地特色菜有chilcano（香菜调味的鱼块汤）和parrillada de la selva（腌肉烧烤，蘸辣椒和巴西坚果酱）。

Los Gustitos del Cura 甜品 $

(Loreto 258; 甜点3~8新索尔; ⏲8:00~22:00)想要一份甜点或镇上最好的咖啡，就光顾这家法国人经营的蛋糕店，它有个愉快的后院。供应三明治、蛋糕和饮品，还出售当地的艺术品。

★Burgo's Restaurante 秘鲁菜 $$

(Av 26 de Diciembre和Loreto交叉路口; 主菜15~25新索尔; ⏲11:00~16:00, 17:00至午夜)这家店已经迅速成为马尔多纳多港的杰出餐厅。它自称是创新亚马孙风味的倡导者——创新的安第斯风味，只是往丛林菜品中加入一些大胆的烹饪改良——但这仍然是非常地道的秘鲁风味亚马孙主食，他们做到了极致而非单纯地只为创新。

El Catamaran 酸橘汁腌海鲜 $$

(Jirón 26 de Diciembre 241; 主菜20~30新索尔; ⏲7:30~15:00)来这个安静的地方，和当地的显贵之人一起享受极棒的淡水海鲜ceviche（柠檬汁腌生海鲜）。餐厅后面还有露天平台餐位可观河景。

饮品和夜生活

最著名的夜店是Discoteca Witite(Velarde 151; ⏲周五和周六21:00到深夜)。Tsaica(Loreto 329)是一家充满活力的酒吧。

实用信息

BCP银行(Plaza de Armas)兑换美元现金或旅行支票，有一台Visa自动柜员机。

前往巴西和玻利维亚

铺好的越洋(Interoceánica)公路从马尔多纳多港通往巴西边境上的Iñapari。开往Iñapari(30新索尔，3小时)的合乘出租车凑满4位乘客发车。伊比利亚(Iberia)在马尔多纳多港以北170公里处，而Iñapari距伊比利亚70公里，有几家简单的酒店。在Iñapari办完秘鲁出境手续，过桥就到了巴西的阿西斯(Assis)，那里有更好的酒店和铺设良好的公路途经巴西雷亚(Brasiléia)通往里约布兰科(Río Branco)。中国公民入境巴西需办理签证，详见44页。

从马尔多纳多港出发，能租船去往玻利维亚边境的帕尔多港(Puerto Pardo)，需要半天时间，费用约为340新索尔。更便宜的途径是搭乘偶尔出现的货船。确认在秘鲁马尔多纳多港的**出入境管理处**(☎082-57-1069; Av 15 de Agosto 658; ⏲周一至周五8:00~13:00, 14:30~16:00)盖离境章。从帕尔多港乘船只需几分钟就能到达希思港(Puerto Heath)，在那里要花几天（甚至几周）的时间安排一只船（很贵）去往里韦拉尔塔(Riberalta)，那里有陆路和航空交通。组团旅行能分担费用，避开水位过低的月份。另一个选择就是去巴西雷亚，乘渡轮或过桥跨过阿克雷河(Río Acre)到达玻利维亚境内的科维哈(Cobija)，那里有酒店和不定期的航班。旱季还有一条碎石公路通往里韦拉尔塔。中国公民入境玻利维亚需办理签证，详见42页。

Santa Rosa医院（☎082-57-1019，082-57-1046；www.hospitalsantarosa.gob.pe；Cajamarca 171）提供基础医疗服务。

Sernanp（☎082-57-1247；www.sernanp.gob.pe/sernanp；Cajamarca，Ancash和Av 28 de Julio之间）国家公园办公室，提供信息和收取门票费用（几乎所有情况下，导游都会解决），进入坦博帕塔自然保护区的标准门票是一日30新索尔，两日或三日65新索尔。网站仅有西班牙语。

游客咨询台（机场）由工业与旅游部开设，提供有限的团队游和丛林度假屋信息。

ℹ 到达和离开

飞机

机场（PEM）位于镇西7公里处，搭摩的10新索尔。**Star Perú**（☎082-57-3564；Velarde和Av 2 de Mayo交叉路口；⏲周一至周五 8:00~13:00，16:00~20:00，周六 8:00~18:30，周日正午至18:30）和**LAN**（☎082-57-3677；Velarde 503；⏲周一至周六 8:00~18:30）每天有途经库斯科飞往利马的航班。

长途汽车

长途汽车从**Terminal Terrestre**（Av Circunvalación Norte s/n）定期来往于铺设好的越洋（La Interoceánica）公路上，向西南通往库斯科，向东北通往巴西的里约布兰科（Rio Branco）。许多长途汽车公司在上午或晚上（20:00左右）发车开往库斯科（50新索尔，10小时）。开往里约布兰科的长途汽车较少，**Móvil Tours**（☎989-176-306）周二和周五 12:30发车。建议在出行前尽早买票。

马努国家公园（Parque Nacional Manu）

马努国家公园（门票 150新索尔）占地近2万平方公里，被广泛认为是世界上保存最为完好的丛林"茅草屋"。这个联合国教科文组织自然遗产是南美洲最好的热带野生动植物观赏地之一。从安第斯山脉的东坡起，公园一跃跌入低地，拥有一大片云雾森林和雨林栖息地，栖息着1000种鸟类，还有13个品种的灵长类动物、犰狳、猫熊、豹猫、河龟和凯门鳄，以及无数的昆虫、爬行动物和两栖动物。更稀有的物种有美洲虎、貘、巨型食蚁兽、食蚁兽、水豚、野猪、近乎灭绝的巨型水獭，还有最神奇的、与世隔绝的狩猎者——采集者部落。

游览公园的最佳时间是雨季之后（4月至11月）。在最多雨的月份（1月至4月）很难进入马努，尽管大多数获得授权的公司还是会组织团队游。

没有许可导游和许可证进入公园是违法的，两者都可以在库斯科的旅行社解决。交通、住宿和餐饮都包含在团队游费用中。注意：不是所有的公司都能进入公园——只有8家获准进入。其他旅行社组织更低价的"马努团队游"只能去公园外围，但这些行程都能很好地观赏野生动物。

费用的高低取决于你的往返行程是走陆路还是航空，4~9日的行程价格在每天340~1010新索尔间浮动，从陆路交通到全包的双飞游。请提前预订，但要灵活安排行程，因为团队游常常晚一天返回。露营只允许在多功能区内（不能在保护区内）。

自由行的游客也可以不参加旅游团而进入保护区周围，但这样很耗时也有点危险。如果你决心独来独往，有从库斯科发出的大巴途经Pilcopata开往欣图亚（Shintuya，到Pilcopata3小时）。从Pilcopata起，你可以转乘零星的河运交通工具。在路上，车辆故障、极度拥堵和延误都很寻常，在雨季（甚至旱季）会有车辆滑出道路。更安全、舒适、可靠的办法就是搭乘库斯科旅游团提供的高价旅游大巴。

乘船从奥拓马德雷德迪奥斯（Alto Madre de Dios）去往马努河（Río Manu）要花近一天时间。从马努河口（Boca Manu）村出发几分钟就到了一条简易跑道，通常是商业旅行团进出公园的地点，在这里付门票。

尽管这里受到保护，坐拥世界级的自然资源，来的游客却逐年减少。这里还受到毒品贩子、非法木材开采和非法淘金的三重威胁。

普卡尔帕（Pucallpa）

☎061 / 人口 20.5万

摇摇欲坠的普卡尔帕，是乌卡亚利省（Ucayali）的首府，去那里就像去看亲家：不好玩，但你还必须得去。无论如何，从寒冷的安第斯山下来一路长途跋涉后，来到一个热带地区还是很愉快的。波涛汹涌的乌卡亚利河从相对平静的水域一路奔流而下的景象也非常震撼。游客们来到这里，寻找穿梭于首条亚马孙通航支流上的江轮前往伊基托斯，或探访亚里纳科查（Yarinacocha）附近的原住民群落。

活动

大多数活动都集中在普卡尔帕西北10公里处的**亚里纳科查**（Yarinacocha）可爱的湖边。你可以划皮划艇，观赏野生动植物，拜访母系的Shipibo社区和当地的萨满。很多乘船游可以在码头区安排。带船员的Peki-peki船花费大约每小时20新索尔。

住宿

Hospedaje Komby 客栈 $$

（☎061-59-2074，061-57-1562；www.elkombypucallpa.com；Ucayali 360；标单 65~80新索尔，双 85~130新索尔；❄📶🏊）到底把它定位成经济型还是高档型是个两难的决定，因为Komby的房间刚好介于两者之间。住宿条件整体而言干净但简单，小泳池是个亮点。带空调的房间价格更高。

到达和离开

飞机

普卡尔帕的机场在镇西北5公里处。乘出租车/摩的前往机场需15/7新索尔。目前**LAN**（Tarapacá 805）和**Star Perú**（☎061-59-0585；7 de Junio 865）有定期飞往利马的航班，后者还有直飞伊基托斯的航班。

船

在高水位季节（1月到4月），船只从圣马丁公园（Parque San Martín）旁边出发。当水位下降时，港口沿着河岸东北方向后撤到**亨利港**（Puerto Henry；Manco Capác s/n）和其他港口等几处，到中心东北3公里处为止。

前往伊基托斯（80~100新索尔）的船只拥挤不堪，要走上3~5天。乘客可以在船板上睡吊床（9 de Diciembre上的市场有售），或者住在像牢房一样的船舱中，供应基本的伙食。过去，游客们都把廷戈玛丽亚（Tingo María）作为中途的休息点，但要三思而行：在秘鲁，廷戈玛丽亚被公认为丛林无人区，还有读者曾经报告过那里有持械抢劫甚至强奸发生。独行的旅行者必须付钱住船舱以确保自己的财产安全。带上把锁。

值得一提的是，从伊基托斯到普卡尔帕的行程，要比反方向的行程更轻松也更有序。

长途汽车

多家公司途经廷戈玛丽亚、瓦努科、Cerro de Pasco和胡宁（Junín）前往利马（70~90新索尔，18~20小时），尽管途中发生过持械抢劫。**León de Huánuco**（☎061-57-5049；Tacna 765）在8:30、13:00（卧铺大巴）和17:30发车开往利马。还有一家不错的公司**Turismo Central**（☎061-60-0122），早上有一班车，下午有两班车。

当地交通

乘摩的去机场或亚里纳科查需要7新索尔，出租车10新索尔。

伊基托斯（Iquitos）

☎065 / 人口 47.2万

伊基托斯是世界上最大的陆路无法到达的城市，仅凭航空和水路与外界相连。这是一个繁荣蓬勃的地方，充满了亚马孙流域寻常而莫名迷人的景象。这座城市因人们对一座丛林都市的诸多期待而闻名于世，不仅仅因为这里潮湿的气候、性感的人口和成群带着有趣故事（如果不是编的话）的外国人。

伊基托斯是你去往闻名遐迩的亚马孙河沿岸旅游的出发地，但也别错过在城里待几天，感受一下这个丛林“罪恶之地”（Sodom）的狂热氛围吧。

景点和活动

铁屋 历史建筑

（Casa de Fierro, Iron House；Putumayo & Raymondi交叉路口）每一本旅游指南都会提到这个由古斯塔夫·埃菲尔（Gustave Eiffel，因设计埃菲尔铁塔而著名）设计的“壮观”铁屋，它于1860年原建于巴黎，在1890年前后一片一片地运到伊基托斯，在那个橡胶业蓬勃发展的年代，用来美化这座城市。它是最初运来的3座不同的铁屋中唯一的幸存者。它看起来就是一堆被拧在一起的废弃铁片，曾是伊

基托斯俱乐部的所在地，如今繁华落尽，这里只是一家综合商店。

★ Belén　街区

城市东南角是漂浮的贝伦棚户区，由许多建在筏子上的小屋组成，随着河水浮沉。在低水位的月份，这些筏子沉在河泥里，肮脏且不健康，但一年中的大部分时间它们还是漂浮在河上的——一个多彩的异域景象。7000人居住在这里，独木舟从一个小屋划到另一个小屋，贩售和交换丛林物产。

Pilpintuwasi蝴蝶园　野生动物保护区

（Pilpintuwasi Butterfly Farm；☎065-23-2665；www.amazonanimalorphanage.org；Padre Cocha；成人/学生 15/9新索尔；⏲周二至周日 9:00~16:00）强烈推荐来参观这个迷人的蝴蝶园。表面上这是一个针对亚马孙流域蝴蝶的保护和繁育中心，当然拥有大量蝴蝶，包括引人注目的蓝色闪蝶（Morpho menelaus）和看起来有点吓人的猫头鹰蝶（Caligo eurilochus）。但是这里却被异域的动物抢了不少风头，作为孤儿被抚养和保护的包括一些调皮的猴子、一只貘、一只食蚁兽和一只叫Pedro Bello的威武美洲虎。

亚马孙高尔夫俱乐部　高尔夫

（Amazon Golf Club；☎065-22-3730；www.amazongolfcourse.com；Quistacocha；含高尔夫俱乐部租赁费每天 75新索尔；⏲6:00~18:00）也许听起来不可思议，你可以在这个亚马孙流域唯一的9洞高尔夫球场打上一两轮。球场由一群思乡的外国人建于2004年，总长度为2140米的场地围绕着伊基托斯外15公里的灌木丛而建。除了9片绿地以外，还有一个带酒吧的木屋俱乐部会所。4号洞很美：你在一个被食人鱼出没的水域包围的小岛上开球，不要去钓起丢掉的球！

团队游

★ Dawn on the Amazon Tours & Cruises　游轮

（☎065-22-3730；www.dawnontheamazon.com；Malecón Maldonado 185；一日游含早餐每人79美元，多日游轮游每日150美元）这个小旅行社为独立旅行者提供最佳选择。Amazon I是一艘漂亮的11米长木船，配有现代设施，一日游或长达两周的巡游皆可。行程包括一位双语向导、所有的餐食和交通。你可以与主人Bill Grimes和他经验丰富的工作人员一起，沿着亚马孙河或其安静的支流（大型游轮将必须沿主河道行驶）游览。

住宿

蚊虫并不是严重的问题，所以住宿不提供蚊帐。除非另有标注，所有的房间都有风扇。

Flying Dog Hostel　青年旅舍 $

（☎在利马01-445-6745；www.flyingdogperu.com；Malecón Tarapaca，Brasil和Ricardo Palma之间；铺/标单/双/标三含早餐 26/75/90/99新索尔）你会在利马和库斯科找到同样的青年旅舍连锁店，是传统背包客旅舍的佼佼者：有干净明亮的房间、热水和厨房设备。双人间性价比有点低，但有些带独立卫生间。

La Casa Del Francés　客栈 $

（☎065-23-1447；http://en.lacasadelfrances.com；Raimondi 183；铺/标单/双 20/45/60新索尔）一处挂满了吊床的安全院落通往这家怡人的实惠住所，殖民地风格的房间显示出一代代省钱的背包客留下的磨损痕迹，但并不影响什么。

就餐

★ Belén Mercado　市场 $

（Prospero和Jirón 9 de Diciembre交叉路口；套餐 5新索尔起）伊基托斯的市场有很多美食，尤其是在Belén Mercado，这里包含丛林果汁（jugo especial）的套餐只要5新索尔。你可以找找一些特色菜，包括肥美的亚马孙虫子、ishpa（炖鱼肠和鱼脂）和sikisapa（炸切叶蚁，腹部据说最好吃）。注意看好你的贵重物品。另一个可以找到廉价美食的市场是Mercado Central（Lores cuadra 5）。

Ivalú　秘鲁菜 $

（Lores 215；小吃 3新索尔起；⏲8:00至午后）这里是当地买果汁、蛋糕和玉米粽子（包在丛林叶子里，裹了鸡肉或鱼肉馅的玉米糕点）最热门的地方之一。至于营业时间：早点

Iquitos 伊基托斯

去，否则就卖完了！

★ Al Frio y al Fuego 创意菜 $$

（☎965-607-474；www.alfrioyalfuego.com；Embarcadero Av La Marina 138；主菜 15~35新索尔；⏰周二至周六 正午至16:00，17:00~23:00，周日 正午至17:00）搭一艘船到这个漂浮在Río Itaya河口中心的美食天堂，来尝尝这座城市最好的食物。主打是河鱼菜品（比如美味的doncella），但是烤肉（parrillas）也同样诱人。所给的地址是搭船的地点。

★ Amazon Bistro 各国风味 $$

（Malecón Tarapaca 268；早餐 12新索尔，主菜 20~40新索尔；⏰6:00至午夜；📶）这是一家由比利时店主精心照料的纽约风格早餐吧（好吧，其实是亚马孙改良版）。楼上的夹层座位俯视着主餐厅。菜品拒绝保守的分类：从受到比利时口味影响的阿根廷牛排，到法式薄饼和蜗牛，再到比利时啤酒。

Dawn on the Amazon Café 各国风味 $$

（Malecón Maldonado 185；主菜 18~32新索

Iquitos 伊基托斯

尔；⏲7:30~23:00；📶）这家店在malecón街上吸引着旅行者，有一排诱人的沿街座位，菜单分为北美菜、秘鲁菜、西班牙菜和（所谓）中餐。让你的味蕾随心所欲地品尝吧，不过记住这里的蒸鲜鱼非常棒。原料都不含味精，也能满足不食麸质者的需求。

饮品

Arandú Bar　　酒吧

（Malecón Maldonado 113；⏲直至深夜）几家音乐砰砰作响的码头酒吧中最有活力的一家，是个打量人群的好地方，总是高声放着摇滚乐。

Musmuqui　　酒吧

（Raimondi 382；⏲周日至周四 营业至午夜，周五和周六 营业到次日3:00）当地热门的活力酒吧，共两层，有大量用奇妙的亚马孙植物调制的催情鸡尾酒。

实用信息

危险和麻烦

咄咄逼人的街头商贩和众多自封的丛林导游，死缠烂打，不讲诚信。他们为了赚回扣，服务的通常都是质量一般的商家。有过这些导游抢劫游客的报道。最好自己直接与酒店、度假屋和旅行公司联系而后做出决定。在Belén周边要格外小心，那里很贫穷，常有偷窃案件发生。虽然如此，暴力犯罪在伊基托斯几乎闻所未闻。

紧急情况

Clínica Ana Stahl（☎065-25-2535；www.facebook.com/caas.iquitos；La Marina 285；⏲24小时）在市中心以北2公里处的私人诊所。

旅游警局（☎965-935-932，065-24-2081；Lores 834）

现金

许多银行办理旅行支票兑换和信用卡提现，有自动柜员机。兑换巴西或哥伦比亚货币最好在边境办理。

BCP银行（Próspero & Putamayo）有一台安全的自动柜员机。

邮局

Serpost（Arica 402；⏲周一至周五 8:00~18:00，周六 至17:00）

旅游信息

iPerú（☎065-23-6144；Napo 161；⏲周一至周六 9:00~18:00，周日 至13:00）还有机场分部（☎065-26-0251；Francisco Secada Vignetta Airport大厅；⏲任何有航班起降的时间）。

帕卡亚-萨米利亚国家自然保护区办公室（Reserva Nacional Pacaya-Samiria Office；☎065-60-7299；Pevas 339；⏲周一至周五 7:00~15:00）

到达和离开

飞机

伊基托斯的机场位于市区以北6公里处。**LAN**（☎065-23-2421；Próspero 232）每天有飞往利马的航班，**Star Perú**（☎065-23-6208；Napo 260）飞往利马和普卡尔帕。后者还飞往塔拉波托。

Copa Airlines（☎巴拿马 1-800-359-2672；www.copaair.com）每周有两班航班飞往巴拿马城。

船

大多数货船从市区中心以北2.5公里处的**Puerto Masusa**（Los Rosales）出发。售票处（在Los Rosales左侧寻找“Aquí Radio Masusa”，就在港口入口前）的白板会告诉你出发的船只和时间（虽然出发时间常常隔夜就发生变更，船只总会推迟几个小时或几天出发）。船只（吊床/船舱 100/180新

前往哥伦比亚和巴西

哥伦比亚、巴西和秘鲁共有一个三国交界的边境。即使在亚马孙丛林中，过境手续也必须严格执行。如果你的护照、旅游卡和签证不合要求，边境官员将拒绝放行。规定会变化，但船长们知道去哪儿办理。只要停留在三方边境地带，你可以无须手续在三国之间通行。然而，如果你要离开秘鲁，要在圣罗莎的秘鲁出入境管理处盖章，它在河的南岸，就在边境前（船只会为此停靠——向船长询问）。

从伊基托斯出发，去往秘鲁与巴西和哥伦比亚边境的船从Puerto Masusa港出发。几艘每周出发的船行驶2天（每人65~80新索尔），在贝巴斯（Pevas，吊床位40新索尔，约15小时）和沿途其他港口停靠。如果水位很高（5月至7月），船只会停靠在离市中心近的码头。

去往三国边境的快艇，除周一外，每天6:00从伊基托斯小型的Puerto Embarcadero港出发。在Plaza Castilla广场附近的Raimondi快艇售票处提前买好船票。前往秘鲁境内的贝巴斯和圣罗莎的标准船费分别为170新索尔和200新索尔（10~12小时），含三餐。

最大的镇子是莱蒂西亚（Leticia，哥伦比亚），那里有酒店、餐厅和一家医院。在出入境管理处（⌚8:00至正午，14:00~17:00）将护照盖章后正式进入哥伦比亚。渡轮从圣罗莎到莱蒂西亚大约要15分钟（8新索尔）。每天有航班从莱蒂西亚飞往波哥大。除此之外，少量船只开往普图马约河（Río Putumayo）上的Puerto Asis港，一行可长达12天。从Puerto Asis港出发，有长途汽车开往哥伦比亚各地。

莱蒂西亚与塔巴廷加（Tabatinga，巴西）之间有公路相连（步行或乘出租车），在塔巴廷加的警察局盖巴西入境章。塔巴廷加有机场，可飞往巴西的马瑙斯（Manaus）。开往马瑙斯的船只每周两次从下游发出，行程约为4天。快艇从Porto Brass出发，行程为3天。

中国公民入境哥伦比亚和巴西的签证信息请见44页。

索尔）前往尤里马瓜斯（向上游，3~6天）和普卡尔帕（向上游，4~7天）。船票在船上出售。记得在确认前先去港口查看一下船只状况。Eduardo 1-6是公认去尤里马瓜斯最舒适的船只。

The Henry Boats在伊基托斯-普卡尔帕之间的航道穿行，并在Av La Marina大道上拥有更有序的独家**港口**（☎965-678-622；Av La Marina s/n；⌚7:00~19:00），离市中心更近。

如果你独自一人在这些水道上旅行，为确保贵重物品的安全，住一个船舱几乎是必需的。没有同伴帮助看管，贵重物品很容易被窃，带上把锁。这些船只赤裸裸地摧残着脆弱的亚马孙生态系统：他们把垃圾和废物直接倒进河里，甚至倒在港口。

当地交通

从机场搭乘出租车费用为15新索尔，搭乘摩的8新索尔。去机场等附近目的地的公共汽车和皮卡从9 de Diciembre上的Arica发车。三轮摩的（Motocarro）在市区往来的费用为1.5~3新索尔。

帕卡亚-萨米利亚国家自然保护区（Reserva Nacional Pacaya-Samiria）

从尤里马瓜斯到伊基托斯的船只通常停靠在偏远的拉古纳斯（Lagunas）村，那里没有货币兑换处，食品也有限，但却是去往游览野生动植物繁多的帕卡亚-萨米利亚国家自然保护区（3日游门票 60新索尔）的出发点。保护区栖息着亚马孙海牛、凯门鳄、淡水豚、海龟、猴子和丰富的鸟类。不要在2月至5月的雨季前往游览。你的旅游体验很大程度取决于你的导游——试着在出发前和导游碰面。一家被高度重视的导游协会是Estypel（☎065-40-1080；www.estypel.com.pe；Jr Padre Lucero 1345，Lagunas）。团队游费用大致为每人每天150新索尔，含住宿、食物和交通，但不包括公园门票费用。船只从尤里马瓜斯出发，通常花10~12小时到达拉古纳斯。两个小镇都有简单的住宿选择。

在拉古纳斯，要在港口再三确认你所搭乘船只的出发时间并密切关注。如果你依赖他人来确认何时出发，在船只出发时你很可能会被落下。

了解秘鲁

今日秘鲁

西班牙征服时的暴行、共和早期的混乱，还有接连不断吞噬了几乎整个20世纪的独裁者统治，除此之外，稳定期在秘鲁可谓是少之又少。但新千年的第一个十年带来了不同寻常的稳定。自2003年起，秘鲁的经济逐年增长，外国投资提高，农业、矿业和制造业出口强劲。旅游业也不断做大：外国游客数量在2003年至2010年翻倍增长。

2011年，前陆军军官奥良塔·乌马拉（Ollanta Humala）当选总统。他是一位来自阿亚库乔的盖丘亚族劳工律师之子，而社会融合是他总统任期的一项主旨。新官上任，他就制定法律，规定在原住民领地上进行采矿或其他开采活动时，需与原住民协商。

良好的时局造就了文化生产力的突飞猛进——很多内容都围绕食品展开。当地明星大厨和美食节隆重推出了这个星球上最令人激动的菜系。这些也影响到了艺术领域，秘鲁的音乐融合了民乐和电子乐，呈现出蓬勃发展的现代艺术景象。

然而，严峻的挑战依然存在。尽管贫困率自2002年起已骤然下滑23%，但农村地区的贫困程度仍近2倍于全国平均水平。

另外，光辉道路组织（Sendero Luminoso）——一个在20世纪80年代将国家拖至内战边缘的游击队组织，在贩毒分子的帮助下死灰复燃，不定期地对警察和安第斯山脉中部引人注目的工业项目发动袭击。

2012年年中，卡哈马卡因采金计划引发的内乱而遭严重破坏，民众抗议其对水供给可能造成的影响。当然，还有亚马孙地区，如今被连接秘鲁和巴西的越洋（Interoceánica）公路一分为二。人们仍在担忧这项工程可能会对这世界上最后一块自然保护区造成影响。

历史

早期文化

印加文明仅仅是秘鲁考古的冰山一角。

这个国家最早的居住者是松散的群居部落，由游牧猎人、渔民、采集者构成，他们住在山洞里，猎杀如树懒、剑齿虎和乳齿象等可怕（如今已灭绝）的动物。在公元前7000年和公元前4000年之间，他们开始驯养美洲驼、羊驼和豚鼠。各种各样的马铃薯（秘鲁因有近4000个品种而引以为豪！）在公元前3000年左右开始被种植。

在公元前1000年至公元前300年，初期的查文文化时期在现在瓦拉斯附近的查文德万塔尔有广泛分布的定居群落，以及在群落之间有思想的交流、技艺的提高和文化的复杂性，然而查文初期文化在公元前300年左右莫名其妙地消失了。此后的500年见证了在利马南部帕拉卡斯文化的兴起和没落，当时该文化生产了部分美洲最精美的纺织品。

在公元100年和700年间，陶器、金属加工和纺织达到了新的高度，而莫切文化在特鲁希略和奇克拉约附近的西潘建造了宏伟的金字塔。同期，纳斯卡人在沙漠中刻下了神秘的线条。

在600年到1000年之间，第一个安第斯扩张主义的帝国从阿亚库乔北部崛起了，瓦里的影响至今在秘鲁仍随处可见。

在以后的4个世纪里，几个国家兴盛而起，有在特鲁希略附近建造了昌昌城的奇穆王国，还有在奎拉普建起岩石堡垒的查查波亚斯王国。几个小规模的好战高地部落住在的的喀喀湖附近，并留下令人惊叹的圆形墓塔，包括在西路斯塔尼和库提博的塔群。

印加帝国和西班牙征服者

尽管辉煌四射，印加的鼎盛只延续了约100年。前八任印加君主的统治从12世纪持续到15世纪早期，但却是第九任国王帕恰库德让帝国尝到第一口血腥的征服滋味。在不断扩张的渴望引导下，毗邻的高地部落昌卡人，在1438年左右踏上了库斯科的门槛，而印加国王维拉科查认定自己的小帝国必定落败，因此落荒而逃。而他的儿子帕恰库德重整印加军队，并在孤注一掷的一战中与昌卡人周旋到底，因而声名鹊起。

有胜利的支撑，帕恰库德展开了第一拨印加扩张，迅速地将安第斯中部的大部分地区纳入囊中。在之后的25年，印加帝国扩张到了如今厄瓜多尔和哥伦比亚的边界及智利北部的沙漠，这段时期建起了许多令人难以置信的山顶城塞，包括马丘比丘。

当欧洲人来到“新世界”，天花等传染病横扫了美洲中部和加勒比海地区。1527年，第十一任印加君主瓦伊纳·卡帕克（Huayna Capác）就死于传染病。他把帝国分给了他的两个儿子——母亲是基多人（Quiteña）的阿塔瓦尔帕（Atahualpa）统治北部，而血统纯正的库斯科人瓦斯卡尔统治了库斯科和南部。内战最终爆发，使印加帝国陷入缓慢的衰落。

1526年，弗朗西斯科·皮萨罗从巴拿马向南进军，很快就发现了印加帝国富饶的沿海村落。在回到西班牙为征服寻求人力财力后，他便驶向厄瓜多尔，从陆路进犯秘鲁和印加帝国的腹地，并在1532年到达卡哈马卡。当时阿塔瓦尔帕已打败了他的同父异母的弟弟瓦斯卡尔。

此次狭路相逢即将改写南美洲的历史进程。阿塔瓦尔帕被一群武装的征服者伏击，他们还杀害了数千名手无寸铁的当地部落人民。为了阿塔瓦尔帕的释放，印加帝国交纳了从库斯科拿来的金银作为赎金，包括从太阳神殿墙上扒下来的金子。

但在囚禁阿塔瓦尔帕数月，并不断加码赎金后，皮萨罗还是处死了他，并向库斯科进犯。身着铠甲、手持钢剑的西班牙骑兵基本上一路势不可当。尽管有断断续续的反抗，印加帝国还是被迫退入深山丛林中，再没有恢复昔日的辉煌显赫，也没有收复领土。

殖民地时期的秘鲁

1535年，皮萨罗建立了首都利马。长达几十年的动乱开始了，秘鲁人民反抗他们的征服者，而征服者们也忙着为了富庶殖民地的控制权而内斗。皮萨罗在1541年被名为征服者迭戈·德·阿尔马里奥的儿子暗杀，因为阿尔马里奥在1538年被皮萨罗处死。1536年，曼科印加（Manco Inca）差点重获高地的控制权，但到1539年又退回到比尔卡班巴（Vilcabamba）雨林中的藏身处，并于1544年在那里被杀。1572年，印加国王图帕克·阿马鲁（Inca Túpac Amaru）也尝试推翻西班牙征服者，但后来被打败并被杀害。

在之后的两个世纪，利马是安第斯各国主要的政治、社会和商业中心，而库斯科则死气沉沉。土著居民村落（encomienda）体制压榨着土著人民，因为殖民者被授予土地和土著奴隶。这套体制最终引发了1780年的起义，由再自封为王的印加国王图帕克·阿马鲁二世（Inca Túpac Amaru Ⅱ）领导。这次反抗遭到了镇压，领导者也被残酷处死。

独立

19世纪早期，反抗开始激化。殖民地居民抵制西班牙当局征收的高额赋税，希望控制本国丰富的矿产资源，开始使用未加工的海鸟粪便作为肥料。

变化来自两个方面。把阿根廷和智利从西班牙手上解放后，何塞·德·圣马丁入主利马，并于1821年正式宣布了秘鲁的独立。与此同时，西蒙·玻利瓦尔解放了委内瑞拉、哥伦比亚和厄瓜多尔。圣马丁和玻利瓦尔在厄瓜多尔碰面，随后玻利瓦尔向秘鲁进发。1824年，两场决定性的战斗在胡宁和阿亚库乔打响，西班牙人最终于1826年投降。

1866年，秘鲁曾在与西班牙的战争中获得短暂的胜利，但与智利为争夺硝酸盐丰富的阿塔卡马沙漠的持久战（1879年至1883年）落败。智利吞并了大片秘鲁南部沿海地区，但在1929年归还了部分。十几年后，秘鲁又为了另一处边境争端而与厄瓜多尔开战，1942年的一则条约予以秘鲁马拉尼翁河（Río Marañon）以北的地区，但厄瓜多尔不服，随后每隔几年，两国便会发生小规模冲突。直到1998年，一份和平缔约才终结了这些冲突。

现代

尽管是普通人统治时期，在20世纪的大部分时间里，政变和军事独裁仍然是秘鲁政府的特征。

20世纪80年代末，这个国家经历了激烈的社会动荡。针对总统阿兰·加西亚·佩雷斯（Alan Garcia Perez）灾难性经济政策的示威抗议每天都在发生——通货膨胀率最高达到10,000%！佩雷斯的第一个任期被光辉道路组织破坏活动的阴影笼罩着，他们发动的游击战导致至少4万人死亡或失踪，大部分发生在安第斯山脉中部。

1990年，日本移民之子阿尔韦托·藤森（Alberto Fujimori）当选总统。强悍的半独裁手段造就了经济上前所未有的提升。1995年，高支持率将藤森推向了第二任期（在他修改宪法，明文规定他可以再次参选之后），但民众对他的支持于1998年下滑。在2000年9月，一段录像流出，显示藤森的首席情报官贿赂了一名国会议员，导致藤森10年的统治急剧失控。在丑闻和侵犯人权的谴责声中，藤森在对亚洲进行国事访问期间辞职，并藏身日本，而日本当局拒绝了秘鲁屡次提出的引渡要求。2005年，藤森在前往智利的旅途中被捕，并于2007年被引渡回秘鲁，最初以其下令进行一次非法搜查的罪名被起诉并被判有罪，判处6年监禁。2009年，藤森又因反人类罪，被追加25年徒刑。他被查出犯有谋杀、人身伤害罪和两次绑架的罪行。

虽然有家庭出身的污点，2006年，藤森之女阿尔韦托（Keiko）以压倒性胜利获选秘鲁国会议员，并于2011年参选总统，后在难分上下的终选中败给了前陆军军官奥良塔·乌马拉。

乌马拉刚开始被认为是乌戈·查韦斯之流的民粹主义者（他刚当选时，利马股票交易所的指数大跌），但他的统治还是对商业有益的。尽管在他统治下经济运转良好，但一次对光辉道路组织高地营地的失败袭击，让他的支持率在2012年中期一落千丈。乌马拉的支持率在2015年8月又离奇地反弹，这是他执政的最后一年，尽管（或者正因为）他宣布了南部海岸的军事法以应对当地农民和Tía María铜矿势力之间的暴力冲突。

文化

坐拥沙漠、高地和热带丛林等地形，秘鲁被吹捧为一片充满反差的土地。这个说法也适用于人民的生活：这个国家混合着贫穷和富裕、古典和现代、农业和城市、土著和白人。日常生存可能很艰难——但也有可能很富庶。几个世纪以来，这就是在秘鲁的生活故事。

人口

秘鲁本质上是一个双重文化的社会：一部分是本土的，另一部分是受欧洲影响的。会讲西班牙语和坚持克里奥尔（criollo）传统的秘鲁人（殖民地时期在秘鲁出生的西班牙人）是一个种族融合的群体，包含了白人（占人口15%）和本地人与欧洲人的混血（mestizo，约占人口37%）。

约45%的秘鲁人口是纯种的土著（indígena，有土著血统的人），这使得秘鲁成为拉丁美洲有较高比例土著的三个国家之一。其中大部分土著人口居住在安第斯的农村地区，从事农业生产。大部分的土著人讲盖丘亚语，生活在安第斯高地上，而小部分人讲艾马拉语，生活在的的喀喀湖区。在广袤的亚马孙地区，多个土著民族讲其他语言，数不胜数。

大约有3%的秘鲁人是非洲或亚洲后裔，秘鲁黑人是由西班牙征服者带来的奴隶后裔。

生活方式

尽管近年的经济蓬勃发展为国家增益不少，但贫富差距还是日渐增大。最低月工资低于200美元。而且，根据一份2010年的联合国报告，几乎三分之一的人口生活在贫困线以下，而十分之一的人以低于每天1美元的收入苦苦营生。尽管官方报告的国家失业率仅为7.9%，但未充分就业的情况非常严重，特别是在城市里。在利马，据估计，未充分就业影响了42.5%的人口。

在农村地区，穷人很大程度上靠农业勉强存活，生活在传统的土坯房或铁皮屋中，基本没有电和室内抽水马桶。在城市，特困人群住在贫民区，而下层和中产阶级生活在水泥公寓式房屋中，或小独栋住宅里。更多富裕的城市家庭组成了大片的独栋房屋群，通常用高墙围起。

大体来说，房屋通常都是多代人合居。

宗教

超过81%的秘鲁人为罗马天主教徒，而天

主教为官方宗教。部分土著表面上是罗马天主教徒，但他们通常会将传统信仰的元素融合到教堂节日和神圣仪式中。福音派信徒和其他的新教徒如今约占人口的13%。

饮食

在秘鲁，长期以来，融合菜的概念就是日常烹饪的一部分。在过去400年的进程中，安第斯炖肉混入了亚洲爆炒技艺，西班牙米饭吸收了亚马孙风味，产生了这个国家驰名的克里奥尔烹饪（一种西班牙、安第斯、中国和非洲菜的混合）。在过去的10年间，一代富有实验精神的年轻创新者已经把当地菜肴推向了美食的新高度，这种创新安第斯菜式（novoandina）通过高级料理诠释了秘鲁烹饪。

秘鲁食品偏于辛辣，但ají（辣椒）是可以自行添加的。保守的食客能在一家chifa（中餐馆）或pollería（烤肉餐厅）里得到解脱。素食选择在不断增加，而秘鲁许多创新的土豆菜品很值得一试。餐厅一般供应menú del día（套餐，通常是午餐），有汤和主菜，可能还有甜品，价位为8～22新索尔。名为canchita的炸玉米粒是无处不在的餐桌小食。

Incluye impuesto（IGV）意为价格已包含服务费。较好的餐厅会在账单上加收18%的税款和10%的小费。

饮品

酒精饮品

啤酒有淡啤酒、甜啤酒和黑啤酒（malta或cerveza negra）。库斯科和阿雷基帕对他们本地的啤酒Cuzqueña和Arequipeña感到极为自豪。

源于前哥伦布时期的传统高地chicha（玉米啤酒）存储在陶罐中，在安第斯小村落和市场上盛在大玻璃杯里出售，但如今并非常能买到。这种家酿酒有一种特殊添加的风味——发酵过程是从一个人咀嚼玉米开始的。

秘鲁红酒很不错，但达不到智利或阿根廷的标准。一种叫皮斯科（pisco）的白葡萄白兰地是国民饮品，通常调成皮斯科鸡尾酒（pisco sour），即一种用皮斯科酒、蛋白、柠檬汁、糖浆、碎冰和苦啤酒调制的鸡尾酒。在热带丛林的烈酒之选是aguardiente（茴香味的甘蔗酒）。

> **警告**
>
> 请勿食用曾濒危或正濒危的动物制成的食物。有时海豚（chanco marino）会被端上桌，在丛林地区会吃龟蛋（charapa）、巨骨舌鱼（paiche，体形最大的淡水鱼）、凯门鳄、龟（motelo）甚至猴子（mono）。

非酒精饮品

Agua mineral（矿泉水）分con gas（带气的）和sin gas（不带气的）出售。起码要尝一次秘鲁最畅销的国民碳酸饮料——“北冰洋”口味的印加可乐（Inca Kola）。Jugos（果汁）到处有卖，有些出名的摊点用过滤水调制。你还可以点带leche（牛奶）的果汁。Chicha morada（紫玉米汁）是一种甘甜爽口的非碳酸饮料，用紫玉米制成。Maté de coca（古柯茶）对预防高原反应有奇效。尽管秘鲁向世界各地出口咖啡，很多秘鲁人却喝速溶咖啡。在游客常去的地区，供应意式浓咖啡和卡布奇诺的咖啡馆不断涌现。

体育

虽然秘鲁球队自1982年起就没获得参加世界杯的资格，足球在秘鲁还是能引发热潮。著名球队大部分来自利马：传统的经典对战是利马联盟队（Alianza Lima）对抗秘鲁体育大学队（Universitario，简称La U）。赛季是3月末至11月。

斗牛也是国家文化的组成部分。利马的Plaza de Acho广场吸引着国际人才。在偏远的安第斯地区节日上，秃鹰被绑在公牛背上——代表了土著人民反抗西班牙征服者。

艺术

这个国家孕育了本土和来自欧洲的帝国文明，拥有丰富的文化与艺术传统宝藏。也许最突出的成就就是在音乐（本土的和外来的）、绘画和文学领域——后者在2010年获得广泛关注，因秘鲁小说家马里奥·巴尔加斯·略萨（Mario Vargas Llosa）获得当年的诺贝尔文学奖。

音乐

像它的人民一样，秘鲁音乐是各国元素的混合体。前哥伦布时期的文化贡献了竹笛，西班牙人带来了弦乐器，而非洲人赋予了作为主调流畅的打击乐节奏。总体而言，音乐趋向于地方化：受非洲音乐影响的landós，用拇指击打出的低音节拍在海岸地区称霸；高音调的土著huaynos着重竹管乐器，常在安第斯地区听到；而克里奥尔华尔兹则是在任何海岸地区的派对上必放的。

在过去的几十年中，huayno与冲浪吉他和哥伦比亚昆比亚（cumbia，一种非洲-加勒比乐曲）融合产生了chicha——一种适合伴舞的乐曲，多闻于亚马孙地区（知名的chicha乐队有Los Shapis和Los Mirlos）。昆比亚也很流行，来自奇克拉约的Grupo 5是目前这个流派中最当红的乐队。

在海岸地区，用吉他转调的克里奥尔音乐（música criolla）根植于西班牙和非洲。最著名的克里奥尔风格是秘鲁华尔兹（vals peruano），这是一种3/4拍的华尔兹，节奏快，充满了复杂多变的吉他旋律。在这一流派中最传奇的歌手包括歌手兼作曲家恰布卡·格兰达（Chabuca Granda，1920~1983年）、恰查·雷耶斯（Lucha Reyes，1936~1973年）和阿图罗·赞波·卡贝罗（Arturo ‘Zambo’ Cavero，1940~2009年）。卡贝罗因为他粗哑的声线和灵魂的穿透力而备受尊崇。Landó与克里奥尔风格相近，但增加了呼应唱法（call-and-response）的元素。这一派的出色表演者有歌手苏珊娜·巴卡（Susana Baca，生于1944年）和伊娃·艾利翁（Eva Ayllón，生于1956年）。

视觉艺术

秘鲁最著名的艺术运动始于17世纪和18世纪，当时库斯科学院的土著和混血艺术家创作了上千幅宗教绘画，众多作品至今无法断定作者。库斯科的油画骄傲地展示于多处高地教堂中。

传统工艺品

秘鲁有着生产精致工艺品和民间艺术品的悠久传统。以下是值得一看的：

纺织品 你能在秘鲁各地看到拟人化和几何图案设计的精巧织物。最好的织品在库斯科周边。

陶器 最令人叹为观止的陶器物件是前哥伦布时期居住于北部海岸地区的莫切人用传统工艺制作的。同样值得一看的还有钱凯风格的陶器：由沙色黏土制成的圆润器物。这些都能在利马的工艺品市场买到。

宗教工艺品 这些物品遍布各地，但产自阿亚库乔的retablos（三维宗教故事组塑）是最独特的。

文学

秘鲁最知名的小说家是诺贝尔奖获得者马里奥·巴尔加斯·略萨（生于1936年），曾在1990年总统选举中落选。他的作品包括《英雄岁月》（*The Time of the Hero*）在内的复杂小说，深入探讨了秘鲁的社会、政治和文化。

塞萨尔·巴列霍（César Vallejo，1892~1938年）被认为是秘鲁最伟大的诗人，著有《特里尔塞》（*Trilce*），一本收纳了77首先锋派存在主义诗歌的诗集。巴列霍因把西班牙语推向极致而得名，在已有的词汇不能满足他时就自己造词。

何塞·玛丽亚·阿尔格达斯（José María Arguedas，1911~1969年）和西罗·阿莱格里亚（Ciro Alegría，1909~1967年）两位作家以对土著部落的刻画而知名。冉冉升起的文学新星丹尼尔·阿拉尔孔（Daniel Alarcón，生于1977年）是秘鲁-美国混血，其2007年的处女小说《失落之城电台》（*Lost City Radio*）获得广泛的赞誉。

环境

很少有哪个国家的地形如秘鲁这般崎岖、险峻又极其多样。作为南美第三大国家，秘鲁国土面积1,285,220平方公里，比英国大5倍，几乎是德克萨斯州面积的两倍，澳大利亚面积的六分之一。它地处热带，赤道以南，跨越三大迥异的地理带：干旱的太平洋海岸、崎岖的安第斯山脉和一大片亚马孙流域。

土地

海岸带状地区主要是沙漠，其中点缀着城市和从安第斯山脉孕育的河流，形成农业绿洲。秘鲁最好的公路是泛美公路（Carr Panamericana），贯通秘鲁这个沿海国家，一直延伸到边境。

安第斯山脉在海岸边兀然崛起，在距海岸仅100公里的内陆一跃升至6000米的壮观高度。大部分山脉都在3000米至4000米的高度，参差不齐的崇山峻岭被深得令人眩晕的峡谷分隔。瓦斯卡兰山（6768米）是秘鲁最高峰。

安第斯山脉东部比干燥的西部坡地有着更多的雨水，因此覆盖着云雾森林，与亚马孙流域的雨林融为一体。

野生动物

秘鲁有巨大的沙漠、冰河覆盖的山脉、热带雨林和几乎所有能想象到的介于其间的各种栖息地，哺育了一大群野生动物。

鸟类和海洋生物遍布海岸，那里居住着海狮、洪堡企鹅、智利火烈鸟、秘鲁鹈鹕、印加燕鸥和该地区特有的棕色褐鲣鸟。奇异的高地鸟类有雄伟的安第斯秃鹰、秘鲁彩鹮及各种蜂鸟。高地也是美洲驼、羊驼、原驼和骆马等骆驼科动物的故乡，而云雾森林中有美洲虎、貘和濒临灭绝的眼镜熊出没。

俯冲至亚马孙盆地，如果幸运的话，你会看到标志性的热带鸟类——鹦鹉、金刚鹦鹉、巨嘴鸟和其他更多品种。亚马孙哺育着超过12种猴子，还有淡水豚、青蛙、爬行动物、鱼类和昆虫。有蛇吗？别惊慌。许多种蛇生活在这里，但它们大多怕人。

最佳野生动物观赏地

马努国家公园（见155页）的偏远丛林，最有可能看到美洲虎、貘和猴子。

鸟岛（见76页）海岸自然保护区，有企鹅、火烈鸟和海狮。

伊基托斯（见156页）的树冠步道、丛林小屋和内河游轮。

瓦斯卡兰国家公园（见145页）的安第斯秃鹰和骆马。

马尔多纳多港（见152页）附近的水豚和金刚鹦鹉。

科尔卡峡谷（见91页），最容易看到安第斯秃鹰。

亚里纳科查（见156页）的牛轭湖里居住着粉色淡水豚、巨大的绿鬣蜥和无数种鸟类。

帕卡亚-萨米利亚国家自然保护区（见160页）的原始雨林保护区，要乘独木舟进行探访。

马丘比丘（见119页）周围有超过400种珍稀和地方特有鸟类。

国家公园

秘鲁的野生动物资源由一套国家公园和自然保护区系统加以保护，60处保护区覆盖了近15%的国土面积。然而，这些公园仍严重缺乏基础建设，并遭到非法捕猎、垂钓、伐木和采矿的破坏。

部分亮点包括布兰卡山脉徒步游的首选去处瓦斯卡兰国家公园，还有位于库斯科西北部的马努国家公园，它坐拥世界上最具生物多样性的雨林之一。许多保护区或国家级保护区和受保护地区——如科尔卡大峡谷和的的喀喀湖——也值得一游。

在等待了数十年之后，2015年8月，Sierra del Divisor Reserve Zone终于成为秘鲁最新的国家公园，此举保护了与巴西交界处150万公顷的雨林，包括独特的植被、动物群和土著人社群。

环境问题

秘鲁在自然资源管理上面临着重大挑战，这些问题加之缺乏相关法令和难以逾越的地理环境而变得更为复杂。滥伐和侵蚀是主要问题，还有工业污染、城市扩张和在某些安第斯山脉坡地上屡禁不止的古柯种植。另外，穿越亚马孙中心的跨海高速公路可能破坏数千平方公里的雨林。

滥伐和水的问题

在地表，为了柴火而砍光高地的植被，为

了珍贵木材而砍伐雨林，以及为开垦农业用地、钻探油井、采矿而砍伐，已经对土地造成了严重的侵蚀。在高地，安第斯山脉林地和高地草原上的滥伐和过度放牧甚为严重，土壤质量急剧恶化。在亚马孙雨林，滥伐已经导致了侵蚀和青蛙等主要物种的锐减。侵蚀还导致了这个地区水质量的下降，那里含沙的水源已无法维持位于食物链底层的微生物的存活。

其他与水相关的问题还有高地上采矿造成的水污染。沿海一带的废水污染已导致了许多沿海城市的沙滩不再适宜游泳。在南部，污染和过度捕捞导致了洪堡企鹅（自20世纪80年代起数量已经减少了超过三分之一）的持续减少。

环保进展

2014年年末，秘鲁与挪威和德国签署了协议，减少与其森林相关的碳排放，以努力在2021年前达到碳平衡。挪威承诺如果实现，将为此支付最多3亿美元。

一些积极的措施正在帮助保护秘鲁环境。例如，秘鲁政府和旅游业内的私营企业已经在亚马孙流域合作开发可持续的旅游项目。

生存指南

出行指南

签证

自2016年9月21日起，中国公民持有效期6个月以上的美国、加拿大、英国及北爱尔兰、澳大利亚或申根签证（各国签证的具体信息请见Lonely Planet相关指南及各国驻华使馆、签证中心官网），或在这些国家和地区长期居留，可免签进入秘鲁进行旅游或商务活动，有效期180天。这一签证利好消息为赴秘鲁旅行带来极大便利。需要提醒的是，如果往返秘鲁的航班在美国、加拿大转机，即使不出机场也需要办理相应的过境签证。

持香港特别行政区护照者可免签入境秘鲁。

如无以上国家签证，则需要办理秘鲁个人旅游签证，适用于希望参观秘鲁了解其文化风土人情等，不适合定居也不适用于从事营利活动的人。签证费380元，有效期一年，可多次入境，单次停留期取决于提交的行程单，一般不超过30天。

申请所需材料：

- 护照，有效期至少6个月及所有护照页复印件；
- 签证申请表；
- 两张2寸白底彩色免冠证件照；
- 往返机票或机票预订单；
- 酒店订单或旅行行程单；
- 能反映申请人经济状况的材料复印件，如银行存款、房产、汽车证明等；
- 签证官在法律许可范围内认为必要的其他材料。

秘鲁的旅游签证不可以延期，如果超出了允许停留的时间，出境时必须向海关上缴罚金。

秘鲁驻华使领馆：

秘鲁驻华大使馆（☎010-65323477；www.embperuchina.com.cn；北京三里屯工体北路三里屯外交大楼1-91；⊙签证受理 周一至周五9:00~13:00，电话咨询 周一至周五15:00~17:00）

秘鲁驻上海总领事馆（☎021-52985900；上海市南京西路1515号嘉里中心2705室）领区：上海、浙江、江苏、安徽、江西、福建。

秘鲁驻广州总领事馆（☎020-66311810；广州市天河区珠江新城珠江西路5号广州国际金融中心3201室）领区：广东、广西、贵州、海南、云南、湖南。

保险

去秘鲁旅行前，购买一份包含紧急医疗救助和偷窃抢劫赔偿的旅游险还是很有必要的。

如果只是简单的观光旅游，可以考虑购买基础保障型的旅游保险。此类保险费用相对便宜，保障范围有限，保额较低，承保范围一般包含意外身故、伤残和烧烫伤、紧急医疗转运及每日住院津贴等。最好包含24小时全球救援服务，这样万一出事可在第一时间得到救助。

如果你要在秘鲁参与一些高风险运动（如登山、山地自行车、漂流等），则建议买份高额的意外保障型旅游保险，并确认承保项目包含你将涉及的运动项目。如果你计划在高海拔（一般指海拔3500米以上）地区进行徒步、登山等运动，则需确认承保项目包含这一点。如果你计划租车自驾，并非所有的汽车、摩托车公司都提供保险，最好提前自行购买。

货币

货币为新索尔（S），1新索尔为100分（céntimos）。汇率见53页。

自动柜员机

大多数城市和一些小镇都有接受Plus（Visa）和Cirrus（Maestro/MasterCard）的24小时自动柜员机。美国运通和其他支付网络覆盖没那么广。大型机场、长途车站、Interbank银行，甚至一些商家，都有全球通用的globalnet自动柜员机，号称接受所有外国银行卡，可使用中国银联卡进行取款和余额查询，且均安装有中文界面。注意：单次取款限额为400新索尔或200美元，每笔手续费高达18新索尔或5.5美元。

现金

以下是普遍流通的货币面值：10新索尔、20新索尔、50新索尔和100新索尔。兑换货币时，要记得多换些小额钞票。0.05新索尔、0.1新索尔、0.2新索尔、0.5新索尔、1新索尔、2新索尔和5新索尔的硬币也在流通使用。许多面向游客的地方接受美元，但你还是需要新索尔以支付交通、便宜的餐点和客栈等费用。在秘鲁，假钞是一个严重的问题。

信用卡

高档酒店、餐厅、超市、商店和一些旅行社接受信用卡（tarjetas de crédito），但刷信用卡前请确认是否会加收手续费。

货币兑换

除美元外的其他币种只能在主要城市兑换，还会收取高额手续费。不接受破旧的、撕裂的、受损的钞票。货币兑换处（Casas de cambio）比银行的营业时间长，也更快捷。官方货币兑换商（cambistas）在银行休息时或没有银行的边境很有用，但小心"改装"的计算器、假钞和克扣找零。这些官方货币兑换商一般穿着绿色和蓝色背心（背心上有欧元或美元货币符号），在首都利马很常见，尤其是银行门口，为防止收到假币，最好让他们在单据上盖公章。

人民币在秘鲁无法直接兑换新索尔，建议携带美元或欧元现金。如果打算用银联卡取现，有新索尔和美元两种选择，因新索尔的单笔取款限额较少且手续费较高，建议支取美元再兑换新索尔。

小费

秘鲁有小费传统，但并不严格，一般较为高档的餐厅可视服务情况给账单10%左右的小费，有些餐厅也会直接加进账单里。许多徒步游的向导、背夫、厨师会默认在结束时收取小费。在库斯科的街头经常能看到身着彩色民族服饰的妇女和孩子，有的还牵着羊驼，如果你想拍摄他们或与之合影，先上前问好价格。

电源

秘鲁的电力系统为220伏、60赫兹交流电。插头制式为美标，中国的两孔插头可直接使用。

使领馆

中国驻秘鲁大使馆[☎511-442-9458; www.embajadachina.org.pe/chn; 使馆 Jr. Jose Granda 150, San Isidro, Lima 27, 领事部 Calle Carlos Porras Osores 419, San Isidro, Lima 27; ⏲领事部对外办公时间 周一至周五 9:00~12:00（送件），周一、周三、周五 15:30~17:00（取件）]

智利驻秘鲁大使馆（☎01-710-2211; chileabroad.gov.cl/peru; Javier Prado Oeste 790, San Isidro, Lima 27）

阿根廷驻秘鲁大使馆（☎01-433-3381; Av 28 de Julio 828, Lima 1）

玻利维亚驻秘鲁大使馆（☎01-440-2095; www.boliviaenperu.com; Los Castaños 235, San Isidro, Lima 27）；普诺领事馆（☎051-35-1251; Arequipa 136, 3层; ⏲周一至周五 8:00~16:00）；库斯科领事馆（Av. Oswaldo Baca 101; ⏲周一至周五 8:00~15:30）

巴西驻秘鲁大使馆（☎01-512-0830; www.embajadabrasil.org.pe; Av José Pardo 850, Miraflores, Lima）

哥伦比亚驻秘鲁大使馆（☎01-462-0294; peru.embajada.gov.co; Calle Clemente X, 335, San Isidro, Lima）；伊基托斯领事馆（☎065-23-1461; Calvo de Araujo 431）

厄瓜多尔驻秘鲁大使馆（☎01-212-4027; peru.embajada.gob.ec; Las Palmeras 356, San Isidro, Lima 27）；通贝斯领事馆（☎072-52-5949; Bolívar 129, 3层, Plaza de Armas）

美国驻秘鲁大使馆（☎01-618-2000; lima.usembassy.gov; Av Encalada, cuadra 17, Surco, Lima）

旅游信息

PromPerú官方旅游网站（www.peru.info）提供英

语和西班牙语信息。PromPerú还经营iPerú（☎24小时热线 01-574-8000；www.peru.travel/iperu.aspx）旅游信息咨询，在利马、阿雷基帕、阿亚库乔、奇克拉约、库斯科、瓦拉斯、伊基托斯、皮乌拉、普诺、塔克纳和特鲁希略设有咨询处。

South American Explorers（SAE；www.saexplorers.org）俱乐部是秘鲁及整个南美洲旅游信息的优质来源，在秘鲁的利马和库斯科设有分部。不过，要获得更多帮助，需要成为付费会员。

活动

大部分户外活动全年都可以进行，但在一年中的某些时段更为适宜，高峰季节是冬日旱季（6月至8月）。雨季高原地区会很泥泞，为徒步造成许多困难，特别是雨势最大的11月至次年3月，印加古道会在每年2月关闭维护。炎热的夏季最适合沿着太平洋海岸游泳和冲浪。

徒步爱好者们，带上你们的登山靴和登山杖！秘鲁的徒步路线相当丰富。布兰卡山脉的山峰无可比肩，而附近瓦伊瓦什山脉也同样令人惊叹。如果你对秘鲁的徒步路线稍有研究，你一定听说过闻名世界的印加古道——当然其他旅行者也都会听说过，你需要提前1个月甚至半年通过旅行社预订名额，如果没抢到，不妨考虑一下选择其他路线去马丘比丘朝圣（见123页方框）。你还可以挑战壮观的奥桑加特（Ausangate）6日环线，探索深藏在查查波斯亚周边云雾森林里的古代遗址，或者下到世界最深的峡谷——科塔瓦西大峡谷和科尔卡峡谷。至于登山，秘鲁最高峰瓦斯卡兰山（6768米）是专门留给行家的。但瓦拉斯和阿雷基帕附近遍地都是容易攀登的山峰。攀岩和攀冰在瓦拉斯周边也很受欢迎。

库斯科和阿雷基帕的旅行社提供多种一日漂流和长距离漂流（3级到4+级急流）项目。不过曾有游客在这些河流中丧命，所以选旅行社时要格外谨慎，新手的最佳去处是Lunahuaná。冲浪在秘鲁有很大的群众基础。巨浪出现在北部海岸，万查科、曼科拉和利马南部尤为出名。想要截然不同的体验，就从瓦卡奇纳和纳斯卡附近海岸沙漠的巨大沙丘滑沙而下。滑翔伞在利马尤其流行。

准备好来一场高山速降冒险了吗？瓦拉斯、库斯科和阿雷基帕周边的单行小道都在恭候着山地自行车手呢。租用马匹很容易，想要真正挥霍一把，就去乌鲁班巴附近骑一匹优雅的秘鲁巴索马（Peruvian paso horse）。如果你对观鸟感兴趣，亚马孙平原、鸟岛和科尔卡峡谷都可以满足初级爱好者。

为了你的安全，避开那些最便宜的旅行社和户外装备商店。至于专业活动，最好从家里自带装备。

营业时间

全年的营业时间会有所变化，本书列出的是旺季时间，平季和淡季通常会相应缩短时间。

店铺通常在9:00或10:00开门，18:00~20:00关门。两小时的午间休息很普遍，但大城市的许多店铺没有午休，利马还有24小时营业的超市。银行的营业时间通常是周一至周五的9:00~18:00，周六营业至13:00。餐馆营业时间是10:00~22:00，许多餐馆15:00~18:00休息。博物馆通常周一闭馆。政府办公室和企业在周一至周五9:00~17:00办公。商店营业时间通常是9:00~18:00，有一些周六也营业，邮局和货币兑换处营业时间各异。几乎所有店铺都在周日歇业。

节假日

在主要节假日，银行、售票处和其他服务机构都会歇业，酒店涨价2至3倍仍一床难求，交通也会变得拥挤不堪。国家独立日是最盛大的全国性节日，届时整个秘鲁都会活跃起来。

新年（Año Nuevo）1月1日

耶稣受难日（Good Friday）3月或4月

劳动节（Día del Trabajador）5月1日

太阳节（Inti Raymi）6月24日

圣佩德罗和圣巴勃罗节（Fiestas de San Pedro y San Pablo）6月29日

国家独立日（Fiestas Patrias）7月28日和29日

利马圣罗莎狂欢节（Fiesta de Santa Rosa de Lima）8月30日

安加莫斯战役日（Battle of Angamos Day）10月8日

万圣节（Todos Santos）11月1日

圣母无染原罪瞻礼（Fiesta de la Purísima Concepción）12月8日

圣诞节（Navidad）12月25日

住宿

首都利马和旅游胜地库斯科是整个秘鲁住宿最昂贵的地方。在旺季（6月至8月）和主要的节假日，住宿很可能爆满而且房价会翻3倍。其他时间，我们列出的旺季价格会有所下降。外国游客通常不会被征收10%的销售税。Incluye impuesto

住宿价格区间

以下价格区间指的是旺季时带独立卫生间的双人间价格，除非另做说明。

$ 低于85新索尔（含床位间）

$$ 85~250新索尔

$$$ 高于250新索尔

（IGV）意为价格已包含服务费。在高档酒店，税金和服务费加起来可能达到总额的28%。经济型酒店通常限时供应热水（或者更有可能是温的）。书中推荐的青年旅舍床位间无独立卫生间，而单间和双人间有独立卫生间，除非另做说明。

地图

最好的秘鲁公路地图是Mapa Vial（1：2,000,000），由Lima 2000印制，在书店有售。地形图很容易在主要城市和旅游目的地的户外用品商店中买到。通常在旅游咨询处和青年旅舍等住宿地点可免费领取当地的旅游地图。

邮局

Serpost是私有邮政系统，相对高效，但价格也高。航空邮寄明信片和信件费用为每件5~6.5新索尔，可寄往大多数国际目的地，从利马寄出约两周后到达，如果从省级城市寄出则需要更长时间。

South American Explorers（SAE；www.saexplorers.org）为会员提供邮件和包裹寄存服务，可存在利马和库斯科的俱乐部。

电话

公共付费电话即使在最小的镇上也能找到。大部分用电话卡，也有很多用硬币。拨打☎109是秘鲁运营商，拨打☎108是国际运营商，拨打☎103咨询信息。在网吧拨打本地、长途和国际电话往往比去Telefónica-Perú（www.telefonica.com.pe）营业厅打便宜得多。

手机

在秘鲁（GSM 1900）可以使用三频的GSM国际手机，其他通行网络是CDMA和TDMA。这个领域变化很快，所以在出行前查看一下现状。手机信号在山区和丛林可能会比较弱。

中国通信运营商的漫游资费很高，详情请查询相应网站或客服。你可以花至少15新索尔买张SIM卡，Claro预付费的套餐很受欢迎，营业厅也很多。

电话卡

电话卡在西班牙语中被称为tarjetas telefónicas，在街头小贩或报摊都可以买到。有些有电子芯片，但大多数需要输入代码才能接通。先拨打3位接入号，然后输入卡背后的代码，会收到一条余额提示，接着就可以拨打号码进行通话了。到处问问哪家公司的电话卡最实惠。

电话号码

秘鲁的国家代码是☎51。拨打外国号码，先拨打☎00，再输入国家代码、区号和当地号码。

如从秘鲁拨打中国电话：

固定电话：☎0086+国内长途区号（如北京10、广州20、上海21等）+电话号码。

手机：☎0086+手机号码。

秘鲁的每个省都有自己的区号，以0开头（利马是☎01，其他地区是0后加两位数）。拨打秘鲁国内长途，要把0加在区号中。如果从国外打入电话，就输入国际冠码00、国家代码51、区号不加0，然后拨打当地号码。

上网

绝大多数住宿、咖啡馆和少数餐馆都提供Wi-Fi。网吧（locutorios）在秘鲁仍比较常见。城市地区网速较快，费用相对低廉（每小时1.5新索尔），但在乡村地区网络不够稳定，价格也偏高。

厕所

除了博物馆、餐厅、酒店和车站以外，秘鲁的公共厕所并不多见，且基本都要收费1~2新索尔。记得随身携带卫生纸。即使很少一点卫生纸丢进便池里都有可能搞砸整个排水系统，所以请永远把卫生纸丢进纸篓里。

旅行安全

在秘鲁旅行会遇到相当多的麻烦，随时都应该保持高度警惕。最普遍的问题是偷窃，小偷小摸或明目张胆的抢劫都有，暴力抢劫很少见，但也不能完全排除。抢劫和致命攻击即使在人多的徒步路线上也会发生，以瓦拉斯周边最为臭名昭著。避开没有执照的“海盗”出租车，搭乘有质量保障的日间长途汽车，避免便宜的过夜车，以降低发生事故和被劫持的风险。

请勿涉毒，涉毒的外国人要在秘鲁严酷的监

狱里坐上很长时间的牢。所有犯罪嫌疑人（包括交通事故，不管你是不是肇事司机）都会被认定有罪，直到被证明无辜。

恐怖主义在秘鲁仍然阴魂不散，贩毒的问题也很严重。要避开的地区有在廷戈玛丽亚（Tingo María）和Juanjui之间的瓦亚加河谷（Río Huallaga），阿亚库乔附近的阿普里马克河谷（Río Apurímac valley），那里是秘鲁非法种植毒品的重地。目前，不建议去比尔卡班巴（Vilcabamba）、Ivochote、Kiteni等地区旅游，但情况可能有变。

不是所有沿厄瓜多尔边境分布的未爆弹药（unexploded ordinance，UXO）都被清除了。只从官方边境口岸通行，在边境地带不要偏离主路。

高原反应（Soroche）有可能致命，从海平面突然飞往高海拔地区需要至少一两天时间适应，不要马上开展户外活动，尤其是徒步等高强度运动。

法律事宜

旅游警局（policía de turismo）分布在十几个主要城市，通常都配备至少一名能讲一点英语的工作人员。尽管受贿是违法的，但有些警员（包括旅游警员）可能很腐败。旅行者最有可能被警官索要一点贿赂的地方就是陆路边境口岸，这样做是违法的。如果你有足够的时间，坚定立场，最终还是会被放行的。

残障旅行者

很遗憾，秘鲁为残障旅行者提供的便利较少。秘鲁官方旅游机构PromPerú在其网站（www.peru.info）的"特殊需求"（Special Interests）部分可链接到"无障碍旅游"（Accessible Tourism），在那里你可以找到利马、库斯科、热水镇、伊基托斯和特鲁希略的残疾人无障碍酒店、餐厅和景点信息。

就餐价格区间

餐厅排序根据作者偏好，考量性价比而定。中高档餐厅收取10%的服务费和19%的税款。以下价格区间指的是一道主菜的价格。

$ 低于20新索尔

$$ 20~60新索尔

$$$ 高于60新索尔

同性恋旅行者

秘鲁是极其保守的天主教国家，同性恋者倾向于保持低调。对大多数秘鲁人而言，同性权益在政治和法律领域甚至算不上一个问题。当出现此类公共问题时，官方的反应大多是敌视。

利马是对同性恋者接受程度最高的地方，而库斯科、阿雷基帕和特鲁希略也比其他地方更为宽容。利马有着秘鲁最开放的同性恋圈子。**Gayperu.com**（www.gayperu.pe）是一个西班牙语导航网站，列举了从酒吧到公共浴室等信息。**Rainbow Peruvian Tours**（☎01-215-6000；www.perurainbow.com；Río de Janeiro 216，Miraflores，Lima）是一家同性恋者经营的旅行社，有多语言网站。

注意，在库斯科等地随处可见的彩虹旗并不是国际通行的同性恋彩虹旗，而是印加帝国的旗帜。

在公共场所接吻很少见，即便是异性情侣。但是与所有拉丁美洲国家一样，秘鲁人对朋友的感情表现在肢体动作上，贴面礼或abrazo（男性之间拍背拥抱）是非常普通的日常礼仪。

女性旅行者

与南美洲其他国家一样，外国女性在秘鲁会非常惹人注目，独自旅行的女性需要做好心理准备，并避免穿着暴露。

大男子主义在秘鲁的城镇非常盛行，不礼貌的注视、口哨、嘘声和piropos（放肆、轻浮或粗俗的评论）天天发生。无视是最好的回应。大多数男性都不会采取更具威胁性的举动穷追不放，除非他们觉得你侮辱了他们的男子汉气概。

如果你向当地人求助，你会发现大部分秘鲁人都很关切独自旅行的女性，当你告诉他们你没和自己的丈夫或家人一起旅行时，他们通常会表示惊讶和担忧。如果在街上有陌生人突然靠近你，问你问题或主动提供帮助，千万别停下脚步，否则可能会让袭击者迅速地包围你。永远不要一个人去酒吧，在户外的旅游景点保持警惕，尤其是偏远的考古遗址，即使是在光天化日下。只搭乘正规的出租车，避免坐过夜的长途汽车，这一条对女性尤其重要。

在秘鲁堕胎属于违法，除非为了挽救母亲性命。计划生育部门（Planned Parenthood）附属的**秘鲁父母责任研究所**（Instituto Peruano de Paternidad Responsible，简称Inppares；☎01-583-

9012；www.inppares.org.pe）在全国范围内经营十几家面向两性的性健康和生殖健康诊所。

语言课程

秘鲁的利马、库斯科、阿雷基帕、瓦拉斯、马尔多纳多港和万卡约等旅游城市都有西班牙语语言学校。一般都提供速成班和一对一的课程，其中有些学校由非营利组织经营，培训秘鲁的单身母亲向他人提供西班牙语课程和家庭寄宿，学费的大部分都会直接付给当地人。

志愿者服务

秘鲁有大量的志愿者服务项目，大多数都会收取项目费和食宿费。小心假冒的公益组织或诈骗的非法项目。青年旅舍、西班牙语学校都是了解信息的渠道，有些也会提供一些志愿服务机会。几乎所有志愿组织都有英语的官方网站，可通过网络检索、咨询、付费等。

South American Explorers（SAE；www.saexplorers.org）俱乐部有来自外国志愿者的一手反馈。

ProWorld Service Corps（ProPeru；☎英国 0-18-6559-6289，美国 877-429-6753；www.proworldsc.org）组织在圣谷为期2~26周的文化、服务和学术活动，并和整个秘鲁的非政府组织都有联系。

Pilpintuwasi蝴蝶园（见157页；www.amazonanimalorphanage.org）既是针对亚马孙蝴蝶的保护和繁育中心，也是抚养着猴子、貘、食蚁兽、美洲虎等动物孤儿的孤儿院，招募动物保护志愿者。

工作

正规来说，你需要工作签证才能在秘鲁工作，但利马或库斯科的语言中心有时会聘请英语母语者来教授英语。不过，这是违法的，而且没有正规的工作签证，要找到这类工作也十分困难。

负责任的旅行

请勿购买原始的前哥伦布时期手工艺品，也不要购买用动物皮毛、角或龟壳制成的纪念品。请勿食用由曾濒危或正濒危的动物制成的食物，尤其是在丛林地区。不要在遗址区域乱扔垃圾、便溺，或在国家公园内采摘植物，在任何树木或石块上乱涂乱画都是违法行为。

很多土著村落靠旅游业为生，游览这些村落能在经济上支持他们的发展，但同时也会削弱传统文化。如果你参加有组织的团队游，要确认旅行社由当地人经营，以及收益能惠及你所游览之地。在徒步旅行中，如果价格是你的底线，要注意那些最低价的旅行社会以缩减向导和背夫的工资来降低成本，不要过于吝惜你的小费。

到达和离开

飞机

利马的**豪尔赫·查韦斯国际机场**（见74页）是秘鲁最主要的航空枢纽，有往返于美洲几乎所有国家和少数欧洲国家的直航。库斯科机场（见110页）也是国际机场，可直飞玻利维亚的拉巴斯。

从中国往返秘鲁目前仍无直航，通常从北美或欧洲转机。需要注意，从美国、加拿大转机即使不出机场也需要过境签证；从欧洲转机选择同一家航空公司的联程航班，行李直挂，则无须签证。

船

船只在亚马孙河道中穿行，从伊基托斯到哥伦比亚的莱蒂西亚和巴西的塔巴廷加。从马尔多纳多港很难经水路到达玻利维亚。取道纳波河从伊基托斯到厄瓜多尔的科卡虽然有可能，但很耗时。

长途汽车、小汽车和摩托车

主要的陆路边境口岸有：塔克纳到智利；通贝斯、La Tina或Jaén到厄瓜多尔；的的喀喀湖边的科帕卡巴纳或德萨瓜德罗到玻利维亚。取道Iñapari或亚马孙地区的多个城镇和河岸码头可到达巴西（但并不轻松）。

火车

每天有两趟列车往来于塔克纳和智利的阿里卡之间，是最便宜、最迷人但也最慢的过境方式。

国内交通

陆路交通会经过警察检查站，护照最好随身携带，不要装在行李里。

飞机

大多数国内航班从利马飞往各地区的省会，但省级城市之间的航线有限。节假日期间，航班往往会被订满。上午起飞的航班相对准时。搭乘秘鲁国内航班一般至少提前1小时到机场，在利马提前90分钟，在库斯科提前2小时。

以下航空公司比较成熟可靠：

LAN（www.lan.com）从利马飞往奇克拉约、阿雷基帕、库斯科、伊基托斯、胡利亚卡、皮乌拉、马尔多纳多港、塔克纳、塔拉波托和特鲁希略。此外还有

离境税

国际机场税如今几乎都包含在机票价格中。利马国际机场税是31美元，用美元或新索尔（仅限现金）支付。国内机场税包含在机票价格中。

阿雷基帕和库斯科、阿雷基帕和胡利亚卡、阿雷基帕和塔克纳、库斯科和胡利亚卡、库斯科和马尔多纳多港之间的航班。

Avianca（www.avianca.com）往返于利马和库斯科。

Peruvian Airlines（www.peruvianairlines.pe）飞往利马、阿雷基帕、库斯科、皮乌拉、伊基托斯和塔克纳。

船

普诺的港口是游览的的喀喀湖各岛屿的大本营，慢速的小型渡船每天从码头出发，开往乌鲁斯群岛、塔基雷岛和阿曼塔尼岛。在南部海岸的帕拉卡斯，近岸的鸟岛很适合来一次悠闲的乘船游。

在亚马孙丛林地区，乘船游价格较高，但通常是当地必需的交通方式，也是独特的旅行体验，最好请一位经验丰富的向导。在普卡尔帕等地，peki-peki（独木舟，通常发动机在船舷之外）在河道中充当水上公共汽车。当河道变宽，通常会有更大型的货船。沿亚马孙河顺流而下的经典方式是，坐在一艘由头发花白的老船长掌舵的香蕉船上，一路摇着自己的吊床。你可以从普卡尔帕或尤里马瓜斯行至伊基托斯，然后继续沿河前往巴西、哥伦比亚或厄瓜多尔。这些船只不大，但都有至少二层船舱：底层船舱存放货物，上层船舱供乘客和船员居住。船上有简单的食物供应，但你也许更想自己带食物。起航时间通常取决于船何时满员，要在港口再三确认出发时间并密切关注，如果你依赖他人来确认何时出发，在船只出发时你很可能会被落下。有时在等船出发时，为了省钱，你可以睡在船上。直接和船长商量船费，不要找其他人。

长途汽车

秘鲁的长途汽车价格便宜，四通八达，但其危险性也是臭名昭著。

少有人走的路线上跑着晃晃悠悠的老旧巴士，热门目的地则有快捷的豪华大巴，费用自然也比经济型（económico）大巴高出许多，甚至达到10倍。哪怕只为了安全考虑，多掏点钱坐长途汽车出行也很值得。有些远途路线有夜班卧铺车，车上的座位可以放平躺下。

从安全性和舒适性上考虑，**Cruz del Sur**（www.cruzdelsur.com.pe）是首选，在各城市有自己独立的汽车站，在网站上提前买票常有折扣。秘鲁人也很信赖**Oltursa**（www.oltursa.com.pe）。

许多城市现在都有中心车站，而其他城市的长途汽车公司则集中在几个街区或分散在市区中。通过旅行社能很方便地买到车票，但会加收手续费。或者，你可以直接从车站或长途汽车公司售票处购票，至少提前一天，要注意行程和车费常有变动。临近重大节假日，价格会暴涨，车票提前好几天就会售罄。沿海岸行驶的长途汽车整个夏季都会爆满，特别是周日。

不要指望车辆能准点出发或到达，在雨季由于塌方和危险的路况而严重延误是常事。尽量不要乘坐过夜车，因为很容易遭受致命交通事故、劫持和行李偷窃。在高地地区乘长途车可能会很冷，所以穿得暖和些，或者带个睡袋。路途较远的长途汽车通常会在饭点停车让旅客吃饭，但卫生间就极难保证了。有些公司会在某个前不着村后不着店的地方设有餐厅，强迫你在那里吃饭。但你也可以从车上的自动售货机买点零食，或自带食物和饮料。

小汽车和摩托车

除了泛美公路和从海岸通往内陆的新公路以外，路况普遍很差，路程遥远，租车通常会是一件昂贵、危险、自找麻烦的事。路标指示牌不多，而且大多数主路是收费公路。去往较远的地方，租一辆私人出租车的费用比租小汽车高不了多少，而且可以避免大部分上述麻烦。

租摩托车主要是在丛林地区，在库斯科也有几家店。山路危险，务必要注意安全。

驾驶执照

用你本国的驾照就可以租车。如果你要在秘鲁驾车超过30天，则需要国际驾驶许可（International Driving Permit，简称IDP）。

当地交通

出租车不打表，所以先问问当地人合理的价格，然后再讨价还价；对不知情的外国人，司机常常把标准价格翻两三倍宰客。在大多数城市近距离打车并不贵，正常只需3~5新索尔（在利马5~10新索尔）。在秘鲁各地都有街头小贩兜售荧光出租车标签，任何人都可以买一张贴在挡风玻璃上，要小心这些未经授权的“海盗”出租车，据称司机曾参与针对乘客的暴力犯罪，特别是在阿雷基帕。建议搭乘更安全的正规出租车，可通过电话叫车。

电动三轮车（mototaxis，摩的）在较小的城镇很常见。小巴（combis）、合乘巴士（colectivos，拼客出租车、面包车或小巴）和卡车（在亚马孙地区）往返于当地和周边的目的地。

团队游

有些自然保护区，如印加古道和马努国家公园，只有参加团队游才能进入。其他户外活动，如在安第斯山脉的徒步游或在亚马孙观赏野生动物，请一位有经验的向导，与志同道合的旅行者同游，会得到更深入更难忘的体验。

火车

两家铁路公司从库斯科和圣谷开往马丘比丘附近的热水镇。**Peru Rail**（www.perurail.com）每周有三趟（4月至10月会加开一趟）观光列车在库斯科和的的喀喀湖之间运行。

其他铁路连接着利马和安第斯高地城镇万卡约和万卡韦利卡（Huancavelica）。

智 利

包括 ➡

最佳住宿

- El Tesoro de Elqui（见213页）
- Ecobox Andino（见238页）
- Palafito Cucao Hostel（见267页）
- Destino No Turistico（见274页）
- Ilaia Hotel（见277页）

最佳就餐

- Peumayen（见189页）
- Cocina Mapuche Mapu Lyagl（见248页）
- Mercadito（见265页）
- Mamma Gaucha（见272页）
- Afrigonia（见283页）

为何去

智利狭长得不可思议，从南美洲的腹地一直延伸到脚，从世界上最干旱的沙漠到南部大片的冰川。丰富多彩的地貌在4300公里长的土地上铺展开来：干裂的沙丘、肥沃的山谷、火山、原始森林、巨大的冰川和峡湾。每一处细微的自然景观都有着惊人的奇观。这一切何以保持完好如此之久？不禁让旅行者惊叹。

在智利，东西封闭的边境促成了内部的亲密。夹在安第斯山脉和太平洋之间，平均宽度仅有175公里，难怪你会在这里不断遇见相同的面孔。简单轻松的社会礼仪，扎根于这个世界偏僻角落里的日常生活，是那么令人着迷。一段足够长的智利之旅，会让你找到家的感觉。

何时去

圣地亚哥

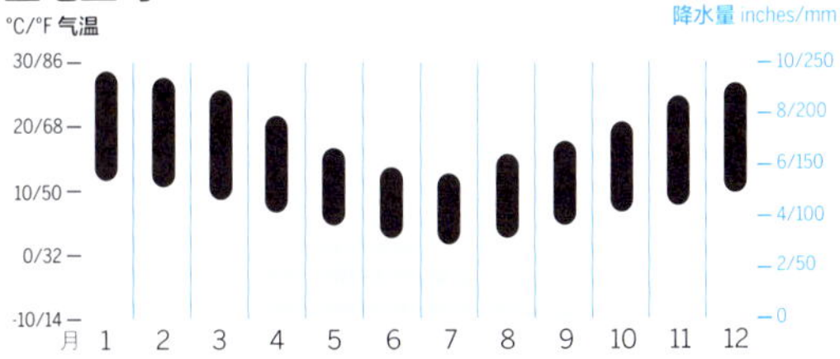

11月至次年2月 去巴塔哥尼亚的最佳（也是最昂贵的）季节，但海滩往往很拥挤。

3月至5月、9月和10月 葡萄酒产区葡萄丰收，圣地亚哥气候宜人。

6月至8月 北方天气晴朗，智利人在7月开始放寒假。

跨越边境

智利北部与秘鲁和玻利维亚接壤，其绵延的东部边界与阿根廷比邻，有多个边境口岸跨越安第斯山脉。注意许多道路冬季封闭。

大部分国际长途汽车从圣地亚哥的汽车站发车。热门的阿根廷过境路线包括：圣地亚哥到门多萨和布宜诺斯艾利斯、卡拉马到胡胡伊和萨尔塔、拉塞雷纳到圣胡安、特木科到圣马丁-德洛斯安第斯，以及巴拉斯港和巴里洛切之间的车船联运。其他过境方法包括从阿里卡到秘鲁的塔克纳（火车、合乘出租车和长途汽车，见231页），以及从伊基克到玻利维亚的科尔查内。

中国公民入境阿根廷需要办理签证，详见43页。

旅行线路

一周

花一天时间探索圣地亚哥的博物馆和咖啡馆，然后前往瓦尔帕莱索风景如画的港口。在智利中部，你需要决定是北上前往圣佩德罗-德阿塔卡马，感受神秘莫测的沙漠，尝试惊心动魄的冒险运动，仰望布满繁星的夜空，还是南下前往冰川和徒步旅行的天堂——百内国家公园和巴塔哥尼亚。

两周

第二周，选择你喜爱的活动吧：在空加瓜山谷品尝红酒，去安第斯山脉徒步，在度假胜地如波蒂略滑雪，在皮奇莱穆冲浪，去火地岛寻找世界尽头，或在拉塞雷纳周边参观皮斯科酿酒厂。

主要饮食

- **皮斯科酒**（Pisco）葡萄白兰地混合新鲜柠檬汁和糖，调制成著名的皮斯科鸡尾酒（pisco sour）。
- **海鲜** 智利绵长的海岸线盛产鲜美的pescados（鱼）和mariscos（贝类），可用于烹制各种汤、炖菜和ceviche（酸橘汁腌海鲜）。
- **Pasteles** 在小城镇和家庭餐桌上都可以找到这种丰盛的烤派，这道传统特色食物由choclo（玉米）、carne（肉）、jaiva（蟹）或papas（土豆）制成。
- **葡萄酒** 智利的葡萄酒产区世界闻名。值得一试的品种是佳美娜（Carmenere），这种源自法国波尔多地区的深红色葡萄目前仅在智利种植。

国家速览

- **货币** 智利比索（CH$）
- **语言** 西班牙语
- **现金** 除南疆旅道部分地区外，自动柜员机广泛分布，普遍接受信用卡支付，暂不支持使用银联卡取款或刷卡消费。
- **时间** 格林尼治标准时间减4小时，比北京时间慢12个小时，夏令时（每年时间不定）快1小时。复活节岛比智利大陆慢2小时。

快速参考

- **国土面积** 74.88万平方公里
- **人口** 1760万
- **首都** 圣地亚哥
- **急救电话** ☎133
- **国际区号** ☎56

汇率

人民币	CNY10	CH$880
港元	HKD10	CH$709
新台币	TWD10	CH$183
澳门元	MOP10	CH$688
新加坡元	SGD1	CH$439
欧元	EUR1	CH$748
美元	USD1	CH$550

网络资源

- **Sernatur** chile.travel
- **Go Chile** www.gochile.cl

智利亮点

1 在智利最好的国家公园——**百内国家公园**（见284页）崎岖的山峰间徒步。

2 转动酒杯，闻一闻，抿一口，在**空加瓜山谷**（见233页）中智利最好的葡萄园品尝美酒。

3 在波希米亚风情的**瓦尔帕莱索**（见196页），沿着山间满是城市艺术的陡峭步道闲逛。

4 在世界上最干燥的沙漠——**阿塔卡马沙漠**（见222页），就着漫天繁星小酌。

5 在遗世独立的**奇洛埃**（见262页）群岛遇见企鹅、朦胧的海和神话传说。

6 在**巴塔哥尼亚**（见267页）狂野壮丽的景观中徒步、露营、划皮划艇和骑马。

7 在**复活节岛**（见288页）凝望神秘的摩艾石像。

8 在北部海岸的冲浪之都**伊基克**（见224页）和**阿里卡**（见229页）拥抱海浪。

9 逃往静谧的世界尽头——**火地岛**（见286页）。

圣地亚哥（SANTIAGO）

☎02 / 人口603.4万

出乎意料，活力四射，世俗又国际化，圣地亚哥汇聚了不同的文化潮流、疯狂的寻欢作乐、全面的博物馆和顶级的餐馆。难怪40%的智利人把这个植被丰富的首都称为城市家园。随着经济、创新艺术氛围和大量古怪行为的增长，圣地亚哥变成了一座处在现代复兴风口浪尖的保守城市。

历史

圣地亚哥是由西班牙征服者佩德罗·德·瓦尔迪维亚（Pedro de Valdivia）于1541年建立的。选址于此，是因为这里温和的气候及其在防御上的战略位置。直到19世纪80年代硝石矿开采，圣地亚哥才由小镇壮大为城市。其中央车站由古斯塔夫·艾菲尔（Gustave Eiffel）设计。1985年，一场地震损毁了圣地亚哥市区的一些古典建筑。而得益于巧妙的设计和严格的建筑规范，2010年2月的地震所造成的损害相对要小得多。

景点

楔形的中心区（Centro）是圣地亚哥最古老也最繁忙的区域，北面以马波乔河（Río Mapocho）和森林公园（Parque Forestal）为界，西边是Vía Norte Sur路，南面为Av General O' Higgins（也称为Alameda）。中心区的北边和东边是贝亚维斯塔区（Barrio Bellavista），大都会公园（Parque Metropolitan）内的圣克里斯托瓦尔山（Cerro San Cristóbal）就位于其中。西边为巴西区（Barrio Brasil），是圣地亚哥的波希米亚风情区。这个三角形的顶点及向东延伸的部分，是富裕的comunas（区域）普罗维登西亚（Providencia）和拉斯孔德斯（Las Condes），可从Alameda大道进入。Nuñoa则是位于普罗维登西亚以南的居民区。

中心区（Centro）

★智利前哥伦布艺术博物馆 博物馆

（Museo Chileno de Arte Precolombino, Chilean Museum of Pre-Columbian Art; ☎02-2928-1500; www.precolombino.cl; Bandera 361;

Santiago 圣地亚哥

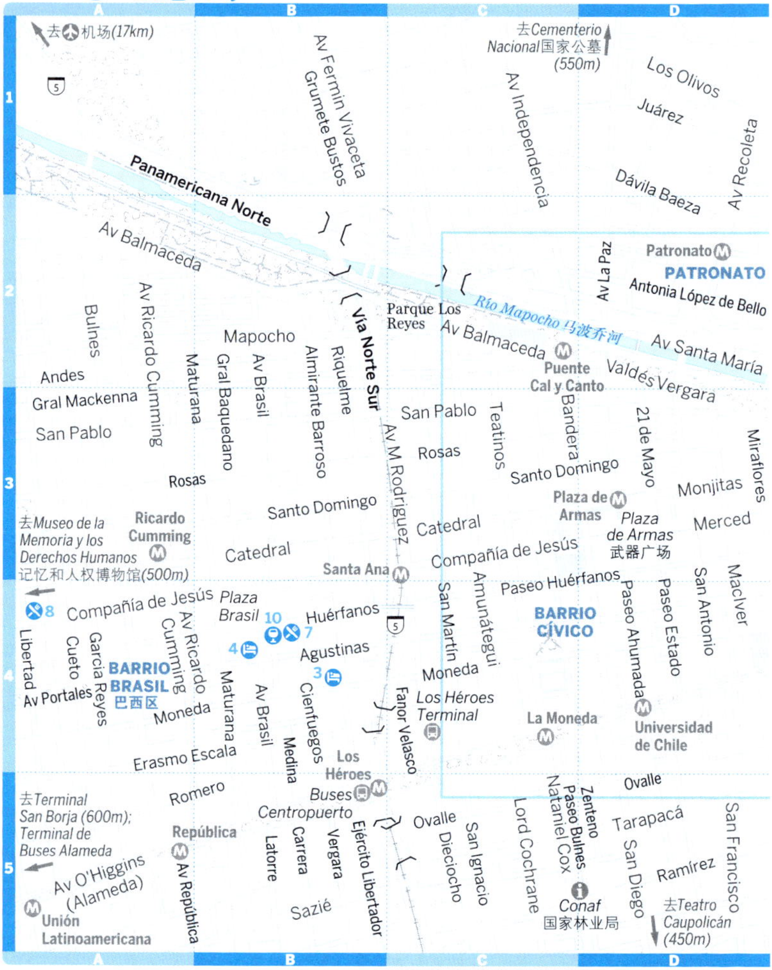

门票 3500比索；⏲周二至周日 10:00~18:00；Ⓜ Plaza de Armas）这家智利最棒的博物馆，以最主要的前哥伦布文化的精美陶器为核心。还有数十个精心制作的拟人化容器，明星展览包括壮观的玛雅石碑和精美的安第斯纺织品。

武器广场

广场

（Plaza de Armas；Monjitas和21 de Mayo交叉路口；Ⓜ Plaza de Armas）自1541年圣地亚哥建城以来，武器广场就一直是其象征性的中心。在殖民地时代，广场是可怕的绞刑场。而今，在广场上百余棵智利棕榈树遮蔽下的喷泉，纪念着拉丁美洲解放运动领袖西蒙·玻利瓦尔（Simón Bolívar）。

大主教教堂

教堂

（Catedral Metropolitana；Plaza de Armas；⏲周一至周六 9:00~19:00，周日 9:00至正午；Ⓜ Plaza de Armas）新古典主义风格的大主教教堂建于1748年至1800年，俯视着武器广场。主教在奢华的主祭坛主持弥撒时也许会感到不安，因为在他们脚下就是埋葬着他们前辈的地下室。教堂外饰重新修复过。

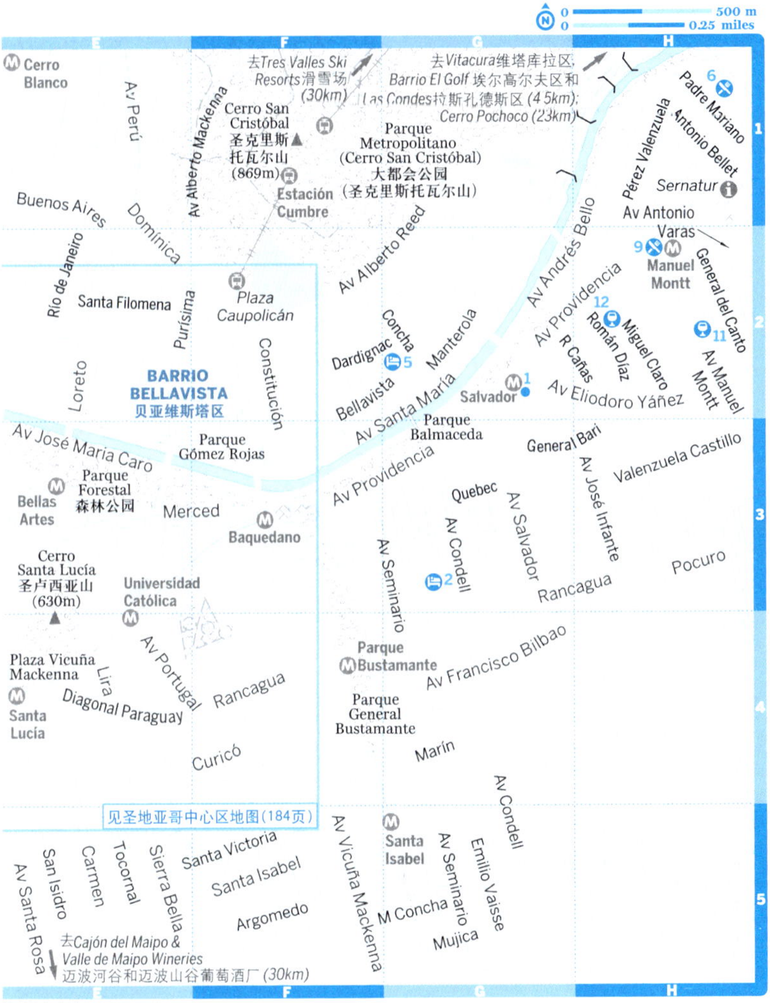

巴黎-伦敦区

街区

（Barrio París-Londres；París和Londres交叉路口；MUniversidad de Chile）这片袖珍的区域由两条相交的鹅卵石街道——巴黎街和伦敦街组成，以圣弗朗西斯科教堂（Iglesia de San Francisco）的圣方济各会修道院为中心发展而来，街道两旁林立着建于20世纪20年代的优雅欧式建筑。探访位于伦敦街38号（见181页）的纪念馆，那里曾是皮诺切特政府（Pinochet's government）实施酷刑的中心。

马波乔火车站

文化中心

（Estación Mapocho，Mapocho Station；www.estacionmapocho.cl；活动时间不定，请登录网站查询；MPuente Cal y Canto）北上火车曾经从马波乔火车站发车，但地震的破坏和铁路系统的衰颓，最终导致其关闭。不过这里已经被改造成为一个文化中心，举办艺术展览、重要音乐会和贸易博览会。

拉莫内达宫

历史建筑

（Palacio de la Moneda；Morandé 130；周一至周五 10:00~18:00；MLa Moneda）免费 智

Santiago 圣地亚哥

活动、课程和团队游

1 Escuela de Idiomas Violeta Parra/Tandem Santiago G2

住宿

2 Castillo Surfista Hostel G3
3 Happy House Hostel B4
4 La Casa Roja B4
5 Nomades Hostel G2

就餐

6 Aquí Está Coco H1
7 Las Vacas Gordas B4
8 Peluquería Francesa A4
Platipus .... （见4）
9 Voraz Pizza H2

饮品和夜生活

10 Baires B4
11 Mito Urbano H2
12 Santo Remedio H2

利总统办公室就位于这座华丽的新古典主义建筑内。该建筑建于18世纪末，由意大利建筑师霍金·托艾斯卡（Joaquín Toesca）主持设计，最初用作官方铸币厂。内院一般对公众开放，通过visitasguiadas.presidencia.cl/在线预订导览游，可查询可预约日期和各时段所剩名额。

拉莫内达宫文化中心 艺术中心

（Centro Cultural Palacio La Moneda；☎02-2355-6500；www.ccplm.cl；Plaza de la Ciudadanía 26；展览 5000比索起；⏲9:00~21:00，展览 至19:30；👪；Ⓜ La Moneda）圣地亚哥新文化区之一，位于公民广场（Plaza de la Ciudadanía）下面，地下艺术在这里被赋予了全新的概念。阳光从玻璃屋顶洒满这个拱形空间，风穿过中庭吹进国家电影资料馆（Cineteca Nacional）和一家国营的艺术电影院，再吹到两个大型临时展览区。

拉斯塔里亚区和贝雅斯阿特斯区 (Barrios Lastarria & Bellas Artes)

这里聚集了三座城市顶级博物馆，同时也是圣地亚哥的咖啡文化中心，这些像明信片一样漂亮的街区是圣地亚哥最热闹的地方。

★ 加夫列拉·米斯特拉尔中心 艺术中心

（Centro Gabriela Mistral，简称GAM；☎02-2566-5500；www.gam.cl；Av O' Higgins 227；⏲广场 8:00至午夜，展览区 周二至周六 10:00~20:00，周日 11:00开放；Ⓜ Universidad Católica）**免费** 这家引人注目的文化和表演艺术中心以智利诗人加夫列拉·米斯特拉尔（Gabriela Mistral）的名字命名，她是第一位获得诺贝尔文学奖的拉丁美洲女性。这座艺术中心的出现是圣地亚哥文艺界一件振奋人心的大事件。大多数时间这里都有音乐会和演出。

圣卢西亚山 公园

（Cerro Santa Lucía；入口在O' Higgins和Santa Lucía交叉路口，Santa Lucía和Subercaseaux交叉路口；⏲3月至9月 9:00~18:00，10月至次年2月 至20:00；Ⓜ Santa Lucía）**免费** 找个下午到这个精心打理的公园散步，逃离中心区的喧嚣。这里曾经只是一座岩石山丘，直到19世纪，市长本杰明·维古纳·马盖纳（Benjamín Vicuña. Mackenna）将它变成城市最令人难忘的公园之一。

国家艺术博物馆 博物馆

（Museo Nacional de Bellas Artes，National Museum of Fine Art；www.mnba.cl；Parque Forestal s/n；成人/儿童 600比索/免费；⏲周二至周日 10:00~18:00，周一闭馆；Ⓜ Bellas Artes）这家艺术博物馆位于壮观的新古典主义艺术宫（Palacio de Bellas Artes）内，作为1910年智利百年庆典的一部分而建。博物馆有很棒的永久性智利艺术展。周六和周日有免费导览游，10:30开始。

视觉艺术博物馆 博物馆

（Museo de Artes Visuales，简称MAVI，Visual Arts Museum；☎02-2664-9337；www.mavi.cl；Lastarria 307，Plaza Mulato Gil de Castro；门票 1000比索，周日免费；⏲周二至周日 10:30~18:30；Ⓜ Bellas Artes）暴露的混凝土、条纹木和玻璃，当地建筑师克里斯汀·乌都拉加（Cristián Undurraga）选了这些材料来建造惊人简洁的视觉艺术博物馆。四个开放展厅的内容像建筑本身一样讨人喜欢：一流的现代版画、雕塑、绘画和摄影作品，构成了定期更换的临时展览。

伦敦街38号
历史遗迹

（Londres 38；www.londres38.cl；Londres 38；⏲周二至周五 10:00~13:00和15:00~18:00，周六 10:00~14:00；Ⓜ Universidad de Chile）**免费** 在这个前拘留中心探寻皮诺切特政权早期的黑暗历史。有导览和非导览团队游。

贝亚维斯塔区（Bellavista）

★聂鲁达故居
历史建筑

（La Chascona；☎02-2777-8741；www.fundacionneruda.org；Fernando Márquez de La Plata 0192；成人/学生 5000/1500比索；⏲1月和2月 周二至周日 10:00~19:00，3月至12月 周二至周日 至18:00；Ⓜ Baquedano）诗人巴勃罗·聂鲁达（Pablo Neruda）需要一个与情妇马蒂尔德·乌鲁蒂娅（Matilde Urrutia）幽会的秘密场所，为此修建了La Chascona（大致译为"凌乱的秀发"），命名的灵感来自马蒂尔德凌乱的卷发。聂鲁达一定深爱着大海，所以餐厅仿照船舱而建，而起居室则如同一个灯塔。

圣克里斯托瓦尔山
公园

（Cerro San Cristóbal；www.parquemet.cl；Pío Nono 450；缆车往返 2000比索；⏲缆车 周二至周日 10:00~19:00，周一 14:00~19:00；🚻；Ⓜ Baquedano）俯瞰圣地亚哥的最佳视野就是在**大都会公园**（Parque Metropolitano，也即更常用的圣克里斯托瓦尔山）的山顶和观景台。占地722公顷，是圣地亚哥面积最大的绿地，但仍然是城市化的：缆车在两个不同的地貌区域之间运行，中间的道路是为汽车而非登山者设计。

巴西区和云盖区（Barrios Brasil & Yungay）

记忆和人权博物馆
博物馆

（Museo de la Memoria y los Derechos Humanos，Museum of Memory & Human Rights；☎02-2597-9600；www.museodelamemoria.cl；Matucana 501；⏲周二至周日 10:00~18:00；Ⓜ Quinta Normal）**免费** 这座博物馆于2010年对外开放，并非为了让人心生畏惧：展览揭露了1973年至1990年间，智利军政府当政期间骇人听闻的侵犯人权事件和大规模的"失踪"事件。

拉斯孔德斯区、埃尔高尔夫区和维塔库拉区（Las Condes，Barrio El Golf & Vitacura）

闪闪发光的摩天大楼，安全措施严密的公寓区，美国连锁餐厅和崭新的购物中心，这些社区无疑是最能体现智利经济发展的国际形象。

★时尚博物馆
博物馆

（Museo de la Moda，Museum of Fashion；☎02-2219-3632；www.museodelamoda.cl；Av Vitacura 4562；成人/学生和老人/儿童 3500/2000比索/免费，周三和周日 所有游客一律1800

在圣地亚哥，如果你有……

2天

从繁华的**武器广场**开始你的旅行。在由老火车站改建而成的文化中心**马波乔火车站**驻足，或是在**拉莫内达宫文化中心**喝上一杯咖啡，欣赏当代艺术和公平交易的工艺品。去**中央市场**享用海鲜午餐，然后爬上**圣卢西亚山**俯瞰城市。再去贝亚维斯塔区的**Galindo**享用经典的智利晚餐。第二天，参观聂鲁达故居**La Chascona**，然后乘坐缆车到**圣克里斯托瓦尔山**的山顶。在古怪的**Peluquería Francesa**吃上一顿美味的海鲜午餐后，前往**加夫列拉·米斯特拉尔中心**查阅一下文化大事记，逛逛书店。晚些时候去**Catedral**喝上一杯rica rica sour（皮斯科鸡尾酒加沙漠草药）。

4天

第三天，到**迈波河谷**徒步旅行，或是在酿酒厂品尝当地佳酿。第四天，欣赏**巴西区**令人赞叹的街头艺术，在**Las Vacas Gordas**停下来吃牛排。最后在普罗维登西亚区的**Liguria**享用佳肴美酒，为你的行程画上完美的句号。

拉帕斯公园

在智利的最后一个独裁政权统治时期，约4500名政治犯惨遭折磨，266人被现已解散的国家情报局（DINA）在格里马尔迪别墅（Villa Grimaldi）处死。为了隐瞒罪行，这幢别墅在皮诺切特独裁统治的最后时期被夷为平地。回归民主政治之后，别墅旧址建成了一座宏伟的纪念公园——**拉帕斯公园**（Parque por la Paz；☎02-2292-5229；www.villagrimaldi.cl；Av Jose Arrieta 8401, Peñalolén；⏰10:00~18:00）免费 公园的每个元素都象征了这里曾经发生的暴行，探访这座公园的过程既引人入胜也令人心痛。拍照时要特别注意，因为其他游客可能在这里遭受过拘禁，或是被拘禁者的亲人。提前查看网站以便安排导览游。乘坐Transantiago公共汽车D09路（你需要一张Bip!卡），上车地点就在Plaza Egaña地铁站的Av Vespucio出口外，回程在对面下车。

比索；⏰周二至周五 10:00~18:00，周六和周日11:00~19:00；Ⓜ Escuela Militar）这家私人运营的时尚博物馆有一个庞大精致的西方服饰永久展览，尤其是20世纪的设计师被完美呈现。

科斯塔内拉中心 建筑

（Costanera Center；www.costaneracenter.cl；Andrés Bello 2461；Ⓜ Tobalaba）由于受到金融危机的影响，这个雄心勃勃的项目几度停建，如今终于全面运营。**大圣地亚哥塔**（Gran Torre Santiago）是构成科斯塔内拉中心的4座摩天大楼之一，也是南美洲最高的建筑（300米）。塔楼内有一些豪华公寓，一家高端酒店，一座购物商场和一家全景美食广场。

雷科莱塔区(Barrio Recoleta)

这个新区域位于主干道不远处，有很多繁忙的韩国餐馆，新建的市场里摆满熟透的水果和丰富多彩的街头摊点。

公墓 墓地

（Cementerio General；www.cementeriogeneral.cl；Av Profesor Alberto Zañartu 951；⏰8:30~18:00；Ⓜ Cementerios）免费 这不只是个简单的墓园，更是个不折不扣的墓地之城，许多墓碑都出自当地著名雕刻师之手，墓碑上的名字读起来几乎是智利历史的名人录。历史上最混乱的时期铭刻在萨尔瓦多·阿连德（Salvador Allende）总统墓和**失踪和死刑政治犯纪念碑**（Memorial del Detenido Desaparecido y del Ejecutado Político）上，后者是对皮诺切特独裁统治期间“失踪”者的纪念。

帕特洛纳托 街区

（Patronato；由Recoleta、Loreto、Bellavista和Dominica包围；Ⓜ Patronato）这个在街区（barrio）中的小街区，大致由Recoleta、Loreto、Bellavista和Dominica四条街包围，是圣地亚哥的移民中心，尤其是韩国人、中国人和阿拉伯人。丰富多彩、稍显破败的街区老房子林立，被霓虹招牌点亮，这里的背景音乐似乎永远都回荡着昆比亚（cumbia）舞曲的节拍。

维加中央市场 市场

（La Vega Central；www.lavega.cl；Nueva Rengifo和López de Bello交叉路口；⏰周一至周六6:00~18:00，周日 至15:00；Ⓜ Patronato）覆盆子、榅桲、无花果、桃子、柿子、番荔枝……但凡在智利生长的水果，你都能够在这里找到，价格要比超市便宜得多。市场由Dávila Baeza、Nueva Rengifo、López de Bello和Salas四条街包围。早一些去可以看到摊贩们全力叫卖的场景。

活动

户外活动是圣地亚哥的强项。想要迅速爬山遛腿，去圣克里斯托瓦尔山就好了。

圣地亚哥地势平坦，有紧凑的小型ciclovias（自行车道）网络。可以从旅行社La Bicicleta Verde（见183页）租自行车和头盔。在**Recicleta**（www.recicleta.cl/mapa-de-santiago-en-bicicleta）查询自行车道互动地图以及骑行服务设施，Recicleta是一个致力于推动城市骑行的团体。

极佳的滑雪胜地距圣地亚哥仅一步之遥，最近的滑雪场是Farellones & El Colorado（☎02-2889-9210）。每年10月到次年3月，漂流爱好者会前往Cascada de las Animas（见194页）参加迈波河（Río Maipo）的三级溪降活动。他们还组织徒步或骑马游，价格合理。

课程

Escuela de Idiomas Violeta Parra/Tandem Santiago　语言课程

（☎02-2236-4241；www.tandemsantiago.cl；Triana 863, Providencia；报名费 55美元，1小时课程 22美元，20小时课程 180美元；Ⓜ Salvador）拥有出色的学术记录，氛围友好，并会举办文化活动。住宿（可选）在合住或独立的公寓里。在网站上查看特殊课程，如"法律西班牙语"或"医疗西班牙语"。

Natalislang　语言课程

（☎02-2222-8685；www.natalislang.com；Arturo Bürhle 047, Centro；密集3天游客速成班 135,000比索起；Ⓜ Baquedano）快速紧凑的课程不错。网站有很多课程选择。

智利方言入门

智利的西班牙语让人摸不着头脑，含糊不清，节奏单调，许多表达方法让其他说西班牙语国家的人都无法理解。¿Cachay?（你明白了吗？）经常被用来作为一句话的结尾。就像无处不在的pues，在这里被说成"po"。Sípo拼凑在一起实际上表示"哦，是的。"乡村方言深深根植在这个原本是农业社会的国家。人们称男人为cabros（山羊），常抱怨"es un cacho"（"这真是个羊角"，表示分歧点），还有去carrete或carretear（"马车"，表示派对或去参加派对）。对这些本地用语感兴趣的人可以阅读约翰·布伦南（John Brennan）编写的《如何在智利丛林中生存》（*How to Survive in the Chilean Jungle*）一书，在圣地亚哥的英文书店有售。¿Cachay?

团队游

★ La Bicicleta Verde　导览游

（☎02-2570-9338；www.labicicletaverde.cl；Loreto 6；自行车团队游 18,000比索起，租车半天/全天 2000/15,000比索；Ⓜ Bellas Artes）你可以在这里租自行车和头盔，或者从很受欢迎的导览游中选择，比如夜骑活动（30,000比索）。

Free Tour Santiago　步行游览

（☎手机 9236-8789；www.freetoursantiago.cl；Catedral Metropolitana, Plaza de Armas；⊙出发时间10:00和15:00；Ⓜ Plaza de Armas）圣地亚哥市区免费4小时步行游览：导游只赚取小费，所以要提前准备好。无须预约，在大主教教堂（见178页）前寻找穿红色T恤的导游即可。

Turistik　巴士游

（☎02-2820-1000；www.viajesturistik.com；Plaza de Armas s/n, Municipal Tourist Office；一日票 20,000比索起；⊙9:30~18:00；Ⓜ Plaza de Armas）即上即下的双层城市观光巴士在中心区和阿劳科公园购物中心（Parque Arauco mall）之间的12个站点停靠。查询在线地图获取更多信息。

节日和活动

Santiago a Mil　戏剧节

（www.fundacionteatroamil.cl/santiago-a-mil）这个大型戏剧艺术节每年1月举行，吸引了来自世界各地的先锋团体在圣地亚哥登台表演。

Lollapalooza Chile　音乐节

（www.lollapaloozacl.com）这个著名的音乐节如今有了智利版本，在圣地亚哥将上演民族和国际音乐表演，通常在3月的某个时间举办。

Fiesta del Vino　葡萄酒节

（www.fiestadelvinodepirque.cl）这个4月上旬在Pirque举办的葡萄酒节，是圣地亚哥收获季节的众多活动之一，在这期间还有传统菜肴和民间音乐。

Santiago Centro 圣地亚哥中心区

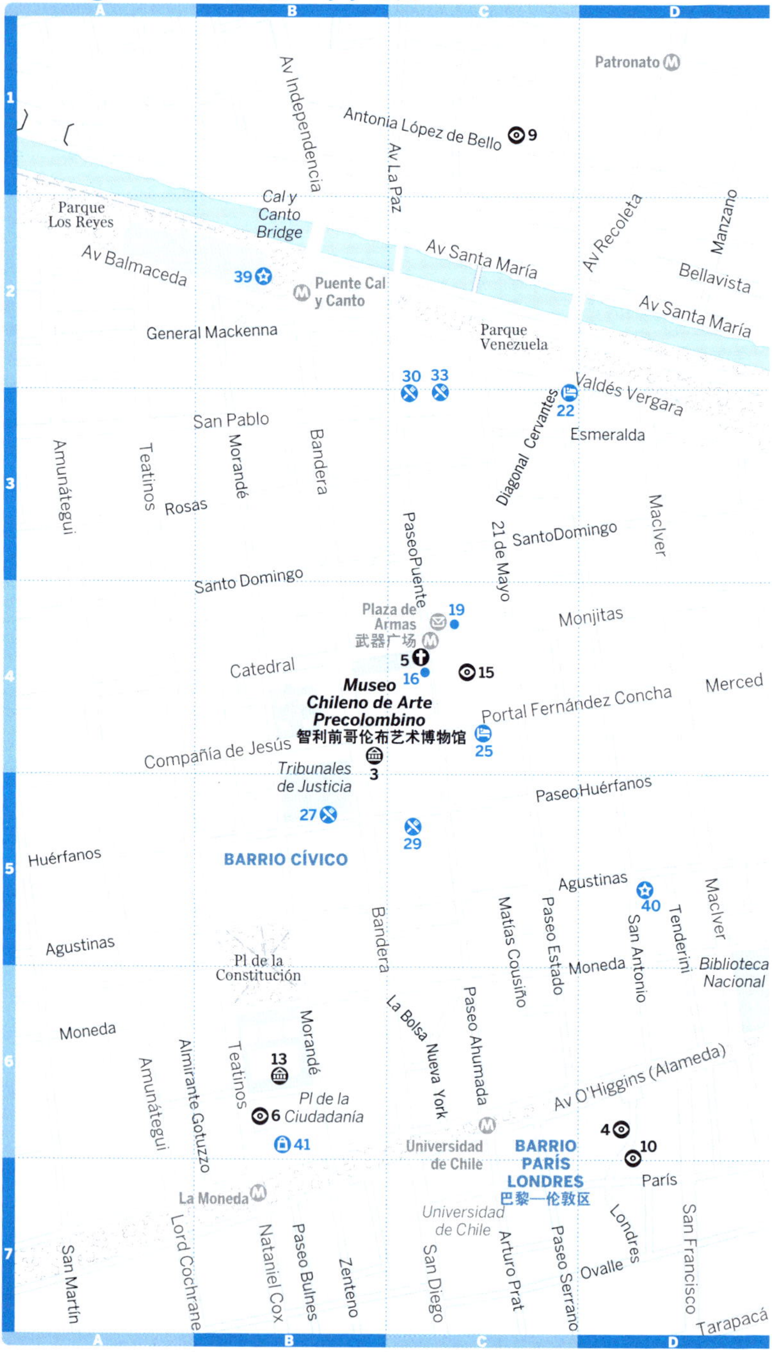

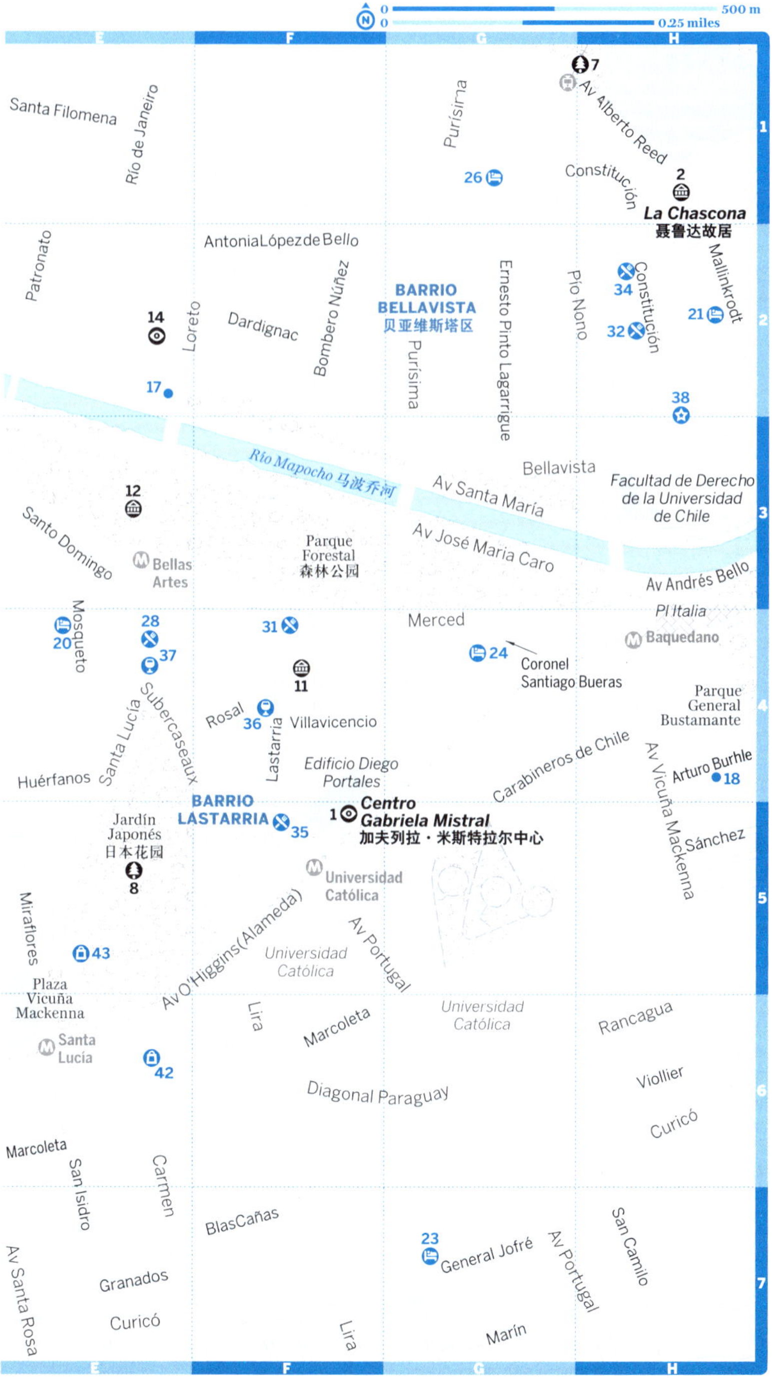
0 500 m
0 0.25 miles
E
F
G
H
1
2
3
4
5
6
7
Santa Filomena
Río de Janeiro
Purísima
7
Av Alberto Reed
26
Constitución
2
La Chascona
聂鲁达故居
Patronato
AntoniaLópezdeBello
BARRIO
BELLAVISTA
贝亚维斯塔区
Ernesto Pinto Lagarrigue
Pío Nono
34
Constitución
Mallinkrodt
21
14
Loreto
Dardignac
Bombero Núñez
Purísima
32
17
38
Río Mapocho 马波乔河
Bellavista
Av Santa María
Facultad de Derecho
de la Universidad
de Chile
12
Santo Domingo
Bellas
Artes
Parque
Forestal
森林公园
Av José María Caro
Av Andrés Bello
Pl Italia
Merced
Baquedano
20
Mosqueto
28
37
31
11
24
Coronel
Santiago Bueras
Rosal
36
Lastarria
Villavicencio
Parque
General
Bustamante
Santa Lucía
Subercaseaux
Huérfanos
Edificio Diego
Portales
Carabineros de Chile
Av Vicuña Mackenna
Arturo Burhle
18
BARRIO
LASTARRIA
35
1
Centro
Gabriela Mistral
加夫列拉·米斯特拉尔中心
Jardín
Japonés
日本花园
8
Sánchez
Universidad
Católica
Miraflores
43
Av O'Higgins(Alameda)
Universidad
Católica
Av Portugal
Plaza
Vicuña
Mackenna
Lira
Marcoleta
Universidad
Católica
Rancagua
Santa
Lucía
42
Diagonal Paraguay
Viollier
Curicó
Marcoleta
San Isidro
Carmen
BlasCañas
San Camilo
23
General Jofré
Av Portugal
Av Santa Rosa
Granados
Curicó
Lira
Marín

Santiago Centro 圣地亚哥中心区

住宿

中心区

Hostel Plaza de Armas 青年旅舍 $

(☎02-2671-4436; www.plazadearmashostel.com; Compañía de Jesus 960, Apt 607, Plaza de Armas; 铺 6000~10,000比索, 双 24,000比索, 双 无独立卫生间 20,000比索; @📶; Ⓜ Plaza de Armas)当你来到这座在圣地亚哥主广场上的繁忙公寓楼时，会以为自己走错了地方。乘电梯到6楼，便来到这个令人惊喜而愉悦的青年旅舍，房间很小，有一个设施齐全的公用厨房和俯瞰武器广场的大阳台。总之，这是一个省钱的好选择。

Ecohostel 青年旅舍 $

(☎02-2222-6833; www.ecohostel.cl; General Jofré 349B, Barrio Estación Central; 铺/标单/双 无独立卫生间 8000/15,000/21,000比索; @📶; Ⓜ Universidad Católica)🌿背包客和家庭喜爱这家旅舍私人化的服务，舒服的沙发和充满阳光的庭院（满是吊床）。在改建老房子里的6人间和8人间有些阴暗，但床铺和行李柜都很大，还有许多分隔合理的卫生间。有一间女性床位间。

★ **CasAltura Boutique Hostel** 青年旅舍 $

(☎02-2633-5076; www.casaltura.com; San Antonio 811; 铺/双 10,000/24,000比索, 标单/双 无独立卫生间 18,000/28,000比索; @📶; Ⓜ Puente Cal y Canto)这家精致的"精品青年旅舍"是旅行者的最爱，因为提供厨房、高档的床上用品、可以俯瞰森林公园(Parque Forestal)的露台，以及靠近中央市场的地理位置。

拉斯塔里亚区和贝雅斯阿特斯区

Andes Hostel & Apartments 青年旅舍 $

(☎02-2632-9990; www.andeshostel.com;

Monjitas 506；铺 15,100~16,400比索，双 有/无独立卫生间 55,700/39,000比索，公寓 72,200比索；@ 🛜 ✱；Ⓜ Bellas Artes）这家青年旅舍位于城市中心地带，拥有着各种流行艺术的魅力元素，如淡黄绿色的墙壁，斑马纹地毯，混搭的复古沙发，铺着马赛克瓷砖的酒吧等。4人间和6人间在夏季的夜晚有点热。如果是几个人一起，可以考虑多花些钱入住隔壁街区的安第斯公寓（Andes apartment）。

Hostal Forestal 青年旅舍 $

（☎02-2638-1347；www.hostalforestal.cl；Coronel Santiago Bueras 120；铺 6500~8000比索，标单 无独立卫生间 18,000比索，双 有/无独立卫生间 27,000/22,000比索；@ 🛜；Ⓜ Baquedano）这家青年旅舍以地理位置取胜，但是感觉有点旧，床位间阴暗而有些破败。你可以享受共用厨房、台球桌和位于中心的地理位置。

贝亚维斯塔区

La Chimba 青年旅舍 $

（☎02-2735-8978；www.lachimba.com；Ernesto Pinto Lagarrigue 262；铺 11,000比索，标单/双 24,000/36,000比索，无独立卫生间 18,000/30,000比索；@ 🛜；Ⓜ Baquedano）一大片壁画宣告着你来到了这家贝亚维斯塔区的派对青旅。一张很酷的20世纪50年代风格的复古沙发，与热情的枝形吊灯和其他跨越年代的小装饰混搭在一起。房间是朋克-摇滚风，有点脏乱，但很讨喜。你会喜欢在悠闲的后院与住客交换故事。

Nomades Hostel 青年旅舍 $

（☎02-2789-7600；Bellavista 0318；铺/标单 10,000/18,000比索，双 有/无独立卫生间 36,000/27,000比索；Ⓜ Baquedano）在这家贝亚维斯塔的青年旅舍里，摩登的装饰遇上老建筑的优雅。到处都是精美的艺术，有一个很酷的室外庭院，中间有一间宽敞的共用厨房。床位间为5人间。

Bellavista Hostel 青年旅舍 $

（☎02-2899-7145；www.bellavistahostel.com；Dardignac 0184；铺 12,000比索，标单/双 无独立卫生间 18,000/30,000比索；@ 🛜；Ⓜ Baquedano）这家互动性极高的青旅是贝亚维斯塔区的一个经典之选。明亮的墙上画着多彩的壁画和涂鸦，彰显着轻松的艺术氛围。有一个超级酷的露台和两间厨房。我们只是希望它能更干净一点。城市最好的酒吧和夜店就在门口，所以有时也为这家店带来住客。

巴西区和云盖区

Happy House Hostel 青年旅舍 $

（☎02-2688-4849；www.happyhousehostel.cl；Moneda 1829；铺/标单/双 无独立卫生间 10,000/23,000/30,000比索，标单/双 36,000/40,000比索；@ 🛜 ✱；Ⓜ Los Héroes）这家巴西区最棒的青年旅舍是疲惫的旅行者的福音。这栋建于1910年的老宅有绝妙的装饰天花板、时髦现代的质感以及出乎意料的艺术装饰风格。有一个游泳池、酒吧和后院，有几层床位间和绝对划算的单间。

La Casa Roja 青年旅舍 $

（☎02-2696-4241；www.lacasaroja.cl；Agustinas 2113；铺 8000~10,000比索，双 有/无独立卫生间 32,000/28,000比索；@ 🛜 ✱；Ⓜ Ricardo Cumming）这家澳大利亚人经营的青年旅舍拥有游泳池、通风庭院、户外酒吧、花园和精心设计的超大厨房，很明显看出这里何以成为背包客的中心。认真的交流并非它的唯一吸引力，这栋精心修复的19世纪老宅的大楼梯和超高的装饰天花板都渗透着独特的风格。

双人间尤其划算，带有高雅的复古家具和小巧精致的卫生间。

普罗维登西亚区

Castillo Surfista Hostel 青年旅舍 $

（☎02-2893-3350；www.castillosurfista.com；Maria Luisa Santander 0329；铺 8500比索，双 无独立卫生间 21,400~25,400比索；@ 🛜；Ⓜ Baquedano）这家另辟蹊径的青年旅舍由一位加利福尼亚冲浪手经营。经过翻新的房屋内设有舒适自在的床位间和双人间，以及整洁的公共区域。悠闲的主人可以带你前往冲浪地点。店主甚至会组织冲浪一日游，前往鲜为人知的冲浪地点。如果你打算独自去海滩，这里还提供Wicked露营装备租赁。

Intiwasi Hotel 精品酒店 $$

(02-2985-5285; www.intiwasihotel.com; Josue Smith Solar 380, Providencia; 房间 85~90美元; Los Leones)这家舒服的酒店位于中心位置，更像是为成年人设计的精品旅舍。自豪的主人乐于帮助你安排行程，酒店外观是智利本土风格，装饰有当地的纺织品、深色的木头，满眼都是红橙色的明亮色调——Intiwasi在盖丘亚语中意为“太阳之屋”。房间配有LCD电视。

就餐

中心区的廉价午餐比比皆是，贝亚维斯塔区、拉斯塔里亚区和普罗维登西亚区则更适合晚餐。

中心区

★中央市场 海鲜 $

(Mercado Central, Central Market; www.mercadocentral.cl; 21 de Mayo和San Pablo交叉路口; 食品摊和餐馆 周一至周五 9:00~17:00，周六和周日 7:00~15:30; Puente Cal y Canto)圣地亚哥锻铁围成的鱼市是享用海鲜午餐（以及用酒腌制过的炖鱼，比如巴勃罗·聂鲁达最爱的配有番茄和土豆的caldillo de congrio）的经典地点。避开市场中部的游客餐厅，选择市场外围不起眼的小摊位。

Bar Nacional 智利菜 $

(Huérfanos 1151; 主菜 3400~5500比索; 周一至周六 9:00~23:00; Plaza de Armas)从铬黄色柜台，到旧式装扮的服务生，这家餐厅的fuente de soda（柜台）也十分复古怀旧。多年来这里一直供应智利特色菜，比如lomo a lo pobre（牛排和炸薯条配煎蛋）。如果想节省一美元（或是几百比索），可以从三明治菜单点餐。

Empanadas Zunino 面包房 $

(www.empanadaszunino.cl; Puente 801; 馅饼 650~800比索; 周一至周日 9:00~17:00; Puente Cal y Canto)这家经典面包房自20世纪30年代起开门营业，供应各式美味的馅饼。智利美食记者们在近期的圣地亚哥最佳馅饼大赛将其评为第二名。

El Naturista 素食 $

(www.elnaturista.cl; Huérfanos 1046; 餐 3400~5000比索; 周一至周六 9:00~22:00; ; Plaza de Armas)El Naturista是一家市中心的经典素食餐厅，供应简单但是分量很足的汤品、沙拉、三明治、馅饼和鲜榨果汁，另外还供应简易早餐和水果冰激凌。Moneda 846附近还有一家分店。

拉斯塔里亚区和贝雅斯阿特斯区

Café Bistro de la Barra 咖啡馆 $

(JM de la Barra 455; 三明治 3500~7000比索; 周一至周五 9:00~21:30，周六和周日 10:00~21:30; ; Bellas Artes)老旧的地砖，天鹅绒沙发，由茶杯和茶壶做成的灯饰，构成了这家城里最棒的早午餐和上午茶（onces）店古怪却宜人的背景。丰富的三明治选择包括三文鱼馅羊角面包、帕尔马火腿和芝麻菜配绿橄榄薄片面包，确保你为浆果芝士蛋糕留了肚子。

Tambo 秘鲁菜 $

(www.tambochile.cl; Lastarria 65; 主菜 5500~7700比索; 周一至周六 正午至23:00; Universidad Católica)这家新派秘鲁餐厅坐落在拉斯塔利亚景色最优美的路段，供应辛辣的菜肴和智利人已经接受的饮料。尝尝这里美妙的酸橘汁腌海鲜（ceviche），以及一杯maracuyá（百香果）调味的美味皮斯科鸡尾酒，从边境另一边开始你的品评之旅。

Emporio La Rosa 冰激凌 $

(www.emporiolarosa.com; Merced 291; 冰激凌 900~1800比索，沙拉和三明治 2500~3900比索; 周一至周六 9:00~23:00; ; Bellas Artes)这里超级细腻的手工冰激凌被认为会让人上瘾，有许多不同寻常的口味，如巧克力-辣椒、玫瑰花瓣、草莓和黑胡椒。薄脆的法式巧克力面包（pains au chocolat）和湿软的佛卡夏三明治又为你在铬合金桌前坐下来增添了两个理由。

贝亚维斯塔区

Galindo 智利菜 $

(www.galindo.cl; Dardignac 098; 主菜 2800~5800比索; 周一至周六 正午至23:00;

Ⓜ Baquedano）怀旧的霓虹招牌装饰着木头吧台，Galindo是当地老牌的人气餐馆，经常挤满了喧闹而又心满意足的食客。原因很显然：和周围讲究花哨的餐馆不同，Galindo供应的都是热腾腾的parriladas（混合烧烤）和亲切的智利菜主食，如chorrillana（炸薯条配烤洋葱和烤肉）。

★ **Peumayen** 智利菜 $$

（www.peumayenchile.cl；Constitución 136；品尝套餐 10,500比索；⊙周二至周六 7:00~23:00，周日 13:00~15:00；Ⓜ Baquedano）毫无疑问是智利最特别的美食体验，这家贝亚维斯塔区的新店，通过探寻马普车、复活节岛和盖丘亚的美食根源，进而创新了智利菜肴。

巴西区

★ **Peluquería Francesa** 法国菜 $

（Boulevard Lavaud；☎02-2682-5243；www.boulevardlavaud.cl；Compañía de Jesús 2789；主菜 3300~7000比索；⊙周一至周六 正午至23:00；Ⓜ Ricardo Cumming）这家是圣地亚哥更创新的美食体验之一，店名意为"法国理发店"，1868年，这座优雅的拐角建筑最初正是一家法国理发店。店内装饰着奇特的古董（全部可供出售），散发着世纪之交时期的风情魅力。周末晚上食客满堂，挤满了前来享用改良过的法国风味海鲜的时髦圣地亚哥人（santiaguinos）。

Platipus 亚洲菜 $

（www.platipus.cl；Agustinas 2099；寿司 2900~5900比索；⊙周一至周六 晚餐；✎；Ⓜ Ricardo Cumming）这家闲适的寿司店内，蜡烛温暖的光影投映在裸露砖墙上。在这里用餐要抛下你所有的匆忙，你会发现寿司和tablas（回转餐台上的小食品）都值得等待。素食者也会在这里发现许多餐点。

Las Vacas Gordas 牛排餐馆 $

（Cienfuegos 280；主菜 4000~7000比索；⊙周一至周六 正午至23:00；Ⓜ Ricardo Cumming）在喧嚣的主用餐区前的大型烤炉上，烤制着牛肉、猪肉、鸡肉和蔬菜，面无表情的老派侍者会将烤好的食物端到食客桌前。这家人气牛排餐厅常常爆满，所以提前订位或者早点过去。

普罗维登西亚区

El Huerto 咖啡馆 $

（www.elhuerto.cl；Orrego Luco 054；主菜 5700~6100比索；⊙周一至周六 正午至午夜；✎；Ⓜ Pedro de Valdivia）这家接地气的餐馆供应以素食为主的健康饭菜，既迎合时尚的年轻人，也吸引着来吃午饭的妇女。来尝尝煎蛋清、草莓冰沙、藜麦沙拉和超级丰富的点心配牛奶咖啡。

Voraz Pizza 比萨餐馆 $

（www.vorazpizza.cl；Av Providencia 1321；3300~4000比索；⊙周一至周六 正午至23:00；✎；Ⓜ Manuel Montt）这家狭小的比萨店供应物美价廉的薄饼比萨和精酿啤酒，客人可以在便道旁的桌子上享用美食，餐厅也提供送餐服务。对于非肉食者的好消息是，这里也有一些美味的素食比萨，迎合素食者的口味。

Liguria 地中海菜 $$

（☎02-2334-4346；www.liguria.cl；Av Pedro de Valdivia 47；主菜 5300~9800比索；⊙周一至周六 正午至23:00；Ⓜ Pedro de Valdivia）Liguria是圣地亚哥餐饮业的支柱，将法式小馆和酒吧完美结合。黑板上写着炖兔肉和其他特色菜，衣冠楚楚的老派服务员会沉稳地将菜品放在红色的格子桌布上。

Aquí Está Coco 智利菜 $$

（☎02-2410-6200；www.aquiestacoco.cl；La Concepción 236；主菜 9100~13,000比索；⊙周一至周六 正午至23:00；✎；Ⓜ Pedro de Valdivia）🍃 这家餐馆位于一所小型建筑内，使用可持续建筑材料重新修整后非常漂亮，是普罗维登西亚区最时尚的用餐场所。店名意为"Coco在这里"，指的是富于想象力的主人，他将餐厅空间同时用来展示其环球旅行收集的艺术品和工艺品（值得一提的是他具有相当的烹饪天赋，对精品葡萄酒也充满热情）。

拉斯孔德斯区、埃尔高尔夫区和维塔库拉区

Café Melba 咖啡馆 $

（Don Carlos 2898；三明治 2900比索，主菜 4000~7500比索；⊙7:00~15:00；✎；Ⓜ Tobalaba）这家由新西兰人经营的咖啡馆非

常温馨惬意，供应培根鸡蛋、松饼、面包圈和超大杯的咖啡，这些只是全天供应的早餐菜品的一部分。足料的三明治和丰盛的菜肴，如鱼肉绿咖喱、猪肉圆饼等，是很受当地金融从业者欢迎的午餐，不过这里的特色是悠闲的早午餐。

🍷 饮品和夜生活

Catedral 鸡尾酒吧

（www.operacatedral.cl；JM de la Barra和Merced交叉路口；Ⓜ Bellas Artes）优雅的Catedral的菜单上远远不止酒吧小吃，有没有人要来一杯香槟，搭配紫罗兰焦糖布丁？一批二三十岁的专业人士喜欢这里小巧的双色沙发、光滑的木地板和柔和的音乐。

Santo Remedio 鸡尾酒吧

（www.santoremedio.cl；Román Díaz 152；⏲周一至周五 13:00~15:30和18:30至次日4:00，周六和周日 13:00~15:30和20:30至次日4:00；Ⓜ Manuel Montt）严格说来，这个有着高高天花板的昏暗老房子是一家餐厅，并且是一家浪漫的餐厅。但真正吸引人的还是它的酒吧属性：精心调制的浓烈鸡尾酒、定期的现场DJ表演，二三十岁的年轻人在这里总是能找到乐子。

Baires 酒吧

（Brasil 255；Ⓜ Ricardo Cumming）严格说来，这里是一个“寿司俱乐部”，但吸引大量顾客前来的是这里的夜生活。阳台座位很快客满，即使是在非周末的晚上也是如此。饮料单堪比一本小型百科全书，周末楼上有DJ表演。

Boca Naríz 葡萄酒吧

（☎02-2638-9893；www.bocanariz.cl；Lastarria 276；主菜 5000~9000；⏲周一至周六正午至午夜，周日 19:00~23:00；Ⓜ Bellas Artes）你也许会在市场吃到更好的酸橘汁腌海鲜（ceviche），但你在智利几乎找不到更好的葡萄酒单。我们喜欢这里亲密的气氛、套酒品尝（wine flights）和对酿酒的专业性。建议预约。

☆ 娱乐

圣地亚哥优秀的文化中心，特别是加夫列拉·米斯特拉尔中心（见180页）、拉莫内达宫文化中心（见180页）和马波乔火车站（见179页），是这座城市最出色的现场音乐、表演艺术和娱乐表演场所。文化活动的门票通常免费。登录文化中心网站或www.estoy.cl查看活动列表。

现场音乐

Bar Constitución 现场音乐

（Constitución 62, Bellavista；⏲20:00至次日4:00；Ⓜ Baquedano）贝亚维斯塔最酷的夜间娱乐场所。这里每晚都举办现场乐队表演，还有DJ表演。酒吧音乐类型五花八门（但都不会令你失望），包括电音撞击乐（electroclash）、车库摇滚（garage）、nu-folk、浩室（house）等风格的音乐元素。登录网站看看当晚的活动是否适合你。

Teatro Caupolicán 现场音乐

（☎02-2699-1556；www.teatrocaupolican.cl；San Diego 850；⏲20:00至次日1:00；Ⓜ Parque O' Higgins）曾在这里登台的拉丁美洲摇滚音乐人有：来自遥远的墨西哥的Café Tacuba、阿根廷电子探戈乐队Bajofondo以及奥斯卡奖得主乌拉圭的荷西·德克勒（Jorge Drexler）。国际乐手如Garbage和Snow Patrol也在这里举办演唱会。

La Batuta 现场音乐

（www.batuta.cl；Jorge Washington 52, Nuñoa；Ⓜ Plaza Egaña）在Batuta，热情的人群伴随着斯卡、patchanka（如Manu Chao的音乐）、cumbia chilombiana、乡村摇滚乐、海浪摇滚乐、翻唱乐队和哥特摇滚而尽情舞蹈。

夜店

想都不要想在午夜前出现在夜店。许多夜店在夏季歇业，老板随着人群去了海滩。

Mito Urbano 夜店

（www.mitourbano.cl；Manuel Montt 350；入场费 4000~6000比索；Ⓜ Manuel Montt）在这家有趣的夜店，迪斯科舞厅闪光灯球照亮了二三十岁甚至四十多岁的漂亮人群，他们随着复古舞曲和智利流行乐起舞。你可以查看萨尔萨舞课程、卡拉OK、现场爵士乐和其他推广活动的时间表，这些活动都是为了在午夜之前招揽顾客。

表演艺术

Teatro Municipal 剧院

(☎02-2463-1000; www.municipal.cl; Agustinas 794, Centro; 票价 3000比索起; ⏲售票处 周一至周五 10:00~19:00, 周六和周日 至14:00; Ⓜ Santa Lucía)这座精致的新古典主义建筑是圣地亚哥最著名的表演艺术场所，同时也是圣地亚哥芭蕾舞团的所在地，还举办世界级的歌剧、探戈和古典音乐表演。

Centro Cultural Matucana 100 艺术中心

(☎02-2946-9240; www.m100.cl; Matucana 100; 票价不定; ⏲11:00~13:00和14:00~21:00; Ⓜ Quinta Normal) 免费 这座巨大红砖建筑是圣地亚哥最时尚的艺术现场之一，其工业化外观源于它的前身曾是政府仓库。作为智利200周年纪念工程的一部分而翻新，它现在包含一个飞机库般的美术馆和一家承办地下电影放映、音乐会和边缘艺术的剧院。

体育

国家体育馆 足球

(Estadio Nacional, National Stadium; ☎02-2238-8102; Av Grecia 2001, Nuñoa; Ⓜ Irarrázaval)总的来说，智利人是相当冷静的，直到他们踏入足球场的那一刻起。最引人注目的要算是和邻居对手——如秘鲁或阿根廷的比赛了，那时“Chi-Chi-Chi-Lay-Lay-Lay”的加油声响遍整个国家体育馆。

购物

挑选衣服、鞋子和百货公司商品，可以前往市区的步行街，如Ahumada。如果要买更便宜些的商品，可以过河前往Patronato。

圣地亚哥的高档购物中心距离市中心较远，当地人比游客更爱来这里，包括Parque Arauco(www.parquearauco.cl; Av Kennedy 5413; ⏲10:00~21:00; Ⓜ Manquehue)和Alto Las Condes(www.altolascondes.cl; Av Kennedy 9001, Las Condes; ⏲10:00~22:00)。

★Artesanías de Chile 工艺品

(☎02-2235-2014; www.artesaniasdechile.cl; Plaza de la Ciudadanía 26; ⏲周一至周六 10:00~18:00; Ⓜ La Moneda)这里出售的珠宝、雕刻品、陶瓷和羊毛制品价格合理，商品出售所得大部分收入归工匠所有。在圣地亚哥和智利全国都能找到分店。

Galería Drugstore 时装

(www.drugstore.cl; Av Providencia 2124, Providencia; ⏲周一至周六 10:30~20:00; Ⓜ Los Leones)这家独立的四层购物中心相当不错，近年来崭露头角的服装设计师都在这里开设了服装精品店，所以你可以买到很多独一无二的服装。购物中心内还设有艺术书店和咖啡馆。

Centro de Exposición de Arte Indígena 工艺品

(O' Higgins 499, Centro; ⏲周一至周六 10:00~18:00; Ⓜ Santa Lucia)当地的手艺人在这些摊位出售少量商品，靠近圣卢西亚山的Terraza Neptuno入口。商品包括银饰、明信片、乐器和马普车语字典。

Centro Artesanal Santa Lucía 工艺品

(Carmen和Diagonal Paraguay交叉路口, Centro; ⏲10:00~19:00; Ⓜ Santa Lucía)把这个市场里批量生产的编织品和皮革制品称为“工艺品”有些牵强，但这确实是一个淘廉价纪念品的好地方，能够找到游客必买的排箫、银饰和安第斯风格的毛衣。

跳蚤市场 市场

(Franklin Market; ⏲周六和周日 9:00~19:00; Ⓜ Franklin)这个Bío Bío和Franklin之间著名的跳蚤市场拥挤而喧闹，摊位出售古董、收藏品和有趣的旧物。在杂乱的复古太阳镜、古老的白兰地酒杯、牛仔鞭、老式泳衣和旧书中淘货也是一种体验。

实用信息

危险和麻烦

圣地亚哥相对安全，但小的犯罪案件还是难免。在武器广场、中央市场、圣卢西亚山和圣克里斯托瓦尔山附近要提高警惕。有些偷盗团伙以贝亚维斯塔区Pío Nono一带的酒客为目标，巴西区的小街道在天黑之后也不安全，要尽量远离。

紧急求助

救护车(☎131)

消防局(Bomberos; ☎132)

警察局(Carabineros; ☎133)

抵离机场

连接机场与市中心的机场大巴由两家公司运营，价格便宜，高效快捷。**TurBus Aeropuerto**（☎600-660-6600；www.turbus.cl；1550比索）从早上6点到午夜之间每15分钟发车一次，市区终点站是Universidad de Santiago地铁站。**Buses Centropuerto**（☎02-2601-9883；www.centropuerto.cl；Manuel Rodríguez 846；单程/往返 1500/2900比索；⏲5:55~23:30，10~15分钟1班）也提供类似服务，市区终点站是Los Héroes地铁站，中途停靠Estación Central地铁站。两家公司都在Pajaritos地铁站设有站点。从机场到达大厅正门口乘车，全程约40分钟。

如果你想乘坐出租车，请注意，虽然合理的价格约为16,000比索，但出租车司机宰游客是出了名的，不要理会在到达大厅里那些举着"TAXI"牌子的人。去正规的柜台更稳妥，推荐**Transvip**（☎02-2677-3000；www.transvip.cl），其合乘出租车价格实惠，根据目的地所在区域远近收费（7000比索起），每车7人，一般15分钟内可凑满人发车，也提供安全的出租车和专车服务。在到达大厅的Transvip柜台用现金（接受美元）或信用卡支付。从市区去机场，可通过网站或电话预约上门接客。

警察总局（Prefectura de Carabineros；☎02-2922-3660；O' Higgins 280，Centro）

上网

网吧正在消失。许多咖啡馆和大部分酒店如今都为客人提供免费无线网络。

医疗服务

Clínica Alemana（☎02-2210-1111；portal.alemana.cl；Av Vitacura 5951，Santiago）

Hospital de Urgencia Asistencia Pública（☎02-2568-1100；www.huap.cl；Av Portugal 125；⏲24小时；Ⓜ Universidad Católica）圣地亚哥主要的急诊诊所。

现金

市内各处都设有自动柜员机（Redbanc），但目前暂不支持中国银联卡。

Cambios Afex（☎02-2636-9090；www.afex.cl；Agustinas 1050，Centro；⏲周一至周五 9:00~18:00，周六 10:00~14:00；Ⓜ Universidad de Chile）可靠的货币兑换处。

邮局

邮局（☎800-267-736；www.correos.cl；Catedral 987，Plaza de Armas；⏲周一至周五 8:00~22:00，周六 至18:00；Ⓜ Plaza de Armas）城内有多处营业厅。

旅游信息

Sernatur（☎02-2731-8336；www.chile.travel；Av Providencia 1550；⏲周一至周五 9:00~20:00，周六 至14:00；📶；Ⓜ Manuel Montt）发放地图和小册子，提供旅游建议，协助预约酒厂参观。

旅行社

Navimag（☎02-2442-3120；www.navimag.cl；Av El Bosque Norte 0440，Piso 11；⏲周一至周五 9:00~18:30；Ⓜ Tobalaba）提前预订智利巴塔哥尼亚的船票。

ℹ 到达和离开

飞机

阿图罗·梅里诺·贝尼特斯国际机场（Aeropuerto Internacional Arturo Merino Benítez；见304页；www.aeropuertosantiago.cl）位于圣地亚哥市中心西北20公里处的Pudahuel。运营国内航线的有**LAN**（☎600-526-2000；www.lan.com），目的地覆盖最广，**Sky**（☎02-2353-3100；Huérfanos 815，Centro；Ⓜ Plaza de Armas）的票价通常更便宜。机票票价相差很大，有时网站的西班牙语页面会比英语页面显示的票价更低。

长途汽车

多家汽车公司运营从圣地亚哥到智利其他地区以及阿根廷和秘鲁的长途线路，发车地点不同，请明确自己的目的地。

圣地亚哥有4个主要的汽车站，发出驶向北部、中部和南部方向的长途汽车。Tur Bus和Pullman Bus是最大、信誉最好的两家公司。

Terminal San Borja（O' Higgins 3250，San Borja 184；Ⓜ Estación Central）在购物商场的尽头，中

央火车站旁边。售票窗口按照地区划分，站点标识得都很清晰，目的地从阿里卡到圣地亚哥附近的Cordillera（山区）。

Terminal de Buses Alameda（O' Higgins和Jotabeche交叉路口；Ⓜ Universidad de Santiago）是**Tur Bus**（☎600-660-6600；www.turbus.cl）和**Pullman Bus**（☎600-320-3200；www.pullman.cl）的总站，两家公司有许多发往北部、南部和沿海地区的长途汽车。

Terminal de Buses Sur（O' Higgins 3850；Ⓜ Universidad de Santiago）发往中部海岸、国际线路及南部地区（湖区和奇洛埃）的车最多。

Terminal Los Héroes（☎02-2420-0099；Tucapel Jiménez 21；Ⓜ Los Héroes）位于中心区Alameda附近，更便捷有序。运营的长途汽车线路主要沿着泛美公路（Carretera Panamericana，Pan-American Hwy）北上，也会有一些发往阿根廷和向南到特木科。

重要车站之间的票价如下，列出了"clásico"（普通）或"semi-cama"（半躺式）单程车票的大致价格及所需时间。车费相差非常大，节假日期间票价飙升。

目的地	费用（智利比索）	行程（小时）
安托法加斯塔	30,000	19
阿里卡	45,900	30
布宜诺斯艾利斯（阿根廷）	81,000	22
奇廉	7900	5
康塞普西翁	8000	6.5
科皮亚波	20,000	12
伊基克	37,400	25
拉塞雷纳	10,000	7
门多萨（阿根廷）	25,400	8
奥索尔诺	21,800	12
普冈	16,800	11
蒙特港	21,800	12
圣佩德罗-德阿塔卡马	40,600	23
塔尔卡	5000	3.5
特木科	14,900	9.5
瓦尔迪维亚	16,900	10~11
瓦尔帕莱索	4200	2
比尼亚德尔马	4200	2.25

火车

智利所谓的城际铁路系统**Trenes Metropolitanos**（☎600-585-5000；www.tmsa.cl）从**中央车站**（Estación Central；O' Higgins 3170；Ⓜ Estación Central）发车。乘坐火车旅行会比乘坐长途车稍慢一些，价格也更贵。但火车车厢保养得非常好，车次通常也比较准时。

TerraSur每天都有3班至5班开往兰卡瓜（Rancagua，5600比索，1小时）、库里科（Curicó；5600比索起，2小时15分钟）、塔尔卡（8000比索起，3小时）和奇廉（8000比索，5.5小时）的列车。网上预订享受10%的折扣。

当地交通

公共汽车

Transantiago（☎800-730-073；www.transantiago.cl）运营的公共汽车便宜便捷，是在圣地亚哥城区不错的选择，尤其是夜间地铁停运以后。绿白相间的公共汽车在圣地亚哥中心区内运营，或将两个区域连接起来。每个郊区有以颜色加以区分的公共汽车，并在路线号码前有一个标识字母（例如，在Las Condes和Vitacura运营的公交线路号码以C开头，车体为橙色）。

公共汽车通常沿着主要道路运行，车站之间相距较远，经常与地铁站重合。公交车票只能通过Bip!卡支付（无接触公交卡，在传感器前晃动即可），卡费是2700比索，单程票价范围为640~720比索，依乘坐时间而定。Bip!卡在几乎所有的地铁站均可购买及充值，但公共汽车上不发售此卡。Transantiago网站上可以查询完整的Bip!卡销售网点。

周日和节假日可以利用新开发的**Circuito Cultural Santiago**（www.transantiago.cl；⏲周日和节假日 10:00~18:30），这是一条环线公交，途经圣地亚哥的主要旅游景点（博物馆，文化中心），从中央车站始发。使用Bip!卡支付过车费后，司机会给你一个手环，这样你就可以无限次数地乘坐环线公交车。这种车上有清晰的"Circuito Cultural"标识。

小汽车

在圣地亚哥租车自驾可不是件轻松的事情——如果你坚持要自己开车，主要的租车公司在机场有网点。更多关于在圣地亚哥驾车和停车的详细信息，请查看**Car Rental in Chile**（www.

mietwagen-in-chile.de）英文页面，该网站也提供租车服务。

地铁

圣地亚哥的**地铁**（www.metrosantiago.cl；⊙周一至周五 6:00~23:00，周六 6:30~23:00，周日和节假日 8:00~22:30，不同线路不同站点的首末车时间前后浮动，详细时刻表请查询网站）发展迅速，是出行的便捷之选。网站上可下载地铁路线图和点对点线路规划。你可以使用Bip!卡或购买纸质单程车票，统一票价，不限里程。票价根据时间段不同分为三档：高峰期为7:00~8:59和18:00~19:59，票价740比索；低峰期为6:00~6:29和20:45~23:00，票价610比索，其余时间票价660比索。

出租车

圣地亚哥有大量的计程出租车，全部是黑车黄顶，起步价250比索，超过后每200米（或等待每分钟）120比索。在街上叫到的出租车通常是很安全的。

圣地亚哥周边

在圣地亚哥，你很容易找到避开都市喧嚣的地方，国家公园、寂静的村落、冬天白雪覆盖的山坡以及夏日里的高海拔徒步路线都是很好的去处。

迈波山谷（Valle de Maipo）

迈波山谷位于圣地亚哥市中心以南，是重要的葡萄酒产区，专注于大颗粒红葡萄。你可以自行前往，从市中心乘坐公共交通工具到下列葡萄酒厂，路程均在1.5小时之内。但你最好还是跟随懂行的导游参观葡萄酒厂，可以尝试Uncorked Wine Tours（☎02-2981-6242；www.uncorked.cl；半天/全天游览 135/195美元）的专业团队游，英语导游会带你参观三处葡萄酒厂，还包含一顿可口的午餐。同时推荐La Bicicleta Verde（见183页）的酒厂自行车之旅，你可以骑自行车游览距圣地亚哥10公里内的葡萄酒厂。

值得一游的葡萄酒厂有Viña Cousiño Macul（☎02-2351-4100；www.cousinomacul.com；Av Quilín 7100，Peñalolen；团队游 9000~18,000比索；⊙英语团队游 周一至周五 11:00、12:00、15:00、16:00，周六 11:00和12:00；Ⓜ Quinlín）。导游会带你了解葡萄酒的生产过程并参观建于1872年的地下bodega（葡萄酒存储区）。从地铁站乘坐出租车或步行2.25公里即可到达葡萄酒厂。

可爱的Viña Aquitania（☎02-2791-4500；www.aquitania.cl；Av Consistorial 5090；团队游和品酒 8000~15,000比索；⊙仅限周一至周五9:00~17:00预约）坐落在安第斯山脚下。在Grecia地铁站（4号线）搭乘D07路公交车，就在6号汽车站台南边，在Av Los Presidentes和Consistorial交叉路口下车（你需要一张Bip!卡），下车后向南行150米即到。

精品葡萄园Viña Almaviva（☎02-2270-4200；www.almavivawinery.com；Av Santa Rosa 821，Paradero 45，Puente Alto；团队游 含一杯酒 80美元，⊙仅限于周一至周五9:00~17:00预约）须通过预订才能参加高端品酒会。从马波乔火车站发车的207路公共汽车会经过酒厂的入口，酒厂建筑距离入口约1公里。

Viña Concha y Toro（☎02-2476-5269；www.conchaytoro.com；Virginia Subercaseaux 210，Pirque；标准团队游和品酒 8000比索；⊙10:00~17:00）是这家酒厂位于Pirque的姊妹酒厂，通过这家酒厂的大众团队游，你可以看到大规模的酿酒过程。乘坐圣地亚哥地铁到4号线的终点Plaza de Puente Alto站，然后乘坐蓝色的小巴（窗前有"Pirque"标志），告诉司机你要去Plaza Pirque或Concha y Toro即可。

迈波河谷（Cajón del Maipo）

美丽的迈波峡谷中，陡峭的石壁上草木葱茏，迈波河在峡谷中潺潺流过。河谷距圣地亚哥东南仅25公里，是圣地亚哥人周末的热门去处。每年11月至次年3月是漂流季节，6月到9月滑雪爱好者们聚集在这里，而骑马全年都很流行。

迈波河本身是由多条接近三级的湍急河流组成，很少有水流平缓的河段，漂流者经常会被卷入水中。你可以尝试在私人自然保护区和养马场Cascada de las Animas（☎02-2861-1303；www.cascada.net；Camino al Volcan

圣地亚哥周边的滑雪场

智利的滑雪场和单板滑雪场每年6月到10月开放，滑雪季节开始和尾声可享受低价。大多数滑雪区在海拔3300米以上，滑雪道很长并且不见草木。滑雪季漫长，雪又干又厚。三家主要的滑雪场距离圣地亚哥几乎不到1小时车程，第四家大约2小时车程，在与阿根廷的交界处。

圣地亚哥四大最受欢迎的滑雪中心是El Colorado/Farellones、La Parva和Valle Nevado，聚集在马波乔河峡谷的三个谷地内，因此合称**三条峡谷**（Tres Valles）。它们位于圣地亚哥东北部仅30~40公里处，但交通拥堵，行车缓慢。这里给出的所有价格均为周末和旺季（通常为7月初到8月中旬）价格，其他时候的滑雪票和酒店价格都会有很大的周中折扣。由于要乘坐牵引缆车，寒假期间通常要排很长时间的队，其他时段的人流量还算可以。如果计划在多个滑雪场滑雪，可咨询下套票事宜。

El Colorado和**Farellones**位于首都东部约45公里处，海拔介于2430米到3330米之间。由于两个雪场相距很近，所以可以视作同一个滑雪场。雪场共有18部缆车及22条雪道。就餐和服务场所很少，因此当地人通常是单日往返。**Centro de Ski El Colorado**（www.elcolorado.cl；Nevería 4680，Las Condes）提供最新的雪况和坡道情况的信息。

La Parva距离Farellones滑雪场仅4公里，面向富有的智利家庭，海拔介于2662米到3630米之间，共有30条雪道。如想了解最新消息，可联系**La Parva**（☎02-2964-2100；www.laparva.cl；办事处 Av El Bosque Norte 0177，2层，Las Condes，Santiago；一日票 成人/儿童 40,000/27,500比索）。

Valle Nevado（☎02-2477-7700；www.vallenevado.com；Av Vitacura 5250，Oficina 304，Santiago；一日票 成人/儿童 43,000/31,000比索）距离Farellones 14公里，拥有约28平方公里的广阔雪场——是南美洲最大的滑雪场。这里也是圣地亚哥维护最好的滑雪场，拥有最具挑战性的雪道。雪道位于海拔2805米到3670米之间，有的雪道长达3公里。

圣地亚哥东北145公里处、靠近阿根廷边境地区的**Portillo**自成一派，雪场极其险峻，是智利人气最高的滑雪胜地。美国、奥地利和意大利的国家滑雪队把这里当作夏季训练基地。200公里/小时的记录就是在这里最先打破的。Portillo共有14部缆车和35条雪道，分布在海拔2590米至3310米之间，最长的雪道为2.4公里。位于滑雪场的**Inca Lodge**（☎02-2263-0606；www.skiportillo.com；房间 每人 每周 全包价 990美元；📶🏊）为年轻的旅行者提供床位间，滑雪票包含在房价中，淡季有特价。要获得最新信息，可联系**Portillo**（☎02-2263-0606；www.skiportillo.com；一日滑雪票 成人/儿童 39,000/26,000比索）。

前往滑雪场的班车有很多。**KL Adventure**（☎02-2217-9101；www.kladventure.com；Augusto Mira Fernández 14248，Las Condes，Santiago；前往Tres Valles，往返 26,500比索，附带酒店接送服务 37,000比索）去三条峡谷（Tres Valles）的班车8:00发车，17:00返程。他们还租赁装备，提供去往波蒂略（26,500比索）的班车。**SkiTotal**（☎02-2246-0156；www.skitotal.cl；Av Apoquindo 4900，Local 39-42，Las Condes，Santiago；单程 13,000~15,000比索）也可以租赁装备，车费更便宜，8:00出发，17:00返程。

31087，Casilla 57，San Alfonso；漂流 21,000比索）进行漂流。漂流之旅由经验丰富的向导带领，漂流中会经过一些景色宜人的峡谷，最后在San Jose de Maipo结束。优惠和套餐活动通常包含午餐，允许你使用诱人的泳池和遮阴的野餐设施，或在沿途峭壁上高耸的树屋餐厅用餐。你还可以在这里随意进行徒步旅行、骑马和漂流。

不少游客选择在既乡土又时尚的**Cascada Lodge**（营地 每人 10,000比索，双 有/无独立卫生间 40,000/25,000比索，木屋 3/6/8人 60,000/95,000/120,000比索）过夜，这里有漂亮的平房、木屋和遮阴的营地。

埃尔莫拉多自然公园（Monumento Natural El Morado；www.conaf.cl/parques/monumento-natural-el-morado；成人/儿童 2500/1000比索；⏲10月至次年4月 8:30~14:30）距离圣地亚哥仅93公里，占地30平方公里。它以埃尔莫拉多湖（Laguna El Morado）湖边海拔4490米的埃尔莫拉多山（Cerro El Morado）的美景犒赏着徒步者。到达湖边需从莫拉雷斯浴场（Baños Morales）简陋的温泉出发步行两小时。湖边有免费的露营地。

Refugio Lo Valdés（☎手机 9230-5930；www.refugiolovaldes.com；Refugio Alemán，Ruta G-25 Km 77；铺 15,000比索，双 48,000比索起）是一个山间木屋，有简单的木结构房间，从木屋内可以饱览峡谷的美丽景致，是人气颇高的周末度假胜地。附属餐厅以其丰盛的饭菜和上午茶（onces）而著名。距这里11公里的**Termas Valle de Colina**（☎02-2985-2609；www.termasvalledecolina.cl；门票 含露营地 成人/儿童 8000/4000比索，双 无独立卫生间 30,000比索；⏲10月至次年2月）有可以俯瞰河谷的梯田式温泉。

从圣地亚哥到圣阿方索（San Alfonso）可以乘坐地铁4号线到Las Mercedes站，然后乘坐72路公共汽车（550比索）或任何车窗上标有"San Alfonso"的公共汽车。1月到3月期间一些公交线路还继续前往莫拉雷斯浴场。如果你想前往拉斯阿尼马斯瀑布（Cascada de las Animas），需要乘车约一个半小时，告诉司机在保护区入口处下车。拉斯阿尼马斯瀑布也有自己运营的面包车往返圣地亚哥（1~2人往返70,000比索左右）。

瓦尔帕莱索（Valparaíso）

☎032／人口 26.35万

诗人、画家和自封的哲学家们一直被这个热情的港口城市所吸引。加上一批批水手、码头工人和妓女，他们共同赋予瓦尔帕莱索坚韧不拔和优雅的野性，使它散发着"放荡不羁"的气质。错落的cerros（山脉），拉美最好的街头艺术，迷宫似的陡峭蜿蜒的街道，两边林立着的破旧老宅以及小巷和escaleras（楼梯），无一不给瓦尔帕莱索增添了令人惊异的复古之美。正因如此，许多游客花更多时间待在这里，而非圣地亚哥。

历史

瓦尔帕莱索作为合恩角（Cape Horn）和太平洋航线中的重要商业港口，曾是包括捕鲸船在内的外国船只中转停留的地方，也是加利福尼亚淘金热中向美国输出智利大麦的出口港。对外商贸和外来资本使瓦尔帕莱索成为智利的金融中枢。瓦尔帕莱索的衰落始于1906年的大地震和1914年巴拿马运河的开通。而今，"Valpo"以游船的停靠地重新出现在航海图上，智利的水果出口也给港口增添了活力。更重要的是，自1990年以来，瓦尔帕莱索就是智利的立法首都，2003年被选为智利的文化之都。联合国教科文组织将其列入世界遗产名录，这促进了当地旅游业的腾飞。

景点和活动

联合国教科文组织宣称整个瓦尔帕莱索的景观都极富观赏价值。在瓦尔帕莱索，最好的游览方式就是漫步于城市的街道上，或是乘坐15条1883年至1916年间建造的ascensores（升降缆车）欣赏城中景色。它们会带你登上山丘或是穿过蜿蜒的小巷。不管你漫步到城市的哪个角落，都要随时准备好相机，因为瓦尔帕莱索的美景能使大多数人都变成摄影师。

El Plan和港口区（El Plan & El Puerto）

瓦尔帕莱索平坦的商业区El Plan，没有高耸其后的山脉那般富有魅力，但在港口附近矗立着几座纪念碑。

索托马约尔广场 广场

（Plaza Sotomayor）索托马约尔广场上耸立着宏伟壮丽的蓝色**海军指挥大楼**（Edificio de la Comandancia Naval）。广场中心的**伊基克英雄纪念碑**（Monumento a los Héroes de Iquique）纪念着在太平洋战争中牺牲的智利海军将士。

国民议会 历史建筑

（Congreso Nacional；Av Pedro Montt和Rawson交叉路口）颇具争议的国民议会是瓦尔

帕莱索仅有的现代地标之一，位于El Plan东部。无论是从字面上还是立法意义上看，它都源于皮诺切特总统任期：国民议会修建在皮诺切特总统的童年故居上，并在1980年被颁布的宪法授权（使其和圣地亚哥立法机关相分离）。

康塞普西翁山和阿雷格里山 (Cerros Concepción & Alegre)

瑞娜维多利亚升降缆车 历史遗迹

（Ascensor Reina Victoria；门票 250比索；⏲7:00~23:00）连接着Av Elias和Paseo Dimalow步道。

康塞普西翁升降缆车 历史遗迹

（Ascensor Concepción；门票 300比索；⏲7:00~22:00）康塞普西翁升降缆车是该市最古老的电梯，把你从El Plan的Prat带到康塞普西翁山下面的Paseo Gervasoni步道。电梯始建于1883年，最初是蒸汽驱动的。

艺术博物馆 博物馆

（Museo de Bellas Artes；Paseo Yugoslavo 166；门票 2000比索）这座不规则的新艺术风格建筑位于阿雷格里山西端，叫作Palacio Baburizza，是艺术博物馆（Museo de Bellas Artes）所在地，有不错的永久性展览和许多关于宫殿最初主人的细节。

贝亚维斯塔山 (Cerro Bellavista)

艺术家和作家一直对这座宁静的住宅区山丘青睐有加。现在，这里酒店和餐馆的数量稳定增加。

★ La Sebastiana 历史建筑

（☎032-225-6606；www.fundacionneruda.org；Ferrari 692；成人/儿童和老人 7000/2500比索；⏲1月和2月 周二至周日 10:30~19:00，3月至12月 周二至周日 10:10~18:00）曾在贝亚维斯塔居住的艺术家中，最著名的当属巴勃罗·聂鲁达（Pablo Neruda）。在他山顶的故居La Sebastiana观赏瓦尔帕莱索的新年焰火已经成为经典项目，因为先到先得，建议早上就来。

来到这里要爬上一段艰难的上坡路，宅邸内依旧保持了上升的山势，但各个楼层都能欣赏到摄人心魄的海湾美景。不像聂鲁达的其他故居，在La Sebastiana你可以自由徘徊，欣赏聂鲁达的杂乱收藏，包括玻璃船头艏饰像、20世纪50年代的古董家具和他那些名人朋友们创作的艺术品。

在故居旁边，聂鲁达基金会创建了La Sebastiana文化中心（Centro Cultural La Sebastiana），包括一个小型展厅、咖啡馆和纪念品商店。要到达这里，从Espíritu Santo升降缆车（Ascensor Espíritu Santo）沿Héctor Calvo向上坡走800米，或者在El Plan的索托马约尔广场附近的Serrano、阿雷格里山的Templeman顶部广场乘坐O路绿色公交汽车，在Av Alemania大街的6900街区下车。

露天博物馆 博物馆

（Museo a Cielo Abierto，Open-Air Museum；Rudolph和Ramos交叉路口；⏲24小时）**免费** 20幅古典的彩色壁画点缀着这条山脚下的小街，形成了这个露天博物馆。这些壁画是天主教大学艺术学院（Universidad Católica's Instituto de Arte）的学生们于1969年至1973年间创作的。埃斯皮里图桑托升降缆车（Ascensor Espíritu Santo）会将你从维多利亚广场（Plaza Victoria）后面带到这个艺术中心来。

阿提耶利亚山 (Cerro Artillería)

这座位于城市西南的山丘可将大海尽收

不要错过

瓦尔帕莱索的壁画

徘徊在瓦尔帕莱索连绵起伏的山间，到处都可以看到丰富多彩的公共艺术。既有梦幻迷人的美女壁画，也有涂抹在车库门上的政治涂鸦，甚至连垃圾车都被伪装成移动的艺术作品。在你扫街的时候，留意智利艺术家英迪（Inti），2012年初，他在几个邻近建筑物外墙上创作完成了大型壁画，从康塞普西翁山可以看见。充满活力的侧面图像呈现出一个神秘的佩戴着异域宝石的部分破碎形象。

Valparaíso 瓦尔帕莱索

眼底，因而曾是重要的战略防御地点。

海军和海事博物馆 博物馆

（Museo Naval y Marítimo, Naval & Maritime Museum; ☎032-243-7651; www.museonaval.cl; Paseo 21 de Mayo 45, Cerro Artillería; 成人/儿童 1000/300比索; ⏲周二至周日 10:00~18:00）这个海军博物馆外的大炮仍呈战备状态，馆内的大部分展区用于展示智利在19世纪取得太平洋战争的胜利。其他展品包括历史悠久的画作、制服、船舶家具、剑、导航仪器和

Valparaíso 瓦尔帕莱索

景点
1 康塞普西翁升降缆车 C4
2 瑞娜维多利亚升降缆车 C5
3 海军指挥大楼 B3
4 伊基克英雄纪念碑 B3
5 露天博物馆 D6
6 艺术博物馆 B4
7 海军和海事博物馆 A1
8 索托马约尔广场 B3

活动、课程和团队游
9 Harbor Boat Tours B3
10 Natalis Language Center B3
11 Tours 4 Tips B3

住宿
12 Casa Aventura B4
13 Hostal Cerro Alegre B4
14 Hostal Jacaranda B5
15 La Nona B5
16 Mm 450 B4
17 Pata Pata Hostel B5
18 Vía Vía Hotel Art Deco B5
19 Yellow House A1

就餐
20 Café Vinilo B5
21 Casino Social J Cruz D6
22 Delicatessen Emporio B4
23 Delicias Express B4
24 La Cocó A5
25 Norma's B4
26 Puerto Escondido B4

饮品和夜生活
27 Cinzano C4
28 Fauna C5
29 La Piedra Feliz C4
Viá Viá Café （见18）

奖牌，全部整齐地陈列在大院一侧的展览室内。乘坐阿提耶利亚升降缆车（Ascensor Artillería）可以从海关广场（Plaza Aduana）迅速抵达这里。

课程

Chilean Cuisine 烹饪课程

（手机 6621-4626；www.cookingclasseschile.cl；地点不定；课程 每人 37,000比索起）充满活力的厨师带你在当地市场采购食材，然后教你制作皮斯科酒，品尝当地的葡萄酒，烹制并享用经典智利菜肴。

Natalis Language Center 语言课程

（032-225-4849；www.natalislang.com；Plaza Justicia 45，6层，Oficina 602，El Plan；课程 每周 90,000比索起，3天速成课程 135,000比索）速成课程的口碑不错。

团队游

★ Tours 4 Tips 步行游览

（www.tours4tips.com；Plaza Sotomayor，El Plan；10:00和15:00）在索托马约尔广场，只要找那些在广场中央穿着红白T恤的向导，他们就会友好地向你介绍这座城市，着重于街头艺术、文化历史和政治。只有你对游览满意才付小费，我们认为，如果满意，5000~10,000比索的小费比较合适。

Harbor Boat Tours 乘船游

（Muelle Prat；30分钟团队游 3000比索；9:30~18:30）在巨大的游轮或海军战列舰旁驶过，或者观赏在海港嬉戏的海狮。多家公司经营船只，多问几家比价，自己组团争取折扣。

节日和活动

新年 新年

每年12月31日，海港上燃放的壮观烟花，吸引了成千上万游客来到这座城市。尽早预订住宿。

住宿

La Nona 民宿 $

（手机 6618-6186；www.bblanona.com；Galos 660，Cerro Alegre；标单/双/标三 25,000/36,000/46,000比索；）这家民宿讲英语的主人深爱着这座城市，乐于与客人分享内幕贴士。房间简单但也过得去。上色的玻璃和天窗增添了开放的气息，在阿雷格里山中心的地理位置也是个重要卖点。记得要一间带有风景的房间。

瓦尔帕莱索五大观景点

- 阿提耶利亚山（Cerro Artillería）上的Paseo 21 de Mayo，可以俯瞰港口的起重机和集装箱。
- Cerro Carcel山上的Plaza Bismark，可一览海湾全景。
- Cerro Baron山上的Mirador Diego Portales，可以将瓦尔帕莱索中心五颜六色的房屋尽收眼底。
- Cerro Cordillera山上的Calle Merlet街尽头的观景点，可以俯瞰Barrio El Puerto锈迹斑斑的屋顶和索托马约尔广场（Plaza Sotomayor）的市政建筑。
- 康塞普西翁山（Cerro Concepción）山上的Paseo Atkinson步道，白天可以看到典型的瓦尔帕莱索民居，而夜晚从山坡上看，则是星光点点的灯海。

Yellow House 民宿 $

（☎032-233-9435；www.theyellowhouse.cl；Capitán Muñoz Gamero 91, Cerro Artillería；房间 有/无独立卫生间 38,000/25,000比索；@Wi-Fi）俯瞰老海港令人惊叹的美景，智利主人对客人的热心照顾，都使这家安静的民宿与众不同。彩色粉笔画装饰的舒适房间配有厚实的白床罩。大海在这里拥有最佳视野。唯一的缺点：远离更热门山坡上的活动、晚餐和夜生活。深夜抵达要注意安全。

Hostal Jacaranda 青年旅舍 $

（☎032-327-7567；www.hostaljacaranda.blogspot.com；Urriola 636, Cerro Alegre；铺/双 7000/20,000比索起；Wi-Fi）这家青年旅舍位于阿雷格里山的热闹街区，旅舍不大但热情友好，气氛欢快，秉承可持续经营的理念（注意其在资源回收利用方面所做的努力）。夜间灯光下的旅舍露台显得分外浪漫。店主知识丰富，如果你客气地询问他们，他们甚至会告诉你如何制作皮斯科鸡尾酒和馅饼等智利特色饮食。

Pata Pata Hostel 青年旅舍 $

（☎032-317-3153；www.patapatahostel.com；Templeman 657, Cerro Alegre；铺 7500~10,000比索，双 无独立卫生间 28,000比索；Wi-Fi）这是瓦尔帕莱索最年轻的青年旅舍，位于点缀着花朵的美丽阶梯之上，充满正能量，拥有许多休闲空间，放着流行音乐。这里有点凌乱（不过这座城市就是这样），床位间的垫子不太舒服。

Mm 450 青年旅舍 $

（☎032-222-9919；www.mm450.cl；Lautaro Rosas 450, Cerro Alegre；铺 14,080~17,850比索，房间 有/无独立卫生间 71,400/53,500比索；Wi-Fi）这家"精品青年旅舍"有着流线的现代外观，超级舒服的床位间里配有新床垫和洁白发亮的床品。附带一间时尚的餐厅和酒廊，尽管有一个很棒的内院，但因为总有人来来往往，看起来并不太像一个旅行者的地盘，至少现在还不像。没有共用厨房。

Hostal Cerro Alegre 民宿 $

（☎032-327-0374；www.hostalcerroalegre.cl；Urriola 562, Cerro Alegre；铺 12,000比索，房间 有/无独立卫生间 39,000/25,000比索；Wi-Fi）时髦的古董，前主人原创的油画，不拘一格的颜色、风格和设计搭配，使这里成为波希米亚嬉皮士们的好选择。有共用厨房和狭小的客厅，床位间只住3个人。

Casa Aventura 青年旅舍 $

（☎032-275-5963；www.casaventura.cl；Pasaje Gálvez 11, Cerro Concepción；铺/标单/双 无独立卫生间 9000/17,000/25,000比索；Wi-Fi）这是瓦尔帕莱索营业最久的青年旅舍之一，摇摇欲坠的老房子拥有通风宽敞、色彩柔和的床位间，双人间天花板吊顶很高，铺着原木地板。有共用厨房，但缺少露台或者大的公共区域。

Vía Vía Hotel Art Deco 精品酒店 $$

（☎032-319-2134；www.viaviacafe.cl；Almirante Montt 217, Cerro Alegre；房间 39,000~58,000比索；Wi-Fi）这家满墙都是艺术装饰的精品酒店由一对友好的厄瓜多尔-比利时夫妇经营，是喜爱艺术诗歌、戴着厚厚眼镜那一类人的最爱。仅有5间房，使这里很舒服。房间较少，但非常通风，浴室有太阳能淋浴和优雅的石头装饰。在主楼层还有一间超级有趣

的咖啡馆，使这里成为夜猫子消磨长夜的好地方。

就餐

★ Café Vilino 智利菜 $

（Almirante Montt 448, Cerro Alegre；主菜5800~8500比索）这家折中主义的餐厅兼酒吧在瓦尔帕莱索数一数二，精心设计，古怪神秘而又令人赞叹。晚餐主打新鲜三文鱼、长鳍金枪鱼和其他当地食材，菜品外观有创意，味道搭配也非常美味。

Delicatessen Emporio 智利菜 $

（Urriola 383, Cerro Alegre；午餐套餐6900~7900比索，主菜3900~5900比索；⏲周一至周四 11:00~15:00，周五和周六 至23:00；📶）这家小餐厅有高品质的午餐套餐，你可以自选汤和沙拉，主菜是新鲜捕捞的三文鱼或自制的意大利团子配托斯卡纳酱，最后还有一道丰盛的甜点。这里的厨房是半开放式的，所以你可以对卫生放心！

La Cocó 三明治 $

（www.lacoco-sangucheriaartesanal.blogspot.com；Monte Alegre 546, Cerro Alegre；三明治 3800~5000比索；⏲周一和周二歇业，周日只供应午餐；🖉）这家艺术三明治店（sanguchería artesanal）在当地人和熟悉当地的旅行者之间非常热门，它实在是个让人喜爱的地方。这里的美味三明治堆得高高的，夹着新鲜的海鲜（烟熏三文鱼配辣香肠很受欢迎）或素食配料。晚上的现场音乐表演和诗歌朗诵使餐厅活跃起来。

Puerto Escondido 智利菜 $

（www.puertoescondido.cl；Papudo 424；主菜 3500~6200比索）这个家庭经营的小餐馆位于瓦尔帕莱索的一栋古怪的老房子里，供应精心制作的智利传统菜，菜单不长，有pastel de papas（一种类似牧羊人派的土豆派）和一些你在当代餐厅里找不到的家常菜。无论是这里的食物还是接地气的氛围都值得前来。

Norma's 智利菜 $

（Almirante Montt 391, Cerro Alegre；午餐套餐 4900~6900比索；⏲周一歇业）不要因为名字（或者平庸的入口）放弃，爬上高高的台阶来到这家令人愉快的优雅餐厅，享用一顿精心烹制的午餐，美味超乎你想象，并且价格也比该地区其他餐馆更实惠。经过翻修的房屋仍然保留了原始结构的堂皇规模、抛光木材和迷人的古典木窗框。

Mercado Cardonal 市场 $

（Mercado Cardonal, 2层, El Plan；主菜3500~5000比索；⏲9:00~22:00）在这个瓦尔帕莱索的主要食品市场里有许多海鲜摊位。

Casino Social J Cruz 智利菜 $

（Condell 1466, El Plan；主菜 4500~6000比索）这家迷你咖啡馆藏身于El Plan一个狭窄的路段，桌面和窗户上满是修正液涂鸦。忘记菜单这回事吧，这里有一道菜你必须尝尝，据说chorrillana（堆积成小山状的炸薯条上覆盖着一层炸猪肉、洋葱和鸡蛋）是在这里发明的。民谣歌手会在这里唱到凌晨。

Delicias Express 智利菜 $

（Urriola 358, Cerro Alegre；馅饼 1000~2200比索；⏲8:00~18:00）这里有超过80种馅饼，你会喜欢脆的饼皮和周到的服务。这是海岸最好的馅饼店之一。

饮品和夜生活

★ Viá Viá Café 咖啡馆

（☎032-319-2134；www.viaviacafe.cl；Almirante Montt 217, Cerro Alegre；⏲正午至次日2:00；📶）🍃这家花园咖啡馆在一段很陡的楼梯下，靠近三层的墙画，充满创造力和创新的能量。偶尔有现场音乐，供应简单的晚餐选择和随时取用的比利时啤酒和智利葡萄酒。壁画和酒馆爱好者一定不要错过。

Cinzano 酒吧

（www.barcinzano.cl；Plaza Aníbal Pinto 1182, El Plan；⏲周日歇业）自1896年以来，酒徒、水手和歌手就一直是这家混乱酒吧的主要顾客。现在它是游客的最爱，大家来这里一睹老前辈们优美的探戈和波莱罗舞姿，今朝有酒今朝醉。

Fauna 酒吧

（www.faunahotel.cl；Pasaje Dimalow 166,

Cerro Alegre；⏲13:00~23:00）这个时尚酒廊和餐吧（附带一家高级酒店）是城里最好的平台之一。是当地人喝精酿啤酒、鸡尾酒和葡萄酒的首选。

La Piedra Feliz 酒吧、夜店

（www.lapiedrafeliz.cl；Av Errázuriz 1054, El Plan；门票 3000比索起；⏲周二至周日 21:00起）爵士、蓝调、探戈、Son、萨尔萨舞、摇滚、饮料、餐厅、电影院，这座海滨房子还有什么做不到的？在地下室的La Sala夜店，直到凌晨4:00DJ还在播放着唱片。

实用信息

危险和麻烦

在中央市场（Mercado Central）和La Iglesia Matriz周边地区经常发生街头犯罪和抢劫事件。如果要去的话，一定要早去，不要走小巷，并将贵重物品放在旅舍。晚上则不要去不熟悉的地方，也不要走简陋的楼梯（escaleras）。

上网

许多住宿和餐厅都有免费网络或Wi-Fi。

媒体

El Mercurio de Valparaíso（www.mercuriovalpo.cl）是这里的主流报纸。

医疗服务

Hospital Carlos Van Buren（☎032-220-4000；Av Colón 2454, El Plan）公立医院。

邮局

邮局（Prat 856, El Plan；⏲周一至周五 9:00~18:00，周六 10:00~13:00）

旅游信息

旅游信息亭（☎032-293-9262；www.ciudaddevalparaiso.cl；⏲周一至周六 10:00~14:00和15:00~18:00）在这些位于Muelle Prat（索托马约尔广场对面，El Plan区）和Plaza Aníbal Pinto（O' Higgins和Plaza Aníbal Pinto交叉路口，El Plan区）的小信息亭，你可以获取地图，并和其他旅行者一起排队咨询专业人士。

网络资源

Valparaíso Map（www.valparaisomap.cl）最好的瓦尔帕莱索地图。

到达和离开

所有主要的城际客运线路都在**Terminal Rodoviario**（Av Pedro Montt 2800, El Plan区）抵离。穿过国民议会，车站位于市中心以东20个街区。请注意，车站附近通常没有出租车，尤其是在晚上抵达，如果你需要搭车去酒店或青年旅舍，你可能需要电话叫车或提前安排好接站车辆。在汽车站与市中心之间步行时，一定要沿着像Pedro Montt这样的主要道路步行以保证安全。

Tur Bus（☎600-660-6600；www.turbus.cl）汽车每天频繁往返于圣地亚哥和瓦尔帕莱索（3000比

不 要 错 过

内格拉岛

内格拉岛（Isla Negra，聂鲁达故居；☎035-461-284；www.fundacionneruda.org；Poeta Neruda s/n；成人/学生 7000/2500比索；⏲1月至2月 周二至周日 10:00~19:00，3月至12月 周二至周日 10:00~18:00）坐落在一块海风吹拂的海岬之上，因此不难理解为什么它是聂鲁达最喜欢的房子。20世纪50年代，聂鲁达在富有之后置办了这处宅邸。1973年军事政变仅仅几天之后，这里就被士兵袭击了，当时聂鲁达罹患癌症，濒临死亡。屋里有非凡的收藏品，包括船首斜桅、装在瓶里的小船、航海仪器和木雕。聂鲁达的坟墓也在这里，在他的第三任妻子马蒂尔德（Matilde）的墓旁。故居不需要预约，但每日限制参观人数，旺季建议早点去（注意，尽管叫作黑岛，这里却并非一座岛）。

从瓦尔帕莱索到内格拉岛是轻松的半日游。**Pullman Bus Lago Peñuelas**（☎032-222-4025）从瓦尔帕莱索的汽车站发车（3200比索，1.5小时，30分钟1班）。**Pullman Bus**（☎600-320-3200；www.pullman.cl）从圣地亚哥的Terminal de Buses Alameda车站直达这里（7500比索，1.5小时，30分钟1班）。

索起，2小时）。从圣地亚哥前往智利北部、南部和东部都非常便利。

你可以乘坐Tur Bus或**Cata Internacional**（800-122-2282；www.catainternacional.com）前往阿根廷的门多萨（29,800比索，8小时）。

城市交通网络**Transporte Metropolitano Valparaíso**（TMV；www.tmv.cl）运营前往比尼亚德尔马（Viña del Mar）和北部沿海城镇的线路。前往雷尼亚卡（Reñaca），可以乘坐橙色的607路、601路或605路公共汽车，605路可继续前往康康（Concón）。所有的公共汽车都沿着Condell街和Yungay街行驶。Av Errázuriz沿线还有其他公共汽车线路，终点站基本相同。

当地交通

游览瓦尔帕莱索市中心和山坡（cerros）最好的方式就是步行。中途为了省力你可以搭乘升降缆车（ascensor）或合乘出租车（taxi colectivo，500比索）。小型公共汽车（micros，310~600比索）往返比尼亚德尔马和全市。如果想要避开交通拥堵，可以在**Estación Puerto**（Errázuriz和Urriola交叉路口）及**Estación Bellavista**（Errázuriz和Bellavista交叉路口）站搭乘通勤快轨**Metro Regional de Valparaíso**（Merval；032-252-7633；www.merval.cl）去比尼亚德尔马，购卡需1450比索，到比尼亚德马约445比索，必须刷卡乘车，不售单程。

整体来说，瓦尔帕莱索适合步行，但要注意有些道路没有人行道，或只有单向人行道，机动车开得很快，在路边行走要注意安全。对于懒得爬上爬下的人，常常不期而遇的升降缆车是很好的代步交通工具，也是瓦尔帕莱索独特的旅行体验。

比尼亚德尔马（Viña del Mar）

032 / 人口 28.7万

比尼亚德尔马整洁有序的迷人景致与邻居瓦尔帕莱索的混乱随意形成了鲜明的对比。修剪整齐的棕榈树林荫道和美丽宽阔的公园景致为比尼亚德尔马赢得了Ciudad Jardin（花园城市）的美誉。尽管海滩常常人满为患，寒冷的洪堡洋流（Humboldt Current）也会让那些想去游泳的人望而却步，但比尼亚一直是富裕的圣地亚哥人的热门周末和夏季度假胜地。

景点

弗朗西斯科封克考古历史博物馆　　博物馆

（Museo de Arqueología e Historia Francisco Fonck；032-268-6753；www.museofonck.cl；4 Norte 784；成人/儿童 2500/500比索；周一10:00~14:00和15:00~18:00，周二至周六 10:00~18:00，周日 10:00~14:00）摩艾石像（moai，从复活节岛出土的巨大石雕）真品矗立在博物馆门口，这不过是精美陈列的复活节岛考古发现的一个小小预告，馆内还有马普车人（Mapuche）银饰和莫切人（Moche）的人形陶瓷。楼上有老式的昆虫箱和关于脑部如何萎缩的生动展示（包含最终的结果展示）。

昆塔贝尔加拉公园　　公园

（Parque Quinta Vergara；Errázuriz 563；7:00~18:00）没有哪里能比这座恢宏壮丽的景观公园更好地印证比尼亚的绰号（“花园城市”），从Libertad南端的Errázuriz进入公园。园内培育着来自世界各地的植物。它曾经属于这座城市最显赫的家族Alvares-Vergaras。

住宿

Delirio Hostel　　青年旅舍 $

（032-262-5759；www.deliriohostel.com；Portales 131；铺 6000~10,000比索；）这家比尼亚最棒的青年旅舍前有一座巨大的长花园，这意味着你不用将户外休闲局限于海滩，你想找的氛围就在门口。尽管有一个共用厨房，但你会想念宽敞的室内休闲区。好消息是，年轻的主人可以帮忙组织团队游和酒吧串游。

Vista Hermosa 26　　酒店 $

（032-266-0309；www.vistahermosa26.cl；Vista Hermosa 26；标单/双/标三 24,000/38,000/42,000比索；）抛光的木地板和一个大壁炉为这家安静友好的酒店休息厅增色不少，酒店位于卡斯蒂略山（Cerro Castillo，一座必看的山，有一些城市最漂亮的建筑）边上。简洁的房间非常宽敞，是中等酒店的不错之选。

Kalagen Hostel 青年旅舍 $

(☎032-299-1669; www.kalagenhostel.com; Av Valparaíso 618; 铺 7500~11,200比索, 双 有/无独立卫生间 含早餐 37,000/24,900比索; 📶)这家有趣的城市青年旅舍拥有时尚的床位间和双人间，床上铺着色彩丰富的床单，地上铺设着硬木地板，吊着亚洲风格的纸灯笼。旅舍有点脏，不过地处城市中央地带，还有公用厨房、女性床位间和一个带电视的休息室。单间比较令人满意。

Casa Olga 民宿 $$

(☎032-318-2972; www.casa-olga.com; 18 de Sepiembre 31; 双/套 55,000/65,000比索; 📶)这家漂亮的精品民宿有着全白色的清爽装饰、全新的LCD电视和带刚翻新的独立卫生间的舒适双人间，就在海滩上。它位于比尼亚之外，这是优点还是缺点取决于你的旅行安排。

餐饮

在Av Valparaíso一带的步行区有不少啤酒和三明治店以及其他便宜的餐厅。Paseo Cousiño区步行街有欢闹的酒吧，有些还有现场音乐表演。

Panzoni 意大利菜 $

(Paseo Cousiño 12-B; 主菜 3000~4800比索)这是比尼亚中心最物有所值的餐厅之一，精心制作的意大利面和友好的服务吸引着午餐食客。位置有点难找，在一条过道边上。

Samoiedo 三明治 $

(☎032-268-1382; Valparaíso 637; 三明治 2500~4500比索, 午餐套餐 5000~7000比索)半个世纪以来，当地的人们已经习惯在这家传统的confitería(茶室)聚会并享用牛排和炸薯条或三明治午餐。室外的座位比室内要好很多，对面就是一个热闹的购物中心。

Mercado del Mar 智利菜 $$

(Av Perú s/n; 5500~9500比索; 📶)日落时分来这里小酌一杯，应该是每个来比尼亚的游客必做的一件事情。餐馆的玻璃阳台位于Marga Marga河口之上，将太平洋的美景尽收眼底。

La Flor de Chile 酒吧

(www.laflordechile.cl; 8 Norte 601; 主菜 3000~6500比索)将近一个世纪以来，比尼亚的老少食客们会经常光顾这家经典的老式酒吧。

Café Journal 夜店

(Agua Santa和Alvares交叉路口; 入场费 免费至3000比索; ⏲周三至周六 22:00至深夜)电子音乐在晚上主宰着这家大受欢迎的夜店，共有三个挤满人的舞池。

Scratch 夜店

(www. scratch.cl; Quillota 898; 入场费 2000~5000比索)这家超级夜店在大学生群体和二十多岁的当地人中非常热门，他们伴着雷鬼和DJ的音乐摇摆到次日5:00。

实用信息

主广场维加拉广场(Plaza Vergara)上有几家银行的自动柜员机。

国家林业局(Conaf; ☎032-232-0210; www.conaf.cl; 3 Norte 541; ⏲周一至周五 8:30~17:30)提供包括Parque Nacional La Campana在内的周边公园的信息。

Hospital Gustavo Fricke(☎032-265-2200; Alvares 1532)比尼亚的主要公立医院，位于城东。

市旅游局(Municipal Tourist Office; ☎275-2000; www.visitevinadelmar.cl; Av Valparaíso 1055; ⏲9:00~18:00)分发信息充实的城市地图和月度活动日程。

邮局(Plaza Vergara s/n; ⏲周一至周五 9:00~19:00, 周六 10:00~13:00)

到达和离开

所有的长途客运服务都由**Rodoviario Viña del Mar**(☎032-275-2000; www.rodoviario.cl; Valparaíso 1055)运营，位于维加拉广场以东四个街区处。几乎所有往返瓦尔帕莱索的长途公共汽车都停在这里。

当地的公共汽车去往雷尼亚卡(Reñaca)、康康(Concón)和其他北部的沿海城镇。从维加拉广场和比尼亚快轨站出发，根据目的地的不同，单程车费在1200~2200比索不等。

Budget(☎032-268-3420; www.budget.cl; Marina 15)是租车的最好选择。

Metro Regional de Valparaíso（Merval；☎032-252-7633；www.merval.cl）运营的快轨连接起比尼亚德尔马和瓦尔帕莱索。

当地交通

小型公共汽车（micros，400～600比索）运营城市周边和往返瓦尔帕莱索的线路。

比尼亚德尔马周边

比尼亚德尔马以北的海岸公路景致宜人，蜿蜒串起一座座海滩小镇。每年12月到次年2月，这里云集着来此度假的智利人。有的小镇上耸立着高高的公寓，有的小镇上则散布着乡村小屋和智利名人及富豪的消夏别墅。

雷尼亚卡（Reñaca）位于比尼亚北边，在岩石山丘Roca Oceanica上可以欣赏美不胜收的太平洋日落美景。再到康康（Concón），距比尼亚15公里，拥有许多朴实的海鲜餐厅。Las Deliciosas（Av Borgoño 25370，馅饼 900比索）供应精致的馅饼，奶酪和蟹肉馅最经典。

继续往北能够到达霍尔孔（Horcón），它是智利第一个嬉皮士乐园。色彩鲜艳却破败不堪的老房子林立在陡峭的主路上，一直延伸到遍布岩石的小海滩，海面上不时会有渔船来往。时至今日，这里仍然保持着祥和、友爱且共享的生活方式。日落时分，会有无忧无虑的人带着狗、背着吉他，揣着装有酒瓶的纸袋聚集在海滩上。

霍尔孔以北约21公里处的海岸边是绵延几公里长的迈腾西约（Maitencillo）沙滩。Escuela de Surf Maitencillo（☎手机 9238-4682；www.escueladesurfmaitencillo.cl；Av del Mar 1250；团体授课 每人 16,000比索）气氛轻松，是学习如何冲浪的好地方。这里最受欢迎的一家餐吧是La Canasta（www.hermansen.cl；Av del Mar 592；主菜 5900～8800比索；小屋 77,000比索），因木炭烤比萨而出名，当然还有鲜鱼。

小而悠闲的卡查瓜（Cachagua）镇，位于迈腾西约以北13公里处，地处一个狭长的新月形海滩的北端。水面凸起的岩石上栖息着2000多只洪堡企鹅（Humboldt penguins）和许多海狮。

继续往北35公里就来到萨帕亚尔（Zapallar），这里是智利最高档的沿海度假胜地。仍未受污染的海滩两旁是树木茂盛的山坡，提前预订。在El Chiringuito（Caleta de Pescadores，主菜 8200～12,400比索）可以享用一流的海鲜，脚下踩着细碎的贝壳，透过一整面墙的玻璃窗望向大海。

这里有几家公共汽车公司运营从圣地亚哥直达萨帕亚尔的线路，如Tur Bus（见193页）和Pullman Bus（见193页）。Sol del Pacífico（☎032-275-2030；www.soldelpacifico.cl）从比尼亚开往海岸。

智利北部

向内陆进发，从充满日光浴者和冲浪者的温暖海滩，变成仙人掌灌木平原和呈现微红色条纹的干燥山地。在这片矿产丰富的广袤土地上，矿井仿佛大地上的疮疤。这里的主要资源——铜驱动着智利的经济发展。然而，这片土地也具有生命力，肥沃的山谷出产皮斯科葡萄、木瓜和鳄梨。晴空万里意味着这里非常利于天文观测，因此众多的国际天文望远镜、光学和无线电勘测项目将基地设立于此。阿塔卡马是世界上最干旱的沙漠，盐礁湖是火烈鸟的栖息地，这里的土地类似月球表面，布满间歇泉，周边环绕着被积雪覆盖的火山。

小北区（Norte Chico）或"万矿之乡"，是指中部山谷（Valle Central）到阿塔卡马之间的半干燥过渡区。古老的南美洲文化在贫瘠的山坡上留下地理符号。艾马拉人（Aymara）仍在precordillera（安第斯山麓）耕种，在高地牧养美洲驼和羊驼。告别沙漠景观，你可以转而探寻仍在使用中的丘基卡马塔（Chuquicamata）矿，或前往干燥的沿海城市挑战海浪。

要前往山区的话，需要采取一些针对高原反应的预防措施，而在沙漠地区则应避免饮用自来水。

拉塞雷纳（La Serena）

☎051 / 人口 19.82万

安静平和的拉塞雷纳拥有新殖民主义

风格的建筑。在夏季，树荫遮蔽的街道和黄金海岸使这里成为时尚的海滩度假胜地。这座智利第二古老的城市建于1544年，从这里可前往周边很多各具特色的村庄、阳光灿烂的皮斯科葡萄酒厂和国际天文观测站作短途游。附近的**科金博**（Coquimbo）要粗犷混乱得多，但夜生活更加丰富多彩。

景点和活动

在拉塞雷纳地区，既可以在国家公园里夜观星空，也可以进行皮斯科葡萄酒品尝之旅。城里的旅行社组织前往埃尔基山谷（Valle del Elqui）、弗赖霍尔赫国家公园（Parque Nacional Fray Jorge）和洪堡企鹅（Pingüino de Humboldt）国家公园的一日游。你可以试试**Elqui Valley Tour**（☎051-221-4846；www.goelqui.com；Prat 567；⊙周一至周六 9:00~18:00）。

拉塞雷纳有29座教堂。武器广场上坐落着建于1844年的**大教堂**（Iglesia Catedral；Plaza de Armas；⊙10:00~13:00和16:00~20:00），两个街区以西，便是建于18世纪中叶的**圣多明各教堂**（Iglesia Santo Domingo，Cordovez和Muñoz交叉路口）。殖民地时代的石头建筑**圣弗朗西斯科教堂**（Iglesia San Francisco，Balmaceda 640）可追溯到17世纪初期。

Collowara旅游天文台　　天文台

（Observatorio Turístico Collowara；☎051-243-1419；www.collowara.cl；599 Urmeneta St；成人/5~12岁儿童 4500/3500比索；⊙团队游21:00、22:30和午夜）这个光亮崭新的天文台是专为游客修建的，这里并没有严肃的星空研究，但设备包括一台用于观星的40厘米天文望远镜。在附近Andacollo的售票处预订，并在那里询问去山顶天文台的交通方式。因为活动在夜间进行，你可以在Andacollo过夜或从拉塞雷纳参团。

考古博物馆　　博物馆

（Museo Arqueológico；Cordovez和Cienfuegos交叉路口；成人/儿童 600/300比索，周日免费；⊙周二至周五 9:30~17:50，周六10:00~13:00和16:00~19:00，周日 10:00~13:00）这家博物馆在一栋月牙形建筑内，有一个植物茂盛的庭院，野心勃勃地试图囊括前哥伦布时期的智利历史。其亮点包括一具阿塔卡马木乃伊、一尊来自复活节岛的2.5米高的摩艾（moai）石像和有趣的迪亚吉塔（Diaguita）文物，其中包括一艘用海豹皮制成的小船。

加夫列尔·冈萨雷斯·魏地拉之家历史博物馆和考古博物馆共享门票，购买其一即可参观另一处。

加夫列尔·冈萨雷斯·魏地拉之家历史博物馆　　博物馆

（Museo Histórico Casa Gabriel González Videla；Matta 495；成人/儿童 600/300比索；⊙周一至周五 10:00~18:00，周六 至13:00）这座两层的博物馆在一栋18世纪的宅院里，尽管收藏有丰富的常规历史文物，它的重点还是拉塞雷纳最著名（也最有争议的）的子民之

值得一游

云雾森林和温泉浴场

弗赖霍尔赫国家公园（Parque Nacional Fray Jorge；成人/儿童 2500/1000比索；⊙9:00~17:30）是半沙漠环绕中的一个茂盛的Valdivian云雾森林生态岛，在奥瓦耶（Ovalle）以西82公里。这个世界生物圈保护区保护着400公顷被潮湿雾气所滋养的珍稀植被。没有公共交通前往这里，但拉塞雷纳和奥瓦耶的旅行社都经营团队游。

索克斯温泉（Termas de Socos）是一处隐藏在泛美公路Km370旁1.5公里的小温泉，私人浴盆在蒸汽浴中泡半小时花费4500比索，对于非客人进入公共游泳池也要花费4500比索。不妨在旁边宜人的**Hotel Termas Socos**（☎053-198-2505；www.termasocos.cl；标单/双 45,000/78,000比索；♨）住上一晚，酒店周边植被茂盛，还能享受私人温泉浴。附近的**Camping Termas de Socos**（☎053-263-1490；www.campingtermassocos.cl；露营地 每人6000比索；♨）也提供自己的温泉浴场，还有自行车出租。

Northern Chile (Norte Chico)
智利北部(小北区)

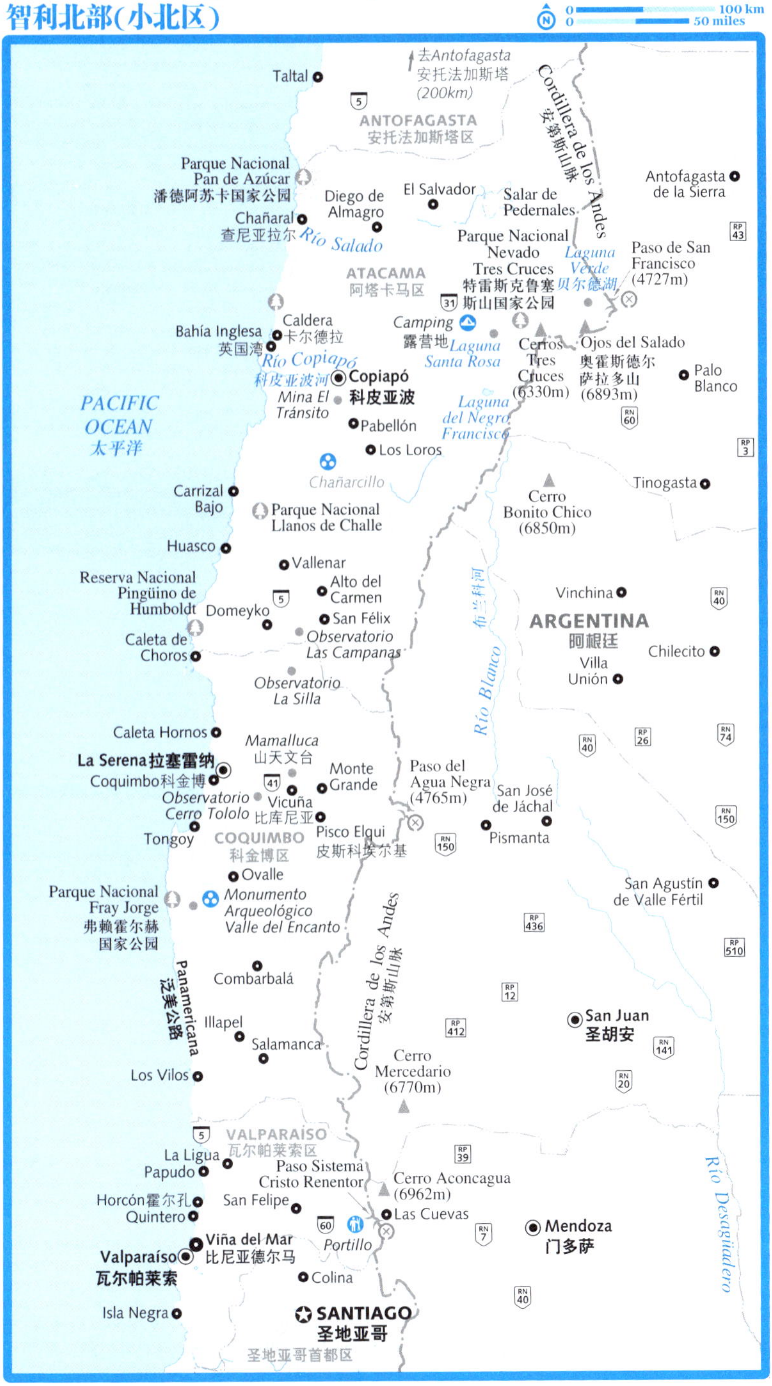

La Serena 拉塞雷纳

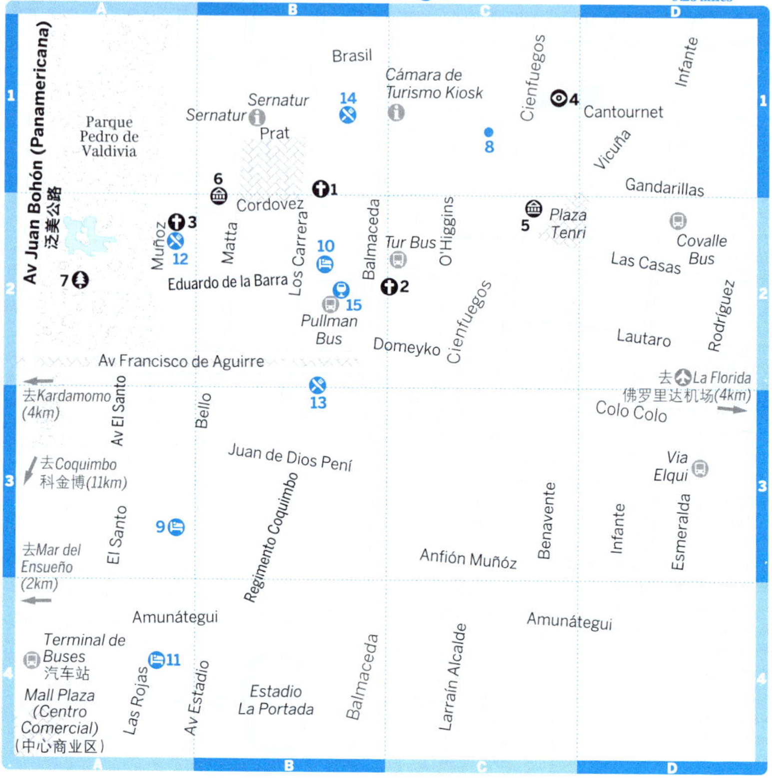

La Serena 拉塞雷纳

景点

1 大教堂 B1
2 圣弗朗西斯科教堂 C2
3 圣多明各教堂 A2
4 拉莱科娃市场 C1
5 考古博物馆 C2
6 加夫列尔·冈萨雷斯·魏地拉之家历史博物馆 B2
7 Kokoro No Niwa日本公园 A2

活动、课程和团队游

8 Elqui Valley Tour C1

住宿

9 Hostal El Punto A3
10 Hostal Tierra Diaguita B2
11 Maria's Casa A4

就餐

12 Ayawasi A2
13 Casona del 900 .... B2
14 Rapsodia B1

饮品和夜生活

15 Cafe W B2

一。冈萨雷斯·魏地拉于1946年至1952年任智利总统，他一度成为狡猾的政客，在共产党的支持下掌权，但之后又宣布其为非法，并将聂鲁达驱逐出议院，使他流亡海外（尽管相关的展览省略了这些情节）。楼上有历史陈列和不断更新的现代艺术展。

拉莱科娃市场 市场

（Mercado La Recova；Cantournet和Cienfuegos交叉路口；周一至周六 9:00~21:00）拉莱科娃市场供应成堆的干果制品、雨声器和手工制作的珠宝。

Kokoro No Niwa日本公园 公园

（Parque Japones Pedro de Valdivia；成人/5~12岁儿童 1000/300比索；⊙夏季 10:00~20:00，其他季节 至18:00）涓涓流淌的小溪，浮在水面的天鹅和精心打理的岩石花园，这个日式园林是逃离城市喧嚣的好地方。

海滩

宽阔多沙的海滩从拉塞雷纳已废弃的灯塔一直绵延到科金博。海滩之多，可以让你两周假期里每天都去不同海滩。不幸的是，强劲的海浪使一些海滩不适宜游泳——但适合冲浪。安全的游泳海滩一般从Cuatro Esquinas以南开始。

住宿

★Hostal El Punto 青年旅舍 $

（☎051-222-8474；www.hostalelpunto.cl；Bello 979；铺/标单/双 无独立卫生间 8500/17,000/18,000比索，标单 24,000~26,000比索，双 26,000~30,000比索；@🛜）这是拉塞雷纳最棒的青旅，有各种档次的房间、许多阳光充足的露台、色调明亮的马赛克装饰和树干制成的餐桌。员工讲德语和英语，能提供旅游建议、团队游、自行车出租、可口的蛋糕、洗衣服务、书籍交换，一应俱全。你最好提前数月预订，尤其是在旺季的时候。

Hostal Tierra Diaguita 青年旅舍 $

（☎051-221-6608；www.fogoncasatamaya.cl；Eduardo de la Barra 440；标单/双 34,000/40,000比索，无独立卫生间 28,000/32,000比索；🛜）这家友好的住宿在一栋殖民地建筑中，主楼有精心维护的房间，附属设施位于穿过青翠花园的后院。客人可以使用公共厨房和可爱的庭院。含早餐，免费寄存行李。门外的标志写着"Casa Tamaya"。

Maria's Casa 客栈 $

（☎051-222-9282；www.hostalmariacasa.cl；Las Rojas 18；铺/标单/双 无独立卫生间 9000/15,000/18,000比索；🛜）这个家庭经营的客栈，提供乡村风格的房间，简单而舒适。后院的花园可以露营（每人3500比索）。其他适合背包客的设施包括洁净的公共卫生间、提供免费茶和咖啡的乡村厨房、洗衣和自行车出租服务。

就餐

Ayawasi 素食 $

（Pedro Pablo Muñoz 566；主菜 4000~6000比索；⊙周一至周六 9:00~20:00；🖉）这家小小的素食者乐土离广场仅有一小段步行距离，供应很棒的午餐套餐、美味的新鲜果汁和创新三明治、沙拉，在阴凉的花园或者悠闲的餐厅就餐。

★Kardamomo 海鲜 $$

（Av del Mar 4000；主菜 7000~11,000比索；⊙周一至周六 正午至23:00，周日 至16:00；🛜）这家既悠闲又讲究的海鲜馆有着绝佳的海滩地理位置、布满艺术品的墙和舒缓的音乐。午餐套餐性价比高，还有选择丰富的菜单和精心准备的寿司。

Casona del 900 烤肉 $$

（Av Francisco de Aguirre 431-443；主菜 4500~9500比索；⊙周一至周六 正午至15:00和19:00至午夜）这家天花板很高的牛排餐馆在一栋老啤酒厂里，有一个玻璃围住的花园，气氛不错，挤满了为物有所值的烧烤（18,900比索，两人份，含红酒）而来的当地肉食爱好者们。

Rapsodia 各国风味 $$

（Prat 470；主菜 6000~9500比索；⊙周一至周三 9:00~21:00，周四和周五 至23:00，周六至18:00）几间偏房围着内院，院内有一棵巨大的棕榈树，这座老房子（casona）里提供物有所值的肉类和海鲜菜肴，还有一系列健康三明治，有些晚上有现场音乐。

饮品和夜生活

O'Higgins街和Av Francisco de Aguirre交叉口有气氛活跃的学生酒吧。科金博沿海一带分布着很多夜店，夏季尤为繁忙。

Cafe W 咖啡馆、酒吧

（Eduardo de la Barra 435；三明治 3000~6000比索；⊙周一至周四 9:00~23:00，周五和周六 至次日1:00）一块大木板俯视着一条相对安

静的街道，这里很适合喝杯咖啡充充电。也有一些可口的蛋糕和不错的三明治选择。深夜变身活跃的酒吧。

实用信息

广场上银行林立，银行内有24小时自动柜员机。

Juan de Diós医院（Hospital Juan de Diós；☎051-223-3312；Balmaceda 916；⊙24小时）急救入口在Larraín Alcalde街和Anfión Muñoz街交叉路口。

Sernatur（☎051-222-5199；www.turismoregiondecoquimbo.cl；Matta 461；⊙夏季 9:00~20:00，冬季 周一至周五 9:00~18:00，周六 10:00~14:00）这个咨询处在武器广场旁，提供优质的旅游信息。夏季市旅游局在慈悲教堂（Iglesia La Merced）旁和海滩旁的灯塔内分设咨询处。

到达和离开

飞机

拉塞雷纳的**佛罗里达机场**（Aeropuerto La Florida；☎051-227-1870；www.aeropuertolaserena.com）位于市中心以东5公里处。**LAN**（☎600-526-2000；Balmaceda 406；⊙周一至周五 9:00~14:00和15:00~18:00，周六 10:30~13:30）每天都有航班飞往圣地亚哥（124,000比索，50分钟）和安托法加斯塔（143,000比索，1小时15分钟）。

长途汽车

拉塞雷纳的**Terminal de Buses**（☎051-222-4573；Amunátegui和Av El Santo交叉路口）有很多家汽车公司，运营自圣地亚哥北上阿里卡的泛美公路沿线的线路，包括**Tur Bus**（☎051-221-9828；www.turbus.cl；Balmaceda 437）和**Pullman Bus**（☎051-221-8879；www.pullman.cl；Eduardo de la Barra 435）。

Covalle Bus（☎051-221-3127；Infante 538）去往阿根廷目的地，每周日开往门多萨（34,000比索，12小时）和圣胡安（San Juan，34,000比索，18小时），途经Libertadores，23:00发车。

Via Elqui（☎051-231-2422；Juan de Dios Pení和Esmeralda交叉路口）前往比库尼亚（Vicuña，2500比索，1.5小时）、奥瓦耶（Ovalle，2500比索，2小时）、蒙特格兰德（Montegrande，3800比索，2小时）或皮斯科埃尔基（Pisco Elqui，3800比索，2.5小时）。

目的地	费用（智利比索）	行程（小时）
安托法加斯塔	31,200	12
阿里卡	37,600	23
卡拉马	31,900	14
科皮亚波	9000	5
伊基克	32,900	19
圣地亚哥	10,800	6

当地交通

在拉塞雷纳独自旅行的女性要警惕出租车司机，这里曾发生过性骚扰事件。最好只乘坐正规公司的出租车。

如想租车自驾，可以试试**Avis**（☎051-254-5300；Av Francisco de Aguirre 063；⊙周一至周五 8:30~18:30，周六 至14:00）或**Econorent**（☎051-222-0113；Av Francisco de Aguirre 0135；⊙周一至周五 8:30~18:00，周六 9:00~14:00）。

埃尔基山谷（Valle del Elqui）

埃尔基山谷是智利皮斯科葡萄酒生产的核心地带。这里因未来主义的天文台、宇宙能量的探索者、频繁的UFO目击事件、诗人加夫列拉·米斯特拉尔（Gabriela Mistral）和古朴的村庄而闻名。这里的的确确是一个令人着迷又被施了魔法的地区，是游览智利北部必不可少的一站。

比库尼亚（Vicuña）

☎051 / 人口 2.51万

米斯特拉尔梦呓般的诗歌精神渗透在小小的比库尼亚的方方面面。比库尼亚位于拉塞雷纳以东62公里处，低调的广场、热情的氛围和紧凑的住宅，使这个小镇值得你在奔向乡村之前游玩一两天。沉浸在新鲜的牛油果和木瓜里吧，更不用说用于蒸馏皮斯科酒的著名葡萄。

景点和活动

Mamalluca山天文台

天文台

（Observatorio Cerro Mamalluca；☎051-

267-0330；成人/儿童 4500/2000比索）这个专门修建的天文台是观星的明星地点，位于比库尼亚东北9公里处，是埃尔基山谷最大的亮点。事实上，天文台非常庞大，你很可能会与其他成群的游客共享观星之旅，大家都为了通过一台30厘米望远镜一睹遥远的银河、星团和星云而来。

加夫列拉·米斯特拉尔博物馆 博物馆

（Museo Gabriela Mistral；Av Gabriela Mistral 759；成人/儿童和老人 600/300比索；⏲周二至周五 10:00~17:45，周六 10:30~18:00，周日 10:00~13:00）位于Riquelme和Baquedano之间的加夫列拉·米斯特拉尔博物馆是小镇的地标，纪念智利最著名的文学人物之一。米斯特拉尔1889年生于比库尼亚，本名卢西拉·高多伊·阿尔卡雅加（Lucila Godoy Alcayaga）。博物馆展示了她的生平（仅西班牙语），展品包括她出生地的模型和诺贝尔奖座，还有一组半身像，使她看起来像个极其严厉的女教师。

Planta Pisco Capel 皮斯科酒厂

（门票1500比索；⏲1月和2月 10:00~19:30，3月至12月 至18:00）这里离镇上步行20分钟，你可以参加一个45分钟的双语导览游来参观酒厂，酒厂包括一座博物馆，还可以品尝少量样品（花10,000比索可以升级导览游，包含品尝顶级美酒）。Capel在这家酒厂蒸馏皮斯科酒，唯一的装瓶工厂也在这里。从镇子出发向东南方向行进，过桥左转即到。

Inti Runa 天文台

（☎手机 9968-8577；www.observatorios.cl；Chacabuco 240；团队游 8000比索；⏲6月至8月关闭）这个太阳观测天文台的德国业主声称拥有世界上最大的两个太阳望远镜。他把望远镜存放在他挚爱的房子（casona）里，并提供1小时参观游览。基本上就是，你一边通过望远镜看太阳一边听他说。

Elki Magic 探险运动

（☎手机 7459-8357；www.elkimagic.com；Av Gabriela Mistral 472）这家旅行社由一对热情的智利-法国夫妇经营，提供速降骑行导览游（15,000比索起）和山谷景点乘车游（半天/全天15,000/25,000比索起，含在太阳能厨房里午餐），以及去靠近阿根廷的潟湖之旅。他们还提供自行车租赁（7000比索/天），并会给你一份环绕村庄的16公里路线地图。

住宿

Alfa Aldea 客栈 $

（☎051-241-2441；www.alfaaldea.cl；La Vinita；标单/双/五人小屋 15,000/25,000/60,000比索）这家非常低调的家庭经营的客栈值得你花2000比索打车（或步行15分钟）来到城郊。客栈在酒庄中，拥有无价的山谷和山景，

值 得 一 游

探索埃尔基山谷

租辆自行车或汽车，去探索皮斯科埃尔基周边迷人的村庄吧。亮点包括品尝皮斯科酒（葡萄白兰地）和参观手工皮斯科酒厂**Fundo Los Nichos**（☎051-245-1085；www.fundolosnichos.cl；团队游 3000比索；⏲10:00~18:00），酒厂成立于1868年，位于皮斯科埃尔基以南3公里处。

从这里继续前行，就来到**霍尔孔手工市场**（Horcón Artisanal Market；☎051-245-1015；⏲夏季 正午至19:30，其他季节 周二至周日 13:00~18:30），它位于和村子同名的山谷中。逛逛华丽的手工艺品和当地的天然食品、化妆品市场，全都在用竹子搭成的摊位上销售。

诺贝尔奖得主、诗人加夫列拉·米斯特拉尔（Gabriela Mistral）的粉丝不应该错过**蒙特格兰德**（Monte Grande），这里是诗人的故居，可快速游览一番。**加夫列拉·米斯特拉尔文化之家**（Casa de la Cultura Gabriela Mistral；门票免费，导览游 1000比索；⏲周一至周五 9:00~13:00和14:00~19:00）是一家文化中心和妇女合作组织，针对该地区失业女性开办纺织和手工艺作坊。比库尼亚和皮斯科埃尔基之间的长途汽车在这里停靠。

不要错过

英国湾

岩石耸立在碧绿的海水里，加上绵长的白色沙滩，使这里成为惬意的海边度假胜地。英国湾（Bahía Inglesa）因17世纪在此停泊的英国海盗而得名。如今，它已经成为智利北部最受欢迎的度假胜地。夏季人头攒动，淡季则变得更加恬静（物价也更便宜）。这里充满了地中海风情，还有一条可爱的滨海步行大道。本地捕捞的扇贝、牡蛎和海藻都是非常可口的烹饪原材料。

跟随Nautica La Rada（☎手机 6846-4032；www.morroballena.cl）的帆船出海，或从Morro Ballena（☎手机 9886-3673；www.morroballena.cl；⊙夏季 9:00~18:00，其他季节时间不定）租一艘独木舟在清澈的海水上嬉戏。即使你住不起豪华的Coral de Bahia，在这里一边享用美味的海鲜，一边享受海景也是值得的。旅游咨询处（Oficina de Turismo；⊙夏季 周一至周五 10:00~21:00，周六和周日 11:00~21:00，其他季节 每天 10:00~18:00）有关于当地露营、未开发海滩和一日游的信息。

从科皮亚波出发，先乘长途汽车到卡尔德拉（Caldera，3500比索，1小时），从卡尔德拉汽车站和主广场，有快捷的合乘出租车开往英国湾（1000比索，10分钟）。

房间简洁却极其舒适。然而最棒的还是客栈附属的旅行社astronomical tours（☎051-241-2441；www.alfaaldea.cl；La Vinita；成人/儿童 10,000/5000比索）。

Hostal Valle Hermoso 客栈 $

（☎051-241-1206；www.hostalvallehermoso.com；Av Gabriela Mistral 706；标单/双 19,000/30,000比索；📶）不错的住宿选择，位于一幢老土坯房子（casona）内，铺有俄勒冈松木和胡桃木地板，拥有8间宽敞干净的房间，带有洒满阳光的露台。工作人员热情友好，气氛轻松，感觉如同与老朋友待在一起。

就餐

★Chaski 智利菜 $

（O' Higgins 159；主菜 8000比索；⊙周一至周四 正午至22:00，周六 至23:00，周日 至20:00）这家小餐厅由一对Diaguita夫妇经营，供应埃尔基山谷最具创意的菜肴。采用当地食材，如藜麦、苋菜和山羊肉，这些食材在烹制时会与安第斯香料充分混合浸泡。

Frida 咖啡馆 $

（Baquedano和Mistral交叉路口；三明治 约7000比索；⊙9:00~23:00）这家比库尼亚最酷的咖啡馆古灵精怪地装饰着墨西哥风格饰品（主人曾在那里住过一段时间），供应超浓的意式浓咖啡和好吃的三明治，周五晚上供应墨西哥玉米卷饼。

实用信息

旅游信息咨询处（Oficina de Información Turística；☎051-267-0308；www.munivicuna.cl；San Martín 275；⊙1月和2月 8:30~20:00，3月至12月 周一至周五 8:30~17:30，周六 9:00~18:00，周日 9:00~14:00）在市旅游局的咨询处获得一点关于这个小镇过去和现在的信息。

到达和当地交通

广场南侧一个街区就是**汽车站**（Prat街和O' Higgins街交叉路口），有频繁的车往返拉塞雷纳（2000比索，1小时）、皮斯科埃尔基（1500比索，50分钟）和蒙特格兰德（1800比索，40分钟）。Expresso Norte每日有两班车发往圣地亚哥（12,000~17,000比索，7小时）。在拉塞雷纳有更多目的地可供选择。

皮斯科埃尔基（Pisco Elqui）

村子原名La Unión，为了宣传当地最著名的产品皮斯科酒而更名为皮斯科埃尔基，悠闲而静谧。

景点和活动

Distileria Pisco Mistral 皮斯科酒厂

（☎051-245-1358；www.destileriapiscomistral.cl；O' Higgins 746；团队游 6000比索起；

⏲1月和2月 正午至19:00，3月至12月 周二至周日10:30~18:00）Distileria Pisco Mistral皮斯科葡萄酒厂是明星景点，生产优质的米斯特拉尔（Mistral）品牌皮斯科。长达1小时的"博物馆之旅"将带你了解皮斯科酒的蒸馏过程，包含免费品尝两种皮斯科酒以及在附近的餐馆小酌一杯。这里还时常举办现场音乐活动。

Turismo Migrantes 户外

（☎051-245-1917；www.turismomigrantes.cl；O' Higgins s/n；⏲10:00~14:00和15:00~19:00）提供团队游。

住宿

Refugio del Angel 露营地 $

（☎051-245-1292；refugiodelangel@gmail.com；露营地 每人 6000比索，白天使用 3000比索）位于河畔，富有田园风情，有游泳池、卫生间和一家小商店。前往露营地的岔路位于曼努埃尔·罗德里格斯（Manuel Rodríguez）广场以南200米处。

Hostal Triskel 青年旅舍 $

（☎手机 9419-8680；www.hostaltriskel.cl；Baquedano s/n；房间 无独立卫生间 每人 15,000比索；📶）这栋可爱的黏土和木质房子位于小镇的山上，有7间时尚干净的房间、4个共用卫生间和一间共用厨房。一株巨大的无花果树为庭院带来荫凉，还有一个带有许多角落、缝隙和吊床的果园，提供自行车出租和洗衣服务。

★ **El Tesoro de Elqui** 酒店 $$

（☎051-245-1069；www.tesoro-elqui.cl；Prat s/n；铺 13,000比索，双 32,000~50,000比索；📶🏊）酒店位于中心广场的山上，四周点缀着柠檬树、郁郁葱葱的花园和开满花的藤蔓，拥有10间带露台的木质小屋。有餐馆提供美味的咖啡和蛋糕，你甚至可以在游泳池"沙滩"旁的小屋里享受一次按摩，或者净化你的心灵。

餐饮

El Rumor 餐馆、酒吧 $

（O' Higgins s/n；主菜 约5000比索；⏲正午至深夜）这家爵士风格的餐厅兼酒吧位于进入镇子的主街上，供应很棒的午餐（5000比索）和巨大的三明治（4000~5000比索），晚上还有15种皮斯科鸡尾酒。深夜，伴随着背景音乐，这个迷你而有趣的地方弥漫着摩洛哥氛围，偶尔还有人在可爱的花园里围着火坑弹吉他。

到达和离开

Via Elqui（见210页）全天都有公共汽车往返皮斯科埃尔基和比库尼亚（1500比索，50分钟），在广场上车。

值得一游

特雷斯克鲁塞斯山国家公园

难以到达的**特雷斯克鲁塞斯山国家公园**（Parque Nacional Nevado Tres Cruces；成人/6~12岁儿童 5000/1500比索；⏲8:30~18:00）拥有所有的崎岖俊美，游客只不过是更北部更著名的高海拔公园的一小部分。公园内高耸着原始的峰峦，是一流的登山场所，同时也是各种野生动物的家园：夏季的火烈鸟，大群的骆马和原驼，巨大长角的白骨顶（coot），偶尔还能看到秃鹰和美洲狮。坐落在公园边界外的**奥霍斯德尔萨拉多山**（Ojos del Salado），海拔6893米，是智利最高峰，仅比阿空加瓜山（Aconcagua）低了69米，它也是世界上最高的活火山。

前往国家公园很容易迷路且没有公共交通，建议考虑在科皮亚波参加团队游。**Puna de Atacama**（☎手机 9051-3202；www.punadeatacama.com；O' Higgins 21；⏲周一至周五 9:00~13:00和15:00~18:00，周六 9:00~13:00）在这一地区的定制四驱车游值得推荐。如果要在乡村风格的**Refugio Laguna del Negro Francisico**（每人 每晚 12,500比索）过夜，请咨询科皮亚波的**国家林业局**（Conaf；☎052-221-3404；Juan Martínez 55；⏲周一至周四 8:30~17:30，周五 至16:30）。

科皮亚波（Copiapó）

☎052 / 人口15.49万

热情好客的科皮亚波本身没什么吸引旅行者的地方，但从这里可以很方便地前往与阿根廷交界的偏远山区，尤其是令人叹为观止的特雷斯克鲁塞斯山国家公园（Parque Nacional Nevado Tres Cruces）、贝尔德湖（Laguna Verde）和奥霍斯德尔萨拉多山（Ojos del Salado），它是世界上最高的活火山。1832年，在附近的Chañarcillo发现了银矿，使得科皮亚波获得了数个第一：南美第一条铁路，以及智利第一条电报和电话线。

食宿

Hotel El Sol　酒店 $

（☎052-221-5672；Rodríguez 550；标单/双22,000/28,000比索；📶）这家令人愉快的黄颜色酒店有一系列简单但干净的房间，并且价格合理，离广场只有几步路。

Café Colombia　咖啡馆 $

（Colipí 484；小吃 1800比索；⏲9:00~21:00）就在主广场上，Mall Plaza Real旁边，是个享受真正咖啡和小吃的好选择。人行道上的座位很适合打望人群。

Six Fusion　创意菜 $$

（Atacama 181；主菜 7000~10,000比索；⏲正午至15:00和20:00至次日1:00；📶）这家悠闲的餐馆主营自制比萨，同时作为副业的寿司也很棒，是科皮亚波创新时尚餐馆新浪潮的一员。阴凉的后院是躲避烈日的好地方。

实用信息

广场周围的银行有很多自动柜员机。

Sernatur（☎052-221-2838；Los Carrera 691；⏲夏季 周一至周五 8:30~19:30，周六和周日9:00~15:00，其他季节 周一至周五 9:00~19:00，周六 9:00~15:00）这家运营良好的旅游局位于主广场，提供丰富的英文信息和资料。

到达和离开

阿塔卡马沙漠机场（Aeropuerto Desierto de Atacama）在科皮亚波西北50公里处。**LAN**（☎600-526-2000；Colipí 484，Mall Plaza Real，Local A-102；⏲周一至周五 9:00~14:00和15:00~18:00，周六 10:30~13:30）每天都有航班飞往圣地亚哥（178,800比索，1.5小时）。**Sky**（☎600-600-2828；www.skyairline.cl；O' Higgins 460）提供更为便宜的机票。

Pullman Bus（☎052-221-2629；Colipí 109）有一个大型的汽车站，并在市中心设**售票处**（Chacabuco和Chañarcillo交叉路口）。**Tur Bus**（☎052-223-8612；Chañarcillo 650）也同样有一个汽车站和一个市中心的**售票处**（Colipí 510，提示：在这里买票可以节省排队等候时间）。还有一些其他公司，包括**Expreso Norte**（☎052-223-1176；Chañarcillo 655）、**Buses Libac**（☎052-221-2237；Chañarcillo 655）和**Flota Barrios**（%052-221-3645；Chañarcillo 631），都在Chañarcillo的一个公共汽车站。许多驶往北部沙漠地区的汽车夜间出发。

前往卡尔德拉（Caldera）/英国湾（Bahía Inglesa）的合乘出租车（colectivos，3500比索，1小时）从Chacabuco的汽车站发车。

目的地	费用（比索）	行程（小时）
安托法加斯塔	10,800	8
阿里卡	21,900	16
卡拉马	12,900	10
伊基克	21,100	15
拉塞雷纳	10,000	5
圣地亚哥	26,900	11

潘德阿苏卡国家公园（Parque Nacional Pan de Azúcar）

寒冷的洪堡洋流经过荒凉的海岸线，带来了与其同名、精力充沛的企鹅和其他丰富的海洋生物。潘德阿苏卡（Pan de Azúcar；www.conaf.cl；门票 5000比索）占地440平方公里，拥有白沙海滩、隐蔽的海湾、岩石突出的海岬和布满仙人掌的山丘，值得一游。

租一条小艇前往潘德阿苏卡岛（Isla Pan de Azúcar）周围游览，观赏岛上2000只洪堡企鹅，还有鸬鹚、海鸥、海狮和水獭，租金为人均5000比索（最低载客人数10人），如果是淡季，你可能最终要为整条船支付多达

33名矿工（LOS 33）

位于科皮亚波以北45公里、阿塔卡马沙漠深处的圣何塞（San José）金铜矿121年来一直进行着金矿和铜矿的开采。2010年8月5日下午，这里发生了矿井坍塌事故，33名矿工被埋在深达700米的矿井中。遇难矿工备受关注，“Los 33”也成为人类历史上收视率最高的救援事件之一。

政府迫于巨大的压力，从矿主手中接管了救援工作。项目耗资估算值2000万美元，国际钻井队以及来自美国宇航局的专家都参与了救援工作。电视台于2010年10月13日全天直播这次救援行动，直播吸引了全世界近10亿观众，最终33名矿工通过一个狭窄的竖井被吊起来而获救。

33名矿工被困井下时，他们的煎熬成了一部全天候的肥皂剧。其中一名被困矿工的妻子和情人同时在地面等候。33名矿工被困在漆黑的地下69天后，回到地面突然发现自己竟站在了聚光灯下。此后，他们被礼物和金钱包围，还获得了全程免费的迪士尼之旅。然而精神上的创伤对于幸存者来说是很难恢复的。

这个事件引起了一些长期的矿业改革，并使智利政府在事件发生一年后接受了国际劳工组织（ILO）关于矿业安全的协定。

根据这一事件改编的大成本制作电影《33名矿工》（*The 33*）于2015年上映，由安东尼奥·班德拉斯（Antonio Banderas）主演。推荐阅读海克特·托巴尔（Héctor Tobar）2014年出版的书籍《深暗》（*Deep Down Dark*），有对这一事件的精彩叙述。

50,000比索。往返1.5小时，夏季通航时间10:00~18:00，冬季至16:00。

徒步2.5公里长的El Mirador小径，你会看到海洋仙人掌、原驼和阿根廷狐。其次是Las Lomitas，一条4公里长的轻松小路。

露营可前往Playas Piqueros海滩和Soldado，每人2000比索起，有厕所、水、冷水淋浴和桌子。具有生态理念的Pan de Azúcar Lodge（☎手机 9444-5416；www.pandeazucarlodge.cl；露营地 每人 7000比索，2/6/8人小屋 60,000/80,000/100,000比索）拥有设施齐全的可爱土坯小屋。

潘德阿苏卡国家公园位于Chañaral以北30公里处，经由一条维护良好的平整公路到达。大多数人通过团队游或是从卡尔德拉/英国湾或科皮亚波中转到达。

安托法加斯塔（Antofagasta）

☎055 / 人口 33.8万

安托法加斯塔是智利第二大城市，简陋混乱的单行街道、现代购物中心和工作疲惫的都市人很难引起旅行者的兴趣。这座城市建于1870年，因拥有前往智利内陆地区最便利的途径而赢得了它的重要性。

景点

硝石矿开采的全盛时期，在广场和老港口之间的老城区（Barrio Histórico），那些维多利亚和乔治国王时代风格的建筑上留下了痕迹。受英国影响的科隆广场（Plaza Colón）以那座模仿英国大本钟的钟楼Torre Reloj为城市的特色。海狮们围绕着安托法加斯塔繁忙的鱼市Terminal Pesquero。

La Portada位于安托法加斯塔以北20公里的近海处，是一座自然形成的漂亮拱桥，它常常作为这个国家的象征被人们摄入镜头。

食宿

住宿选择较少，众多矿工们使得城市的住宿资源更加紧张。

Hotel San Marcos 酒店 $

（☎055-222-6303；www.hotelsanmarcos.cl；Latorre 2946；标单/双 25,000/33,000比索；📶）一家在市中心边缘价格合理的经济型酒店，提供物有所值而且非常友好的服务。丰盛的早餐使偏高的房价更容易接受。

Bongo 美式小餐馆 $

（Baquedano 743；套餐 3000比索起，主菜 2900~5100比索；⏲周一至周六 9:00~23:00）这家热闹的餐厅有铺着厚垫子的座位、一个小夹层和专为扎啤和汉堡准备的美味油腻的菜单。在柜台点单，先付钱再坐下享用。

★Cafe del Sol 智利菜 $$

（www.cafedelsolchile.com；Esmeralda 2013；午餐套餐 3500比索，主菜 7000~8000比索；⏲周日歇业）这个老式街角餐馆兼酒吧，在周五和周六晚上随着现场安第斯歌舞（23:00后3000比索全包）而活跃起来。其他夜晚，这里供应选择丰富的智利菜，木质餐厅内部配上昏暗的灯光，气氛舒适。另外供应美味的午餐套餐（3500比索）。

实用信息

地区医院（Hospital Regional；☎055-265-6729；Av Argentina 1962）提供医疗服务。

Sernatur（☎055-245-1818；Arturo Prat 384；⏲1月至3月 周一至周五 8:30~19:00，周六 10:30~14:00；4月至12月 周一至周五 8:30~17:30）市旅游局位于广场旁，交通便捷，发放大量的旅游小册子。

到达和离开

飞机

安托法加斯塔的Aeropuerto Cerro Moreno机场位于城市以北25公里处。**LAN**（☎600-526-2000；www.lanchile.com；Arturo Prat 445；⏲周一至周五 9:00~18:30，周六 10:00~13:00）和**Sky**（☎600-600-2828；www.skyairline.cl；General Velasquez 890，Local 3）每天都有直飞航班前往圣地亚哥（90,000比索，2小时）和伊基克（19,000比索，45分钟）。

长途汽车

Terminal de Buses Cardenal Carlos Oviedo（☎055-248-4502；Av Pedro Aguirre Cerda 5750）提供的线路覆盖绝大多数城际旅游目的地。热门的汽车公司包括**Condor/Flota Barrios**（☎055-226-2899；www.flotabarrios.cl；Av Pedro Aguirre Cerda 5750）、**Tur Bus**（☎055-222-0240；www.turbus.cl；Bolívar 468）。

目的地	费用（比索）	行程（小时）
阿里卡	10,900	9
卡拉马	4000	3
科皮亚波	7100	9
伊基克	7000	6
拉塞雷纳	11,200	12
圣地亚哥	22,000	18

卡拉马（Calama）

☎055 / 人口13.86万

坚韧的卡拉马是一个每年不断把大量铜矿财富输送给智利经济的强大城市。卡拉马的存在不可避免地要归因于庞大的丘基卡马塔矿（Chuquicamata mine）。对旅行者而言，这里是前往圣佩德罗-德阿塔卡马（San Pedro de Atacama）路途上一个短暂的歇脚点。高涨的服务价格和schops con pierna［就像"大腿咖啡馆（cafés con piernas）"，因服务员穿着暴露而得名，但这里卖的是啤酒］，一切都明显地在迎合着矿工的需求。

食宿

Hostal Abaroa 酒店 $

（☎057-294-1025；Abaroa 2128；标单/双 28,000/36,000比索，无独立卫生间 15,000/20,000比索；📶）这家友好的新酒店是同价位酒店的最佳选择，离广场只有几个街区，沿着后院有一排明亮整洁的房间，坐汽车离开的话位置很方便。提供餐食。

Boccado 各国风味 $

（Ramírez和Abaroa交叉路口；主菜 4500~8000比索；⏲8:00~22:00；📶）这家一应俱全的好地方就在广场上，供应美味的套餐、健康的沙拉和很棒的咖啡。还有非常丰富的冰激凌可供选择。

中央市场（Mercado Central） 市场 $

（Latorre；套餐 2200~2500比索）这个忙碌的小市场位于Ramírez街和Vargas街之间，里面的cocinerías（下等餐馆）适合快速填饱肚子。

实用信息

Carlos Cisternas医院（Hospital Carlos

Cisternas; ☎055-265-5700; Carlos Cisternas s/n）在Plaza 23 de Marzo以北5个街区。

市旅游信息中心（Oficina Municipal de Información Turística; ☎055-253-1707; www.calamacultural.cl; Latorre 1689; ⌚周一至周五 8:30~13:00和14:00~18:00）这里有热情而乐于助人的工作人员，还可以帮你报名去丘基的团队游。

ℹ 到达和离开

飞机

LAN（☎600-526-2000; www.lanchile.com; Latorre 1726; ⌚周一至周五 9:00~13:00和15:00~18:45，周六 9:15~13:15）每天都有航班从Aeropuerto El Loa机场飞往圣地亚哥（90,000比索），**Sky**（☎600-600-2828; www.skyairline.cl; Latorre 1499）的机票通常更便宜。

长途汽车

搭乘频繁的长途汽车前往安托法加斯塔，或过夜的长途汽车前往伊基克、阿里卡或圣地亚哥，可以试试**Condor Bus/Flota Barrios**（☎055-234-5883; www.condorbus.cl; Av Balmaceda 1852）或**Tur Bus**（☎055-268-8812; www.turbus.cl; Ramírez 1852）。请注意，乘坐出租车（3000比索）很快就能到达市中心外的Tur Bus汽车站。

前往圣佩德罗-德阿塔卡马（3000比索，1小时），可乘坐**Buses Frontera**（☎055-282-4269; Antofagasta 2046）、**Buses Atacama 2000**（☎055-231-6664; Abaroa 2106）或Tur Bus公司的长途汽车。

国际长途汽车总是客满，所以尽可能提前预订。想去玻利维亚的乌尤尼（12,000比索，9小时），可以在Frontera和Buses Atacama 2000查询，每周只有几趟班车前往那里。**Pullman Bus**（☎055-234-1282; www.pullmanbus.cl; Balmaceda 4155）和**Géminis**（☎055-289-2050; www.geminis.cl; Antofagasta 2239）提供前往阿根廷萨尔塔（Salta）和胡胡伊（Jujuy）的长途汽车服务，每周有几班车。

目的地	费用（比索）	行程（小时）
安托法加斯塔	5600	3
阿里卡	8900	6
伊基克	17,700	6.5
拉塞雷纳	22,800	14
圣地亚哥	27,600	22

丘基卡马塔（Chuquicamata）

矿渣堆积如山，矿坑比美国最深的湖泊还要深，卡车有如房屋大小。这些令人难以置信的庞大矿坑痕迹，便是使游客惊叹的丘基卡马塔（简称“丘基”）矿。这个让人望而生畏的巨坑位于卡拉马以北16公里的荒野，是世界上最大的露天铜矿。

铜矿从1915年开始挖掘，最初由美国阿纳康达铜矿公司（Anaconda Copper Mining Company）经营，现在转归智利国有企业智利铜业公司（Corporación del Cobre de Chile, Codelco）。矿井拥有2万名员工，铜矿不断喷吐出大团羽毛般的烟尘，在晴朗无云的沙漠，从数英里外就能看见。铜矿占地8平方公里，深度达1250米。

这里大多数的团队游都是由**Codelco**（☎055-232-2122; visitas@codelco.cl; Avs Granaderos和Central Sur交叉路口, Calama; 费用乐捐; ⌚预订 周一至周五 9:00~17:00）经营，主要是让游客体验矿井的深度并观看巨大的矿用卡车（一个轮胎就有3米多高）。公司通过电话或电子邮件安排游览，工作日有英语和西班牙语的导览游。到Avs Granaderos和Central Sur街交叉路口的办事处报名，带上身份证件，穿封口鞋和长裤，自愿捐款。1月和2月期间旅游需求很旺盛，至少提前一周预订。

圣佩德罗-德阿塔卡马（San Pedro de Atacama）

☎055 / 人口 3900

作为智利北部头号旅游胜地，由砖坯房构成的乐土圣佩德罗-德阿塔卡马（海拔2438米）位于智利北部最壮观景致的中心。周边的景区包括智利最大的盐沼、火山［比如利坎卡布尔（Licancábur）火山，海拔5960米］，热气蒸腾的间歇泉，以及许多鬼斧神工的岩层和千层糕似的地貌。

圣佩德罗位于卡拉马东南106公里处，小镇看起来不足以承载到来的成群旅行者，只有几条街道，围绕着漂亮的林荫广场和美丽的教堂。旅馆、餐馆和旅行社竞相涌现，遍布于尘土飞扬的街道上，把这个城市塑造成一

Northern Chile (Norte Grande)
智利北部(大北区)

座砖坯迪士尼乐园。

发展过速给这里带来了所有的负面影响：物价飞涨，懈怠的旅游经营者。不过，这里仍然格外宁静，有令人难忘的惬意、梦幻般的美景、星光点点的夜空下生起篝火的庭院，还有吊床点缀的旅舍。如果你能有机会与其他观光客错开时间到访，这里将是一个充满魔力的地方。

景点

★考古博物馆 博物馆

（Museo Gustavo Le Paige；Le Paige 380；成人/学生 2500/1000比索；周一至周五 9:00~18:00，周六和周日 10:00~18:00）即使你对参观博物馆不感兴趣，也要为圣佩德罗的考古博物馆破例一次。阿塔卡马是考古学家的天堂，因为这里几乎不下雨的自然环境使得文物得以保存千年之久。所以这座八角形的博物馆藏满了各种奇妙的文物发现，比如保存完好的陶器和纺织品，还有萨满（shamanic）巫师用于制作和吸食迷幻药工具的非凡展览。

圣佩德罗教堂 教堂

（Iglesia San Pedro；Le Paige s/n）免费 白砂糖色的圣佩德罗教堂是一座可爱的殖民地时期小教堂，使用当地材料建造而成——厚实的土坯墙，由cardón（仙人掌木）建造而成的天花板好像皱缩的车胎印，而且教堂通体没有使用钉子，而是采用了大量皮带。教堂可追溯到17世纪，不过现在的墙壁是1745年建造的，钟楼则是1890年添加的。

活动

这里有让人眼花缭乱的活动，从休闲放松到挑战极限。旅行社品质参差不齐，有些经营者可能会突然取消行程或驾驶不安全的车辆，所以最好选择以下推荐的旅行社，或在预订行程之前咨询其他旅行者。

Vulcano Expediciones 探险运动

（手机 5363-6648；www.vulcanochile.com；Caracoles 317）组织火山和山脉徒步游，包括前往Sairecabur（海拔5971米，110,000比索）、Lascar（海拔5592米，100,000比索）和Tocco（海拔5604米，70,000比索）的一日登山游，以及在利坎卡布尔（Licancábur）和尤耶亚科（Llullaillaco）火山更长时间的登山活动。还经营自行车速降（20,000~35,000比索），并可以帮你报名参加由On Safari（www.onsafariatacama.com）组织的摩托车之旅。

切·格瓦拉眼中的丘基卡马塔

50多年前，未来的革命家、年轻的欧内斯特·切·格瓦拉（Ernesto 'Che' Guevara）和他的旅行同伴阿尔伯托·格拉纳多（Alberto Granado），在他们标志性的南美洲旅行途中经过丘基卡马塔（Chuquicamata），那时它已经是一座巨大的矿井了，并在格瓦拉所写的《摩托日记》（*Motorcycle Diaries*）中得以不朽。他在丘基卡马塔时遇见一位共产党矿工，这个事件被公认为是其新政见产生的转折点，阅读格瓦拉对矿井本身（当时归美国人所有）的回忆尤为有趣。

Rancho La Herradura 骑马

（055-285-1956；www.atacamahorseadventure.com；Tocopilla 406）骑马观光在许多地方都能找到，包括Rancho La Herradura。团队游从2小时（15,000比索）到10天的露营远征。有英语、德语、法语向导。

Atacama Inca Tour 探险运动

（055-285-1062；www.sandboardsanpedro.com；Toconao 421-A）尽管许多旅行社都提供滑沙活动，但大部分实际上都是代售Atacama Inca Tour的团，我们首推这一家，因其专业的滑板和有经验的教练。标准滑沙游收费10,000比索，9:00出发，正午返回，或是15:00出发，19:00返回。包括20分钟的课程，你还将获得一张记录了你冒险行为的DVD光盘。

团队游

许多旅行社都组织常规团队游。声誉最好的包括Cosmo-Andino Expediciones

San Pedro de Atacama
圣佩德罗-德阿塔卡马

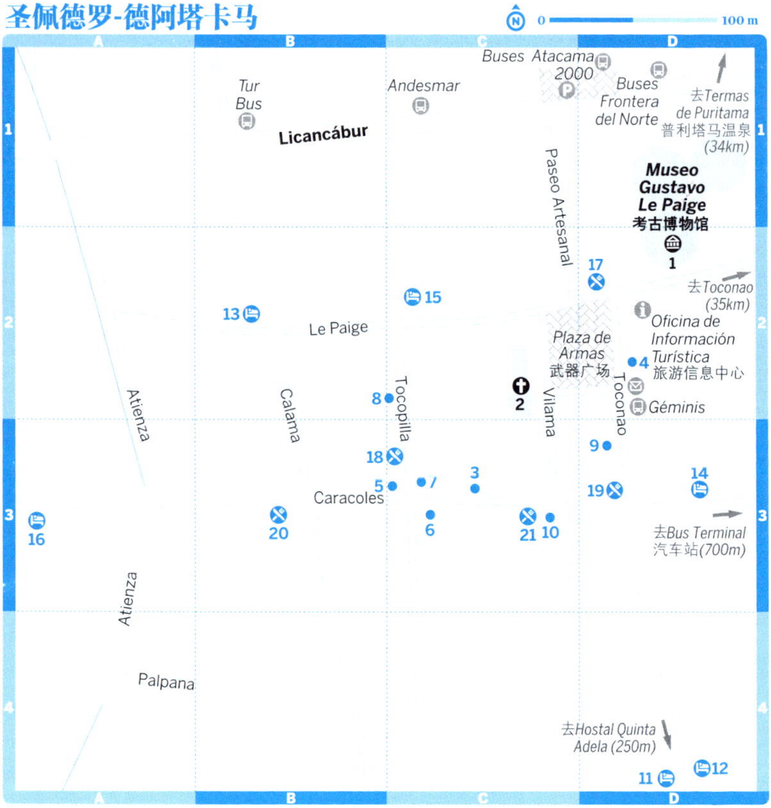

San Pedro de Atacama 圣佩德罗-德阿塔卡马

重要景点

1 考古博物馆 D2

景点

2 圣佩德罗教堂 C2

活动、课程和团队游

3 Ahlarkapin C3
4 Atacama Inca Tour D2
5 Cordillera Traveler C3
6 Cosmo-Andino Expediciones C3
7 Desert Adventure C3
8 Rancho La Herradura C2
9 Terra Extreme D3
10 Vulcano Expediciones C3

住宿

11 Hostal Edén Atacameño D4
12 Hostal La Ruca D4
13 Hostal Sonchek B2
14 Hostelling International D3
15 Residencial Vilacoyo C2
16 Takha Takha Hotel & Camping A3

就餐

17 Cafe Peregrino D2
18 El Churruá C3
19 El Toconar D3
20 La Casona B3
21 Salon de Te O2 .... C3

（☎055-285-1069；www.cosmoandino.cl；Caracoles 259），以高端团队游著名；Desert Adventure（☎055-285-1067；www.desertadventure.cl；Caracoles和Tocopilla交叉路口；⊙周一至周六 9:00~13:00和15:00~19:00，周日 9:00~13:00）有双语向导；Terra Extreme（☎055-285-1274；www.terraextreme.cl；Toconao s/n；⊙9:00~13:00和15:00~18:00）提供由自家车辆运营的标准团队游。

月亮谷 导览游

（Valle de la Luna；团队游 8000~10,000比索，门票 2000比索）下午离开圣佩德罗，正好能赶到山谷看日落，傍晚返回。通常包括游览月亮谷、死亡谷（Valle de la Muerte）和特雷斯马利亚斯（Tres Marías）。

Tulor & Pukará de Quitor 导览游

（团队游 约15,000比索，门票 10,000比索）半日考古团队游，主要是参观两处前哥伦布时期的遗址（8:00到9:00之间出发，13:00到15:00之间返回）。

高原湖 导览游

（Altiplano Lakes；团队游 15,000~30,000比索，门票 5000比索）7:00到8:00之间从圣佩德罗出发，前往位于阿塔卡马盐沼（Salar de Atacama）中的查克萨湖（Laguna Chaxa）观看火烈鸟，然后继续前往Socaire镇、Miniques和Miscanti湖、Toconao和Quebrada de Jere，16:00到19:00之间返回。

住宿

圣佩德罗水源匮乏（而且不适合饮用），所以自行购买饮用水，控制淋浴时间。注意，即使在淡季，这里的住宿价格也很高。

Hostal Sonchek 青年旅舍 $

（☎055-285-1112；www.hostalsonchek.cl；Paige和Calama交叉路口；铺 8500比索，双 36,000比索，标单/双 无独立卫生间 12,000/20,000比索；📶）这家可爱的青年旅舍房间内铺着地毯，拥有茅草屋顶和土坯墙。青年旅舍中间是一个小院子，有一间公用厨房和行李寄存室，后面的小花园内有乒乓球桌和几个吊床。公共卫生间使用太阳能热水淋浴，是镇上最干净的卫生间之一。提供英语和法语服务。

值得一游

前往玻利维亚乌尤尼盐沼

色彩斑斓的高原湖泊、配得上萨尔瓦多·达利（Salvador Dalí）画作的嶙峋怪石、火烈鸟、火山以及最著名的乌尤尼白色盐沼：这些正是对游客从圣佩德罗-德阿塔卡马向东北方向探索玻利维亚的奖赏。但要注意的是，这不是一趟轻松的乡间旅行，几乎每辆车上的5位旅行者都会对乌尤尼的美景赞不绝口，但将其他体验形容为一场噩梦。

标准行程为3天，在Hito Cajón穿过边境进入玻利维亚，途经科罗拉达湖（Laguna Colorada），继续前往乌尤尼盐沼（Salar de Uyuni），最后到达乌尤尼镇。现行团费为98,000比索，费用包含拥挤的四驱吉普车交通、简单的住宿（经常晚上冻得牙齿打战）和餐食。第4天返回圣佩德罗需要再另外支付约23,000比索（有些旅行社在第3天晚上返回）。

带上饮料、零食、保暖衣服和睡袋。旅行者在位于圣佩德罗的智利出入境管理处和两国交界处简陋的玻利维亚出入境管理处办理手续。要注意的是，大多数旅行社的团费通常不包含玻利维亚公园门票（约17,000比索）。没有哪家旅行社始终获得赞誉。Cordillera Traveller（☎055-285-1291；www.cordilleratraveller.com；Toconao 447-B和Tocopilla 429-B）是旅行者反馈最好的。

也有汽车公司经营乌尤尼镇往返圣佩德罗-德阿塔卡马的长途汽车，算上过境时间约需12小时。

阿塔卡马沙漠探险

阿塔卡马周边另辟蹊径的团队游变得越来越流行，如前往**Laguna Cejar湖**和**Ojos de Salar**的短途游（两处都可以游泳，在Cejar湖可以像在死海一样漂浮在水面上），再如有彩虹般多彩岩层的**Valle del Arcoiris**，以及**Salar de Tara**（最壮观的景致之一，也非常辛苦）。圣佩德罗周边的团队游往返行程可达200公里，最高处海拔4300米。

Hostal Edén Atacameño 青年旅舍 $

（☎055-285-1154；hostaleden@gmail.com；Toconao 592；标单/双 25,000/40,000比索，无独立卫生间 12,000/20,000比索；@📶）这是一家悠闲的青年旅舍，房间围绕着两个挂着吊床、有许多座位的院子，适合社交。客人可以使用厨房，提供洗衣和行李寄存服务。公用的卫生间很干净，带独立卫生间的房间包含早餐。

Residencial Vilacoyo 客栈 $

（☎055-285-1006；vilacoyo@sanpedroatacama.com；Tocopilla 387；房间 每人 10,000比索）一间朴实无华但友好的民宅（residencial），带有一个铺着石子、挂着吊床的温暖庭院，配有一间厨房和一个行李寄存室。共用淋浴仅在7:00~22:00供应热水。

Hostelling International 青年旅舍 $

（☎055-256-4683；hostelsanpedro@hotmail.com；Caracoles 360；铺/标单/双 7000/33,000/36,000比索，标单/双 无独立卫生间 20,000/23,000比索；📶）这个欢快的地方提供床位（有些上下铺接近3米高）和一些双人间，围绕着一个小院子。服务包括一个共用厨房、储物柜和团队游预订。HI会员可享受2000比索的优惠。

★ **Hostal Quinta Adela** 民宿 $$

（☎055-285-1272；www.quintaadela.wix.com/quinta-adela；Toconao 624；房间 70,000比索起；@📶）这家友好的家庭民宿离城区步行很近，有7间充满特色的房间（每间风格各异），还有一个荫凉的露台，旁边有一大片挂着吊床的果园。可以寄存行李，入住和离店时间灵活。

Hostal La Ruca 青年旅舍 $$

（☎055-285-1568；www.larucahostal.cl；Toconao 513；标单/双 37,000/50,000比索；@📶）不错的乡村体验——想想五颜六色的安第斯风格床单和挂毯——为这家甜蜜的酒店房间增色不少，卫生间狭小但干净，拥有一个挂着吊床的阳光庭院，还有公用厨房，由讲英语和一些德语的友好员工管理着。

Takha Takha Hotel & Camping 酒店、露营地 $$

（☎055-285-1038；www.takhatakha.cl；Caracoles 101-A；露营地 每人 10,000比索，标单/双 38,400/50,000比索，无独立卫生间 14,400/30,000比索；📶🏊）这家一应俱全的住宿很热门，既有不错的露营地和简单的经济房，也有一尘不染的中档房。房间环绕着一座鲜花盛开的大花园，带有一个游泳池。

✕ 餐饮

在这里仅销售酒精饮品是非法的，因此这里的夜生活主要是围绕着餐厅的露天篝火展开的，营业到次日1:00。

Salon de Te O2 咖啡馆 $

（Caracoles 295；早餐 2500起，主菜 约5000比索；⏲7:00~21:00；📶）这家由法国-智利夫妻经营的咖啡馆，亮点包括一大早供应的早餐（7:00点起）、美味的乳蛋饼、鲜嫩多汁的夹肉三明治和可爱的甜果馅饼。你可以在荫凉的院子里消磨下午时光。

Cafe Peregrino 自助餐厅 $

（Gustavo Le Paige 348；早餐 3000比索起，三明治 约4000比索；⏲9:00~20:00；📶）这是镇上最可爱的咖啡馆，俯视着广场，有几个长椅专为打望人群而设。室内只有4张桌子。就食物而言，你会发现比萨、沙拉、三明治以及不错的蛋糕和点心。当然，还有真正的意式咖啡和卡布奇诺。

El Toconar 各国风味 $

（Toconao和Caracoles交叉路口；主菜 4000~9000比索；⏲正午至次日1:00）镇上最棒的花园（在那些寒冷的沙漠之夜点起篝火）

就在这里。还有内容丰富的菜单、很棒的鸡尾酒选择（包括加入沙漠草药的皮斯科鸡尾酒）、便宜的啤酒和减价时段。

El Churruá 比萨餐馆 $

（Tocopillo 442；主菜 5000~8000比索；⏲12:30~23:00）镇上最棒的薄饼比萨就在这家主街旁低调的小餐馆。店内只有几张桌子，但值得等位。菜单上没有酒精饮品，但员工很乐于为你跑趟商铺。

★ **La Casona** 智利菜 $$

（www.lacasonadeatacama.cl；Caracoles 195；午餐套餐 6000~7000比索，主菜 8000~10,000比索；⏲正午至次日1:00；📶）这家有着高高天花板的餐厅，装饰着暗色木镶板，中间有一个土坯壁炉。一流的La Casona供应烤得吱吱响的烤肉（parrilladas）和智利主菜，比如玉米派（pastel de choclo）。提供品种繁多的智利葡萄酒，有一个小院子可以在户外午餐。

ℹ 实用信息

来圣佩德罗-德阿塔卡马最好多带些比索现金，因为这里的3个自动柜员机（两个在Caracoles，另一个在博物馆对面）周末经常取不出钱来。Caracoles一带有汇率不好的货币兑换处，在主广场可使用免费无线网络。

旅游信息中心（Oficina de Información Turística；☎055-285-1420；Toconao和Le Paige交叉路口；⏲9:00~21:00）乐于助人的旅游信息中心，提供咨询建议，发放城镇地图和小册子。查看年度评价手册以获得旅行者对于旅行社、青年旅舍、餐厅和交通运营商等的最新评价。

邮局（Toconao s/n）几乎每年都换地方，所以如果在这个位置没找到就问问当地人。

Posta Médica（☎055-285-1010；Toconao s/n）在广场上的当地诊所。

ℹ 到达和离开

Buses Atacama 2000（Licancábur s/n；⏲8:00~19:00）定期发往卡拉马（2800比索），在卡拉马可乘坐该公司的车继续前往乌尤尼。**Buses Frontera del Norte**（Licancábur s/n）发往卡拉马和阿里卡（16,100比索），以及伊基克（15,000比索）。**Tur Bus**（☎055-851-549；Licancábur 294）每小时都有车发往卡拉马（3000比索），从那里你可以中转前往智利主要城镇。**Andesmar**（☎055-259-2692；www.andesmar.com；Licancábur s/n）每周有几趟车（30,000比索起，含过境时间16小时）发往阿根廷的萨尔塔和胡胡伊。**Géminis**（☎055-892-049；Toconao 428）也有前往萨尔塔的车次。

有几家旅行社提供卡拉马机场接送服务，收费为每人10,000比索（时间太早或太晚则为12,000比索），可上门接送，耗时1.5~2小时。虽然去往卡拉马的长途汽车要便宜得多，但在卡拉马打车去机场也要花费约5000比索。

公共汽车站位于广场附近，步行即可游览整

沙漠观星

查南托高原（Chajnantor plateau）位于圣佩德罗-德阿塔卡马以东40公里处，海拔5000米。那里有世界上最先进的电子望远镜。**阿塔卡马大型毫米/亚毫米阵列望远镜**（Atacama Large Millimeter/submillimeter Array，简称ALMA，在西班牙语中的意思是"灵魂"）由66个巨大的天线阵列组成，最大的直径大约12米。这个星际"之耳"将模拟直径达16公里的望远镜，能够观测到宇宙中比当前可观测到的微弱100倍的天体。联系**ALMA Visitor Center**（☎圣地亚哥 02-2467-6416；www.almaobservatory.org；Hwy 23, Km 121；免费，但参观人数有限，需网上注册）。

ALMA是智利北部最尖端的天文设施。阿塔卡马沙漠的气象条件使其成为观星的理想场所。这不仅取决于沙漠无云的夜晚，还有从太平洋平稳吹来的可预测气流，它们引发的极小大气波动正是天文台获取高清晰度图像的关键条件。

Ahlarkapin（☎099-579-7816；www.ahlarkapin.cl；Caracoles 151）提供个性化的观星团（最多12人），专注安第斯宇宙学。2小时的团队游（西班牙语和英语）夏季每晚21:30开始（冬季更早些），成人/儿童每人15,000/10,000比索。

个城市。

圣佩德罗-德阿塔卡马周边

圣佩德罗-德阿塔卡马周边总有更多可去的地方。你值得花点时间去旅行社打听一番，并且问问其他旅行者的体验。下面列出最热门的景点。

Pukará de Quitor（门票 3000比索；⏲6月至8月 9:00~19:30，9月至次年5月 至18:00）是破旧的12世纪堡垒遗址，位于城镇西北3公里处，可租自行车骑车前往，可以俯瞰整座城市和绿洲延伸地区。再往右3公里的魔鬼峡（Quebrada del Diablo，Devil's Gorge）有一条蛇形通道，是山地车爱好者梦寐以求的地方。

海拔4300米的埃尔塔蒂奥（El Tatio，门票5000比索）是世界上海拔最高的间歇泉地区，位于城北95公里处。在黎明时分游览间歇泉就像走进一座巨大的火山环绕的蒸汽浴场，64个汩汩涌动的泉眼和上百个冒着气泡的喷气孔，直冲蔚蓝澄澈的高原天空。旋转的蒸汽柱把人包裹进但丁式的想象中，鼓泡声、喷汽声和各种咝咝的声响听起来像沸腾的水壶。黎明初现时，霞光映红周围的火山，将翻腾的蒸汽照亮。多穿几层衣服，黎明时分这里相当冷。

在美丽的月亮谷（Valle de la Luna；门票 成人/儿童 3000/2000比索；⏲白天开放）观看日落将是一次难忘的经历。当你气喘吁吁地登上一个巨型丘顶，眼前将发生奇妙的变化：远处的火山环、波浪般起伏的Cordillera de la Sal和如月球表面般超现实主义的山谷突然弥漫着浓烈的紫色、粉红色、金色的光芒。亿万年间的洪水和风力侵蚀造就了这里月球般的地貌，“月亮谷”也因此而得名。它位于圣佩德罗以西15公里处，Cordillera de la Sal的北端。

阿塔卡马盐沼（Salar de Atacama）凹凸不平的表面，看起来像是上帝疯狂的作品。但在这些死气沉沉的粗糙晶体中有一个生机勃勃的绿洲：气味刺鼻的查克萨湖（Laguna Chaxa；门票 5000比索）位于城南67公里处，栖息着3种火烈鸟（詹姆斯、智利和安第斯），这里也是千鸟（plover）、黑鸭（coot）和野鸭的家。

火山温泉普利塔马温泉（Termas de Puritama；门票 成人/儿童 15,000/7000比索；⏲9:15~17:15）位于小镇以北30公里处，可以乘出租车或参加团队游到达。泉水的温度大约是33℃，有几个瀑布和游泳池。

伊基克（Iquique）

☎057 / 人口18.06万

伊基克伸入大海，背倚黄褐色的海岸，就像是一座舞台，而事实上，这座城市本身也像是一出戏。伊基克原先是海鸟聚集地，19世纪随着开采硝石发家的富人们的到来而繁华，之后又失去动力。如今，伊基克将未来的赌注压在了商业和旅游业上，具体表现在对其免税区、灯火辉煌的赌场和无所不在的海滩度假区的开发。而这座沿海城市真正的闪光点则在于其保留的可爱的乔治国王时代风格的建筑、Baquedano街上奇特的木板人行道、暖流季风和理想的冲浪环境。

景点和活动

Playa Cavancha是伊基克最受欢迎的海滩，在这里游泳和卧板冲浪都非常棒。南面的Playa Brava海滩波浪起伏，更适合晒日光浴。从市中心乘坐合乘出租车或步行均可到达这里。

冲浪和卧板冲浪全年皆可，冬季最佳，那时涌浪从北方而来。一大早在Playa Cavancha海滩北部尽头的人会少些。

Playa Huaiquique海滩在城镇的南郊，也是一个令人激动的选择，不过更北面的靠近阿里卡的海更暖和些。

埃斯梅拉达博物馆 博物馆

（Museo Corbeta Esmeralda；www.museoesmeralda.cl；Paseo Almirante Lynch；门票 3000比索；⏲周二至周日 10:00~13:00和14:00~18:00）博物馆本身是沉没的埃斯梅拉达号（Esmeralda）的复制品。在太平洋战争期间，这艘英勇的小型智利巡洋舰向秘鲁人的军舰发出挑战，它是伊基克新的自豪与荣耀。原始的轮船由Arturo Prat（1848~1879年）担任船长，他的名字如今出现在上百个街道、广场和机构。导览游（英文讲解需要提前预约）将带你进入船员宿舍，参观亮橙色的发动机，并登上甲板。

皮拉特广场 广场

（Plaza Prat）在伊基克中心广场上，你很难错过这座城市19世纪的神气十足。荣耀凝聚在**钟楼**（Torre Reloj，1877年）上，它看起来像是烘焙出来并撒上糖霜的，而非真实所建。沿着喷泉边的人行道向南便到了有着大理石台阶的**市立剧院**（Teatro Municipal），这座新古典主义建筑从1890年开始举行歌剧和戏剧表演。外面有一辆精心修复的**有轨电车**，旺季偶尔也会出现在Av Baquedano。

阿斯托雷卡宫文化中心 历史建筑

（Centro Cultural Palacio Astoreca；O' Higgins 350；⏲周二至周六 10:00~18:00，周日 11:00~14:00）**免费** 这座乔治国王时代风格的宅邸现在是一个文化中心，里面展出当地艺术家的现代风格作品，1904年由硝酸矿业大亨建成。文化中心内部十分华丽，有富丽堂皇的房间，装饰着精细的木艺，高高的天花板上吊着巨大的吊灯，还有宽大的台球桌和阳台。

Altazor 探险运动

（☎057-238-0110；www.altazor.cl；Vía 6，Manzana A，Sitio 3，Flight Park，Bajo Molle）位于海洋大学（Universidad del Mar，伊基克中心以南）南500米处，开设滑翔伞课程（一天42,500比索，包含设备和交通），双人飞行入门课程收费40,000比索起。也提供两周的课程，在其舒适的旅舍里安排住宿。经验丰富的滑翔伞爱好者可以租用装备，或者在这里修理自己的装备。老板Philip和Marlene说德语、英语、葡萄牙语和法语。

Vertical 冲浪

（☎057-237-6031；www.verticalst.cl；Av Arturo Prat 580）这里是伊基克的冲浪中心，出售并出租装备。潜水衣和冲浪板2小时12,000比索，其中之一仅需要7500比索。私人课程24,000比索/1.5小时起，提供去城外的冲浪之旅，和去Cerro Dragón的滑沙之旅（3小时25,000比索）。

团队游

许多周边景点的公共交通非常复杂，因此值得考虑参加团队游。在夏季，旅行社在皮拉特广场和Baquedano街边摆起桌子。热门选择包括前往绿洲城镇**皮卡**（Pica）、**La Tirana**和**Matilla**的一日游，中途还会前往硝酸盐矿遗址**亨伯斯通**（Humberstone）和**圣劳拉**（Santa Laura，25,000比索）。另一条有趣的线路是前往**马米尼亚**（Mamiña，27,000比索）泡温泉浴。

OC Travel 导览游

（☎057-257-3260；www.octravel.cl；Luis Uribe 445，Oficina 2H）提供大部分主要线路，包括热门的皮卡一日游，含亨伯斯通和圣劳拉。也提供在Playa Blanca海滩的潜水游（38,000比索），以及在城市和海滩的骑行游（6小时38,000比索）。

Magical Tour Chile 导览游

（☎057-221-7290；www.magicaltour.cl；Baquedano 1035；Ruta del Sol 每人 25,000比索，Aventura Isluga 每人 50,000比索；⏲周一至周六 10:30~20:00）有时组织可怕的夜间硝酸盐矿（salitreras）团队游，20:00出发，次日2:30左右返回。最少10人成团。

Llamatrekking 文化游

（☎7898-6504；www.llamatrekking.cl）专注于高原地区艾马拉人传统的周边景点轻松徒步，从一日游到附近乡村的7日美洲驼车队。

住宿

出租车司机通常会从青年旅舍或旅馆处领取提成，你要坚决拒绝或者干脆考虑步行。伊基克以北的Pisagua和Cuya附近的海滩可以免费露营。

La Casona 1920 青年旅舍 $

（☎057-241-3000；www.casonahostel.com；Barros Arana 1585；铺 9000比索，标单/双 无独立卫生间 14,000/22,000比索；@🛜）这家多彩有趣的青年旅舍位于一幢老casona（房子）内，是伊基克的不二之选。旅舍有4人至9人间、双人间，有的房间内有临街的阳台，其他的朝向后院。有一个公共厨房、一张台球桌、储物柜和多语种员工，每周举办有现场DJ的寿司派对、扑克之夜、萨尔萨舞课程和电影之夜。

Hotel Velero 酒店 $

（☎057-234-8067；www.hotelvelero.cl；

Iquique 伊基克

Latorre 596；标单/双 20,000/30,000比索，无独立卫生间 14,000/22,000比索）酒店外观很好看，离广场仅步行距离。尽管它算不上“精品”，但房间很宽敞，配有现代设施，整个气氛很安静。提前预订。

Hotel de La Plaza 酒店 $

（☎057-241-9339；Baquedano 1025；标单/双 20,000/33,000比索；📶）这家乔治国王时代风格的酒店是同类型中性价比最高的。酒店门前正对着人行道。接待大厅内有一个大天窗，中等大小的舒适房间围绕着庭院。

★ **Casa Baquedano** 酒店 $$

（☎057-234-7577；Baquedano 1470；标单/双 35,000/40,000比索；📶）这家老建筑就在步行街的尽头，特别宽敞的房间有超大号床、迷你冰箱和现代卫浴。在一层的房间还有很高的天花板。一个植物茂盛的后院为其锦上添花。

就餐

Club Croata 智利菜 $

（Plaza Prat 310；午餐套餐 4500比索；🕐周

Iquique 伊基克

景点

1 阿斯托雷卡宫文化中心........B3
2 埃斯梅拉达博物馆........B1
3 皮拉特广场........B2
4 钟楼........B2

活动、课程和团队游

5 Magical Tour Chile........B3
6 OC Travel........B2
7 Vertical........B5

住宿

8 Casa Baquedano........B4
9 Hotel de La Plaza........B3
10 Hotel Velero........C2
11 La Casona 1920........C5

就餐

12 Cioccolata........B2
13 Club Croata........B2
14 El Tercer Ojito........B4
15 El Wagón........A2
16 M.Koo........C3

饮品和夜生活

17 Lobby Resto Bar........B2
18 Mi Otra Casa........B4

一至周六 10:00~18:00；📶）这家广场边上的餐馆装饰有拱窗、克罗地亚战袍，有一排室外的窗户。这里有广场上最棒的一口价午餐——三道菜加一份饮品。

Cioccolata 咖啡馆 $

（Pinto 487；小吃 2000~4500比索；⏲周一至周六 8:00~22:00；📶）事实证明，智利人确实喜欢优质的意式浓咖啡，这家高档的咖啡馆经常挤满了人。供应能填饱肚子的早餐和午餐，外加三明治、美味的蛋糕和华夫饼。

M.Koo 甜点 $

（Latorre 600；小吃 700比索起；⏲周一至周六 8:00~20:00）这家多彩的街角商铺以其酥脆的chumbeques（当地甜饼干）而著名，制作配方被小心守护。也卖humitas（玉米粽子）和馅饼（empanadas）。

★El Wagón 智利菜 $$

（Thompson 85；主菜 8500~10,000比索；⏲周一至周六 正午至15:00和19:00至午夜）这家乡村风格装饰的大餐厅几乎独自肩负着保护地区饮食传统的重任，供应各式各样的海洋菜肴，灵感来源从祖母的经典菜谱到港口和矿工的主食。价格昂贵，但物有所值。

El Tercer Ojito 各国风味 $$

（www.eltercerojito.cl；Lynch 1420；工作日午餐套餐 4500比索，主菜 7500~9000比索；⏲周二至周日 正午至15:00，周二至周六 19:00~23:30；📶🌿）这家悠闲的餐馆因外面的一大块石英石而易于辨识，供应美味的素食和荤菜。这里的世界各国风味包括秘鲁菜、泰国咖喱和偶尔供应的寿司。竹子铺就的可爱庭院里装饰着仙人掌和壁画。

饮品和夜生活

伊基克的夜生活充满乐趣，市中心坐落着几家气氛悠闲的餐馆和夜店。城市南边的海滨也有很多夜店和酒吧。

Lobby Resto Bar 酒吧

（Gorostiaga 142；⏲周二至周六 20:00起）波希米亚氛围弥漫在这家气氛亲切的餐馆酒吧内。酒吧共有4个小房间和一个休闲后院。来这里品尝鸡尾酒（试试加了覆盆子伏特加和浆果的raspirinha），体验一下寿司吧、周末现场DJ音乐、适合共享的tablas和夜间的减价时段，都是不错的选择。

Mi Otra Casa 酒吧

（Baquedano 1334；⏲周二至周六 15:00至次日2:00）这家是位于Baquedano街尽头的悠闲艺术酒吧，酒吧内满是混搭物件，经常举办各种诗歌朗诵、现场音乐会等活动。

实用信息

市区有很多自动柜员机，一些货币兑换处可以兑换外币和旅行支票。

Dr Juan Noé地区医院（Hospital Regional Dr Juan Noé；☎057-239-5555；Av Héroes de la Concepción 502）Plaza Condell向东10个街区。

邮局（Bolívar 458）

Sernatur（☎057-241-9241；www.sernatur.cl；Pinto 436；⏲夏季 周一至周六 9:00~20:00，周日 10:00~14:00，其他季节 周一至周五 9:00~18:00）提供旅游信息、免费的城市地图和小册子。

ℹ 到达和离开

飞机

当地的飞机场**Aeropuerto Diego Aracena**（☎057-242-6530；www.aeropuertodiegoaracena.cl）在市中心以南41公里处，经由1号公路（Ruta1）到达。

LAN（☎600-526-2000；www.lan.cl；Pinto 699；⏲周一至周五 8:45~14:00和16:00~18:30，周六 9:30~13:00）每日有航班飞往阿里卡（35,700比索，50分钟）、安托法加斯塔（19,500比索，50分钟）和圣地亚哥（120,500~200,000比索，2.5小时）。**Sky**（☎600-600-2828；www.skyairline.cl；Tarapacá 530）票价稍微便宜些，也有前往阿里卡、安托法加斯塔和圣地亚哥及智利更南边地区的班机。

长途汽车

大多数公共汽车从**Terminal Rodoviario**（☎057-242-7100；Lynch）发车。许多汽车公司在百年市场（Mercado Centenario）周围设了售票处。有些汽车公司经营智利北部和圣地亚哥的线路，包括**Expreso Norte**（☎057-257-3693；www.expresonorte.cl；Barros Arana 881）、**Pullman**（☎057-242-9852；www.pullman.cl）、**Ramos Cholele**（☎057-247-1628；www.ramoscholele.cl；Barros Arana 851）和**Tur Bus**（☎057-242-0634；www.turbus.cl；Mercado Centenario）。

如果要去往玻利维亚的拉巴斯（La Paz，7000比索，12小时），可以试试**Lujan**（☎057-326-955；Esmeralda 999），工作日每天有两班车。去秘鲁在阿里卡（7000比索）搭乘国际长途汽车。

目的地	费用（比索）	行程（小时）
安托法加斯塔	16,000	6
阿里卡	7000	4
卡拉马	10,000	6
科皮亚波	30,000	14
拉塞雷纳	35,000	18
圣地亚哥	45,000	24

伊基克东部

从伊基克到沙漠内陆遍布着鬼城，它们是昔日兴盛一时的矿业遗迹，人们曾在这里的沙漠中开采白色黄金——硝酸盐。一路上的前西班牙时期人形石雕像，诉说着几个世纪前的人类活动历史。更深入内陆的贫瘠土地上坐落着几处风景如画的温泉村庄。

如果伊基克周边只去一个景点的话，那么就去**亨伯斯通**（Humberstone；www.museodelsalitre.cl；成人/儿童 2000/500比索；⏲9:00~19:00）吧。亨伯斯通位于伊基克市东北45公里处。如今随着硝石业长久地没落，这里成了一座令人毛骨悚然的空城。城镇建于1872年，在20世纪40年代达到其财富的顶峰：这里的剧院吸引着那些常驻圣地亚哥的演员，工人们在用沉船残骸铸造的巨大铸铁水池旁闲逛，这一带大部分小镇仍然陌生的便利设施在这里却非常盛行。合成硝酸盐业的发展导致了办事处（oficina）被迫于1960年关闭。如今一些建筑得以修复，但其他未修复的仍不稳固，参观时需要小心。亨伯斯通和圣劳拉的采石场遗址被联合国教科文组织列为世界遗产，这些采石场遗址因现存建筑的脆弱被列入濒危建筑名单。向西南方向步行半小时就来到**圣劳拉办事处**（Oficina Santa Laura）的轮廓遗址。可以从伊基克的百年市场（Mercado Centenario）东边乘坐开往Pozo Almonte的合乘出租车。返程时只要在亨伯斯通入口外面的车站，乘坐任一标记“Iquique”的汽车即可（2000比索）。

前哥伦布时期的巨大人形石雕像**阿塔卡马巨人**（El Gigante de Atacama）位于Huara以东14公里处Cerro Unita山的斜坡上。阿塔卡马巨人高86米，是世界上最大的人类形象考古发现，石雕像代表了法力无边的萨满教巫师的形象，斑驳的头部放射出光芒，纤细的双臂紧握住一支箭和药袋。专家估计其历史可以追溯到大约公元900年。观看石雕像最好的视角是退后几百米到山脚下。可以乘坐出租车或参加团队游。

在阿塔卡马荒凉的大草原上，Pozo Almonte以南的泛美公路两边分散生长着坚毅的塔马鲁加尔豆树（Prosopis tamarugo）。

这样的丛林曾经覆盖了数千平方公里的土地，但采矿业几乎将其完全破坏。如今这些树木在塔马鲁加尔大草原国家保护区(Reserva Nacional Pampa del Tamarugal)内受到保护。保护区内Pintados(成人/儿童2000比索/免费；⏲10:00~16:00)的山坡上覆盖着420座修复过的人形、美洲驼和几何图案的石雕像。废弃的硝酸盐矿场位于泛美公路以西4.5公里，就在去往皮卡的东向岔路口对面，通过一条碎石路就能到达，那里有毁坏的建筑和生锈的车辆。

伊基克东南113公里处的皮卡(Pica)绿洲就像是布满尘埃的画布上一抹黄绿色的补丁。它的名声来自于其出产的皮卡青柠，是制作果馅糕点(tart)和酿造美味的皮斯科鸡尾酒的关键成分。一日游的游客可以一边手持新鲜水果饮料，一边享用淡水游泳池Cocha Resbaladero(门票2000比索；⏲9:00~20:00)。

马米尼亚(Mamiña)是一座古怪的小镇，位于伊基克以东125公里处(不在去皮卡的路上)。镇上有温泉浴场、一座建于17世纪的教堂以及一个前哥伦布时期的堡垒Pukará del Cerro Inca。该镇分为高低两部分，前者围绕着建于1632年的圣马科斯教堂(Iglesia de San Marcos)所在的岩石，后者则位于靠近温泉的山谷。

阿里卡(Arica)

☎058 / 人口21.02万

阿里卡全年温暖晴朗，节奏轻松缓慢。在日落时，穿着人字拖在有趣的步行街闲逛，红糖色的优质海滩离市中心只有一小段步行距离。这里还有一些极好的冲浪地点和埃尔莫罗(El Morro)崖顶的太平洋战争战场，或者你只是想在去漂亮的劳卡国家公园(Parque Nacional Lauca)之前在这里多待一天。

景点和活动

21 de Mayo有一条步行街。

★Colón 10遗址博物馆 博物馆

(Museo de Sitio Colón 10; Colón 10; 成人/儿童2000/1000比索；⏲1月至2月 周二至周日 10:00~19:00，3月至12月 周二至周日 至18:00)埃尔莫罗(El Morro)下面这座小型博物馆内展出了32具发掘出的新克罗人(Chinchorro)木乃伊，他们是在一位设计师买下这座从前的私宅想要改建成酒店时发现的。玻璃罩下的木乃伊身体仍然同当初被发现时那样，在地下的沙子里呈现不同的姿势，身着殓服、兽皮和海鸟羽毛。

阿里卡埃尔莫罗 瞭望台

(El Morro de Arica)这块咖啡色岩石高达110米，耸立在阿里卡城上方。这是个登高望远的好地方，可以将城市、港口和太平洋尽收眼底，可由Colón街南端的台阶到达。这个高耸的海角是1880年一场关键战役的发生地，那时太平洋战争已开战一年，智利军队在不到一小时内便从秘鲁军队手里攻占了埃尔莫罗。

圣马科斯教堂 教堂

(Catedral de San Marcos; San Marcos 260, Plaza Colón; ⏲周一至周五 8:30~21:00，周六11:00~13:00，周日 9:00~13:00和19:30~21:00)这座哥特式教堂有三个著名之处。首先，它是由杰出的巴黎工程师亚历山大·古斯塔夫·埃菲尔(Alexandre Gustave Eiffel)设计的，在他因埃菲尔铁塔成名之前。其次，教堂19世纪70年代在巴黎埃菲尔的店铺里预制(受秘鲁总统之命)，而后用船运到世界另一端再组合而成。更有趣的是建筑本身：整座教堂都是由印花和铸模的铸铁组成的，外表覆以壁画。

海滩

市区以南最适合游泳和漫步的海滩沿着Av Comandante San Martín，包括就在Club de Yates后面的Playa El Laucho海滩，以及舒适宜人的Playa La Lisera海滩，有遮阳处、更衣室和淋浴设施。

市区以北的海滩沙粒相比南边更粗糙，但更干净。2公里外的Playa Chinchorro海滩有高档餐馆，可以玩喷气式滑水。再向北几公里的Playa Las Machas海滩是冲浪者的乐园。从18 de Septiembre乘坐12路或14路公共汽车，在Av Antarctica和Av España交叉路口下车即到。

团队游

Raíces Andinas 导览游

(☎058-223-3305; www.ecotourexpediciones.cl; Héroes del Morro 632; ⊙周一至周六 9:00至正午和15:00~18:00)推荐这家经营良好的旅行社，可以帮你更好地了解当地人。特色是两日游或更长时间的游览，经由劳卡(Lauca)前往玻利维亚的萨哈马(Sajama)，以及探访乌尤尼盐沼。有一些自行车出租(8000比索/天)。

Chinchorro Expediciones 乘船游

(☎058-223-3404; chinchorroexpediciones@gmail.com; Muelle Pesquero; ⊙8:00~16:00)这家专注海洋活动的旅行社提供从鱼码头出发的3小时海洋之旅(包括野餐、游泳和皮划艇)，还有乘四驱车去Caleta de Camarones的2日露营之旅，包括在原始海滩、被遗忘的渔村和隐蔽的考古遗迹徒步。

住宿

Arica Surfhouse 青年旅舍 $

(☎058-231-2213; www.aricasurfhouse.cl; O' Higgins 661; 铺12,000比索，标单/双 25,000/36,000比索，无独立卫生间20,000/30,000比索; @📶)这里是阿里卡的顶级青年旅舍，同时也是阿里卡的冲浪者中心，拥有各种各样整洁的房间，有宽敞的露天公共区域，提供24小时热水和洗衣服务。冬季有往返海滩的班车，还可以帮你预约冲浪课程和租赁设备。

Hostal Jardín del Sol 酒店 $

(☎058-223-2795; www.hostaljardindelsol.cl; Sotomayor 848; 标单/双 15,000/29,000比索; @📶)这家酒店已经存在很多年了，但仍然配得上阿里卡最好的经济型酒店之一的名声。房间不大但很干净，配有风扇。客人们聚在枝繁叶茂的庭院、楼上的露台，公用厨房和休息室。有图书交换活动，提供大量旅游信息。

El Buey Hostal 青年旅舍 $$

(☎058-232-5530; www.elbueyhostal.com; Punta del Este 605, La Lisera; 铺/标单/双 14,000/20,000/45,000比索; @📶)这座地中海风格的白色房屋是最酷的海滨青年旅舍，坐落在La Lisera海滩边的山坡上。主要面向冲浪者，独具风格，有硬木地板、美丽的阳台、光洁的厨房、海景以及带吊床的公共屋顶露台。你可以以131,000比索的价格租下一整楼层(可住8人)。

餐饮

如果要吃传统的海鲜午餐，就去**Muelle Pesquero**鱼码头。这里的自来水里化学物质残留较多，所以最好买瓶装水。Playa Chinchorro海滩沿线有很多时尚的酒吧和迪斯科舞厅。

Mata-Rangi 海鲜 $

(Muelle Pesquero; 套餐 4000~5000比索，主菜 5000~6500比索; ⊙周一至周六 正午至16:00)这个鱼码头旁悬在海港上的可爱小店供应超级棒的海鲜。木屋风格，微风作响，有一间海风吹拂的餐厅和一个海上小露台。早点来抢个座位，或者做好等位的准备。

Cafe del Mar 自助餐馆 $

(21 de Mayo 260; 主菜 3000~5000比索; ⊙周一至周六 9:00~22:00; 📶)供应多种汉堡、三明治和沙拉，配上城里最好的咖啡。再去隔壁尝尝阿里卡最好的冰激凌。

★ **Los Aleros de 21** 智利菜 $$

(21 de Mayo 736; 主菜 7000~12,000比索; ⊙周一至周六 正午至15:30和19:00~23:30; 📶)阿里卡最受好评的餐馆之一，供应种类丰富的肉类和海鲜菜肴，另有一些面条、鸡肉。酒单也很棒。

Así Sea Club 酒吧

(San Marcos 251; ⊙周三至周六 21:00起)这家时髦的隐秘之地隐藏在一栋历史老宅内，有一系列保留了原始细节的精美房间和一个后院。菜单上包括tablas(4200至9000比索)、鸡尾酒和智利红酒，格调悠闲。

实用信息

沿着步行街(21 de Mayo)有许多24小时自动柜员机和货币兑换处(cambios)。

阿里卡是一个非常安全的城市，但小偷小摸很令人头疼，尤其是在公共汽车站和海滩上。

Dr Juan Noé医院(Hospital Dr Juan Noé; ☎058-

前往秘鲁和玻利维亚

旅行者可以乘坐火车、长途汽车或合乘出租车从智利的阿里卡过境到达秘鲁的塔克纳（Tacna）。塔克纳边境的通行时间从8:00至午夜，周五到周日24小时开放。如乘坐国际线路的长途汽车，可以轻松过境。长途汽车最好到塔克纳预订，价格通常更为便宜。乘坐火车则在火车站办理通关手续。将护照和游客卡放在方便拿取的地方，过境之前将携带的所有水果和蔬菜都吃掉。秘鲁时间比智利时间晚1小时（智利夏令时期间则晚2小时）。

过境前往玻利维亚最受欢迎的路线是经由劳卡国家公园，从智利小镇Chungara过境前往坦博克马多（Tambo Quemado）。大多数国际长途汽车早上出发。边境口岸的开放时间为8:00到21:00。你也可以从普特雷乘出租车到达边境Chungara，徒步过境，然后在坦博克马多找当地交通工具。

从秘鲁前往智利的反向过境信息见84页。

223-2242；18 de Sepiembre 1000）靠近城东。

邮局（Prat 305）在Pedro Montt和Prat之间的人行道。

Sernatur（☎058-225-2054；infoarica@sernatur.cl；San Marcos 101；⊙1月和2月 周一至周五9:00~20:00，周六 10:00~14:00，3月至12月 9:00~18:00）服务友好，有一些关于Tarapacá和智利其他地区的小册子。

到达和离开

飞机

恰卡由塔机场（Chacalluta Airport）位于市区以北18公里处。**LAN**（☎600-526-2000；www.lan.com；Arturo Prat 391）每天都有几班航班飞往圣地亚哥（225,000比索，2.5小时）。Sky（☎600-600-2828；www.skyairline.cl；21 de Mayo 356）的国内航班更便宜，但班次不多，也飞往玻利维亚的拉巴斯。

长途汽车

阿里卡有两个主要的汽车站。**Terminal Rodoviario de Arica**（Terminal de Buses；☎058-222-5202；Diego Portales 948）聚集了大多数前往智利南部的汽车公司。旁边的**Terminal Internacional de Buses**（☎058-224-8709；Diego Portales 1002）运营国际线路和一些地区线路。可从Maipú或圣马科斯（San Marcos）乘坐8路合乘出租车前往汽车站，也可乘坐出租车，费用约3000比索。

Terminal Rodoviario de Arica有多家汽车公司运营圣地亚哥的线路。主要的汽车公司有Pullman、Flota Barrios、Ramos Cholele和Tur Bus。

La Paloma（☎058-222-2710；Riesco 2071）每天7:00有前往普特雷（Putre，3500比索，1.5小时）的直达班车。如果要去秘鲁的塔克纳（Tacna），可以选择**Adsubliata**（☎058-226-2495），其运营的国际班车每半小时一趟（2000比索）。去往玻利维亚的拉巴斯，最舒服快捷的是**Chile Bus**（☎058-226-0505），国际客运站的**Trans Salvador**（☎058-224-6064）有更便宜的车。乘坐这条线路的长途汽车可以在劳卡国家公园（Parque Nacional Lauca）下车，但须支付去拉巴斯的全价车票。主车站的**Buses Géminis**（☎058-351-465）每周有几趟车发往阿根廷的萨尔塔和胡胡伊（42,000比索）。

目的地	费用（比索）	行程（小时）
安托法加斯塔	18,000	10
卡拉马	15,000	9
科皮亚波	24,000	18
伊基克	7000	4
拉巴斯（玻利维亚）	8000	9
拉塞雷纳	25,000	23
圣地亚哥	30,000	27

火车

Estación Ferrocarril Arica-Tacna（☎097-633-2896；Av Máximo Lira 791）发往塔克纳（1200比索，1.5小时）的火车周一至周六9:00和19:00从这里发车。

11号公路和普特雷（Ruta 11 & Putre）

Lluta Valley山谷荒芜的斜坡上沟壑

纵横。途经这里的时候，你会看到**波孔智利**（Poconchile）和它那饱受地震破坏的17世纪教堂，大烛台般的仙人掌（如果你看到这种仙人掌开花，你一定是有福气的，这种仙人掌每年只开一次花，花期只有24小时），还有12世纪的城堡**Pukará de Copaquilla**遗址。

绕过波孔智利到达**Eco-Truly**（☎096-875-0732；www.ecotrulyarica.cl；Sector Linderos，Km 29；露营地 每人 3000比索，房间 8000比索），一所有些神秘的印度教奎师那神（Hare Krishna）的"生态城镇"和瑜伽学校，这里供应丰富的素食午餐（4000比索）。

普特雷（人口1980，海拔3530米）位于阿里卡东北150公里处，这个艾马拉人村庄吸引了不少来访者在这里适应海拔。城里有家邮局和电话中心，但只有一家银行，因此要从阿里卡带足现金。Baquedano是这里的主街。

在这里可以漫步于种着苜蓿和牛至的古老石砌梯田，沉浸在宁静的乡村氛围中。殖民地建筑包括修复过的砖坯教堂**普特雷教堂**（Iglesia de Putre，建于1670年）。在每年2月喧闹有趣的**狂欢节**（Carnaval）期间，面粉气球满天飞舞，还能欣赏现场音乐会。

Terrace Lodge & Tours（☎058-258-4275；www.terracelodge.com；Circunvalación 25）运营几条去往隐秘景点的精彩线路，既有普特雷周边，也有更往北的地方。时尚环保的**Terrace Lodge & Cafe**（☎058-258-4275；www.terracelodge.com；Circunvalación 25；标单/双 29,000/34,000比索；@📶）是一个值得留宿几天的好地方。预算有限可以选择**Residencial La Paloma**（☎058-222-2710；lapalomaputre@hotmail.com；O' Higgins 353；房间 每人 有/无独立卫生间 10,000/8000比索；P），带热水淋浴，但房间很吵。

在主广场上，**Cantaverdi**（Arturo Perez Canto 339；午餐套餐 4500比索；主菜 4500~6500比索；⊙正午至22:00）是一家休闲餐厅，以humitas（玉米粽子）和家常菜肴为特色，店内有温暖的壁炉和无线网络。**Kuchu Marka**（Baquedano 351；午餐套餐 4000比索，主菜 6000比索起；⊙正午至22:30）经营高档的高原菜肴（比如藜麦和羊驼排）和不错的咖啡。

请注意，从12月中旬到次年2月的雨季期间，这里会冷清很多。

Buses La Paloma（☎058-222-2710；Germán Riesco 2071）每天都有车次往返普特雷（3500比索），7:00从阿里卡发车，14:00返回。值得注意的是，有些从阿里卡到玻利维亚拉巴斯之间运营的国际长途汽车会在普特雷附近停靠，如果想要前往玻利维亚，必须联系阿里卡汽车总站的售票处。

劳卡国家公园（Parque Nacional Lauca）

在令人晕眩的高海拔地带，有着积雪覆盖的火山、偏远的温泉和波光粼粼的湖泊，位于阿里卡东北160公里处的劳卡绝对是大自然的瑰宝。成群的驼马、野栗鼠和火烈鸟、巨型黑鸭、安第斯鸥等鸟类栖息在公园里（1380平方公里，海拔3000~6300米），这里还有令人印象深刻的文化和考古景观。

公园北边拔地而起的壮美雪山**帕里纳科塔火山**（Volcán Parinacota，海拔6350米）喷出的岩浆阻断了融化的雪水，形成了一个较浅的水域，这就是波光潋滟的**春加拉湖**（Lago Chungará，海拔4517米），它是劳卡皇冠上的宝石。虽然**Laguna Cotacotani**的部分湖水已经被国家电力公司抽干，但在湖畔仍然可以看到不同的鸟类和散布的queñoa树丛（世界上海拔最高的树之一）。漫步在美丽的艾马拉人小村庄**帕里纳科塔**（Parinacota），村子里有雪白的砖坯建筑和石头街道。如果你足够幸运，导游能够拿到教堂钥匙的话，你还可以看看村子里建于17世纪并于1789年重建的殖民地时期教堂，它是村子毫无疑问的珍宝。

公园西入口处的**Las Cuevas**有一处观景点，在花哨的楼梯上矗立着一座zampoña（牧羊神之笛）雕塑。一些团队游路线还会快速游览**胡拉西温泉**（Termas Jurasi；成人/儿童 2000/1000比索；⊙白天），它位于普特雷东北11公里处，有许多漂亮的岩石温泉和泥浆浴场。

很多旅行社组织从海平面的阿里卡到这里的闪电式一日游，这样你绝对会有高原反应（soroche）。团体游早上7:30左右出发，大约20:30返回。在没有适应的情况下上升到高海拔很容易让人非常难受，出发前一天和旅行途中避免暴食、吸烟和饮酒。在普特雷逗留一晚的团队游是更明智的选择，花些时间调整适应。如果你乘出租车或自驾车，带上备用的汽油和防冻液。

智利中部

智利的中心地带覆盖着果园和葡萄园，往往被急匆匆赶路的旅行者们忽略。但如果把这个地区放在世界其他地方，它可能会得到人们极大的关注。智利中部山谷土地肥沃，物产丰富，从安克雷奇（美国阿拉斯加南部港口城市）到东京的杂货店里都可以看到这里的产品。你可以来这里品尝葡萄酒，游览未受破坏的国家公园，体验顶级的滑雪和冲浪。

该地区是2010年2月智利大地震的震中。库里科、塔尔卡和康塞普西翁是受灾最为严重的地区。尽管该地区大部分已经实现灾后重建，但你仍然会看到残迹。

空加瓜山谷（Colchagua Valley）

空加瓜山谷是智利最大的、建设最好的葡萄酒产区，大约有20家葡萄酒厂向公众开放。肥沃的土壤、丰富的水源、干燥的空气、充足的阳光和凉爽的夜晚孕育了智利最优良的红葡萄品种。许多来这里品尝葡萄酒的游客会在圣克鲁斯预订酒店。

圣克鲁斯（Santa Cruz）

☎072

圣克鲁斯是智利葡萄酒酿造和葡萄酒旅游的起点，拥有一个风景如画的主广场，是一个相当安静的地方。每年最盛大的活动是3月初在广场举行的热闹的葡萄丰收节（Fiesta de la Vendimia）。

在圣克鲁斯城里可以参观大型博物馆Museo de Colchagua（☎072-821-050；www.museocolchagua.cl；Errázuriz 145；成人/儿童7000/3000比索；⊙10:00~19:00），这里收藏着前哥伦布时期整个拉丁美洲的人形陶瓷制品、兵器、宗教工艺品、马普车人银饰和huasos（牛仔）装备。El Gran Rescate（大救援）的展览尤其吸引人，记录了2010年10月援救圣何塞33名被困井下700米的矿工的故事（见215页方框）。

主广场上的Ruta del Vino（☎032-823-199；www.rutadelvino.cl；Plaza de Armas 298；⊙周一至周五 9:00~18:00，周六和周日 10:00~18:00）是一个非常有用的资源。除了提供该地区酿酒厂的信息，还组织品酒团队游（26,900比索，需要提前48小时预订）。不过，往返酿酒厂的交通费用不包含在基础价格中（全程游览加上午餐和交通，你需要支付超过89,000比索）。如果只是打算前往离城镇较近的酿酒厂，乘坐出租车就可以了。在圣克鲁斯没有汽车租赁服务，即使你想参加导览团队游，你也可以在圣地亚哥租一辆汽车，在葡萄酒之乡四处游览。

汽车站（Rafael Casanova 478）位于城镇广场以西4个街区。Buses Nilahué（www.busesnilahue.cl）每小时有两班车发往皮奇莱穆（4000比索，3.5小时）和圣地亚哥（7000比索，4小时）。

空加瓜山谷葡萄酒厂

参加Ruta del Vino组织的团队游，或提早亲自和葡萄酒厂预约，拜访顶级葡萄酒厂。Viu Manent（☎02-840-3181；www.viumanent.cl；Carretera del Vino, Km 37；品酒 10,000比索；⊙团队游 10:30、正午、15:00和16:30）靠近圣克鲁斯，游览包括乘坐马车穿行于葡萄园。Emiliana（☎手机 9225-5679；www.emiliana.cl；Camino Lo Moscoso s/n, Placilla；生态团队游 含4杯酒 10,000比索；⊙团队游 10:30、11:30、12:30、14:30和16:30）🍃展示了生物动力栽培技术。Lapostolle（☎072-295-5330；www.lapostolle.com；Apalta Valley；团队游 20,000比索，午餐套餐 40,000~60,000比索，房间 1500美元；⊙10:30~17:30）🍃拥有坐落在Apalta Valley山上的六层建筑群，提供精彩的品酒游。

皮奇莱穆（Pichilemu）

☎072 / 人口1.25万

终年都有冲浪高手在这个智利的冲浪之都（非官方定义）勇敢挑战冰冷的海水，而在

Middle Chile 智利中部

12月至次年3月之间，游客们则占据了这里唯一的绵长黑沙滩。皮奇莱穆弥漫着悠闲的气息，巨大的海浪奔腾翻涌，不难理解这里为何如此受到冲浪爱好者的青睐。

“皮奇”（Pichi）的最西端伸入大海，形成La Puntilla这个离城镇最近的冲浪地点。Escuela de Surf Manzana 54（手机 9574-5984；www.manzana54.cl；Av Costanera s/n；全天冲浪板和装备租赁 7000~8000比索，2小时课程 10,000比索）提供冲浪设备出租服务，开设冲浪课程。城中心到东北部绵延着平静的Playa Principal（主海滩），而南边的Infiernillo更长更粗糙一些，因汹涌的海浪和快速拖车而闻名。该地区最好的冲浪地点是Punta de Lobos，位于皮奇以南6公里处，需要开车或搭便车前往。

在城里，Hotel Chile España（072-841-270；www.chileespana.cl；Av Ortúzar 255；标单/双/标三 20,000/35,000/50,000比索；@）是一座漂亮的平价酒店，目前主要面向年长的旅行者。街对面是建在悬崖上的Cabañas Guzmán Lyon（072-284-1068；www.cabanasguzmanlyon.cl；San Antonio 48；双/标三/四 40,000/45,000/55,000比索；），可爱的小屋带有私人阳台，可以欣赏美丽的海洋和湖泊景致。夏季，城镇周围会涌现不少residenciales（平价住宿）。

在冲浪地点附近，多家青年旅舍争抢生意，包括Pichilemu Surf Hostal（手机 9270-9555；www.surfhostal.com；Eugenio Diaz Lira 167；铺/标单/双 含早餐 13,000/30,000/45,000比索；），旁边El Puente Holandés（手机 9270-0955；Eugenio Díaz Lira 167；主菜 3500~6900比索；9:00~23:00；6月至8月歇业）的意式海鲜馄饨和烤海鲈鱼很不错，在露台上喝点啤酒非常惬意。

回到城里，比萨店Pulpo（Ortúzar 275；主菜6900~7900比索，午餐套餐2000~4000比索；⊙周二至周日 正午至次日1:00；）供应香脆的薄饼比萨。La Casa de las Empanadas（Aníbal Pinto 268，馅饼1200~1900比索）是不错的外卖柜台，供应大分量的美味馅饼，比如machas y queso（蛏子加奶酪馅）。

Terminal de Buses（072-841-709；Av Millaco和Los Alerces交叉路口）位于皮奇郊区，长途汽车频繁发往圣地亚哥（5500比索，4小时）、圣克鲁斯（3000比索，3小时），以及圣费尔南多（4000比索，3.5小时），从圣费尔南多可以转车前往南部和北部。

库里科（Curicó）

075 / 人口 24.41万

当地的葡萄园和风光秀美的拉达尔谢特塔萨斯国家保护区（Reserva Nacional Radal Siete Tazas）吸引着游客来到库里科。这是一座悠闲的城市，最著名的莫过于明信片般完美的武器广场（Plaza de Armas），布满棕榈树和智利南洋杉（monkey-puzzle tree），还有一个建于20世纪初期壮观的铸铁演奏台和一个马普车人首领Toqui Lautaro的木雕像。遗憾的是，库里科多达90%的历史中心老建筑都在2010年2月的地震中坍塌。

每年初秋，库里科人无拘无束地庆祝葡萄丰收节（Festival de la Vendimia）。Ruta del Vino Curíco（075-232-8977；www.rutadelvinocurico.cl；Carmen 727，Hotel Raíces）组织去周边葡萄园的团队游。

布局散乱的Hotel Prat（075-231-1069；www.hotelpratcurico.cl；Peña 427；标单/双 25,000/35,000比索，无独立卫生间 15,000/25,000比索；）是广场周边的平价之选。如果想要住得更好一点，可以尝试以葡萄酒为主题的Hostal Viñedos（075-326-785；www.hostalvinedos.cl；Chacabuco 645；标单/双/标三 30,000/40,000/45,000比索；），这里拥有明亮的房间和弹性很好的床铺，位于城外的乡村。

Terminal de Buses（Prat和Maipú交叉路口）和火车站（Maipú 657）在武器广场以西4个街区。每天有7班火车前往圣地亚哥（5600比索起，2小时15分钟）和奇廉（8000比索起，2.5小时）。前往圣地亚哥的长途汽车（3900比索，2.5小时）大约每半小时发一班，可以乘坐Tur Bus（600-660-6600；www.turbus.cl；Av Manso de Velasco 0106）的车。

去拉达尔谢特塔萨斯国家保护区，可以从汽车总站对面的Terminal de Buses Rurales车站乘坐Buses Aquelarre（075-314-307）的车到Molina（500比索，35分钟，每5分钟1班）。1月和2月，Molina去往国家保护区的车次非常频繁。

马乌莱山谷（Maule Valley）

智利出口的葡萄酒有很大一部分产自马乌莱山谷，其特色产品是酒香浓郁的赤霞珠。该地区是2010年2月地震的震中地区，一家酒厂称损失了8万瓶藏酒，无数的葡萄园工人无家可归，附近的城市塔尔卡在地震中失去了历史悠久的市场、医院和博物馆。

值得欣慰的是，现在这里的葡萄酒产业已大规模恢复，这在一定程度上要归功于卓越的社区努力。许多游客将塔尔卡作为游览酿酒厂和附近的奥托斯-德里尔凯国家保护区（Reserva Nacional Altos de Lircay）的大本营。

塔尔卡（Talca）

071 / 人口 18.95万

塔尔卡建于1690年，发生过历史剧变，智利的1818年独立宣言就是在这里签署的。而今，塔尔卡是探索美丽的奥托斯-德里尔凯国家保护区（Reserva Nacional Altos de Lircay）和马乌莱山谷葡萄酒乡的大本营。这里旅游服务种类繁多，包括餐饮和住宿。当你在中午时分漫步在遍洒阳光的人行道上，安第斯山脉的风光会赫然映入眼帘。

距离武器广场4个街区的Cabañas Stella Bordestero（071-235-545；www.turismostella.cl；4 Poniente 1 Norte 1183；标单/双/小屋 22,000/30,000/48,000比索，标单/双 无独立卫生间 16,000/24,000比索；）建在绿树成荫的花园内，提供设施齐全的舒适隔板小屋。在市郊的乡村，美丽的Hostal Casa Chueca（071-197-0096；www.trekkingchile.

com/casachueca; Viña Andrea s/n, Sector Alto Lircay; 铺 12,500比索，双 44,000~75,000比索；) 本身就值得一游，见多识广的店主可以帮助你制订前往奥托斯-德里尔凯的徒步和骑马行程。提前联系以获得接送信息。

位于市中心的La Buena Carne（6 Oriente和1 Norte交叉路口；主菜 3000~5500比索）是一家现代风格的牛排馆，服务热情友好。在这里你可以品尝到玻璃酒杯盛着的葡萄酒和经典智利菜肴。

想了解旅游信息，可咨询主广场上乐于提供帮助的Sernatur（www.chile.travel; 1 Oriente 1150; 周一至周五 8:30~17:30）。

南北向行驶的长途汽车都停在塔尔卡主要的汽车站（2 Sur 1920, 12 Oriente交叉路口），位于广场以东11个街区，或附近的Tur Bus车站（600-660-6600; www.turbus.cl; 3 Sur 1960）。长途汽车开往奇廉（4800比索，2小时）、蒙特港（14,000比索，11小时）和圣地亚哥（4500比索，3小时）。如果要去皮奇莱穆，乘坐去库里科的车（1800比索）。Buses Vilches每天有几趟车前往Vilches Alto（1400比索，1小时15分钟），是通往奥托斯-德里尔凯国家保护区的入口。EFE火车站（11 Oriente 1000）每天有8班列车向北前往圣地亚哥（8000比索起，2小时45分钟）和向南前往奇廉（8000比索，2小时）。

马乌莱山谷葡萄酒厂

你可以自行参观葡萄园或通过参加由Ruta del Vino（08-157-9951; www.valledelmaule.cl; Av Circunvalación Oriente 1055, Casino Talca Hotel Lobby, Talca; 周一至周五 9:00~18:30）组织的团队游。智利最早的被认证的可持续发展葡萄酒厂Via Wines（02-2355-9900; www.viawines.com; Fundo Las Chilcas s/n; 团队游 含3杯酒 10,000比索；周一至周六 9:00~17:00，预约参观）出产美味的长相思和希拉葡萄酒。Viña Balduzzi（073-232-2138; www.balduzziwines.cl; Av Balmaceda 1189, San Javier; 团队游 含4杯酒 3600比索起；周一至周六 9:00~18:00）不需要预约，被广阔的花园包围，是一家四代经营的葡萄酒厂。

奇廉（Chillán）

042 / 人口18.02万

奇廉历史上一直是地震多发地带，2010年又遭到重创。尽管这座永远在重建的城市并不是特别有吸引力，但它是去往周围山地令人惊喜的滑雪胜地和夏季徒步的入口。

1939年地震灾害之后，墨西哥政府向这座城市捐款修建了墨西哥学校（Escuela México; Av O' Higgins 250; 欢迎捐款；周一至周五 10:00~13:30和14:00~18:00，周六和周日 10:00~18:00）。应巴勃罗·聂鲁达的请求，墨西哥壁画家大卫·阿尔法罗·西盖罗斯（David Alfaro Siqueiros）和沙维尔·格雷罗（Xavier Guerrero）绘制了歌颂原住民和后哥伦布时期的历史人物壁画。现在这里是一座学校，接受并鼓励游客捐款。

奇廉市场（Mercado de Chillán; 午餐套餐 1500~3200比索；9:00~18:00）是智利最棒的市场之一，也是享用廉价午餐当地佳肴longaniza（猪肉香肠）的好地方。

食宿

Hostal Canadá 客栈 $

（042-234-515; Av Libertad 269; 标单/双 8000/16,000比索；）一对直爽的母女经营的客栈，在这里住一晚上就像待在她俩的公寓里。起毛边的花床单，磨损的地毯，结块的枕头等。要一间靠里的房间避免街上的噪音。

Hotel Bavaria 客栈 $

（042-221-7235; www.hotelbavaria.cl; 18 de Septiembre 648; 标单/双 30,000/35,000比索；）逃离奇廉的钢筋丛林，你会发现自己来到一个不太相称的巴伐利亚乡村别墅。这里非常安静，房间舒适，不过有些老旧。

Arcoiris Vegetariano 素食 $

（El Roble 525; 自助餐 5900比索，主菜 4000比索；周一至周六 9:00~18:30；）在智利的首都之外还能找到一家不错的素食餐馆？我们要推荐它。前面是供应三明治和蛋糕的咖啡馆，后面摆着扁豆和小麦片为主的自助午餐。整个餐厅回荡着风铃声和鲸鱼音乐。

值得一游

拉达尔谢特塔萨斯国家保护区和奥托斯-德里尔凯国家保护区

拉达尔谢特塔萨斯国家保护区（Reserva Nacional Radal Siete Tazas; ☎071-222-4461; www.conaf.cl; 成人/儿童 4000/600比索; ⏰12月至次年2月 8:30~20:00，3月至11月 至17:30）草木茂盛，清澈的水流潺潺汇入7个玄武岩水池，形成一条50米高的壮观瀑布。1公里长的**Sendero el Coigüe**和7公里长的**Sendero Los Chiquillanes**两条标记清晰的环形小径环绕**Camping Los Robles**（☎075-228-029; 6人露营地 8000比索），沿途尽览Valle del Indio的优美风光（往返共计约4小时）。国家林业局（Conaf）在距离库里科65公里的教堂公园（Parque Ingles），经营两个供应冷水的**露营地**（☎075-228-029; 露营地 每人 1500比索）。1月至2月期间，Buses Hernández的汽车频繁往返于Molina和教堂公园（1800比索，2.5小时）。

奥托斯-德里尔凯国家保护区（Reserva Nacional Altos de Lircay; www.conaf.cl/parques/reserva-nacional-altos-de-lircay; 成人/儿童 4000/600比索; ⏰8:30~13:00和14:00~17:30）位于塔尔卡以东65公里的安第斯山脚下。在这里徒步很棒，会有tricahues（一种鹦鹉）和其他本地鹦鹉在头顶啼鸣不断。国家林业局的护林队乐于提供帮助，会提出关于在公园远足和野营的详细建议。在**Sendero Enladrillado**徒步一整天，可以说是整个智利中部最好的徒步旅行体验。登上海拔2300米独特的玄武岩高原，壮丽景色尽收眼底。或者，行程较短的**Sendero Laguna**通往美丽的Laguna del Alto湖，一座被群山环绕的海拔2000米的湖。塔尔卡城外的Hostal Casa Chueca（见235页）组织不错的一日徒步导览游。

国家林业局运营着很棒的**Camping Antahuara**（露营地 10,000比索），距离administración（总部）约500米，毗邻里凯尔河（Río Lircay）。Buses Vilches从塔尔卡发车，每天有几趟车前往距离总部5公里远的Vilches Alto。从塔尔卡到保护区车程大约为1.5小时。

实用信息

到处都有自动柜员机，市中心的步行街有免费的无线网络。

Herminda Martín医院（Hospital Herminda Martín; ☎042-208-221; Francisco Ramírez 10）在Av Argentina路口的公立医院。

Sernatur（www.chile.travel; 18 de Septiembre 455; ⏰周一至周五 8:30~13:30和15:00~18:00）友好的员工提供城市地图和住宿交通信息。

到达和离开

老车站**Terminal de Buses Interregional**（Constitución 01）位于武器广场以西5个街区。这里有**Tur Bus**（☎600-660-6600; www.turbus.cl）去往塔尔卡（4000比索，2小时）、圣地亚哥（7000比索，6小时）、瓦尔帕莱索（9000比索，8小时）和特木科（9000比索，5小时）。**Línea Azul**（www.buseslineaazul.cl）运营最快的前往康塞普西翁的车（2200比索，1.5小时）。

其他长距离的汽车在**Terminal María Teresa**（O' Higgins 010），就在Av Ecuador以北。

当地和地区汽车则在Maipó以南的汽车站**Terminal de Buses Rurales**（Maipó 890）。

内瓦都斯-德奇廉和拉斯特兰加斯山谷（Nevados de Chillán & Valle Las Trancas）

海拔3122米的奇廉火山（Volcán Chillán）南坡坐落着**内瓦都斯-德奇廉滑雪中心**（Nevados de Chillán Ski Center; ☎042-220-6100; www.nevadosdechillan.com; 单日滑雪票 成人/儿童 35,000/23,000比索）。中心共有32条雪道（长达2500米），滑道最大垂直高度为1100米。夏天的周末会有游客来此徒步旅行，但在淡季的工作日，这里异常安静，自带野餐食品，别指望这里会有酒店开放。另外记得从奇廉带足现金过来。

在**Valle Hermoso**（www.nevadosde

chillan.com；成人/儿童 8000/6000比索，露营地每个帐篷 21,000比索；⏲温泉 9:00~17:00）泡泡温泉。滑雪小屋风格的Chil' in Hosteria（☎042-224-7075；www.chil-in.com；Ruta 55，Camino Termas de Chillán，Km 72；铺/双 无独立卫生间 9000/22,000比索；@📶）既是青年旅舍也是比萨店。Ecobox Andino（☎042-242-3134；www.ecoboxandino.cl；Camino a Shangri-Lá，Km 0.2；2至5人小屋 120,000比索起，双 65,000比索；📶🏊）🌿提供一个更高档的选择，而Snow Pub（Camino Termas de Chillán，Ruta 55，Km 71；主菜 3200~5000比索；⏲13:00至深夜）有滑雪后活动。

Rembus（☎042-222-9377；www.busesrembus.cl）从奇廉的Terminal de Buses Rurales发车，每天有5~7趟汽车发往拉斯特兰加斯山谷（2000比索，1小时15分钟），一些车次继续行驶前往Valle Hermoso（3000比索，1.5小时）。

康塞普西翁（Concepción）

☎041 / 人口 22.9万

康塞普西翁是一座重要而辛勤的港口城市，因大学和音乐氛围（智利许多优秀的摇滚乐表演都从这里起源）而著名。这里有充满活力、年轻、"左倾"的艺术、音乐和文化氛围。"康塞"在2010年2月的地震中遭到严重破坏，但凭借其重要的经济地位很快得以重建。

景点

艺术之家 博物馆

（La Casa del Arte；☎041-224-2567；Chacabuco和Paicaví交叉路口，Barrio Universitario；⏲周二至周五 10:00~18:00pm，周六 至17:00，周日 至14:00）**免费** 巨幅的政治壁画《拉丁美洲的存在》（*La Presencia de Amio*）是这座大学艺术博物馆的亮点，由墨西哥艺术家Jorge González Camarena所作，他是传奇壁画家José Clemente Orozco的门徒，歌颂拉丁美洲原住民和从殖民帝国统治中获得独立。

食宿

这里的住宿更多迎合商务旅客，而非背包客。而且这里的住宿没有多少选择余地。

Hotel Alborada 精品酒店 $

（☎041-291-1121；www.hotelalborada.cl；Barros Arana 457；双 37,000比索起；📶）这家位于市中心的极简主义酒店为康塞普西翁增添了一个格外时尚的选择。装饰着全白色家具、玻璃和镜子的公共空间，比宽敞舒适的标准客房本身更漂亮。

Hostal Bianca 青年旅舍 $

（☎041-225-2103；www.hostalbianca.cl；Salas 643-C；标单/双 22,500/29,900比索，无独立卫生间 15,900/26,500比索；📶）康塞普西翁最物有所值的一家廉价酒店，有着新装修的明亮房间，配有结实的床和有线电视，不过有点小。

★Deli House 智利菜 $

（www.delihouse.cl；Av Diagonal Pedro Aguirre Cerda 12-34；主菜 3500~4800比索；📶）这些在人行道上的阴凉座位，是一边休闲地享受咖啡、三明治和美味比萨或者减价时段，一边打望经过的波希米亚风格大学生的好地方。

实用信息

市中心到处都有自动柜员机。

国家林业局（Conaf；☎041-262-4000；www.conaf.cl；Barros Arana 215；⏲周一至周五 8:30~13:00和14:30~17:30）提供有限的关于周边国家公园和保护区的信息。

地区医院（Hospital Regional；☎041-220-8500；San Martín和Av Roosevelt交叉路口）公立医院。

Sernatur（☎041-741-4145；www.chile.travel；Pinto 460；⏲1月至2月 8:30~20:00，3月至12月 周一至周五 8:30~13:00和15:00~18:00）提供宣传册，仅此而已。

到达和离开

长途汽车停靠**Terminal de Buses Collao**（Tegualda 860），康塞普西翁市中心以东3公里处。另一个**Terminal Chillancito**（Camilo Henríquez 2565）在Bulnes东北延伸出去。

Eme Bus（☎041-232-0094；www.emebus.cl）、**Pullman Bus**（☎600-320-3200；www.pullmanbus.cl）和**Tur Bus**（☎600-660-6600；www.turbus.cl；Tucapel 530）每天都有几十趟长途车发往圣地亚

值得一游

拉哈湖国家公园和纳韦尔布塔国家公园

拉哈湖国家公园（Parque Nacional Laguna del Laja；☎043-232-1086；www.conaf.cl/parques/parque-nacional-laguna-del-laja；成人/儿童 1200/600比索；⊙12月至次年4月 8:30~20:00，5月至11月 至18:30）的中心高耸着安图科火山（Volcán Antuco，海拔2985米），白雪覆盖着山顶。景致宜人的徒步路线**Sendero Sierra Velluda**环绕着火山，全部走完需要3天时间，或者你也可以尝试单日徒步，浅尝辄止。住宿可以选择露营地或小屋**Lagunillas**（☎043-232-1086；露营地 10,000比索，6人小屋 30,000比索），并在小餐馆**Club de Esqui de los Ángeles**（☎043-232-2651；www.skiantuco.cl；缆车票 20,000比索）用餐。当地的长途汽车（1600比索，1.5小时，每天7班）从洛斯安赫莱斯的Terminal de Buses Rurales出发，前往距离公园入口11公里的El Abanico镇。最后一班从Abanico镇返回洛斯安赫莱斯的汽车于17:30发车（周一至周六），周日发车时间是19:15。

纳韦尔布塔国家公园（Parque Nacional Nahuelbuta；www.parquenahuelbuta.cl；成人/儿童 4000/2000比索；⊙8:30~20:00）是徒步和骑山地车的理想场所。绿树葱茏的山坡上生长着智利南洋杉（也称猴迷树，指猴子也难爬上去），最高可达50米，直径达2米。你可以在**Camping Pehuenco**（www.parquenahuelbuta.cl；6人露营地 12,000比索）搭帐篷。从公园以东35公里的安戈尔（Angol）去Vegas Blancas（1700比索，1.5小时），可以在Terminal de Buses Rurales车站乘车。有些车次周一、周三和周五发车，其他班次则隔日发车。长途汽车通常在18:00从Vegas Blancas返程，注意确认时间，以免耽搁。

哥（7000比索），Tur Bus还发往瓦尔帕莱索，向南发往特木科（7100比索）、瓦尔迪维亚（8000比索）和蒙特港（9000比索）。**Línea Azul**（☎042-203-800；www.buseslineaazul.cl）有车频繁往返于奇廉（2500比索）。

洛斯安赫莱斯（Los Ángeles）

☎043 / 人口 17万

洛斯安赫莱斯位于奇廉以南110公里处，是前往拉哈湖国家公园（Parque Nacional Laguna del Laja）游览的一个实用的大本营，除此之外，这里还是一个并不吸引人的农业和产业服务中心。

武器广场以西的Caupolicán沿街有许多平价住宿（residenciales）。尽管外表平平，但这些地方并不是特别便宜，而且住客以男性为主，女性游客可能感觉不舒服。最近刚刚装修过的酒店**Hotel del Centro**（☎043-236-961；www.hoteldelcentro.cl；Lautaro 539；标单/双 31,500/40,000比索）是更好的选择。在市中心有一些休闲咖啡馆。

长途汽车从市区东北郊区的**Terminal Santa María**（Av Sor Vicenta 2051）发车。**Tur Bus**（☎600-660-6600；www.turbus.cl）车站就在附近。如果要去距离拉哈湖国家公园入口处11公里的El Abanico镇，到**Terminal de Buses Rurales**（Terminal Santa Rita；Villagrán 501）乘车。

湖区（THE LAKES DISTRICT）

越向南走，你会发现大地越发绿意盎然，直到看见白雪覆盖的火山屹立在郁郁葱葱的群山和湖泊间。这片田园风情的地区是个让人逃离城市放慢节奏的好地方。以智利南洋杉命名的阿劳卡尼亚（Araucanía）是马普车文化的中心。再往南的湖区在19世纪50年代曾为德国殖民地，至今仍保留着一些日耳曼传统。

在木瓦小屋之外，有许多探险活动在等着你：从漂流到登山，从徒步到泡温泉，从在殖民地小镇喝上午茶（onces）到与乡村百姓一起喝茶（maté）。南方人（sureños）的好客可是有名的，好好享受吧！虽然他们也喜欢大商场，但大多数城市居民（大约占人口的一半）身上仍然有着源自乡村的痕迹，砍树劈柴、自制果酱都是他们日常生活的一部分。打破城市的束缚，到外面寻找绿色的自然吧。

The Lakes District 湖区

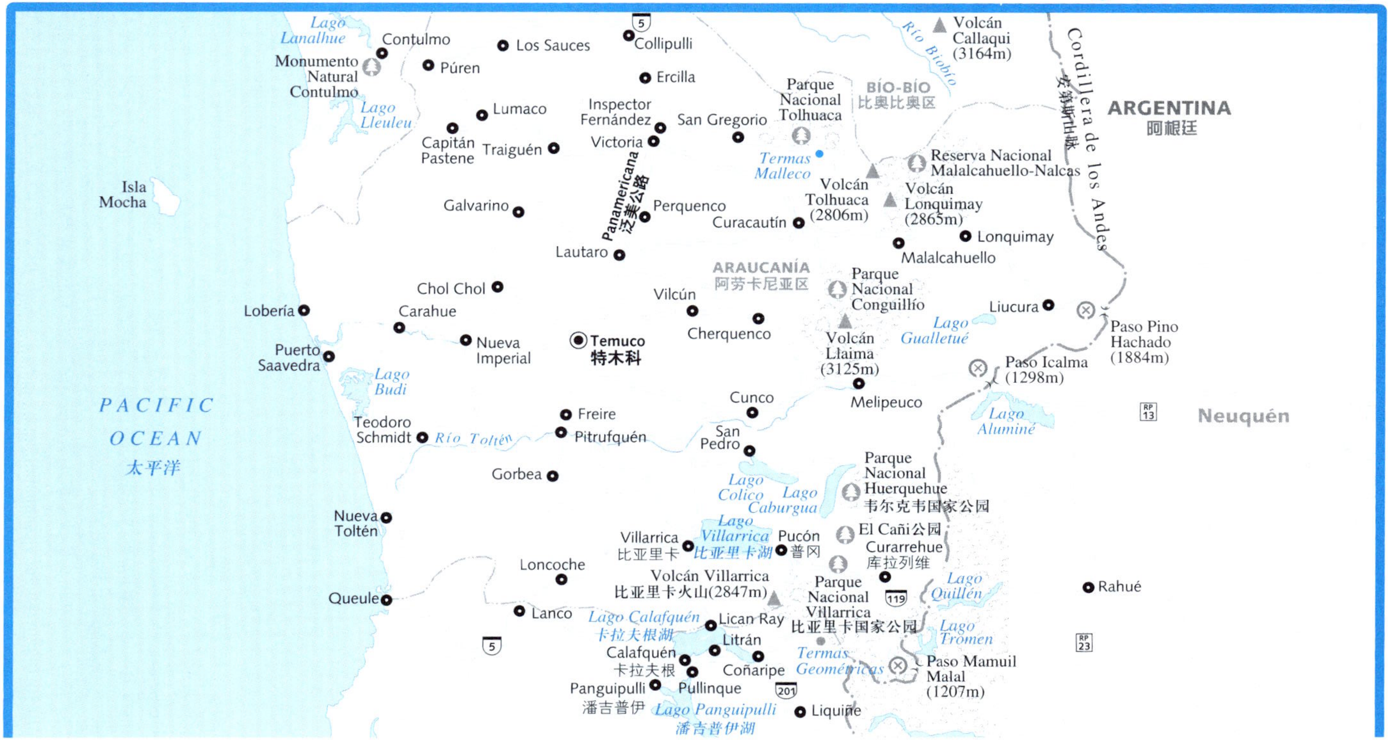

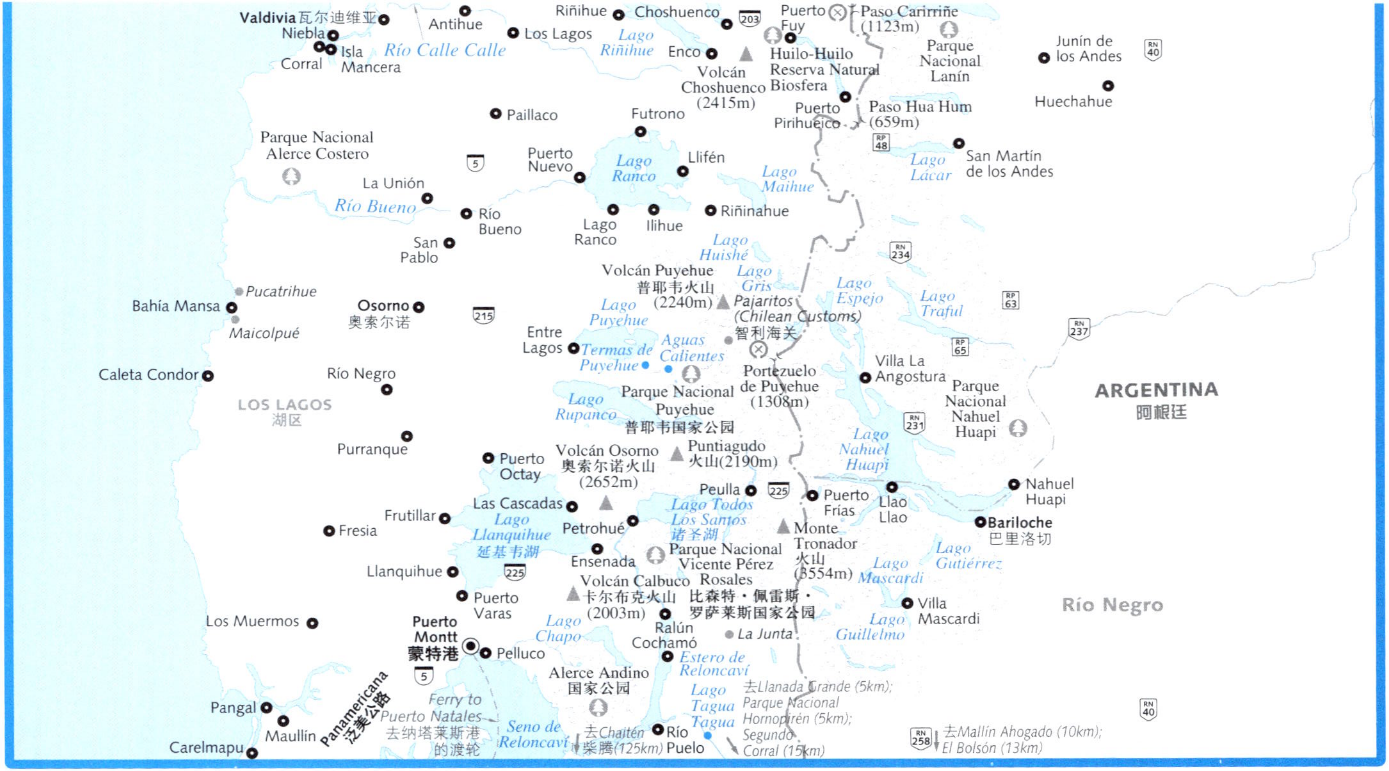

Valdivia 瓦尔迪维亚
Niebla
Corral
Isla Mancera
Antihue
Río Calle Calle
Los Lagos
Riñihue
Lago Riñihue
Choshuenco
Enco
Volcán Choshuenco (2415m)
Puerto Fuy
Huilo-Huilo Reserva Natural Biosfera
Paso Carirriñe (1123m)
Parque Nacional Lanín
Junín de los Andes
Huechahue
Puerto Pirihueico
Paso Hua Hum (659m)
San Martín de los Andes
Lago Lácar
Paillaco
Futrono
Parque Nacional Alerce Costero
La Unión
Río Bueno
Puerto Nuevo
Lago Ranco
Llifén
Lago Maihue
Riñinahue
Lago Ranco
Ilihue
San Pablo
Lago Huishé
Volcán Puyehue 普耶韦火山 (2240m)
Lago Gris
Pajaritos (Chilean Customs) 智利海关
Lago Espejo
Lago Traful
Pucatrihue
Bahía Mansa
Maicolpué
Osorno 奥索尔诺
Lago Puyehue
Entre Lagos
Termas de Puyehue
Aguas Calientes
Portezuelo de Puyehue (1308m)
Villa La Angostura
Parque Nacional Nahuel Huapi
ARGENTINA 阿根廷
Caleta Condor
Río Negro
LOS LAGOS 湖区
Lago Rupanco
Parque Nacional Puyehue 普耶韦国家公园
Lago Nahuel Huapi
Purranque
Puerto Octay
Volcán Osorno 奥索尔诺火山 (2652m)
Puntiagudo 火山(2190m)
Peulla
Puerto Frías
Llao Llao
Nahuel Huapi
Bariloche 巴里洛切
Las Cascadas
Frutillar
Fresia
Lago Llanquihue 延基韦湖
Petrohué
Lago Todos Los Santos 诸圣湖
Monte Tronador 火山 (3554m)
Lago Gutiérrez
Lago Mascardi
Ensenada
Parque Nacional Vicente Pérez Rosales 比森特·佩雷斯·罗萨莱斯国家公园
Llanquihue
Volcán Calbuco 卡尔布克火山 (2003m)
Puerto Varas
Villa Mascardi
Río Negro
Los Muermos
Puerto Montt 蒙特港
Lago Chapo
Ralún
La Junta
Lago Guillelmo
Cochamó
Pelluco
Estero de Reloncaví
Alerce Andino 国家公园
Lago Tagua Tagua
去Llanada Grande (5km); Parque Nacional Hornopirén (5km); Segundo Corral (15km)
Pangal
Maullín
Carelmapu
Panamericana 泛美公路
Ferry to Puerto Natales 去纳塔莱斯港的渡轮
Seno de Reloncaví
去Chaitén 柴腾(125km)
Río Puelo
去Mallín Ahogado (10km); El Bolsón (13km)

近期比亚里卡火山（Volcán Villarrica）和卡尔布克火山（Volcán Calbuco）的喷发，使普冈和恩塞纳达附近的一些活动受到影响。

特木科（Temuco）

☎045 / 人口 26.25万

特木科拥有棕榈树成荫的广场和令人愉快的市立市场（Mercado Municipal），与马普车文化有着千丝万缕的联系，是小南区（Sur Chico）最宜人的蓝领城市，也是地区交通枢纽，与圣地亚哥、小南区及更远地区的任何地方都有稳定的交通往来。

景点

阿劳卡尼亚地区博物馆 博物馆

（Museo Regional de La Araucanía; www.museoregionalaraucania.cl; Av Alemania 084; 成人/儿童 600/300比索; ⏲周二至周五 9:30~17:30，周六 11:00~17:00，周日 11:00~14:00）这个不大但充满活力的地区博物馆坐落在一栋可追溯到1924年的漂亮边疆风格建筑中，永久性展览位于新近翻新的地下展厅，回顾了阿劳卡尼亚人在西班牙殖民之前、之中和之后的历史，包括一艘令人印象深刻的马普车独木舟。

Ñielol山自然纪念碑 历史遗迹

（Monumento Natural Cerro Ñielol; Calle Prat; 成人/儿童 1200/600比索; ⏲8:00~19:00）Ñielol是一座坐落在约90公顷的原始森林之中的小山，是一个小小的草木丛生的城市绿洲。智利国花——吊钟花（copihue，Lapageria rosea）在这里生长茂盛，每年3月到7月之间开花。这里也具有重要的历史意义，1881年，正是在山上绿树成荫的La Patagua，马普车首领将土地割让给了后来建立特木科的殖民者。

食宿

火车站和Pinto集市周围的便宜住处可能有些简陋，尤其对女性而言。广场和大学之间的区域会更好些。

Hospedaje Tribu Piren 客栈 $

（☎045-298-5711; www.tribupiren.cl; Prat 69; 房间 无独立卫生间 每人 15,000比索; @📶）这个旅行者hospedaje（平价住宿）的年轻主人会说英语，使这里成为外国人的不错选择。一切都清洁光亮，其中一些房间门前有小阳台，配有有线电视和中央供暖。主人Alvaro冬天还组织冰雪运动团队游。

Hospedaje Klickmann 客栈 $

（☎045-274-8297; www.hospedajeklickmann.cl; Claro Solar 647; 房间 有/无独立卫生间 每人 16,500/13,800比索; @📶）这家整洁友好的家庭旅馆距离几家汽车站只有几步之遥。

★ **Tradiciones Zuny** 智利菜 $

（Tucapel 1374; 餐 2000~4000比索; ⏲周一至周五 12:30~16:30）特木科最不为人知的秘密就是这家地下餐馆，当地人很多都是这里的常客，特色菜是新鲜简单的乡村菜肴，餐厅主题也是乡土风格。这个地方不太好找——试着找找五颜六色的鸭子和篮球墙画——但便宜的智利马普车人有机创意菜肴绝对值得一试。

Pinto集市 市场 $

（Feria Pinto; Av Barros Arana; 主菜 2000~3000比索; ⏲8:00~19:00）集市沿Barros Arana占据了好几个街区，是一个丰富多彩的马普车农产品市场。沿街的商铺更多是实用品，而在集市内的商贩叫卖着各种各样的东西，从苹果到自制奶酪，从蜂蜜到袋装的merquén辣椒。还有相当数量超级辣的颜色鲜艳的辣椒，不过不知道谁会买它们，毕竟智利菜一点都不辣。

实用信息

邮局（CorreosChile; www.correos.cl; Diego Portales和Prat交叉路口; ⏲周一至周五 9:00~19:00，周六 至13:00）邮政服务。

Hernán Henríquez Aravena医院（Hospital Hernán Henríquez Aravena; ☎045-255-9000; www.hhha.cl; Manuel Montt 115; ⏲24小时）Plaza de Armas Aníbal Pinto以西6个街区，以北一个街区。

Sernatur（☎045-240-6200; www.sernatur.cl; Bulnes和Claro Solar交叉路口; ⏲周一至周五 9:00~14:00和15:00~18:00，周六 10:00~14:00）提供丰富的国家旅游信息。

旅游信息亭（Tourist Information Kiosk; ☎手机 6238-0660; www.temucochile.com; Plaza de

Armas; ⏲1月至2月 周一至周五 9:00~18:00，周六 10:00~14:00，周日 9:00至正午，3月至12月 周一至周五 9:00~18:00，周六 10:00~14:00）特木科有两个很有帮助的城市旅游信息亭。周二、周五和周六有免费的城市团队游，9:45从武器广场的信息亭出发。

到达和离开

飞机

Aeropuerto de La Araucanía在市区以南6公里处。**LAN**（☎600-526-2000; www.lan.com; Bulnes 687; ⏲周一至周五 9:00~13:30和15:00~18:30，周六 10:00~13:00）有航班飞往圣地亚哥（155,000比索起）；**Sky**（☎045-275-7300; www.skyairline.cl; Bulnes 677; ⏲周一至周五 9:00~19:00，周六 10:00~13:00）的航班更便宜。

长途汽车

长途汽车从**Terminal Rodoviario**（☎045-222-5005; Pérez Rosales 01609）发车，车站位于城市北面的道路。汽车公司通常在市中心设有售票处。**Terminal de Buses Rurales**（☎045-221-0494; Av Aníbal Pinto 32）运营当地和地区其他目的地。要去孔吉里奥国家公园（Parque Nacional Conguillío），**Nar-Bus**（☎045-240-7700; www.igillaima.cl; Balmaceda 995）每天7趟车次前往Melipeuco（1900比索，2小时）。**Buses JAC**（☎045-299-3117; www.jac.cl; Av Balmaceda和Aldunate交叉路口）发往比亚里卡（Villarrica）和普冈的车最多，也有前往Lican Ray和Coñaripe的车次。**Buses Biobío**（☎045-265-7876; www.busesbiobio.cl; Lautaro 854）频繁有车发往安戈尔、洛斯安赫莱斯、康塞普西翁、库拉考廷（Curacautín）和Lonquimay。

目的地	费用（比索）	行程（小时）
奇廉	8500	4
康塞普西翁	7900	4.5
库拉考廷	1500	2
内乌肯，阿根廷	17,000	12
奥索尔诺	5300	4
普冈	2900	2
蒙特港	6700	5
圣地亚哥	12,000	9
瓦尔迪维亚	4000	3

孔吉里奥国家公园（Parque Nacional Conguillío）

联合国教科文组织已将孔吉里奥国家公园（Parque Nacional Conguillío; 成人/儿童 4500/2500比索）纳入国际生物圈保护区，保护可爱的智利南洋杉。公园覆盖着超过600平方公里的高山湖泊、深谷和原始森林，还有一小片滑雪区，其中心就是浓烟缭绕的亚伊马火山（Volcán Llaima，海拔3125米），它最后一次喷发是在2008年的新年。

想看挺拔的智利南洋杉树林（猴迷树），可以徒步壮丽的Sierra Nevada小径（7公里，单程3小时），从位于Playa Linda海滩的停车场开始。穿过峡谷的Cañadon Truful-Truful小径（0.8公里，30分钟）有裸露在Río Truful-Truful河中的多彩岩石，它们也是亚伊马火山多次喷发的证明。

在孔吉里奥湖（Laguna Conguillío），国家林业局的Centro de Información Ambiental信息中心（www.geachile.sernageomin.cl; Laguna Conguillío; ⏲12月16日至次年3月 8:30~21:30，4月至12月15日 8:30~13:00和14:30~18:00）出售徒步路线图。

住宿

Sendas Conguillío 露营地、小屋 $

（www.parquenacionalconguillio.cl; 露营地每个 5000~40,000比索，小屋 90,000比索起）Sendas Conguillna在园内经营着5个露营地，位于孔吉里奥湖南岸和Laguna Captréns湖西北岸，由国家林业局许可。住宿包括一个专为背包客设计的营地区（露营地 5000比索），也有更舒服的小屋。

★ La Baita 精品住宿 $$

（☎045-258-1073; www.labaitaconguillio.cl; 标单/双 48,000/61,000比索，4/6人小屋 58,000/70,000比索）这是一个生态旅游项目，就在公园南部边界以外未开发的森林之中。拥有8间讨人喜欢的小屋，配有缓缓燃烧的火炉、太阳能电源和热水，还有一家超级温馨的香薰小屋和餐厅，6个房间配有花岗岩淋浴和先锋设计的水池，另外还有一间令人愉快的按摩室、室外热水浴池和桑拿。

到达和离开

想前往Sector Los Paraguas，在特木科的Terminal de Buses Rurales汽车站，**Vogabus**周一至周六每小时有一班车发往切尔肯科（Cherquenco，1400比索，1.5小时），然后再步行或搭便车17公里可到达Los Paraguas的滑雪度假小屋。

要到位于Laguna Captrén的北入口，**Buses Curacautín Express**（045-225-8125）周一和周五每天有四班车从库拉考廷出发（800比索，1小时，6:00、9:00、14:00、18:00），周二、周三和周四只有两班（6:00、18:00）。汽车停在Guardería Captrén的公园边界，还须步行12公里到达公园入口。

要去Truful-Truful的南入口，特木科的**Nar-Bus**（045-211-611；www.narbus.cl）每天有8班车发往Melipeuco（1900比索，2小时）。

比亚里卡（Villarrica）

045 / 人口 4.92万

比亚里卡是一个真正活跃亲切的智利城镇。虽然没有普冈度假胜地那样迷人，但却更加平实，少了旅游车辆带来的混乱，物价也比它的邻居更加合理。2010年地震后重建的costanera（湖滨路）非常适于散步。每年1月至2月，这里会举办马普车文化展（Muestra Cultural Mapuche），展示当地工匠的作品、本土音乐和宗教舞蹈。

活动

★ Aurora Austral Patagonia Husky 狗拉雪橇

（手机 8901-4518；www.auroraaustral.com；Camino Villarrica-Panguipulli Km 19.5）这家德国人经营的哈士奇狗园距离比亚里卡约19公里，在去往Lican Ray的路上。在那里，你会看到超过50条超级可爱的西伯利亚和阿拉斯加哈士奇犬，做好准备乘坐终生难忘的狗拉雪橇吧！这里在冬季组织一日游（65,000比索），还有非常艰苦的穿越安第斯山7日远征（2,100,000比索全包）。

夏季有6公里的短途游，旅程包括一场烧烤（33,000比索），以及和哈士奇一起徒步比亚里卡火山（48,000比索）。真正爱狗的人可以在这里露宿，或者住在3间超级棒的小屋（40,000~60,000比索）。接受4~12周的志愿者。

住宿

在比亚里卡和普冈之间的道路沿线有超过6家露营地。

La Torre Suiza 青年旅舍 $

（045-241-1213；www.torresuiza.com；Bilbao 969；铺 10,000比索，标单/双 18,000/22,000比索起；）这家青旅曾是旅行者的经典选择，换了新的主人和管理团队，能否延续青旅文化是个挑战，但这个带有完备厨房设施的小木屋，仍然是结识旅行者的好地方。

隔音不好，少了一些便利设施（出售的饮用水、早餐、卫生间的洗手香皂），老式房屋的嘎吱嘎吱声自有其魅力，（但愿）友好的新主人正在修理它。

Hostal Don Juan 旅馆 $

（045-241-1833；www.hostaldonjuan.cl；General Körner 770；标单/双 28,000/35,000比索，无独立卫生间 20,000/27,000比索；@）Don Juan以一个大户外烤箱（fogón）赢得了旅行者的青睐，它由友好的主人设计，二层有些房间可以看到漂亮的火山美景。

餐饮

★ The Travellers 餐吧 $

（www.thetravellers.cl；Valentin Letelier 753；主菜 4250~8500比索；周一至周六 9:00至次日4:00；）这家餐厅供应中国、墨西哥、泰国、印度以及意大利等各国风味菜肴，可以说是外国游客的首选就餐地，是开启味觉之旅的通行证。这里以经典专辑封面和世界各地朋友的明信片装饰出现代主题，并新建了一个宽敞的露台。提供德语和英语的旅行咨询，并在超长的减价时段（18:00~22:00）供应打折鸡尾酒（覆盆子莫吉托非常棒！）。

El Sabio 比萨 $

（www.elsabio.cl；Zegers 393；比萨 5700~6900比索；周一至周六 12:30~16:00和18:30~22:00；）由一对友好的阿根廷夫妻经营，在小砧板上供应美味的未切的长方形比萨。忘掉你以为你知道的关于智利比萨的一切。

Huerto Azul 甜品 $

（www.huertoazul.cl；Henríquez 341；甜品800～4990比索；⊙9:30～21:30）满眼蓝色，这家超棒的美食店/冰激凌店挑战着你，看你走出店铺时会不会因为吃了太多甜食而昏迷。

实用信息

比亚里卡医院（Hospital Villarrica；San Martín 460；⊙24小时）城里的小医院。

旅游信息中心（Oficina de Turismo；☎045-220-6619；www.visitvillarrica.cl；Av Pedro de Valdivia 1070；⊙周一至周五 8:30～13:00和14:30～18:00，周六和周日 10:00～16:00）市旅游局有乐于助人的员工，提供许多小册子。

到达和离开

比亚里卡有个**汽车总站**（Av Pedro de Valdivia 621），不过一些汽车公司在附近有单独的办事处。

Buses JAC（☎045-246-7775；www.jac.cl；Bilbao 610）有车前往普冈（800比索，45分钟）和特木科（1800比索，1小时），每20分钟一班。**Buses Coñaripe**（☎手机 7125-8183）全天都有车前往Lican Ray（800比索，40分钟）和Coñaripe（1100比索，1小时）。其他几家公司从汽车总站出发运营同样的线路。

如要前往阿根廷的目的地，可以选择**Igi Llaima**（☎045-241-2753；www.igillaima.cl）。Igi Llaima的长途车由汽车总站出发，每天早晨前往圣马丁-德洛斯安第斯（12,000比索，5小时），在那里你可以中转前往北部或南部。

普冈（Pucón）

☎045 / 人口 2.21万

普冈在世界地图上牢牢地占据着探险运动“麦加”的地位，它位于美丽的比亚里卡湖畔，被缓缓燃烧的同名火山注视着。普冈曾经是富人的夏季游乐场，如今则是台全年运转的探险机器，2月尤其火热，绝对是超负荷运转，如果可以，一定尽量避开。这里迎来一波又一波旅行团、圣地亚哥的度假者、寻找刺激的背包客、新时代的灵修者和生态先锋。

比亚里卡火山在2015年有几次喷发，因此未来的探险活动取决于火山的状态。步行就能逛遍这个城市，大多数旅行社集中在商业主街Av O' Higgins大街上。餐厅和商店则沿着通往广场的Fresia街分布。海滩离广场很近。

活动

徒步和登山

登顶比亚里卡火山长久以来都极具吸引力，然而火山由于近期的喷发而封闭，旅行社转而推销Quetrupillán火山附近的徒步，一段6小时的爬升。

山地自行车

全城都可以租到山地自行车。最受欢迎的路线是Ojos de Caburgua环线。在城东大约4公里处选择前往机场的岔路，穿越Río Trancura河。

漂流和皮划艇

普冈以河流运动以及优质的漂流和皮划艇基础设施而闻名。普冈附近的河流和其相应的流速分级为：Trancura下游（Ⅲ级）、Trancura上游（Ⅳ级）、Liucura（Ⅱ级至Ⅲ级）、Puesco Run（Ⅴ级）和Maichín（Ⅳ级至Ⅴ级）。

团队游

★ **Aguaventura** 户外

（☎045-244-4246；www.aguaventura.com；Palguín 336；⊙12月至次年3月 8:30～22:00，4月至11月 至20:30）这家由法国人经营的友好旅行社是你的一站式选择，提供技术高超的火山向导（活动结束后还有啤酒！），同时在冰雪运动和皮划艇方面也很专业，你可以全部体验一遍。同时出租山地、水上、冰雪（包括GoPro）各项运动的装备，还可以预订机票和船票。向合伙人Vincent咨询他新开的青年旅舍French Andes里的日式胶囊宿舍。

Bike Pucón 山地自行车

（☎手机 9579-4818；www.bikepucon.com）提供刺激的17～20公里高山速降，有6条线路，分布在非常光滑的火山岩区、单行线和老消防通道。这不是为新手准备的——你可以凭借有限的经验完成，但做好一次又一次摔车的准备。

Pucón 普冈

Pucón 普冈

活动、课程和团队游

1 Aguaventura B1
2 Kayak Pucón B2
3 Politur C1

住宿

4 Chili Kiwi A2
5 iécole! C1

就餐

6 La Picada B3
7 Latitude 39° B1
8 Menta Negra D1
9 Supermercado Eltit B2
10 Trawen B2

饮品和夜生活

11 Mama's & Tapas C1

Politur 漂流

（☎045-244-1373；www.politur.cl；Av O' Higgins 635；⊙8:30~20:30）这家店过去在火山的相关活动方面做得不好，但却是漂流的首选旅行社。

Kayak Pucón 皮划艇

（☎手机 9716-2347；www.kayakpucon.com；Av O' Higgins 211；⊙11月至次年3月中旬 9:00~21:00）这家广受好评的皮划艇旅行社开设三日皮划艇课程（180,000比索），并针对更有经验的人提供多天的远征。在三级漂流的半日（单人充气船）轻松团队游是缺乏经验者的好选择（20,000比索），也有儿童漂流活动。

住宿

★ iécole! 青年旅舍 $

（☎045-244-1675；www.ecole.cl；Urrutia 592；铺 有/无寝具 10,000/8000比索，双/标三 30,000/36,000比索，标单/双/标三 无独立卫生间 18,000/20,000/30,000比索；@ 🛜）🌿环保的iécole!本身就是一种旅行体验。它是环保旅行者的聚集处，安静而充满艺术气息，一直是普冈最有趣的住所。房间不大，干净舒适，不过墙不隔音，满是植物的院子里什么声音都听得到，所以别打算在这儿开疯狂派对了。

Chili Kiwi 青年旅舍 $

（☎045-244-9540；www.chilikiwihostel.

com; Roberto Geis 355; 铺 9000比索起，房间 无独立卫生间 24,000比索起;)这是普冈最友好的青年旅舍，位于一栋优质的湖滨房产内，由热情的新西兰-荷兰合作伙伴经营，多年的环球旅行经验使他们遵从以旅行者为中心的出发点。有各种床位和单间选择（改造的面包车、树屋、小木屋），最好的房间在主楼里，到处都有厨房和卫生间。

Elementos EcoHostel 青年旅舍 $

（045-244-1750; www.elementos-chile.com; Pasaje Las Rosas 640; 铺 800比索，标单/双 29,000/32,000比索，无独立卫生间 20,000/23,000比索; @ ）这家德国人经营的环保青旅，离市中心15分钟步行距离，由倡导生态旅行的人们运营。到处都体现着绿色环保（LED灯、家庭自制的天然清洁用品、可生物降解的肥皂），有几间宽敞的单间和朴素的床位间。丰盛的早餐是用当地手工产品制作的（3500比索）。

就餐

Trawen 智利菜、创意菜 $

（www.trawen.cl; Av O' Higgins 311; 主菜 3600~10,300比索; 8:30至午夜; ）这家历史悠久的餐厅是普冈最具性价比的餐馆，一直是当地人的最爱，以创新的口味融合和所有菜品都新鲜出炉而自豪。亮点包括超棒的家庭式早餐、培根卷鹿肉、merkén烤鱿鱼，以及取材自家花园的沙拉，这里的花园是智利南部有机认证的第一家。新潮的人和瘾君子聚集于此，这里还有城里最好的精酿啤酒。

La Picada 智利菜 $

（Paraguay 215; 午餐套餐 3500比索; 正午至15:30，3月至11月的周日歇业）这个当地的秘密之地已经泄露：一个在某家客厅里的地下餐厅，供应午餐套餐，如沙拉、玉米派（pastel de choclo）、炖菜（cazuelas）和意大利面。没有招牌，敲门进入。

Latitude 39° 美国菜 $

（www.latitude39.cl; Gerónimo de Alderete 324; 汉堡 4600~6100比索; 11:00~23:00; ）来自加利福尼亚的店主抓住了一个明显很受欢迎的商机，以这个新近扩大的餐馆治疗乡愁。美式汉堡是最大卖点：试试Grand Prix（炒洋葱、培根、花生酱）或者Buddha（Sriracha蛋黄酱、亚洲卷心菜沙拉、爆米花虾球），这里还有馅料丰富的早餐卷饼、鱼肉玉米卷、培根生菜西红柿三明治（BLT）以及你可能想念的一切。这里同样是外国人享受啤酒和社交的减价时段热门场所。

Menta Negra 咖啡馆

（www.emporiomentanegra.cl; O' Higgins 772; 套餐 5500比索; 10:00~23:30，4月至11月的周日歇业）在晴朗的日子，你很难拒绝在这个充满艺术气息的庭院坐下来，品尝美味的家常菜肴，欣赏普冈少有的景色：自然，而非发展。

Supermercado Eltit 自炊

（Av O' Higgins 336; 周日至周四 8:30~22:00，周五至周六 至22:30）杂货商店，兑换美元现金，有一台自动柜员机。

饮品和夜生活

Mama' s & Tapas 酒吧、夜店

（Av O' Higgins 597; 鸡尾酒 3500~5500比索; 12月至次年3月 10:00至次日5:00，4月至11月 18:00起）通常简称为"Mama' s"，是普冈存在已久的酒吧。全木的墙壁和天花板出自一位声学设计师，这样可以在声音上抓住你的注意力。这里直到凌晨才进入状态，变身夜店。

实用信息

Av O' Higgins上有几家带自动柜员机的银行。请注意，普冈的偷窃行为呈上升趋势，特别是在海滩周边地区。

邮局（CorreosChile; www.correos.cl; Fresia 183; 周一至周五 9:00~13:00和14:30~18:00，周六 9:00至正午）邮政服务。

圣弗朗西斯科医院（Hospital San Francisco; www.hospitalpucon.cl; Uruguay 325; 24小时）医疗服务。

旅游信息中心（045-229-3001; www.municipalidadpucon.cl; Av O' Higgins和Palguín交叉路口; 8:30~19:00）提供大量宣传册，通常有会说英语的工作人员。

到达和离开

这里往返圣地亚哥的长途汽车班次频繁（15,000~31,000比索，9.5小时）。位于城东的**Tur Bus**（045-244-3328; www.turbus.com; Av O' Higgins 910; 9:00~19:00）与位于市中心的**Pullman Bus**（045-244-3331; www.pullman.cl; Palguín 555）是最好的选择，有许多智利目的地。**Buses JAC**（045-299-3183; www.jac.cl; Uruguay和Palguín交叉路口）有车前往蒙特港（9500比索，5小时）、瓦尔迪维亚（4500比索，3小时），去往特木科（2900比索，1小时）的车次每20分钟一趟。位于同一家汽车站的**Minibuses Vipu-Ray**（手机 6835-5798; Palguín 550）和**Trans Curarrehue**（045-262-5168; Palguín 550）不断有车前往比亚里卡（800比索，30分钟）。Buses JAC和**Buses Caburgua**（手机 9838-9047; Palguín 555）的长途汽车前往韦尔克韦国家公园（Parque Nacional Huerquehue，2000比索，45分钟）。**Buses San Martín**（045-244-2798; Av Colo Colo 612）每周有两班长途汽车发往阿根廷的圣马丁-德洛斯安第斯（San Martín de los Andes，12,000比索，5小时），在胡宁（Junín）停留。**Igi Llaima**（045-244-4762; Palguín和Uruguay交叉路口）也运营同样的路线。

当地交通

普冈步行即可走遍。不少旅行社提供租车服务，价格竞争很激烈。

普冈周边

留库拉河谷（Río Liucura Valley）

普冈以东，Camino Pucón-Huife小路穿过一条草木茂盛的山谷，温泉遍布，有一个自然保护区，可一览银色丝带般的留库拉河美景。市民自发建立了自然保护区Santuario El Cañi（www.santuariocani.cl; Km 21; 门票 有/无导游 15,000/4000比索）以阻止不断增长的滥伐树木现象。自然保护区保护了大约400公顷古老的智利南洋杉森林。沿着9公里长的陡峭小路徒步爬升3小时，可以俯瞰壮丽的风景。可在公园内的La Loma Pucón（手机 8882-9845; www.lalomapucon.cl; Santuario El Cañi; 露营地 每人 3000比索，铺/双 4000/20,000比索）露营。你也可以通过普冈的iécole!（见246页）安排去El Cañi的旅程。

库拉列维（Curarrehue）

这条路线通往阿根廷边境的Mamuil Malal，能给人意想不到的惊喜。安静而多姿多彩的库拉列维，让你沉浸在马普车文化中。进城之前，马普车家庭农场的Kila Leufu热情欢迎游客入住。小而有趣的博物馆Aldea Intercultural Trawupeyüm（Héroes de la Concepción 21; 500比索; 1月至2月 周一至周五 9:00~20:00，周六和周日 11:00起，3月至12月 周二至周日 9:00~18:00）展示着马普车文化。库拉列维真正的吸引力在于Cocina Mapuche Mapu Lyagl（手机 8788-7188; anita.epulef@gmail.com; Camino al Curarrehue; 套餐 5600比索; 12月至次年2月 13:00~18:00，4月至11月仅限预约; ），这里的马普车厨师将季节性食材烹制成新奇的素食套餐。当地美食是mullokiñ（藜麦豆泥）。旅游局（www.curarrehue.cl; O' Higgins s/n; 12月中旬至次年3月中旬 9:00~19:00，3月中旬至12月中旬 周一至周四 9:00~17:20，周五 至16:20）在城市的主干道上，虽然很小却能提供很多帮助。

韦尔克韦国家公园（Parque Nacional Huerquehue）

急流、瀑布、南洋杉和高山湖泊装点着占地125平方公里的韦尔克韦国家公园（Parque Nacional Huerquehue; 成人/儿童 4500/2500比索），距离普冈仅35公里。

Los Lagos小径徒步（7公里，往返4小时）穿越茂密的矮假山毛榉（lenga）森林，延伸到一连串被南洋杉环绕的原始湖泊。Cerro San Sebastián（16公里，往返7小时）被认为是阿劳卡尼亚最好的徒步路线。从公园入口开始，从700米爬升至2000米。在晴朗的日子，从山顶可以看见8座火山和14座湖泊。

国家林业局在Lago Tinquilco湖（露营地 15,000比索）或Renahue（露营地 15,000比索）设有露营地。Refugio Tinquilco（手机 9539-2728; www.tinquilco.cl; 露营地 15,000比索，铺 14,000比索，双 有/无独立卫生间 35,900/28,900比索，小屋 50,000比索; 6月至8

月关闭)是一家很棒的豪华旅馆,带有法式压滤咖啡和森林桑拿等设施。位于Lago Verde湖的步道入口,提供食物(8500比索),或者你也可以自己做饭。

在国家林业局的**自然信息中心**(Centro de Informaciones Ambientales; ☎手机 6157-4809; p.huequehue@gmail.com; ⌚10:30~14:30和16:30~19:30)入口处可获取地图和信息。

Buses Caburgua(☎098-038-9047; Uruguay 540, Pucón)每天有3班车往返于普冈(2000比索,1小时)。许多旅行社也组织远足旅行。Buses JAC也运营公园和普冈之间的线路。

比亚里卡国家公园 (Parque Nacional Villarrica)

比亚里卡国家公园内火山湖泊交相辉映,是智利最受欢迎的国家公园之一。这座占地630平方公里的公园亮点是三座火山:海拔2847米的比亚里卡火山、海拔2360米的Quetrupillán火山以及位于阿根廷边境海拔3747米的Lanín火山。由于2015年的火山活动,比亚里卡的滑雪和徒步活动被关闭,向普冈的旅游局咨询最新情况。

卡拉夫根湖(Lago Calafquén)

黑沙海滩和花园吸引着游客来到这个散布着岛屿的湖泊,特别是时尚的**Lican Ray**(比亚里卡以南30公里)和更接地气的**Coñaripe**(Lican Ray以东22公里)。淡季时,这里就变得毫无生气。Lican Ray很小,城市周围有露营地。在Coñaripe,主广场上有旅游信息亭,服务态度很好。Coñaripe的北边分布着一些乡村温泉。Buses JAC(见248页)每天都有几趟汽车往返比亚里卡和Coñaripe(1100比索,1小时),途经Lican Ray(800比索,30分钟)。

瓦尔迪维亚(Valdivia)

☎063 / 人口15.44万

由于地理、历史和文化方面的差异,经过多年将瓦尔迪维亚纳入湖区的"叛变"争议,瓦尔迪维亚于2007年成为智利第十四个大区Región de los Ríos的首府。瓦尔迪维亚是智利南部最重要的大学城,因此,许多青年旅舍、餐厅和酒吧对于艺术高度重视,提供优惠的学生价格,同时也颇具青春活力。

景点和活动

大多数活动都聚集在Av Costanera Arturo Prat上,但最重要的公共建筑均位于Plaza de la República广场。

★ Cervecería Kunstmann 酿酒厂

(☎063-229-2969; www.lacerveceria.cl; Ruta T-350 950; ⌚正午至午夜)在去往Niebla途中的Isla Teja上,你会发现南部最大规模的酒厂。团队游从正午至23:00每小时发团(10,000比索,11月至次年3月),团费包含可以带走的玻璃啤酒杯和品尝300ml未经过滤的Torobayo牌啤酒,直接从桶内取出,仅在这里才有。大壶7650~8250比索,主菜2700~9950比索。

Fluvial集市 市场

(Feria Fluvial; Av Prat s/n; ⌚7:00~16:00)热闹的河边市场沿瓦尔迪维亚桥的南侧而设,摊贩们出售新鲜的鱼、肉和农产品。海边的海狮已经发现了这个乐土——它们可以整日漂浮着,任由游客和鱼贩投喂当日捕捞的渔获残余。

历史和人类学博物馆 博物馆

(Museo Histórico y Antropológico; Los Laureles 47; 门票 1500比索; ⌚1月5日至2月10:00~20:00, 3月至次年1月4日 10:00~13:00和14:00~18:00)博物馆位于Isla Teja临河的一栋大厦里,是智利最优秀的博物馆之一。标示详尽的大型展览从前哥伦布时期至今,早期德国人聚居地的马普车印第安人手工艺品和家居用品的陈列尤其精彩。

游轮

游轮(6.5小时)从Puerto Fluvial港出发,航行至17世纪西班牙港口附近的河流交汇处。乘合乘出租车(Chacabuco和Yungay交叉路口)去Niebla可以省些钱。从Niebla

Valdivia 瓦尔迪维亚

Valdivia 瓦尔迪维亚

景点

1 Fluvial集市 A2
2 历史和人类学博物馆 A2

活动、课程和团队游

3 Reina Sofia A2

住宿

4 Airesbuenos Hostel & Permacultura D3
5 Hostal Totem C1
6 Hostel Bosque Nativo C1

就餐

7 Café Moro B2
8 Entrelagos B2
9 La Última Frontera B3
10 Mercado Municipal B1

出发，8:00至20:00每半小时有船开往Isla Teja、Corral、Isla Mancera和Isla del Rey。

Reina Sofia 游轮

（☎063-220-7120；游轮 16,000~18,000比索）一家被推荐（尽管推销得有点过）的瓦尔迪维亚游轮运营公司，每天13:30从Puerto Fluvial港的Arauco出发。

节日和活动

瓦尔迪维亚之夜 文化节

这里最大的事件就是瓦尔迪维亚之夜（Noche de Valdivia），每年2月的第三个星期六，有装饰船只和烟火。

住宿

在学年期间，大学生们占据了便宜的房间，夏季会有更好的选择。

★Airesbuenos Hostel & Permacultura 青年旅舍 $

（☎063-222-2202；www.airesbuenos.cl；Garcia Reyes 550；铺/房间 10,000/28,000比索；@ ）这家瓦尔迪维亚最好的青年旅舍由一个友好的北加利福尼亚人经营，他将这个长久以来的旅行者聚集地变成小南区（Sur Chico）最环保的住宿。太阳能淋浴、雨水收集装置、永续栽培、垂直花园、堆肥、埃及竹毛巾——便是这里的一切。除了可持续性，还有舒适的床位间和简洁完备的单间，不过房间有些小。

Hostel Bosque Nativo 青年旅舍 $

（063-243-3782；www.hostelnativo.cl；Pasaje Fresia 290；铺10,000比索，标单/双19,000/26,000比索，无独立卫生间17,000/22,000比索；@）这家青年旅舍由一家可持续、非营利林业管理组织经营。这处幽静的木屋隐藏在一条铺着砾石的民居小巷内，从车站步行即可到达。

Hostal Totem 客栈 $

（063-229-2849；www.turismototem.cl；Carlos Anwandter 425；标单/双/标三25,000/30,000/39,000比索；@）在Carlos Anwandter住宅区的众多住宿选择中，这家11间房的客栈性价比最高。干净的房间，讲英语和法语的友好主人，一个阳光早餐厅，弥补了老式风格的欠缺，尽管这栋老房子的硬木地板尽其所能地嘎吱作响。

餐饮

从城中渡河就来到Isla Teja，这里是最时尚的就餐之地。夜生活主要集中在Esmeralda，你可以随意选择。

★ La Última Frontera 餐吧 $

（Pérez Rosales 787；三明治2800~4400比索；周一至周六10:00至次日2:00；）你会在这家波希米亚风格的餐吧找到旅行者一站式的享受，这里有着整个小南区独一无二的氛围。它安静地隐藏在一栋经过重新装修的大楼。你会发现大量创新三明治、新鲜果汁和当地精酿啤酒——约12种散装酒（从Cuello Negro Stout开始）和一些瓶装酒。

入夜后，这里变身几公里内最好的酒吧，走在这座城市的时尚艺术前沿。找一家满是艺术气息的屋子发发呆，或者在新的庭院和平台上一口喝下一杯冰啤，不容错过。

市立市场 智利菜 $

（Mercado Municipal；Prat s/n；主菜2500~4000比索；9:00~21:00）这家3层楼的河景餐厅供应足量的鱼和薯条或choritos al ajillo（蒜和辣椒烹制的贝类）。

Café Moro 智利菜 $

（Paseo Libertad 174；套餐3100比索；周一至周五9:30~22:00，周六11:00~22:00；）这家餐馆是享用经济午餐套餐的绝佳之选。这里吸引了一群不服老、不拘一格的嬉皮知识分子，以及来自瓦尔迪维亚的科研中心（Centro de Estudios Científicos）的WWF智库科学家，晚上以喝酒为主。

Entrelagos 咖啡馆 $

（www.entrelagos.cl；Pérez Rosales 640；三明治3100~6400比索；周一至周五9:00~21:00，周六10:00~21:30，周日11:00~21:00）这家经典的salón de té（茶室）是当地人就着美味的café cortados（意式咖啡加牛奶）、蛋糕、三明治和薄饼闲聊的地方。丰盛的套餐和烤三明治吸引着那些以充饥为目的的客人（或者仅仅是逃避现实——巴黎式的座位很不智利）。周日几乎不供应其他食物。

实用信息

市中心到处都有自动柜员机和网吧。汽车站有旅游信息亭。

Clínica Alemana（www.alemanavaldivia.cl；Beauchef 765；24小时）比公立医院更好、更快、更近。

邮局（CorreosChile；www.correos.cl；O' Higgins 575；周一至周五9:00~19:00，周六9:30~13:00）邮政服务。

Sernatur（063-223-9060；www.turismolosrios.cl；Prat s/n；9:00~23:00）提供很有帮助的旅行建议。

到达和离开

飞机

Aeropuerto Pichoy（063-227-2294）距瓦尔迪维亚32公里。**LAN**（600-526-2000；www.lan.com；Maipú 271；周一至周五9:00~13:00和15:30~18:00，周六10:00~13:00）每天有飞机前往圣地亚哥（80,000比索，2小时15分钟）；**Sky**（063-222-6280；www.skyairline.cl；Chacabuco 308；周一至周五9:00~19:00，周六10:00~13:00）票价更优惠，不过会经停康塞普西翁。

另辟蹊径

原住民海岸

奥索尔诺美丽海岸上的维利切(Huilliche)原住民社区坐落在etnoturismo金矿上，这些偏远地区的社区才刚刚开始接纳游客。你可以融入他们的生活方式里，花几天时间拥抱智利最美的海滩，探索Valdivian丛林小径，住在**San Juan de la Costa**和**Territorío Mapa Lahual**(www.mapulahual.cl)的乡间小屋里，后者是一片受保护的原住民区域，包括**Caleta Condor**，它一直向南延伸到里奥内格罗(Río Negro)省。旅行社**Mawidan Tour Chile**(☎手机 7771-7275；www.mawidan.com；Camino Cheuquemo Km 1, Rio Negro)🍃和当地社区保持着良好的关系。

San Juan de la Costa有5个壮美的caletas(海湾)，可以驱车前往，时间有限的人可以从奥索尔诺出发一日游。村庄**Bahía Mansa**、**Pucatrihue**和**Maicolpué**的海边有海豚和海狮出没，女人们在崎岖不平的荒凉海滩上采集海藻(luga)和海茸(cochayuyo)，这两种海草促进了当地的经济发展。两边是最好的两个海湾，Bahía Mansa以北20公里处的**Manzano**和Bahía Mansa以南7公里处的**Tril-Tril**。

长途汽车

瓦尔迪维亚的**汽车站**(Terminal de Buses；☎063-222-0498；www.terminalvaldivia.cl；Anfión Muñoz 360)有频繁车次前往蒙特港和圣地亚哥之间的目的地。**Tur Bus**(☎063-221-2430；www.turbus.cl)和**Pullman Bus**(☎063-220-4660；www.pullman.cl)不过是多家汽车公司中的一些选择。**Buses JAC**(☎063-221-3754；www.busjac.cl)有车前往比亚里卡、普冈和特木科。**Andesmar**(☎063-222-4665；www.andesmar.com)开往阿根廷的巴里洛切(Bariloche)。

目的地	费用(比索)	行程(小时)
巴里洛切，阿根廷	21,000	7
卡斯特罗	9500	7
内乌肯，阿根廷	41,900	12
奥索尔诺	5000	2
潘吉普伊(Panguipulli)	2900	2.25
普冈	4500	3
蒙特港	5000	3.5
圣马丁-德洛斯安第斯，阿根廷	13,000	8
圣地亚哥	34,000	12
特木科	4200	3.5

奥索尔诺(Osorno)

☎064／人口15.19万

奥索尔诺是一个忙碌的城镇，也是周边农业区的商贸中心。尽管这是个重要的交通枢纽，但是大多数游客不会在这里耗费太多时间。

食宿

Hostel Vermont 青年旅舍 $

(☎064-224-7030；www.hostelvermont.cl；Toribio Medina 2020；铺 12,000比索，标单/双 无独立卫生间 20,000/30,000比索，小屋 标单/双/四 25,000/35,000/50,000比索；@📶)奥索尔诺的第一家像样的青年旅舍，由一个滑雪好手经营，她会说两种语言，并以她滑雪的城市——佛蒙特州伯灵顿命名了这家青年旅舍。这里有你需要的一切：态度友好，干净且设施齐备(也有一些你不想要的东西：嘎吱作响的老旧地板加上吵闹声让人很难入眠)。

从汽车站向南走两个街区到Juan Mac-Kenna，再向东走5个街区到Buenos Aires，向南走一个半街区就到旅馆所在的Toribio Medina街上了。

Hotel Villa Eduviges 酒店 $$

(☎064-223-5023；www.hoteleduviges.cl；Eduviges 856；标单/双/标三 25,000/40,000/55,000比索起；📶)中档舒适的Eduviges在Región X属于少数，单人入住双人间无须支付双人价格。酒店位于汽车站南边的休闲住宅区，有宽敞但有点过时的房间，带独立卫生间，管理得当。

Café Central 咖啡馆 $

(O' Higgins 610; 主菜 2500~8000比索; ⏲8:00至午夜)这个广场上的两层咖啡馆因咖啡、Kunstmann啤酒、巨大的汉堡和早餐而拥挤忙碌,也是独自旅行者吃喝的好地方。

市立市场(Mercado Municipal) 智利菜 $

(Prat和Errázuriz交叉路口; ⏲11:00~15:00)市场里有一排午餐摊位,供应不错的廉价食物。

到达和离开

长途汽车和开往阿根廷的公共汽车都从距武器广场5个街区的**Terminal de Buses**(☎064-221-1120; Av Errázuriz 1400)发车。运营公司有许多,包括**Pullman Bus**(☎064-231-8529; www.pullman.cl)和**Tur Bus**(☎064-220-1526; www.turbus.cl)等。大多数沿着泛美公路向北行驶的公共汽车都从蒙特港出发,每小时一班,多数是前往圣地亚哥的过夜车。

要去科伊艾克(Coyhaique)或蓬塔阿雷纳斯(Punta Arenas)的话,不妨选择**Queilen Bus**(☎064-226-0025; www.queilenbus.cl)。**Bus Norte**(☎064-223-2778; www.busnortechile.cl)、**Andesmar**(☎064-223-3050; www.andesmar.com)和**Via Bariloche**(☎064-226-0025; www.viabariloche.com.ar)每天有去往巴里洛切和阿根廷其他目的地的车。

其他的本地和地区公共汽车在**Terminal Mercado Municipal**(Errázuriz, Arturo Prat和Cristóbal Colón之间)发车,就在汽车总站以西两个街区。**Expreso Lago Puyehue**(☎064-224-3919; www.expresolagopuyehue.wix.com/buses-expreso)每小时有车前往Termas Puyehue/热水镇(Aguas Calientes)(2200比索,1小时15分钟)。**Buses Río Negro**(☎064-223-6748)发往Caleta Condor(1200比索,45分钟)。

要去San Juan de la Costa(Bahía Mansa, Pucatrihue和Maicolpué)的维利切(Huilliche)社区,小型公共汽车(1800比索,1小时45分钟)每小时从**Feria Libre Ráhue**(Chillán和Temuco交叉路口)发车。在Errázuriz和Cristóbal Colón的东北交叉路口乘坐1路、6路和10路汽车(400比索)。

目的地	费用(比索)	行程(小时)
安库德	6200	4
巴里洛切,阿根廷	16,000	5
康塞普希翁	12,300	9
科伊艾克	40,000	20
普冈	8400	4
蒙特港	2200	1.75
蓬塔阿雷纳斯	42,000	28
圣地亚哥	20,000	12
特木科	5800	3.5
瓦尔迪维亚	5800	1.75

普耶韦国家公园(Parque Nacional Puyehue)

普耶韦火山(Volcán Puyehue)海拔2240米,在1960年地震的次日喷发,使一大片浓密潮湿的森林变成了沙丘和岩浆组成的荒漠地区。2011年,附近的Cordon Caulle火山喷发,火山灰飘散到远至布宜诺斯艾利斯。如今,**普耶韦国家公园**(www.parquepuyehue.cl)**免费**保护着1070平方公里反差强烈的自然环境。**热水镇**(Termas Aguas Calientes; www.termasaguascalientes.cl; 白天使用 含/不含餐 12,500/28,000比索)是个低调的温泉度假中心。你也可以从国家林业局停车场穿过Colgante桥走上80米,进入免费的Pocitos Termas。

小型滑雪度假中心**Centro de Esqui Antillanca**(☎064-224-2010; www.skiantillanca.cl; 办事处在O' Higgins 1073, Osorno; 缆车票 27,000比索,租用雪具 26,000~29,000比索)位于海拔1990米的卡萨布兰卡火山(Volcán Casablanca)的侧翼,距离热水镇(Aguas Calientes)18公里。夏天时,可以从一条小径走到火山口瞭望台,从那里可以远眺群山。

安提库拉(Anticura)位于热水镇岔路口西北17公里处,有许多徒步小径。一小段轻松的徒步通往一个瞭望台和Salto del Indio瀑布。安提库拉以西2公里处私人的**El Caulle**,是3~4天经典徒步线路**Puyehue Traverse**的南部起点。**Patagonia Expe-**

ditions（☎手机 9104-8061；www.anticurachile.cl）经营向导徒步游和Camping Catrué（☎手机 9104-8061；www.anticurachile.cl；露营地 3500比索，铺 8000比索，2/4/6人小屋 35,000/42,000/52,000比索），有18个露营地和设施完善的小木屋。

弗鲁蒂亚尔（Frutillar）

☎065 / 人口 1.63万

弗鲁蒂亚尔的神秘之处在于它的德国化，以及这个村庄所保留的19世纪移民传统。来这里就是为了体验那种简单年代的理念，泛舟湖上，吃自家烹制的馅饼，睡在挂着蕾丝窗帘的房间里。对于很多人来说，这里实在是太安静了，不宜久留。然而对其他人来说，这里的平静比巴拉斯港（Puerto Varas）的喧闹要更吸引人。

这座城市分为两个区域，Frutillar Alto是个彻底的工业镇，Bajo则面朝湖泊，拥有全部的旅游景点。不要错过Teatro del Lago（☎065-242-2900；www.teatrodellago.cl；Av Philippi 1000），一个建在水面上的世界级艺术表演中心，上演精彩的现场音乐。德国殖民地博物馆（Museo Colonial Alemán；www.museosaustral.cl；Pérez Rosales和Prat交叉路口；门票 2500比索；⏲9:00~19:30）在修整过的花园重建了水磨坊、铁匠铺和宅邸。

很多游客从巴拉斯港到这里一日游，这里廉价住宿选择很少。城外的薰衣草农场Lavanda Casa de Te（⏲手机 9269-1684；www.lavandacasadete.cl；Km 1.5 a Quebrada Honda；套餐 13,000比索；⏲1月至2月 13:00~20:00，4月至12月 周一关闭）是湖边很受欢迎的用餐地点，可以品茶、享用薰衣草产品和来自农场的新鲜午餐。烧烤餐厅Melí（☎065-242-0766；www.emporiomeli.com；Camino Punta Larga Km 1；套餐 8900~10,900比索；⏲周一至周六 12:30~16:00和19:00~23:00，周日 10:00~18:00；📶）专注于巴塔哥尼亚菜肴、沙拉和火烤羊肉。

前往巴拉斯港（900比索，30分钟）、蒙特港（1800比索，1小时）和奥索尔诺（900比索，40分钟）的小型公共汽车从Av Philippi大街附近的Pedro Montt停车场发车。

巴拉斯港（Puerto Varas）

☎065 / 人口 3.79万

风景如画的巴拉斯港旁边屹立着两座被积雪覆盖的火山，就像两名士兵一样守护着它。巴拉斯港距蒙特港只有23公里，但是这里完全是另外一个迷人的美丽世界，为游客提供许多旅游选择，赢得了“下一个普冈”的美名。在这里可以进行的水上活动非常多，尤其是独木舟和漂流，还有爬山、钓鱼、徒步甚至滑雪，是多待几天的首选。要注意的是，夏天这里人山人海，冬天则安静下来。

景点和活动

你可以在城里漫步，欣赏19世纪的德国建筑。夏季，湖面上有立式单浆冲浪板和皮划艇出租。从旅游信息中心拿一份地图，上面推

值得一游

科查莫和普埃洛河谷

翠绿的河流、幽深的原始山谷只是这片偏远地区的部分亮点，这里正受到几项水坝修建计划的威胁。如此美好的景色应该同世人分享，并且（我们希望）被保护起来。由于道路崎岖偏远，这些山谷鲜有游客来访。

巴拉斯港的优质旅行社Campo Aventura（☎手机 9289-4318；www.campoaventura.cl）组织热门的骑马游览。他们从河畔的住宿地点出发穿越山谷，欣赏自然风光，同样注重文化体验。位于普埃洛河边的小村庄Domo Camp（☎手机 6802-4275；www.andespatagonia.cl；Puelo Alto；双/标三/四 50,000/60,000/70,000比索，小屋 50,000比索；@📶）在原始森林里，提供独一无二的住宿体验，凉爽的天幕由木板连接，配有壁炉和睡袋。它附带的餐馆也对外营业，供应美味的午餐套餐。小型户外旅行社Secret Patagonia组织前往科查莫（Cochamó）和普埃洛河谷（Río Puelo Valleys）的游览活动，包括皮划艇、山地骑行和徒步。

Puerto Varas 巴拉斯港

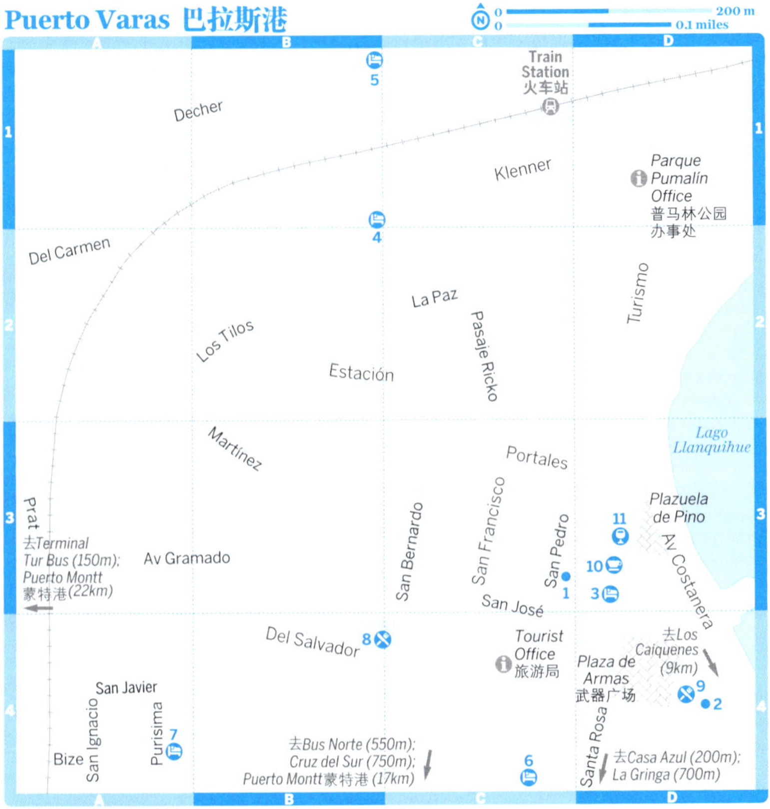

Puerto Varas 巴拉斯港

活动、课程和团队游

Ko'Kayak .... （见1）
1 Secret Patagonia C3
2 TurisTour D4

住宿

3 Casa Margouya D3
4 Compass del Sur B1
5 Galpon Aíre Puro B1
6 Hostel Melmac Patagonia C4
7 Margouya Patagonia A4

就餐

8 Donde El Gordito B4
9 The Office D4

饮品和夜生活

10 Caffé El Barrista D3
11 Garage D3

荐了**Paseo Patrimonial**，一个包含了10座国家保护建筑的步行游览。

团队游

★ **Secret Patagonia** 户外

（☎065-223-2921；www.secretpatagonia.com；San Pedro 311；⏲10月至次年4月 8:00～20:00，5月至9月 9:00～19:00）这家生态环保合作组织由4家小型旅行社联合——La Comarca，Ko'Kayak，Birds Chile和OpenTravel——专注于为游客量身定制的精彩探险游，前往普埃洛河山谷（Río Puelo Valley）、科查莫山谷（Cochamó Valley）和更远的小众区域。

亮点包括在科查莫山谷的徒步游、强度很大的山地车骑行（包括一个12天的单行道远征，从巴里洛切到巴拉斯港）、在偏远的Lago Las Rocas的Isla Las Bandurrias岛上享受法式隐居、阿根廷和智利之间的多天骑马游/农场文化游，以及去Parque Tagua Tagua公园的旅程。最新的活动是：饮酒和骑行（注意不要按这个顺序！）。Bike & Beer团队游是一段愉快的30公里沿湖骑行，最终到达Chester Beer品尝手工酿酒。团队不超过12人，这里的每个员工都致力于给旅行者提供一次另辟蹊径的体验，并尽可能控制碳排量。同时出租减震山地车。

Ko' Kayak 漂流、溪降

（☎065-223-3004；www.kokayak.cl；San Pedro 311；⏲10月至次年4月 8:00~20:00，5月至9月 9:00~19:00）一家长时间热门的漂流运动运营者，提供半日漂流（35,000比索，每天两次），全日/2日海上划艇（70,000/160,000比索）和半日溪降（40,000比索）。

Turis Tour 户外、导览游

（☎065-243-7127；www.turistour.cl；Del Salvador 72；⏲周一至周五 7:30~19:00，周六和周日 7:00~14:00和17:00~19:00）经营穿越湖泊（Cruce de Lagos）游，一次穿越壮阔的湖泊和Pérez Rosales Pass山口通往阿根廷巴里洛切的汽车和乘船游，反向亦然，总费用是280美元，不过有季节性折扣，儿童半价。全年每日发团，不过这个12小时的旅程在冬天（5月至8月）不得不在Puella停留一晚。

住宿

Casa Margouya 青年旅舍 $

（☎065-223-7640；www.margouya.com；Santa Rosa 318；铺 10,000比索，标单/双 无独立卫生间 18,000/24,000比索；@📶）这家法国人经营的位置极佳的青年旅舍有点小，客人之间有着友好的共享气氛（隐约有些嬉皮……而且喧闹）。

Hostel Melmac Patagonia 青年旅舍 $

（☎065-223-0863；www.melmacpatagonia.com；Santa Rosa 608 Interior；铺 13,000比索，标单/双 35,000/39,500比索起；@📶）这家亲切的青旅位于市中心位置完美的新地段，全部使用现代装饰——直奔手工家酿啤酒吧，就在前面的门厅（第一杯啤酒免费！），还有Roomba清洁机器人Wall-E。

Margouya Patagonia 青年旅舍 $

（☎065-223-7695；www.mapatagonia.com；Purisima 681；铺 9000比索，标单/双 无独立卫生间 18,000/25,000比索；@📶）这个宽敞的1932年历史建筑位列城市的继承遗产清单。这是城里最美好的青旅，比大多数住宿有更安静更大的房间和卫生间，价格也更划算，法国-智利主人热情好客。宽敞明亮的床位间只有9张床位。这里还有自己经营的西班牙语学校、周边团队游旅行社和性价比高的自行车出租。不提供早餐。

Casa Azul 青年旅舍 $$

（☎065-223-2904；www.casaazul.net；Manzanal 66；铺 10,000比索，双 34,000比索，标单/双 无独立卫生间 18,000/26,000比索；@📶）你很难对这家被德裔智利人打理得一丝不苟的青年旅舍有所挑剔，它位于市中心外更安静的住宅区。无论何时，超级安静的花园和池塘（有盆景树）都会立即放松你的神经。房间很大，屋况极佳，还有一个宽敞的客用厨房，公共区域装饰着用树枝做成的炫酷家具。

Compass del Sur 民宿 $$

（☎065-233-2044；www.compassdelsur.cl；Klenner 467；露营地 9000比索，铺 12,000比索，标单/双 32,000/42,000比索，无独立卫生间 27,000/30,000比索；@📶）这座迷人的殖民地建筑有着北欧风情和非常友好的员工，位于城市核心区域的上方，经由一条阶梯步行街到达。这里有舒适的床和崭新的雨淋式花洒，犒劳着占领这里的背包客们。

Galpon Aíre Puro 客栈 $$

（☎手机 9979-8009；www.galponairepuro.com；Decher和Independencia交叉路口；标单/双/套 34,000/48,000/60,000比索；P@📶）美国人Vicki Johnson——厨师、巧克力专家、生命中美好事物的创造者——将这个20世纪20年代的巨大马铃薯仓库打造成她很有品位的个人地盘，并将她的自制巧克力商店扩充并搬迁至此，在一个时尚的商务空间上部有8间宽

敞的客房，针对独立意识更强的旅行者。

就餐

★La Gringa 美国菜 $

（www.lagringa.cl; Imperial 605; 主菜3500~7900比索; ⏲周一至周五 8:00~20:00，周六 10:00起; 📶）🍃这个迷人的地方让人想起美国太平洋西北地区雨天的咖啡馆，由一个可爱的西雅图人经营，供应美味的玛芬蛋糕和烘焙食品、创意三明治（咖啡色手撕猪肉）和可口的午餐套餐（6500比索，13:00~16:00）。还可以选购优质葡萄酒和手工美食作为不错的野餐之选。

Donde El Gordito 智利菜、海鲜 $

（San Bernardo 560; 主菜 3900~8000比索; ⏲正午至16:30和18:30~22:00，6月歇业）这家接地气的、当地人喜爱的馆子是市立市场里一家亲切的海鲜餐馆，用蟹酱做各种美味。有点贵但非常棒。

The Office 咖啡馆 $

（San Juan 425, 2层; 三明治 1990~5390比索; ⏲周一至周五 8:30~20:30，周六 至22:00; 📶）这家艺术咖啡馆位于广场上，制作杂乱的美味三明治，大得足以和别人分享，还有有机咖啡和物有所值的牛排，环境时尚，有多个房间。

饮品和夜生活

Caffé El Barrista 咖啡馆

（www.elbarista.cl; Martínez 211; 咖啡 1400~2800比索，三明治 3500~6800比索; ⏲8:00至次日1:00; 📶）这家意式咖啡馆供应小南区（Sur Chico）最好的咖啡，并以6800比索的美味套餐和一系列可口的三明治吸引了一群健康食客。晚上这里变成城里最始终如一的酒吧，吸引了大量城里的向导和外国人。

Garage 酒吧

（Martínez 220; ⏲时间不定）这家酒吧就在Copec加油站旁边，面向的是热爱艺术的群体。营业至很晚，举办从即兴爵士音乐到哥伦比亚昆比亚（cumbia）音乐风格的各种表演……不过前提是在它开门的时候（当地忠实的追随者抱怨过其古怪的营业时间）。

实用信息

市中心有很多自动柜员机。

Clínica Alemana（www.alemanapv.cl; Otto Bader 810; ⏲24小时）靠近Del Salvador的西南出口。

普马林公园办事处（Parque Pumalín Office; ☎065-225-1910; www.pumalinpark.org; Klenner 299; ⏲周一至周五 9:00~18:00）这是普马林公园的官方旅游局，尽管公园在巴塔哥尼亚北部。

旅游局（☎065-236-1146; www.ptvaras.cl; Del Salvador 320; ⏲8月至次年5月 8:30~21:30，4月至7月 至19:30）很有帮助，可以领取小册子和免费的区域地图。

到达和离开

大多数长途汽车从蒙特港发车。有两个汽车站，**Cruz del Sur**（☎065-223-6969; www.busescruzdelsur.cl; San Francisco 1317; ⏲售票处 7:00~21:30）是去奇洛埃和蓬塔阿雷纳斯的最佳选择，**Bus Norte**（☎065-223-4298; www.busnortechile.cl; Andrés Bello 304, 2层，售票处）也去往阿根廷的巴里洛切。**Terminal Tur Bus**（☎065-223-3787; www.turbus.cl; Del Salvador 1093; ⏲售票处 周一至周五 7:00~23:10，周六和周日 7:00~13:50和16:30~23:10），还有JAC和Condor汽车公司，有许多发往北部的线路，包括圣地亚哥。

往返于恩塞纳达（Ensenada, 1200比索，1小时）、派特洛胡（Petrohué, 2500比索，1.5小时）、蒙特港（800比索，15分钟）、科查莫（2500比索，1.5小时）和普埃洛河（Río Puelo, 4000比索，3小时）的小型公共汽车全部都在Walker Martínez和San Bernardo交叉路口发车。前往弗鲁蒂亚尔（Frutillar, 900比索，30 分钟）的公共汽车从San Bernardo附近的Av Gramado大街发车。

目的地	费用（比索）	行程（小时）
安库德	5000	2.5
巴里洛切，阿根廷	15,000	6
卡斯特罗	6500	4.5
奥索尔诺	2000	1.25
普冈	9300	5.5
蓬塔阿雷纳斯	40,000	18
圣地亚哥	25,000	12
特木科	6500	6
瓦尔迪维亚	4500	3.5

恩塞纳达（Ensenada）

从巴拉斯港沿着一条风景如画的滨海公路走45公里，就到了质朴的恩塞纳达，这里其实只有一些餐馆、旅馆（hospedajes）和探险旅行社而已，但对于那些热爱户外运动并想远离城镇生活的人来说，这里有绝佳的自然环境，还能看到奥索尔诺火山和卡尔布科火山（Calbuco）的全景。一个不错的大本营是舒适的Hamilton's Place（手机8466-4146；hamiltonsplaceensenada@gmail.com；Camino a Ensenada Km 42；标单/双40,000/49,000比索，无独立卫生间 22,000/35,000比索；），由一个很受欢迎的巴西-加拿大家庭经营，也供应可口的晚餐。如果你计划在奥索尔诺火山爬山或者滑雪，在这里过夜可以多睡1小时。

2014年卡尔布科火山的喷发改变了这里的地貌，整片区域覆盖着灰烬，不过旅游业仍在运营中。

比森特·佩雷斯·罗萨莱斯国家公园（Parque Nacional Vicente Peréz Rosales）

在这个拥有美丽湖泊和高耸火山的国家公园里，诸圣湖（Lago Todos Los Santos）和奥索尔诺火山也许很突出，但也只是整座公园众多亮点中的两个而已。在这个跨越安第斯山脉的胜地，湖泊一个接一个，火山占据着四面的天际。

比森特·佩雷斯·罗萨莱斯国家公园占地2510平方公里，有积雪覆盖的奥索尔诺火山（海拔2652米）、Puntiagudo火山（海拔2190米）和蒙特罗纳多火山（Monte Tronador，海拔3554米）。225号公路的尽头在巴拉斯港以东50公里处的派特洛胡（Petrohué），那里是公园的入口。夏季由巴拉斯港开来的小型公共汽车班次频繁，但是在其他时候，汽车的班次就减少到一天两班。

在到达村庄前6公里处的Saltos del Petrohué（门票 1500比索；8:30~20:00），瀑布流过玄黑岩石。派特洛胡有海滩、小径和前往Cruce de Lagos的Peulla码头。你可以在树木繁茂的国家林业局露营地（手机5791-4351；www.conaf.cl；1~5人露营地 10,000比索）露营。从那里出发，有一条尘土小路通向长长的黑沙海滩Playa Larga，小路Sendero Los Alerces从这里向西延伸，与Sendero La Picada会合。沙地小路爬升至奥索尔诺火山的Paso Desolación山口，从这里可以环视湖泊和火山。湖周围没有道路，这使得内部的小路只能乘船到达。

从恩塞纳达附近可前往奥索尔诺火山登山或滑雪。Centro de Ski y Montaña Volcán Osorno（065-566-624；www.volcanosorno.com；半日/全日缆车票 19,000/24,000比索）有两个缆车，供滑雪或者欣赏风景。这里也提供滑雪板租赁服务。在夏天，乘坐滑雪缆车（14,000比索）上山，可以看到美不胜收的风景，或者徒步上山。

雪坡下是漂亮的Refugio Teski（065-256-6622；www.teski.cl；铺 含寝具/睡袋 15,000/12,000比索，双 有/无独立卫生间 35,000/47,000比索；），从这里上山无比方便。租一个靠山的热水浴缸（40,000比索，3小时，含一杯皮斯科鸡尾酒和零食），24小时开放，在日落时分的减价时段享受买一送一的饮料，痛快玩一夜。

除旅游套餐之外，没有公共交通往返雪道。如果自驾前往滑雪区和乡间小屋（refugio），沿恩塞纳达-奥克泰港的路，直到距离恩塞纳达3公里处的一个指示牌，然后沿着岔路继续行进10公里。

蒙特港（Puerto Montt）

065 / 人口 21.89万

湖区的首府——蒙特港也是这个地区交通拥堵、快速发展的商业和交通中心。它最大的价值就是其过多的交通出口：飞机、渡轮、长途汽车或者租来的车，你可以迅速离开，去往无穷尽的难忘地方。不过，也有旅行者会在不经意间喜欢上这里朴素的智利蓝领氛围。

景点

Av Angelmó路边摊 市场

（Av Angelmó）充斥着柴油味、烟雾和满载货物，繁忙的Av Angelmó混合着让人应接不暇的路边摊（出售手工艺品、烟熏贝类、可食用海藻cochayuyo和神秘的小饰品）、工艺品市场和侍者不停招揽生意的游客化海鲜餐馆，享受这种混乱，继续前行。最优质的工艺品和食物在街的尽头，市中心以西3公里处风景如画的渔码头Angelmó，有频繁的当地公共汽车和合乘出租车可以轻松抵达。

迭戈·里维拉艺术之家 画廊

（Casa del Arte Diego Rivera；www.culturapuertomontt.cl；Quillota 116；⏲周一至周五9:00～13:00和15:00～18:30）免费 这个由墨西哥人和智利人共同开发的项目于1964年落成，楼上的Sala Hardy Wistuba专注于当地艺术家、雕刻家和摄影师的作品，还附带一个小咖啡馆和一个很棒的精品店。

大教堂 教堂

（Iglesia Catedral；Urmeneta s/n）位于武器广场上的大教堂建于1856年，全部由山达木树（alerce）建成，是城里最古老的建筑，也是少数吸引人的建筑之一。

住宿

Casa Perla 客栈 $

（☎065-226-2104；www.casaperla.com；Trigal 312；露营地 每人 6000比索，铺 10,000比索，房间 每人 无独立卫生间 12,000比索；@📶）这家受人欢迎的家庭旅馆的女主人Perla，会讲英语和法语，会让你感觉你像她的兄弟姐妹一样。所有的卫生间都是公用的，客人可以使用厨房，Perla在烧柴炉上制作果酱和面包。这家满是装饰品的客栈是附近街区最舒适的选择。

Hospedaje Vista al Mar 客栈 $

（☎065-225-5625；www.hospedajevistaalmar.cl；Vivar 1337；标单/双 25,000/35,000比索，无独立卫生间 15,000/28,000比索；@📶）这个家庭旅馆是住宅区里最好的客栈之一。客栈用优质硬木装饰，卫生间一尘不染，房间里有有线电视，还能看到海湾美景。Eliana营造出友好的家庭气息，无微不至，早餐超过智利的平均水平：酸奶、全麦面包、蛋糕、玛芬，有时还有纯正的咖啡。

House Rocco Backpacker 客栈 $

（☎065-227-2897；www.hospedajerocco.cl；Pudeto 233；铺/标单/双 12,000/25,000/30,000比索；📶）这家由智利人和美国人经营的旅行者之家距Navimag5个街区，有一个很大的、光线很好的厨房，墙和门是暖色调的木头做的，配有羽绒被。有自制的法式薄饼配manjar（ducle de leche，一种焦糖酱）和纯正咖啡的早餐加分不少。不过和竞争者相比，细节上有些粗糙。主人Veronica正在出售这里，如果你想让它焕然一新的话可以试试。

餐饮

Sanito 智利菜 $

（www.sanito.cl；Copiapó 66；套餐 4000比索；⏲周一至周五 9:00～20:00；📶🥕）蒙特港最好的健康之选，拥有艺术氛围，每日供应新鲜食物，感觉就像自家做的。餐厅每天都推出汤品、沙拉和主食套餐（包括果汁和咖啡/茶），还有可以自行选择的沙拉和三明治（2800～3500比索），背景音乐从拱廊之火乐队（Arcade Fire）跳跃到20世纪70年代的灵魂音乐。

Puerto Fritos 海鲜 $

（Presidente Ibañez 716，Mercado Municipal Presidente Ibañez；主菜 2800～6700比索；⏲周一至周六 9:30～17:30，周日 10:00～18:00；📶）忘掉游客化的Angelmó吧！在这家可爱低调的当地人秘密之地，有蒙特港最好的观景点，整个城市都展现在你眼前。值得花3000比索打车来这里，尝尝超棒的caldillo de mariscos（海鲜汤，4200～34,900比索）和ceviche（酸橘汁腌海鲜，4700～36,500比索），所有食材都非常新鲜，直接来自楼下的市场。

★Chile Picante 智利菜 $$

（☎手机 8454-8923；www.chilepicanterestoran.cl；Vicente Pérez Rosales 567；套餐 8500比索；⏲周一至周六 11:30～15:30和19:30～22:30；📶）主厨Francisco Sánchez Luengo打理着这家亲切有趣的美食热点，它离大多数廉价住宿有一段费力的（上坡）步行距离。餐厅以广阔的城市和大海为背景，Luengo在他每日更换的三道菜套餐里，仅提供少量选择，所有套餐都由当日市场食材精心烹制。

Boule Bar 酒吧

（Benavente 435；⏲周一至周五 18:00至次日3:00，周六 20:00至次日4:00）这家多房间的

Puerto Montt 蒙特港

酒吧装修独特，以滚石杂志的旧封面和其他音乐宣传画作为背景，酒吧里点着蜡烛，有一些桌子、吧台是树皮做的。这里是和一群欣赏好音乐的人一起通宵的好地方。每晚直到23:00很多鸡尾酒都半价。

实用信息

到处都有网吧和自动柜员机。晚上，汽车总站和港口附近有一些小偷小摸等犯罪活动。提高警惕，不要在这些地方或海边独自行走。

Clinica Los Andes（www.clinandes.cl；Av Bellavista 123；⏲24小时）城里最好的私立医院。

国家林业局（Conaf；☎065-248-6102；Ochagaviá 458；⏲周一至周四 9:00~12:45和14:30~17:30，周五 至16:30）提供附近国家公园的详细信息。

Sernatur（☎065-222-3016；www.sernatur.cl；San Martín 80；⏲周一至周五 8:30~17:30，周六 9:00~15:00）在武器广场西侧外沿，以及机场到达大厅（⏲周一至周五 9:00~18:00）。有许多小册子，但不太说英语。

到达和离开

飞机

LAN（☎600-526-2000；O' Higgins 167, Local 1-B；⏲周一至周五 9:00~13:30和15:00~18:30，周六 9:30~13:30）每天都有多趟航班飞往蓬塔阿雷纳斯（145,000比索起，2小时15分钟）和Balmaceda/科伊艾克（112,000比索起，1小时），并且每天还有几趟飞往圣地亚哥（185,000比索起，1.5小时）的航班。**Sky Airline**（☎600-600-2828；www.skyairline.cl；San Martín和Benavente交叉路口；⏲周一至周五 9:00~19:00，周六 10:00~13:00）飞往蓬塔阿雷纳斯和圣地亚哥的航班票价会便宜一些。

船

蒙特港是前往巴塔哥尼亚的主要港口。

Terminal de Transbordadores（Av Angelmó 2187）车站设有售票处和为Navimag和Naviera Austral而设的候船室，在同一幢建筑里。Navimag最热门的行程是乘坐渡轮Evangelistas号从蒙特港前往纳塔莱斯港，周五出发和返回，周四晚上登船。这是一趟很受欢迎的3晚行程，穿越智利峡湾。你可以在Navimag位于圣地亚哥、蒙特港和纳塔莱斯港的办事处买票，或者在网站（www.navimag.com）订购船票。

旺季为11月到次年3月，淡季则是4月到10月，船票价格包含餐费（可以要求素餐）。每人的费用

Puerto Montt 蒙特港

景点

1 迭戈·里维拉艺术之家 E1
2 大教堂 E1

住宿

3 Casa Perla B1
4 Hospedaje Vista al Mar A2
5 House Rocco Backpacker A3

就餐

6 Chile Picante A1
7 Sanito F2

饮品和夜生活

8 Boule Bar E1

根据所在房间能看到的景致和卫生间是否共用而不同。在旺季，单人位的价格约680,000比索起，双人间每人359,000比索起。汽车另外计费，自行车和摩托车也可以带上船，需要加付一些费用。南部线路包括到Pio XI冰川，这是南美洲最大的冰川（和圣地亚哥一样大），沿途还有其他一些更加漂亮、更加上镜的冰川。

长途汽车

蒙特港临海新装修的**汽车站**（☎065-228-3000; www.terminalpm.cl; Av Diego Portales和Lillo交叉路口）是主要的交通枢纽。夏季时，前往蓬塔阿雷纳斯和巴里洛切（阿根廷）的车票很容易售完，所以要提前预订。

有小型公共汽车前往巴拉斯港（800比索，25分钟）和弗鲁蒂亚尔（1500比索，1小时）。也有长途汽车前往科查莫（2500比索，2.5小时），每天4班，到达以后还会继续向普埃洛河（4000比索）前进。

Cruz del Sur（☎065-248-3144; www.busescruzdelsur.cl）有频繁车次前往奇洛埃。而**Tur Bus**（☎249-3401）每天有车前往瓦尔帕莱索/比尼亚德尔马。这两家公司，加上**Igi Llaima**（☎065-225-9320; www.igillaima.cl）和**Pullman Bus**（☎065-251-6561; www.pullman.cl），都有车前往圣地亚哥，经停很多个城市。

Via Bariloche（☎065-223-3633; www.viabariloche.com.ar）和**Andesmar**（☎065-228-0999; www.andesmar.com）每天都有车前往巴里洛切和Cruz del Sur。

目的地	费用（比索）	行程（小时）
安库德	4500	2.5
巴里洛切，阿根廷	18,000	6
卡斯特罗	6200	4
康塞普西翁	15,000	10
科伊艾克	36,000	24
奥索尔诺	2500	1.5
普冈	9500	5.5
蓬塔阿雷纳斯	45,000	30
克利翁	8000	6
圣地亚哥	27,000	12~14
特木科	6700	5
瓦尔迪维亚	5000	3.5
瓦尔帕莱索/比尼亚德尔马	23,000	15

当地交通

Andrés Tour（☎065-225-6611; www. andrestur.com）的班车每小时从汽车站发车（3000比索），前往城西16公里处的机场**Aeropuerto El Tepual**（☎065-229-4161; www.aeropuertoeltepual.cl）。

租车公司**Europcar**（☎065-236-8216；Antonia Varas 162；⊙周一至周五 8:00~19:00，周六 至 13:30），可以在出发前两天帮你办好将所租车辆开进阿根廷的许可证。

奇洛埃（CHILOÉ）

满眼翠绿，雾气氤氲，神秘动人的奇洛埃大岛（Isla Grande de Chiloé）是南美洲第二大的岛屿，岛民非常独立且善于航海，孕育出了与智利大陆全然不同的文化和历史。西班牙簇拥者的历史地位很大程度上来自于耶稣会传教士的巨大影响。

表面上的差异体现在建筑和食物上：这里有tejuelas（著名的奇洛埃木瓦）、palafitos（建在浅水中的高脚屋）、超过150座形象各异的木教堂（其中16座被联合国教科文组织列为世界遗产），以及curanto（著名的用肉、土豆和海鲜做成的炖汤）。你还会进一步发现一个丰富的精神文化，基于巫术、鬼船和丛林生物的各种神话故事。

这里狂风肆虐的地貌拥有起伏的山峦、偏僻的国家公园，以及茂密的丛林，赋予了奇洛埃有别于南美洲任何一个地方的独特魅力。这片由超过40个小岛组成的群岛中，主岛有180公里长，只有50公里宽，是繁茂的丘陵牧场。城镇和农场集中在东边，而西边的海岸靠着浩瀚的太平洋，丛林密布，几乎没有道路。

Chiloé 奇洛埃

安库德（Ancud）

☎065 / 人口 4.08万

喧闹而被风化的安库德城，可以作为一个朴实的大本营，由此前往企鹅聚居地探索，或到狂风大作、眼花缭乱的北部海岸散步、划皮划艇。

景点

★ 圣母无染原罪游客中心 博物馆

（Centro de Visitantes Inmaculada Concepción；www.iglesiasdechiloe.cl；Errázuriz 227；建议捐款 500比索；⊙12月至次年2月 10:00~19:00，3月至11月 至18:00）在参观奇洛埃的世界遗产教堂之前，一定要先到这座精彩的博物馆，它位于安库德圣母无染原罪修道院（Convento Inmaculada Concepción de Ancud，1875年）旧址。展品包括所有16座教堂的木制微缩模型，展示了每座教堂内部复杂精细的木工手艺。

★ 安库德地区博物馆 博物馆

（Museo Regional de Ancud；Museo Chilote；www.museoancud.cl；Libertad 370；成人/儿童 600/300比索；⊙1月和2月 10:00~19:30，3月至12月 周二至周五 10:00~17:30，周六和周日 10:00~14:00）精彩的Museo Regional Aurelio Borquez Canobra通常被称作奇洛埃博物馆（Museo Chilote），很好地追溯了这个岛屿的历史，包括一个"安库德号"（曾航行至变幻莫测的麦哲伦海峡峡湾，以宣告智利对最南端疆域的主权）全尺寸的复制品。

Fuerte San Antonio 要塞

（Lord Cochrane和Baquedano交叉路口；

周一至周五 8:30~21:00，周六和周日 9:00~20:00）免费 在独立战争期间，这座城堡是西班牙在智利的最后一个哨站。在城镇的西北角，殖民地晚期的炮台从19世纪早期的堡垒遗迹俯视着港口。在北墙之后有一片稍显僻静的海滩Playa Gruesa。

团队游

城里有很多旅行社组织乘坐小型公共汽车前往Monumento Natural Islotes de Puñihuil观看企鹅的游览，费用大约是17,000比索。

Austral Adventures　户外

（065-262-5977；www.austral-adventures.com；Av Costnera 904）这家专业旅行社组织从安库德出发的英语团队游，包括聚焦自然的短途旅行，观赏企鹅和鲸鱼、在海湾划皮划艇以及观鸟活动等——永远选择真正环保用心的团队游，而非那些千篇一律的。美国主人Britt Lewis超级友好博学。

住宿

★13 Lunas Hostel　青年旅舍 $

（065-262-2106；www.13lunas.cl；Los Carrera 855；铺 10,500比索起，标单/双 19,000/33,000比索；）这家乐于助人的青年旅舍是背包客的最佳选择，它就在Cruz del Sur汽车站正对面，很好找，明亮的绿色和黄色装饰图案彰显着奇洛埃的艺术气息。年轻热情的主人Claudio讲英语。可爱的旅舍透着舒适的氛围，明亮的硬木材质，自然采光的灯塔，酒店级别的卫生间，茂盛的草坪，还有一个可以看风景的阳台。

Chiloé Turismo Rural　家庭寄宿 $

（www.chiloeturismorural.cl）奇洛埃的农业旅游协会不仅组织去农业和渔业社区参观，还组织一些小城镇和偏远村庄的百姓在自家提供食宿。在Sernatur领取民宿名录。

Camping Arena Gruesa　露营地 $

（065-262-3428；www. hotelarenagruesa.cl；Av Costanera Norte 290；露营地 每人 5000比索，标单/双 含早餐 20,080/36,000比索起；）位于城北的一个山崖上，城市里的露营地可看不到这么漂亮的风景。营地长满了草，维护得也很好，有电、夜间热水淋浴、避雨处以及超级干净的明亮卫生间。距离海滩仅一步之遥。

Hostal Mundo Nuevo　青年旅舍 $$

（065-262-8383；www.hostalmundonuevo.com；Costanera 748；铺 13,000比索，标单/双/四 32,000/43,000/54,000比索，标单/双 无独立卫生间 24,000/34,000比索；）这家瑞士人开的伪装成青年旅舍的中档住宿，离Cruz del Sur汽车站非常近，这里拥有明信片般完美的安库德海湾日落美景，在旅舍洒满自然光的前廊宽大舒服的长椅上，以及12个单间和1个6人间里，都可以欣赏。

新的户外热水浴池（12,000比索起，最多8人）非常值得提前几小时预订。

餐饮

Mercado Gastronómico　市场 $

（Dieciocho）沿Dieciocho街隐藏着一排乡村气息的市场摊位，供应cazuela（肉菜炖汤）、chupe（鱼肉砂锅）和午餐套餐，2000~5000比索。

Retro's Pub　餐吧 $

（Ramírez 317；主菜 4300~9000比索，比萨 9000~12,500比索；周一至周五 正午至次日2:00，周六 20:00至次日4:00；）这家安库德最长盛不衰的酒吧横跨好几个房间。菜单上满是美国-墨西哥菜，还有让人想起用酵母发酵的圆面包做成的堪萨斯巨无霸汉堡（需要叉子）、石烤比萨、三明治和意大利面，一切都是自制的。

Q'ilú　餐吧 $

（www.qilurestobar.blogspot.com；Ramírez 278；主菜 3600~8000比索；周一至周四 10:00至次日1:00，周五至周六 至次日2:00；）这家时尚餐吧供应娴熟美味的menú del día（廉价套餐，3500比索，至13:00），环境是厚重的硬木风格——安库德通常如此——也是一个喝饮品的好地方。

Club Social Mehadier　酒吧 $

（Baquedano 469；啤酒 2500比索；正午至次日2:00，周日歇业）这家安库德最有趣最

时尚的新酒吧是一个来自特木科的夜店老手开的，在一栋翻新的木瓦奇洛埃房子里，它曾在20世纪六七十年代是一个同名的社交俱乐部。有散装的精酿啤酒——Cuello Negro和Kross，有维多利亚风格的沙发和装饰。供应比萨和面条。

实用信息

国家林业局（Conaf；065-262-7520；Errázuriz 317；周一和周三 9:00~12:50和14:30~17:30，周五 9:00~12:50和14:30~16:30）提供国家公园信息。

安库德医院（Hospital de Ancud；www.hospitalancud.gov.cl；Almirante Latorre 301；24小时）在Pedro Montt街的街角。

Sernatur（065-262-2800；www.sernatur.cl；Libertad 665；12月至次年2月 周一至周五 8:30~19:00，周六和周日 9:30~19:00，3月至11月 周一至周四 8:30~18:00，周五 8:30~17:00）这是岛上唯一一个正式的国家旅游局，工作人员很热心，提供有帮助的小册子和城市地图以及住宿地点清单，有Wi-Fi。

到达和离开

Cruz del Sur（065-262-2265；www.busescruzdelsur.cl；周一至周六 6:30~22:00，周日 7:00~22:00）拥有并且经营着主要的汽车站**Terminal de Buses**（Los Carreras和Cavada交叉路口），几乎每小时都有车开往奇洛埃南部城镇、泛美公路向北沿途城市，包括每天3班开往圣地亚哥（17,000比索，17小时）的公共汽车。主汽车站离海滨和市中心只有5分钟的步行距离。

要前往奇洛埃东部更多乡村地区，可以去Colo Colo路Bigger超市上面的小型乡村公共汽车站乘车，上车后买票。

卡斯特罗（Castro）

065 / 人口 4.16万

卡斯特罗是奇洛埃迷人且风格独特的首府。由于近10年来三文鱼产业的繁荣发展，这个蓝领小镇从一个朴素的小岛，转而变身拥有现代化的大超市和精品酒店。尽管这座群岛首府喧哗热闹，除了舒适的旅游设施外，仍或多或少保持着奇洛埃本土特色。卡斯特罗位于岛内的正中心，是探索城外景点的绝佳基地。

景点

千万别错过独特的水上高脚屋（palafitos），它们证明了卡斯特罗自1567年以来的历史传承。从街道上看过去，它们和城里其他的房子没什么两样，但它们的底座刚好高于水面，在涨潮时，这些房屋被作为码头，船舶会被固定在屋子的高脚上。这些房子大都在城北的Costanera Pedro Montt街上。

★卡斯特罗圣弗朗西斯科教堂 教堂

（Iglesia San Francisco de Castro；San Martín；1月和2月 9:30~22:00，3月至12月 9:30~12:30和15:30~20:30）意大利人Eduardo Provasoli在对这座教堂的精心设计中，将新哥特风格与古典风格融合一体，它是奇洛埃的世界遗产之一，于1912年完工以替代之前烧毁的教堂（更早之前已经烧毁重建过一次）。

卡斯特罗地区博物馆 博物馆

（Museo Regional de Castro；Esmeralda 255；1月和2月 周一至周五 9:30~19:00，周六 9:30~18:30，周日 10:30~13:00，3月至12月 周一至周五 9:30~13:00和15:00~18:30，周六 9:30~13:00）免费 这个距武器广场半个街区的博物馆，有序地展出了一系列维利切（Huilliche）文物、乐器、传统农场工具，奇洛埃木船模型，和奇洛埃城镇的变迁。记录1960年地震的黑白照片会帮你理解这一悲剧的影响。

团队游

★Chiloétnico 文化游、探险游

（065-630-951；www.chiloetnico.cl；Ernesto Riquelme 1228）这家备受推崇的旅行社有三语服务（流利的英语和德语），在正确的地方做着正确的事情。Jata组织很棒的山地车骑行和徒步游，前往奇洛埃国家公园、Parque Tantauco公园和附近的小岛。还有探索奇洛埃那些更鲜为人知的世界遗产教堂的文化游，在那些还没被糟蹋的次要小岛，旅游业仍然是个新鲜事物。这里还可出租露营装备和自行车。

Chiloé Natural 皮划艇

（手机 6319-7388；www.chiloenatural.

com; Pedro Montt 210)这家非常友好，有环保意识的机构专注于皮划艇运动，包括设备租赁（每小时5000比索），以及卡斯特罗及更远地方的半日游和多日游（每人3500比索起）。

住宿

Hostal Cordillera 客栈 $

（065-253-2247; www.hostalcordillera.cl; Barros Arana 175; 标单/双 18,000/35,000比索，房间 无独立卫生间 每人 15,000比索; ）天气令你沮丧？这个旅行者之家的老板会以母亲般的关爱让你笑容满面。你将享受海景、大卫生间（两个刚翻新的在楼上）、舒服的床、电暖气和有线电视。

Palafito Hostel 青年旅舍 $$

（065-253-1008; www.palafitohostel.com; Ernesto Riquelme 1210; 铺/标单/双 15,000/30,000/42,000比索; ）这家奢侈背包客的青年旅舍位于Palafitos Gamboa，拥有俯瞰卡斯特罗峡湾的灵性视角，在2008年开业时革新了卡斯特罗，是把这座城市变成时髦目的地的催化剂。这里的床位价格稍高，但是物有所值，有储物柜、丰盛的早餐、梦幻的美景，以及到处弥漫的小屋气氛。

Palafito 1326 精品酒店 $$

（065-253-0053; www.palafito1326.cl; Ernesto Riquelme 1326; 标单/双 52,000/62,000比索起; ）这家精品酒店依照奇洛埃美学来设计，全部由湿地柴（tepú）和柏木建造雕刻，这个高脚屋（palofito）设计酒店有12个小房间，配有高档的物件，比如来自达卡卫（Dalcahue）的羊毛用品。可欣赏峡湾风景的房间会让你感觉睡在湿地上。

餐饮

★ Hostalomera 智利菜 $

（www.hostalomera.com; Balmaceda 241; 套餐 2800比索; 周一至周六 13:00~17:00，周二至周六 19:00~22:00; ）你找不到别的地方可以以这么低的价格在这么好的环境里吃到这么美味的食物，暂且不说它是怎么做到不亏本的，这家有艺术气氛的午餐餐馆每天提供5道极棒的自制菜品，包括开胃菜和果汁，只需2800比索。

Café del Puente 咖啡馆、早餐 $

（Ernesto Riquelme 1180b; 主菜 1200~5200比索; 周二至周日 9:00~21:00; ）治愈早餐忧郁（还有更多）！这家气氛很不错的淡蓝色水上咖啡馆兼茶馆，提供一切你想念的东西：鸡蛋、培根、法式吐司、牛奶什锦早餐和全麦面包……并且做得不错。还有下午茶和全天供应的经典三明治。

★ Mercadito 当代智利菜 $

（www.elmercaditodechiloe.cl; Pedro Montt 210; 主菜 6400~8200比索; 周一至周三 13:00~16:00和20:00~23:00; ）这家古怪的餐馆是吃货之选。当地农产品的创意取材，打造出杰出的美食，会让你面临头疼的选择：蟹肉酥皮卷配苦艾酒，鳕鱼天妇罗配蚕豆泥，填满食物贝类配pil-pil酱。菜肴偏贵，但物有所值。

Almud Bar 酒吧

（Serrano 325; 精酿啤酒 2500~4000比索; 周一至周四 18:30至次日2:00，周五 19:30至次日3:30，周六 20:30起）这家卡斯特罗最正宗的酒吧——以奇洛埃土豆的计量单位命名——供应多种鸡尾酒、精酿啤酒、气泡酒和一些酒吧小吃，都很受喜爱。

实用信息

广场边有不少自动柜员机。

国家林业局（Conaf; 065-253-2501; Gamboa 424; 周一至周四 9:00~13:00和14:00~18:00，周五 至17:00）官方的智利公园管理部门，提供有限的关于奇洛埃国家公园的英语和西班牙语信息。

邮局（CorreosChile; www.correos.cl; O' Higgins 388; 周一至周五 9:00~13:30和15:00~18:00，周六 9:30~12:30）位于武器广场西侧。

卡斯特罗医院（Hospital de Castro; www.hospitalcastro.gov.cl; Freire 852）

Parque Tantauco办事处（065-263-3805; www.parquetantauco.cl; Panamericana Sur 1826; 1月和2月 9:00~18:00，3月至12月 周一至周五 9:00~18:00）Parque Tantauco公园的官方办事处。

旅游信息亭（065-254-7706; www.visitchiloe.cl;

Plaza de Armas；⏲1月和2月 10:00~21:00，3月至12月 至19:00）一个大的信息亭，提供有用的小册和地图。

到达和离开

飞机

崭新的**Aerodrómo Mocopulli**机场位于城北20公里处，有民航。**LAN**（☎065-263-2866；www.lan.com；O' Higgins 412；⏲周一至周五 9:00~13:00和15:00~18:15，周六 9:30~13:15）经由蒙特港飞往圣地亚哥。

船

夏季里，**Naviera Austral**（☎065-263-5254；www.navieraustral.cl；Latorre 238）有船往返于柴腾（Chaitén），于1月至2月的周六午夜发船。船票从12,000比索（座位）到25,700比索（带窗铺位）。运送车辆须花82,000比索。

长途汽车

位于奇洛埃正中心的卡斯特罗是岛上的公共交通枢纽。**市立汽车站**（Terminal de Buses Municipal；San Martín）提供去往全岛大多数小地方的客运服务以及一些长途客运服务。前往Mocopulli（600比索）、达卡卫（800比索）、Chonchi（800比索）、金查奥岛（Isla Quinchao，1400比索）和Tenaún（1500比索）的车全部由此出发。**Cruz del Sur terminal**（☎065-263-5152；www.busescruzdelsur.cl；San Martín 486）则发车前往克利翁和安库德，并且还有更多的长途汽车服务。票价情况包括：安库德（1500比索，1.5小时）、蒙特港（6200比索，4小时）、特木科（12,000比索，10小时）。

达卡卫和金查奥岛（Dalcahue & Isla Quinchao）

卡斯特罗东北20公里处的达卡卫有一座建于19世纪的世界遗产教堂——Nuestra Señora de Los Dolores，以及一个著名的手工艺品市场（⏲12月至次年2月 9:00~18:00，3月至11月 周日 9:00~17:00）。在市场上你可以买到这座岛上最正宗的手工艺品：用oveja（羊毛）织成的毛衣、袜子和帽子，这些羊毛产品都是用植物根茎和叶子以及富含铁的泥土等天然染料上色的。市场每天开放，但周日最热闹。Hostal Encanto Patagon（☎065-264-1651；www.hostalencantopatagon.blogspot.com；Perdro Montt 148；铺 8000比索，房间 无独立卫生间 每人 10,000比索；@📶）在一栋迷人的百年奇洛埃老屋里，提供家常菜。

库拉科-德贝雷斯（Curaco de Vélez）位于达卡卫到Achao的中途，建于1660年，是奇洛埃建筑的瑰宝，它的海滩上还有露天生蚝吧，来往于达卡卫和Achao之间的公共汽车在这里停留。

位于达卡卫东南的金查奥岛是群岛中最容易到达的岛屿之一，值得一日游。金查奥岛上最大的镇子Achao有奇洛埃最古老的教堂。Achao的Iglesia Santa María de Loreto教堂是由木楔而非铁钉连接起来的。Hospedaje Plaza（☎065-266-1283；Amunátegui 20；标单/双 8000/16,000比索，无独立卫生间 7000/14,000比索）是一个友好的家庭旅馆。就餐可以去能够眺望码头的Mar y Velas（Serrano 2；主菜 4500~8000比索；⏲9:00至次日1:00），供应贻贝、蛤蚌和冰啤酒。汽车站（Miraflores和Zañartu交叉路口）位于教堂以南一个街区。前往达卡卫（1200比索）和卡斯特罗（1600比索）的汽车每天15~30分钟一班。

奇洛埃国家公园（Parque Nacional Chiloé）

在这个位于卡斯特罗以西54公里、占地430平方公里的国家公园（☎065-297-0724；成人/儿童 1500/750比索；⏲12月至次年3月15日 9:00~20:30，3月16日至11月 至18:30）内，广袤而常青的森林、绵延的灰褐色沙滩，连接着一望无际、波涛起伏的太平洋。公园里鸟类资源丰富，有珍稀的奇洛埃狐狸和行踪不定的pudú（世界上最小的鹿）。受太平洋风暴影响，做好下大雨的准备。

通过附近的村庄Cucao进入公园，村里有不断增加的配套设施和停车区Chanquín，国家林业局在这里有一个游客中心（⏲12月至次年3月15日 9:00~20:30，3月16日至11月 至18:30）可以提供信息。Sendero Interpretivo El Tepual小路穿越密林，沿着倒下的树木蜿蜒1公里。2公里长的Sendero Dunas de Cucao通向长长的白沙海滩后面的一系列沙丘。最受欢迎的路线是25公里长的Sendero Chanquín–Cole Cole，它沿着海岸，经过Lago Huelde湖通往Río Cole Cole河。然后再继续向北步行8公里，经过火红的香桃木林，到达Río Anay河。

食宿

大多数食宿地点在Cucao过了桥的地方。

Cucao Home 客栈 $

（☎手机 5400-5944；cucaohome@gmail.com；Laura Vera，Cucao；铺 7000比索，标单/双无独立卫生间 15,000/30,000比索；@📶）一个来自Puerto Natalas的自命不凡的年轻人租下了这个传统的廉价客栈（前身是Hospedaje Paraiso），将它变成针对背包客的住宿选择。这里有个小咖啡馆和城里最便宜的床位。它位于一栋褪色的粉色房子，在过桥之前几百米，有绝佳的河景。

Camping Chanquín 露营地 $

（☎手机 9507-2559；contacto@parquechiloe.cl；露营地 每人 5000比索，小屋 60,000比索）露营地位于园内，距游客中心200米，有完备的设施和一个避雨区。宽敞的小屋刚刚翻新过。

★ **Palafito Cucao Hostel** 酒店 $$

（☎065-297-1164；www.hostelpalafitocucao.cl；Sector Chanqúin；铺 15,000比索，标单/双/标三 40,000/50,000/70,000比索；@📶）这家与卡斯特罗的Palafito 1326和Palafito Hostel同样时髦的姐妹酒店，有Cucao目前最棒最舒服的床，无论你住在时尚的单间或者同样高级的6人间。

漂亮的酒店位于Lago Cucao湖，有舒适的公共区域和厨房，还有一个视野绝佳的全景露台，和一个户外热水浴池。

到达和离开

卡斯特罗和Cucao之间有固定的公共汽车。时间表总在变化，但是通常一天有很多班（1800比索，1小时）。

克利翁（Quellón）

☎065／人口2.4万

那些幻想在泛美公路的尽头有一桶金子和彩虹的人们会惊讶于这个丑陋的港口，大多数游客来这里只是为了搭乘渡轮前往柴腾（Chaitén）。海滨的Hotel El Chico Leo（☎065-268-1567；ligorina@hotmail.com；Costanera Pedro Montt 325；房间 每人 15000～28000比索，无独立卫生间 9000比索；📶）提供性价比最高的住宿，有干净明亮的房间、热情周到的工作人员和舒适的床铺。可以在这里吃海鲜午餐，或者去Isla Sandwich（Juan Ladrilleros 190；三明治 3500～6500比索；⏲周一至周五 10:30～21:00，周六 正午至20:00；📶）吃美味三明治。

Cruz del Sur和Transchiloé的汽车由汽车站（☎065-268-1284；Pedro Aguirre Cerda和Miramar交叉路口）出发，频繁前往卡斯特罗（2000比索，2小时）。Naviera Austral（☎065-268-2207；www.navieraustral.cl；Pedro Montt 457；⏲周一至周五 9:00～13:00和15:00～19:00，周六 10:00～13:00和16:00～22:00）在周四凌晨3:00前往柴腾（15,500比索起），全年发船。

巴塔哥尼亚北部（NORTHERN PATAGONIA）

河流、山峰、绵延的冰川相互交织，形成了一道天然屏障，曾长期把巴塔哥尼亚北部和外界隔绝开来。皮诺切特的南疆旅道（Carretera Austral，Hwy 7）建于20世纪80年代，是有效连接这片偏远地区的首条公路。与世隔绝的状态使当地生活完全依靠自给自足，严格遵守自然规律。当地俗语说"Quien se apura en la Patagonia pierde el tiempo"（在巴塔哥尼亚，心急反而误事）。在这片比湖区更远的偏远之地，天气主宰着一切。因此请少安毋躁。错过航班，渡轮延迟，洪水肆虐，这些都是家常便饭。此时你只需像当地人一样耐心等待，可以趁机烧壶水，和同伴来一次促膝长谈。

南疆旅道始于蒙特港南部，贯穿许多星罗棋布的小镇和村落，一直延伸到奥希金斯镇，全长1200多公里。旺季（12月中旬至次年2月）有相当多的旅游选择。车船联运的环线为游客提供了这一地区的全景视野。从普马林公园到卡雷拉将军湖的线路也不错，这

里的景致并不局限于此。别犹豫不决，尽管另辟蹊径，公路沿线的小乡村和最偏远的小村庄科克拉内（Cochrane）、卡莱塔特尔泰尔（Caleta Tortel）和奥希金斯镇都很值得探索一番。

普马林公园（Parque Pumalín）

这座占地2889平方公里的公园青翠质朴，环抱着广阔的温带雨林、清澈的河流、海景和农田。致力于保护森林的**普马林公园**（www. pumalinpark.org）免费吸引了来自世界各地的游客，他们热衷于探索这片从Hornopirén附近一直延伸到柴腾火山的丛林。公园由美国人道格·汤普金斯（Doug Tompkins）创建，是智利最大的私人公园，也是全世界最大的私人公园之一。可以登录维护良好的公园网站了解更多信息。

2008年，柴腾火山的爆发迫使公园关闭了几年，2011年才重新开放。最受欢迎的路线是当之无愧的**柴腾火山口小径**（Volcán Chaitén Crater Trail），这个5小时的往返行程沿喷发路径爬升，观赏喷着气的火山口。**Sendero Cascadas**（往返3小时）是一段起伏的爬升，穿过茂密的树林最终到达一个大瀑布。Ko' Kayak（见256页）组织穿越普马林峡湾的皮划艇之旅。信息中心和公园网站上有关于露营地的详细信息，包括位于柴腾北部Reñihué峡湾岸边的**Camping Rio Gonzalo**（Caleta Gonzalo，露营地 每人 2500比索），还有位于柴腾南部可爱广阔的**Sector Amarillo**（Caleta Gonzalo，露营地 每人 2500比索）。

实用信息

Centros de Visitantes（www.parquepumalin.cl；Caleta Gonzalo & El Amarillo；周一至周六 9:00~19:00，周日 10:00~16:00）有公园的介绍手册、照片和环保信息，并出售当地工艺品。如果碰上关门，去咖啡馆找人为你开门。网站上有最新信息。

到达和离开

在旺季，**Naviera Austral**（065-270-431；www.taustral.cl；乘客/车 10,000/64,000比索）每天有两班渡轮从Caleta Gonzalo驶向Hornopirén（5~6小时）。从蒙特港前往柴腾火山的车船联运服务可以在途中将游客放在公园附近。登录公园网站了解更多信息。

富塔莱乌富（Futaleufú）

065 / 人口 1800

富塔莱乌富狂野的、冰薄荷色的水域令这个谦逊的山城声名远扬。位于柴腾火山东南155公里处的富塔莱乌富由20个色彩鲜艳的小型街区组成。这里不仅仅是皮划艇运动和漂流运动的胜地，也很适合飞蝇钓鱼、徒步和骑马。经过修缮的路况和日益增长的团队游客数量，意味着这里不再是一个默默无闻的小地方，看看有多少人穿Teva凉鞋和戴羊毛mantas（披肩）就知道了。不管怎么说，这里是个充满乐趣的地方。

团队游

被称作富塔（Futa）或“富”（Fu）的河流难度较高，其中一些河段仅适合经验丰富的漂流者。根据你选择的用品和所含的服务，半天的富塔莱乌富漂流费用是每人40,000比索起，河段被称为Bridge to Bridge。

家庭旅行团很适合在Río Espolón河的三级河段漂流游，5小时的价格大约15,000比索。皮划艇新手可以在这条河上小试身手，或者去Lago Espolón湖。

Bio Bio Expeditions 户外

（022-196-4258，美国免费电话 1-800-246-7238；www.bbxrafting.com）这家富有环保意识的旅行社是这个地区的先锋，组织沿河而下的漂流和骑马游等活动。这里声誉卓著，但也有可能接待未预订的游客。

Expediciones Chile 户外

（065-562-639；www.exchile.com；Mistral 296）一家安全的漂流旅行社，经验非常丰富。专注于为期一周的套餐，但也组织皮划艇运动、山地车骑行和骑马游。

食宿

Las Natalias 青年旅舍 $

（手机 9631-1330；www.hostallasnatalias.info；铺/双/标三 10,000/24,000/30,000比索，双

Carretera Austral 南疆旅道

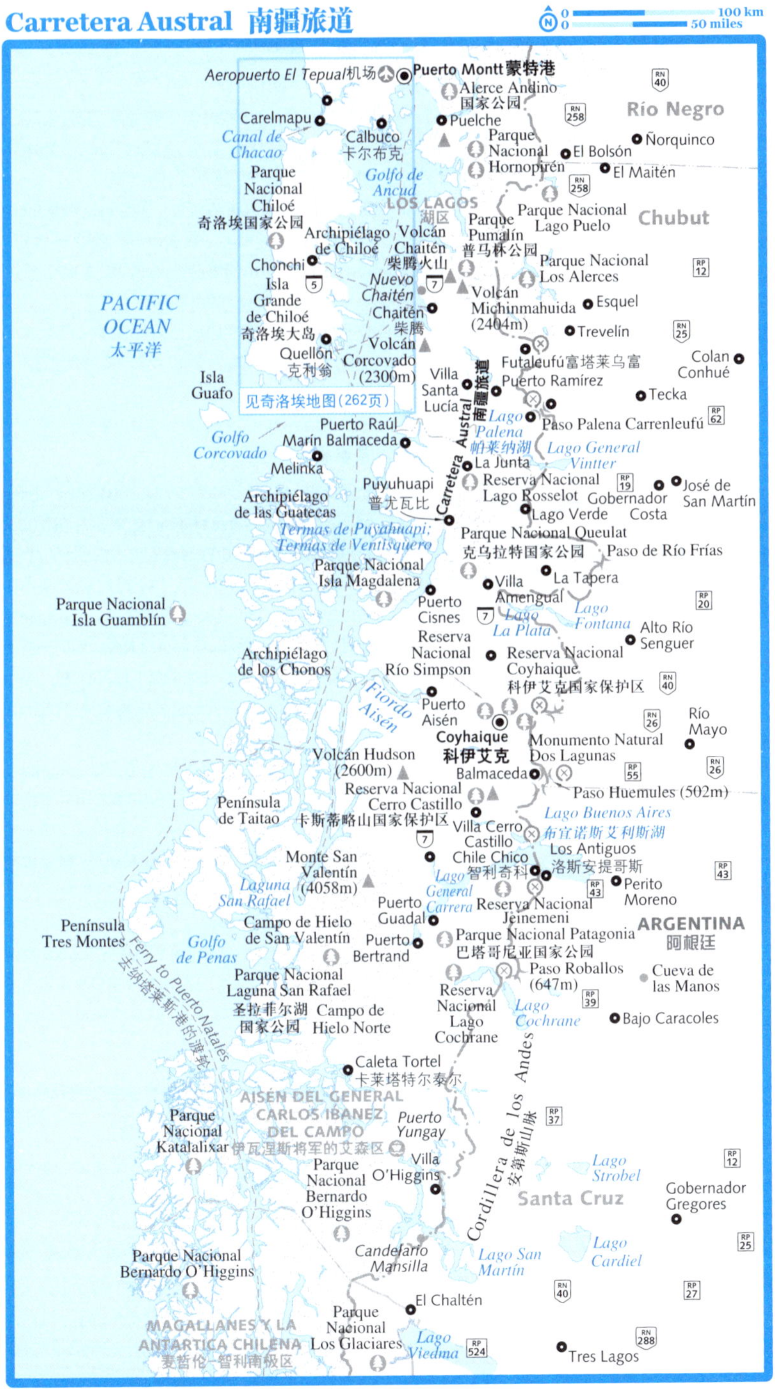

柴腾火山醒了

没有人把它当作一座火山，但是突然间一切都变了。2008年5月2日，位于同名小镇东北10公里的柴腾火山（Volcán Chaitén），开始了长达一个月的喷发，火山灰冲到了2万米高空。火山喷发导致了洪水，还有对民居、公路和桥梁的严重损毁，造成了成千上万的牲畜死亡，喷出的火山灰甚至飘到了布宜诺斯艾利斯。柴腾镇的4000位居民全部被疏散。

位于普马林公园内的这座火山，可以在公园的主路上看得清清楚楚。想要看冒着烟的火山口，可以徒步**柴腾火山口小径**（Volcán Chaitén Crater Trail）。夏季赶早或晚点去，因为没有什么遮阴的地方。你将看到火山东北侧被火山灰流钙化的森林。火山口的直径已经扩张到3公里，里面是快速形成的流纹岩圆顶。

公园能在2011年重新开放，要归功于公园管理员们不知疲倦地进行恢复重建工作。柴腾火山仍处于智利国家地质矿产局（Sernageomin; www.sernageomin.cl）不间断的监控之下。

无独立卫生间 20,000比索）这家受欢迎的青旅以四世同堂的Natalias家族命名，是背包客的好选择，还会对户外活动提供建议。拥有充足的共用卫生间、一个大公共区域、山景和客用厨房。距市中心10分钟步行距离。沿Cerda和去往城西北郊区的指示牌走，在上山前右手边即是。

Camping Puerto Espolón 露营地 $

（☎手机 7721-9239; lagoespolon.cl; 露营地 每人 5000比索，小屋 35,000比索起；⊙1月和2月；📶）露营地环境优美，在山间的河堤沙地上，就在镇子的入口前面。露营者可以享用热水淋浴。主人Anibal和Elma还提供烧烤（asados，每人10,000比索）、餐食，长期住宿者可享折扣。

Rincón de Mama 智利菜 $

（☎065-272-1208; O' Higgins 465 alley; 主菜 6000比索；⊙周一至周六 11:30~14:30和18:30~22:00）这家橙色的家常餐馆使用塑胶桌布，是城里较好的选择之一，有家常菜和周到的服务。它位于一个杂乱的小巷的二层。

ℹ 实用信息

把要用的钱都带上，**BancoEstado**（O' Higgins和Manuel Rodríguez交叉路口）有镇上唯一的自动柜员机，而且只能使用Mastercard。**旅游局**（O' Higgins 536; ⊙9:00~21:00）可以提供当地的徒步路线信息。

ℹ 到达和离开

Buses Becker（☎065-272-1360; www.busesbecker.com; Balmaceda和Pratt交叉路口；⊙9:00~13:00和15:00~19:00）每周五有车前往科伊艾克（Coyhaique，24,000比索，10小时），途经圣卢西亚别墅（Villa Santa Lucía，2小时）、La Junta和普尤瓦比（Puyuhuapi）。Cumbres Nevadas周一至周六11:00和14:00向北开往柴腾（3000比索，3.5小时）。Frontera Sur每周三班发往帕莱纳（Palena，1200比索，2小时）。

TransAustral（☎065-721-360; Balmaceda和Pratt交叉路口）周三和周日 8:00有车前往蒙特港（25,000比索，12小时；经由阿根廷），同一家公司还出售从柴腾去蒙特港的机票和船票，值得提前购买。

International buses（☎065-272-1458; Cerda 436, Telefonica办事处）周一和周五 9:00发往阿根廷边境（2500比索）。富塔莱乌富口岸要比在帕莱纳过关要快速有效得多，对应的阿根廷口岸是Carrenleufú。

普尤瓦比（Puyuhuapi）

1935年，4名德国移民受到汉斯·斯特芬（Hans Steffen）的探险经历的鼓舞，在这片偏僻的雨林安家。这片农业殖民地因奇洛埃纺织技工而发展起来，他们的技艺促成了1947年德国人建造的**Fábrica de Alfombras**（www.puyuhuapi.com; Aysen s/n; 团队游 每组 5000比索）的成功，直到今天仍在编织地毯。普尤瓦比以南6公里处的Termas del Ventisquero（☎067-231-4686；www.termasventisqueropuyuhuapi.cl；门票 17,000比索；⏰12月至次年2月 9:00～23:00，冬天开放时间缩短），是一个安静的温泉度假胜地。联系Experiencia Austral（☎手机 7766-1524，手机 8258-5799；www.experienciaustral.com；Otto Uebel 36）在峡湾划皮划艇、租自行车，或参加去克乌拉特国家公园的导览徒步游。

最好的廉价住宿是Hostal Comuy-huapi（☎手机 7766-1984；www.comuy-huapi.cl；Llautureo 143；铺/双 10,000/30,000比索；📶）。历史悠久的Casa Ludwig（☎067-232-5220；www.casaludwig.cl；Uebel 202；标单/双 25,000/48,000比索，无独立卫生间 18,000/30,000比索起；⏰10月至次年3月）非常优雅舒适，客人可以坐在宽大的共享餐桌旁享受丰盛的早餐和温暖的炉火。El Muelle（☎手机 7654-3598；Otto Ubel s/n；主菜 5000～8000比索；⏰周二至周日 正午至22:00）供应分量很足的新鲜海鲜午餐。

想要咨询旅游信息，可以去很有帮助的旅游局（www.puertopuyuhuapi.cl；Otto Uebel s/n；⏰周五至周三 10:00～13:30和15:00～20:00）。往返于科伊艾克和柴腾的长途汽车会在普尤瓦比停车，返程车票需要尽早购买。Buses Becker（☎067-232-167）每周有几天有车前往柴腾和富塔莱乌富。Terra Austral（Nido de Puyes超市）和Aguilas Patagonicas（☎科伊艾克 067-221-1288；aguilaspatagonicas.cl）每天6:00有车发往科伊艾克。

克乌拉特国家公园（Parque Nacional Queulat）

方圆1540平方公里的克乌拉特国家公园（门票 4000比索；⏰8:30～17:30）是一片荒凉的土地，河流蜿蜒穿过覆盖着厚厚的蕨类植物和生长着茂密的南方山毛榉的森林。陡峭的峡湾一侧是蔓延的冰川。从国家林业局的信息中心Centro de Información Ambiental（⏰8:30～17:30）步行3公里来到一个瞭望台，可以在此欣赏粉蓝色的悬冰川Ventisquero Colgante。

在南入口Pudú（170公里）的北面，有一条潮湿的小路沿着Río de las Cascadas河谷向上穿越茂密的森林，到达一个花岗岩谷地，那里有6条由悬冰川融化形成的瀑布。

科伊艾克（Coyhaique）

☎067 / 人口 5.9万

规模不断扩大的农牧城镇科伊艾克是乡村风情的艾森（Aisén）的区域枢纽，这里足够现代化，拥有最新的科技趋势、时尚的购物中心和迪斯科俱乐部，所有的这一切都以连绵的山脉、岩石山峰和雪顶为背景。对于游客来说，可以从这里出发开展丰富的探险活动，如飞蝇钓鱼、在冰盖或者沿南疆旅道徒步到尽头。那些刚刚从艾森北部狂野的雨林中钻出来的游客会很不习惯，因为来到这里就像重新坠入充满了小卡车和小社区的世界。乡村来的工人涌入这里从事木材或三文鱼产业，进一步增加了城市人口。

景点和活动

伊利扎德湖 湖泊

（Lago Elizalde）科伊艾克周边众多宁静的山地湖泊之一，很适合捕鳟鱼、划皮划艇或者仅仅在河滩上消磨时间。伊利扎德湖距科伊艾克仅有33公里，到这里的长途汽车从汽车站发车。

科伊艾克国家保护区 公园

（Reserva Nacional Coyhaique；门票 2000比索）21.5平方公里的科伊艾克国家保护区密布着矮假山毛榉（lenga）、假山毛榉（ñire）和扣贵伊木（coigue），有一些小湖和Cerro Cinchao山（海拔1361米）。公园距科伊艾克只有5公里（步行约1.5小时），可以远观城市和Cerro Macay巨大的玄武岩石柱。沿巴克达诺（Baquedano）往北穿过小桥至沙石路往右转，这段陡坡最好乘四驱车。

团队游

Casa del Turismo Rural 文化游

（☎手机 7954-4794；www.casaturismorural.cl；Plaza de Armas；⏰周一至周五 10:30～19:30，周六 14:00～18:00）这个组织为游客联系乡村民宿和本地导游，深入体验徒步、钓鱼和骑马活动。也提供城市团队游和asados（烧烤）。

住宿

Patagonia Hostel 青年旅舍 $

(☎手机 6240-6974; www.patagonia-hostel.com; Lautaro 667; 铺/双 14,000/34,000比索; @📶)这家热情的青年旅舍由德国人经营。房间很时髦，但是很小，值得炫耀的是2米长的床和大枕头。总有茶供应，早餐包括水果、奶酪、萨拉米香肠和果酱。也提供团队游和自行车出租(15,000比索/天)。

Residencial Mónica 客栈 $

(☎067-223-4302; Lillo 664; 房间 每人 12,000比索)这家整洁的20世纪60年代风格的客栈温暖周到，总是爆满。

Camping La Alborada 露营地 $

(☎067-223-8868; Km 1 Coyhaique-Puerto Aysén; 露营地 每人 4000比索)这个特别干净的露营地距市区仅1公里，有屋顶遮蔽，有许多卫生间、独立水池、热水淋浴、篝火炉和电。

Patagonia Live 客栈 $$

(☎067-223-0892, 手机 9886-7982; www.hostalpatagonialive.cl; Lillo 826; 标单/双/标双 28,000/39,000/45,000比索; 📶)🌿Victor热情欢迎客人来到他特别整洁的家，房子位于郊区，有一个客用早餐区。房间舒适现代。有针对碳补偿的折扣，还可以提供一些欢迎访问的当地艺术家名单。

不要错过

巴塔哥尼亚国家公园

查卡布科山谷[Valle Chacabuco, 巴塔哥尼亚国家公园(Parque Nacional Patagonia)] **免费** 位于科克拉内(Cochrane)以北18公里处，是一个改头换面的estancia(放牧农场)，栖息着火烈鸟、原驼、huemul(濒危的安第斯鹿)、美洲狮、兔鼠和狐狸。Conservacion Patagonica，巴塔哥尼亚国家公园背后的NGO组织，于2004年开始启动这个项目。现在作为南锥地区(南美洲位于南回归线以南的地区)的"塞伦盖蒂"(坦桑尼亚国家公园)，690平方公里的查卡布科山谷拥有巴塔哥尼亚的草原、森林、山脉、湖泊和潟湖。公园从Río Baker河一直延伸至阿根廷边界。如果自驾，可以从Paso Roballos山口穿越这里。

就餐

★ **Mamma Gaucha** 比萨餐厅 $

(☎067-221-0721; www.mammagaucha.cl; Paseo Horn 47; 主菜 5000~9000比索; ⊙周一至周六 10:00至次日1:30)巴塔哥尼亚传说、老练的厨艺、合理的价格，Mamma Gaucha足以取悦挑剔的食客。藤条天花板和白色谷仓板墙壁营造出一个充满乡村气息的环境。先来点新鲜薄荷柠檬水、有机葡萄酒或者1品脱La Tropera。餐馆主要供应用黏土炉子烤制的比萨，但自制的意大利面和用本地蔬菜做的沙拉也值得一试。

Cafe de Mayo 咖啡馆 $

(☎手机 9709-8632; 21 de Mayo 543; 主菜 3000~6000比索; ⊙9:00~22:00; 📶✍)这个聚会地点专注于意式咖啡、农场鸡蛋早餐和能填饱肚子的主食，如玉米派(pastel de choclo)。也有三明治、奶酪拼盘和自制蛋糕。室外有遮阴的座位，舒适的室内则挂着茶壶，还有壁炉。

Café Confluencia 各国风味 $

(☎067-224-5080; 21 de Mayo 544; 主菜 4000~7000比索; ⊙周日歇业; ❄)这家时髦的小餐馆提供分量很足的沙拉、健康的主菜，偶尔还有炒菜或墨西哥玉米卷饼。薄荷皮斯科鸡尾酒是特色，不过茶和新鲜果汁是白天的不错选择。

Café Holzer 咖啡馆 $

(www.holzer.cl; Dussen 317; 蛋糕 2000比索; ⊙周二至周五 9:30~21:00, 周六和周日 10:00~21:00; 📶)这个迷你咖啡馆有长满草的前院，是当地甜食和咖啡因爱好者的最爱。蛋糕和馅饼是从圣地亚哥的一家著名面包房空运过来的，也提供纯正的咖啡。你也可以尝一杯马黛茶，看看那咕噜咕噜的声音到底是怎么来的。

Casino de Bomberos 智利菜 $

(☎067-223-1437; Parra 365; 主菜 5000比索; ⊙正午至15:30)这家经典的小餐馆没有窗

户，有很多当地人在此享用海鲜菜品或者牛排和鸡蛋——这是一场文化体验。

Carnes Queulat 烤肉 $$

（☎067-225-0507；www.carnesqueulat.cl；Ramón Freire 327；主菜 5000~8000比索；⊙13:00~15:30和19:30~23:00）这家友好朴实的店隐藏在一条碎石小巷里，提供这片区域做得最好的牛排。在木火上精心烤制的肉（carne a las brasas）是值得一试的特色菜，与新鲜出炉的自制馅饼和秘制的皮斯科鸡尾酒是绝配。

饮品

Cerveceria Arisca 啤酒馆

（Baquedano 400；⊙周二至周六 12:30~15:00和19:30~23:30）在愉快现代的空间里享用手工啤酒。一边狂饮一边品尝酸橘汁腌海鲜或者自制羊肉碎三明治配薄荷奇米丘里辣酱。

Bajo Marquesina 体育酒吧 $

（☎067-221-0720；bajo.marquesina@gmail.com；21 de Mayo 306；⊙周二至周五 17:00至午夜，周六和周日 13:30~22:00）足球爱好者们，联合起来！这家体育酒吧和专注的足球博物馆，有巴塔哥尼亚牛仔踢足球的老照片和智利各俱乐部的运动衫，收藏着精彩的往昔记忆，如果你能和友好的主人攀谈几句将是最好的享受。

实用信息

Condell街上有网吧和带自动柜员机的银行。在这里取足现金，因为这是南疆旅道上少数有接受Visa卡的自动柜员机的地方。

国家林业局（Conaf；☎067-221-2109；Av Ogaña 1060；⊙周一至周六 9:00~20:00，周日 10:00~18:00）提供区域内公园和保护区的信息。

地区医院（Hospital Regional；☎067-221-9100；Ibar 68；⊙24小时）24小时急诊。

邮局（Lord Cochrane 202）武器广场附近。

Sernatur（☎067-223-3949；www.recorreaysen.cl；Bulnes 35；⊙夏季 周一至周五 9:00~21:00，周六和周日 10:00~21:00）提供有用的活动、住宿、交通选择和价格清单。也提供其他地区信息。

到达和离开

飞机

LAN（☎600-526-2000；Parra 402）每天有几个航班（多为上午）从Balmaceda机场出发，飞往蒙特港（100,000比索）和圣地亚哥（214,000比索）。注意，如果在本国购买票价有大幅折扣。

Sky Airline（☎067-240-827；www.skyairline.cl；Arturo Prat 203）从圣地亚哥飞往蓬塔阿雷纳斯的途中经停Balmaceda机场。

长途汽车

长途汽车从**汽车站**（☎067-225-8203；Lautaro和Magallanes交叉路口）和不同公司的车站出发。时刻表总是在变化，可以向Sernatur询问最新信息。以下长途汽车从总站出发：

前往北部目的地的汽车公司有**Aguilas Patagonicas**（☎067-221-1288；www.aguilaspatagonicas.cl）、**Transaustral**（☎067-223-2067）、**Buses Becker**（☎067-223-2167；www.busesbecker.com；General Parra 335）、**Transportes Terra Austral**（☎067-225-4355）、**Queilen Bus**（☎067-224-0760）。前往南部目的地，试试**Acuario 13/Buses Sao Paulo**（☎067-252-2143，手机 9874-8022）或**Buses Don Carlos**（☎067-223-1981；Cruz 63）。

目的地	费用（比索）	行程（小时）
柴腾	24,000	9~11
智利奇科	6000	3.5，含渡轮
科克拉内	13,000	7~10
富塔莱乌富	20,000	8~9
蒙特港	30,000	23
普尤瓦比	8000	5

卡雷拉将军湖（Lago General Carrera）

这片蓝绿色湖泊在巴塔哥尼亚草原的中央，面积有2240平方公里之广，是一片与阿根廷共享的水域（在那边它被称为布宜诺斯艾利斯湖），海一般宽广的湖面随风泛起涟漪。这里的道路崎岖不平，给游客带来不少麻烦：你会有种在风景里蹒跚前行的感觉。从科伊艾克沿南疆旅道向南，环绕湖的西岸，是

一段很棒的旅程。

从科伊艾克快到巴尔马塞达（Balmaceda）时，沿着右转的岔路（标志指示通往科克拉内）可以通向卡斯蒂略山国家保护区（Reserva Nacional Cerro Castillo）。卡斯蒂略山的冰川山峰俯视着约1800平方公里的南方山毛榉森林，是个不错的徒步目的地。在附近的卡斯蒂略城，Senderos Patagonia（☎手机 62-244-725; www.aysensenderospatagonia.com; 铺 11,000比索）有优质的双语向导和一家新的青年旅舍。

沿湖西岸，Puerto Río Tranquilo是更便宜的前往惊人的San Rafael冰川的团队游出发点，由Emtrex（☎手机 8259-4017; www.exploradores-sanrafael.cl; 每人 一日游/过夜 140,000/220,000比索）或Destino Patagonia（☎手机 9158-6044; www.destinopatagonia.cl; 每人 全天 140,000比索）经营。河水平静时，可乘船前往Capilla de Mármol（大理石小教堂）参观美丽洞穴。小镇北面有一条沿着冰川的道路通向海边的圣拉菲尔湖国家公园（Parque Nacional Laguna San Rafael）。探险式露营基地El Puesto（☎手机 6207-3794; www.elpuesto.cl; Pedro Lagos 258; 标单/双/标三 131/184/210美元; 📶）是一家可爱的民宿，由一位专业探险向导经营。Camping Pudu（☎手机 8920-5085; www.puduexcursiones.cl; 露营地 每人 6000比索; ⏲12月至次年3月）提供河滨露营地。

Cruce El Maitén东边约13公里处是Puerto Guadal，有汽油和食品供应。备受推崇的生态露营地兼青年旅舍Destino No Turistico（☎手机 8756-7545; www.destino-noturistico.com; Camino Laguna La Manga, Km 1; 露营地 每人 5500比索，铺/双 12,000/28,000比索）🍃提供可爱的乡村之旅。

智利奇科（Chile Chico）

☎067 / 人口 4600

金矿和银矿点缀在Puerto Guadal通往智利奇科的崎岖道路上，智利奇科是个满是白杨和果园的阳光绿洲。从这里可乘长途汽车到通往阿根廷巴塔哥尼亚南部地区的洛斯安提哥斯（Los Antiguos）和40

走个后门去阿根廷

疯狂的旅行者可以沿着南部的冰原边缘，从奥希金斯镇前往阿根廷的冰川国家公园（Parque Nacional Los Glaciares）和埃尔查尔腾（El Chaltén）。11月至次年4月间可在1~3天内完成。背上所有需要的供给品、护照和雨具。因为恶劣天气和船只问题导致旅途耽搁确实会发生，所以带上富裕的食物和现金。行程如下：

- 从奥希金斯镇搭乘8:00出发的长途汽车去往Puerto Bahamondez港（2500比索）。
- 在奥希金斯湖南岸乘坐双体船La Quetru（44,000比索，4小时）从奥希金斯镇前往Candelario Mansilla，每星期有1至3班船，大多在周六出发，有时在周一或周三。Candelario Mansilla有基本住宿、向导徒步和驮马租赁。在这里办理智利的离境手续。
- 徒步或者搭车前往Laguna Redonda（2小时），禁止露营。
- 徒步或者搭车前往Laguna Larga（1.5小时），禁止露营。
- 徒步或者搭车前往Lago del Desierto北岸（1.5小时），在这里办理阿根廷入境手续，仅允许在口岸露营。
- 乘渡轮从Lago del Desierto北岸去往南岸（480阿根廷比索，2小时15分钟），另一个选择是沿湖岸徒步（15公里，5小时），允许露营。向阿根廷海关确认最新的渡轮时刻表。
- 搭乘班车去37公里外的埃尔查尔腾（350阿根廷比索，1小时）。
- 更多信息，咨询奥希金斯镇的El Mosco（见276页）或阿根廷边境的Rancho Grande Hostel。

号公路。Jeinimen国家保护区（Reserva Nacional Jeinimen；门票 2000比索）离这里有60公里，拥有火烈鸟和青翠的山间湖泊。除了一些旅行团，这里几乎没有公共交通。你可以试试Expeditions Patagonia（手机 8464-1067；www.expeditionspatagonia.com；O' Higgins 333，Galeria Municipal；9:00~13:00和14:30~20:00）。

住在Ñandu Camp（手机 6779-3390；www.nanducamp.com；O' Higgins 750；铺 12,000比索；），提供有用的徒步信息。也可以住在比利时人的农场Hostería de la Patagonia（067-241-1337，手机 8159-2146；hdelapatagonia@gmail.com；Camino Internacional s/n；露营地 每人 4000比索，标单/双/标三 35,000/50,000/61,000比索，小屋 50,000比索，无独立卫生间 每人 15,000比索；），在花园里有迷人的房间。

这里有个很实用的旅游信息中心（Oficina de Informacion Turistica；067-241-1338；www.chilechico.cl；O' Higgins和Blest Ghana交叉路口；周一至周五 8:00~13:00和14:00~17:00）和一个可以兑换货币的银行BancoEstado（González 112；周一至周五 9:00~14:00），自动柜员机只接受Mastercard。

到达和离开

由**Naviera Sotramin**（067-223-7958；www.sotramin.cl；Muelle Chile Chico；乘客/机动车 2000/17,700比索）经营的渡轮几乎每天都有，穿越卡雷拉将军湖开往伊瓦涅斯工程师港（Puerto Ingeniero Ibáñez），这样去科伊艾克近很多。

若干汽车从O' Higgins 420出发，穿越边境前往阿根廷的洛斯安提哥斯（2000比索，20分钟），仅在东边9公里处。从洛斯安提哥斯可以乘车前往埃尔查尔顿（El Chaltén）。

汽车公司和时刻表每年都在变化。要去Puerto Guadal（7000比索，2.5小时），**Seguel**（067-243-1214；O' Higgins 394）和**Buses Eca**（067-243-1224）周一至周五16:00和17:00发车。要去Puerto Río Tranquilo（14,000比索，4小时），**Costa Carrera**周二和周五 11:00有车。**Buses Acuña**（067-225-1579；Rodríguez 143）和**Buses Carolina**（067-241-1490；渡轮办事处）的车船联运去往科伊艾克（5000比索，3.5小时），须提前预订。你将先乘Naviera Sotramin的渡轮到伊瓦涅斯港（Puerto Ibáñez）。

向南前往奥希金斯镇（South to Villa O' Higgins）

悠闲的科克拉内（Cochrane）是一个偏远的老牧场，是南疆旅道的南部枢纽。尽管被游客遗忘，但科克拉内是通往新巴塔哥尼亚国家公园的门户。如果想去附近的Calluco冰川，联系Lord Patagonia（手机 8267-8115；www.lordpatagonia.cl；Lago Brown 388；全天游 50,000比索）获得向导服务。可以住在Residencial Cero a Cero（067-252-2158，手机 7607-8155；ceroacero@gmail.com；Lago Brown 464；双 30,000比索，房间 无独立卫生间 每人 10,000比索；），一个有着宽敞空间的木屋。Cafe Tamango（手机 9158-4521；Esmeralda 464；主菜 5000比索；周一至周六 9:00~19:30；）供应美味三明治、丰盛的素食比如扁豆汉堡，还有自制的板栗冰激凌。广场上的旅游信息亭（www.cochranepatagonia.cl；Plaza de Armas；1月至3月 9:00~13:00和14:00~21:00）有汽车时刻表，仅此而已。

从科克拉内出发，长途汽车每日8:00发往科伊艾克（14,000比索，10小时）。每周三天有车去智利奇科，在Puerto Guadal港停留。每日还有几班车往返于卡莱塔特尔泰尔（Caleta Tortel，7000比索，3小时）和科克拉内。

你可以花上一整天探索传说中的卡莱塔特尔泰尔嘎吱作响的木板路，在冰川形成的乳状水域休息。这个渔村具有国家历史价值，位于Río Baker河口两块冰原之间的峭壁。道路通到镇子边上的旅游信息亭（www.municipalidaddetortel.cl；周二至周日 9:00~23:00），这里提供有用的地图、住宿和汽车信息。Brisas del Sur（手机 5688-2723；valerialanderos@hotmail.com；Playa Ancha区；双 35,000比索，房间 无独立卫生间 每人 12,000比索；）提供温暖的房间，不过如果你预算充足，可以去高档的Entre Hielos（手机 9579-3779；www.entrehielostortel.cl；标单/双 118/150美元；），这里也组织去冰川的私人乘船游。更便宜的出租船从Rincon区出发游览港湾(10,000比索)。

尽管从卡莱塔特尔泰尔到奥希金斯镇经由道路和渡口仅需4小时，但在调研时仍无长途汽车服务。

奥希金斯镇(Villa O' Higgins)

在卡莱塔特尔泰尔以南，淙淙的河流流淌着，原始森林伴着蜿蜒的道路。在永盖港(Puerto Yungay)，一艘免费的政府渡轮(www.barcazas.cl)载着乘客和车辆穿越Mitchell峡湾，最终到达南疆旅道的最后100公里。这条著名公路的尽头就在偏远的乡村奥希金斯镇，南部冰原的巨大冰川阻止了它继续向南，但是这不能阻挡身体强健的探险者以渡轮-徒步-渡轮的组合方式到达阿根廷的埃尔查尔顿(El Chaltén)。带向导的骑马游、徒步游和自行车租赁都可以提前在Villa O' Higgins Expediciones(☎067-243-1821，手机 8210-3191; www.villaohiggins.com)预约。在进入奥希金斯镇之前，友好的Ecocamp Tsonek(☎手机 7892-9695; www.tsonek.cl; Carretera Austral s/n; 露营地 每人/骑行者 4000/3000比索; 📶)🍃营地在一片迷人的树林里。在奥希金斯镇内，El Mosco(☎067-243-1819; www.patagoniaelmosco.blogspot.com; Carretera Austral Km 1240; 露营地 每人 5000比索，铺 9000比索，双 45,000比索，标单/双 无独立卫生间 18,000/30,000比索)提供不错的住宿和当地徒步的详细信息。这里没有自动柜员机，所以一定要带足所需现金。

Buses Catalina每周五和周一 8:00开往科克拉内(8000比索，6小时)。淡季频繁变化。

巴塔哥尼亚南部(SOUTHERN PATAGONIA)

狂风呼啸，山峦起伏，清水潺潺。这片荒凉的土地最初吸引了来自苏格兰、英格兰和克罗地亚的传教士和淘金者。作家弗朗西斯科·科洛阿内(Francisco Coloane)这样描述这批早期探险者："勇敢的人们，他们的心脏不过是另一个紧握的拳头。"Estancias(广阔的牧场，用来放牛或者放羊，牧场主或管理者是主人，依赖当地居民为劳动力)的形成和随后出现的羊毛热产生了两极分化的后果：巨大的财富掌握在少数人手中，而当地居民几乎因为疾病和战争消亡殆尽。后来随着羊毛价格迅速下跌，以及巴拿马运河的通航使航运转向，这个地区逐渐萧条。

巴塔哥尼亚的财富也许已被榨干了，但是现在人们换了一种新的视角看待它。从前，财富曾是矿产和牲畜，而今天，这里的景观就是财富。在游客眼中，动人心魄的正是巴塔哥尼亚那与世隔绝的神秘美景。百内国家公园是这片区域的明星景点，是这个国家最好的公园之一，每年吸引成千上万游客前来游览。

蓬塔阿雷纳斯(Punta Arenas)

☎061 / 人口 13.01万

如果这些街道能够开口说话该有多好，那样它们就能讲述风蚀的监狱曾经关押过衣衫褴褛的水手、矿工、捕猎海豹者、饥饿的开拓者甚至羊毛热时代有钱的大亨的故事了。人们对这片世界上最大的碳氢储备地区之一的开采始于20世纪80年代，现在这里已经成为繁荣的石油化工基地。如今的蓬塔阿雷纳斯融合了可恶的与壮美的，旅游业和工业齐头并进。

👁 景点

穆尼奥斯·加美洛广场 广场

(Plaza Muñoz Gamero)中心广场上有巨大的针叶树，周围是繁华的大楼。布朗-梅南德斯之家(Casa Braun-Menéndez; ☎061-224-1489; 门票 1000比索; ⏲周二至周五 10:30~13:00和17:00~20:30，周六 10:30~13:00和20:00~22:00，周日 11:00~14:00)面朝广场北侧，是私人的Club de la Unión俱乐部所在地，楼下是个小酒馆(对外营业)。附近的纪念碑为麦哲伦航海400周年而建，由羊毛业巨头何塞·梅南德斯(José Menéndez)捐建于1920年。广场东侧是Turismo Comapa，这里曾是Sociedad Menéndez Behety旧址，大教堂在广场西侧。

麦哲伦地区博物馆 博物馆

(Museo Regional de Magallanes, Museo Regional Braun-Menéndez; ☎061-224-4216; www.museodemagallanes.cl; Magallanes 949; 门票

1000比索；⏲周三至周一 10:30~17:00，5月至12月 至14:00）这座富丽堂皇的建筑很好地说明了19世纪末期羊毛产业农场主先驱们的财富与权力。内部维护得非常好，有一个地区性历史博物馆（可以索要英文小册子）以及一些精美的新法式风格的家具原物，从繁复精细的镶嵌木地板到中国花瓶。楼下的咖啡厅是曾经的仆人住所，很适合喝一杯皮斯科鸡尾酒，慢慢品味这里的华丽。

★ 市政公墓 墓地

（Cementerio Municipal；Av Bulnes 949主入口；⏲7:30~20:00）**免费**根据作家布鲁斯·查特文（Bruce Chatwin，著有《巴塔哥尼亚高原上》）所述，这里当属南美洲最吸引人的公墓之一。既有简陋的移民坟墓，也有奢华的坟墓，比如羊毛业巨头何塞·梅南德斯的坟墓，有一个罗马的维托里奥·埃马努埃莱（Vittorio Emanuele）纪念碑的微缩复制品。可在主入口大门内查看地图。

墓地位于广场东北，轻松散步15分钟就到了，或者在Magallanes街的麦哲伦地区博物馆门前搭合乘出租车（taxi colectivo）。

团队游

值得一去的一日游包括参观小镇最早的移民区Fuerte Bulnes和Puerto Hambre。如果有时间还可以去日渐兴旺的麦哲伦海峡企鹅聚居地——Monumento Natural Los Pingüinos。

Turismo Aonikenk 团队游

（☎061-222-8616；www.aonikenk.com；Magallanes 570）值得推荐的英语、德语和法语向导。组织前往弗罗厄德角（Cabo Froward）的徒步游、参观帝企鹅在火地岛（Tierra del Fuego）的聚居地等活动。对经验丰富的旅行者，还提供费用低廉的开放式探险。另提供关于Estancia Yendegaia牧场的信息。

Turismo Pali Aike 团队游

（☎061-261-5750；www.turismopaliaike.com）值得推荐的旅行社。

住宿

Hospedaje Magallanes 民宿 $

（☎061-222-8616；www.aonikenk.com；Magallanes 570；铺/双 无独立卫生间 18,000/40,000比索；@📶）这家民宿是一个不错的廉价选择，由一对德国-智利夫妻经营，他们也是百内公园的向导，在那里有旅行社。有几间安静的房间，常有集体晚餐或者在后院的攀岩墙边烧烤。早餐有黑面包和浓咖啡。

Hostal Fitz Roy 客栈 $

（☎061-224-0430；www.hostalfitzroy.com；Navarro 850；铺 10,000比索，双 有/无独立卫生间 30,000/25,000比索，5人小屋 35,000比索；@）这个城市的乡村房屋有凌乱而物有所值的房间，可以在吸引人的老式客厅里阅读书籍或者海图。房间有电话和电视。

Hostal Independencia 客栈 $

（☎061-222-7572；www.hostalindependencia.cl；Av Independencia 374；露营地 每人 2000比索，每间 7000比索；@📶）狂热的背包客客栈之一，价格便宜，欢乐友好。房间尽管有点乱，但相当干净。可使用厨房，并提供露营装备和自行车出租。

Hostal La Estancia 客栈 $

（☎061-224-9130；www.estancia.cl；O' Higgins 765；双 48,000比索，铺/标单/双 无独立卫生间 12,500/20,000/38,000比索；@📶）客栈位于市中心的一幢老房子内，房间很大，天花板是拱形的，公共卫生间很整洁。长期的主人Alex和Carmen乐于帮助旅行者计划行程。有图书交换、厨房、洗衣和行李寄存服务。

★ Ilaia Hotel 精品酒店 $$$

（☎061-272-3100；www.ilaia.cl；Carrera Pinto 351；标单/双/标三 105/140/195美元起；📶）这家高档的精品酒店有趣而现代，充满家庭的温馨。你会从镜子里读到反射出来的淘气信息。房间简单时尚，还有一个不可思议面朝海峡的玻璃书房。提供瑜伽课程，健康早餐包括薄饼面包、自制果酱、牛油果、酸奶等。不过这里没有电视。

就餐

当地海鲜非常美味，试试centolla（帝王蟹）或者erizos（海胆）。

Café Almacen Tapiz 咖啡馆 $

（☎手机 8730-3481；www.cafetapiz.cl；Roca

Punta Arenas 蓬塔阿雷纳斯

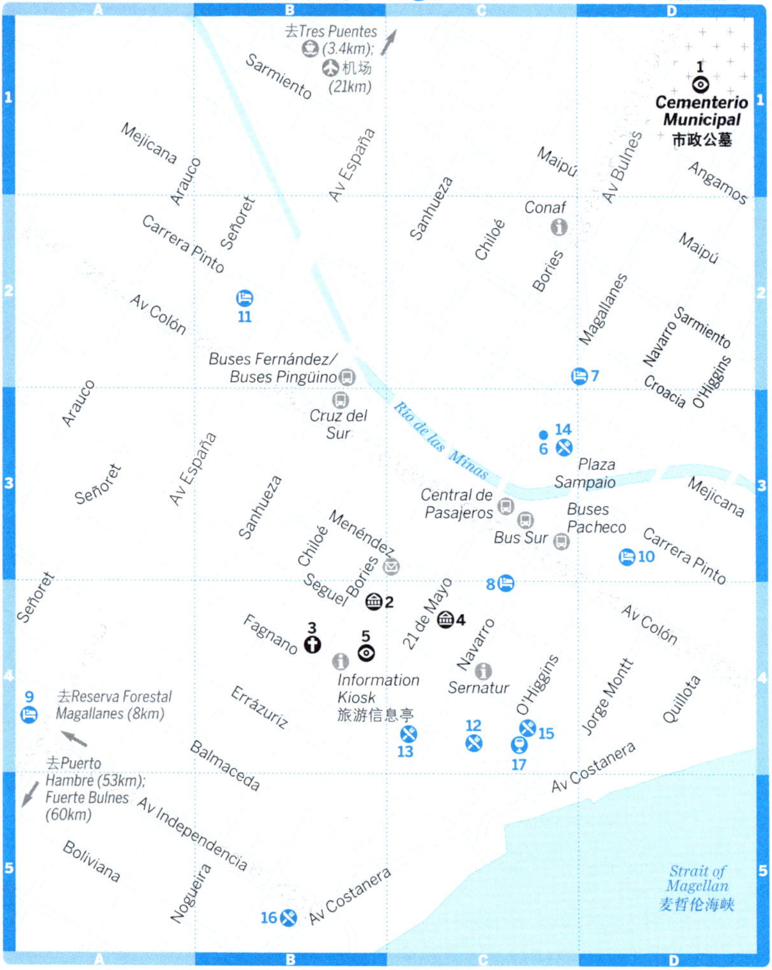

912；主菜 5000比索；⏲9:00~21:30；📶）这家气氛活跃的咖啡馆覆盖着山达木的屋顶，很适合轻松地喝杯咖啡。除了漂亮的千层糕，还有美味的沙拉以及加了羊奶酪、肉或烤蔬菜的皮塔饼三明治。

Mercado Municipal 市场 $

（☎21 de Mayo 1465；⏲8:00~15:00）鱼和蔬菜市场二层是便宜的cocinerías（小餐馆），是寻找便宜海鲜菜肴的好地方。

La Mesita Grande 比萨 $

（☎061-224-4312；O' Higgins 1001；主菜 3000~6000比索；⏲正午至23:30）这家现代的砖墙比萨店做的比萨薄而酥脆，有机馅料，搭配当地配制的饮品。留点肚子吃自制冰激凌。第一家店开在纳塔莱斯港。

Kiosco Roca 三明治 $

（☎Roca 875；小吃 500比索；⏲周一至周五 7:00~19:00，周六 8:00~13:00）这是一个让人无法拒绝的地方，当地人耐心地等着柜台前的座位，智利大学的相关物品贴满墙壁。这里只有一口便能吃掉的小三明治，夹香肠、芝士或两者一起，最好配上一份香蕉奶昔。

Punta Arenas 蓬塔阿雷纳斯

★ **La Marmita** 智利菜 $$

(061-222-2056; www.marmitamaga.cl; Plaza Sampaio 678; 主菜 6000~12,000比索; 周一至周六 12:30~15:00和18:30~23:30;)这家经典小酒馆因其轻松舒适的氛围和可口的食物很受欢迎。除了新鲜沙拉和热面包，砂锅菜和海鲜等丰盛的菜肴让人回味起了祖母的厨艺(智利风格)。有素食选择和外卖服务。

饮品和夜生活

Jekus 小酒馆

(O' Higgins 1021; 18:00至次日3:00)这家餐馆是人们聚会的热门之选，有酒水打折时段，还有卡拉OK和桌上足球。

购物

Zona Franca 免税店

(Zofri; Km 3.5 Norte Zona Franca Punta Arenas; 周一至周六)这个免税区是光鲜的大商圈，如果你想买电子产品、户外装备、电脑配件或摄影器材，可以去逛逛。全天都有合乘出租车沿着Av Bulnes大街往返于市中心和这里。

实用信息

很多地方都可以上网，自动柜员机也很多。

国家林业局(Conaf; 061-223-0681; Bulnes 0309; 周一至周五 9:00~17:00)有附近的国家公园的信息。

地区医院(Hospital Regional; 061-220-5000; Arauco和Angamos交叉路口)

旅游信息亭(061-220-0610; Plaza Muñoz Gamero; 12月至次年2月 周一至周六 8:00~19:00，周日 9:00~19:00)就在广场的南边。

邮局(Bories 911)在穆尼奥斯·加美洛广场以北一个街区。

Sernatur(061-224-1330; www.sernatur.cl; Navarro 999; 周一至周五 8:30~20:00，周六和周日 10:00~18:00)工作人员很友好，消息灵通，讲多种语言，提供住宿和交通的信息列表。在淡季工作时间缩短。

到达和离开

旅游局分发的很实用的小册子上有各种交通工具的详细信息。

飞机

Aeropuerto Presidente Carlos Ibáñez del Campo机场在镇北20公里处。

Aerovías DAP(061-261-6100; www.aeroviasdap.cl; O' Higgins 891)从11月至次年3月，周一至周六每天有数班飞机飞往波韦尼尔(往返55,000比索)，周一至周六10:00飞往威廉姆斯港(Puerto Williams，往返143,000比索)。行李限重为每人10公斤。

LanChile(061-224-1100; www.lan.com; Bories 884)每天有多次航班飞往圣地亚哥(往返162,000比索)，经停蒙特港(153,000比索)，周六飞往马尔维纳斯群岛(英称福克兰群岛，往返530,000比索)。

Sky Airline(061-271-0645; www.skyairline.cl;

Roca 935）每天有航班往返于圣地亚哥和蓬塔阿雷纳斯之间，在蒙特港或康塞普西翁经停。

船

Transbordador Austral Broom（☎061-258-0089；www.tabsa.cl）有3班渡轮从特雷斯蓬特斯（Tres Puentes）前往火地岛。往返于波韦尼尔（每人/车6200/39,800比索，2.5~4小时）的货运/客运渡轮通常在9:00出发，但是也有下午出发的班次，去网站查询最新时刻表。从蓬塔阿雷纳斯出发，穿越东北方向的第一狭水道（Primera Angostura）更快捷（每人/车 1700/15,000比索，20分钟），8:30至23:45每90分钟发船。

Broom有船每月3~4班开往纳瓦里诺岛的威廉姆斯港（可躺座椅/卧铺 103,000/143,000比索，含餐，30小时），周四出发，周六返回，每月只有三四班。

长途汽车

汽车在各个公司的办事处发车，大多位于Av Colón大街一两个街区以内的地方。要提前几小时（甚至几天）购买车票。**Central de Pasajeros**（☎061-224-5811；Magallanes和Av Colón交叉路口）接近一个中央票务中心。

Bus Sur（☎061-261-4224；www.bus-sur.cl；Av Colón 842）有车前往纳塔莱斯港。

Buses Fernández/Buses Pingüino（☎061-224-2313；www.busesfernandez.com；Sanhueza 745）有车前往纳塔莱斯港和里奥加耶戈斯（Río Gallegos）。

Buses Pacheco（☎061-224-2174；www.busespacheco.com；Av Colón 900）有车前往纳塔莱斯港、里奥加耶戈斯和乌斯怀亚。

Cruz del Sur（☎061-222-7970；www.busescruzdelsur.cl；Sanhueza 745）有车前往蒙特港、奥索尔诺和奇洛埃。

目的地	费用（比索）	行程（小时）
奥索尔诺	30,000	30
纳塔莱斯港	6000	3
里奥加耶戈斯	12,000	5~8
格兰德河	25,000	7
乌斯怀亚	30,000	10

当地交通

公共汽车直接从机场前往纳塔莱斯港。蓬塔阿雷纳斯是整个智利巴塔哥尼亚地区租车最便宜的地方，可以试试**Adel Rent a Car/Localiza**（☎061-222-4819；www.adelrentacar.cl；Pedro Montt 962）。自驾是探索百内国家公园很好的选择，但在智利租车穿越边境去阿根廷会很昂贵，因为需要买国际保险。

纳塔莱斯港（Puerto Natales）

☎061 / 人口1.8万

一排彩色的瓦楞铁皮房屋鳞次栉比。这个Seno Última Esperanza上昔日沉闷的渔港今天成了游客嘈杂的地方。游客们穿着Gore-Tex冲锋衣准备前往南美洲的头号国家公园。尽管这个村庄本身不是旅游目的地，它还是令人惬意的，南部的阳光很美，游客服务也越来越周到。

景点和活动

历史博物馆 博物馆

（Museo Histórico；☎061-241-1263；Bulnes 28；门票 1000比索；⊙周一至周五 8:00~19:00，周六和周日 10:00~13:00和15:00~19:00）一堂当地历史速成课，展示有考古文物、一条亚格汉人（Yaghan）独木舟、德卫尔彻人（Tehuelche）套牛绳和历史照片。

Mirador Dorotea 徒步

（门票 5000比索）一日徒步线路，穿过一片私人拥有的矮假山毛榉（lenga）树林，在终点鸟瞰纳塔莱斯港和冰川谷的美景。距纳塔莱斯港不到10公里。Dorotea是9号公路边露出地面的大岩石。

团队游

Antares/Big Foot Patagonia 探险游

（☎061-241-4611；www.antarespatagonia.com；Ave Pedro Montt/Costanera 161）百内国家公园的专业旅行社，可以帮助办理登山许可，定制行程。这里还有在Lago Grey湖活动的公园特许，包括Glacier Grey冰川的冰上徒步和皮划艇活动。

Baqueano Zamora 骑马

（☎061-261-3530；www.baqueanozamora.cl；Baquedano 534）组织前往百内国家公园的

优质骑马游和观赏野马活动。

Erratic Rock 探险游

（☎061-241-4317；www.erraticrock.com；Baquedano 719）提供百内国家公园最基本的游览，外加可选活动，出租装备。可选徒步包括弗罗厄德角（Cabo Froward）、纳瓦里诺岛和更小众的目的地。

住宿

青年旅舍一般都出租设备，并且能够帮助游客安排前往公园的交通工具。

Singing Lamb 青年旅舍 $

（☎061-241-0958；www.thesinginglamb.com；Arauco 779；铺 22~30美元，双 80美元；@📶）这家整洁、环保的青年旅舍，有堆肥、回收系统、雨水采集装置和亚麻布做的购物袋。床位间价格以床位数（最多9人）定价，公用空间非常宽敞。中央供暖和自制早餐是加分项。沿Raimírez街经过Plaza O' Higgins广场后的一个街区即是。

Lili Patagonico's Hostal 青年旅舍 $

（☎061-241-4063；www.lilipatagonicos.com；Arturo Prat 479；铺 10,000比索，双 有/无独立卫生间 32,000/24,000比索；@📶）这座杂乱的房子有一面攀岩墙、多种床位间和色彩明快的双人间，后者有相对新一些的卫生间，配有羽绒被。

Hostal Dos Lagunas 客栈 $

（☎手机 8162-7755；hostaldoslagunas@gmail.com；Barros Arana和Bories交叉路口；铺/双 12,000/30,000比索；📶）纳塔莱斯当地人Alejandro和Andrea是非常贴心的主人，以丰盛的早餐、稳定的水压和旅行贴士服务旅行者。这里一尘不染，是城里最长久的住宿之一。

Hostal Nancy 客栈 $

（☎061-241-0022，床位间 061-241-4325；www.nataleslodge.cl；Raimírez 540；铺 9000比索；标单/双/标三 15,000/32,000/36,000比索；📶）主人Nancy备受称赞，这个家庭旅馆新近升级，在所有房间增加了电视和独立卫生间。街对面的附楼里仍可使用厨房。这里很有家庭气氛，有一张床或两张床的双人间。

★ We Are Patagonia 民宿 $$

（☎手机 7389-4802；www.wearepatagonia.com；Galvarino 745；房间 有/无独立卫生间 70/60美元；📶）这家可爱的艺术酒店带着极简主义的北欧魅力和朴素的气息，有中央供暖。墙上的标语传达着不那么潜意识的正能量。冠军早餐包括纯正的咖啡、水果、燕麦片和全麦面包。它位于一栋小房子里。

Amerindia 民宿 $$

（☎061-241-1945；www.hostelamerindia.com；Barros Arana 135；双 有/无独立卫生间 45,000/35,000比索，6人公寓 80,000比索；⏲8月至次年6月；@📶）一家朴素安静的民宿，带有柴火炉、美丽的床品和原木横梁。客人可以在惬意的咖啡馆里享用蛋糕、鸡蛋和燕麦粥，咖啡馆也对外开放，供应有机巧克力、茶和无麸质食物。另提供租车服务。

餐饮

La Mesita Grande 比萨 $

（☎手机 6141-1571；www.mesitagrande.cl；Arturo Prat 196；比萨 5000~7000比索；⏲周一至周六 12:30~15:00和19:00~23:30，周日 13:00~15:00和19:00~23:30）快乐的就餐者坐在一张长而老旧的桌子边享用美味的薄饼比萨、一流的意大利面和有机沙拉。

Cafe Kaiken 智利菜 $

（☎手机 8295-2036；Baquedano 699；主菜 5000~7000比索；⏲周一至周六 13:00~15:30和18:30~23:00）这里仅有5张桌子，一对夫妇忙着烹饪、上菜，和客人聊天，非常亲切。主人逃离圣地亚哥的快节奏生活搬到这里，所以你也应该跟随他们的指引。慢烤羊肉、自制烟熏三文鱼意式饺子等菜肴值得等待。早点来占个座位。

El Bote 智利菜 $

（☎061-241-0045；Bulnes 380；套餐 3500比索；⏲周一至周六 正午至23:30）这家朴实的餐馆是个可以用食物安抚心情的港湾，供应烤鸡、海鲜砂锅、自制汤品，还有更贵的野味，如原驼肉和鹿肉。甜点可以试试经典的奶油板栗。

Puerto Natales 纳塔莱斯港

Puerto Natales 纳塔莱斯港

景点

1 历史博物馆......B2

活动、课程和团队游

2 Antares/Big Foot Patagonia......A1
3 Baqueano Zamora......D3
4 Erratic Rock......D3
5 Turismo 21 de Mayo......C2

住宿

6 Amerindia......B2
7 Hostal Dos Lagunas......B2
8 Hostal Nancy......D2
9 Lili Patagonico's Hostal......C3
10 Singing Lamb......D4
11 We Are Patagonia......D3

就餐

12 Afrigonia......B2
13 Cafe Kaiken......D3
14 Cangrejo Rojo......D4
15 El Bote......B2
16 El Living......C1
17 La Mesita Grande......C2

饮品和夜生活

18 Baguales......B1

El Living 咖啡馆 $

(www.el-living.com; Arturo Prat 156; 主菜4000~6000比索; ⏲11月至次年4月中旬 周一至周六 11:00~22:00; ✎)沉迷于这家酷酷的伦敦风格咖啡馆吧，它是纳塔莱斯早期咖啡馆之一。供应不错的素食菜肴(包括严格素食和无麸质食物），有大量欧洲杂志，隐蔽的后院有室外餐桌。

Cangrejo Rojo　咖啡馆 $$

（☎061-241-2436；Santiago Bueras 782；主菜 6000~8500比索；⏰周二至周日 9:00~15:30和17:30~22:00）这家可爱的瓦楞铁皮咖啡馆非常友善，价格合理，提供各种派、冰激凌、三明治和盛在黏土盘里的热菜，如海鲜砂锅菜或羊排。沿Baquedano街走到Plaza O' Higgins to Bueras广场以南4个街区即到。

Afrigonia　创意菜 $$

（☎061-241-2877；Eberhard 343；主菜 10,000~14,000比索；⏰12:20~15:00和18:30~23:00）杰出的Afrigonia完全原创，有你在纽约任何菜单上都找不到的非洲-智利融合菜。这家浪漫的餐馆由一对勤劳的赞比亚-智利夫妇经营。香米、新鲜的ceviche（酸橘汁腌海鲜）和薄荷烤羊做得恰到好处又美味多汁。提前预订。

Baguales　微型酿酒厂

（www.cervezabaguales.cl；Bories 430；⏰18:00至次日2:30；📶）登山爱好者们凭着对优质啤酒的热爱创办了这家酒厂，啤酒（现场酿制）没有让人失望。为了迎合大量市场需求，酒厂又新建了二层。美国风格的酒吧食物比较一般。

ℹ 实用信息

镇上大多数银行里都有自动柜员机。该地区最好的双语信息网站是www.torresdelpaine.cl。

国家林业局（Conaf；☎061-241-1438；Baquedano 847；⏰周一至周五 8:30~12:45和14:30~17:30）国家公园的服务管理办事处。

市旅游局（Municipal tourist office；☎061-261-4808；Plaza de Armas；⏰周二至周日 8:30~12:30和14:30~18:00）在历史博物馆和Rodoviario（汽车站）设有办事处，有这个地区的住宿列表。

邮局（Eberhard 429）

Sernatur（☎061-241-2125；infonatales@sernatur.cl；Ave Pedro Montt/Costanera 19；⏰周一至周五 9:00~19:00，周六和周日 9:30~18:00）提供实用的城市和区域地图，在旺季，广场上会增设另一个办事处。

ℹ 到达和离开

船

对于很多游客来说，搭乘**Navimag Ferry**（☎061-241-1421，Rodoviario 061-241-1642；www.navimag.com；Ave Pedro Montt/Costanera 308，另一个办公室位于Rodoviario；周一至周五 9:00~13:00和14:30~18:30）的渡轮穿越壮观的海湾是这段旅行的亮点。这趟长达四天三晚的行程非常受欢迎，需要提前很久预订。在预计到达日期之前几天联系Turismo Comapa或Navimag，确认渡轮的出发时间。

长途汽车

长途汽车停在**Rodoviario**（汽车站，Av España 1455）：一个位于城郊的汽车站。不过汽车公司也在城市里他们的办事处售票。至少提前一天预订，尤其是早班车。淡季时班次大幅缩减。

每天有两三班车发往百内国家公园，发车时间约为7:00、8:00、14:30。运营公司包括**Buses Gomez**（☎061-241-5700；www.busesgomez.com；Arturo Prat 234）、**Buses Pacheco**（☎061-241-4800；www.busespacheco.com；Ramírez 224）和**Buses JBA**（☎061-241-0242；Arturo Prat 258）。淡季要去Mountain Lodge Paine Grande山上小屋，须搭早班车去赶船。车票对公园内的换乘也有效。车次常有变化，请反复确认。

Bus Sur（☎061-261-4220；www.bus-sur.cl；Baquedano 668）和Buses Pacheco有车前往蓬塔阿雷纳斯，后者也发往乌斯怀亚。**Turismo Zaahj**（☎061-241-2260；www.turismozaahj.co.cl；Arturo Prat 236/270）和**Cootra**（☎061-241-2785；Baquedano 244）有车前往埃尔卡拉法特（El Calafate）。

目的地	费用（比索）	行程（小时）
埃尔卡拉法特	15,000	5
蓬塔阿雷纳斯	6000	3
百内国家公园	8000	2
乌斯怀亚	36,000	13

ℹ 当地交通

很多青年旅舍出租自行车。在这里租小汽车很贵，而且数量很有限。在蓬塔阿雷纳斯和阿根廷租车更便宜。

百内国家公园（Parque Nacional Torres del Paine）

百内塔（Torres del Paine）超过2000米高的花岗岩石柱几乎垂直地高耸在巴塔哥尼亚草原上，统领着这座可能是南美洲最棒的国家公园。从1978年起，占地1810平方公里的公园就被联合国教科文组织划为生物圈保护区。大多数游客都冲着招牌景观而来，一旦到此，他们就会意识到其他的（没那么拥挤的）景点同样美得令人惊叹：蔚蓝的湖泊，蜿蜒在翠绿色丛林中的小径，潺潺的小河，摇摇欲坠的小桥之下咆哮的河流，以及一座巨大的、泛着蓝光的冰川。

公园里聚集着众多生物，如貌似鸵鸟的美洲鸵（当地人称之为ñandú）、安第斯秃鹰、火烈鸟和许多其他鸟类。在动物保护方面最大的成就毫无疑问是原驼，由于美洲狮无法隐匿地接近，原驼可以在这里广阔的草原上悠闲地啃草。经过十余年对偷猎行为的有效防控之后，这些不断增长的大规模畜群已经不再惧怕人类或者车辆的靠近。

晴天时，目之所及，尽是美景。然而，不可预料的天气变化会将山峰笼罩在乌云中几小时，甚至几天。有人说，这里一日有四季，有时候会突如其来地下起暴雨和刮起狂风。带好高质量的防雨装备、合成面料的睡袋，露营的话，还要准备结实的帐篷。如果你想住在酒店或者乡村小屋（refugios）的话，必须提前预订。最少留出3~7天的时间来享受徒步行和其他活动吧。

2011年末，一场猛烈的大火波及了160平方公里，烧掉了古老的森林，夺走了很多动物的生命，还烧毁了一些公园设施。一名外国游客被指控在非法点燃篝火时意外引燃了森林。受到波及的地区大都在Pehoé和Refugio Grey之间，基本是“W”徒步的西段。全景仍在，但可能要花几个世纪才能使森林复原。谨慎负责，放轻脚步——你是每年成千上万游客中的一员。

活动

徒步

百内国家公园海拔2800米的花岗岩山峰吸引了世界各地大量徒步爱好者前来朝圣。大多数人会走环线（Circuit）或者“W”路线，将自己沉浸在经典美景之中，使其他同样美丽绝伦的徒步路线荒废下来。环线（“W”路线再加上山顶背面）需要7~9天时间，其中“W”路线（因路线在地图上和字母W近似而得名）需要4~5天。另外还需要1~2天用于交通方面。

位于纳塔莱斯港的旅行社提供有向导的徒步游，包括三餐和在乡村小屋（refugios）或者酒店的住宿。单日徒步则从Guardería Pudeto出发，沿着公园主路走到**Salto Grande**，它是Lago Nordenskjöld和Lago Pehoé之间的一条壮观瀑布。另一条轻松的路线通往**Mirador Nordenskjöld**，这里是一个绝佳的湖泊和山脉观景点。

“W”路线 徒步

这条标志性的多日徒步路线囊括了公园的亮点：**Mirador Las Torres**、**Valle Francés**和**Lago Grey**。从“W”的西段开始，乘船穿越Lago Pehoe到达Mountain Lodge Paine Grande山上小屋，走完“W”的第一笔，到达Lago Grey，再转而向东。从这个方向走，徒步全程约71公里。

环线 徒步

如果你想寻找遗世独立的绝美风景，并且向那些只走了“W”路线的朋友炫耀，就选择这条更长的112公里的徒步路线吧。环线包括“W”路线，外加Refugio Lago Grey和

值得一游

贝尔纳多·奥希金斯国家公园

地理上的隔绝，使奥希金斯至今仍是一片难以抵达的冰川，只有渡船可以进入贝尔纳多·奥希金斯国家公园（Parque Nacional Bernardo O' Higgins），**Turismo 21 de Mayo**（☎614420；www.turismo21demayo.cl；Eberhard 560，Puerto Natales）组织全天游前往Glaciar Serrano冰川的底部。乘客在Estancia Balmaceda牧场停下来吃午饭，然后继续向Río Serrano河前进。费用为100,000比索。

Parque Nacional Torres del Paine 百内国家公园

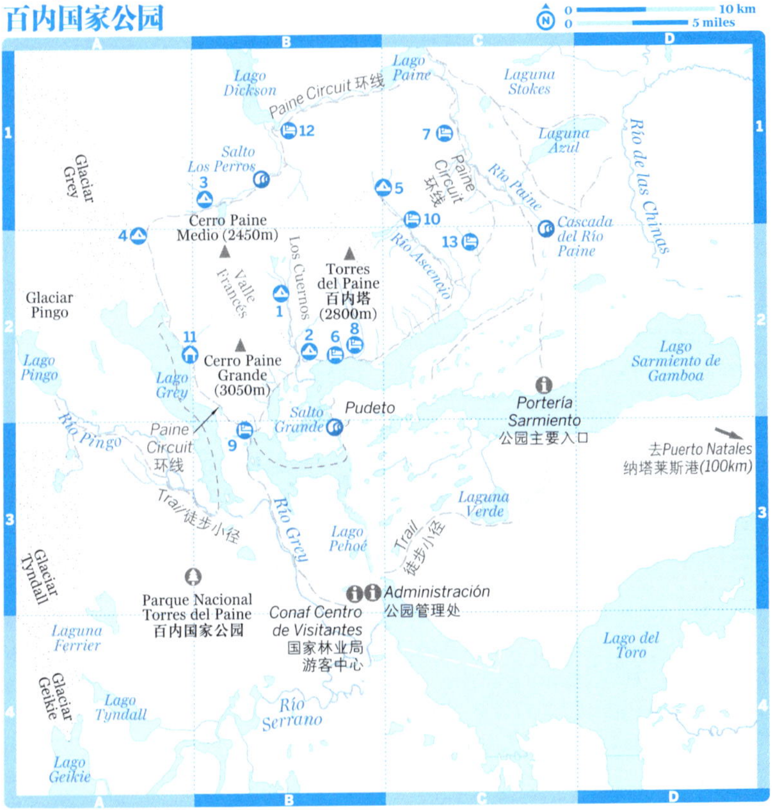

Parque Nacional Torres del Paine 百内国家公园

住宿

1 Campamento Británico B2
2 Campamento Italiano B2
3 Campamento Los Perros B1
4 Campamento Paso A2
5 Campamento Torres C1
6 Domos El Francés B2
7 Domos El Serón C1
8 Domos Los Cuernos B2
9 Mountain Lodge Paine Grande B3
10 Refugio Chileno C1
11 Refugio Grey A2
12 Refugio Lago Dickson B1
13 Refugio Las Torres C2

Refugio Las Torres之间的背面，途经极具挑战的Paso John Gardner山口（海拔1214米，季节性封闭）。沿途地貌尽是荒凉的美。

皮划艇

皮划艇是靠近冰川的绝佳方式。在夏天，**Indomita Big Foot**（☎061-241-4525; www.indomitapatagonia.com; Bories 206, Puerto Natales）组织前往Lago Grey冰川的3小时团队游。

骑马

Baqueano Zamora（见280页）组织骑马前往Pingo湖、Paine湖和Azul湖，以及Amarga湖，要在百内地区骑马，联系**Hotel Las Torres**（☎061-271-0050; www.lastorres.

com)的活动柜台。

冰上徒步

在冰蚀的地貌间来一场有趣的徒步，你并不需要有什么经验。Antares/Big Foot Patagonia（见280页）是唯一有Glacier Grey冰川冰上徒步公园许可（90,000比索）的公司，以国家林业局的房子（曾经的Refugio Grey）为起点。徒步共5小时，10月至次年5月都可以，旺季时每天8:30和14:30两次。

住宿

公园里有收费及免费的露营地。在露营地（refugios）每人需要4000~8500比索。露营地出租帐篷（一晚9500比索）和睡袋（5500比索），不难想象旺季时这些装备会非常紧缺，还是自带装备为妙。小摊上出售昂贵的意大利面、汤包和丁烷气。露营地通常在10月中旬到次年3月中旬期间开放。啮齿类动物经常出没于营地，会咬穿帐篷，记得把食物悬挂在树上。

乡村小屋的房间里有4~8个双层床铺，可以使用厨房（有时段限制）、热水淋浴和餐食供应。在乡村小屋被预订一空的情况下，工作人员也可以提供所有露营装备。多数乡村小屋在4月底关闭。另一个备选是毛毡帐篷（domos）。

预订很重要。如果不预订直接前往的话，你就必须自带露营装备，尤其是在旺季。可以直接通过以下授权点预订：Vertice Patagonia（☎061-241-2742；www.verticepatagonia.com；Bulnes 100）经营的Mountain Lodge Paine Grande（☎061-241-2742；铺50美元起，全食宿95美元；@）、乡村小屋Grey（☎061-241-2742；铺50美元起，全食宿80美元）和Lago Dickson（☎061-241-2742；铺35美元，全食宿80美元；⏲11月至次年3月）以及Campamento Los Perros；Fantástico Sur（☎061-261-4184；www.fantasticosur.com；Esmeralda 661；⏲周一至周五 9:00~13:00和15:00~18:00）经营的乡村小屋Las Torres（☎061-261-4184；铺86美元，全食宿145美元；⏲9月至次年4月；@）、Chileno（☎061-261-4184；铺55美元，全食宿114美元；⏲10月至次年3月）🍃、Domos El Francés（☎061-261-4184；铺73美元，全食宿132美元；⏲10月至次年3月，时间不定）、Domos Los Cuernos（☎061-261-4184；www.fantasticosur.com；铺66美元，全食宿125美元；⏲9月至次年3月，时间不定）、Domos El Serón（☎061-261-4184；铺38美元，全食宿118美元）和他们的露营地。

由国家林业局管理的徒步路线沿途露营地是免费的，但是设施很简陋。他们既不出租装备，也不提供淋浴。包括Campamento Británico、Campamento Italiano、Campamento Paso、Campamento Torres和Camping Guardas。

在露营地入住时，需要带上你的护照或者护照复印件。工作人员会使用无线电装置来确认你的下一个预订。由于徒步者很多，错误是不可避免的，如果遇到问题，请练习保持冷静镇定。以上列出的都是基本价格，如果需要床品（而不是自备睡袋），需要另外付费。

实用信息

公园的主要入口是**Portería Sarmiento**（⏲白天），在此购买门票。**国家林业局游客中心**（Conaf Centro de Visitantes；⏲12月至次年2月 9:00~20:00）在距离Portería Sarmiento 37公里处，有关于公园生态和徒步路线状态的实用信息。网站**Torres del Paine**（www.torresdelpaine.cl）提供有用的信息，Erratic Rock（见281页）有很好的背包装备清单。

到达和离开

班车（2500比索）在下列地点接送乘客：Laguna Amarga、Pudeto发船处、公园管理处（Administración）。

Catamaran Hielos Patagónicos（☎061-241-1380；info@hielospatagonicos.com；单程/往返 15,000/24,000比索）从Pudeto出发，前往Mountain Lodge Paine Grande。出发时间是12月至次年3月中旬的9:00、12:30和18:00；3月下旬至11月的正午和18:00；9月、10月和4月只在正午。

火地岛（TIERRA DEL FUEGO）

多雾、多风、潮湿，火地岛位于智利的这部分包括了主岛Isla Grande的一半、遥远的纳瓦里诺岛(Isla Navarino)和一些小岛，其中很多地方无人居住。这里只有7000人，是智利人口最稀少的区域。波韦尼尔(Porvenir)却被看作岛上的主要"城市"，虽然有些夸大其词。这里不可避免地散发出一种粗犷、原始的魅力，以其世界尽头般的空旷犒赏着愿意长途跋涉至此的人。

纳瓦里诺岛(Isla Navarino)

忘掉乌斯怀亚吧，世界尽头是从这里开始的。纳瓦里诺岛是强健背包客的天堂，岛上的徒步游路线超过150公里，还有偏远的暗蓝色湖泊、青苔密布的矮假山毛榉(lenga)森林和Dientes de Navarino荒凉的山顶。岛上唯一的小镇威廉姆斯港(Puerto Williams，人口2500)是个海军居民点，也是正式的航运停靠港口，船只途经此处前往合恩角和南极洲。

景点和活动

马丁·古辛德博物馆 博物馆

(Museo Martín Gusinde; Araguay和Gusinde交叉路口; 请捐款; ⊙周二至周五 9:00~13:00和15:00~18:30，周六和周日 15:00~18:30，淡季缩短开放时间)这是一座迷人的博物馆，纪念1918年到1923年期间与亚格汉人(Yaghan)一起工作的德国传教士和人种学者。展览集中在人类学和自然历史。图书馆内有公共Wi-Fi。

★Dientes de Navarino 徒步

这条徒步环线可以一览纳瓦里诺牙齿般的尖顶，景色原始而凌乱。从城外的Virgin祭坛开始，耗时5天，全长53.5公里的行程蜿蜒于布满裸露岩石和幽静湖泊的荒野。体力好的人在(相对)干燥的夏季可以4天走完。标识很有限：GPS搭配有标记的地图是便捷的导航工具。

Cerro Bandera 徒步

这个4小时的往返徒步包含了纳瓦里诺环线(Navarino Circuit)的第一条道路，可一览比格尔海峡(Beagle Channel)的壮观风景。小路穿过矮假山毛榉(lenga)陡然爬升，最终到达狂风大作、岩石散落的山坡，那里插着一面智利国旗。

食宿

住宿地一般都会提供三餐，并且可以安排岛上团队游或机场接送服务。补给品可以在镇上少数几家超市买到，价格较贵。

Residencial Pusaki 客栈 $

(☎手机 9833-3248; pattypusaki@yahoo.es; Piloto Pardo 222; 标单/双 12,500/27,000比索)Patty以传说中的温暖在这个温馨的家里迎接着旅行者，舒适的房间铺有地毯，带独立卫生间。Patty还组织晚餐拼餐，对非住客也开放。

Refugio El Padrino 青年旅舍 $

(☎061-262-1136，手机 8438-0843; Costanera 276; 露营地 每人 6000比索; 铺 12,000比索)这家干净、友好、自助式的青年旅舍由充满活力的Cecilia经营，很容易结识朋友，是个社交中心。小床位间就位于海峡处。

Puerto Luisa Cafe 咖啡馆 $

(☎手机 9934-0849; Costanera 317; 小吃 3000比索; ⊙11月至次年3月 周一至周五 10:00~20:00，周六 7:00~20:00)这个受欢迎的避风港靠近码头，供应意式咖啡、巧克力和派，环境舒适，有超大号的椅子和绝佳海景。

实用信息

市旅游信息处(Municipal tourist information; ☎手机 8383-2080; www.ptowilliams.cl/Turismo.html; Piloto Pardo和Arturo Prat交叉路口; ⊙周一至周五 8:00~13:00和14:00~17:00)提供城市和一日徒步地图，以及Lago Windhond和Dientes de Navarino徒步的天气和路况信息，在一个小信息亭内。

Turismo Shila(☎手机 7897-2005; www.turismoshila.cl; O' Higgins 220)对徒步者非常有帮助，提供当地向导、露营用品出租、自行车出租(每天5000比索)、雪地鞋、钓鱼用具和GPS地图。还出售船票，安排去乌斯怀亚(Ushuaia)的包机。

到达和离开

可以乘坐飞机或船到达威廉姆斯港。

Aerovias DAP(☎061-262-1051; www.aeroviasdap.cl; Plaza de Ancla s/n; 单程 75,000比索)有航班从

蓬塔阿雷纳斯(1小时15分钟)飞往这里,时间是11月至次年3月的周一至周六的11:30,冬季航班减少。

Transbordador Austral Broom(☎061-272-8100; www.tabsa.cl)的船从蓬塔阿雷纳斯的特雷斯蓬特斯(Tres Puentes)开往威廉姆斯港,每月3~4班。

波韦尼尔(Porvenir)

要感受纯粹的火地岛生活,来这里就对了。在这个不再光鲜的维多利亚时代金属小镇上过一晚,会给你一个探索附近海湾和乡间的机会,感受悠闲的当地生活。通常可以从蓬塔阿雷纳斯参加一日团队游观赏帝企鹅。可以住在历史悠久的麦哲伦之家**Hostería Yendegaia**(☎061-258-1919; www.hosteriayendegaia.com; Croacia 702; 标单/双/标三 25,000/40,000/55,000比索; 📶),尽情享受丰盛的早餐、海峡的美景和有厚羽绒被的宽敞房间吧。

复活节岛(拉帕努伊岛) [EASTER ISLAND (RAPA NUI)]

复活节岛(土著的波利尼西亚居民称之为拉帕努伊)是地球上独一无二的存在。神秘有趣的历史,引人入胜的文化,充满魔力的风景,这片小小的土地像是从其他星球掉下来的。在这块遗世独立、未加修饰的宝地,你很难感受到与岛屿以东3700多公里的智利大陆的关联,更不用说更广阔的世界。这里只有你,湛蓝的深海,以及在怪异风景中散落着的神秘摩艾(moai)石像。

荷兰航海家Roddeveen于1722年复活节踏上了这座小岛,由此得名。1888年,小岛划归智利所有,被当作一座绵羊牧场使用,拉帕努伊原住民被限制在安加罗阿(Hanga Roa),这种情形延续到1953年,直到20世纪60年代原住民才重获自由。今天的岛民讲西班牙语和拉帕努伊语,后者是一种波利尼西亚东部方言。拉帕努伊语常用表达有:iorana(你好)、maururu(谢谢)、pehe koe?(你好吗?)以及 riva riva(好,不错)。

每年2月上旬,为期两周的**Tapati Rapa Nui**是复活节岛最重要的节日,值得你支付高昂的机票和酒店费用专程而来(提前联系旅行社确认确切日期)。这是一场全民参与的文化盛宴,也是外国人融入当地文化的最好机会。两大氏族之间会展开一系列歌舞和体

当地知识

快速认识三条术语

复活节岛的呆萌石像仍是世界未解之谜,但你并不需要大学学历来欣赏这些考古遗迹,以下名词解释就足够了。在随门票发放的地图册上可以认识更多术语。

Ahu

Ahu是村子的墓葬地和仪式中心,被认为起源于法属波利尼西亚的祭坛。沿海岸线分布着约350座这样的石砌平台,在朝向大海的一面立有垂直的墙。

Moai

摩艾(Moai)石像身高2至10米,体重30至90吨,几乎全部背对太平洋。如今一些石像经过彻底修复矗立于Ahu之上,一些被重新竖立起来,但严重风化侵蚀,更多的则凌乱地倒在地上。

几个世纪以来,关于这些石像是如何被移动和竖立起来的谜题众说纷纭。大多数专家相信先民使用了一种木质爬犁或滚轴。21世纪初考古学家宣称石像并非平躺着被运输的,而是用绳子绑成直立状,这与那些称石像“走”向Ahu的口述史相吻合。不过,这将是一场永不停息的争论。

Pukao

Pukao是石像头上顶着的红色圆柱形“帽子”,重达10吨,考古学家认为它来自岛上曾经流行的一种男式发型,也有人称其代表着波利尼西亚族长戴的红羽毛头饰。

Easter Island(Rapa Nui)
复活节岛(拉帕努伊岛)

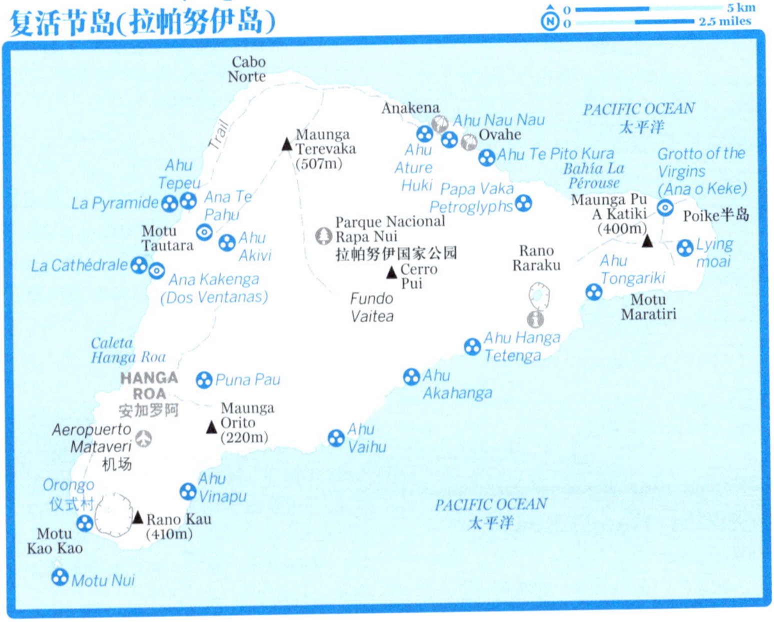

育竞赛，运动项目包括游泳、骑马、“铁人三项”和Haka Pei（十几位男性在Cerro Pui山坡坐滑板俯冲而下，速度可达70公里/小时），最终选出两位女性候选人竞争每年的节日女王。对于大多数无法赶上过节的旅行者，不要错过岛上全年上演的传统舞蹈表演，感受一番原始的波利尼西亚风情。

旅游旺季是最炎热的1月至3月，尤其在2月的节日前后；4月至6月及10月至12月气候温和，游客相对较少；7、8月天气较冷，不宜去海边，却是徒步和骑马的好时候。你应该安排至少3天时间来参观这里的主要景点。拉帕努伊岛比智利本土晚2小时，比北京时间晚14小时（夏令时晚13小时）。

到达和离开

LAN（☎032-210-0279；www.lan.com；Av Atamu Tekena s/n；⏲周一至周五 9:00~16:30，周六 至12:30）是唯一经营复活节岛航线的公司。每天都有航班往返于圣地亚哥（经济舱往返票价600美元至900美元，偶尔有400美元的最低价），另外每周有一趟航班往返于塔希提岛（Tahiti）的帕比提（Papeete）。

很少有客船前往复活节岛，1月至3月有游艇在这里停靠。

当地交通

机场就在安加罗阿镇郊区，几乎所有住宿都会免费接送机，并以花环相迎接，以小纪念品相送。乘出租车去机场需3000比索，在安加罗阿镇上打车2000比索。

安加罗阿镇周边的景点可步行往返，但去其他景点则必须借助交通工具。主流的是租车自驾，镇上能找到很多租车店，小汽车45,000比索/24小时起，需要注意不含保险，建议出行前自行购买。也可以租摩托车（需要驾照，约25,000比索/24小时）或山地自行车（约10,000比索/24小时）。在安加罗阿镇以外，整个东部海岸线和通往安纳根纳（Anakena）的道路都是柏油路。

岛上没有公交车，但有即上即下的观光巴士。**Maururu Travel**（☎032-255-2193；Av Pont s/n；15,000比索）运营的观光车共停靠20个站点，有9:00、11:00、15:00、17:00四班车，你可以选择三处下车，游览后步行至附近的景点等下一班车。

负责任的旅行

复活节岛就像一座伟大的露天博物馆，然而不断增加的游客也给它带来威胁。请遵循以下准则：

- 不要在Ahu上行走，因为它们作为墓葬地而被当地人尊敬。
- 在任何考古遗址移动岩石都是违法的。
- 不要触摸石刻，因为它们非常容易损坏。
- 保持在指定的路径内行走。
- 机动车禁止进入Poike半岛和Terevaka。
- 不要在公园内露营。

安加罗阿（Hanga Roa）

☎032 / 人口 6700

安加罗阿是岛上唯一的城镇，几乎所有的酒店、餐馆、商店和服务场所都在这里。还有一个风景如画的渔港、几个小海滩和冲浪点、几处考古遗址和一个可爱的公墓。

景点

塞巴斯蒂安·英格勒特人类学博物馆 博物馆

（Museo Antropológico Sebastián Englert；☎032-255-1020；www.museorapanui.cl；Tahai s/n；⏲周二至周五 9:30~17:30，周六和周日 至12:30）**免费**这座很有序的博物馆完美介绍了小岛的历史和文化，展品包括黑陶鱼钩、黑曜石矛头和其他武器，圆形的蜂窝状小屋，奥龙戈（Orongo）的仪式房屋，以及一个眼睛部分做过修复的摩艾石像头部。这里还展有复制的朗戈朗戈（Rongo-Rongo）木板，上面刻有成排的微小象形文字符号。

Caleta Hanga Roa和Ahu Tautira 考古遗址

你与摩艾石像的第一次照面很可能是在Ahu Tautira，在Av Te Pito o Te Henua大街的尽头，俯瞰着安加罗阿镇的渔港Caleta Hanga Roa。在这里，你会看到一座平台上立着两尊宏伟的摩艾石像。

安加罗阿教堂 教堂

（Iglesia Hanga Roa；Av Tu' u Koihu s/n）这是一座不容错过的天主教堂，融合了基督教教义和拉帕努伊传统的精彩木雕值得一看。周日早上呈现一片多彩的景象。

活动

你可以通过一些精彩的徒步活动探索复活节岛。比如，被称作Ruta Patrimonial的小路，从安加罗阿镇向南通往奥龙戈（Orongo）仪式村（约7公里）。其他值得推荐的徒步路线包括从Ahu Akivi爬上曼卡泰雷瓦卡峰（Maunga Terevaka，约3小时），和Poike半岛周边一日游。如果想沿着北海岸在Ahu Tepeu和安纳根纳（Anakena）之间徒步，你需要请一位向导，因为道路并没有标识。

相比徒步，骑行和自驾是更休闲的探索方式，不过要准备好应对南部蜿蜒的道路。如果骑自行车的话，一条轻松的环线是从安加罗阿到Ahu Tepeu，然后向东前往Ahu Akivi，再回到安加罗阿（约17公里）。小汽车、摩托车、山地自行车的租赁都可以在安加罗阿找到。

水肺潜水在复活节岛上越来越流行。优势在于达50米的能见度、较少的人群、惊心动魄的海景和丰富的珊瑚结构，弱势在于可见的海洋生物较少。全年均可潜水，最低水温从冬季的20℃到夏季的26℃。大部分潜水点都分布在西海岸，可以满足各种级别的潜水爱好者。Motu Nui是最热门的地点，可以咨询**Mike Rapu Diving Center**（☎032-255-1055；www.mikerapu.cl；Caleta Hanga Roa s/n；⏲周一至周六 8:00~17:00）。

复活节岛有来自四面八方的涌浪，浪高可达5米。西海岸有许多热门的冲浪地点，初学者可以去Caleta Hanga Roa。海边几家季节性（通常从12月至次年3月）的户外用品商店提供冲浪课程并出租装备。

一些通往遗址的小径可以通过骑马来探索，这也算是拉帕努伊的一种特色体验。**Pantu**（☎032-210-0577；www.pantupikerauri.cl；Sector Tahai s/n；半天/全天团队游 35,000/75,000比索；⏲每日须预约）是一家可信赖的旅行社。

团队游

很多旅行社组织前往主要景点的团队游，全天行程一般收取42,000比索，半天则是25,000比索。声誉好的旅行社包括**Aku Aku Turismo**（☎032-210-0770；www.akuakuturismo.cl；Av Tu' u Koihu s/n；⏲8:30~17:00）和**Kia Koe Tour**（☎032-210-0852；www.kiakoetour.cl；Av Atamu Tekena s/n；⏲9:00~13:00和15:00~18:00）。

住宿

很遗憾，岛上的住宿性价比不高，尤其是和智利大陆相比。除了一家豪华酒店外，所有住宿都集中在安加罗阿，目前以民宿为主，高档酒店呈现不断增加的趋势。岛上有几家相对便宜的露营地，注意，国家公园内禁止私自露营。大多数酒店和民宿都提供Wi-Fi，但不要指望非常顺利地发朋友圈。空调很少见，最热的月份有风扇。几乎所有住宿都会免费接送机，并以花环相迎，以小纪念品相送。旺季时需要尽早预订。

Camping Mihinoa 露营地 $

（☎032-255-1593；www.camping-mihinoa.com；Av Pont s/n；露营地 每人 7000比索起，铺10,000比索起，双 20,000~30,000比索；📶）你有如下选择：一些打扫干净的房间（价格越高私密性越好），几个两张床到6张床的床位间（有些带独立卫生间），或者一个在草地上的露营地（没有遮阴，提供帐篷、睡袋、地垫，还有免费的日落和星空）。早晚有热水淋浴。有设施齐全可供多人同时使用的公用厨房，有洗衣服务。

Hostal Tojika 客栈 $$

（☎7125-2210；www.rapanuiweb.com/hostaltojika/hostal.htm；Av Apina s/n；双/标三/四 45,000/55,000/65,000比索；📶）这家客栈是想省钱的好选择，位于海边的一栋独栋建筑，有一些各不相同的房间，一个5人间和一个公用厨房。有些房间缺乏自然光，但床位间很划算。不供应早餐，但建筑入口处有一个小餐馆。

★ **Cabañas Christophe** 别墅 $$

（☎032-210-0826；www.cabanaschristophe.com；Av Policarpo Toro s/n；双 60,000~90,000比索；📶）这家迷人的住宿毫无疑问是安加罗阿最物有所值的选择，三栋硬木和火山石混合建成的别墅设计精美，吸引着追求个性和舒适的人。房间宽敞，设施完备——特大号床、厨房用具和一个私人露台——而且洒满阳光。它位于奥龙戈（Orongo）小径的起点处，距镇中心约1.5公里。尽早预订。

就餐

餐馆集中在安加罗阿，以智利菜和海鲜为主，消费较高，一般会在账单中直接加收10%的小费。高档餐厅往往占据着绝佳的地理位置，亲民的小餐馆则供应相对实惠的套餐。除了安纳根纳（Anakena）海滩以外，景点附近少有餐馆可寻，最好随身备些食物。在主街Av Atamu Tekena上有多家超市，路边也有蔬菜水果摊，可以满足自炊者的需求。交通不便使得岛上物价奇高，省钱的最好办法就是在圣地亚哥的超市采购齐全，自己背到岛上。

Mikafé 自助餐厅、三明治 $

（Caleta Hanga Roa s/n；冰激凌 1800~3200比索，三明治和蛋糕 3500~6000比索；⏲周一至周六 9:00~20:30）啊，helados artesanales（自制冰激凌）！啊，让人上瘾的香蕉蛋糕！其他美味包括帕尼尼、三明治、玛芬和布朗尼。也供应早餐（3500比索起）。

Te Moana 智利菜 $$$

（☎032-255-1578；Av Policarpo Toro s/n；主菜 10,000~21,000比索；⏲周二至周日 12:30~23:00）这家热闹的餐馆是安加罗阿最可靠的选择之一，位置极佳，有一个面向大海的露天阳台。因其美味的肉类和鱼类菜肴而出名。波利尼西亚风格的装饰是另一个卖点，墙上挂着木雕和传统工艺品。

实用信息

当地货币是智利比索，许多商家都接受美元现金（但往往很不划算），从塔希提岛来的旅行者必须提前备好美元或欧元，塔希提货币在岛上并不流通。许多商家都接受信用卡。自动柜员机较少，不要完全依赖于银行卡，确保带足够的现金备用。安加罗阿有两家银行和一家货币兑换处，注意

美元汇率比智利大陆差得多。

安加罗阿医院（Hospital Hanga Roa；☎032-210-0215；Av Simon Paoa s/n）最近刚刚现代化。

邮局（Av Te Pito o Te Henua s/n；⏲周一至周五8:30～12:30和14:00～16:00，周六9:00至正午）寄往世界任何国家的邮资统一为1000比索。

Sernatur（☎032-210-0255；www.chile.travel/en.html；Av Policarpo Toro s/n；⏲周一至周五9:00～18:00，周六10:00～13:00）有各种小册子、地图和住宿名单。有些工作人员英语不错。

拉帕努伊国家公园（Parque Nacional Rapa Nui）

自1935年起，拉帕努伊岛的大部分土地和所有考古遗址都由智利国家林业局管理。拉帕努伊国家公园（门票 成人/儿童 54,000/27,000比索或80/40美元；⏲9:00～16:00）门票10日有效，但每个景点仅限一次参观。机场到达处有一个国家公园售票口，建议下飞机时顺便在此购买，此外还可在国家林业局（Conaf；☎032-210-0827；www.conaf.cl；Sector Mataveri）买票。注意门票并不在奥龙戈（Orongo）或拉诺拉拉库（Rano Raraku）等景点出售。

巨大神秘的摩艾石像是复活节岛最深入人心的形象，以亘古不变的面无表情守护着这座岛屿的秘密，它们很可能代表着不同氏族的祖先。岛上有多处作为景点的摩艾石像，门票附赠的旅游地图上有详细标注。岛民自行修建了许多大小不一的仿造石像，甚至在公墓里都能见到，真正的遗迹都有围栏保护，禁止靠近。

景点

Orongo仪式村 村庄

Rano Kau火山湖几乎被漂浮的芦苇覆盖，Orongo仪式村（Orongo ceremonial village）高踞400米之上，一面是火山口的边缘，另一面则以几乎垂直的角度落入深蓝的大海，这是南太平洋最惊心动魄的地形之一。Orongo仪式村俯瞰着几个小小的离岛（motu），包括Motu Nui、Motu Iti和Motu Kau Kau。这个仪式村庄由54座石板堆成的独特房屋组成，有数千个与Make-Make神像和Tangata-Manu比赛有关的石刻，汇集了岛上最重要的石刻艺术。Orongo村仅在每年开春的几个星期使用，届时各个部族的代表为了获得Manutara（乌燕鸥）的第一颗蛋展开激烈竞争。这种常栖于远洋的海鸟每年春天来到离岛Motu Nui下蛋，竞争者游到小岛待上数天甚至数星期等待神鸟的到来，第一个带回鸟蛋的人被封为Tangata-Manu（鸟人），其所代表的部族也随之得势。最后一次比赛举办于1867年前后。从安加罗阿到Orongo有一条轻松幽静的徒步小径。

Ahu Tahai 考古遗址

这是距安加罗阿较近的三座修复过的Ahu组成的遗址群，非常上镜。Ahu Tahai位于中间，立有一尊没有头饰的巨大摩艾石像。在它北面是Ahu Ko Te Riku，上面立着的石像不仅顶着头饰，还瞪着白色的眼睛。另一面则是Ahu Vai Uri，上面的五尊石像呈现出不同大小的形态。

Ahu Tongariki 考古遗址

岛上最有气势的石像群位于东海岸的Ahu Tongariki，15尊壮观的石像一字排开，日落时分的剪影画面非常经典。它们曾于1960年被海啸摧毁，20世纪90年代由日本团队花了超过5年时间修复，不过只有一顶跌落的头饰被还原回去。

Rano Raraku 考古遗址

Rano Raraku火山证明了岛上的神秘石像并非从天而降的。山坡上不规则地散布着300余尊俯仰各异的石像，它们处于不同的制造阶段，甚至还有在岩石中刚刚凿出模糊面部的未完成品，你可以想象这里曾经繁忙运转的场景。不要以为这些石像真的千人一面，去找找留着胡子的，肚子上刻着图案的，还有一尊独一无二跪着的。登上山顶俯瞰，火山口内还隐藏着一个波光粼粼的小湖和约20尊站立的摩艾石像。

Anakena 海滩

海滩控会爱上这片如明信片般的白色沙滩，高耸的棕榈树、别具风情的木屋餐馆、享受日光浴的俊男靓女，这里符合人们对度假岛屿的全部期待，却又因背对海水的摩艾石像平添几分神秘气质。海滩充当着Ahu Nau

Nau的完美背景，其上站立着7尊石像，有的戴着头饰。南边的Ahu Ature Huki也有一尊孤独的石像。不远处的Ovahe是一片被岩石环抱的月牙形海滩，迷你而静谧，但要小心落石。

Maunga Terevaka 山

Maunga Terevaka是岛上的最高峰（海拔507米），贫瘠的山丘只能徒步或骑马，但独一无二的全景值得你辛苦一番。

了解智利

今日智利

在智利，地表总在变化着，但愿不是下一次地震。前总统米歇尔·巴切莱特（Michelle Bachelet）重新掌权，她把解决不平等问题作为管理要务。同时，智利平稳的经济增长加速也显露疲态。随着智利的头号出口产品——铜的价格下跌，许多人担心这个国家是否会经历大规模的改革。对这个“小发动机”来说，有一件事是确定的：无法再满足于现状了。

强力反弹

2013年，64层的大圣地亚哥塔（Gran Torre Santiago）作为南美洲最高的建筑完工，是这个国家重新崛起的一个无可辩驳的象征。几乎在同一时间，智利成为第一个加入经济合作与发展组织（OECD）的南美洲国家。然而，智利仍有进步空间。在所有的OECD国家中，智利存在着最大限度的不平等。

整个国家一半的财富在1%的人口手里。在21世纪初期，智利百万富翁的数量翻了一倍，但是贫困人口占总人口的14.4%。尽管在过去10年间，贫困人口已经减少了三分之一，但批评者表示应该减少更多。相应计划是投资公共教育和医疗，这两方面一直被公众呼吁改善。

城市居民、穷人、自由派、保守派，整个智利都在渴望改进。尽管公民在谈判中遇到挫折，但它帮助人们铭记智利这些年的艰辛。2010年2月，一场8.8级的地震以1万个广岛原子弹的破坏力袭击了中部沿海，加上随之而来的海啸，数百人丧生，损失达300亿美元。然而两个月后，学生重返校园，受影响的道路、港口和机场也正常运营。在没有适当的正式应急响应的情况下，重建在很大程度上依靠互相帮助的公民。

仅仅一个月后，当举国为在圣何塞矿井地下困了69天终于获救的33名矿工欢庆时，国家凝聚力得以巩固。2015年的又一场8.3级地震发生在科金博附近的中部海岸，造成5人丧生、一场海啸和数百万人的疏散。

遗憾的是，没有一个最顽强国家的奖项，否则智利一定是非常有力的候选者。

历史

早期历史

在蒙特港附近的Monte Verde山发现的距今12,500年的足迹，标志着智利最早的人类活动。在北方，艾马拉人（Aymara）和阿塔卡梅诺人（Atacameño）中的农民和牧民在印加时期以前就出现了。其他早期居民包括El Molle人和蒂瓦纳库人（Tiwanaku），他们也在地画中留下了印记，还有北部海岸的昌戈（Chango）渔民和居住在内陆河谷的迪亚吉塔人（Diaguita）。

南部森林里迁移的耕种部落马普车人（Mapuche），他们是唯一成功抵抗住印加统治的土著部落。同时，昆科人（Cunco）在奇洛埃和内陆捕鱼并且耕种。在南方，像Selk'nam和亚格汉人（Yaghan）这样的部落长期试图避免和欧洲人接触，但最终欧洲人还是使他们濒临灭绝。

殖民地时代

西班牙征服者佩德罗·德·瓦尔迪维亚（Pedro de Valdivia）和他的军队穿越环境恶劣的阿塔卡马沙漠，于1541年在土地肥沃的马波乔山谷（Mapocho Valley）建立了圣地亚哥。他们设立了著名的强劳制（encomiendas），一种强迫劳动的体制，以此剥削北部人口相对较多的定居部族。南部地区则没有接受，马普车人在长达3个多世纪的时间里抗击着欧洲殖民者。强劳制失去其价值时，被南美出生的西班牙裔掌控的农庄（agricultural haciendas或者fundos）取而代之。这些产业(latifundios)是当时智利社会的中坚力量,其中大多数一直活跃到20世纪60年代。

革命战争及共和国初期

西班牙对秘鲁总督区实行的贸易控制引起了各殖民地的不满。随着独立运动横扫南美,阿根廷人何塞·德·圣马丁(José de San Martín)在1818年解放了圣地亚哥。在圣马丁的授意下,智利人贝尔纳多·奥希金斯(Bernardo O' Higgins),一个爱尔兰人的私生子,成为智利共和国的"最高统帅"。

智利独立后的5年中,奥希金斯主宰了政坛,实行政治、社会、宗教和教育改革,但地主们对其平等主义措施的反对迫使他辞去政职。代表地主利益的商人迪亚戈·波塔尔(Diego Portales)成为事实上的独裁者,直到他于1837年被处决。依照其意愿而起草的宪法将权力集中在圣地亚哥,并将天主教立为国教。

扩张及发展

智利的扩张从太平洋战争(1879~1883年)中战胜秘鲁和玻利维亚开始,获得了富含硝酸盐矿的阿塔卡马沙漠。与马普车人的条约又将南方的湖区归到智利的版图中。1888年,智利吞并了地理位置偏远的拉帕努伊岛(复活节岛)。

英国、北美和德国的资本将阿塔卡马推向繁荣,硝酸盐矿业的发展也为政府提供了资金。硝石港安托法加斯塔和伊基克迅速壮大了起来,直到1914年巴拿马运河(Panama Canal)的开通,减少了合恩角附近的通行量,而以石油为基础的化学肥料开发使得对矿物硝石的需求成为了历史。

矿产业还引发了一个新工人阶级和暴发户的出现,两者均对地主形成了挑战。1886年当选的总统何塞·曼努埃尔·巴尔马塞达(José Manuel Balmaceda)难于平衡分配不均的财富和权力,从而引起1890年的国会叛乱,一场内战导致1万人死亡,包括总统本人自杀。

努力建设和改革

直到20世纪20年代,智利高达75%的农村人口仍然以农庄产业为生,占基础农业用地的80%。随着工业的扩大和公共设施的进步,城市工人的福利得到改善,而农村劳动力的福利却有所下降,这迫使农村劳动力迁往城市。1930年至1970年期间,智利经历了一场涉及多方面的土地改革斗争。

在这个时期,北美的公司获得了对铜矿的控制权,而铜矿则成了智利经济的基石。改革家艾德瓦尔多·弗雷(Eduardo Frei)于1964年当选总统。弗雷倡导铜矿业的"智利化",由政府获取了50%以上原属于美国公司的铜矿拥有权。

由于被右派认为太过激进,却又被左派批评过于保守,弗雷的基督教民主党政权面临着许多挑战,其中包括像左翼革命运动(the Leftist Revolutionary Movement,简称MIR)这样主张暴力革命的组织,他们获得了煤矿工人和其他城市劳动阶层的支持。激进主义者还迎合了渴望土地改革的农民。到1970年大选临近时,基督教民主党因无法满足社会对改革的期望,已变得势单力薄。

阿连德执政

社会党总统候选人萨尔瓦多·阿连德(Salvador Allende)领导的人民联合阵线(Popular Unity,简称UP)推出了一项激进的方案,倡导工业国有化和没收大庄园。阿连德于1970年以微弱优势赢得大选后,实行对许多私有企业的国家控制,并进行大规模的收入重新分配。农民不满于改革缓慢而死守土地不放,从而令政局变得日益动荡。农作物收成下降,国有化以及向古巴示好激起了美国的敌意和干预。到1972年,由基督教民主党和国家党支持的罢工运动使得智利陷入了瘫痪状态。

1973年6月的一次军事行动失败后,反对力量联合起来。1973年9月11日,当时并不引人注目的奥古斯托·皮诺切特(Augusto Pinochet)将军发动了政变(golpe de estado),导致了阿连德的死亡(很明显是自杀)以及数千名支持者的死亡。警察和军队逮捕了数千名左派人士、疑似左派人士及其同情者。在圣地亚哥的国家体育馆里,他们受到了鞭打、折磨和处决。成千上万的人流亡海外。

皮诺切特的独裁统治

从1973年到1989年，皮诺切特将军领导着一个长久的军政府，解散了议会，严禁几乎所有政治活动，以法令统治国家。1980年，选民支持通过了一项新宪法，批准皮诺切特将总统任期延长至1989年。尽管智利的经济回到了正轨并得到了稳定的发展，但选民们仍拒绝其1988年提出的再次将总统任期延长至1997年的提案。在1989年，17个党派联合组成了民主联盟（Concertación para la Democracia），其候选人帕特里西奥·艾尔文（Patricio Aylwin）轻而易举地赢得了大选的胜利。艾尔文的总统任期受到了新宪法的限制，但是其任期内公开了雷霆报告（Rettig report），其中记录了皮诺切特独裁统治期间数千人的死亡和失踪。

皮诺切特在1998年9月被捕并被囚禁于伦敦的一处房屋里，针对1973年政变后死亡和失踪的西班牙公民开始被调查。尽管国际舆论一片沸沸扬扬，但是上诉法院（2000年）和最高法院（2002年）均做出判决，皮诺切特不适合接受审讯。皮诺切特回到了智利，并于2006年去世。他传奇的一生至今在智利人的心目中仍存在很大的争议。

重新规划

21世纪的南美洲各国政府逐渐开始"左倾"。在智利，这种潮流导致了2000年温和左派人士里卡多·拉戈斯（Ricardo Lagos）的当选，以及2005年他的继任者米歇尔·巴切莱特（Michelle Bachelet）当选。巴切莱特的当选是一个分水岭事件，她是智利的第一位女性总统，一位单身母亲，曾在皮诺切特独裁时期受到囚禁和折磨。忽然之间，保守的智利看起来进步了许多。

巴切莱特的第一个任期被她所属党派内（民主联盟）的分歧困扰着，这使得改革变得更加困难。新出现的危机，比如圣地亚哥新交通系统的混乱制度、腐败丑闻和大规模的学生抗议活动令她在任期内困难重重。

在近20年的自由民主联盟统治后，智利从中派偏右的智利阵线（Alianza por Chile）中选举了保守派的亿万富商塞巴斯蒂安·皮涅拉（Sebastián Piñera）为总统。尽管皮涅拉凭借着早期通过在科皮亚波附近成功营救33名矿工（见215页）事件中获得的人气，他的支持率在2011年学生领导的教育抗议（"智利之冬"）之后急剧下降，一度跌至26%，是后独裁统治时期的最低值。

地震来袭

2010年2月27日凌晨时分，一场可以载入历史记录的大地震袭击了智利中部的沿海地区。这场8.8级的大地震造成了巨大的破坏，引发了沿海地区和胡安·费尔南德斯群岛（Archipiélago Juan Fernández）的海啸，并且夺走了525人的生命。很多房屋和高速公路被摧毁，保险公司估算的损失高达几十亿美元。在一些震区出现了抢掠事件，但很快就恢复了秩序。智利的Teletón，一个年度慈善筹款项目，获得了史无前例高达3900万美元的善款。总体来说，政府因为第一时间的赔款而受到褒扬，而智利人民表现出的空前一致的团结，极大促进了民族自豪感。

勇敢新世界

在21世纪的头十年，智利随着主要出口产品——铜的价格创新高而繁荣，成为一个经济新星。在国际经济危机中，智利经济保持稳固。它是第一个加入美国自由贸易协定的拉丁美洲国家，中国是其主要贸易伙伴。尽管智利努力尝试经济多样化，铜仍然占据高达60%的出口额。然而，随着中国对铜需求量的减少，一度坚挺的智利比索最终还是走向贬值。

智利在2013年再次选举巴切莱特为总统。这次智利的总统选举首次不再是强制的，投票人数也显著减少。选举也使年轻的改革派候选人加入议会，比如此前学生抗议的大学生领袖卡米拉·瓦列霍（Camila Vallejo）和乔治奥·杰克逊（Giorgio Jackson）。

经历了经济高点和国内阻碍，智利也许需要重新确定方向，定位不断增加的社会、生态和经济问题，这些症结都是发展路上不可避免的。

文化

数个世纪的遗世独立，加上罗马天主教

教会的特殊影响，为智利巩固了强大的文化整合和保守意识。在皮诺切特年代的压抑和审查制度下，这种孤立被强化了。但随着智利正在进行社会巨变，国民心理也受到最大的冲击。

天主教会本身变得更开明。社会在开放，引进自由法律，挑战保守的价值观。这种潮流在城市年轻人中尤其明显，在没有审查、宵禁和独裁限制的环境下成长起来的Y和Z一代，更有质疑精神，不被理论后果所困。当局也许视其为一个威胁，但智利的年轻人立场坚定。

这种势头也影响到了乡下，如麦哲伦区（Magallanes）和艾森区（Aisén），抗议中央政府的高成本和普遍的忽视。

人口

智利人多为西班牙人和原住民结合的混血后代，几次移民潮又带来了英国人、爱尔兰人、法国人、意大利人、克罗地亚人和巴勒斯坦人。从1848年开始，德国人在湖区定居下来。北部安第斯山区是大约6.9万名艾马拉人和阿诺卡梅诺人的家园，马普车人人口大约是其10倍（62万）。有大约3800名具有波利尼西亚血统的拉帕努伊人居住在复活节岛上。这个国家约1760万人口里，有超过三分之一都居住在首都及其郊区。

生活方式

从秘鲁或者玻利维亚来到智利的旅行者可能会感到奇怪，典型的“南美洲”到哪里去了。表面上看，智利人的生活方式与他们的欧洲同伴颇为相似。智利人的最高和最低收入之间有一条巨大的鸿沟，导致了生活水平的巨大差异，以及被夸大的阶级意识。圣地亚哥的cuicos（上层社会）生活奢华，有时髦的公寓和几个女佣，而另一个极端的贫困人群生活在没有自来水的危房里。

智利人的职业道德很强，但是也很能玩，对好的carrete（派对）非常期待。年轻人通常在整个大学期间仍然依靠父母，二十多岁的年轻人仍然同家人住在一起。

总的来说，在智利，拉美著名的大男子主义（machismo）是很微妙的，并且对女性非常尊重。对于同性恋者，智利仍然是一个保守的国家，对这种生活方式的支持仍然很少。

宗教

大约55%的智利人是天主教徒，而福音派新教徒约占13%，7%信奉其他宗教，25%未加入任何宗教。

艺术

文学

诺贝尔文学奖获得者加夫列拉·米斯特拉尔（Gabriela Mistral）和巴勃罗·聂鲁达（Pablo Neruda）为智利赢来了诗人之国的美誉。维森特·维多夫罗（Vicente Huidobro）被视为西班牙语诗歌的奠基人之一，尼卡诺尔·帕拉（Nicanor Parra）则继承了这个传统。

智利最为知名的当代作家伊莎贝拉·阿连德（Isabel Allende）的大多数小说都取材于她的祖国智利。其他重要的文学界人物包括何塞·多诺索（José Donoso），他的小说《宵禁》（*Curfew*）透过一名回乡流亡者的视角讲述了独裁统治下的生活。还有安东尼奥·斯卡米达（Antonio Skármeta），意大利获奖电影《邮差》（*Il Postino*，英文名*The Postman*）就是根据他的小说《燃烧的耐心》（*Burning Patience*）改编的。路易斯·塞普尔韦达（Luis Sepúlveda，1949年至今）写下了许多脍炙人口的作品，包括《巴塔哥尼亚快车》（*Patagonia Express*）和中篇小说《读爱情故事的老人》（*The Old Man Who Read Love Stories*）。

马塞拉·塞拉诺（Marcela Serrano，1951年至今）被认为是当代拉美作家里最优秀的一位。佩德罗·莱梅伯尔（Pedro Lemebel，1955年至今）撰写同性恋、变性和其他有争议的题材，具有一流的震撼价值。在世界范围内，罗贝托·波拉尼奥（Roberto Bolaño，1953~2003年）被认为是拉美最好的作家之一。他的遗作《2666》如百科全书般，确定了其英雄形象。

电影

近些年的智利电影充满活力并且题材多样。针对社会阶级问题，赛巴斯丁·席尔瓦（Sebastián Silva）的电影《女仆》（*La nana*，英文名*The Maid*）在2009年的圣丹斯电影节上获得两项大奖。二十多岁的年轻导演尼古拉斯·洛佩兹（Nicolás López）在2005年的电影《不及格》（*Promedio rojo*）里运用黑色幽默及漫画风格，迎合了年轻观众。2004年的电影《我最好的敌人》（*Mi mejor enemigo*，英文名*My Best Enemy*）讲述了1978年与阿根廷之间在火地岛发生的地区纷争中并不那么遥远的敌人。安德鲁斯·伍德（Andrés Wood）的电影《马丘卡》（*Machuca*，2004年）随时间发展讲述了在阶级意识高涨和变化无常的1973年的成长故事。受观众赞扬的纪录片导演特里西奥·古兹曼（Patricio Guzmán）专注于表现独裁统治的社会影响，他的代表作包括引人入胜的《难以磨灭的记忆》（*Obstinate Memory*，1997年）。

纪录片风格的《180° South》（2010年）以一个冲浪者的视角探寻了巴塔哥尼亚，旨在强调环境问题。2012年，两部智利电影获得圣丹斯电影节（Sundance）奖项：《比奥莱塔去往天堂》（*Violeta se fue a los cielos*），这是安德鲁斯·伍德的另一部电影，讲的是民谣歌手比奥莱塔·帕拉（Violeta Parra）的一生；《年少与轻狂》（*Joven y alocada*），这部讲述刺激的成长故事的电影是导演马里阿雷·里瓦斯（Marialy Rivas）的银幕处女作。

《水晶仙女》（*Crystal Fairy & the Magical Cactus*，2013年）中的喜剧演员Micheal Cera来到智利扮演一个傲慢的旅行者，展开一段圣佩德罗的仙人掌探险。2015年的电影《33名矿工》（*The 33*），讲述的是被困的33名矿工的故事（见215页），由《黑天鹅》的制片人迈克尔·麦达夫伊（Michael Medavoy）制作。

饮食

食物

智利菜肴的精髓就是其上好的原材料。在市场上，你可以买到任何东西，从山羊奶酪到牛油果、新鲜草药和品种惊人繁多的海鲜。尽管早餐有些单一——速溶咖啡或者茶、面包和果酱——食物和饮品会慢慢地随着一天中时间的推移变得丰富起来。午餐时，来一份丰盛的menú del día（廉价套餐），有汤和一份鱼或肉的主菜，搭配米饭或者蔬菜。中央市场是品尝这种便宜又传统美食的好地方，甚至在最简单的小餐馆里都提供充足的新鲜柠檬角和辣酱，你可以用来调味。

最好的三明治包括丰富的completo（热狗里夹蛋黄酱、牛油果和西红柿）和churrasco（牛排三明治夹牛油果和西红柿）。馅饼（empanada）随处可见，从经典pino（牛肉）馅，到海岸小镇上美味的海鲜馅。事实上，很多智利的美食都在沿海地带，从machas a la parmesana（用奶酪和白葡萄酒烤的蛏子），到香喷喷的海鲜汤，比如paila marina和caldillo de congrio，后者是巴勃罗·聂鲁达（诺贝尔文学奖得主）的最爱。Chupe de mariscos是添加了黄油、面包屑和奶酪的烤贝类。

在智利，随处可见一些丰盛的经典美食，比如lomo a lo pobre（牛排上搭配煎鸡蛋和炸薯条），pastel de choclo（烤玉米派），还有令人兴奋的chorrillana（浅盘里装着薯条，上面高高堆着洋葱、煎鸡蛋和牛肉）。

饮品

智利和秘鲁都声称是自己首创了皮斯科酒（pisco），一种烈性的葡萄白兰地。著名的皮斯科鸡尾酒（pisco sour），是将新鲜柠檬汁和糖同皮斯科酒混在一起。很多智利人会在悠闲午餐或晚餐之前来一杯，沉浸于柑橘味的开胃酒中。年轻的智利人在派对上喝piscolas（皮斯科加可口可乐）。

充足的光照和适宜的气候，使智利拥有种植生产葡萄酒的理想气候土壤条件。当赤霞珠葡萄酒（cabernet sauvignon）仍然独占鳌头时，很多外国人爱上了另一种红酒：佳美娜（Carmenere），起源于法国，但是现在为智利独有。查看www.winesofchile.org去了解更多的关于智利葡萄酒产区和品牌的信息。

Kunstmann和Cólonos是智利最好的啤酒。还有一种生啤叫作schop。Bebidas（软饮料）是所有人都喜爱的饮品。路边摊上售卖mote con huesillo，一种用大麦和桃子做的清新的桃子蜜水，这种独特的饮品你至少应该尝试一次。

速溶雀巢咖啡遍及全国，不过越来越多的咖啡馆开始供应cafe en grano（“真正的”咖啡）。

运动

Fútbol（足球）是智利最流行的观赏性运动。最近一次，在2014年世界杯上，智利国家队大放异彩。网球也很受欢迎，这多亏了尼古拉斯·马苏（Nicolás Massú）和费尔南多·冈萨雷斯（Fernando González）在2004年奥运会上获得了金牌，而冈萨雷斯又在2008年奥运会上夺得银牌。大多数有些经济能力的智利年轻人，都会热衷于一些个人运动，如冲浪、滑雪和骑山地自行车。智利牛仔竞技在夏季非常流行，届时会有很多衣着华丽的huasos（牛仔）在半月形的竞技场中表演。

环境

陆地

智利大陆北与秘鲁接壤，南至麦哲伦海峡，绵延4300公里。东西平均宽度不足200公里，海拔从海平面到某些地区6000米以上，中部则是布满火山的狭窄谷地。

智利的大陆部分沿着安第斯山脉，既有干燥的沙漠，又有冰川冻河，各地区有着显著的气候和地理差异。大北区由秘鲁边境延伸至查尼亚拉尔（Chañaral），主要为阿塔卡马沙漠和安第斯高原（altiplano）。小北区由查尼亚拉尔一直延伸到阿空加瓜河（Río Aconcagua），有着灌木和更为茂密的森林，降雨增多。在这里的主要河谷地区，采矿业让位于农业。

智利中部宽广的河谷从阿空加瓜河延伸到康塞普西翁和比奥比奥河（Río Biobío），是主要的农业和葡萄酒产区。阿劳卡尼亚（Araucanía）和湖区从比奥比奥河向南一直到帕莱纳（Palena），拥有广阔的原始森林和湖泊。奇洛埃是智利最大的岛屿，岛上分布着大片的森林和牧场。巴塔哥尼亚地区的边界线很模糊：对于一些人来说，它起源于卡雷特拉·奥斯特拉尔公路，而另一些人则认为，它起源于崎岖的艾森，向南到大陆冰原（Campos de Hielo），直至麦哲伦地区和火地岛。

动植物

以海洋、沙漠和高山为界，智利有着自然发展出的独特环境，孕育出许多特有的物种。

巨型仙人掌（candelabra cacti）生长于北部的沙漠地区，通过从雾气（camanchaca）中吸收水分而存活。居住在这里的动物有原驼（guanaco，一种大型骆驼）、驼马（vicuña，出现在高海拔地区），还有它们的亲戚美洲驼（llama）和羊驼（alpaca）。其他不常见的动物包括，像鸵鸟一样瘦长的美洲鸵（rhea，西班牙语为ñandú），胖乎乎的有着锯齿形尾巴的兔鼠（viscacha，龙猫的野生亲戚）。鸟类非常多样，从安第斯鸥（Andean gull）、巨型黑鸭（giant coot），到三种火烈鸟（flamingo）。

南部森林以南洋杉（pehuén）和山达木树（alerce）为主，后者是世界第二古老的树。瓦尔迪维亚的温带雨林气候孕育出了形态丰富的植物，包括nalca——世界上最大的草本植物。美洲狮在安第斯山脉出没，南部还有数量日益减少的安第斯鹿（huemul）。稀少的小型鹿pudú隐藏在浓密的森林里，bandurrias（浅黄色脖颈的鹮）频繁出没于南方的牧场，chucao鸟在小路边鸣叫。洪堡企鹅（Humboldt penguin）和麦哲伦企鹅（Magellanic penguin）会随着季节迁徙到奇洛埃的西北海岸。

从湖区到麦哲伦区，你会发现郁郁葱葱的南方山毛榉（Nothofagus）林。麦哲伦东部平原和火地岛降雨量减少，形成了大片草地。受到保护的原驼重新出现在百内国家公园内，蓬塔阿雷纳斯则是麦哲伦企鹅和鸬鹚（cormorant）的地盘。智利长长的海岸线让这里拥有多样的海洋哺乳动物，包括海狮、水獭、海豹和鲸鱼。

国家公园

国家公园占到了智利国土面积的19%，但在这个喜人的数字背后，一些受“保护”的区域内允许伐木和造水坝。尽管很脆弱，但这些野生区域有南美洲最惊人最多样化的风景。对旅行者来说，除了百内国家公园这颗耀眼的明星之外，智利的国家公园远未得到充分利用。公园和保护区均由资金匮乏的国家林业局（Conaf）管理，他们强调的是保护林业和土地管理，而不是发展旅游。你可以去位于圣地亚哥的**国家林业局**（Corporación Nacional Forestal; ☎02-663-0000; www.conaf.cl; Bulnes 285, Centro; ⊙周一至周四 9:30～17:30，周五 至16:30; Ⓜ Toesca）索取便宜的地图和小册子。

智利有大约133个私有的保护区，占地面积接近4000平方公里。亮点有巴塔哥尼亚北部的普马林公园和普冈附近的El Cañi公园（这个国家的第一个公园）。正在进行中的大项目有奇洛埃的Parque Tantauco公园，以及查卡布科山谷（Valle Chacabuco，即巴塔哥尼亚国家公园），在科克拉内附近。

以下是一些受欢迎也容易到达的国家公园和保护区：

Alerce Andino 保护蒙特港附近的山达木树。

Altos del Lircay 可一览安第斯分水岭，徒步至拉达尔谢特塔萨斯（Radal Siete Tazas）。

奇洛埃（Chiloé，见262页）有宽阔的沙滩、礁湖和神秘的森林。

孔吉里奥（Conguillío，见243页）南洋杉、丝柏和南方山毛榉的混合森林，围绕着被积雪覆盖的活火山亚伊马火山（Volcán Llaima）。

韦尔克韦（Huerquehue，见248页）离普冈不远，可徒步穿越南洋杉树林，观赏比亚里卡火山（Volcán Villarrica）视角极佳。

劳卡（Lauca，见232页）在阿里卡东部，活火山和休眠火山并存，有着湛蓝清澈的湖、丰富的鸟类、高原村庄和大片干草原。

火烈鸟（Los Flamencos）圣佩德罗-德阿塔卡马及周边，保护区里有盐湖、高原礁湖、火烈鸟、令人生畏的沙漠地表形态和温泉。

纳韦尔布塔（Nahuelbuta，见239页）在沿海高地，保护着该地区现存最大的南洋杉森林。

特雷斯克鲁塞斯山（Nevado Tres Cruces，见213页）在科皮亚波东部，有6330米高的同名山峰和6893米高的奥霍斯德尔萨拉多山（Ojos del Salado）。

普耶韦（Puyehue，见253页）在奥索尔诺附近，有美好的温泉和家庭滑雪场。还有一项穿越火山灰地区的热门徒步，前往火山口、温泉和间歇泉区域。

克乌拉特（Queulat，见271页）野生的常青树林、山脉和冰川，跨越南疆旅道（Carretera Austral）70公里。

百内国家公园（Torres del Paine，见284页）位于纳塔莱斯港附近的智利名片，在这个国家保存最好的景色中有一条绝美的徒步路线。

比森特·佩雷斯·罗萨莱斯（Vicente Pérez Rosales，见258页）智利历史上第二个国家公园，有景色优美的诸圣湖（Lago Todos los Santos）和奥索尔诺火山（Volcán Osorno）。

比亚里卡（Villarrica，见249页）比亚里卡烟雾缭绕的对称火山口吸引着徒步、登山和滑雪爱好者。

环境问题

由于近年来工业的不断增长，智利面临着极其严峻的环境问题。圣地亚哥是南美洲人口最多的城市之一。更远的地方，智利的森林越来越多地用于种植像桉树（eucalyptus）和Monterey松树这样快速生长的外来植物。处于经济和生态价值拉锯战的智利本土树种，也因为伐木而陡然减少。智利南部因多河流、多雨水而成为修建水坝的理想地区，一场在修建公司和环保组织之间的战争仍在进行，政府被夹在中间。在附近，智利南部三文鱼渔场的持续扩张污染着水质，破坏着地下水生态，并且造成了其他鱼类的死亡。在百内国家公园，2011年那场臭名昭著的火灾（据说被一名露营者不小心点燃）引起了公众对于专业救火资金缺乏的关注。

生存指南

ℹ 出行指南

签证

自2015年7月1日起，持6个月及以上有效美国或加拿大签证（过境签证除外，美国和加拿大签证的具体信息请见Lonely Planet相关指南及各国驻华使馆、签证中心官网），可免签进入智利，单次停留时间最长不超过90天。这一签证利好消息为赴智利旅行带来极大便利。需要提醒的是，如果往返智利的航班在美国、加拿大转机，即使不出机场也需要办理相应的过境签证。

如无美国或加拿大签证，则须办理智利个人旅游签证，且必须选择从欧洲转机。智利旅游签证分为单次入境和多次入境，最长停留时间90天。好消息是，2015年7月1日起，智利对中国公民免签证费。申请人需要先在tramites.minrel.gov.cl/Solicitudes/visa.aspx注册并填写个人信息，按要求填写后将获得申请编号，用于递交签证材料。各使领馆对申请材料的要求略有不同，一般包括机票、酒店订单、经济能力证明、在职证明、智利方面的邀请函等，具体材料请咨询相应的使领馆。到使领馆递交材料后等待面谈。因签证办理时间不定，建议尽早申请。

持旅游签证的人如有需要，可在签证期满前30天提出延期申请，一般可获得一次90天的签证延期。

入境智利时，你会收到一张有效期为90天的游客卡（tourist card），别把它弄丢了，离境时需要出示。

智利驻华使领馆：

智利驻中国大使馆（☎010-6532-1591；chile.gob.cl/china/；北京三里屯东四街1号）

智利驻上海总领事馆（☎021-6236-0770；chile.gob.cl/shanghai/；上海市延安西路2299号世贸商城办公楼2501室）领区为上海、浙江、江苏和安徽。

智利驻广州总领事馆（☎020-3892-8270；chile.gob.cl/guangzhou/；广州市珠江新城华夏路10号富力中心905室）领区为广东、广西、海南和福建。

智利驻香港总领事馆（☎00852-2827-1826；chile.gob.cl/hong-kong/；Unit 1712，Shun Tak Centre，West Tower 168-200，Connaught Road，Central Hong Kong）

保险

去智利旅行并不强制要求购买保险，但一份包含紧急医疗救助和偷窃抢劫赔偿的旅游险还是很值得购买的。

如果只是简单的观光旅游，可以考虑购买基础保障型的旅游保险。此类保险费用相对便宜，保障范围有限，保额较低，承保范围一般包含意外身故、伤残和烧烫伤、紧急医疗转运及每日住院津贴等。最好包含24小时全球救援服务，这样万一出险可在第一时间得到救助。

如果你要在智利参与一些高风险运动（如冲浪、漂流、登山、潜水等），则建议买份高额的意外保障型旅游保险，并确认承保项目包含你将涉及的运动项目。如果你计划在高海拔（一般指海拔3500米以上）地区进行徒步、登山、滑雪等运动，则须确认承保项目包含这些运动。如果你计划租车自驾，并非所有的汽车、摩托车公司都提供保险，最好提前自行购买。

货币

智利的货币单位是智利比索（CH$）。纸币面额非常大，分别为1000、2000、5000、10,000和20,000比索。在乡村地区，要换开超过5000比索的纸币比较困难。要求别人找开大面额纸币时，不妨面带歉意地说“¿Tiene suelto?”（您有零钱吗？）除了以上五种纸币外，另有1、5、10、50、100和500比索的硬币。

圣地亚哥的汇率最划算，有比较成熟的外汇市场，**Cambios Afex**（☎02-636-9090；www.afex.cl）是相对可靠的货币兑换处。其他旅游城市比圣地亚哥差一些，复活节岛则差得比较多，建议带足现金备用。

自动柜员机

智利的自动柜员机被称为Redbanc，在大城市广泛分布，可惜目前所有自动柜员机都不接受银联卡。你可以使用Visa卡或Mastercard卡取现，每次交易会收取小额手续费。

大多数自动柜员机的操作系统是西班牙语和英语的，开始交易时选择“境外卡”（tarjeta extranjera）。在圣佩德罗-德阿塔卡马、皮斯科埃尔基、英国湾和巴塔哥尼亚的小镇，自动柜员机是靠不住的。

现金

一些银行可以兑换外币现金（通常仅限美元），圣地亚哥和其他旅游目的地的货币兑换处（casa de cambio）也能兑换现金。但人民币兑换并不常见，建议携带美元现金。

信用卡

大多数正规商店都欢迎使用信用卡消费，不

过最好别过分依赖它，刷卡前确认是否需要加收手续费。

小费

在餐馆用餐一般需要支付账单的10%作为小费，有些餐馆会强制加到账单中。出租车司机不会索取小费，但可以为了方便免收找零。在超市收银台，有专门负责装袋的人，可以像当地人一样给些零钱作为小费。在圣地亚哥和瓦尔帕莱索等城市有免费的城市徒步游，导游只赚取小费，一般来说5000~10,000比索的小费是比较合适的。

电源

智利的电力系统为220伏、50赫兹交流电。插头制式为双头欧标或三头意大利标，中国的插头均须使用转换插头。

使领馆

中国驻智利大使馆（☎02-2233-9880，2204-9443；cl.china-embassy.org，cl.chineseembassy.org；Av.Pedro De Valdivia 550，Santiago；⌚周一至周五 9:00~13:00和15:00~17:00，领事部 周一、周三、周五 9:30~12:30接证，15:00~17:00取证）

中国驻伊基克总领事馆（☎057-221-7831；iquique.chineseconsulate.org；Calle Simon Bolivar 202，Edificio Finanzas，Oficina 1401，Iquique；⌚周一 9:00~12:00，周三 15:00~17:00，周五 9:00~12:00）

秘鲁驻智利大使馆（☎02-2339-2600；www.embajadadelperu.cl；Andres Bello 1751，Providencia，Santiago）

阿根廷驻智利大使馆（☎02-2582-2606；csigo.cancilleria.gov.ar；Vicuña Mackenna 41，Santiago）

玻利维亚驻智利大使馆（☎02-2232-8180；cgbolivia@manquehue.net；Av Santa María 2796，Santiago）

巴西驻智利大使馆（☎02-2698-2486；santiago.itamaraty.gov.br；Ovalle 1665，Santiago）

美国驻智利大使馆（☎02-2330-3000；chile.usembassy.gov；Av Andrés Bello 2800，Las Condes，Santiago）

健康

圣地亚哥和其他城市的医疗服务普遍较好，但在偏远地区可能不太容易及时获得救治。智利的公立医院还算可靠，但是私人诊所（clínicas）仍是最佳选择。除了阿塔卡马沙漠地区以外，自来水都可以放心饮用，但最好还是煮沸或购买瓶装水。高原反应和脱水是北方地区最常见的问题，在臭氧层减少的南方地区则要注意防止晒伤，并戴上墨镜。来智利旅游并不要求接种疫苗。

旅游信息

智利国家旅游服务部门**Sernatur**（www.sernatur.cl）在圣地亚哥和大多数城市都设有办事处。很多城镇有市旅游局，一般在主广场或者汽车站。

活动

智利拥有丰富的国家公园资源，可通过国家林业局网站（www.conaf.cl）查询，并在各地办事处索取地图、宣传册，咨询路况等信息。

首都圣地亚哥地势平坦，有密集的自行车道网络，适合骑行。距圣地亚哥仅25公里的迈波河谷是热门的周末度假地，每年11月至次年3月是漂流季，6月到9月是滑雪季，而骑马全年都很流行。从圣地亚哥乘坐公共交通工具1.5小时以内就有多家葡萄酒厂可以参观。

巴塔哥尼亚无疑是背包客的天堂。百内国家公园吸引了大量徒步爱好者前来朝圣，环线需要7~9天，"W"路线需要4~5天，旺季营地资源格外紧张，夏季在百内来一场有趣的冰上徒步也并不需要太多经验。富塔莱乌富不仅是皮划艇和漂流运动的胜地，也很适合飞蝇钓鱼、徒步和骑马。纳瓦里诺岛上的徒步游线路超过150公里。

与巴塔哥尼亚南北呼应的圣佩德罗-德阿塔卡马以沙漠、火山、盐沼、间歇泉、鬼斧神工的岩层和千层糕似的地貌，成为智利北部的背包客大本营，阿塔卡马沙漠极端的干燥气候也使其成为世界上数一数二的理想观星场所。

在奇洛埃岛上，你可以探寻企鹅聚居地，或者到北部海岸划皮划艇。在湖区也有许多探险活动等着你，从漂流到登山，从徒步到泡温泉，不过近期由于比亚里卡火山和卡尔布克火山的喷发，使普冈和恩塞纳达附近的一些活动受到影响。智利中部是著名的葡萄酒产区，除了在酒庄品酒之外，周围的山地也有令人惊喜的滑雪和徒步地。智利北部绵长的海岸线为各种海洋活动提供了便利，拉塞雷纳的黄金海岸使其成为时尚的海滩度假地，伊基克则常年挤满了被晒得黝黑的冲浪者。在复活节岛上，你可以通过徒步、自驾、骑行、骑马揭开它的神秘面纱。

营业时间

本书中列出的为旺季时间。在许多省级城镇，餐馆和服务行业周日歇业，旅游局淡季也会关闭。

银行：工作日9:00~14:00，有时周六10:00~13:00也营业

政府办公室和企业：工作日9:00~18:00

博物馆：通常周一闭馆

餐馆：正午至23:00，许多餐馆16:00~19:00休息

商店：一般为10:00~20:00，有些13:00~15:00午休

超市：一般为10:00~22:00

节假日

以下是智利的全国性节日，届时政府机构和商店休假：

新年（Año Nuevo）1月1日

复活节（Semana Santa）3月或4月

劳动节（Día del Trabajo）5月1日

伊基克海战节（Glorias Navales）5月21日

基督圣体圣血节（Corpus Christi）5月或6月，日期不固定

圣佩德罗和圣巴勃罗日（Día de San Pedro y San Pablo）6月29日

圣母升天日（Asunción de la Virgen）8月15日

国家团结日（Día de Unidad Nacional）9月的第一个周一

国家独立日（Día de la Independencia Nacional）9月18日

建军节（Día del Ejército）9月19日

哥伦布日（Día de la Raza）10月12日

万圣节（Todo los Santos）11月1日

圣母无染原罪瞻礼（Inmaculada Concepción）12月8日

圣诞节（Navidad）12月25日

住宿

智利有各种档次的住宿选择。与秘鲁相比，智利的平均住宿价格略高。本书中推荐住宿的顺序是根据作者对性价比的评估而定的。除非另做说明，所列价格均为旺季时带独立卫生间含早餐的价格。除一些乡村小屋以外，热水淋浴和Wi-Fi均为标配，不过有时稳定性稍差。

在热门旅游目的地，旺季（12月下旬至次年3月中旬）时住宿价格可能会翻倍，而圣诞节、新年和复活节周甚至更高。在许多中高端酒店，以美元支付可以合法地规避19%的增值税（IVA）。如果不确定房价是否含税，在付款之前问清楚。除了酒店预订网站之外，在Airbnb（www.airbnbchina.cn）上寻找可心的民宿也是一种深入了解当地生活的方式。

对于预算紧张的旅行者来说，智利还有一系列其他选择。时髦的青年旅舍大多位于城市或者旅游区，提供床位间，通常还设有稍微贵一点点的单间，供想要社交气氛而不是物质享受的情侣或者夫妇入住。对于小团体或者家庭，性价比很高的小屋（cabañas）在度假小镇和国家公园里很常见。经济型民宿（hospedajes和residenciales）提供简单舒适的房间，主人通常热情周到。智利有许多露营地，设施相对完善，圣地亚哥的Sernatur（www.sernatur.cl）有一本免费的小册子，列出了智利全国的露营地。在国家公园里，国家林业局（Conaf）管理着一些营地和乡村小屋（refugios），供徒步者和背包客入住。

> **住宿价格区间**
>
> 以下价格适用于旺季的一间双人间，房价含早餐和独立卫生间，除非另做说明。
>
> **$** 低于40,000比索
>
> **$$** 40,000~75,000比索
>
> **$$$** 高于75,000比索

地图

圣地亚哥Toesca地铁站附近的**军事地理研究所**（Instituto Geográfico Militar；☎02-2460-6800；www.igm.cl；Dieciocho 369, Centro；⏰周一至周五 8:30~13:00和14:00~17:00）出售1∶50,000的区域地形图，你也可以在网上购买。这是对徒步者来说最好的地图，尽管有些已经过时了。圣地亚哥的国家林业局（Conaf）允许复印国家公园的地图。JLM Mapas出版区域和徒步地图，比例从1∶50,000到1∶500,000。这些地图很实用，但也不是百分百的准确。通常在旅游局和青年旅舍等住宿地点可免费领取当地的旅游地图。

邮局

Correos de Chile（☎800-267-736；www.correos.cl）是智利的国家邮政局，提供相当可靠的邮政服务，但有时候会很慢。邮寄包裹并不难，邮局在接受包裹前可能会有海关官员对其进行检查。

电话

智利有许多电话中心，内设独立隔间，国际

长途的价格比较合理。但是如果你想往中国拨打自动应答的客服电话可能无法接通，你可以购买国际长途电话卡，根据英文语音提示操作。越来越广泛的网络覆盖和安装有Skype等视频通话软件的网吧正在取代这些传统通信方式。

智利的国家代码是☎56。拨打外国号码，先拨打☎00，再输入国家代码、区号和当地号码。

如从智利拨打中国电话：

固定电话：☎0086+国内长途区号（如北京10、广州20、上海21等）+电话号码。

手机：☎0086+手机号码。

智利每个省有自己的区号，如圣地亚哥为02。固定电话有7位或8位，手机号码为8位，在使用座机或者Skype类型的通信服务拨打手机时需要加拨前缀☎09，用手机拨打手机号码时不用加拨前缀；用手机拨打固定电话，需要加拨区号。

在智利的手机通行网络是GSM850/1900和CDMA，这个领域变化很快，所以在出行前查看一下现状。你可以在Entel或者Movistar等运营商购买新的SIM卡充值使用。

上网

许多住宿和餐饮服务都提供免费的网络连接和无线网络。

时间

智利时间比格林尼治标准时间慢4小时，比北京时间慢12个小时，夏令时（每年时间不定）快1小时。复活节岛比智利大陆慢2小时。

厕所

公厕里很少提供卫生纸，所以随身携带自己的厕纸。使用过的卫生纸应当丢进垃圾桶内，不要冲进马桶。

旅行安全

和南美洲其他国家相比，智利要安全得多。但智利人都有很强的日常防范意识，并对一些来自秘鲁和哥伦比亚的无业游民表示担忧。小偷小摸是大城市主广场和汽车站等人流密集地的一个问题，瓦尔帕莱索等海滩度假地也时常发生偷窃行为。一些旅行者遇到过被蓄意泼鸟屎的团队作案，一人假装好意上前帮你擦衣服，其他人趁机偷走你的背包。因此尽量避免与可疑陌生人的交流，取钱和换钱后要格外警惕。一旦出现问题，应第一时间向智利国际警察局（PDI）报案，但不要指望工作人员能流利地用英文沟通。

来自自然界的危险包括地震和强海浪，在海滩注意是否有不宜游泳的警告。

就餐价格区间

以下价格适用于一道标准主菜。

$ 低于8000比索

$$ 8000~14,000比索

$$$ 高于14,000比索

法律事务

智利的警察（carabineros）因其专业且彬彬有礼获得了很好的声誉。千万别尝试去贿赂一名警察，他们的职业道德非常高。智利对于一般犯罪的刑罚与欧洲和北美洲的大多数国家差不多。但是，携带、使用或者非法交易毒品，包括大麻等软性毒品，会被严肃处理、罚款甚至面临牢狱之灾。从秘鲁或玻利维亚入境智利要注意检查行李中是否携带有古柯叶，古柯叶在这两个国家的高原地区很常见，不仅当地人有咀嚼古柯叶的传统，也因为它具有缓解高原反应的功效而被背包客普遍接受，但古柯叶在智利属于非法毒品。

警察可以在任何时间检查身份，所以带上你的护照。全国的免费急救报警电话是☎133。

同性恋旅行者

智利是一个非常保守的天主教国家，不过对同性恋的宽容正在增加。2015年，智利对同性公民联盟合法化。圣地亚哥有一个活跃的同性恋圈子，集中在贝亚维斯塔区。

Movil H（Movement for the Integration and Liberation of Homosexuals；www.movilh.cl）宣扬同性权利。**Guia Gay Chile**（www.guiagaychile.clom）收录了整个智利的同性夜生活场所。

女性旅行者

总的来说，智利男人比他们的邻居要含蓄一些。但独自旅行的女性仍然有必要避免过于暴露的穿着，提高警惕，低调行事。

语言课程

尽管智利的西班牙语方言让人摸不着头脑，含糊不清，节奏单调，许多表达方法让其他说西班牙语国家的人都无法理解，但仍然有许多西班牙语学校吸引着各国的旅行者。

志愿者服务

Experiment Chile（www.experiment.cl）组织为期14周的语言学习和志愿者项目。语言学校也会安排学生参加志愿者活动。非营利组织**Un Techo Para Chile**（www.untechoparachile.cl）为全国的低收入家庭建造房子。

负责任的旅行

在考古遗址和国家公园，不要破坏、移动、涂画考古遗迹，不要采摘植物、乱涂乱画、随意丢弃垃圾。不要试图逃票，遵守所有景区指示。仅在允许的地方徒步、露营、开展户外活动。

到达和离开

进入智利

大多数旅行者会从圣地亚哥入境，而那些南美洲长途漫游者会从秘鲁乘长途汽车、从阿根廷乘长途汽车或船，或者从玻利维亚乘四驱车进入智利。中国公民只要有智利、美国或加拿大的有效签证，护照有至少6个月的有效期，那么入境就不是什么难题。

智利的北部边境与秘鲁和玻利维亚接壤，而广阔的东部边境则与阿根廷接壤。在与阿根廷的众多边境口岸中，只有少数几个有公共交通。大多数国际长途汽车从圣地亚哥发车。

飞机

智利同北美、英国、欧洲、澳大利亚和新西兰，还有一些邻国之间都有直航。从智利往返南美洲其他国家相对较贵，但从圣地亚哥往返布宜诺斯艾利斯和利马常有廉价机票。

圣地亚哥的**阿图罗·梅里诺·贝尼特斯国际机场**（Aeropuerto Internacional Arturo Merino Benítez；www.aeropuertosantiago.cl）是出入智利的主要航空港，其他一些城市也有飞往邻国的国际航班。只有LAN航空公司有圣地亚哥往返复活节岛的航班。DAP航空公司经营巴塔哥尼亚、火地岛之间的航线。

从中国往返智利目前仍无直航，通常须从北美或欧洲转机。需要注意，从美国、加拿大转机即使不出机场也需要过境签证；从欧洲转机选择同一航空公司的联程航班，行李直挂，则无须签证。

长途汽车

秘鲁

从塔克纳到阿里卡是唯一的陆路过境方法，可以乘坐长途汽车、合乘出租车、出租车或者火车。

阿根廷

智利和阿根廷之间有19个边境口岸，常用的过境通道包括：

- 卡拉马（Calama）到胡胡伊（Jujuy）和萨尔塔（Salta）
- 拉塞雷纳（La Serena）到圣胡安（San Juan）
- 圣地亚哥（Santiago）或瓦尔帕莱索（Valparaíso）到门多萨（Mendoza）和布宜诺斯艾利斯（Buenos Aires）
- 特木科（Temuco）到圣马丁—德洛斯安第斯（San Martín de los Andes）
- 奥索尔诺（Osorno）到巴里洛切（Bariloche），途经Paso Cardenal Samoré
- 拉米雷斯港（Puerto Ramírez）到埃斯克尔（Esquel）
- 纳塔莱斯港（Puerto Natales）到里奥图尔维奥（Río Turbio）和埃尔卡拉法特（El Calafate）

玻利维亚

玻利维亚和智利之间的公路有所改善，从阿里卡到拉巴斯有一条柏油公路。从伊基克到Colchane的公路也铺好了，不过继续前往奥鲁罗（Oruro）的路就没这么好走了。两条路线上都有长途汽车，但前者车次更多一些。

巴西

路途遥远的长途汽车从圣地亚哥发车。圣保罗（São Paulo）与圣地亚哥之间的行程长达55小时。

小汽车和摩托车

要自驾进入阿根廷的话，需要购买特殊的保险（详情请咨询保险公司，费用大约是7天20,000比索）。如果你想把在智利租来的汽车开出境的话，会有额外的费用并准备烦琐的文件，与租车公司仔细沟通确认。

国内交通

飞机

在狭长的智利旅行，搭乘飞机是节省时间的最佳方式，而且票价也越来越低廉，提前购买常常比长途汽车还要便宜。**LAN**（☎600-526-2000；

www.lan.com)和**Sky**(☎600-600-2828; www.skyairline.cl)是两个主要的国内航班运营商，后者通常更便宜，但机上不提供免费餐饮服务。

自行车

在智利骑行，一辆山地车(todo terreno)是非常必要的，你可以在旅游城镇租到。对于骑行者来说，天气是个严峻的挑战。智利的司机通常很有礼貌，但是在没有路肩的双车道高速路上遇到汽车还是比较危险。在南疆旅道(Carretera Austral)沿途的大多数城镇都有自行车修理店。

船

载客/载车的渡轮和双体船将蒙特港与南疆旅道沿途连接起来，包括Caleta Gonzalo(柴腾)和科伊艾克。渡轮和双体船还从奇洛埃的克利翁和卡斯特罗往返于柴腾。

乘坐Navimag的渡轮从蒙特港前往纳塔莱斯港是个亮点。需要提前很久向**Navimag**(☎065-243-2361; www.navimag.com; Angelmó 1735; ⏲周一至周五 9:00~13:00和14:30~18:00，周六11:00~13:00)预订。注意这是由货轮改装用于旅游的，而非原本就是游轮。

Cruce de Lagos(穿越湖泊)是智利彼得罗韦(Petrohué)和阿根廷巴里洛切之间的12小时车船联运服务，沿途风景很好。

长途汽车

智利的长途汽车系统非常先进。众多公司为了争取客户竞相推出季节特惠(ofertas)、折扣和电影等附加服务。长途汽车舒适、快捷并且准时，有安全的行李存放和厕所。

智利最大的长途汽车公司是**Tur Bus**(见193页; ☎600-660-6600; www.turbus.cl)，准时靠谱，服务周到，线路覆盖全国。它的首要竞争对手是**Pullman Bus**(见193页; ☎600-320-3200; www.pullman.cl)，在全国也有多条线路服务。

Pachamama by Bus(☎02-2688-8018; www.pachamamabybus.com; Agustinas 2113, Barrio Brasil, Santiago)提供专门针对背包客的即上即下服务，有两条长线分别开往智利南北。票价并不便宜，但是它可以直接送你到很多偏僻的国家公园和其他公共交通工具无法到达的景点。

小汽车和摩托车

自驾可以使你到达一些偏远的国家公园和许多人迹罕至的地方，尤其是在阿塔卡马沙漠、南疆旅道和复活节岛。治安并不是大问题，但记得总是锁好车并带走贵重物品。

驾照

带上国际驾照(IDP)还有你的本国驾照。有些租车公司不要求提供国际驾照。

当地交通

城镇里有出租车，有些打表，有些有固定价格。Colectivos是经营固定线路的合乘出租车，线路在车窗或车顶注明，车费约为单程400比索。Micros是市内公共汽车，清楚地标明数字和目的地。圣地亚哥快捷方便的地铁系统连接起大多数旅行者常去的街区。

总的来说，智利的公共交通比秘鲁更发达也更贵。

团队游

探险游旅行社在智利迅速增多，大多数在圣地亚哥设有办事处，并在他们所经营的旅游目的地设有季节性办事处。**Chilean Travel Service**(CTS; ☎02-2251-0400; www.ctsturismo.cl; Antonio Bellet 77, Providencia)有见多识广的多语种工作人员，并且可以通过地方旅行社来安排智利全境范围内的住宿和团队游活动。

火车

Empresa de los Ferrocarriles del Estado(www.efe.cl)运营由圣地亚哥出发向南前往奇廉的客运服务，沿途经过许多站点。查询网站了解最新情况和信息。

生存指南

健康指南

在南美旅行，做好预防措施是保持健康的关键。接种疫苗并注意预防的旅行者通常都能平安离开，最多会有点儿腹泻。

出发前

携带的药物要使用原包装，并有清晰的标签。最好准备一封有医生签名和日期的信件，说明你的健康状况和服用药物的名称，如果携带注射器或针头，一定要有医师的文件来说明它们的医疗必要性。

保险

如果你的医疗保险不负担国外的医疗费用，则应该考虑买份额外保险。出发前要弄清楚保险计划中的海外花费是由保险公司直接付给医疗提供者，还是需要你先垫付，以后再赔付给你（在很多国家，医生都希望病人用现金支付）。

建议接种的疫苗

大多数疫苗都至少在注射两周后才发挥免疫作用，所以应在出发前4~8周去注射。向医生索要《国际疫苗接种证书》（*International Certificate of Vaccination*，俗称小黄本），上面列有你所接种的所有疫苗。在入境秘鲁和智利时并不强制旅行者提供接种黄热病疫苗的证明，不过无论在哪里旅行最好都带上它。

如果你从非洲或美洲有黄热病病毒的国家来，黄热病疫苗是唯一必须接种的疫苗。不过，还有一些疫苗也建议接种。

常用医疗用品清单

- 退热净（泰诺）或阿司匹林
- 乙酰唑胺（迪阿莫克斯，Diamox，用于高原病）
- 胶带或纸带
- 抗菌药膏（例如百多邦，用于割伤和擦伤）
- 止泻抗生素（例如诺氟沙星、环丙沙星或阿奇霉素）
- 抗组胺药（用于花粉热和过敏性反应）
- 消炎药（如布洛芬）
- 绷带、纱布、纱布卷
- 止泻药（如洛哌丁胺）
- 含有避蚊胺（DEET）的驱虫剂，用于皮肤
- 碘片（用于净化水）
- 口服补液盐
- 含二氯苯醚菊酯的驱虫剂，用于衣物、帐篷和蚊帐
- 便携刀
- 剪刀、安全别针、镊子
- 类固醇药膏或可的松（用于毒葛和其他过敏性皮疹）
- 防晒霜
- 体温计

网络资源

互联网上有丰富的旅行健康信息。**世界卫生组织**（World Health Organization；www.who.int/ith）出版了一本非常好的书——《国际旅行和健康》（*International Travel and Health*），每年修订更新，PDF版本可在网上以12美元的价格下载。另外一个常用网站是**MD Travel Health**（www.mdtravelhealth.com），它提供了全面的世界各国旅行健康指南，信息每日更新。

建议在出发前查询本国政府的旅行健康网站：

中国疾病预防控制中心官网（www.chinacdc.cn/lxjk/）

中国领事服务网安全提醒（cs.fmprc.gov.cn/gyls/lsgz/lsyj/）

香港卫生署旅游健康服务(ww.travelhealth.gov.hk/cindex.html)

中国国家旅游局(www.cnta.gov.cn)

卫生部(wsb.moh.gov.cn)

在秘鲁和智利

医疗服务的便利性及费用

在小城市也许很难找到好的医疗服务机构，在边远地区则更是希望渺茫。很多医生和医院都希望用现金结账，不管你是否有医疗保险。如果你遇到危及生命的病情，可能希望自己被转送到一个可以提供先进医疗服务的国家。但这样会花费好几万美元，所以出发前一定要确定你的保险包括此项内容。

传染性疾病

登革热

登革热是一种病毒性传染病，在南美洲全境都可能有。伊蚊是传播登革热的罪魁祸首，它们喜欢在白天叮人，常出没于人类的居住地，尤其是室内。它们在人工的水容器中繁殖，例如罐子、桶、壶、水箱、金属桶、塑料容器和废弃轮胎。因此，登革热在人口稠密的城市地区尤其常见。

登革热患者通常会出现类似感冒的症状，包括发烧、肌肉痛、关节痛、头痛、恶心和呕吐，还常常伴有皮疹。身体疼痛会让人很不舒服，但大多数病人在几天内就会痊愈。

除了吃退热净/扑热息痛（泰诺）之类的止痛药和饮用大量液体之外，没有其他治疗登革热的方法。病情严重的病人可能需要住院进行静脉注射和护理。登革热疫苗是不存在的，预防的根本是注意防止蚊虫叮咬。

随时留意旅行目的地的登革热暴发情况。**CDC**(wwwnc.cdc.gov/travel)网站会提供最新的相关信息。

疟疾

除了智利和乌拉圭之外，疟疾在南美洲的每个国家都有发生。它的传播途径是蚊子叮咬，通常在黄昏至黎明之间发生。主要症状是严重高烧，也可能伴随发冷、出汗、头痛、身体痛、虚弱、呕吐或腹泻。严重者可影响中枢神经系统，导致抽搐、神志不清、昏迷甚至死亡。

有三种治疗疟疾的十分有效的药。甲氟喹（Mefloquine/Lariam）每周服用一次，每次250毫克，从到达目的地前1~2周开始，在旅途中持续服用，归来后还要服用4周。这种药的问题是一定比例的服用者（具体数字仍有争议）会产生神经性副作用，症状从轻微到严重不等。阿托伐醌/氯胍[Atovaquone/proguanil，马拉隆（Malarone，抗疟药）]是一种最近被认可的合成药，每日随餐服用一次，从到达目的地前两天开始服用，一直服用至离开后的第7天，副作用较轻微。第三种选择是强力霉素（Doxycycline），但是可能会引起严重的晒伤反应。

避免被蚊子叮咬与吃药同样重要，因为没有药物是百分之百有效的。

如果在旅行中无法接受医疗服务，应携带额外的紧急自救药物，假如你的症状很像疟疾（例如严重高烧），但一时又找不到医生，这时你就应该吃药。一种方法是每天服用一次马拉隆，每次4片，连服3天。但如果你已经在吃马拉隆预防，就不能用它来治疗。另一个办法是每天服用3次奎宁（Quinine），每次650毫克，与此同时，每天服用2次强力霉素，每次100毫克，总共服用1周。开始自行用药后，应尽早在可能的情况下看医生。

如果在回家之后发烧，需要看医生，因为疟疾的症状可能会潜伏几个月后发作。

狂犬病

狂犬病是来自大脑和脊髓的病毒感染，通常是致命的。狂犬病病毒存在于已感染动物的唾液中，典型的传播方式还是被动物咬伤，但任何感染的唾液侵入皮肤都可能导致狂犬病。南美洲所有国家都有狂犬病发生的可能。

狂犬病疫苗是安全的，但全套疫苗需要注射3次，价格不菲。可能感染到狂犬病的高危人群，例如接触动物者和探洞者，都应该注射疫苗。治疗被疑似狂犬病携带体咬伤的方法是注射含有狂犬病免疫球蛋白的疫苗。方法是有效的，但必须迅速注射。大多数旅行者并不必须接种。

被动物咬伤和抓伤后，必须立即用大量肥皂水彻底清洗伤口，并联络当地的医疗部门，以判断是否需要进一步的治疗。

伤寒

伤寒是由于摄取了一种被称为伤寒沙门氏菌（Salmonella typhi）污染的食物或水

而引起的病症。伤寒病患者都会有发热的症状，其他症状包括头痛、全身乏力、肌肉酸痛、头昏眼花、食欲不振、恶心和腹痛。还有患者会出现腹泻或便秘症状。可能出现的并发症包括肠穿孔、肠出血、神志不清、精神错乱或昏迷（很少发生）。

除非你打算在像样的酒店和餐馆解决自己所有的伙食问题，否则还是值得考虑接种伤寒疫苗的。

治疗伤寒发热的药物，通常是喹诺酮类抗生素，例如环丙沙星（Cipro）或左氧氟沙星（Levaquin），很多旅行者都会随身携带此类药物以治疗腹泻。然而，要是你给自己治疗伤寒，也许还需要治疗疟疾，因为这两种疾病的症状不太容易分辨。

黄热病

黄热病是森林地区由蚊子传播的对生命有威胁的病毒传染病。患病初期的症状类似感冒，也许还会有发热、发冷、头痛、肌肉痛、背痛、食欲不振、恶心和呕吐等症状。几天内，这些症状大抵会消失，但是六分之一的人可能会进入第二阶段，即中毒期，症状为反复发热、呕吐、无精打采、黄疸、肾衰竭和出血，半数患者会死亡。除了支持性护理外，没有其他的治疗方法。

黄热病疫苗只有经过审核的黄热病疫苗中心才会提供，并为接种者提供有效的国际疫苗证书（即小黄本）。应至少在可能接触黄热病病毒的10天前接种疫苗，免疫力会持续大约10年。疫苗的副作用一般很轻微，可能包括头痛、肌肉痛、低烧或注射处不适。也曾有过危及生命的严重副作用，但非常罕见。总之，因疫苗而患病的风险远远小于因黄热病病毒而患病的风险，所以强烈建议你接种。

设法避免被蚊虫叮咬也是预防黄热病的关键。

其他传染病

查格斯病

查格斯病（Chagas disease）是一种寄生虫疾病，传播载体锥虫（triatomine insect）生活在南美洲和中美洲低等级房屋的墙壁和屋顶缝隙中。查格斯病在旅行者中非常罕见。然而，如果你睡在破烂的房子里，尤其是用泥、土砖或茅草盖成的房屋里，应该使用蚊帐和效果好的杀虫剂来保护自己。

颚口线虫病

颚口线虫病（Gnathostomiasis）属于肠内寄生虫病，食用生的或是没熟的淡水鱼，包括在秘鲁和智利沿海地区非常流行的ceviche（酸橘汁腌海鲜），都可能引起此病。

利什曼病

除了智利和乌拉圭，利什曼病（Leishmaniasis）发生在南美洲其他所有的山脉和丛林之中。这种传染病由白蛉传播，这种昆虫的体积大概是蚊子的三分之一。利什曼病可能仅影响皮肤，会在伤口处诱发慢性溃疡，或者（少见地）扩散到骨髓、肝脏和脾。没有相应的疫苗，可用防蚊的方法来预防白蛉。若用蚊帐，网眼必须要很细（每英寸至少要有18个孔）。

环境引发的疾病和不适

高原病

快速抵达海拔超过2500米的地方，可能导致高原病。身体适应后，症状可逐渐得到缓解。有过高原病史的人容易再次患病。海拔上升得越快、海拔越高、体力消耗越大，就越危险。主要症状包括头痛、恶心、呕吐、头晕、不舒服、失眠和食欲不振。严重者会发生高原肺水肿或高原脑水肿。

在高原旅行时，避免过分劳累，保持饮食清淡，不要饮酒也同样重要。在秘鲁的库斯科及周边地区，当地人有咀嚼古柯叶的传统，并推荐旅行者尤其是徒步者以此来缓解高原反应，从市场和户外用品店都可以买到古柯叶，注意在入口前洗净，超市还有多种袋装古柯茶。古柯叶内含有咖啡因，在智利和许多国家被视为非法毒品，应适量食用，并注意在离开秘鲁时不要携带出境。

如果你的症状不算轻微或没有很快缓解，应该去看医生。一定要认真对待高原病，病情严重时可能会危及生命。

动物咬伤

不要试图抚摸、抱或喂任何动物，除非它们是未携带任何传染病的家养动物。

被哺乳动物（包括蝙蝠）咬伤或抓伤后，应该立即用大量肥皂水彻底清洗伤口，然后使用碘酒或酒精进行消毒。无论你是否对狂犬病免疫，都应该立即联络当地的保健部门，以判断是否需要进一步的狂犬病治疗服务。

蛇和水蛭在南美洲某些地区是危险的。如果被有毒的蛇咬了，首先要让受伤者保持镇静，固定被咬部位，然后立即把伤者送到最近的医疗场所。不要使用止血带，这种方法如今已不再推荐。

寒冷及体温过低

在安第斯地区，尤其是夜晚，严寒可能是个严重问题。要确保自己的穿着温暖、干燥，同时保持活力，摄入足量的食物和水，充分休息，而且不要吸烟，不要喝含有酒精及咖啡因的饮品。注意步履蹒跚、喃喃自语、行动笨拙和满腹牢骚等变化，因为它们都是体温过低的重要信号。

当人体损失热量的速度比体内产生热量的速度快时，就会引起体内温度的下降。当你在高海拔地区徒步旅行或者乘坐长途汽车翻越高山，尤其是在夜晚，应该小心预防，一个保暖的睡袋对于露营和乘坐过夜巴士非常重要。在安第斯地区，即使只停留几小时，也应该做好应对寒冷、多雨或大风天气的准备。最好穿着多层衣服，戴帽子也很重要。

体温过低的症状包括疲乏、麻木、发抖、言语不清、失去理性或暴力行为，此外还有嗜睡、手脚笨拙、头晕、肌肉痉挛和冲动的暴力行为。治疗轻度的低温症，首先要把患者从风雨中转移，将湿衣服脱掉，换上温暖的干衣。让他们喝些热饮（非酒精），吃高热量且容易消化的食物。不要揉搓患者，应当让他们自己慢慢恢复体温。

中暑

避免过度日晒的方法有：远离中午的太阳，戴上太阳镜和宽边遮阳帽，并涂抹防晒系数为15（SPF15）以上能抵御UVA和UVB的防晒霜。当气温很高时应大量饮水，并避免剧烈运动。

蚊虫叮咬

为防止被蚊子叮咬，要穿上长袖上衣、长裤、鞋（不能是凉鞋或拖鞋）并戴上帽子。随身带好驱虫剂，最好含避蚊胺（DEET），将其喷到暴露的皮肤和衣服上，但要避免接触眼睛、嘴、伤口或过敏的皮肤。避蚊胺含量低的防蚊产品同样有效，只是药力持续时间会短些。一般而言，成人和12岁以上的儿童可以使用含25%~35%避蚊胺的防虫剂，药效通常可以持续6小时左右。2~12岁的儿童应使用避蚊胺含量不超过10%的产品，用量不要太多，药效可持续3小时左右。两岁以下儿童不应使用含有避蚊胺的防虫剂。

含有植物成分（包括桉树油和大豆油）的防虫剂也是有效的，但只能持续1.5~2小时。在容易感染疟疾或黄热病的地区最好使用含有避蚊胺的防虫剂。基于香茅（citronella）制成的防虫产品没有效果。

至于额外的保护措施，你可以在衣服、鞋、帐篷和蚊帐上使用二氯苯醚菊酯（permethrin）。二氯苯醚菊酯很安全，即使衣服被洗过，其效力也会持续至少两周的时间。但不要把它直接用到皮肤上。

寄生虫

肠内寄生虫在整个南美都存在。常见寄生虫包括环孢子虫（Cyclospora）、阿米巴（amoebae）和等孢子球虫（Isospora）。一种叫猪肉绦虫（Taenia solium）的绦虫可能导致慢性脑感染，即猪囊虫病（cysticercosis）。如果你对食物和饮料选择谨慎，将大大降低自己被感染的概率。选择顾客多的餐馆或市场摊位就餐，人流量较大，意味着食物不会被存放得太久。

血吸虫病（schistosomiasis）主要感染肝脏中的血管，在巴西、苏里南和委内瑞拉中北部都有发生。如果淡水中有感染了血吸虫病的蜗牛，在其中游泳、涉水、洗澡或洗东西都可能感染此病。因此最好远离湖泊、池塘、小溪和河流这些可能感染血吸虫病的水域。

在很多国家都发现了名为棘球绦虫（echinococcus，可能导致包虫病）的肝脏寄生虫，尤其是在秘鲁和乌拉圭。与羊有亲密接触的人更容易被感染。并殖吸虫（paragonimus）是一种肺部寄生虫，多因生食被感染的甲壳类动物而发病，厄瓜多尔、秘鲁和委内瑞拉都发现过这种寄生虫。

旅途腹泻

为防止腹泻，应避免饮用自来水（除非已经煮沸、过滤或用碘片化学消毒），只食用剥皮或煮熟的新鲜水果或蔬菜。提防不卫生的乳制品，因为其中可能包含未经巴氏杀菌的牛奶，在街头小摊吃东西时要认真挑选。

如果你不幸腹泻，一定要大量饮水，最好服用含盐和糖的液体。Gastrolyte对治疗腹泻非常有效。轻度腹泻不需要治疗，除非你在24小时之内发生的腹泻超过3次，并且伴随以下症状中的至少一项：发热、抽筋、恶心、呕吐或感觉不适。治疗腹泻有效的抗生素包括诺氟沙星、环丙沙星或阿奇霉素——这3种药品都可以迅速消灭病菌。需要注意的是，止泻药（如洛哌丁胺）仅仅是帮助你停止腹泻，并不能真正解决问题。如果发烧或者便血，千万不要服用洛哌丁胺。如果抗生素仍不起作用，应当立刻向医生寻求帮助。

水

自来水通常不能直接饮用。将水煮沸1分钟是最有效的净化方法。在海拔超过2000米的地方要煮沸3分钟。其他净水工具包括手持紫外线净化器（例如SteriPEN）、碘和滤水器。

语言

西班牙语

除了巴西（官方语言为葡萄牙语）和圭亚那（法语、荷兰语或英语被广泛使用）之外，拉丁美洲西班牙语是旅行者在南美洲所有地区旅行的通用语言，在秘鲁和智利也不例外。智利方言入门见183页方框。

对于有英语基础的人来说，拉丁美洲西班牙语发音并不难，大多数发音都在英语中使用。

注意kh为喉音（同苏格兰语loch中的"ch"）；v和b的发音像英语中轻声的"v"（介于"v"和"b"之间）；h不发音，而j发英语中h的音；另外，r是强烈的卷舌音，这个音英语中没有，对于中国人来说也比较难。

拉丁美洲各地的西班牙语发音也略有不同，最显著的发音差异是字母ll和y。由于在拉美绝大部分地区，ll和y的发音与"y"在"yes"中的发音相同，因此在我们的发音指南中用y标示。然而在南美洲的一些地区，ll发音与"lli"在"million"中的发音相同，而在阿根廷、乌拉圭以及厄瓜多尔高原，它们的发音则与"s"在"measure"中或"sh"在"shut"中相同。

在我们的发音指南中，重读音节以斜体字标示。

本书中如果敬语和非正式用语同时出现，分别用缩写"pol"（敬语）和"inf"（非正式用语）加以区分。另外，词语的阳性和阴性形式分别用缩写"m"（阳性）和"f"（阴性）标示。

想知道更多?

如果想要深入了解更多西班牙语的知识和常用短语，请查阅Lonely Planet的《拉丁美洲西班牙语常用语手册》（*Latin American Spanish Phrasebook*）。你可以在**shop.lonelyplanet.com**找到这本书，也可通过苹果应用程序商店（Apple App Store）购买iPhone版本。

日常用语

你好。	*Hola.*	o·la
再见。	*Adiós.*	a·*dyos*
你好吗?	*¿Qué tal?*	ke tal
很好，谢谢。	*Bien, gracias.*	byen *gra*·syas
劳驾，打扰了。	*Perdón.*	per·*don*
对不起。	*Lo siento.*	lo *syen*·to
请。	*Por favor.*	por fa·*vor*
谢谢。	*Gracias.*	*gra*·syas
不客气。	*De nada.*	de *na*·da
是的。	*Sí.*	see
不是。	*No.*	no

我的名字是……

Me llamo ... me *ya*·mo ...

你/您叫什么名字?

¿Cómo se llama Usted? ko·mo se *ya*·ma oo·*ste* (pol)

¿Cómo te llamas? ko·mo te *ya*·mas (inf)

你/您会说英语吗?

¿Habla inglés? a·bla een·*gles* (pol)

¿Hablas inglés? a·blas een·*gles* (inf)

标志

Abierto	开
Cerrado	关
Entrada	入口
Hombres/Varones	男
Mujeres/Damas	女
Prohibido	禁止
Salida	出口
Servicios/Baños	厕所

我不懂。
Yo no entiendo. yo no en·*tyen*·do

住宿

我想要一个单人/双人间。
Quisiera una habitación individual/ doble. kee·*sye*·ra *oo*·na a·bee·ta·*syon* een·dee·vee·*dwal/* *do*·ble

每晚/人多少钱?
¿Cuánto cuesta por noche/ persona? *kwan*·to *kwes*·ta por *no*·che/ per·*so*·na

包含早餐吗?
¿Incluye el desayuno? een·*kloo*·ye el de·sa·*yoo*·no

空调
aire acondicionado *ai*·re a·kon·dee·syo·*na*·do

卫生间	*baño*	*ba*·nyo
床	*cama*	*ka*·ma
露营地	*terreno de cámping*	te·*re*·no de *kam*·peeng
客栈	*pensión*	pen·*syon*
酒店	*hotel*	o·*tel*
青年旅舍	*albergue juvenil*	al·*ber*·ge khoo·ve·*neel*
窗户	*ventana*	ven·*ta*·na

问路

……在哪里?
¿Dónde está ...? *don*·de es·*ta* ...

地址是什么?
¿Cuál es la dirección? kwal es la dee·rek·*syon*

请您写下来好吗?
¿Puede escribirlo, por favor? *pwe*·de es·kree·*beer*·lo por fa·*vor*

您可以(在地图上)指给我看吗?
¿Me lo puede indicar (en el mapa)? me lo *pwe*·de een·dee·*kar* (en el *ma*·pa)

在拐角处	*en la esquina*	en la es·*kee*·na
在红绿灯处	*en el semáforo*	en el se·*ma*·fo·ro
在……后面	*detrás de ...*	de·*tras* de ...
在……前面	*enfrente de ...*	en·*fren*·te de ...
左	*izquierda*	ees·*kyer*·da
右	*derecha*	de·*re*·cha
靠近	*cerca*	*ser*·ka
……旁边	*al lado de ...*	al *la*·do de ...
……对面	*frente a ...*	*fren*·te a ...
直行	*todo recto*	*to*·do *rek*·to

餐饮

我能看下菜单吗?
¿Puedo ver el menú, por favor? *pwe*·do ver el me·*noo* por fa·*vor*

您有什么推荐的?
¿Qué recomienda? ke re·ko·*myen*·da

有素食吗?
¿Tienen comida vegetariana? *tye*·nen ko·*mee*·da ve·khe·ta·*rya*·na

我不吃(红肉)。
No como (carne roja). no *ko*·mo (*kar*·ne *ro*·kha)

太好吃啦!
¡Estaba buenísimo! es·*ta*·ba bwe·*nee*·see·mo

干杯!
¡Salud! sa·*loo*

请结账。
La cuenta, por favor. la *kwen*·ta por fa·*vor*

我想要个（8）点的（2）人桌。

Quisiera una mesa para ... las (ocho) (dos) personas	kee·sye·ra oo·na me·sa pa·ra ... las (o·cho) (dos) per·so·nas

重点词汇

开胃菜	*aperitivos*	a·pe·ree·tee·vos

重点句型

将下列简单句型替换相应词语，进行组合搭配，尝试基本的西班牙语表达：

（下一班飞机）是什么时候？

¿Cuándo sale (el próximo vuelo)? kwan·do sa·le (el prok·see·mo vwe·lo)

（车站）在哪里？

¿Dónde está (la estación)? don·de es·ta (la es·ta·syon)

我在哪里可以（买票）？

¿Dónde puedo (comprar un billete)? don·de pwe·do (kom·prar oon bee·ye·te)

您有（地图）吗？

¿Tiene (un mapa)? tye·ne (oon ma·pa)

这里有（厕所）吗？

¿Hay (servicios)? ai (ser·vee·syos)

我想要（一杯咖啡）。

Quisiera (un café). kee·sye·ra (oon ka·fe)

我想（租一辆小汽车）。

Quisiera (alquilar un coche). kee·sye·ra (al·kee·lar oon ko·che)

我能（进来）吗？

¿Se puede (entrar)? se pwe·de (en·trar)

能请您（帮助我）吗？

¿Puede (ayudarme), por favor? pwe·de (a·yoo·dar·me) por fa·vor

我需要（获得签证）吗？

¿Necesito (obtener un visado)? ne·se·see·to (ob·te·ner oon vee·sa·do)

瓶	*botella*	bo·te·ya
碗	*bol*	bol
早餐	*desayuno*	de·sa·yoo·no
儿童菜单	*menú infantil*	me·noo een·fan·teel
（太）凉了	*(muy) frío*	(mooy) free·o
晚餐	*cena*	se·na
食物	*comida*	ko·mee·da
叉子	*tenedor*	te·ne·dor
杯子	*vaso*	va·so
热的（暖的）	*caliente*	kal·yen·te
刀子	*cuchillo*	koo·chee·yo
午餐	*comida*	ko·mee·da
主菜	*segundo plato*	se·goon·do pla·to
盘子	*plato*	pla·to
餐馆	*restaurante*	res·tow·ran·te
勺子	*cuchara*	koo·cha·ra
加	*con*	kon
不加	*sin*	seen

肉和鱼

牛肉	*carne de vaca*	kar·ne de va·ka
鸡	*pollo*	po·yo
鸭	*pato*	pa·to
鱼	*pescado*	pes·ka·do
羊肉	*cordero*	kor·de·ro
龙虾	*langosta*	lan·gos·ta
猪肉	*cerdo*	ser·do
虾	*camarones*	ka·ma·ro·nes
金枪鱼	*atún*	a·toon
火鸡	*pavo*	pa·vo
小牛肉	*ternera*	ter·ne·ra

水果和蔬菜

苹果	*manzana*	man·sa·na
杏	*albaricoque*	al·ba·ree·ko·ke
洋蓟	*alcachofa*	al·ka·cho·fa
芦笋	*espárragos*	es·pa·ra·gos
香蕉	*plátano*	pla·ta·no
豆	*judías*	khoo·dee·as
卷心菜	*col*	kol
胡萝卜	*zanahoria*	sa·na·o·rya
芹菜	*apio*	a·pyo
车厘子	*cereza*	se·re·sa

疑问词

怎样?	¿Cómo?	ko·mo
什么?	¿Qué?	ke
何时?	¿Cuándo?	kwan·do
何地?	¿Dónde?	don·de
谁?	¿Quién?	kyen
为什么?	¿Por qué?	por ke

玉米	maíz	ma·ees
黄瓜	pepino	pe·pee·no
水果	fruta	froo·ta
葡萄	uvas	oo·vas
柠檬	limón	lee·mon
扁豆	lentejas	len·te·khas
生菜	lechuga	le·choo·ga
蘑菇	champiñón	cham·pee·nyon
坚果	nueces	nwe·ses
洋葱	cebolla	se·bo·yaw
橙子	naranja	na·ran·kha
桃子	melocotón	me·lo·ko·ton
豌豆	guisantes	gee·san·tes
辣椒		
灯笼椒	pimiento	pee·myen·to
菠萝	piña	pee·nya
李子	ciruela	seer·we·la
土豆	patata	pa·ta·ta
南瓜	calabaza	ka·la·ba·sa
菠菜	espinacas	es·pee·na·kas
草莓	fresa	fre·sa
西红柿	tomate	to·ma·te
蔬菜	verdura	ver·doo·ra
西瓜	sandía	san·dee·a

其他

面包	pan	pan
黄油	mantequilla	man·te·kee·ya
奶酪	queso	ke·so
鸡蛋	huevo	we·vo
蜂蜜	miel	myel
果酱	mermelada	mer·me·la·da
油	aceite	a·sey·te
面食	pasta	pas·ta
胡椒	pimienta	pee·myen·ta
米	arroz	a·ros
盐	sal	sal
糖	azúcar	a·soo·kar
醋	vinagre	vee·na·gre

饮品

啤酒	cerveza	ser·ve·sa
咖啡	café	ka·fe
(橙)果汁	zumo (de naranja)	soo·mo (de na·ran·kha)
牛奶	leche	le·che
红葡萄酒	vino tinto	vee·no teen·to
茶	té	te
(矿物质)水	agua (mineral)	a·gwa (mee·ne·ral)
白葡萄酒	vino blanco	vee·no blan·ko

紧急情况

救命!	¡Socorro!	so·ko·ro
走开!	¡Vete!	ve·te
打电话给……!	¡Llame a ...!	ya·me a ...
医生	un médico	oon me·dee·ko
警察	la policía	la po·lee·see·a

我迷路了。

Estoy perdido/a.	es·toy per·dee·do/a (m/f)

我生病了。

Estoy enfermo/a.	es·toy en·fer·mo/a (m/f)

我对(抗生素)过敏。

Soy alérgico/a a (los antibióticos).	soy a·ler·khee·ko/a a (los an·tee·byo·tee·kos) (m/f)

厕所在哪里?

¿Dónde están los baños?	don·de es·tan los ba·nyos

购物和服务

我想买……

Quisiera comprar ...	kee·sye·ra kom·prar ...

我只是看看。

Sólo estoy mirando.	so·lo es·toy mee·ran·do

我可以看看吗?

¿Puedo verlo?	pwe·do ver·lo

我不喜欢。

No me gusta.	no me *goos*·ta

这个多少钱?

¿Cuánto cuesta?	*kwan*·to *kwes*·ta

太贵了!

Es muy caro.	es mooy *ka*·ro

能便宜些吗?

¿Podría bajar un poco el precio?	po·*dree*·a ba·*khar* oon *po*·ko el *pre*·syo

账单错了。

Hay un error en la cuenta.	ai oon e·*ror* en la *kwen*·ta

自动柜员机	*cajero automático*	ka·*khe*·ro ow·to·*ma*·tee·ko
市场	*mercado*	mer·*ka*·do
邮局	*correos*	ko·re·os
游客信息中心	*oficina de turismo*	o·fee·*see*·na de too·*rees*·mo

时间和日期

现在几点?

¿Qué hora es?	ke o·ra es

现在(10)点钟。

Son (las diez).	son (las dyes)

现在(1)点半。

Es (la una) y media.	es (la *oo*·na) ee *me*·dya

上午	*mañana*	ma·*nya*·na
下午	*tarde*	*tar*·de
晚上	*noche*	*no*·che
昨天	*ayer*	a·*yer*
今天	*hoy*	oy
明天	*mañana*	ma·*nya*·na
周一	*lunes*	*loo*·nes
周二	*martes*	*mar*·tes
周三	*miércoles*	*myer*·ko·les
周四	*jueves*	*khwe*·ves
周五	*viernes*	*vyer*·nes
周六	*sábado*	*sa*·ba·do
周日	*domingo*	do·*meen*·go
一月	*enero*	e·*ne*·ro
二月	*febrero*	fe·*bre*·ro
三月	*marzo*	*mar*·so
四月	*abril*	a·*breel*
五月	*mayo*	*ma*·yo
六月	*junio*	*khoon*·yo
七月	*julio*	*khool*·yo
八月	*agosto*	a·*gos*·to
九月	*septiembre*	sep·*tyem*·bre
十月	*octubre*	ok·*too*·bre
十一月	*noviembre*	no·*vyem*·bre
十二月	*diciembre*	dee·*syem*·bre

交通

公共交通

船	*barco*	*bar*·ko
公共汽车	*autobús*	ow·to·*boos*
飞机	*avión*	a·*vyon*
火车	*tren*	tren
第一个	*primero*	pree·*me*·ro
最后一个	*último*	*ool*·tee·mo
下一个	*próximo*	*prok*·see·mo

飞机场

aeropuerto	a·e·ro·*pwer*·to

数字

1	*uno*	*oo*·no
2	*dos*	dos
3	*tres*	tres
4	*cuatro*	*kwa*·tro
5	*cinco*	*seen*·ko
6	*seis*	seys
7	*siete*	*sye*·te
8	*ocho*	*o*·cho
9	*nueve*	*nwe*·ve
10	*diez*	dyes
20	*veinte*	*veyn*·te
30	*treinta*	*treyn*·ta
40	*cuarenta*	kwa·*ren*·ta
50	*cincuenta*	seen·*kwen*·ta
60	*sesenta*	se·*sen*·ta
70	*setenta*	se·*ten*·ta
80	*ochenta*	o·*chen*·ta
90	*noventa*	no·*ven*·ta
100	*cien*	syen
1000	*mil*	meel

艾马拉语和盖丘亚语

这里列出的少量艾马拉语（Aymará）和盖丘亚语（Quechua）将对前往安第斯地区的旅行者有所帮助。使用艾马拉语的艾马拉人居住在玻利维亚和秘鲁的高原地区，以及智利和阿根廷交界的小地方。而下文列出的盖丘亚语来自库斯科方言，当你在安第斯地区任何地方旅行时应该都有帮助。厄瓜多尔则是个例外，那里叫Quichua，与库斯科方言相差最大。

在下列内容中，紧接着中文的第二行是艾马拉语，第三行是盖丘亚语。这两种语言的发音规则都与西班牙语相似。撇号（'）代表声门闭锁音，是在“uh-oh”中间的“不发声部分”。

你好。	*Kamisara ki.*	*Napaykullay ki.*
请	*Mirá.*	*Allichu.*
谢谢。	*Yuspagara.*	*Yusulipayki.*
是的。	*Jisa.*	*Ari.*
不是。	*Janiwa.*	*Mana.*
你们	*Cun saña*	*Imainata nin*
怎么说……？	*sauca'ha ...?*	*cha chaita ...?*
这叫……	*Ucan sutipa'h...*	*Chaipa'g... sutin'ha ...*
请重复	*Uastata sita.*	*Ua'manta niway.*
多少钱？	*K'gauka?*	*Maik'ata'g?*
父亲	*auqui*	*tayta*
母亲	*taica*	*mama*
食物	*manka*	*mikíuy*
河流	*jawira*	*mayu*
雪峰	*kollu*	*riti-orko*
水	*uma*	*yacu*

1	*maya*	*u'*
2	*paya*	*iskai*
3	*quimsa*	*quinsa*
4	*pusi*	*tahua*
5	*pesca*	*phiska*
6	*zo'hta*	*so'gta*
7	*pakalko*	*khanchis*
8	*quimsakalko*	*pusa'g*
9	*yatunca*	*iskon*
10	*tunca*	*chunca*

靠过道的座位
asiento de pasillo — a·*syen*·to de pa·*see*·yo

公共汽车站
parada de autobuses — pa·*ra*·da de ow·to·*boo*·ses

取消
cancelado — kan·se·*la*·do

延误
retrasado — re·tra·*sa*·do

售票处
taquilla — ta·*kee*·ya

时刻表
horario — o·*ra*·ryo

火车站
estación de trenes — es·ta·*syon* de *tre*·nes

靠窗的座位
asiento junto a la ventana — a·*syen*·to *khoon*·to a la ven·*ta*·na

请给我一张……票。
Un billete de ... por favor. — oon bee·*ye*·tede ... por fa·*vor*

一等	*primera clase*	pree·*me*·ra *kla*·se
二等	*segunda clase*	se·*goon*·da *kla*·se
单程	*ida*	*ee*·da
往返	*ida y vuelta*	*ee*·da ee *vwel*·ta

在……停车吗？
¿Para en ...? — *pa*·ra en ...

这是哪一站？
¿Cuál es esta parada? — kwal es *es*·ta pa·*ra*·da

几点到达/出发？
¿A qué hora llega/sale? — a ke *o*·ra *ye*·ga/*sa*·le

到了……请告诉我。
¿Puede avisarme cuando lleguemos a ...? — *pwe*·de a·vee·*sar*·me *kwan*·do ye·*ge*·mos a ...

我想在这里下车。

Quiero bajarme aquí. kye·ro ba·*khar*·me a·*kee*

自驾车和自行车

我想租……

Quisiera alquilar ... kee·sye·ra al·kee·*lar* ...

一辆四轮车

un todoterreno oon to·do·te·*re*·no

一辆自行车

una bicicleta oo·na bee·see·*kle*·ta

一辆小汽车

un coche oon *ko*·che

一辆摩托车

una moto oo·na *mo*·to

儿童安全座椅

asiento de seguridad para niños a·*syen*·to de se·goo·ree·*da* pa·ra *nee*·nyos

柴油

petróleo pet·ro·le·o

头盔

casco *kas*·ko

搭便车

hacer botella a·*ser* bo·*te*·ya

手动的

mecánico me·*ka*·nee·ko

汽油

gasolina ga·so·*lee*·na

加油站

gasolinera ga·so·lee·*ne*·ra

卡车

camion ka·*myon*

拉帕努伊语

在智利复活节岛上，岛民讲西班牙语和拉帕努伊语，后者是一种波利尼西亚东部方言。

拉帕努伊语常用表达有：

你好	iorana
谢谢	maururu
你好吗？	pehe koe?
好，不错	riva riva

这是去……的路吗？

¿Se va a ... por esta carretera? se va a ... por es·ta ka·re·*te*·ra

我可以在这里停车吗？

¿Puedo aparcar aquí? *pwe*·do a·par·*kar* a·kee

这辆车坏了。

El coche se ha averiado. el *ko*·che se a a·ve·*rya*·do

我发生事故了。

He tenido un accidente. e te·*nee*·do oon ak·see·*den*·te

车没油了。

Me he quedado sin gasolina. me e ke·*da*·do seen ga·so·*lee*·na

一个轮胎瘪了。

Se me pinchó una rueda. se me peen·*cho* oo·na *rwe*·da

术语表

除非另做说明，本词汇表所列的术语通常指南美洲的西班牙语，但在不同地区意思会有所差别。

aduana——海关
aguardiente——甘蔗酒
ají——辣椒
albergue——旅舍
alcaldía——市政厅，与municipalidad是同义词
almuerzo——午餐，通常指固定价格午餐套餐
alojamiento——共用卫生间和洗浴设施的廉价住宿
altiplano——秘鲁、玻利维亚、智利和阿根廷的安第斯高原
apartamento——公寓
artesanía——手工艺品，手工艺品商店
asado——烤的
ascensor——电梯
audiencia——殖民地行政区
ayahuasca——用丛林藤蔓酿造的致幻酒
Aymará——艾马拉人，居住在玻利维亚、秘鲁、智利高原的土著居民（也叫Kolla），也指他们的语言

balneario——浴场或海滩
baños——卫生间
barrio——社区、地区或行政区
bodega——葡萄酒厂或酒窖
bus-cama——字面意思为“汽车床”，指座椅可以完全放倒的舒适长途汽车，也被称作coche-cama

cabaña——小屋
cabildo——殖民地市政会
calle——街道
cambista——街头货币兑换商
camino——道路、小径、公路
camión——敞篷卡车，一种在安第斯地区非常流行的交通工具
camioneta——小型货运汽车或者其他小型卡车，安第斯地区的交通工具
campamento——露营地
campesino/a——乡村地区以务农为生的居民，农民
caña——朗姆酒
Carnaval——狂欢节，四旬斋之前遍及拉丁美洲的庆典
casa de cambio——经认可的外币兑换处
casa de familia——朴实的家庭住宿
casa de huésped——字面意思为“客栈”，客人可以使用厨房、花园和洗衣设施的一种经济型住宿
casona——大房子，通常指宅第，尤指殖民地建筑
catarata——瀑布
caudillo——用于19世纪南美洲政治，指省级首脑
cazuela——丰盛的炖菜
cena——晚餐，通常指一份便宜的套餐
cerro——小山，也指非常高的安第斯山峰
certificado——登记，注册（用于邮件）
cerveza——啤酒
ceviche——酸橘汁腌海鲜［可能导致霍乱（cholera）和颚口线虫病（gnathostomiasis）］
charango——安第斯弦乐器，传统上用犰狳壳制成音箱
chicha——安第斯地区一种由木薯块茎、红薯或玉米等制成的流行饮料（通常含酒精）
chifa——中餐馆（常见于秘鲁、玻利维亚和厄瓜多尔）
churrasquería——主营烤肉的餐馆
cocalero——古柯种植者
coche-cama——参见bus-cama
colectivo——根据国家而不同，可以是公共汽车、迷你巴士或合乘出租车
combi——小型公共汽车或迷你巴士，也被称作micro
comedor——旅馆里的简单自助餐厅或餐厅
confitería——提供咖啡、茶、点心和简餐的咖啡馆
cordillera——山脉
correo——邮局
costanera——指海边、河边或湖边的道路
criollo/a——在南美殖民地出生的西班牙人，现在指欧洲裔南美人
cumbia——昆比亚舞，以号角和打击乐器为主，与萨尔萨舞（salsa）、梅伦格舞（merengue）及兰巴达舞（lambada）同源
curanto——智利炖海鲜
cuy——烤豚鼠，一种传统的安第斯食物

denuncia——书面陈述或声明，常与偷窃和抢劫有关

edificio——建筑物
esquina——角落，拐角处

（缩写为“esq”）
estancia——大规模的牛羊放牧场，有牧场主或经理（estanciero），依赖常住劳动力

farmacia——药店
ferrobus——一种客运火车
ferrocarril——铁道，铁路
flota——车队，通常指长途汽车路线
fútbol——足球

golpe de estado——政变
gringo/a——指头发和肤色较浅的外国人或人，不一定是贬义词
guanaco——原驼，未被驯服的美洲驼的近亲
guaraná——瓜拉纳，亚马孙河流域的灌木，其浆果被认为有神奇的医疗效果

hacienda——由一位主人（hacendado）管理、拥有常住劳动力的大面积乡村土地
hidroviária——船码头
hospedaje——共用卫生间的经济型住宿，通常指有一间额外客房的民居
hostal——小酒店或客栈
huaso——牛仔
humita——一种甜玉米粽或饺子

iglesia——教堂
Inca——印加，西班牙人占领期用来指称安第斯中部地区主要的土著文明，既指民族，也指他们的首领个人
indígena——美洲土著人（印第安人）
isla——岛屿

lago——湖泊
laguna——潟湖，浅水湖
lanchero——船上的舵手
latifundio——大规模的土地，例如hacienda（庄园）或牲畜estancia（牧场）
lavandería——洗衣店
licuado——混合了牛奶或水的水果冰沙
lista de correos——邮局取件
locutorio——小型电话亭

machismo——夸大的男子气概
malecón——滨海大道
Mapuche——马普车人，巴塔哥尼亚北部的原住民
marisquería——海鲜餐馆
mate de coca——古柯叶茶
menú del día——便宜的套餐
mercado——市场
mercado negro——黑市
mestizo/a——有印第安和西班牙血统的混血儿
micro——小型公共汽车，又被称为combi
migración——移民办公室
mirador——观景点或瞭望台，多建于山上，但常在建筑物内
moai——复活节岛上宏伟的石像
mototaxi——在秘鲁，三轮摩托车又被称为motocarro
mudéjar——源于12世纪时西班牙的摩尔式建筑风格
mulato/a——有非洲和欧洲血统的混血儿
municipalidad——市政厅
museo——博物馆
música criolla——克里奥尔音乐
música folklórica——传统安第斯音乐

nevado——雪峰

oferta——机票或大巴车票的促销价
oficina——办公室（缩写为“of”）
onces——上午茶或下午茶，小吃

Pachamama——大地之母，安第斯土著居民的神
panadería——面包店
panama——传统的轻巧草帽，起源于厄瓜多尔
parada/paradero——汽车站
páramo——安第斯北部地区湿润的高海拔草地
parque nacional——国家公园
parrilla/parrillada——烧烤或烤肉，也指烤肉店或烤肉用的烤架
paseo——大街，大道
patio de comidas——美食广场
peatonal——步行街
pehuén——南美洲南部的猴迷树（智利南洋杉）
peña——举行非正式民间音乐聚会的夜总会/酒吧，此类俱乐部中的表演
pensión——民宅里提供的短期经济型住宿，也可能有长期住客
pisco——葡萄白兰地，秘鲁国酒，常被用于调制皮斯科鸡尾酒（pisco sour）
pollería——供应烤鸡的餐馆
posada——家庭经营的小客栈，有时也指酒店
precordillera——安第斯山麓
pucará——一座安第斯本土

堡垒

puna——安第斯高原，海拔通常高于3000米

quebrada——峡谷，通常是干的

Quechua——安第斯高原的土著语言

quena——简单的芦笛

quinoa——安第斯原产谷物，等同于前哥伦布时期的稻米

rancho——乡村房屋

recargo——额外费用，很多商家针对信用卡交易收的费用

reducción——在殖民地时期的拉丁美洲，在中心居住区对本土人口集中管理，通常是为了更好地进行政治控制或宗教指导，另见congregación

refugio——位于国家公园或偏远地区的乡村小屋

reggaeton——发源于加勒比地区的流行音乐，综合了拉丁节奏和说唱

residencial——经济型住宿，有时只是季节性的，通常位于特别为短期居住而设计的建筑中

río——河流

ruta——路线或公路

s/n——sin número，指不带号码的街道地址

salar——盐湖或盐田，通常位于安第斯高原或阿根廷巴塔哥尼亚地区

salsoteca——沙拉吧

salteña——肉加蔬菜的馅饼，通常是辣味的empanada（馅饼）

Semana Santa——圣周，即复活节前一周，南美各地都会进行庆祝

Sendero Luminoso——光辉道路，秘鲁20世纪80年代后期领导游击战争的组织

serrano——居住在山上的人

siesta——较长的午休，用来午餐（偶尔午睡）

soroche——高原病

tasca——西班牙风味餐吧

teleférico——缆车

telenovela——电视肥皂剧

tepui——平顶山，珍奇植物的家园

termas——温泉

terminal de ómnibus——汽车总站，又被称作terminal terrestre

tinto——红葡萄酒

todo terreno——山地自行车

torrentismo——飞流直下的瀑布

totora——一种芦苇，被用作建筑材料

vaquero——牛仔

vicuña——骆马，家养美洲驼和羊驼的野生近亲，仅在安第斯中南部高海拔地区出现

zampoña——演奏传统安第斯音乐用的排箫

zona franca——免税区

幕后

说出你的想法

我们很重视旅行者的反馈——你的评价将鼓励我们前行，把书做得更好。我们同样热爱旅行的团队会认真阅读你的来信，无论表扬还是批评都非常欢迎。虽然很难一一回复，但我们保证将你的反馈信息及时交到相关作者手中，使下一版更完美。我们也会在下一版特别鸣谢来信读者。

请把你的想法发送到**china@lonelyplanet.com.au**，谢谢！

请注意：我们可能会将你的意见编辑、复制并整合到Lonely Planet的系列产品中，例如旅行指南、网站和数字产品。如果不希望书中出现自己的意见或不希望提及你的名字，请提前告知。请访问lonelyplanet.com/privacy了解我们的隐私政策。

声明

气候图表数据引用自Peel MC, Finlayson BL & McMahon TA (2007) 'Updated World Map of the Köppen-Geiger Climate Classification', *Hydrology and Earth System Sciences*, 11, 1633 44。

封面图片：背着羊的秘鲁当地妇女，视觉中国 提供。

本书部分地图由中国地图出版社提供，其他为原书地图，审图号GS（2017）2354号。

关于本书

这是Lonely Planet《秘鲁和智利》的第1版。本书的作者为里吉斯·圣路易斯、菲利普·唐、卡罗琳·麦卡锡和丁子凌。

本书为中文第1版，由以下人员制作完成：

项目负责 关媛媛
项目执行 丁立松
翻译统筹 肖斌斌 王玫珺
翻　　译 丁子凌
内容策划 丁子凌（本土化内容）郭瑶 李昕
视觉设计 李小棠 佟雪莹
协调调度 高原
责任编辑 廖恬
特约编辑 周喻
地图编辑 马珊
地图制图 田越
流　　程 孙经纬
终　　审 杨帆
排　　版 北京梧桐影电脑科技有限公司

感谢葛晓倩、张琳洁、朱琳、潘英、张妲、茅宇琪、黄俏旻为本书提供的帮助。

索引

缩写

智	Chile	智利
秘	Peru	秘鲁

000 地图页码
000 图片页码

000 地图页码
000 图片页码

记事本

地图图例

景点

- 海滩
- 鸟类保护区
- 佛教场所
- 城堡
- 基督教场所
- 孔庙
- 印度教场所
- 伊斯兰教场所
- 耆那教场所
- 犹太教场所
- 温泉
- 神道教场所
- 锡克教场所
- 道教场所
- 纪念碑
- 博物馆/美术馆/历史建筑
- 历史遗址
- 酒庄/葡萄园
- 动物园
- 其他景点

活动、课程和团队游

- 人体冲浪
- 潜水/浮潜
- 潜水
- 皮划艇
- 滑雪
- 冲浪
- 游泳/游泳池
- 徒步
- 帆板
- 其他活动

住宿

- 住宿场所
- 露营地

就餐

- 餐馆

饮品

- 酒吧
- 咖啡馆

娱乐

- 娱乐场所

购物

- 购物场所

实用信息

- 银行
- 使领馆
- 医院/医疗机构
- 网吧
- 警察局
- 邮局
- 电话
- 公厕
- 旅游信息
- 其他信息

地理

- 棚屋/栖身所
- 灯塔
- 瞭望台
- 山峰/火山
- 绿洲
- 公园
- 关隘
- 野餐区
- 瀑布

人口

- 首都、首府
- 一级行政中心
- 城市/大型城镇
- 镇/村

交通

- 机场
- 过境处
- 公共汽车
- 缆车/索道
- 自行车路线
- 轮渡
- 地铁
- 单轨铁路
- 停车场
- 加油站
- 出租车
- 铁路/火车站
- 有轨电车
- 其他交通方式

路线

- 收费公路
- 高速公路
- 一级公路
- 二级公路
- 三级公路
- 小路
- 未封闭道路
- 广场
- 台阶
- 隧道
- 步行天桥
- 步行游览路
- 步行游览支路
- 小路

境界

- 国界
- 一级政区界
- 未定国界
- 地区界
- 军事分界线
- 海洋公园
- 悬崖
- 墙

水文

- 河流、小溪
- 间歇河
- 沼泽/红树林
- 暗礁
- 运河
- 水域
- 干/盐/间歇湖
- 冰川
- 珊瑚礁

地区特征

- 海滩/沙漠
- 基督教墓地
- 其他墓地
- 公园/森林
- 运动场
- 一般景点(建筑物)
- 重要景点(建筑物)

注：并非所有图例都在此显示。

我们的故事

一辆破旧的老汽车，一点点钱，一份冒险的感觉——1972年，当托尼（Tony Wheeler）和莫琳（Maureen Wheeler）夫妇踏上那趟决定他们人生的旅程时，这就是全部的行头。他们穿越欧亚大陆，历时数月到达澳大利亚。旅途结束时，风尘仆仆的两人灵机一闪，在厨房的餐桌上制作完成了他们的第一本旅行指南——《便宜走亚洲》(*Across Asia on the Cheap*)。仅仅一周时间，销量就达到了1500本。Lonely Planet从此诞生。

现在，Lonely Planet在都柏林、富兰克林、伦敦、墨尔本、奥克兰、北京和德里都设有公司，有超过600名员工和作者。在中国，Lonely Planet被称为"孤独星球"。我们恪守托尼的信条："一本好的旅行指南应该做好三件事：有用、有意义和有趣。"

我们的作者

里吉斯·圣路易斯（Regis St Louis）

统筹作者，了解章节 1999年，里吉斯完成了自己的第一次安第斯之旅，回到家后，他卖掉所有的家当，开始了穿越南美洲的经典旅程。从那时起，他无数次地回到南美，以开卡车、骑马、骑自行车的方式探索危险的路途，攀登安第斯高峰（小山），修炼西班牙语和葡萄牙语。在他最近一次旅行中，他在加拉帕戈斯群岛享受骑行、皮划艇和划船，在迷人的弗洛雷纳岛（Floreana）结识有故事的当地人，对热带风情城市瓜亚基尔（Guayaquil）萌生出新的喜爱。里吉斯也是Lonely Planet《厄瓜多尔》和《巴西》指南的统筹作者，曾为超过50本Lonely Planet做出贡献。不在路上的时候，他住在新奥尔良。

菲利普·唐（Phillip Tang）

秘鲁 拉丁美洲研究的学位把菲利普带到这些海岸，十几年后，当他想到科尔卡的峡谷或米拉弗洛雷斯的海边，仍会感觉喘不过气来。他用文字记录亚洲和拉丁美洲的旅行——他的两个最爱，并参与创作了Lonely Planet《中国》《日本》和《墨西哥》的指南。在philliptang.co.uk可以找到他这次旅行的照片。

卡罗琳·麦卡锡（Carolyn McCarthy）

智利 作者卡罗琳·麦卡锡花了十几年的时间探索巴塔哥尼亚，这意味着无数轮的马黛茶、破裂的挡风玻璃和临时改变的计划。她专注于拉丁美洲和美国西部，贡献了超过30本Lonely Planet指南，包括《智利》《巴拿马》《巴塔哥尼亚徒步》《阿根廷》《秘鲁》《科罗拉多》和《美国国家公园》指南等。她还为*Outside*、BBC杂志、国家地理和其他媒体供稿。通过Instagram@masmerquen和Twiiter@RoamingMcC关注她的旅行。

丁子凌

计划你的行程 独自走过书中的许多地方之后，回到地球的另一端，在熟悉的地名里惦念着这两个遥远国度。唯愿西语不会荒废，有朝一日续写未完成的拉美游荡。

秘鲁和智利

中文第一版

图书在版编目(CIP)数据

秘鲁和智利 / 澳大利亚 Lonely Planet 公司编；丁子凌译 . -- 北京：中国地图出版社，2017.10（2020.4 重印）
书名原文：Chile; Peru
ISBN 978-7-5204-0154-8

Ⅰ．①秘… Ⅱ．①澳… ②丁… Ⅲ．①旅游指南－秘鲁②旅游指南－智利 Ⅳ．① K928.977.8 ② K928.978.4

中国版本图书馆 CIP 数据核字 (2017) 第 224603 号

出版发行	中国地图出版社
社　址	北京市白纸坊西街 3 号
邮政编码	100054
网　址	www.sinomaps.com
印　刷	北京华联印刷有限公司
经　销	新华书店
成品规格	197mm × 128mm
印　张	10.5
字　数	571 千字
版　次	2017 年 10 月第 1 版
印　次	2020 年 4 月北京第 2 次印刷
定　价	69.00 元
书　号	ISBN 978-7-5204-0154-8
审 图 号	GS（2017）2354 号
图　字	01-2017-5515

如有印装质量问题，请与我社发行部（010-83543956）联系